Schriftenreihe

Schriften zum Handels- und Gesellschaftsrecht

Band 25

ISSN 1860-8868

Verlag Dr. Kovač

Hagen Tiller

BERICHTERSTATTUNGSPFLICHT UND HAFTUNG DES VORSTANDES BEIM GENEHMIGTEN KAPITAL MIT BEZUGSRECHTSAUSSCHLUSS

Inauguraldissertation zur Erlangung des Grades eines Doktors der Rechte durch die Juristenfakultät der Universität Leipzig

Professor Dr. Burkhard Boemke (Dekan der Juristenfakultät der Universität Leipzig)
Professor Dr. Tim Drygala (Erstgutachter, Universität Leipzig)
Professor Dr. Reinhard Welter (Zweitgutachter, Universität Leipzig)
Professor Dr. Ulrich Burgard (Drittgutachter, Otto-von-Guericke-Universität Magedeburg)

Tag der mündlichen Prüfung: 22. Mai 2007

Hagen Tiller

**Die Berichterstattungspflicht
und Haftung des Vorstandes
beim genehmigten Kapital
mit Bezugsrechtsausschluss**

Verlag Dr. Kovač

Hamburg
2008

VERLAG DR. KOVAČ
FACHVERLAG FÜR WISSENSCHAFTLICHE LITERATUR

Leverkusenstr. 13 · 22761 Hamburg · Tel. 040 - 39 88 80-0 · Fax 040 - 39 88 80-55

E-Mail info@verlagdrkovac.de · Internet www.verlagdrkovac.de

Dekan: Prof. Dr. Burkhard Boemke
1. Gutachter: Prof. Dr. Tim Drygala
2. Gutachter: Reinhard Welter
3. Gutachter: Ulrich Burgard

Tag der mündlichen Prüfung: 22. Mai 2007

Bibliografische Information der Deutschen Nationalbibliothek
Die Deutsche Nationalbibliothek verzeichnet diese Publikation
in der Deutschen Nationalbibliografie;
detaillierte bibliografische Daten sind im Internet
über http://dnb.d-nb.de abrufbar.

ISSN: 1860-8868
ISBN: 978-3-8300-3317-2

Zugl.: Dissertation, Universität Leipzig, 2007

© VERLAG DR. KOVAČ in Hamburg 2008

Printed in Germany
Alle Rechte vorbehalten. Nachdruck, fotomechanische Wiedergabe, Aufnahme in Online-Dienste
und Internet sowie Vervielfältigung auf Datenträgern wie CD-ROM etc. nur nach schriftlicher
Zustimmung des Verlages.

Gedruckt auf holz-, chlor- und säurefreiem Papier Alster Digital. Alster Digital ist
alterungsbeständig und erfüllt die Normen für Archivbeständigkeit ANSI 3948 und ISO 9706.

*Meinen Eltern
und
meiner Frau*

Vorwort

Die Kapitalerhöhung unter Bezugsrechtsausschluss ist seither Auslöser von Konflikten zwischen der Aktionärsmehrheit und der Aktionärsminderheit. Die vorliegende Arbeit beschäftigt sich mit den materiellen Voraussetzungen des Bezugsrechtsausschlusses, mit den Berichterstattungspflichten und der Haftung des Vorstandes bei Bezugsrechtsausschlüssen.

Die Arbeit wurde im Sommersemester 2005 von der Juristenfakultät der Universität Leipzig als Dissertation angenommen. Aktuelle Literatur und Rechtsprechung konnten bis zum Mai 2005 berücksichtigt werden. An dieser Stelle möchte ich mich bei allen jenen Personen bedanken, die mich bei der Realisierung dieses Werkes unterstützt haben.

Mein Dank gilt meinem Doktorvater, Herrn Prof. Dr. Tim Drygala, der das Dissertationsprojekt angeregt und interessiert geleitet hat. Weiterhin danke ich Herrn Prof. Dr. Reinhard Welter sowie Herrn Prof. Dr. Ulrich Burgard für die Übernahme des Zweit- und Drittgutachtens.

Mein besonders herzlicher Dank gebührt meiner lieben Ehefrau, Marianne Tiller, die durch ihr Verständnis und ihre Ermunterungen zur Fertigstellung der Arbeit außerordentlich beigetragen hat. Ebenso möchte ich meinen Eltern gebührend danken, die nicht nur meine Ausbildung ermöglicht haben, sondern mir jederzeit mit Rat und Tat zur Seite standen. Ihnen ist diese Arbeit gewidmet.

Frankfurt am Main, im Oktober 2007

Hagen Tiller

INHALTSVERZEICHNIS

LITERATURVERZEICHNIS .... **XIII**

ABKÜRZUNGSVERZEICHNIS .... **XXXII**

TEIL 1: EINLEITUNG **1**

    I.   Problemdefinition 1
    II.   Erkenntnisinteresse 3
    III. Methodisches Vorgehen 3

TEIL 2: ORDENTLICHE KAPITALERHÖHUNG UND BEZUGSRECHTSAUSSCHLUSS **5**

KAPITEL I: ÜBERBLICK 5
    A)   *Arten der Kapitalerhöhung* 5
    B)   *Ablauf einer Kapitalerhöhung gegen Einlagen* 6
    C)   *Bedeutung des Bezugsrechtsausschlusses* 9
        I.   Vermögensverwässerung 10
            1. Verwässerung des Beteiligungswertes 10
            2. Verkleinerung des Gewinn- und Liquidationsanteils 12
            3. Vorrecht zur Investition von Kapital 13
            4. Verlust steuerrechtlicher Privilegien 14
        II.   Stimmkraftverwässerung 14
        III. Sonstige Bedeutung des Stimmrechts 15
            1. Bezugsrecht als zusätzlicher Ertrag 15
            2. Bezugsrecht als Marketinginstrument 16
    D)   *Historische Entwicklung des Bezugsrechtes* *16*

KAPITEL II: SCHUTZ DER AKTIONÄRE VOR EINGRIFFEN IN IHRE MITGLIEDSCHAFT
                   BEIM BEZUGSRECHTSAUSSCHLUSS 23
    A)   *Die Mitgliedschaft in einer Aktiengesellschaft* *23*
    B)   *Anforderung an einen Eingriff* *24*
        I.   Gesellschaftszweck, Unternehmensgegenstand und Gesellschaftsinteresse 25
        II.   Treupflichten 26
            1. Geltungsbereich 26
            2. Treupflichten in der Aktiengesellschaft 28
    C)   *Rechtfertigung des Eingriffes infolge Bezugsrechtsausschlusses* *30*
        I.   Vom Bezugsrechtsausschluss betroffene Rechte und deren Einschränkungsmöglichkeit 30
            1. Verwaltungsrechte 30
                a) Das Stimmrecht 31
                b) Ausschluss des Stimmrechts 31
                c) Stimmrechtseingriff gegen angemessenen Ausgleich 33
                d) Zwischenergebnis 37
            2. Vermögensrechte 37
            3. Zwischenergebnis 38
        II.   Schutz der Mitgliedschaft bei Kapitalerhöhungen nach dem AktG 38
            1. Qualifizierte Mehrheit, § 186 Abs. 3 S. 2 AktG 38
            2. Bekanntmachung des Ausschlusses, §§ 186 Abs. 4 S. 1, 124 Abs. 1 AktG 39
            3. Berichtspflicht, § 186 Abs. 4 S. 2 AktG 39
            4. Schutz vor missbräuchlichem Bezugsrechtsausschluss durch § 243 Abs. 2 AktG 40
            5. Schutz vor Vermögensverwässerung durch § 255 Abs. 2 AktG 40
            6. Gleichbehandlungsgebot, § 53 a AktG 41

V

	7.	Zwischenergebnis		42
III.		Schutz der Mitgliedschaft bei Kapitalerhöhungen nach kapitalmarktrechtlichen Vorschriften		42
D)	Fazit			44
E)	Sachliche Rechtfertigung und europarechtliche Vorgaben			45
I.		Wortlaut		46
II.		Entstehungsgeschichte/Systematik		46
III.		Regelungszweck		46
IV.		Grundlage für materielle Anforderungen nach der 2. Kapitalrichtlinie		48
V.		Europarechtliche Anforderungen an eine Sachkapitalerhöhung		49
VI.		Zwischenergebnis		50
F)	Sachliche Rechtfertigung und verfassungsrechtlicher Schutz des Eigentums			50
I.		Mitgliedschaft als verfassungsrechtlich geschütztes Eigentum		51
II.		Eingriff oder Inhalts- und Schrankenbestimmung des Eigentums		52
III.		Rechtfertigung		52
IV.		Zwischenergebnis		54
G)	Exkurs: Die einzelnen Prüfungspunkte			54
I.		Gesellschaftszweck/Gegenstand des Unternehmens		55
II.		Geeignetheit		56
III.		Erforderlichkeit/Notwendigkeit		56
	1.	Barkapitalerhöhungen		57
	2.	Bezugsrechtsausschluss als Mittel zur Verhinderung einer Gesellschaftsauflösung		59
	3.	Sachkapitalerhöhungen		60
	4.	Börsengang		61
IV.		Verhältnismäßigkeit/Angemessenheit		61
	1.	Unternehmenssanierung		62
	2.	Einführung der Aktien an ausländischen Börsen		63
	3.	Eingehen von Kooperationen		63

KAPITEL III: BEZUGSRECHTSAUSSCHLUSS IN PUBLIKUMSGESELLSCHAFTEN 65

A)	Sachliche Rechtfertigung oder Missbrauchskontrolle?			65
I.		Rechtliche Einordnung der Publikumsaktiengesellschaft		65
II.		Aktionäre einer börsennotierten Aktiengesellschaft		67
III.		Beeinträchtigung der Mitgliedschaftsrechte durch einen Bezugsrechtsausschluss?		67
IV.		Einfluss der Beteiligungsquote auf die Interessengewichtung		69
V.		Zwischenergebnis		73
B)	Vereinfachter Bezugsrechtsausschluss nach § 186 Abs. 3 S. 4 AktG und dessen Sperrwirkung			73
I.		Voraussetzungen des vereinfachten Bezugsrechtsausschlusses, § 186 Abs. 3 S. 4 AktG		74
	1.	Börsennotierte Gesellschaften		74
	2.	Ausgabebedingungen		74
		a)	Berücksichtigung des wahren Wertes	75
		b)	Festsetzung des Börsenpreises	78
		c)	Ausgabebetrag in Nähe des Börsenpreises	79
		d)	Genügend freie Aktien im Markt	79
		e)	Zwischenergebnis	82
II.		Zeitliches Mindestintervall zwischen zwei vereinfachten Bezugsrechtsausschlüssen		83
III.		Bestätigung der sachlichen Rechtfertigung im vereinfachten Bezugsrechtsausschluss nach § 186 Abs. 3 S. 4 AktG		84
IV.		Sachkapitalerhöhung		85
V.		Konsequenz für sonstige Kapitalerhöhungen mit Bezugsrechtsausschluss		86
VI.		Vereinbarkeit mit der zweiten Kapitalrichtlinie		88
VII.		Ergebnis		89

KAPITEL IV: ZUTEILUNG DER JUNGEN AKTIEN AN EINEN GESELLSCHAFTER 91

KAPITEL V: DIE BERICHTERSTATTUNGSPFLICHT ... 95
A) Sinn und Zweck der Berichtspflicht ... 95
I. Bericht als Entscheidungsgrundlage der Aktionäre ... 95
II. Kontrollfunktion des Berichtes ... 96
B) Inhalt und Umfang des Berichtes ... 96
I. Allgemeines zum Inhalt und Umfang ... 96
II. Die einzelnen Prüfungspunkte ... 98
1. Gründe für Kapitalerhöhung ... 98
2. Geeignetheit ... 99
3. Erforderlichkeit ... 99
4. Angemessenheit ... 99
5. Begründung des Ausgabebetrages ... 101
III. Inhalt und Umfang des Berichtes börsennotierter Gesellschaften ... 101
1. Eingeschränkte Berichtspflicht? ... 101
2. Berichtspflicht zum vereinfachten Bezugsrechtsausschluss nach § 186 Abs. 3 S. 4 AktG ... 102
3. Berichterstattung zu Kapitalerhöhungen mit vereinfachtem Bezugsrechtsausschluss außerhalb des § 186 Abs. 3 S. 4 AktG ... 105
4. Erleichterte Berichtspflicht im Rahmen von Übernahmen (§ 16 Abs. 4 WpÜG)? ... 105
5. Berichterstattung nach kapitalmarktrechtlichen Vorschriften ... 106
C) Form und Veröffentlichungszeitpunkt des Berichtes ... 107
I. Schriftlicher Bericht, § 186 Abs. 4 S. 2 AktG ... 107
II. Veröffentlichungszeitpunkt des Berichtes ... 110
1. Wortlaut ... 111
2. Historie ... 111
3. Systematik ... 113
4. Sinn und Zweck ... 114
5. Art und Weise der Vorabpublizität des Ausschlussberichtes ... 116
   a) Bekanntgabe des wesentlichen Inhalts in Anlehnung an § 124 Abs. 2 Alt. 2 AktG ... 116
   b) Auslegung und Zusendung des Berichtes ... 120
6. Vereinbarkeit mit Art. 29 Abs. 4 S. 3 2.KpRL ... 122
7. Zwischenergebnis ... 123
III. Besondere Anforderungen an börsennotierte Aktiengesellschaften ... 124
1. Form und Zeitpunkt der Publikation des Berichtes nach dem DCGK ... 124
2. Veröffentlichungszeitpunkt im Rahmen von Übernahmeverfahren, § 16 Abs. 4 S. 5 WpÜG ... 124
D) Heilung inhaltlicher Mängel vor und in der Hauptversammlung ... 126
KAPITEL VI: RECHTSSCHUTZMÖGLICHKEITEN ... 129
A) Anfechtungsklage ... 129
I. Gesetzesverletzung, § 243 Abs. 1 AktG ... 129
1. Umfang der gerichtlichen Kontrolle ... 129
2. Grundlage der gerichtlichen Prüfung ... 131
II. Unangemessen niedriger Ausgabebetrag, § 255 Abs. 2 AktG ... 131
III. Darlegungs- und Beweislast ... 132
IV. Fehlerhafter Bericht/ergänzende Informationen ... 134
V. Unzulässige Verfolgung von Sondervorteilen, § 243 Abs. 2 AktG ... 137
VI. Ausschluss rechtsmissbräuchlicher Anfechtungsklagen ... 137
VII. Folgen der Anfechtung ... 139
1. Ex-tunc-Wirkung oder Abwicklung nach Grundsätzen der fehlerhaften Gesellschaft? ... 139
2. Teilanfechtung ... 145
B) Schadensersatzklagen ... 146
I. Schadensersatzansprüche ... 146
1. Schadensersatzanspruch wegen Pflichtverletzung, §§ 283, 280 BGB ... 146
   a) Haftung der Aktionäre ... 146

		b)	Haftung des Vorstandes 148
			(1) Festlegung eines unangemessenen niedrigen Ausgabebetrages........................ 148
			(a) Haftung gegenüber den ausgeschlossenen Aktionären 149
			(b) Haftung gegenüber der Gesellschaft 150
			(2) Unterlassene Anfechtung eines fehlerhaften Ausschlussbeschlusses 151
		c)	Schadensersatzansprüche gegen Gesellschaft 152
			(1) Verletzung des Bezugsanspruches 152
			(2) Regressanspruch gegen Vorstand 154
	2.	Deliktsschutz 155
		a)	Mitgliedschaft als sonstiges Recht i.S.d. § 823 Abs. 1 BGB 155
			(1) Deliktsschutz im Rahmen von Gesellschaftsmaßnahmen 155
			(2) Verletzung der Mitgliedschaft infolge eines rechtswidrigen Bezugsrechtsausschlusses 156
			(3) Verletzung der Mitgliedschaft infolge der Festlegung ....
			eines unangemessen niedrigen Ausgabebetrages der jungen Aktien 157
		b)	Bezugsrecht nach § 186 Abs. 1 S. 1 AktG als Schutzgesetz i.S.d. § 823 Abs. 2 BGB 159
		c)	Untreue infolge der Festlegung eines zu niedrigen Ausgabebetrages, ...
			§ 823 Abs. 2 BGB i.V.m. § 266 StGB 161
			(1) Haftung des Vorstandes und Aufsichtsrates 161
			(2) Haftung der Aktionäre 165
		d)	Zum Schadensersatz verpflichtete Personen 165
			(1) Aktionäre 165
			(2) Vorstand 165
			(3) Gesellschaft 166
			(a) Haftung für Beschlüsse der Hauptversammlung 166
			(b) Haftung für Handlungen des Vorstandes und des Aufsichtsrates 167
II.	Verhältnis des Deliktsrechts zu Rechtsschutzmöglichkeiten gegen Bezugsrechtsausschluss 168
III.	Umfang des Schadensersatzes 169
	1.	Naturalrestitution 169
		a)	Anbieten von freien Aktien 169
		b)	Rückabwicklung der Kapitalerhöhung 170
			(1) Durch die Gesellschaft 170
			(2) Beschluss der Hauptversammlung 171
		c)	Ausgabe eigener Aktien 172
			(1) Eigene Aktien der Gesellschafter 172
			(2) Eigene Aktien der Gesellschaft 173
		d)	Andere, der Rückabwicklung entsprechende Maßnahmen 174
	2.	Kompensation 175
		a)	Kompensation der Herrschaftsrechte 175
		b)	Kompensation von Vermögenseinbußen 175
	3.	Entgangener Gewinn 176
	4.	Gesellschaft von Kompensationsleistung ausgenommen? ....
		(BGH Urteil hinsichtlich Anlegerschutz einarbeiten) 177
	5.	Mitverschulden des ausgeschlossenen Aktionärs 178
C)	*Anforderungen an den Registerrichter* *179*
KAPITEL VII:	TEILERGEBNIS 181

TEIL 3: DAS GENEHMIGTE KAPITAL UND DER BEZUGSRECHTSAUSSCHLUSS 183

KAPITEL I:	ABLAUF EINER GENEHMIGTEN KAPITALERHÖHUNG 185
KAPITEL II:	HISTORISCHE ENTWICKLUNG 187
KAPITEL III:	MÖGLICHKEIT DER EINFLUSSNAHME AUF DIE VERWALTUNG ....
	AUßERHALB DER HAUPTVERSAMMLUNG 189

KAPITEL IV:		ERMÄCHTIGUNGSBESCHLUSS		191
A)	*Direkter Bezugsrechtsausschluss*			*191*
	I.	Ausschlussvoraussetzungen		191
	II.	Festlegung des Ausgabebetrages		191
B)	*Ermächtigung zum Bezugsrechtsausschluss*			*192*
KAPITEL V:		RECHTSSCHUTZMÖGLICHKEITEN GEGEN DEN ERMÄCHTIGUNGSBESCHLUSS		197
A)	*Anfechtungsklage*			*197*
	I.	Anfechtungsgründe		197
		1. Direktausschluss		197
		a) Voraussetzungen		197
		b) Wirkung der Anfechtung		198
		2. Ermächtigungsbeschluss zum Bezugsrechtsausschluss		199
		a) Vorratsermächtigung		199
		b) Zweckgebundene Ermächtigung		199
	II.	Ausschluss missbräuchlicher Anfechtungsklagen		202
B)	*Unterlassungsklage*			*202*
	I.	Verbandsrechtlicher Unterlassungsanspruch		203
	II.	Deliktsrechtlicher Unterlassungsanspruch		204
	III.	Zwischenergebnis		205
KAPITEL VI:		ANFORDERUNGEN BEI AUSNUTZUNG DES GENEHMIGTEN KAPITALS		207
A)	*Anforderungen an den Vorstand*			*207*
	I.	Direktausschluss durch die Hauptversammlung		207
		1. Bindung an das Gesellschaftsinteresse		207
		2. Handeln im Rahmen der Befugnis		207
		3. Festlegung des Ausgabebetrages, § 255 Abs. 2 AktG		208
	II.	Entscheidung über den Bezugsrechtsausschluss		209
		1. Bindung an das materielle Ausschlusserfordernis		209
		a) Aufgrund Organstellung		210
		b) Aufgrund der übertragenen Befugnis		210
		c) Erleichterte Anforderungen im Rahmen des genehmigten Kapitals		211
		(1) Erleichterte Anforderungen resultierend aus dem genehmigten Kapital		211
		(2) Vereinfachter Bezugsrechtsausschluss bei börsennotierten Aktiengesellschaften		214
		(a) Begrenzung auf zehn Prozent des Grundkapitals und Mehrfachausnutzung		215
		(01) Genehmigtes Kapital und vereinfachter Bezugsrechtsausschluss		215
		(02) Maßgebliches Grundkapital		215
		(03) Mehrfachausnutzung		217
		(04) Verhältnis ordentliche Kapitalerhöhung und genehmigte Kapitalerhöhung mit vereinfachtem Bezugsrechtsausschluss		218
		(05) Erforderlichkeit einer Ausschlussermächtigung?		219
		(b) Vereinfachter Bezugsrechtsausschluss außerhalb des § 186 Abs. 3 S. 4 AktG		220
		(3) Zwischenergebnis		221
		d) Europarechtliche Vorgaben		221
		e) Zwischenergebnis		222
		2. Bindung an die Vorgaben der Hauptversammlung		222
		3. Bindung an die gesetzlichen Bestimmungen		223
B)	*Anforderung an den Aufsichtsrat*			*223*
	I.	Entscheidung über den Bezugsrechtsausschluss		223
		1. Materielle Anforderungen an die Zustimmung		223
		2. Bericht		224
	II.	Ausnutzung der Ermächtigung beim Direktausschluss		225
		a) Direkte Anwendung des § 204 Abs. 1 S. 2 AktG		225
		b) Analoge Anwendung des § 204 Abs. 1 S. 2 AktG		226

IX

		(1)	Gleiche Interessenlage	226
		(2)	Planwidrige Regelungslücke	227
	c)		Zwischenergebnis	227
C)	Anforderungen an den Registerrichter			227
D)	Rechtsfolgen eines rechtswidrigen Beschlusses			229

KAPITEL VII: RECHTSSCHUTZMÖGLICHKEITEN DER AKTIONÄRE 231
              BEI AUSNUTZUNG DES ERMÄCHTIGUNGSBESCHLUSSES 231

A) *Nichtigkeits- und Anfechtungsklagen, §§ 241 ff. AktG* *231*
    I.   Analoge Anwendung der Nichtigkeits- und Anfechtungsklagen
          auf Beschlüsse des Vorstandes und Aufsichtsrates 231
    II.   Begründung eines Anfechtungsrechtes infolge der Übertragung
          von Hauptversammlungsbefugnissen auf ein anderes Organ 233
    III. Zusammenfassung 234

B) *Feststellungs- und Unterlassungsklagen* *234*
    I.   Unterlassungsklage 234
    II.   Feststellungsklage 235

C) *Schadensersatzansprüche der Aktionäre* *237*
    I.   Haftung des Vorstandes 237
         1. Fehlen der materiellen Ausschlussvoraussetzungen 237
         2. Fehlerhafte Festlegung des Ausgabebetrages der jungen Aktien 240
             a) Verletzung der Mitgliedschaft, § 823 Abs. 1 BGB 240
             b) Haftung wegen Veruntreuung des Aktionärsvermögens,
                  nach § 823 Abs. 2 BGB i.V.m. § 266 StGB 240
         3. Schadensersatzpflicht gem. § 117 Abs. 2 S. 1 AktG 241
         4. Haftungsausschluss, § 117 Abs. 7 Nr. 1 AktG 241
         5. Haftung des Aufsichtsrates, § 823 Abs. 1 BGB 242
         6. Haftung für Veruntreuung des Aktionärsvermögens, 823 Abs. 2 BGB i.V.m. § 266 StGB 243
         7. Haftung gem. § 117 Abs. 2 AktG 243
         8. Haftungsausschluss, § 117 Abs. 7 Nr. 1 AktG 243
    II.   Haftung der Gesellschaft 244
         1. Haftung für Verschulden der Organe 244
         2. Verletzung des Bezugsanspruches 244
    III. Haftung der Aktionäre 245
         1. Haftung der Aktionäre wegen Treupflichtverletzung, §§ 280, 241 Abs. 2 BGB 245
         2. Haftung wegen Beeinflussung der Verwaltung, § 117 Abs. 1 AktG 245
         3. Haftung nach § 826 BGB 246
         4. Haftungsausschluss nach § 117 AktG 246
    IV. Umfang des Schadensersatzes 247
         1. Naturalrestitution 247
             a) Anbieten freier Aktien 247
             b) Anbieten eigener Aktien der Gesellschaft 247
             c) Rückabwicklung der Kapitalerhöhung 248
                 (1) Echte Rückabwicklung 248
                 (2) Andere, der Rückabwicklung entsprechende Maßnahmen 248
         2. Kompensation/Entgangener Gewinn 248
             a) Verlust der Beteiligungsquote 248
             b) Aufgrund der Vermögensverwässerung 249
             c) Eingeschränkte Ersatzpflicht der Gesellschaft 249
    V.   Bewertung der Haftung 249

D) *Exkurs: Schadensersatzansprüche der Gesellschaft* *251*
    I.   Haftung der Verwaltung 251
    II.   Haftung der Aktionäre 252

KAPITEL VIII: BERICHT ZUM BEZUGSRECHTSAUSSCHLUSS IM RAHMEN DES GENEHMIGTEN KAPITALS 253
A) *Allgemeines zur Berichtspflicht beim genehmigten Kapital* 253
  I. Alleinige Nachkontrolle in der nächsten Hauptversammlung 253
  II. Gewisse Vorkontrolle, im Übrigen Nachkontrolle 254
  III. Gewisse Vorkontrolle und Kontrolle im Ausgabezeitpunkt der jungen Aktien 254
  IV. Vollständige Vorkontrolle 254
B) *Berichtspflicht beim Direktausschluss* 255
  I. Allgemeines 255
  II. Börsennotierte Aktiengesellschaften 256
C) *Berichtspflicht zur Ermächtigung zum Bezugsrechtsausschluss* 257
  I. Wortlaut/Systematik 257
  II. Historik 259
  III. Sinn und Zweck 260
    1. Interessenlagen 260
    2. Stellungnahme 262
    3. Zwischenergebnis 268
KAPITEL IX: BERICHT VOR AUSNUTZUNG DER ERMÄCHTIGUNG 269
A) *Informationspflichten bei börsennotierten Gesellschaften* 269
  I. Kapitalmarktrechtliche Publizität, § 15 WpHG 269
  II. Prospektpflicht, § 30 Abs. 3 Nr. 2 BörsG i.V.m. §§ 13 ff. BörsZuV 270
  III. Information der Aktionäre beim vereinfachten Bezugsrechtsausschluss, ...
     § 186 Abs. 1 S. 2 AktG analog 271
B) *Nachträglicher Bericht in der darauf folgenden Hauptversammlung,* ....
   § 160 Abs. 1 Nr. 3, 4 AktG 272
C) *Vorabberichtspflicht* 272
  I. Wortlaut 273
  II. Historik 273
  III. Systematik 274
  IV. Sinn und Zweck 276
    1. Interessenlagen 276
    2. Bedeutung der Ermächtigung zum Bezugsrechtsausschluss 276
    3. Pflichten des Vorstandes beim Ausschluss des Bezugsrechtes 277
    4. Schutz der Aktionäre vor rechtswidrigen Bezugsrechtsausschlüssen durch den Vorstand 277
    5. Schutz der Aktionärsrechte bei Ausnutzung des genehmigten Kapitals 280
    6. Fazit 281
  V. Der Vorabbericht 281
    1. Inhalt und Umfang des Vorabberichtes 281
    2. Art und Form der Bekanntmachung 282
    3. Ausschlussfrist des gerichtlichen Rechtsschutzes 283
  VI. Vorabbericht nach Art. 29 2. KpRL 287
KAPITEL X: ERGEBNIS 291

TEIL 4: GESAMTERGEBNIS 293

  I. Materielle Voraussetzungen 293
  II. Berichterstattung 293
    1. Ordentliche Kapitalerhöhung 293
    2. Genehmigte Kapitalerhöhung 294

XI

LITERATURVERZEICHNIS

Adler, H./Düring, W./Schmaltz, K.	Rechnungslegung und Prüfung der Unternehmen, 6. Aufl. Stuttgart: Schäffer- Poeschel, 1995 ff.: (zit. *Adler/Düring /Schmaltz*, Rechnungslegung)
Albach, Horst/Corte, Christiane/Friedewald, Rolf/Lutter, Marcus/ Richter, Wolf	Deregulierung des Aktienrechts: Das Drei-Stufen-Modell, Bertelsmann, Gütersloh 1988 (zit.: *Albach/Corte/Friedewald/ Lutter/Richter*, Deregulierung)
Assmann, Heinz Dieter/Schneider, Uwe H.	Kommentar zum Wertpapierhandelsgesetz, 2. Aufl., Köln: O. Schmidt, 1999 (zit.: *Bearbeiter* in Assmann/Schneider)
Axhausen, Michael	Anfechtbarkeit aktienrechtlicher Aufsichtsratsbeschlüsse Frankfurt am Main, Bern, New York: Lang, 1986 (zit. *Axhausen*, Anfechtbarkteit)
Bassenge, Peter/Herbst Gerhard	Gesetz über die Angelegenheiten der freiwilligen Gerichtsbarkeit, Rechtspflegergesetz. Kommentar, 8. Aufl., Heidelberg: Müller, 1999 (zit.: *Bassenge/Herbst*, FGG)
Baumbach, Adolf/Hueck, Götz	Kurzkommentar zum Aktiengesetz, 13. Aufl., München: Beck 1968 (zit.: *Baumbach/Hueck*, AktG)
Baumbach, Adolf /Hopt, Klaus J.	Handelsgesetzbuch. Kommentar, 31. Aufl., München: Beck, 2003 (zit. *Baumbach/ Hopt*, HGB)
Baums, Theodor	Wieviel Aufsichtsrat ist nützlich?, Arbeitspapier 7/94; http://www.jura.uos.de/institut/hwr
Bayer, Walter	Kapitalerhöhung mit Bezugsrechtsausschluß und Vermögensschutz der Aktionäre nach 255 Abs. 2 AktG; ZHR 163 (1999) S. 505
Becker, Gert	Der Aktionär der Publikums-AG aus Sicht der Praxis, AG 1985, 14 – 20
Becker, Helmut	Bezugsrechsausschluß gemäß § 186 Absatz 4 Satz 2 des Aktiengesetzes in der Fassung der 2.EG-Richtlinie; BB 1981, 394 – 396
Bertelsmann Lexikon	Universal–Lexikon, Gütersloh; München: Wissen – Media, 2004 (zit.: Bertelsmann/ "Stichwort")
Beuthien, Volker	Treuhand an Gesellschaftsanteilen; ZGR 1974, 26 – 85
Bleckmann, Albert	Staatsrecht II – Die Grundrechte, 4. Aufl. Köln, Berlin, Bonn, München: Heymanns, 1997 (zit. *Bleckmann*, Grundrechte)
Bonner Kommentar	Kommentar Grundgesetz, Hamburg/Heidelberg: 1950 ff., (zit. BK/*Bearbeiter*)

Bosse, Christian	Informationspflichten des Vorstands beim Bezugsrechtsausschluß im Rahmen des Beschlusses und der Ausnutzung eines genehmigten Kapitals; ZIP 2001, 104 – 108
Boujong, Karlheinz	Rechtsmißbräuchliche Anfechtungsklagen vor dem Bundesgerichtshof, Festschrift für Alfred Kellermann zum 70. Geburtstag, 1990; S. 1 – 14 (zit.: *Boujong*, FS Kellermann)
Brandes, Helmut	Die Rechtsprechung des Bundesgerichtshofs zur Aktiengesellschaft; WM 1994, 2177 – 2189
Brodmann, Erich	Aktienrecht. Kommentar, Berlin, Leipzig: Gruyter, 1928 (zit *Brodmann*, AktR)
Bungert, Hartwin	Die Liberalisierung des Bezugsrechtsausschlusses im Aktienrecht; NJW 1998, 488 – 492
ders.	Vorstandsbericht bei Bezugsrechtsausschluss bei Genehmigtem Kapital – Siemens/Nold in der Praxis; BB 2001, 742 – 744
Busch, Torsten	Aktienrechtliche Probleme der Begebung von Genußrechten zwecks Eigenkapitalverbreitung; AG 1994, 93 – 103
Cahn, Andreas	Pflichten des Vorstandes beim genehmigten Kapital mit Bezugsrechtsausschluß; ZHR 163 (1999), 554 – 593
ders.	Ansprüche und Klagemöglichkeiten der Aktionäre wegen Pflichtverletzungen der Verwaltung beim genehmigten Kapital; ZHR 164 (2000), 113
Canaris, Claus-Wilhelm	Schutzgesetze – Verkehrspflichten – Schutzpflichten; Festschrift für Karl Larenz zum 80. Geburtstag am 23. April 1983, München: Beck, 1983 (zit.: *Canaris*, FS Larenz)
Claussen, Carsten Peter	Bank- und Börsenrecht , 3. Aufl., München: Beck 2003 (zit.: *Claussen*, Bank- und Börsenrecht)
ders.	Das Gesetz über die kleine Aktiengesellschaft – und die ersten praktischen Erfahrungen, WM 1996, 609 – 619
ders.	Die vier aktienrechtlichen Änderungsgesetze des 12. Deutschen Bundestages Reform oder Aktionismus, AG 1995, 163 – 172
Cromme, Gerhard	Die Bedeutung des Deutschen Corporate Governance Kodex für die Praxis; Zeitschrift für das gesamte Kreditwesen 2002, 502 - 505
DAI	"Nach der Baisse hagelt es Kapitalerhöhungen" November 2002 (zit. DAI November 2002)
Dreher, Meinrad	Treupflichten zwischen Aktionären und Verhaltenspflichten bei der Stimmrechtsbündelung; ZHR 157 (1993) 150 – 171

ders.	Die Schadensersatzhaftung bei Verletzung der aktienrechtlichen Treuepflicht durch Stimmrechtsausübung; ZIP 1993, 332 – 337
Drinkuth, Henrik	Die Kapitalrichtlinie – Mindest- oder Höchstnorm?, Diss., Köln:. Schmidt, 1998 (*Drinkuth*, Kapitalrichtlinie)
Drygala, Tim	Anmerkung zu LG Frankfurt/M., Urt. v. 29.7.1997 – 3/5 O 162/95 ZIP 1997, 1678 (Altana/Milupa), EWiR § 119 AktG, 1/97 S. 919
Ehrenberg, Victor	Handbuch des gesamten Handelsrecht, Dritter Band, I. Abteilung; Leipzig: Reisland; 1916 (zit.: Ehrenberg/*Bearbeiter*)
Ekkenga, Jens/Sittmann, Jörg	Anmerkung zum Beschluß des OLG München vom 28.9.1988 – 7 W 2358/88 in AG 1989, 213, AG 1989, 213
Ekkenga, Jens	Das Organisationsrecht des genehmigten Kapitals; Teil I: AG 2001, 567-579; Teil II: AG 2001, 615-629
ders.	Börsengang und Bezugsrechtsausschluss in Gesellschaftsrecht in der Diskussion 2000; Schriftenreihe der Gesellschaftsrechtlichen Vereinigung Bd. 3; Köln: O. Schmidt, 2001 S. 77-101
ders.	"Macrotron" und das Grundrecht auf Aktieneigentum – der BGH als der bessere Gesetzgeber?; Zugleich Besprechung der Entscheidung BGH WM 2003, 53; ZGR 2003, 878 – 910
ders.	"Kapitalmarktrechtliche Aspekte des Bezugsrechts und Bezugsrechtsausschlusses"; AG 1994, 59
Fischer, Robert	Die Grenzen bei der Ausübung gesellschaftlicher Mitgliedschaftsrechte, NJW 1954, 777 – 780
Fleischer, Holger	Das neue Wertpapiererwerbs- und Übernahmegesetz: Einführende Gesamtdarstellung und Materialien, München: Beck, 2002 (zit.: *Fleischer*, WpÜG)
Flume, Werner	Allgemeiner Teil des Bürgerlichen Rechts – Erster Teil Die Personengesellschaft, Berlin, Heidelberg, New York, Tokyo: Springer (zit.: *Flume*, PersGes)
ders.	Allgemeiner Teil des Bürgerlichen Rechts – Zweiter Teil Die juristische Person, Berlin, Heidelberg, New York, Tokyo: Springer (zit.: *Flume*, JP)
ders.	Allgemeiner Teil des Bürgerlichen Rechts – Zweiter Band: Das Rechtsgeschäft, Berlin, Heidelberg, New York, Tokyo, Hong Kong, Barcelona, Budapest: Springer (zit.: *Flume*, Rechtsgeschäft)

ders.	Körperschaftliche juristische Person und Personenverband; Festschrift für Gerhard Kegel zum 75. Geburtstag, Stuttgart, Berlin, Köln, Mainz: Kohlhammer, 1987 (zit.: *Flume*, FS Kegel)
Frey/Hirte	Das Vorab-Bezugsrecht auf Aktien und Optionsanleihen; ZIP 1991, 697 – 705
Fritzen, J. Klaus	Der Einfluß der Hauptversammlung in der Publikums-Aktiengesellschaft; DB 1981, 277 – 281
Füchsel, Hans	Probleme des Bezugsrechtsausschlusses im deutschen Aktienrecht; BB 1972, 1533 – 1540
Geibel, Stephan/Süßmann, Rainer	Wertpapiererwerbs- und Übernahmegesetz. Kommentar München : Beck, 2002 (zit. *Bearbeiter* in Geibel/Süßmann)
Geßler, Ernst/ Hefermehl, Wolfgang/ Eckard, Ulrich/ Kropff, Bruno	Aktiengesetz. Kommentar, München: Franz Vahlen, 1974 ff. (zit.: *Bearbeiter* in G/H/E/K)
von Godin, R./Wilhelmi, Hans	Aktiengesetz. Kommentar, 3. Aufl., Bd. II: §§ 179 – 410, Einführungsgesetz, Berlin: de Gruyter 1967 (zit.: *Godin/ Wilhelmi*, AktG)
Groß, Wolfgang	Kapitalmarktrecht. Kommentar, 2. Aufl., München: Beck, 2002 (zit. *Groß*, KMR)
ders.	Isolierte Anfechtung der Ermächtigung zum Bezugsrechtsausschluß bei der Begebung von Optionsanleihen; AG 1991, 201 – 205
ders.	Bezugsrechtsausschluß bei Barkapitalerhöhungen: Offene Fragen bei der Anwendung des neuen § 186 Abs. 3 S. 4 AktG; DB 1994, 2431 – 2439
ders.	Deutsches Gesellschaftsrecht in Europa, EuZW 1994, 395 – 402
ders.	Bookbuilding; ZHR 162 (1998) S. 318 – 339
Großkommentar zum Aktiengesetz	1. Aufl., Berlin: Gruyter 1939 (zit. GK/*Bearbeiter*[1]), 2. Aufl., Berlin: de Gruyter, 1965 (zit. GK/*Bearbeiter*[2]), 3. Aufl., Berlin, New York: Gruyter 1973 ff. (zit.: GK/*Bearbeiter*[3]); 4. Aufl. Berlin, New York: de Gruyter, 1992 ff (zit.: GK/ *Bearbeiter*)
Grunewald, Barbara	Gesellschaftsrecht, 5. Aufl., Tübingen: Mohr Siebeck, 2002 (zit.: *Grunewald*, GesR)
Habersack, Mathias	Europäisches Gesellschaftsrecht, 2. Aufl. München: Beck, 2003 (zit.: *Habersack*, EuGesR)

ders.	Die Mitgliedschaft – sonstiges und "subjektives" Recht, Tübingen: Mohr, 1996 (zit.: *Habersack*, Mitgliedschaft)
ders.	Die Aktionärsklage – Grundlagen, Grenzen du Anwendungsfälle, DStR 1998, 533
Hadding, Walther	Ergibt die Vereinsmitgliedschaft „quasi-vertragliche" Ansprüche, „erhöhte Treue- und Förderungspflichten" sowie ein „sonstiges Recht" im Sinne des § 823 Abs. 1 BGB? – Besprechung der Entscheidung BGHZ 110, 323 (Schärenkreuzer); Festschrift für Alfred Kellermann zum 70. Geburtstag, 1990 (zit.: *Hadding*, FS Kellermann)
Happ, Wilhelm	Aktienrecht. Handbuch, Mustertexte, Kommentar, Köln, Berlin, Bonn, München: Heymann, 1995 (zit.: *Happ*, AktR)
Henn, Günter	Handbuch des Aktienrechts, 7. Aufl. 2002; Heidelberg: Müller, Hüthig (zit.: *Henn*, AktR)
Heinsius, Theodor	Bezugsrechtsausschluß bei Schaffung von Genehmigten Kapital – Genehmigtes Kapital II – ; Festschrift für Alfred Kellermann zum 70. Geburtstag, 1990; S. 115 – 139 (zit.: *Heinsius*, FS Kellermann)
Heiser, Kristian J.	Interessenkonflikte in der Aktiengesellschaft und ihre Lösung am Beispiel des Zwangsangebots: Das Spannungsfeld zwischen Unternehmen und Anlegerinteresse, Hamburg: LIT 1999 (zit. *Heiser*, Interessenkonflikte)
Helmis, Sven	Corporate Governance in Deutschland: Eigentums- und Kontrollstrukturen und rechtliche Rahmenbedingungen in der „Deutschland AG"; Arbeitsbericht aus dem Institute for Mergers & Acquisition Nr. 03/02 Sept. 2002 (zit.: *Helmis*, Corporate Governance in Deutschland)
Henssler, Martin	Treuhandgeschäft – Dogmatik und Wirklichkeit; AcP 196 (1996) 37 – 87
Henze, Hartwig	Aktienrecht – Höchstrichterliche Rechtsprechung, Köln: RWS-Verl. Kommunikationsforum, 4. Aufl. 2000 (zit.: *Henze*, AktR[4]), 5. Aufl., 2002 (zit.: *Henze*, AktR)
ders.	Prüfungs- und Kontrollaufgaben des Aufsichtsrates in der Aktiengesellschaft – Die Entscheidungspraxis des Bundesgerichtshofes; NJW 1998, 3309 – 3312
ders.	Schranken für den Bezugsrechtsausschluss – Rechtsprechung des BGH im Wandel?; ZHR 167 (2003) 1 – 7
ders.	Treupflichten der Gesellschafter im Kapitalgesellschaftsrecht; ZHR 162 (1998) 186 – 196

ders.	Zur Treupflicht unter Aktionären; Festschrift für Alfred Kellermann zum 70. Geburtstag, 1991; S. 141 – 152 (zit. *Henze*, FS Kellermann)
Hilscher, Udo/Singer, Jürgen/ Grampp, Michael	Börsenlexikon; Frankfurt/M: Fischer, 2002 (zit. *Hilscher/ Singer/Grampp/* Börsenlexikon – „Begriff")
Hirte, Heribert	Bezugsrechtsausschluß und Konzernbildung: Minderheitenschutz bei Eingriffen in die Beteiligungsstruktur des Aktiengesetzes, Köln, Berlin, Bonn, München: Heymann, 1986 (zit.: *Hirte*, Bezugsrechtsauschluß und Konzernbildung)
ders.	Anmerkungen und Anregungen zur geplanten gesetzlichen Neuregelung des Bezugsrechts; ZIP 1994, 356 – 363
ders.	Bezugsrechtsfragen bei Optionsanleihen; WM 1994, 321 – 329
ders.	Bezugsrecht, Berichtspflicht, genehmigtes Kapital und europäisches Recht; DStR 2001, 577 – 581
ders.	Anmerkung zu OLG Karlsruhe EWiR § 203 AktG 1/03, 299 – 300
ders.	Kurzkommentar zu Siemens/Nold, EWiR § 203 AktG 1/97 S. 1013/1014
ders.	Mißbrauch aktienrechtlicher Anfechtungsklagen; BB, 1988, 1469 – 1477
ders.	Der Kampf um Belgien – Zur Abwehr feindlicher Übernahmen; ZIP, 1989, 1233 – 1246
Hoffmann-Becking, Michael	Gesetz zur "kleinen AG" – unwesentliche Randkorrekturen oder grundlegende Reform?; ZIP 1995, 1 – 10
ders.	Neue Formen der Aktienemission; Festschrift für Otfried Lieberknecht zum 70. Geburtstag, München: Beck, 1997; S. 25 – 43 (zit. *Hoffmann-Becking*, FS Lieberknecht)
Hofmeister, Holger	Der Ausschluss des aktiengesetzlichen Bezugsrechts bei börsennotierten AG – Konsequenzen aus BGH 136, 133 ff. – Siemens/Nold; NZG 2000, 713 – 719
Hommelhoff, Peter	Zum vorläufigen Bestand fehlerhafter Strukturänderungen in Kapitalgesellschaften; ZHR 158 (1994) 11 – 34
Hopt, Klaus	Vom Aktien- und Börsenrecht zum Kapitalmarktrecht? – Teil 2: Die deutsche Entwicklung im internationalen Vergleich; ZHR 141 (1977) S. 389 – 441
Horrwitz, Hugo	Kapitalverwässerung und Ausschluß des Aktionärsbezugsrecht; JW 1923, 917

Huber, Ulrich	Die Abfindung der neuen Aktionäre bei Nichtigkeit der Kapitalerhöhung, Festschrift für Peter Claussen zum 70. Geburtstag, Köln, Berlin, Bonn, München: Heymann, 1997 S. 147 – 169 (zit. *Huber*, FS Claussen)
Hueck, Alfred	Der Treuegedanke im modernen Privatrecht, München: Bayrischen Akad. der Wiss.: 1947 (zit. *A. Hueck*, Treugedanke)
Hueck, Götz	Der Grundsatz der gleichmäßigen Behandlung im Privatrecht, München: Beck, 1958 (zit. *G. Hueck*, Gleichmäßige Behandlung)
Hueck, Alfred/Canaris, Claus-Wilhelm	Recht der Wertpapiere, 11 Aufl., München: Vahlen, 1977 (zit. *Hueck/Canaris*, Wertpapierrecht)
Hüffer, Uwe	Kurzkommentar zum Aktiengesetz, München: Beck, 4. Aufl. 1999 (zit.: Hüffer, AktG^4), 5. Aufl. 2002 (zit.: *Hüffer*, AktG)
ders.	Beschlußmängel im Aktienrecht und im Recht der GmbH – Eine Bestandsaufnahme unter Berücksichtigung der Beschlüsse von Leitungs- und Überwachungsorganen; ZGR 2001, 833 – 874
ders.	Zur Darlegungs- und Beweislast bei der aktienrechtlichen Anfechtungsklage; Festschrift für Hans-Joachim Fleck zum 70. Geburtstag am 30. Januar 1988, Berlin, New York: de Gruyter 1988 (zit.: *Hüffer*, FS Fleck); S. 151 – 168
ders.	Die gesetzliche Schriftorm bei Berichten des Vorstandes gegenüber der Hauptversammlung; Festschrift für Peter Claussen zum 70. Geburtstag, Köln, Berlin, Bonn, München: Heymann, 1997 S. 171 – 186 (zit. *Hüffer*, FS Claussen)
ders.	Die Ausgleichsklausel des § 243 Abs. 2 S. 2 AktG – mißlungene Privilegierung der Mehrheitsherrschaft oder Grundlage für bloßen Vermögensschutz des Kapitalanlegers?; Aktien- und Bilanzrecht: Festschrift für Bruno Kropff. – Düsseldorf: IDW-Verl. 1997; (zit.: *Hüffer*, FS Kropff)
ders.	Harmonisierung des aktienrechtlichen Kapitalschutzes, NJW 1979, 1065 - 1070
Ihlas, Horst	Organhaftung und Haftpflichtversicherung, Berlin: Duncker und Humbolt, 1997 (zit.: *Ihlas*, Organhaftung und Haftpflichtversicherung)
Ihrig, Hans-Christoph	Genehmigter Kapital- und Bezugsrechtsausschluß; WiB 1997, 1181 – 1182
Ihrig, Hans-Christoph / Wagner, Jens	Volumengrenzen für Kapitalmaßnahmen der AG – Zu den aktienrechtlichen Höchstgrenzen bei Kapitalmaßnahmen; NZG 2002, 657 – 664

Kallmayer	Umwandlungsgesetz. Kommentar, 2. Aufl., Köln: Schmidt: 2001 (zit. Kallmayer/*Bearbeiter*)
Kallmeyer, Harald	Bezugsrecht und Bezugsrechtsausschluß – Vorschlag für eine neue Bezugsrechtsdoktrin von AG und KGaA; AG 1993, 249 – 252
Keidel, Theodor/Kuntze, Joachim/Winkler, Karl	Freiwillige Gerichtsbarkeit. Kommentar, 14. Aufl., München: Beck, 1999 (zit.: *Keidel/Kuntze/Winkler*, FG)
Kiem, Roger	Der Hauptversammlungsentscheid zur Legitimation von Abwehrmaßnahmen nach dem neuen Übernahmegesetz; ZIP 2000, 1509 – 1517
Kimpler, Frank	Probleme im Falle des Bezugsrechtsausschlusses beim genehmigten Kapital und bei Kapitalerhöhungen bei Tochtergesellschaften; DB 1994, 767 – 773
Kindl, Johann	Anmerkung zu OLG München Beschluß vom 24.11.1994 – 7 U 2389/94; WiB 1995, 384 – 385
Kindler, Peter	Bezugsrechtsausschluß und unternehmerisches Ermessen nach deutschen und europäischen Recht, ZGR 1998, 35 – 68
ders.	Die Aktiengesellschaft für den Mittelstand – Das Gesetz für kleine Aktiengesellschaften und zur Deregulierung des Aktienrechts; NJW 1995, 3041 – 3048
ders.	Unternehmerisches Ermessen und Pflichtenbindung – Voraussetzungen und Geltendmachung der Vorstandshaftung in der Aktiengesellschaft; ZHR 162 (1998), 101 – 119
ders.	Die sachliche Rechtfertigung des aktienrechtlichen Bezugsrechtsausschlusses im Lichte der Zweiten Gesellschaftlichen Richtlinie der Europäischen Gemeinschaft; ZHR 158 (1994), 339
Klette, Dieter	Der Emissionskurs beim genehmigten Kapital; DB 1968, 977 – 980
ders.	Rechtsfolgen eines zu niedrigen Emissionskurses beim genehmigten Kapital; DB 1968, 1101 – 1105
ders.	Die Überpari-Emission bei der Kapitalerhöhung gegen Einlagen; BB 1968, 2203 – 2209, 2261 – 2265
Kley, Martin	Bezugsrechtsausschluß und Deregulierungsanforderungen, Diss.; Köln 1998 (zit.: *Kley*, Bezugsrechtsausschluss)
Knack, Hans Joachim	Verwaltungsverfahrensgesetz. Kommentar 7. Aufl., Köln, Berlin, Bonn, München: Heymanns, 2000 (zit.: Knack/*Bearbeiter*)

Kölner Kommentar zum Aktiengesetz	2. Auflage, Köln, Berlin, Bonn, München: Heymanns, 1986; soweit noch nicht erschienen: 1. Aufl. 1970 ff. (zit.: KK/ *Bearbeiter*)
Kölner Kommentar zum WpÜG	Kölner Kommentar zum WpÜG, Köln, Berlin, Bonn, München: 2003 (zit. KK-WpÜG/*Bearbeiter*)
Kort, Michael	Rechte und Pflichten des Vorstands der Zielgesellschaft bei Übernahmeversuchen; Deutsches und europäisches Gesellschafts-, Konzern- und Kapitalmarktrecht: Festschrift für Marcus Lutter zum 70. Geburtstag, Köln: O. Schmidt, 2000 (zit.: *Kort*, FS Lutter) S. 1421 – 1447
ders.	Aktien aus vernichteten Kapitalerhöhungen; ZGR 1994, 291 – 323
Korthals, Kerstin	Kapitalerhöhung zu höchsten Preisen: Eine Untersuchung unter Berücksichtigung des Aktionärsschutzes bei Ausgabe von Aktien im US-amerikanischen Recht , Diss., Frankfurt/M, Berlin, Bern, New York, Paris, Wien: Lang 1995 (zit.: *Korthals*, Kapitalerhöhung)
Kraft, Alfons/Kreutz, Peter	Gesellschaftsrecht, 11. Aufl., Neuwied; Kriftel: Luchterhand, 2000 (zit.: *Kraft/ Kreutz*, GesR)
Krieger, Gerd	Fehlerhafte Satzungsänderungen: Fallgruppen und Bestandskraft; ZHR 158 (1994) 35 – 58
ders.	Aktionärsklage zur Kontrolle des Vorstands- und Aufsichtsratshandelns; ZHR 163 (1999) 343 – 363
ders.	Vorstandsbericht vor Ausnutzung eines genehmigten Kapitals mit Bezugsrechtsausschluss?; Festschrift für Herbert Wiedemann zum 70. Geburtstag, München: Beck, 2002 (zit. *Krieger*, FS Wiedemann) S. 1081 – 1095
ders.	Squeeze-Out nach neuem Recht: Überblick und Zweifelsfragen; BB 2002, 53 – 62
Kropff, Bruno	Aktiengesetz, Textausgabe des Aktiengesetzes vom 6.9.1965 mit Begründung des Regierungsentwurfs und Bericht des Rechtsausschusses des Deutschen Bundestags; Düsseldorf: Institut der Wirtschaftsprüfer, 1965 (zit. *Kropff*, AktR)
Krüger, Dirk	Zweckmäßige Wahl der Unternehmensform, 6. Aufl., Bonn: Stollfuß, 1999 (zit.: *Krüger*, Unternehmensformen)
Kübler, Friedrich	Sind zwingende Bezugsrechte Zwingend sinnvoll?; ZBB 1993, 1 –7
Kübler, Friedrich/Mendelson, Morris/Mundheim, Morris, H.	Die Kosten des Bezugsrechts – Eine rechtsökonomische Analyse des amerikanischen Erfahrungsmaterials; AG 1994, 461

Larenz, Karl	Methodenlehre der Rechtswissenschaft, 2. Aufl., Berlin, Heidelberg; New York; London, Paris, Tokyo, Hong Kong, Barcelona, Budapest: Springer 1992 (zit. *Larenz*, Methodenlehre)
Larenz, Karl/Wolf, Manfred	Allgemeiner Teil des Bürgerlichen Rechts, 9. Aufl., München: Beck 2004 (zit.: *Larenz/Wolf*, AT)
Larenz, Karl/Canaris, Claus-Wilhelm	Lehrbuch des Schuldrechts, Bd. 2. Besonderer Teil. Halbbd. 2, 13. Aufl., München: Beck, 1994 (zit.: *Laranz/Canaris*, SBT 2)
Lattwein, Alois/Krüger, Burghard	D&O-Versicherungen – Das Ende der Goldgräberstimmung?; NVersZ 2000, 365 – 368
Lemke, Christian Peter	Der fehlerhafte Aufsichtsratbeschluß, Diss., Baden Baden: Nomos, 1994 (zit.: *Lemke*, Aufsichtsratsbeschluß)
Leipziger Kommentar	Strafgesetzbuch. Kommentar, Berlin; New York: de Gruyter; Bd. 6. §§ 263 bis 302 a. – 10. Aufl., 1988 (zit.: LK/*Bearbeiter*)
Lenenbach, Markus	Kapitalmarkt- und Börsenrecht, Köln: RWS 2002 (zit.: *Lenenbach*, KBR)
Lutter, Marcus	Umwandlungsgesetz. Kommentar, 2. Aufl., Köln: Schmidt, 2000 (zit. *Bearbeiter* in Lutter, UmwG)
ders.	Die Eintragung anfechtbarer Hauptversammlungsbeschlüsse im Handelsregister; NJW 1969, 1873 – 1879
ders.	Bezugsrechtsausschluß und genehmigtes Kapital; BB 1981, 861 – 864
ders.	Materielle und förmliche Erfordernisse eines Bezugsrechts- ausschlusses; ZGR 1979, 401 – 418
ders.	Theorie der Mitgliedschaft; AcP 180 (1980) 84 – 159
ders.	Die Treupflicht des Aktionärs – Bemerkungen zur Linotype-Entscheidung des BGH; ZHR 153 (1989) 446 – 471
ders.	Anmerkung zu Siemens/Nold (BGHZ 136, 133 = NJW 1997, 2815); JZ 1998, 50
ders.	Europäisches Unternehmensrecht, 4. Aufl., New York: de Gruyter, 1996; ZGR: Sonderheft; 1 (zit.: *Lutter*, Europäisches Unternehmensrecht)
ders.	Gesellschaftsrecht und Kapitalmarkt; Festschrift für Wolfgang Zöllner zum 70. Geburtstag, Köln: Heymanns, 1998; S. 363 – 383 (zit.: *Lutter*, FS Zöllner)
ders.	Das neue "Gesetz für kleine Aktiengesellschaften und zur Deregulierung des Aktienrechts"; AG 1994, 429

ders.	Vergleichende Corporate Governance - Die deutsche Sicht; ZGR 2001, 224 - 237
ders.	Professionalisierung der Aufsichtsräte, NJW 1995, 1133 - 1134
ders.	Zur Abwehr räuberischer Aktionäre; Festschrift 40 Jahre Der Betrieb, Fachverlag. für Wirtschaft und Steuern: Schüffer, 1988; S. 193 – 210 (zit. *Lutter*, FS 40 Jahre Der Betrieb)
Lutter, Marcus/Drygala, Tim	Rechtsfragen beim Gang an die Börse; Festschrift für Peter Raisch zum 70. Geburtstag; Köln, Berlin, Bonn, München: Heymanns, 1995; S. 239 – 253; (zit.: *Lutter/Drygala*, FS Raisch)
dies.	Die Übertragende Auflösung: Liquidation der Aktiengesellschaft oder Liquidation des Minderheitenschutz?; Aktien- und Bilanzrecht: Festschrift für Bruno Kropff. – Düsseldorf: IDW-Verl. 1997; S. 191 – 223 (zit.: *Lutter/Drygala* FS Kropff)
Lutter, Marcus/Krieger, Gerd	Rechte und Pflichten des Aufsichtsrates, 4. Aufl. Köln: Schmidt 2002 (zit.: *Lutter/Krieger*, Aufsichtsrat)
Lutter, Marcus/Leinekugel, Rolf	Ermächtigungsbeschluss der Hauptversammlung zu grundlegenden Strukturmaßnahmen – zulässige Kompetenzübertragung oder unzulässige Selbstentmachtung?; ZIP 1998, 805 – 817
Lutter, Marcus/Timm, Wolfram	Konzernrechtlicher Präventivschutz; NJW 1982, 409 – 420
Marsch, Reinhard	Zum Bericht des Vorstands nach § 186 Abs. 4 Satz 2 AktG beim genehmigten Kapital; AG 1981, 211 – 215
Marsch-Barner, Reinhard	Die Erleichterung des Bezugsrechtsausschlusses nach § 186 Abs. 3 Satz 4 AktG; AG 1994, 532 – 540
Martens, Klaus-Peter	Der Bezugsrechtsausschluß; ZIP 1992, 1677 – 1697
ders.	Richterliche und gesetzliche Konkretisierungen des Bezugsrechtsausschlusses; ZIP 1994, 669 – 679
ders.	Der Bezugsrechtsausschluß anläßlich eines ausländischen Beteiligungserwerbs; Festschrift für Ernst Steindorff zum 70. Geburtstag am 13. März 1990, Berlin, New York: de Gruyter 1990 S. 151 – 172 (zit.: *Martens*, FS Steindorff)
ders.	"Der Ausschluss des Bezugsrechts: BGHZ 33 S. 175 – Zum Interesse an wirtschaftlicher Selbständigkeit"; Festschrift für Robert Fischer, Berlin, New York: de Gruyter, 1979 S. 437 – 460 (zit.: *Martens*, FS Fischer)
Maunz, Theodor/Düring, Günter	Grundgesetz. Kommentar, München: Beck : Losebl.- Ausg. Lfg. 42/Febr.03 (zit. *Bearbeiter* in Maunz/Düring)

Maurer, Hartmut	Allgemeines Verwaltungsrecht, 13. Aufl., München: Beck 2002 (zit. *Maurer*, VwR)
Meilicke, Heinz	Das Bezugsrecht des Aktionärs bei Kapitalerhöhungen; BB 1961, 1281-1284
Meilicke, Wienand / Heidel, Thomas	Die Pflicht des Vorstands der AG zur Unterrichtung der Aktionäre vor dem Bezugsrechtsausschluß beim genehmigten Kapital; DB 2000, 2358 – 2361
Mertens, Hans-Joachim	Die Geschäftsführung in der GmbH und das ITT Urteil; Festschrift für Robert Fischer, Berlin, New York: de Gruyter, 1979 S. 461 – 475 (zit.: *Mertens*, FS Fischer)
Mestenmäcker; Ernst-Joachim	Zur aktienrechtlichen Stellung der Verwaltung bei Kapitalerhöhungen; BB 1961, 945 – 952
Meyer-Cording, Ulrich/Drygala Tim	Wertpapierrecht, 3. Aufl., Neuwied, Kriftel, Berlin: Luchterhand, 1995 (zit.: *Meyer-Cording/Drygala*, Wertpapierrecht)
ms	Aktionäre feuern Vorstand: Französische Revolution, Welt vom 11. April 2004
Mülbert, Peter O.	Aktiengesellschaft, Unternehmensgruppe und Kapitalmarkt, 2. Aufl. Beck, 1996 (zit.: *Mülbert*, AUK)
Müller, Klaus J.	Unterzeichnung des Verschmelzungsberichts; NJW 2000, 2001 – 2003
Münchner Handbuch des Gesellschaftsrechts	Bd. 4. Aktiengesellschaft. 2. Aufl. München: Beck, 1999 (zit. MüHdbAG/*Bearbeiter*)
Münchner Kommentar zum Aktiengesetz	2. Aufl. des Geßler/Hefermehl/Eckhard/Kropff; München: Beck, München: Vahlen, 1999, soweit noch nicht erschienen: G/H/E/K (zit.: MüKoAktG/*Bearbeiter*)
Münchner Kommentar zum Bürgerlichen Gesetzbuch	Bd. 1 a: Allgemeiner Teil (Auszug) (§§ 80, 81, 105a, 126 – 127, 194 – 218 BGB, ProstG, 4. Aufl., München: Beck 2003;
	Bd. 2 a: Schuldrecht Allgemeiner Teil (§§ 241-432) 4. Aufl., München: Beck 2003;
	Bd. 5: Schuldrecht Besonderer Teil (§§ 705 – 853) 4. Aufl., München: Beck 2004
	(zit.: MüKoBGB/*Bearbeiter*)
Münchner Kommentar zum Handelsgesetzbuch	München: Beck; München: Vahlen 1997 ff. (zit.: MüKoHGB/ *Bearbeiter*)
Münchner Kommentar zur Zivilprozessordnung	Bd. 1 §§ 1 – 354 – 2. Aufl. – 2000 (zit.: MüKoZPO/*Bearbeiter*) München : Beck

Natterer, Joachim	Bezugsrechtsausschluss und zweite gesellschaftsrechtliche Richtlinie; ZIP 1995, 1481 – 1489
ders.	Sachkontrolle und Berichtspflicht beim genehmigten Kapital – Nold/Siemens abermals auf dem Weg durch die Instanzen?; ZIP 2002, 1672 – 1679
Nelles, Ursula	Untreue zum Nachteil von Gesellschaften, Habil., Berlin: Duncker und Humblot, 1991 (zit.: *Nelles*, Untreue bei Gesellschaften)
Noak, Ulrich	Hauptversammlung der Aktiengesellschaft und moderne Kommunikationstechnik – aktuelle Bestandsaufnahme und Ausblick; NZG 2003, 241 – 249
Nöcker, Ralf	Emotional stabil und standfest soll er sein; FAZ vom 2.3.2005 S. 22
Nußbaum, A.	Kapital-Verwässerung und Ausschluss des Aktionärsbezugsrechts; JW 1923, 918
Oetker, Hartmut	Unverhältnismäßige Herstellungskosten und das Affektionsinteresse im Schadensersatzrecht; NJW 1985, 345 – 351
Otto, Harro	Grundkurs Strafrecht, 6. Aufl., Berlin, New York: de Gruyter, 2002 (zit.: *Otto*, StR)
Palandt, Otto	Bürgerliches Gesetzbuch. Kurskommentar, 63. Aufl., München: Beck; 2004 (zit.: Palandt/*Bearbeiter*)
Pape, Torsten	Vergütungs- und Abfindungszahlungen an Vorstandsmitglieder deutscher Aktiengesellschaften im Fall feindlicher Übernahmen; Diss. Jena 2004 (zit. *Pape*, Vergütungs- und Abfindungszahlungen)
Priester, Hans-Joachim	Strukturänderungen – Beschlußvorbereitungen und Beschlußfassung; ZGR 1990, 420 – 446
ders.	Das gesetzliche Bezugsrecht bei der GmbH; DB 1980, 1925 - 1932
Quack, Karlheinz	"Die Schaffung genehmigten Kapitals unter Ausschluß des Bezugsrechtes der Aktionäre"; ZGR 1983, 257
Raiser, Thomas	Recht der Kapitalgesellschaften, 3. Aufl.; München: Vahlen 2001 (zit.: *Raiser*, KapGesR)
ders.	100 Bände BGHZ: GmbH-Recht – Die Treupflichten im GmbH-Recht als Beispiel der Rechtsfortbildung; ZHR 151 (1987) 422 – 443
Regierungskommission "Corporate Governance"	Bericht der Regierungskommission "Corporate Governance" – Unternehmensführung – Unternehmenskontrolle – Modernisierung des Aktienrechtes; BT Drucks. 14/7515

Reinhardt, Rudolf/Erlenhagen, P.	Die rechtsgeschäftliche Treuhand – ein Problem der Rechtsfortbildung; JuS 1962, 41 – 52
Rosenberg, Leo	Die Beweislast auf der Grundlage des Bürgerlichen Gesetzbuches und der Zivilprozeßordnung, 5. Aufl., München: Beck, 1965 (zit.: *Rosenberg*, Beweislast)
Rosenberg, Leo/Schwab, Karl Heinz/Gottwald Peter	Zivilprozessrecht, 16. Aufl., München: Beck 2004 (zit.: *Rosenberg/Schwab/ Gottwald*, ZPO)
Roth, Günther/Wörle, Ulrike	Die Unabhängigkeit des Aufsichtsrats - Recht und Wirklickeit; ZGR 2004, 565 - 630
Schlegelberger, Franz/ Quassowski, Leo	Kommentar zum Aktiengesetz, Berlin: Vahlen: 1937 (zit.: *Schlegelberger/ Quassowski*, AktG)
Schlosser, Hans	Außenwirkung verfügungshindernder Abreden bei der rechtsgeschäftlichen Treuhand; NJW 1970, 681 – 687
Schmidt, Eike	Das zerstörte Unikat – BGHZ 92, 85 (Entscheidungsrezension); JUS 1986, 517 – 522
Schmidt, Karsten	Gesellschaftsrecht, 4. Auflage, Köln, Berlin, Bonn, München: Heymanns, 2002 (zit.: *K. Schmidt*, GesR)
ders.	Die Vereinsmitgliedschaft als Grundlage von Schadensersatzansprüchen; JZ 1991, 157 – 162
ders.	Der Vereinszweck nach dem Bürgerlichen Gesetzbuch, BB 1987, 558 – 560
Schmitt, Joachim/Hörtnagl, Robert /Stratz, Rolf-Christian	Umwandlungsgesetz – Umwandlungssteuergesetz, 3. Aufl., München: von Dehmer, 2001 (zit. *Bearbeiter* in Schmitt/ Hörtnagl/Stratz)
Schneider, Michael	Deftige Ohrfeige, Welt vom 11. April 2004
Schockenhoff, Martin	Der rechtmäßige Bezugsrechtsausschluß; AG 1994, 45
Schönke, Adolf/Schröder, Horst	Strafgesetzbuch. Kommentar, 25. Aufl., München: Beck 1997 (zit.: S/S – *Bearbeiter*)
Schubert, Werner/Hommelhoff, Peter (Hrsg.)	Die Aktienrechtsreform am Ende der Weimarer Republik, Berlin, New York: de Gruyter, 1986 (zit.: *Schubert/ Hommelhoff*, Aktienrechtsreform)
Schumann, Alexander	Bezugsrecht und Bezugsrechtsausschluß bei Kapitalbeschaffungsmaßnahmen von Aktiengesellschaften, Baden Baden; Nomos; 2001 (zit.: *Schumann*, Bezugsrecht)
Schütte, Burkhard	Die Dividendenentscheidung in der Aktiengesellschaft, Berlin: Duncker und Humblot, 1995 (zit.: *Schütte*, Dividendenentscheidung)

Schwark, Eberhard	Kapitalmarktrechtskommentar, 3. Aufl., München: Beck, 2004 (zit.: Schwark/ *Bearbeiter* KMRK)
ders.	Der vereinfachte Bezugsrechtsausschluß – Zur Auslegung des § 186 Abs. 3 S. 4 AktG; Festschrift für Peter Claussen zum 70. Geburtstag, Köln, Berlin, Bonn, München: Heymann, 1997, S. 357 – 380 (zit.: *Schwark* FS Claussen)
Schwarz, Gunther Christian	Europäisches Gesellschaftsrecht, Baden Baden: Nomos, 2000 (zit. *Schwarz*, EurGesR)
Seibert, Ulrich/Köster, Beate-Katrin/Kiem, Roger (Hrsg.)	Handbuch der kleinen AG, 3. Aufl. Köln: RWS, 1995 (zit.: *Seibert/Köster/Kiem*, Kleine AG)
Semler, Johannes (Hrsg.)	Arbeitshandbuch für Aufsichtsratsmitglieder, München: Beck; München: Vahlen, 1999 (zit.: *Semler*, Aufsichtsratsmitglieder)
ders.	Leitung und Überwachung der Aktiengesellschaft, 2. Aufl., Köln, Berlin, Bonn, München: Heymanns 1996 (zit.: *Semler*, Leitung und Überwachung)
ders.	Einschränkung der Verwaltungsbefugnisse in einer Aktiengesellschaft; BB 1983, 1566 – 1573
Semler, Johannes / Stengel, Arndt (Hrsg.)	Umwandlungsgesetz. Kommentar, München: Beck, 2003 (zit.: *Bearbeiter* in Semler/Stengel)
Sethe, Rolf	Die Berichtserfordernisse beim Bezugsrechtsausschluß und ihre Heilung – am Beispiel der Emission junger Aktien und Genußrechte; AG 1994, 342 –363
Sieg, Oliver	Tendenzen und Entwicklungen der Managerhaftung in Deutschland; DB 2002, 1759 – 1764
Sieger, Jürgen/Hasselbach, Kai	Der Ausschluss von Minderheitsaktionäre nach den neuen §§ 327 a ff. AktG; ZGR 2002, 120 – 162
Simon, Jürgen	Zeitliche Begrenzung des Bezugsrechtsausschlusses beim genehmigten Kapital; AG 1985, 237
Sinewe, Patrik	Der Ausschluß des Bezugsrechts bei geschlossenen und börsennotierten Aktiengesellschaften, Diss., Mainz 2001; (zit.: *Sinewe*, Bezugsrechtsausschluss)
ders.	Die Berichtspflicht beim Ausschluß des Bezugsrechts; ZIP 2001, 403 – 406

Soergel, Thomas	Bürgerliches Gesetzbuch. Kommentar, Sutgart, Berlin, Köln: Kohlhammer
	Bd. 1. – Allgemeiner Teil (§§ 1 – 240, Haustürwiderrufgesetz); 12. Aufl. Stand 1987
	Bd. 2. – 1. Schuldrecht (§§ 241 – 432); 12. Aufl., Stand: Juli 1990
	Bd. 5. – 2. Schuldrecht – 4. – 2. (§§ 823 – 853): Produkthaftung; Umwelthaftungsgesetz; 12. Aufl., Stand: Frühjahr 1998
	(zit.: Soergel/*Bearbeiter*)
von Staudinger, Julius	Kommentar zum Bürgerlichen Gesetzbuch, Berlin: Sellier, de Gruyter,
	Buch 1. Allgemeiner Teil: §§ 164 – 240; 13. Bearb. 2001
	Buch 2. Recht der Schuldverhältnisse: Einleitung zu §§ 241 ff; §§ 241 – 243: 13. Bearb. 1995; §§ 823-825: 13. Bearb. 1999
	(zit.: Staudinger/*Bearbeiter*)
Steinmeyer, Roland	Wertpapiererwerbs- und Übernahmegesetz. Kommentar, Berlin: Erich Schmidt, 2002 (zit.: *Steinmeyer*, WpÜG)
Streinz, Rudolf	Europarecht, 4. Aufl., Heidelberg: Müller, 1999 (zit.: *Streinz*, Europarecht)
Sturies, Rainer	Bezugsrechtsausschluß bei Kapitalerhöhung – Voraussetzungen und Berichtspflicht; WPg 1982, 581 – 587
Suhr, Dieter	Eigentumsinstitut und Aktieneigentum – eine verfassungsrechtliche Analyse der Grundstruktur des aktienrechtlich organisierten Eigentums, Diss., Hamburg: Ludwig Appel 1995 (zit.: *Suhr*, Eigentumsinstitut und Aktieneigentum)
Thümmel, Roderich C.	Persönliche Haftung von Managern und Aufsichtsräten, Stuttgart, München, Hannover, Berlin, Weimar, Dresden: Boorberg, 1998 (zit.: *Thümmel*, Haftung)
Timm, Wolfram	Die Aktiengesellschaft als Konzernspitze, Köln, Berlin, Bonn, München: Heymanns, 1980(zit. *Timm*, Konzernspitze)
ders.	Der Bezugsrechtsausschluß beim genehmigten Kapital; DB 1982; 211 – 217
ders.	Treupflichten im Aktienrecht; WM 1991, 481 – 494
ders.	Minderheitenschutz und unternehmerische Entscheidungsfreiheit im Mutterunternehmen; ZHR 153 (1989) 60 – 72

ders.	Der Mißbrauch des Auflösungsbeschlusses durch den Mehrheitsgesellschafter, JZ 1980, 665 – 672
ders.	Zur Sachkontrolle von Mehrheitsentscheidungen im Kapitalgesellschaftsrecht – dargestellt am Beispiel "strukturverändernder Entscheidungen"; ZGR 1987, 403 – 442
ders.	Anmerkung zu BGHZ 103, 184 (Linotype); NJW 1988, 1582 – 1583
Trapp, Christoph	Erleichterter Bezugsrechtsausschluß nach § 186 Abs. 3 S. 4 AktG und Greenshoe; AG 1997, 115 – 123
Tröndle, Herbert/Fischer, Thomas	Strafgesetzbuch. Kommentar, 51. Auf., München: Beck, 2003 (zit.: *Tröndle/ Fischer*, StGB)
Ulmer, Peter	Die Aktionärsklage als Instrument zur Kontrolle des Vorstands- und Aufsichtsratshandelns – Vor dem Hintergrund der US-Erfahrungen mit der shareholders´derivative action; ZHR 163 (1999) 290 – 342
ders.	Der Deutsch Corporate Governance Kodex – ein neues Regulierungsinstrument für börsennotierte Aktiengesellschaften; ZHR 166 (2002) 150 – 181
van Venrooy, Gerd J.	Voraussetzungen und Verwendbarkeit des genehmigten Kapitals, AG 1981, 205 – 210
ders.	Berichtspflicht des Vorstands beim genehmigten Kapital?; DB 1982, 735 – 741
Vetter, Eberhard	Squeeze-out – Der Ausschluß der Minderheitsaktionäre aus der Aktiengesellschaft nach den §§ 327 a – 327 f AktG; AG 2002, 176 – 190
Vitols, Sigurt	Verhandelter Shareholder Value: Die deutsche Variante einer angloamerikanischen Praxis; www.wz-berlin.de/mp/ism/people/misx/vitols/pdf/verhandelter_shareholder_value.pdf (zit.: *Vitols*, Verhandelter Shareholder Value)
Volhard, Rüdiger	Siemens/Nold: Die Quittung; AG 1998, 397
AP	Börsenlexikon: "Kapitalverwässerung"; 07.05.2003 S. 21 (zit.: *Welt* 07.05.2003)
Werner, Winfried	Zur Treupflicht des Kleinaktionärs; Festschrift für Johannes Semler zum 70. Geburtstag am 28. April 1993, Berlin: de Gruyter, 1993; S. 419 – 437 (zit.: *Werner*, FS Semler)
Westermann, Harm Peter ders.	Individualrechte und unternehmerische Handlungsfreiheit im Aktienrecht; ZHR 156 (1992) 203 – 226

Westermann, Harry	Zweck der Gesellschaft und Gegenstand des Unternehmens im Aktien- und Genossenschaftsrecht" Festschrift für Ludwig Schnorr v. Carolsfeld zum 70. Geburtstag 26. Januar 1973, Köln, Berlin, Bonn, München: Heymanns, 1972; S. 517 – 532 (zit.: *Westermann*, FS Schnorr v. Carolsfeld)
Wiedemann, Herbert	Gesellschaftsrecht. Band I Grundlagen; München, Beck 1980 (zit.: *Wiedemann*, GesR Bd. I)
ders.	Minderheitsrechte ernstgenommen – Gedanken aus Anlaß der Magna Media-Entscheidung BayObLG ZIP 1998, 2002; ZGR 1999, 857 – 872
ders.	"Anmerkung zum Urt. v. 1.2.1988 – II ZR 75/87 (Linotype)"; JZ 1989, 447 – 449
Winter, Martin	Mitgliedschaftliche Treuebindungen im GmbH-Recht, München: Beck 1988 (zit.: *Winter*, Treubindungen)
Wirtschaftsprüfer-Handbuch	Wirtschaftsprüfer-Handbuch. Handbuch der Rechnungslegung, Prüfung und Beratung, Bd. I, 12. Aufl., Düsseldorf: IDW, 2000 (zit. WP-Hdb Bd. I)
Wolf, Martin	Konzerneingangsschutz bei Übernahmeangeboten – "Neue Entwicklungen zu Verteidigungsmaßnahmen im Spannungsfeld zum EU- Richtlinienvorschlag", AG 1998, 212 – 221
Wüpper, Gesche	Eine französische Revolution, Welt vom 10. April 2004
Wymeersch, Eddy	Das Bezugsrecht der alten Aktionäre in der Europäischen Gemeinschaft: eine rechtsvergleichende Untersuchung; AG 1998, 382 – 939
Zöller, Richard	Zivilprozessordnung. Kommentar, 24. Aufl., Köln, Otto Schmidt; 2004 (zit. Zöller/*Bearbeiter*)
Zöllner, Wolfgang	Die Schranken mitgliedschaftlicher Stimmrechtsmacht bei privatrechtlichen Personenverbänden, München, Berlin, 1963 (zit.: *Zöllner*, Schranken)
ders.	Gerechtigkeit bei der Kapitalerhöhung; AG 2002, 585 – 592
ders.	Aktienrechtsreform in Permanenz – Was wird aus den Rechten des Aktionärs; AG 1994, 336 – 342
ders.	Folgen der Nichtigerklärung durchgeführter Kapitalerhöhungsbeschlüsse; AG 1993, 68 – 79
Zöllner, Wolfgang/Winter, Martin	Folgen der Nichtigerklärung durchgeführter Kapitalerhöhungsbeschlüsse; ZHR 158 (1994) S. 59 –100

Zöllner, Wolfgang/Hanau, Hans	Die verfassungsrechtlichen Grenzen der Beseitigung von Mehrstimmrechten bei Aktiengesellschaften; AG 1997, 206 – 219
Zöllner, Wolfgang/Noack, Ulrich	Zulässigkeitsgrenzen des gesetzgeberischen Eingriffs in Gesellschaftsrechte – Verfassungsrechtliche Fragen der Beseitigung bestehender Höchst- und Mehrstimmrechte; AG 1991, 157 – 165

ABKÜRZUNGSVERZEICHNIS

2. KptRL	Zweite Richtlinie vom 13. 12. 1976 (Kapitalrichtlinie; 77/91/EWG) ABl.EG Nr. L 26/1 vom 31. Januar 1977, abgedr. in Lutter Europäisches Unternehmensrecht S. 114 ff
3. FsRL	Dritte Richtlinie vom 9.10.1978 (Fussionsrichtlinie; 78/855/EWG) ABl. EG Nr. L 295 vom 20.10.1978 S. 36 ff, abgedr. in Lutter Europäisches Unternehmensrecht S. 131 ff

a.A.	anderer Ansicht
a.a.O	am angegebenen Ort
abgedr.	abgedruckt
ABl. EG	Amtsblatt der Europäischen Gemeinschaft
Abs.	Absatz
Abschn.	Abschnitt
AcP	Archiv für die civilistische Praxis
ADHGB	Allgemeines Deutsches Handeslgesetzbuch 1881
a.F.	alte Fassung
AG	Die Aktiengesellschaft
AktG	Aktiengesetz
Alt.	Alternative
Anh.	Anhang
Anm.	Anmerkung
AnwBl	Anwaltsblatt
AO	Abgabenordung
AöR	Archiv des öffentlichen Rechts
Art.	Artikel
AVB-AVG	Allgemeine Versicherungsbedingungen für die Vermögensschaden haftpflichtversicherung von Aufsichtsräten, Vorständen und Geschäftsführern (abgedr. *Thümmel*; Haftung S. 166 Rdn. 353 ff.)
AWR	Anwaltspraxis, Wirtschaftsrecht
Az.	Aktenzeichen
BAnz	Bundesanzeiger
BauR	Baurecht
BB	Der Betriebs-Berater
BetrVG	Betriebsverfassungsgesetz von 1972
BeurkG	Beurkundungsgesetz
BewG	Bewertungsgesetz
BGB	Bürgerliches Gesetzbuch
BGBl	Bundesgesetzblatt
BGH	Bundesgerichtshof
BGHSt	Entscheidungen des Bundesgerichtshofs in Strafsachen
BGHZ	Entscheidungen des Bundesgerichtshofs in Zivilsachen
BörsG	Börsengesetz
BörsZuV	Börsenzulassungsverordnung
BRDrucks	Verhandlungen des Deutschen Bundesrates, Drucksachen
BStBl I - III	Bundessteuerblatt
BTDrucks	Verhandlungen des Deutschen Bundestages, Drucksachen
BVerfG	Bundesverfassungsgesetz

BVerfGE	Entscheidungen des Bundesverfassungsgerichts
BVerwG	Bundesverwaltungsgericht
BVerwGE	Entscheidungen des Bundesverwaltungsgerichts
bzw.	beziehungsweise
DAI	Deutsches Aktieninstitut
DB	Der Betrieb
DCGK	Deutscher Corporate Governance Kodex
ders.	Derselbe
dies.	dieselbe/dieselben
DNotV	Zeitschrift des Deutschen Notarvereins
DNotZ	Deutsche Notarzeitschrift
DRiZ	Deutsche Richterzeitung
DStR	Deutsches Steuerrecht
DStRE	Deutsches Steuerrecht Entscheidungsdienst
DtZ	Deutsch-Deutsche Rechts-Zeitschrift
DV	Deutsche Verwaltung
DVBl	Deutsches Verwaltungsblatt
DZWiR	Deutsche Zeitschrift für Wirtschaftsrecht
EG	Europäische Gemeinschaften
EGAktG	Einführungsgesetz zum Aktiengesetz
EGBGB	Einführungsgesetz zum Bürgerlichen Gesetzbuch
EGHGB	Einführungsgesetz zum Handelsgesetzbuch
Einl.	Einleitung
EGMR	Entscheidungen des Europäischen Gerichtshofs für Menschenrechte
EStG	Einkommensteuergesetz
EuGH	Europäischer Gerichtshof
EuGHE	Sammlung der Rechtsprechung des Gerichtshofs der Europäischen Gemeinschaft für Kohle und Stahl
EuGRZ	Europäische Grundrechte-Zeitschrift
EuR	Europarecht
EuZW	Europäische Zeitschrift für Wirtschaftsrecht
EWiR	Entscheidungen zum Wirtschaftsrecht
f.,ff.	folgende, fortfolgende
FA	Finanzausschuss
FAZ	Frankfurter Allgemeine Zeitung
FGG	Gesetz über die Angelegenheiten der freiwilligen Gerichtsbarkeit
FN	Fußnote
FS	Festschrift
gem.	gemäß
GewStG	Gewerbesteuergesetz
GG	Grundgesetz
GmbHR	Rundschau für GmbH; ab 1963: GmbH-Rundschau
GVBl	Gesetz- und Verordnungsblatt …
HGB	Handelsgesetzbuch
HS	Halbsatz
i.E.	im Ergebnis

i.d.F.	in der Fassung
i.d.R.	in der Regel
i.S.d.	im Sinne des/der
i.S.v.	im Sinne von
i.V.m.	in Verbindung mit
JA	Juristische Arbeitsblätter
JR	Juristische Rundschau
Jura	Jura
JuS	Juristische Schulung
JW	Juristische Wochenschrift
JZ	Juristenzeitung
LG	Landgericht
LM	Nachschlagewerk des Bundesgerichtshofs (Lindenmaier/Möhring)
MDR	Monatsschrift für deutsches Recht
MitbestErgG	Mitbestimmungsergänzungsgesetz
MitbestG	Mitbestimmungsgesetz
NJW	Neue Juristische Wochenschrift
NJW-RR	NJW-Rechtsprechungs-Report
MontanMitbestG	Montan-Mitbestimmungsgesetz
m.w.N.	mit weiteren Nachweisen
n.F.	neue Fassung
NStZ	Neue Zeitschrift für Strafrecht
NStZ-RR	Neue Zeitschrift für Strafrecht; Rechtsprechungs-Report
Nr.	Nummer
NVersZ	Neue Zeitschrift für Versicherung und Recht
NVwZ	Neue Zeitschrift für Verwaltungsrecht
NVwZ-RR	Neue Zeitschrift für Verwaltungsrecht; Rechtsprechungsreport
NZG	Neue Zeitschrift für Gesellschaftsrecht
OLG	Oberlandesgericht
OLGZ	Entscheidungen der Oberlandesgerichte in Zivilsachen, einschl. der Freiwilligen Gerichtsbarkeit
Rdn.	Randnummer
Reg.Begr.	Regierungsbegründung
RG	Reichsgericht
RGBl. I	Reichsgesetzblatt Teil I
RGSt	Entscheidungen des Reichsgerichts in Strafsachen
RGZ	Entscheidungen des Reichsgerichts in Zivilsachen
RL	Richtlinie
Rspr	Rechtsprechung
s.	siehe
S.	Seite
SoldG	Soldatengesetz
StGB	Strafgesetzbuch
UmwG	Umwandlungsgesetz
VerkProspG	Wertpapierverkaufsprospektgesetz

VerkProspV	Wertpapierverkaufsprospektverordnung
vgl.	vergleiche
VersG	Versicherungsrecht
Vorb.	Vorbemerkung
VwGO	Verwaltungsgerichtsordnung
VwVfG	Verwaltungsverfahrensgesetz
WehrbeschwO	Wehrbeschwerdeordnung
Welt	Die Welt (Tageszeitung)
WiB	Wirtschaftsrechtliche Beratung
wistra	Zeitschrift für Wirtschaft, Steuer, Strafrecht
WM	Wertpapier-Mitteilungen
WpG	Die Wirtschaftsprüfung
WpHG	Gesetz über den Wertpapierhandel
WpÜG	Wertpapiererwerbs- und Übernahmegesetz
WSA	Wirtschafts- und Sozialausschuss
WuM	Wohnungswirtschaft und Mietrecht
ZBB	Zeitschrift für Bankrecht und Bankwirtschaft
ZGR	Zeitschrift für Unternehmens- und Gesellschaftsrecht
ZHR	Zeitschrift für das gesamte Handelsrecht (und Wirtschaftsrecht)
ZIP	Zeitschrift für Wirtschaftsrecht (und Insolvenzpraxis)
ZPO	Zivilprozessordnung
ZPP	Zeitschrift für Zivilprozess

Teil 1: Einleitung

I. Problemdefinition

Benötigt die Aktiengesellschaft Kapital und nimmt sie deshalb eine Kapitalerhöhung vor, gewährt das Gesetz den bisherigen Aktionären grundsätzlich ein Recht auf Bezug der neuen Aktien gem. § 186 Abs. 1 AktG (im Rahmen einer ordentlichen Kapitalerhöhung) und gem. § 203 Abs. 1 i.V.m. § 186 Abs. 1 AktG (im Rahmen einer genehmigten Kapitalerhöhung). Das Bezugsrecht hat den Zweck, den Aktionären ihre Beteiligungsquote am Grundkapital zu erhalten und sie damit vor einem Verlust an Stimmmacht und vor einer Verkleinerung ihres Liquiditäts- und Gewinnanteils zu schützen sowie sie vor einer unmittelbaren Vermögenseinbuße zu bewahren.

Dieses Bezugsrecht kann sowohl für eine ordentliche Kapitalerhöhung als auch für eine genehmigte Kapitalerhöhung unter den Voraussetzungen des § 186 Abs. 3 und 4 AktG (i.V.m. § 203 Abs. 2 AktG) ausgeschlossen werden.

Der Bundesgerichtshof[1] verlangte neben den formellen Voraussetzungen, dass der Bezugsrechtsausschluss sachlich gerechtfertigt sein soll. Das bedeutet, dass ein Bezugsrechtsausschluss nur zulässig ist, wenn er bei gebührender Berücksichtigung der Folgen für die ausgeschlossenen Aktionäre durch sachliche Gründe im Interesse der Gesellschaft gerechtfertigt ist. Das mit der Kapitalerhöhung verfolgte Ziel darf auf dem normalen gesetzlichen Weg, das heißt mit einem Bezugsrecht für alle Aktionäre, nicht erreichbar sein. Das Interesse der Gesellschaft am Bezugsrechtsausschluss muss den Interessen der Aktionäre am Bezug der Aktien überwiegen. Dabei müssen Mittel und Zweck der Kapitalerhöhung unter Bezugsrechtsausschluss im angemessenen Verhältnis zur Interessenbeeinträchtigung der Aktionäre stehen.

Beim genehmigten Kapital wird der Vorstand von der Hauptversammlung ermächtigt, das Grundkapital innerhalb von maximal fünf Jahren zu erhöhen (vgl. § 202 Abs. 1 AktG). Will er das Bezugsrecht ausschließen, so muss der Ausschluss nach der früheren Rechtsprechung des Bundesgerichtshofes[2] ebenfalls sachlich gerechtfertigt sein.

Vor jeder Hauptversammlung, in der über den Bezugsrechtsausschluss entschieden werden soll, sind die einzelnen Aktionäre gem. § 186 Abs. 4 S. 1 AktG zu informieren. Der Vorstand hat der Hauptversammlung einen Bericht über den Grund des Bezugsrechtsausschlusses vorzulegen. Dieser Bericht soll die Hauptversammlung zuverlässig in die Lage versetzen, die Interessen der Gesellschaft an einer Kapitalerhöhung mit Bezugsrechtsausschluss gegenüber anderen Alter-

---

[1] BGHZ 71, 40 = NJW 1978, 1316 (Kali & Salz); BGH Z 83, 319 = NJW 1982, 2444 (Holzmann)
[2] BGHZ 83, 319 = NJW 1982, 2444 (Holzmann)

nativen zu bewerten, die Nachteile für die ausgeschlossenen Aktionäre zu erkennen und beides gegeneinander abzuwägen.³

Sollte der Vorstand im Rahmen einer Ermächtigung zum genehmigten Kapital auch zum Ausschluss des Bezugsrechtes ermächtigt werden, so forderte der Bundesgerichtshof noch in den 80er Jahren, dass der Vorstand die Tatsachen aufzuzeigen hatte, die es den Aktionären im Vorfeld der Hauptversammlung ermöglichten, sich ein Bild von der Stichhaltigkeit des Wunsches nach einer solchen Ermächtigung zu machen.⁴ Der Bundesgerichtshof forderte einen so konkreten Bericht, dass es dem Vorstand regelmäßig nicht möglich war, die Gründe für einen Bezugsrechtsausschluss bereits zum Ermächtigungszeitpunkt zu bezeichnen. Das genehmigte Kapital drohte zu totem Recht zu verkommen. Sollte es dem Vorstand dennoch möglich gewesen sein, diesen Anforderungen nachzukommen, wurde zum Teil von der Literatur⁵ vertreten, dass der Vorstand den Aktionären aus Gründen ihres Rechtsschutzes geraume Zeit vor Durchführung der Maßnahme einen ergänzenden Bericht zugänglich machen soll. Die Aktionäre konnten dadurch vor Durchführung der Kapitalerhöhung eine mögliche Interessen- und somit Rechtsverletzung feststellen und diese durch vorbeugende Unterlassungs- bzw. Feststellungsklagen im einstweiligen Rechtsschutz verhindern.

Im Jahre 1997 verwarf der Bundesgerichtshof⁶ seine bisherige Rechtsprechung zum genehmigten Kapital. Die Maßnahme, zu deren Durchführung der Vorstand ermächtigt werden soll, sollte nur allgemein umschrieben und in dieser Form der Hauptversammlung bekannt gegeben werden. Der Vorstand war verpflichtet, im Rahmen seines unternehmerischen Ermessens sorgfältig zu prüfen, ob der allein ihm bekannte vollständige Sachverhalt die Umsetzung des Hauptversammlungsbeschlusses, der den Ausschluss des Bezugsrechts der Aktionäre umfasst, im Gesellschaftsinteresse gerechtfertigt ist. Soweit er von der ihm erteilten Ermächtigung Gebrauch gemacht habe, sei er gehalten, über die Einzelheiten seines Vorgehens auf der nächsten ordentlichen Hauptversammlung der Gesellschaft zu berichten und Rede und Antwort zu stehen. Ein Anfechtungsrecht des Vorstandsbeschlusses wird den Aktionären nicht zugestanden. Sie können die Maßnahme lediglich durch Feststellungs- und Unterlassungsklagen verhindern. Sollte das Bezugsrecht rechtswidrig ausgeschlossen worden sein, sollen sie von den verantwortlichen Verwaltungsorgan Schadensersatz verlangen können. In dem oben genannten Urteil wurde der Fall der Kapitalerhöhung durch eine Sacheinlage entschieden. Die Entscheidung ist in der Literatur⁷ auf heftige Kritik gestoßen. Dieser Kritik zum Trotz bekräftigte der Bundesgerichtshof seine Entschei-

---

³ BGH NJW 1982, 2444 [2445] (Holzmann)
⁴ BGH NJW 1982, 2444 [2446] (Holzmann)
⁵ KK/*Lutter* § 186 Rdn. 57; *ders.* BB 1981, 861 [863f]; *Hirte*, Bezugsrechtsausschluss und Konzernbildung 1986 S. 124
⁶ BGHZ 136, 133 = NJW 1997, 2815 (Siemens/Nold)
⁷ *Lutter*, JZ 1998, 50 „Das Urteil ist ein Unglück."; *Hirte*, EWiR § 203 AktG 1/97, S. 1013

dung aus dem Jahre 1997 in seinen Entscheidungen Mangusta/Commerzbank I und II[8] in Bezug auf die sonstigen Fällen der Ausnutzung des genehmigten Kapitals unter Ausschluss des Bezugsrechtes. Danach obliegt dem Vorstand keine Berichtspflicht unmittelbar bei Ausnutzung des genehmigten Kapitals.

II. Erkenntnisinteresse

Mit der vorliegenden Arbeit sollen Erkenntnisse gewonnen werden,
wie der Ermächtigungsbericht zu einer genehmigten Kapitalerhöhung mit Ermächtigung zum Bezugsrechtsausschluss gehalten sein muss,
ob und in welchem Umfang ein weiterer Bericht vor Ausnutzung der Ermächtigung erforderlich ist,
welche Wirkung der entsprechende Bericht entfaltet, und
welcher Haftung der Vorstand bei einem fehlerhaften Ausschluss ausgesetzt ist.

III. Methodisches Vorgehen

Zunächst werden die materiellen Anforderungen an den Bezugsrechtsausschluss dargestellt. Als Grundlage dieser Darstellung dient die ordentliche Kapitalerhöhung. Dazu soll untersucht werden, wie die durch das Bezugsrecht geschützten Interessen bei einem Bezugsrechtsausschluss tangiert werden. In einem zweiten Schritt ist die Auswirkung der materiellen Anforderungen an den Bezugsrechtsausschluss auf den vom Vorstand zu erstattenden Bericht zu untersuchen. Nachdem die formellen und materiellen Anforderungen eines Bezugsrechtsausschlusses festgestellt wurden, sollen in einem dritten Schritt die Rechtsschutzmöglichkeiten und die Schadensersatzansprüche der Aktionäre bei fehlerhaften Bezugsrechtsausschlüssen untersucht werden.

Die gewonnen Erkenntnisse zum Bezugsrechtsausschluss im Rahmen einer ordentlichen Kapitalerhöhung sollen in einem vierten Schritt auf das genehmigte Kapital übertragen werden. Untersucht werden soll, welche formellen und materiellen Auswirkungen ein beabsichtigter Bezugsrechtsausschluss auf den Ermächtigungsbeschluss der Hauptversammlung, die Durchführung der Kapitalerhöhung durch den Vorstand und den Rechtsschutz sowie die Schadensersatzansprüche der Aktionäre hat.

---

[8] BGH, BB 2005, 2767 ff. (Mangusta/Commerzbank I); BGH NZG 2006, 20 ff. (Mangusta/Commerzbank II)

Teil 2: Ordentliche Kapitalerhöhung und Bezugsrechtsausschluss

Kapitel I: Überblick

A) Arten der Kapitalerhöhung

Die Kapitalerhöhung ist eine Maßnahme der Eigenkapitalbeschaffung. Den normalen Fall stellt die Emission von Stammaktien dar, welche die vollen Mitverwaltungs- und Vermögensrechte gewähren.[1] Daneben ist auch die Ausgabe von stimmrechtslosen Aktien zulässig (sogenannte Vorzugsaktien, § 12 Abs. 1 S. 2 AktG). Das Stimmrecht der Vorzugsaktien kann nur dann ausgeschlossen werden, wenn sie dem Inhaber einen Vorzug bei der Verteilung des Gewinns gewährleisten (§§ 139 ff. AktG).

Die Kapitalerhöhung lässt sich auf verschiedene Art und Weise durchführen. Die gesetzliche Grundkonzeption sieht die *Kapitalerhöhung gegen Einlagen* (§§ 182 - 191 AktG) im Rahmen einer Hauptversammlung vor. Die Erhöhung wird durch Ausgabe der neu geschaffenen Aktien gegen Einzahlung des Emissionspreises bzw. Leistung der Sacheinlage realisiert.

Daneben besteht die Möglichkeit Eigenkapital im Wege einer *bedingten Kapitalerhöhung* (§§ 192 - 201 AktG) zuzuführen. Die Teilnahme an einer solchen Kapitalerhöhung kann von der Erfüllung konkreter Bedingungen abhängig gemacht werden. Das Aktiengesetz nennt im Einzelnen die Einlösung von Wandelschuldverschreibungen, die Vorbereitung des Zusammenschlusses mehrerer Unternehmen und die Ausgabe von Aktien an Arbeitnehmer im Rahmen einer Gewinnbeteiligung. Daneben sollen auch sogenannte *„Optionsaktien"* bzw. *„Huckepackaktien"* oder selbständige Aktienoptionen (sog. *naked warrants*) über die bedingte Kapitalerhöhung bedient werden dürfen.[2]

Eine weitere Möglichkeit, Eigenkapital aufzunehmen, besteht im Wege einer *genehmigten Kapitalerhöhung* (§§ 202 - 206 AktG). Beim genehmigten Kapital erhält der Vorstand von der Hauptversammlung eine generelle Ermächtigung zur Durchführung der Kapitalerhöhung, die auf maximal fünf Jahre begrenzt ist. Die genauen Bedingungen legt der Vorstand bei Durchführung der Kapitalerhöhung in Absprache mit dem Aufsichtsrat fest. Dem Vorstand soll es möglich sein, flexibel auf die Marktbedingungen zu reagieren.

Schließlich ist es möglich eine *Kapitalerhöhung aus Gesellschaftsmitteln* (§§ 207 – 220 AktG) durchzuführen. Die Kapitalerhöhung aus Gesellschaftsmitteln ist von den oben genannten Formen abzugrenzen, da dem Unternehmen hier keine finanziellen Mittel zufließen. Bilanziell findet lediglich ein Passivtausch statt. Die Rücklagen werden in Grundkapital umgewandelt. Man spricht inso-

---

[1] *Raiser*, KapGesR § 17 Rdn. 5 (S. 292)
[2] dafür: *Karollus* in G/H/E/K § 221 Rdn. 30; a.A. *Bungeroth* in G/H/E/K § 192 Rdn. 29; KK/*Lutter* § 192 Rdn. 18

weit von einer nominellen Kapitalerhöhung.[3] Hingegen fließt der Gesellschaft bei der Kapitalerhöhung durch Einlagen, der bedingten Kapitalerhöhung und genehmigten Kapitalerhöhung neues Kapital zu, sodass sich das Gesellschaftsvermögen insgesamt erhöht.[4] Man spricht insoweit von einer effektiven Kapitalerhöhung.[5]
Im weiteren Verlauf der Arbeit konzentrieren sich die Ausführungen auf Probleme im Zusammenhang mit dem Bezugsrechtsausschluss auf die Kapitalerhöhung gegen Einlagen sowie auf die genehmigte Kapitalerhöhung.

B) Ablauf einer Kapitalerhöhung gegen Einlagen
Am Anfang einer jeden Kapitalerhöhung steht der Beschluss des Vorstandes, dass dem Unternehmen neues Eigenkapital zugeführt werden soll.[6] Die Motive für diese Entscheidung sind sehr unterschiedlich. Durch die Erhöhung des Eigenkapitals wird die Haftungsmasse der Aktiengesellschaft vergrößert und dadurch die Kreditwürdigkeit der Gesellschaft verbessert. Damit wird der Zugang zu neuem Fremdkapital erleichtert. Zum anderen können mit einer Barkapitalerhöhung der Zufluss liquider Mittel die Liquiditätslage verbessert und so Verbindlichkeiten beglichen[7] oder neue Projekte finanziert werden. Schließlich können gesetzliche Vorschriften eine Anpassung der Eigenkapitalausstattung erfordern.[8]
Die Kapitalerhöhung bedarf eines die Satzung ändernden Hauptversammlungsbeschlusses (§ 182 Abs. 1 S. 1 AktG). Der Vorstand hat dazu die Hauptversammlung einzuberufen. Bei der Einberufung der Hauptversammlung ist der beabsichtigte Kapitalerhöhungsbeschluss seinem Wortlaut nach bekanntzumachen (§ 124 Abs. 2 S. 2 AktG). Ist eine Sacheinlage beabsichtigt, muss dieser Beschlussgegenstand ausdrücklich bekannt gegeben werden (§ 183 Abs. 1 S. 2 AktG).[9]
In dem Hauptversammlungsbeschluss werden die veränderte Höhe des Grundkapitals sowie der Nennbetrag festgelegt. Daneben kann die Hauptversammlung auch den Ausgabebetrag der jungen Aktien bestimmen oder diese Bestimmung der Verwaltung überlassen. Bei Gesellschaften mit Stückaktien ist nur die Zahl der jungen Aktien anzugeben. Sie muss sich im selben Verhältnis erhöhen wie das Grundkapital (§ 182 Abs. 1 S. 5 AktG). Der Beschluss bedarf grundsätzlich einer Mehrheit von drei Vierteln des bei der Beschlussfassung vertretenen Grundkapitals (§ 182 Abs. 1 S. 1 AktG). Die Satzung kann weitere Erfordernisse vorsehen oder die Voraussetzung für einen wirksamen Beschluss auf eine einfa-

---

[3] *K. Schmidt*, GesR § 29 III. 3 (S. 906)
[4] AnwK-AktR/*Wagner* § 207 Rdn. 1; *Bungeroth* in G/H/E/K § 207 Rdn. 1; KK/*Lutter* Vorb. § 207 Rdn. 11
[5] AnwK-AktR/*Wagner* § 207 Rdn. 1; *K. Schmidt*, GesR § 29 III. 2. (S. 898 ff.)
[6] Bedeutung der Eigen- und Fremdkapitalfinanzierung in Praxis: *G. Becker*, AG 1985, 14 [15]
[7] z.B. Vergleiche im Rahmen von Schadensersatzprozessen (ABB zur Finanzierung des Asbestvergleiches in den USA, WELT vom 15.04.2003)
[8] vgl. § 10 KWG
[9] Muster in *Happ*, AktR 11.01 (S. 739 f.)

che Kapitalmehrheit herabsetzen (§ 182 Abs. 1 S. 2 AktG). Eine Ausnahme besteht bei der Schaffung von Vorzugsaktien. Hier muss stets eine Dreiviertelmehrheit gegeben sein. Neben der entsprechenden Kapitalmehrheit bedarf der Kapitalerhöhungsbeschluss zugleich einer einfachen Stimmenmehrheit (§ 133 AktG).[10] An der Abstimmung über die Kapitalerhöhung dürfen stimmrechtslose Vorzugsaktien weder teilnehmen, noch werden diese Kapitalanteile rechnerisch bei der Abstimmung erfasst.[11] Sind mehrere Gattungen von Aktien in der Gesellschaft vorhanden (§ 11 AktG), bedarf der Erhöhungsbeschluss der Zustimmung der Aktionäre jeder Gattung in Form eines Sonderbeschlusses (§ 182 Abs. 2 AktG). Neben den gesetzlichen und satzungsgemäßen Voraussetzungen bestehen keine weiteren Voraussetzungen.[12]

Nachdem die Hauptversammlung einen entsprechenden Beschluss gefasst hat, ist er vom Vorstand und vom Aufsichtsratsvorsitzenden im Handelsregister anzumelden (§ 184 AktG).[13] Der Anmeldung sind bei Sachkapitalerhöhungen entsprechende Berichte beizulegen. Mit dieser Eintragung wird der Kapitalerhöhungsbeschluss bindend.[14] Er kann hingegen jederzeit durch die Hauptversammlung aufgehoben werden.[15]

Den Aktionären steht bei jeder Kapitalerhöhung grundsätzlich ein Bezugsrecht auf die neuen Aktien zu (§ 186 Abs. 1 S. 1 AktG). Für die Ausübung des Bezugsrechts ist eine Frist zu bestimmen. Diese Frist darf zwei Wochen nicht unterschreiten (§ 186 Abs. 1 S. 2 AktG). Die Bestimmung der Frist kann durch den Vorstand erfolgen, soweit sich nichts anderes aus dem Kapitalerhöhungsbeschluss ergibt.[16] Der Vorstand hat die Bezugsaufforderung, den Ausgabekurs[17] und die Frist für die Ausübung des Bezugsrechts in den Gesellschaftsblättern bekanntzugeben (§ 186 Abs. 2 S. 1 AktG). Die Bezugserklärung ist im Hinblick auf § 185 AktG nicht bindend, kann jedoch zu Schadensersatzforderungen bei unterlassener Zeichnung führen.[18]

Gleichzeitig oder später werden die Zeichnungsscheine[19] ausgegeben. Darin verpflichten sich die Interessenten rechtsverbindlich, die gezeichneten Aktien zu übernehmen und die Einlage zu leisten (§ 185 AktG). Die Zeichnungsfrist darf nicht kürzer als die Bezugsfrist sein.[20] Heute wird in der Praxis regelmäßig ein Bankenkonsortium eingeschaltet, welches alle neuen Aktien zeichnet, diese an-

---

[10] *Hüffer*, AktG § 182 Rdn. 2; MüHdbAG/*Krieger* § 56 Rdn. 14, KK/*Lutter* § 182 Rdn. 7
[11] *Hefermehl/Bungeroth* in G/H/E/K § 182 Rdn. 23; KK/*Lutter* § 182 Rdn. 9
[12] *Hirte*, Bezugsrechtsausschluß und Konzernbildung S. 95; MüHdbAktR/*Krieger* § 56 Rdn. 7; KK/*Lutter* Vorb. § 182 Rdn. 24
[13] Muster in *Happ*, AktR 11.01 S. 740 f.
[14] MüHdbAG/*Krieger* § 56 Rdn. 56
[15] *Hefermehl/Bungeroth* § 184 Rdn. 57; *Hüffer*, AktG § 184 Rdn. 8; KK/*Lutter* § 202 Rdn. 7
[16] KK/*Lutter* § 186 Rdn. 33; MüHdbAG/*Krieger* § 56 Rdn. 66
[17] beachte bei § 186 Abs. 2 S. 2 AktG wenn lediglich Grundlagen für Festlegung des Ausgabebetrages festgelegt worden sind
[18] GK/*Wiedemann* § 186 Rdn. 89; MüHdbAG/*Krieger* § 56 Rdn. 65
[19] Muster in *Happ*, AktR 11.01 (S. 744)
[20] MüHdbAG/*Krieger* § 56 Rdn. 66; KK/*Lutter* § 186 Rdn. 33

schließend weitergibt und das Risiko übernimmt, sie bei den Aktionären oder im Markt nicht vollständig unterzubringen.[21] Verpflichtet sich das Konsortium die übernommenen Aktien den Aktionären zum Bezug anzubieten, erkennt das Gesetz dieses Verfahren als zulässiges Bezugsrechtsverfahren an. Der Vorstand hat in diesem Fall das Bezugsangebot des Emissionsunternehmens unter Angabe des für die Aktien zu leistenden Entgelts und einer für die Annahme des Angebots fakultativ gesetzten Frist in den Gesellschaftsblättern bekanntzugeben (§ 186 Abs. 5 S. 2 AktG).

Die neuen Aktien dürfen nicht unter dem geringsten Ausgabebetrag ausgegeben werden (§ 9 Abs. 1 AktG). Hingegen ist es zulässig, die Aktien zu einem höheren Kurs zu begeben (§ 182 Abs. 3 AktG). Die Hauptversammlung kann sowohl einen Mindest- als auch einen Höchstbetrag festlegen.[22] Hat die Hauptversammlung weder einen Mindest- noch einen Höchstbetrag festgelegt, obliegt es der Verwaltung in den Grenzen des pflichtgemäßen Ermessens einen konkreten Ausgabebetrag zu bestimmen.[23] Um einen möglichst hohen Ausgabepreis zu erzielen und dennoch alle Aktien abzusetzen, setzt sich immer mehr das sogenannte *„Bookbuilding"*-Verfahren durch.[24] Danach wird die Kauforder registriert und aufgrund deren Umfangs der Ausgabebetrag der jungen Aktien festgelegt.

Nach der Zeichnung der neuen Aktien ist die Kapitalerhöhung durchzuführen (§ 188 AktG). Die gezeichneten Beträge müssen der Gesellschaft zur freien Verfügung gestellt werden. Für Sachkapitalerhöhungen sind dabei die besonderen Regeln des § 183 AktG zu beachten.

Nachdem die Kapitalerhöhung durchgeführt worden ist, hat sie der Vorstand und der Vorsitzende des Aufsichtsrates in das Handelsregister anzumelden (§ 188 AktG).[25] Dazu sind die weiteren Voraussetzungen des § 188 Abs. 2 und 3 AktG – wie staatliche Genehmigung und steuerliche Unbedenklichkeitsbescheinigung – zu schaffen. Das Registergericht prüft neben der Ordnungsmäßigkeit der Anmeldung, ob die gesetzlichen und satzungsmäßigen Voraussetzungen für die Kapitalerhöhung in förmlicher und sachlicher Hinsicht erfüllt worden sind.[26] Bei einer Sachkapitalerhöhung erstreckt sich die Prüfung auch darauf, ob der Wert der Sacheinlage dem geringsten Ausgabebetrag entspricht. Die Anmeldung zur Eintragung der Durchführung der Kapitalerhöhung (§ 188 AktG) und die Anmeldung des Kapitalerhöhungsbeschlusses (§ 184 AktG) können miteinander verbunden werden (§ 188 Abs. 4 AktG). Die Verbindung der Anmeldungen stellt aus Kostengründen die überwiegende Praxis dar.[27]

---

[21] *Raiser*, KapGesR § 20 Rdn. 4 (S. 327)
[22] KK/*Lutter* § 182 Rdn. 25
[23] *Hirte*; Bezugsrechtsausschluß und Konzernbildung S. 98; KK/*Lutter* § 182 Rdn. 28; a.A. ledigl. zu pari: *Henn*, AktR S. 656 Rdn. 1232; MüHdbAG/*Krieger* § 56 Rdn. 27
[24] *Raiser*, KapGesR § 20 Rdn. 5 (S. 327); zum Bookbuilding-Verfahren: *Groß*, ZHR 162 (1998) S. 318 ff.
[25] Muster in *Happ*, 11.01 AktR (S. 748)
[26] *Hüffer*, AktG § 188 Rdn. 20; KK/*Lutter* § 188 Rdn. 42
[27] *Hüffer*, AktG § 188 Rdn. 18

Mit Eintragung der Durchführung wird die Kapitalerhöhung wirksam (§ 189 AktG). Die jungen Aktien können an die (neuen) Mitglieder ausgegeben werden (§ 191 AktG).

C) Bedeutung des Bezugsrechtsausschlusses

Sowohl bei der Kapitalerhöhung gegen Einlagen als auch bei der genehmigten Kapitalerhöhung kann das gesetzliche Recht der Aktionäre auf den Bezug der jungen Aktien gem. § 186 Abs. 3, 4 AktG (§ 203 Abs. 1 S. 1, 2 AktG) ausgeschlossen werden. Der Bezugsrechtsausschluss ist für bestimmte Maßnahmen unumgänglich. So kann eine Sacheinlage regelmäßig nur von einer oder wenigen Personen geleistet werden. Eine Kapitalerhöhung gegen Einbringung einer Sacheinlage ist deshalb regelmäßig nur unter Ausschluss des Bezugsrechts möglich. Eine Sachkapitalerhöhung ist immer dann unumgänglich, wenn der Vertragspartner zum Vertragsschluss über Grundstücke, Betriebsteile oder Patente etc. als Gegenleistung die Einräumung einer Beteiligung fordert.[28] Manchmal ist es notwendig, über eine Kapitalerhöhung mit Bezugsrechtsausschluss eine Veränderung des Gesellschafterkreises zu erwirken. Ein solches Bedürfnis kann zum Beispiel in Sanierungsfällen bestehen. Befindet sich die Gesellschaft in wirtschaftlichen Schwierigkeiten oder Insolvenz, dient eine Kapitalerhöhung unter Ausschluss der illiquiden Altaktionäre und unter Zuweisung der jungen Aktien an sanierungswillige Altaktionäre der Zuführung von neuem Eigenkapital und damit zur Rettung der Gesellschaft.[29] Zum anderen kann die Aufnahme eines neuen Aktionärs Kooperationen zwischen Unternehmen festigen.[30] Häufig ist zur Durchführung einer Verschmelzung oder Spaltung eine Kapitalerhöhung in der aufnehmenden Gesellschaft erforderlich.[31] Sollen Aktien an ausländischen Börsen eingeführt werden, um den Aktionärskreis zu erweitern, ist dies regelmäßig nur unter Ausschluss des Bezugsrechtes möglich.[32] Die Kapitalerhöhung mit Bezugsrechtsausschluss kann zur Ausgabe von Belegschaftsaktien sowie zur Befriedigung von Aktienbezugsrechten aus Wandel-, Optionsanleihen oder sonstigen Verträgen notwendig sein.[33] Eine Kapitalerhöhung ohne Bezugsrechtsausschluss ist immer kostenintensiver und verhindert eine optimale Preiserzielung.[34] Um eine maximale Kapitalabschöpfung zu betreiben, müssen Kapitalerhöhungen schnell durchgeführt werden. Unter Beachtung des Bezugsrechtsverfahrens ist dies nicht möglich.[35] Vorstände werden bestrebt sein, von der Möglichkeit

---

[28] *Zöllner*, Schranken S. 448
[29] LG Heidelberg, ZIP 1988, 1257, *Heinsius*, FS Kellermann S. 115 [117], *Hirte*, Bezugsrechtsausschluß und Konzernbildung S. 64
[30] BGH NJW 1982, 2444 [2445]; *Martens*, FS Steindorf S. 151 [161]; *Mertens*, FS Fischer S. 437 [448]; *Priester*, DB 1980, 1925 [1929]; *Timm*, DB 1987, 212
[31] *Raiser*, KapGesR § 20 Rdn. 2 (S.326)
[32] BGH NJW 1994, 1420 ff, *Brandes*, WM 1994, 2177 [2185]
[33] *Raiser*, KapGesR § 20 Rdn. 14 (S. 330)
[34] Kübler/Mendelson/Mundheim, AG 1990, 461 [471]
[35] *Heinsius*, FS Kellermann S. 115 [124 ff.]; *Korthals*, Kapitalerhöhung zu höchsten Preisen S. 106 ff. jeweils m.w.N.

eines Bezugsrechtsausschlusses weitgehend Gebrauch zu machen. Dennoch obliegt die Entscheidung über eine Kapitalerhöhung und den gleichzeitigen Bezugsrechtsausschluss nicht dem Vorstand, sondern gem. §§ 119 Abs. 1 Nr. 6, 186 Abs. 3 S. 1 AktG der Hauptversammlung. Die unternehmerische Entscheidung des Vorstandes wird somit auf die Hauptversammlung verlagert.[36]
In § 186 Abs. 1 S. 1 AktG wird jedem Aktionär bei Kapitalerhöhungen ein Recht auf Bezug junger Aktien gewährt. Dieses Bezugsrecht ist ein elementarer Bestandteil der Mitgliedschaft des Aktionärs einer Aktiengesellschaft.[37] Sinn und Zweck des Bezugsrechts ist die Sicherung des Wertes seiner Beteiligung (sog. *Verwässerungsschutz*) und die Aufrechterhaltung der relativen Stimmbeteiligungshöhe (sog. *Schutz vor Stimmkraftsverwässerung*).[38] Daneben nimmt ein Teil der Literatur[39] an, dass durch das Bezugsrecht auch ein Recht auf Bezug von preisgünstigen Aktien besteht.

Das allgemeine bzw. abstrakte Bezugsrecht steht dem Gesellschafter kraft seiner Mitgliedschaft zu. Dieses Recht kann nicht unabhängig von der Mitgliedschaft übertragen werden.[40] Bei einer Durchführung einer Kapitalerhöhung entsteht aus dem allgemeinen Bezugsrecht ein konkretes Bezugsrecht bzw. ein Bezugsanspruch. Dieser Bezugsanspruch stellt eine selbständige Forderung des Aktionärs gegen die Gesellschaft auf Bezug junger Aktien aus der Kapitalerhöhung dar und kann somit abgetreten werden.[41]

I. Vermögensverwässerung

1. Verwässerung des Beteiligungswertes

Regelmäßig werden die jungen Aktien sowohl bei einer Kapitalerhöhung gegen Einlagen als auch bei einer genehmigten Kapitalerhöhung zu einem unter dem Börsenpreis liegenden Betrag ausgegeben.[42] Damit soll unvorhergesehenen Schwankungen des Börsenkurses Rechnung getragen und ein Anreiz zum Erwerb der jungen Aktien geboten werden.[43] Die Ausgabe der jungen Aktien unter dem Börsenpreis hat zur Folge, dass das Grundkapital prozentual stärker steigt,

---

[36] AnwK-AktR/*Rebmann* § 186 AktG Rdn. 39
[37] *Raiser*, KapGesR § 20 Rdn. 12 (S. 329)
[38] BT-Drucks. 12/6721 S. 10; *Bayer*, ZHR 163 (1999), 505 [508]; *Brandes*, WM 1994, 2177 [2185]; *Claussen*, Bank- und Börsenrecht S. 504 Rdn. 323; *ders.*, WM 1996, 609 [611]; *Füchsel*, BB 1972, 1533 [1534]; *Hoffmann-Becking*, ZIP 1994, 1 [9]; *Heinsius*, FS Kellermann S. 115 [117]; *Hüffer*, AktG § 186 Rdn. 2; *Martens*, FS Kellermann S. 437 [433]; KK/*Lutter* § 186 Rdn. 7; *ders.*, AG 1994, 429 [441]; *Schwark*, FS Claussen S. 357 [361]; *Sethe*, AG 1994, 342 [346]; *Wiedemann*, GesR S. 447
[39] *Claussen*, WM 1996, 609 [611]; *Ekkenga*, AG 1994, 59 [61]; *Kübler*, ZBB 1993, 1 [5]
[40] *Hefermehl/Bungeroth* in G/H/E/K § 186 Rdn. 14, *Hüffer*, AktG § 186 Rdn. 6; KK/*Lutter* § 186 Rdn. 10; *Meilicke*, BB 1961, 1281
[41] *Hefermehl/Bungeroth* in G/H/E/K § 186 Rdn. 14, *Hüffer*, AktG § 186 Rdn. 6; KK/*Lutter* § 186 Rdn. 10; *Meilicke*, BB 1961, 1281
[42] *Heinsius*, FS Kellermann S. 437 [433]
[43] *Raiser*, KapGesR § 20 Rdn. 5 (S. 327)

als das Vermögen der Gesellschaft.[44] Der Wert der Altaktien wird sich wegen eines zwangsläufigen Kursverfalls verringern. Auch bei nicht börsennotierten Aktiengesellschaften führt jede Kapitalerhöhung zu einer potentiellen Verringerung des Wertes der Altaktien, da der Unternehmenswert nur schwer und unsicher bestimmt werden kann.[45] Es besteht die Gefahr, dass der Ausgabebetrag der jungen Aktien unter dem wahren Wert der Altaktien liegt.

Beispiel 1:
Eine Aktiengesellschaft hat ein Grundkapital von 10 Millionen Euro. Dieses Grundkapital ist in 10 Millionen Nennbetragsaktien zu je einem Euro zerlegt. Der innere bzw. wahre Wert, welcher zugleich dem Börsenwert des Unternehmens entsprechen soll, beläuft sich auf 100 Millionen Euro. Der Wert einer jeden Aktie beträgt demnach 10 Euro. Die Gesellschaft hat einen Kapitalbedarf von 20 Millionen Euro. Um diesen Kapitalbedarf zu befriedigen, wird das Grundkapital um 50 % auf 15 Millionen Euro erhöht. Es werden fünf Millionen neue Nennbetragsaktien, welche auf einen Euro lauten, zu je vier Euro ausgegeben. Daraus ergibt sich ein Bezugsverhältnis von 2:1, sodass für je zwei alte Aktien eine (junge/neue) Aktie bezogen werden kann. Da die jungen Aktien zu 4 Euro ausgegeben werden, ist jede Aktie nach der Kapitalerhöhung nur noch 8 Euro wert. Die Altaktionäre verlieren 2 Euro pro Aktie an die Inhaber der jungen Aktien. Diese Entwicklung lässt sich in der folgenden Formel darstellen:

Preis für 2 alte Aktien (2 x 10 €):	20 €
Preis für eine Aktie (4 €):	4 €
Wert von 3 Aktien nach Kapitalerhöhung:	24 €
Wert einer Aktie nach Kapitalerhöhung (240 € : 3):	8 €
Wertverlust der Altaktien (10 € - 8 €):	2 €
	(= 20%)

Ein Aktionär, welcher zu 12 Prozent an der Gesellschaft beteiligt ist, hält einen Anteil im Wert von 1,2 Mio Euro. Wird die Kapitalerhöhung unter Ausschluss des Bezugsrechtes durchgeführt, schrumpft der Wert seines Anteils auf 960.000 Euro. Sein Verlust beträgt 240.000 Euro.

Bei bestehendem Bezugsrecht kann der Aktionär durch den Bezug neuer Aktien diesen Wertverlust wettmachen. Es findet lediglich eine Verschiebung des Wer-

---

[44] *Füchsel*, BB 1972, 1533 [1534]; *Frey/Hirte*, ZIP 1991, 697 [701]; *Heinsius*, FS Kellermann S. 115 [117]; *Hirte*, Bezugsrechtsausschluß und Konzernbildung S. 7 f.; *Kübler/Mendelson/Mundheim*, AG 1994, 461; *Wiedemann*, GesR S. 447
[45] *Frey/Hirte*, ZIP 1991, 697 [701]; *Meilicke*, BB 1961, 1281

tes von den alten auf die jungen Aktien innerhalb seines Vermögens statt.[46] Er kann aber auch auf die Ausübung des Bezugsrechtes verzichten und dieses veräußern. Der Erlös aus dem Bezugsrechtsverkauf soll den Aktionär für die Vermögensbeeinträchtigung entschädigen, welche er erleidet, weil er keine neuen Aktien zeichnet.[47] Der Wert des Bezugsrechtes ergibt sich aus der Differenz des Wertes der alten Aktien zu dem Wert der Aktien nach der Kapitalerhöhung und entspricht somit dem Wertverlust der Altaktien.[48] Haben die alten Aktien einen Börsenwert, kann der Wert des Bezugsrechtes durch Veränderung des Börsenkurses variieren.

2. Verkleinerung des Gewinn- und Liquidationsanteils

Sowohl der Gewinnanteil als auch der Liquidationsanteil richten sich nach den Anteilen der Aktionäre am Grundkapital (§ 60 Abs. 1 bzw. § 271 Abs. 2 AktG). Mit dem Bezugsrechtsausschluss verringert sich die prozentuale Beteiligung der Altaktionäre am Grundkapital. Dies führt zu einer Verringerung des Gewinn- und Liquidationsanteils. Der auszuzahlende Gewinn nimmt prozentual auch dann ab, wenn die Gesellschaft trotz der Kapitalerhöhung bemüht sein sollte, weiterhin pro Aktie die gleiche Dividende zu zahlen.[49]

Beispiel 2:[50]
Die Grundlage bildet das Beispiel 1.[50] Der Aktionär A besitzt 1,2 Millionen Aktien zum Nennbetrag von je einem Euro. Dies entspricht einer Beteiligung am Grundkapital von 12%. Werden 15 Millionen Euro Gewinn verteilt, entspricht dies einer Dividende von 1,5 Euro pro Aktie bzw. einer Dividendenrendite bezogen auf den Nennbetrag von 150%. Aktionär A erhält somit 1,8 Millionen Euro Gewinn.
Wird das Grundkapital auf 15 Millionen Euro erhöht, sinkt seine Beteiligung auf 8% ab. Soll wiederum ein Gewinn von 15 Millionen Euro verteilt werden, entfällt auf jede Aktie eine Dividende von 1 Euro. Dies entspricht einer Dividendenrendite von 100% der Altaktien. Aktionär A bekäme lediglich 12 Millionen Euro Gewinn.
Soll weiterhin eine Dividende von 1,5 Euro pro Aktie ausgezahlt werden, muss die Gesellschaft 22,5 Millionen Euro bereitstellen. Um eine solche Dividende zu erreichen, muss sie ihren Gewinn im Verhältnis zu ihrem Grundkapital von einst 150% auf 187,5 % steigern.
Verändert sich das Verhältnis von Gewinn zu Kapital nicht, können nur 18 Millionen Euro als Gewinn ausgeschüttet werden. Da sich der Gewinn auf eine größere Anzahl Aktien verteilt, entfällt auf jede Aktie eine Dividende von 1,2 Euro.

---

[46] *Hirte*, Bezugsrechtsausschluß und Konzernbildung S. 8
[47] *Hirte*, Bezugsrechtsausschluß und Konzernbildung S. 8; a.A. *Kallmayer*, AG 1993, 249 f.
[48] WELT „Kapitalverwässerung" vom 7. September 2003; a.A. *Kallmayer*, AG 1993, 249 f. wonach Bezugsrecht keinen Marktwert besitzt
[49] *Heinsius*, FS Kellermann S. 115 [118]; *Hirte*, Bezugsrechtsausschluß und Konzernbildung S. 8; *Zöllner*, AG 2002, 581 [590 f.]
[50] siehe oben Teil 2:Kapitel I:C)I. 1 (S. 10)

Der ausgezahlte Gewinn der Altaktien bezogen auf den Nennbetrag ist um 0,30 Euro bzw. 30% rückläufig. Aktionär A würde durch die Gewinnausschüttung statt ursprünglich 1,8 Millionen Euro nur 1,44 Millionen Euro erhalten.

Ob durch eine Kapitalerhöhung tatsächlich eine für den Anleger negativ zu wertende Verwässerung eintritt, hängt von der Verwendung der neuen Mittel im Unternehmen ab.[51] Erzielen die Mittel mindestens die gleiche Rendite[52] im Unternehmen wie das schon im Unternehmen arbeitende Kapital, ist ein Verwässerungseffekt nicht gegeben. Werden die jungen Aktien zu einem niedrigeren Preis ausgegeben als der Börsenkurs bzw. nach dem inneren Wert der Gesellschaft, verteilt sich der künftige Gewinn auf mehr Aktien. Um die gleiche Dividende zu erzielen, müsste zwangsläufig der Mitteleinsatz zu einer höheren Gewinnerwirtschaftung führen. Eine solche Gewinnsteigerung ist regelmäßig schwer zu erzielen und daher eher unwahrscheinlich.[53] Demzufolge liegt bei einer Ausgabe der jungen Aktien zu einem niedrigeren Preis als dem inneren Wert bzw. dem Börsenpreis eine potentielle Vermögensbeeinträchtigung vor.

Eine solche potentielle Vermögensbeeinträchtigung wird zum Teil auch dann angenommen, wenn der Ausgabepreis der jungen Aktien dem der alten entspricht, da nicht gewährleistet werden kann, dass der auf die einzelne Aktie entfallende Ertragswert auch in Zukunft konstant bleibt.[54] Dem ist entgegenzuhalten, dass es zum einen kein Recht auf gleich bleibende Dividende gibt.[55] Zum anderen liegt darin keine stärkere Beeinträchtigung der Aktionäre als bei einer Kapitalerhöhung unter Beibehaltung der Bezugsrechte. Denn auch hier kann nicht gewährleistet werden, dass die zugeführten Mittel die Dividende der Aktionäre konstant halten. Zudem liegt der Kapitalbeschaffung regelmäßig die Prognose der Gesellschaft zugrunde, dass der mit dem neuen Kapital verbundene Ertragszuwachs die bisherige Kapitalrendite zumindest konstant hält.[56]

3. Vorrecht zur Investition von Kapital

Cahn[57] sieht in dem Bezugsrecht auch ein Vorrecht der Aktionäre, zusätzliches Kapital in die Gesellschaft zu investieren und entsprechend an einem etwaigen Wertzuwachs teilzunehmen. Bei dem Interesse, an der Entwicklung des Vermögenswertes der Gesellschaft teilzunehmen, handelt es sich um ein Anlageinteresse.[58] Das Bezugsrecht schützt die Altaktionäre aber nur vor einem Eingriff in

---

[51] WELT „Kapitalverwässerung", vom 07.05.2003
[52] Def. von Rendite: Die Rendite setzt sich aus der Differenz des anteiligen Marktwertes zwischen An- und Verkauf der Aktie durch den Aktionär sowie der zwischenzeitlich gezahlten Dividenden zusammen. (*Schütte*, Dividendenentscheidung S.69)
[53] DAI „Nach der Baisse hagelt es Kapitalerhöhungen", November 2002
[54] *Cahn*, ZHR 163 (1999)554 [585]
[55] *Raiser*, KapGesR § 19 Rdn. 1 (S. 312) m.w.N.
[56] *Busch*, AG 1994, 93 [99]
[57] *Cahn*, ZHR 164 (2000), 113 [142];
[58] *Martens*, FS Steindorff S. 151 [164]

ihre Mitgliedschaft.[59] Ein Bezugsrechtsausschluss darf nach § 255 Abs. 2 AktG nicht zu Vermögensbeeinträchtigungen der Altaktionäre führen. Ein über den Erhalt des bisherigen Vermögens hinausgehendes Vermögensinteresse wird nicht erfasst.[60] So wird auch nicht in Erwägung gezogen, dass bei der Fremdkapitalaufnahme vornehmlich Aktionäre zu berücksichtigen sind.

4. Verlust steuerrechtlicher Privilegien

Verringert sich die Beteiligungsquote des einzelnen Aktionärs, kann dies gleichzeitig zu einem Verlust von Steuerprivilegien führen. Sinkt die Beteiligung eines Aktionärs – welcher steuerpflichtig nach dem Gewerbesteuerrecht ist – unter zehn Prozent des Grundkapitals, kann er die Summe seines Gewinns nicht um die Gewinne aus seinen Anteilen an der Aktiengesellschaft kürzen (§ 9 Nr. 2 a GewStG). Ebenso fallen die Vergünstigungen für sogenannte Schachtelgesellschaften weg (§ 102 BewG).

II. Stimmkraftverwässerung

Mit der Kapitalerhöhung wird die Stimmkraft des einzelnen Aktionärs (§ 134 Abs. 1 S. 1 AktG) – seine relative Beteiligungsquote an der Gesamtzahl aller Aktien – beeinträchtigt. Die relative Stimmkraft nimmt in dem Verhältnis ab, in dem das Grundkapital zugenommen hat.[61] Mit Verringerung der Stimmkraft schwindet der mitgliedschaftliche Einfluss in der Gesellschaft. So kann der Bezugsrechtsausschluss zu einem Verlust einer Sperrminorität[62] oder von Minderheitsrechten[63] führen.

Beispiel 3:
Grundlage bildet das Beispiel 1.[64] Der Aktionär A besitzt vor der Kapitalerhöhung 1,2 Millionen Nennbetragsaktien zu je einem Euro. Damit besitzt er 12 % der Gesellschaftsanteile. Nach der Kapitalerhöhung besitzt er nur 8 % der Gesellschaftsanteile, wenn er nicht von seinem Bezugsrecht Gebrauch macht. Damit verliert er alle Minderheitsrechte, die mindestens zehn Prozent der Gesellschaftsanteile erfordern.

Um die Stimmkraft des einzelnen Aktionärs beizubehalten, können stimmrechtslose Vorzugsaktien (§§ 12 Abs. 1 S. 2; 139 ff. AktG) ausgegeben werden. Kann der Vorzugsbetrag in einem Jahr nicht oder nicht vollständig gezahlt werden und der Rückstand im darauffolgenden Jahr nicht neben dem vollen Vorzug des Jahres nachgezahlt werden, erhalten die Vorzugsaktionäre das Stimmrecht, bis die Rückstände nachgezahlt werden (§ 140 Abs. 2 AktG). In diesem Fall würde der

---

[59] *Hüffer*, AktG § 186 Rdn. 2; KK/*Lutter* § 186 Rdn. 7; MüHdbAktR/*Krieger* § 56 Rdn. 57
[60] *Hoffmann-Becking*, FS Lieberknecht S. 24 [29 f.]; *Martens*, FS Steindorff S. 151 [164]
[61] *Füchsel*, BB 1972, 1533 [1534]; *Heinsius*, FS Kellermann S. 115 [118]
[62] vgl. § 320 Abs. 1 S. 1 AktG
[63] vgl. §§ 93 Abs. 4 S 3; 122 Abs. 1 S. 1, 142 Abs. 2; § 147 Abs. 1, 2 und 3; 309 Abs. 3 S. 1 AktG
[64] siehe oben Teil 2:Kapitel I:C)I. 1 (S. 10)

Altaktionär eine Stimmkraftbeeinträchtigung erleiden. Eine potentielle Gefahr der Stimmkraftverwässerung ist somit stets gegeben.

III. Sonstige Bedeutung des Stimmrechts

1. Bezugsrecht als zusätzlicher Ertrag

Aus steuerrechtlich interessanten Gesichtspunkten und der Idee der Dividentenkontinuität wurden in der Vergangenheit junge Aktien erheblich unter Börsenkurs ausgegeben.[65] Bei einer gleichbleibenden Dividende wurde aller zwei bis drei Jahre eine kleine Kapitalerhöhung zu niedrigen Ausgabepreisen vorgenommen und damit die Gesamtrendite der Aktie angereichert.[66] Mit Wegfall der Doppelbesteuerung von Dividenden hat dieses Modell an Charme verloren. Oftmals wird das Bezugsrecht vom Aktionär als zusätzlicher Ertrag neben der Dividende angesehen, da er dieses veräußern kann. Es ist richtig, dass der Aktionär durch das Bezugsrecht eine vermögensrechtliche Position erhält. Dieses Vermögensrecht steht ihm als Ausgleich für die Wertminderung seines Aktienbesitzes zu, wenn der Bezugskurs der jungen Aktien unter dem bisherigen Wert der Aktien liegt. Durch die Gewährung des Bezugsrechts ändert sich nicht die bisherige Vermögenslage des Aktionärs.[67] Insofern stellt die Gewährung eines Bezugsrechtes nur einen scheinbaren zusätzlichen Ertrag dar.[68]
Ein effektiver zusätzlicher Ertrag wird mit dem Bezugsrecht nicht gewährt.

Beispiel 4:
Auszugehen ist vom Beispiel 1.[69] Die Vermögenslage des A verändert sich wie folgt:
Aktionär A bezahlt für eine junge Aktie vier Euro. Dazu wird ihm an zwei Altaktien jeweils ein Stück – das sogenannte Bezugsrecht – abgeschnitten. Dieses Stück verkörpert einen Wert von 2 Euro. Zwei solche Substanzstücke/Bezugsrechte (4 €) ergeben zusammen mit dem Preis für die junge Aktie (4 €) den Wert für die neue/junge Aktie (8 €).

---

[65] *Pallow* S. 202: Ausgangspunkt waren Rufe nach höherer Besteuerung von Aktiengesellschaften. Da die Dividende regelmäßig mit dem Grundkapital verglichen wurde, wurde das Grundkapital erhöht und die jungen Aktien zu einem geringen Wert ausgegeben. So verringerte sich das Verhältnis von Grundkapital zur Dividende. Die Aktionäre, welche an der Kapitalerhöhung teilnahmen, hatten tatsächlich keinen Dividendenrückgang zu verzeichnen.
[66] siehe *Claussen*, WM 1996, 609 [611]
[67] *Hefermehl/Bungeroth* in G/H/E/K § 186 Rdn. 1; *Hirte*, Bezugsrechtsausschluß und Konzernbildung S. 7; KK/*Lutter* § 186 Rdn. 7 MüHdbAktR/*Krieger* § 56 Rdn. 57; *Schwark*, FS Claussen S. 357 [363]
[68] i.E. *Kübler*, ZBB 1 [5]; *Seibert/Köster/Kiem*, Kleine AG S. 107 Rdn. 197
[69] siehe oben Teil 2:Kapitel I:C)I. (S. 10)

Formel[70]:

$$\text{Bezugsrecht (2 €)} = \frac{\text{Aktienkurs (10 €)} - \text{Bezugskurs (4€)}}{\text{Bezugsverhältnis (2:1)} + 1}$$

Indem der Börsenkurs variiert, variiert zwangsläufig auch der Bezugswert.

2. Bezugsrecht als Marketinginstrument

Teilweise wird das Bezugsrecht als Marketinginstrument gebraucht. Gesellschaften bzw. Depotbanken sprechen die Aktionäre direkt an, um diese zum Kauf junger Aktien anzuregen.[71] Dabei steht weniger das Interesse des Erhaltes der Beteiligung der Aktionäre im Vordergrund als vielmehr der Absatz von Wertpapieren. Das Bezugsrecht schützt nur die vermögensrechtliche und verwaltungsrechtliche Position des Aktionärs in der Gesellschaft, nicht aber die wirtschaftlichen Interessen der Gesellschaft am Absatz junger Aktien. Deshalb werden solche Marketinginteressen nicht vom Schutzbereich des Bezugsrechtes erfasst.

D) Historische Entwicklung des Bezugsrechtes

Das allgemeine deutsche Handelsgesetzbuch (ADHGB) von 1881 enthielt noch keine Regelung zum Bezugsrecht der Aktionäre im Rahmen einer Kapitalerhöhung. Erst 1897 wurde ein dispositives Bezugsrecht in das Handelsgesetzbuch eingeführt (§ 282 HGB a.F.). Danach musste jedem Aktionär auf dessen Verlangen ein seinem Anteil an dem bisherigen Grundkapital entsprechender Teil der neuen Aktien zugeteilt werden. Dieses Bezugsrecht konnte zugleich im Erhöhungsbeschluss mit einfacher Mehrheit ausgeschlossen werden. Der Grund für die Schaffung dieses Bezugsrechtes lag darin, dass die „heimliche" Zuteilung von jungen Aktien bei Kapitalerhöhungen durch die Verwaltung unterbunden werden sollte.[72] Indem grundsätzlich ein Bezugsrecht gewährt wurde, musste dem Ausschluss stets ein solcher Beschluss vorangehen. Die Aktionäre wurden so zwangsläufig darüber informiert, dass der Vorstand junge Aktien begeben durfte. Die Unterbindung der heimlichen Zuteilung der Aktien wurde durch den § 283 Abs. 1 HGB a.F. bekräftigt, wonach Zusicherungen gegenüber Dritten zum Bezug von jungen Aktien nur wirksam waren, wenn ein entsprechender Beschluss von der Generalversammlung gefasst worden ist.

Auch das Reichsgericht hatte sich immer wieder mit Fällen zu beschäftigen, in denen die Mehrheit der Generalversammlung das Bezugsrecht ausgeschlossen hat und die jungen Aktien sodann an Dritte oder an Mehrheitsaktionäre zugeteilt wurden.[73] Die Beschlüsse wurden regelmäßig mit der Begründung gerügt, dass

---

[70] Zur Berechnung des Bezugsrechts in der Praxis bedarf es der Bereinigung der Kurse, vgl. Hilscher/Singer/Grampp/Börsenlexikon - „Bereinigung"
[71] *Kübler/Mendelson/Mundheim,* AG 1990, 469; *Schwark*, FS Claussen S. 357 [363]
[72] Ehrenberg/*Fischer* S. 324 f.
[73] RGZ 68, 235 (Hibernia); 105, 373 (Union); 107, 67 ; 107, 67 (Vereinigte Stahlwerke); 108, 322 (Leipziger Buchbinderei) 132, 149

mit der Kapitalerhöhung unter Bezugsrechtsausschluss nur die Absicht verfolgt werde, die Minderheitsgesellschafter aus der Gesellschaft zu verdrängen. Zunächst betonte das Reichsgericht[74], dass die Beschlüsse der Mehrheit für die Minderheit auch dann maßgebend sind, wenn sie der Minderheit als verkehrt, wirtschaftlich nachteilig und die Bestrebungen der Minderheit schädigend erschienen. Begrenzt wurde das Handeln nur durch die guten Sitten nach §§ 138, 826 BGB. Die Kapitalmehrheit brauche nicht die Interessen der Gesellschaft im Sinne der Minderheit zu wahren.

Später sah das Reichsgericht einen Verstoß gegen die guten Sitten darin, dass die Mehrheit bei ihrem Vorgehen ohne Rücksicht auf das Wohl der Gesellschaft eigensüchtige Zwecke auf Kosten der Minderheit verfolgte.[75] Der scheinbare Fortschritt ist jedoch dahingehend zu relativieren, dass das Reichsgericht das Gesellschaftsinteresse dem Interesse der Mehrheit gleichsetzte.[76] Ein Sittenverstoß eines Bezugsrechtsausschlusses kam nur in Betracht, wenn dieser zugleich einen schweren Eingriff in die Vermögensrechte der Minderheit bedeutete.[77]

Aus Anlass der vermehrt aufgetretenen Fälle von „dubiosen" Bezugsrechtsausschlüssen bei Kapitalerhöhungen setzte sich auch die Literatur mit dieser Thematik auseinander.[78] Der Ausschluss an sich, der ausdrücklich durch das Gesetz gestattet wurde, sollte für sich keinen Verstoß gegen die guten Sitten darstellen. Ein Sittenverstoß sei dann gegeben, wenn der Bezugsrechtsausschluss gerade nicht im Interesse der Gesellschaft liegt, sondern nur oder hauptsächlich die Interessen anderer begünstige.[79] Dies sei immer dann gegeben, wenn die Generalversammlung das Recht auf Bezug der jungen Aktien ohne Not umgehe, also wenn das Interesse der Gesellschaft dieser Ausschließung nicht bedurfte. *Nußbaum*[80] erwog sogar, den Bezugsrechtsausschluss nur in gesetzlich bezeichneten Ausnahmen einzuräumen. Zumindest sollte aber eine Mehrheit von drei Vierteln des bei der Beschlussfassung vertretenen Grundkapitals für einen Ausschluss erforderlich sein.[81] Diese Erwägungen stellte er zur Diskussion im Rahmen der Kommission des Deutschen Juristentages zur Reform der „Zweiten Reform des Aktienrechts".[82] Die Kommission sprach sich entschieden gegen diese Voraussetzungen aus, da weitere Anforderungen den Anfechtungen von Generalver-

---

[74] RGZ 68, 235 [244] (Hibernia); 105, 373 [375 f.](Union); 107, 67 ; 107, 71 (Vereinigte Stahlwerke); 108, 322 [327] (Leipziger Buchbinderei)
[75] RGZ 113, 188 [193] (Bergbau Ilse); 119, 248 [257] (Hamburg Süd); RGZ 132, 149 [163] (Victoria)
[76] RGZ 107, 67 [71] (Vereinigte Stahlwerke); 108, 322 [327] (Leipziger Buchbinderei); 113, 188 [193, 196] (Bergbau Ilse); 119, 248 [257] (Hamburg Süd); 132, 149 [163] (Victoria); dazu *Priester*, DB 1980, 1925 [1926]
[77] GK/*Fischer*² § 153 Rdn. 16
[78] *Brodmann*, AktR § 282 HGB Nr. 1. b); *Horrowitz*, JZ 1923, 917 f.; *Nußbaum*, JZ 1923, 918
[79] *Horrowitz*, JZ 1923, 917
[80] *Nußbaum*, JZ 1923, 918
[81] ebenso *Brodmann*, AktR § 282 HGB Nr. 1. b)
[82] *Schubert/Hommelhoff*, Aktienrechtsreform S. 63 ff., 126, 138

sammlungsbeschlüssen „Tür und Tor" öffnen und eine außerordentliche Unsicherheit in das Aktienrecht hineintragen würden.[83] Noch weiter gingen *Fedisch*[84] und *Baltrusch*[85] mit ihren Anträgen im aktienrechtlichen Arbeitsausschuss des vorläufigen Reichswirtschaftsrates, indem sie generell ein Verbot des Bezugsrechtsausschlusses forderten. Nach kontroversen Diskussionen in den Ausschüssen[86] kam man zu dem Schluss, dass eine zwingende Mehrheit von drei Vierteln der Stimmen des Grundkapitals und die vorherige Bekanntmachung des beabsichtigten Ausschlusses die Interessen der Aktionäre hinreichend wahren würden.[87] Sollte der Bezugsrechtsausschluss dennoch zu einem unerträglichen Eingriff in die Interessen der Minderheit führen, sollte dieses von den betroffenen Aktionären wegen Verstoßes gegen die guten Sitten angefochten werden können.

Eine Verbesserung des Schutzes der Minderheitsaktionäre führte die Rechtsprechung mit dem Gebot der Treupflicht der Hauptversammlung gegenüber der Gesellschaft herbei.[88] Bedurfte es zur Anfechtung eines sittenwidrigen Bezugsrechtsausschlusses sowohl objektiver als auch subjektiver, meist schwer beweisbarer Kriterien, konnte eine Verletzung von Treupflichten allein auf objektive Kriterien gestützt werden.[89]

Missbräuche, welche mit dem Bezugsrechtsausschluss in der Praxis betrieben wurden, waren zugleich Anlass zur Schaffung neuer Regelungen im Rahmen der Aktienrechtsreform von 1937. Sollten die Aktionäre von einer Kapitalerhöhung ausgeschlossen werden, war gem. § 153 Abs. 3 S. 2 AktG i.d.F.v. 1937 eine Mehrheit von drei Vierteln des bei der Beschlussfassung vertretenen Grundkapi-

---

[83] Protokolle sowie Vermerke der Sitzungen der Kommission des Deutschen Juristentages zur Prüfung der Reform des Deutschen Aktienrechts des Unterausschusses zu Ziff. II b vom 13.2.1928 abgedr. bei *Schubert/Hommelhoff*, Aktienrechtsreform S. 60 [64.]
[84] Antrag Nr. 1629/32 abgedr. in *Schubert/Hommelhoff*, Aktienrechtsreform S. 782 ff.
[85] Antrag Nr. 1915/32 abgedr. in *Schubert/Hommelhoff*, Aktienrechtsreform S. 811 f.
[86] Protokolle sowie Vermerke der Sitzungen der Kommission des Deutschen Juristentages zur Prüfung der Reform des Deutschen Aktienrechts des Unterausschusses zu Ziff. II b vom 13.2.1928 abgedr. in *Schubert/Hommelhoff*, Aktienrechtsreform S. 60 [63 ff.], Protokoll über die Sitzung vom 9.3.1928 abgedr. bei *Schubert/Hommelhoff*, Aktienrechtsreform S. 124 [126 f.], Vermerk über Sitzung vom 9. und 10. 3. 1928 abgedr. *Schubert/Hommelhoff*, Aktienrechtsreform S. 133 [138 ff.]; Protokolle der Verhandlungen des Arbeitsausschusses des Vorläufigen Reichswirtschaftsrats zur Beratung des Entwurfs eines Gesetzes über Aktiengesellschaften und Kommanditgesellschaften auf Aktien vom 21.9.1932 abgedr. bei *Schubert/Hommelhoff*, Aktienrechtsreform S. 101 ff.; vom 20.10.1932 abgedr. bei *Schubert/Hommelhoff*, Aktienrechtsreform S. 301 ff.;
[87] Bericht von Hachenburg über das Ergebnis der Beratungen im aktienrechtlichen Arbeitsausschuss (Amtl. Bericht vom 7.3. 1933 S. 83 – 87) abgedr. in *Schubert/Hommelhoff*, Aktienrechtsreform S. 823 [830 f.]; Erläuternde Bemerkungen des Reichsjustizministeriums zum Entwurf von 1931 abgedr. in *Schubert/Hommelhoff*, Aktienrechtsreform S. 907 [930 f.]
[88] RGZ 132, 149 [163] (Victoria); 146, 385 [395]; zust. GK/*Schilling*^{2} § 197 Anm. 13 a
[89] GK/*Schilling*^{2} § 197 Anm. 13 b.

tals erforderlich. Sollte das Bezugsrecht ganz oder teilweise ausgeschlossen werden, musste die Ausschließung gem. § 153 Abs. 4 AktG i.d.F.v. 1937 ausdrücklich und zwei Wochen vor der Beschlussfassung bekanntgegeben werden. Weiterhin wurde erstmals die Anfechtungsmöglichkeit nach § 197 Abs. 2 AktG i.d.F.v. 1937[90] gegen Generalversammlungsbeschlüsse eröffnet, deren Sittenwidrigkeit in dem mit dem Beschluss verfolgten Zweck lag.

Neben den neu geschaffenen Regelungen wurde vereinzelt der Bezugsrechtsausschluss unter Berücksichtigung des Gleichbehandlungsgrundsatzes geprüft.[91] Zum einen erleichterte die Bezugnahme auf den Gleichbehandlungsgrundsatz Anfechtungsklagen insofern, als allein an objektive Elemente angeknüpft wurde.[92] Zum anderen konnte der Gleichbehandlungsgrundsatz nur einen ungleichen Bezugsrechtsausschluss lösen. Wurden alle Aktionäre untereinander gleich schlecht behandelt, weil das Bezugsrecht insgesamt ausgeschlossen wurde und die jungen Aktien außenstehenden Dritten zugeteilt wurden, half der Gleichbehandlungsgrundsatz nicht weiter.

Mit der „Kali & Salz" - Entscheidung[93] kam der Bundesgerichtshof dem Begehren des Schrifttums[94] nach und knüpfte den Bezugsrechtsausschluss an das Vorliegen ungeschriebener positiver Voraussetzungen. Danach stellt jeder Ausschluss des Bezugsrechts einen „schweren Eingriff" in die Mitgliedschaft des Aktionärs dar. Aus diesem Grund muss jeder Bezugsrechtsausschluss sachlich gerechtfertigt sein. An die Rechtfertigung sind umso strengere Anforderungen zu stellen, je schwerer die Maßnahme in die mitgliedschafts- und vermögensrechtliche Stellung der ausgeschlossenen Aktionäre eingreift. Die Prüfung der sachlichen Rechtfertigung hat in zwei Schritten zu erfolgen. Im ersten Schritt ist zu prüfen, ob mit dem Bezugsrechtsausschluss ein Zweck verfolgt wird, der im Interesse der Gesellschaft liegt. Wird der Zweck vom Gesellschaftsinteresse getragen, ist in einem zweiten Schritt zu prüfen, ob der Bezugsrechtsausschluss zur Erreichung des Zwecks geeignet, erforderlich und angemessen ist. Dabei sind die Interessen der Gesellschaft am Bezugsrechtsausschluss mit denen der Aktionäre abzuwägen und die Verhältnismäßigkeit von Mittel und Zweck zu prüfen.[95] Mit der „Holzmann"-Entscheidung[96] bestätigte der Bundesgerichtshof seine „Kali & Salz-" Rechtsprechung[97], indem er die ungeschriebenen Anforderungen

---

[90] entspricht § 243 Abs. 2 AktG
[91] RGZ 112, 14 [19]; 118, 67 [70 f.] (Gaswerksverband Rheinaukreis); 119, 248 [252 f.] (Hamburg Süd); BGHZ 33, 175 [186] (Minimax II); heute in § 53 a AktG gesetzlich verankert
[92] *Mestenmäcker*, BB 1961, 945 [950], *Wiedemann*, GesR S. 429 f.
[93] BGHZ 71, 40 ff. = NJW 1978, 1316 ff.
[94] *Füchsel*, BB 1972, 1533 ff.; *Mestmäcker*, BB 1961, 945 ff. GK/*Wiedemann*³ § 186 Anm. 134; *Horrowitz*, JW 1923, 917; *Nußbaum*, JW 1923, 918; *Zöllner*, Schranken S. 353
[95] Zur Prüfung der sachlichen Rechtfertigung: BGH NJW 1978, 1316 [1317]; *Füchsel*, BB 1972, 1533 [1538 f.]; KK/*Lutter* § 186 Rdn. 61 ff.; GK/*Wiedemann* § 186 Rdn. 137 ff.
[96] BGHZ 83, 319 ff. (Holzmann)

des § 186 Abs. 3 AktG auf genehmigte Kapitalerhöhungen nach §§ 202 ff. AktG übertrug. Nach seiner Auffassung kann es für die Schwere des Eingriffes keine Rolle spielen, ob das Bezugsrecht im Rahmen einer regulären Kapitalerhöhung oder im Rahmen des genehmigten Kapitals ausgeschlossen wird, da der Unterschied zur regulären Kapitalerhöhung in der späteren Durchführung liegt.[98] Nach der Auffassung des BGH kann ein wirksamer Schutz der Aktionäre nur dann gewährleistet werden, wenn der spätere Bezugsrechtsausschluss bei Ausnutzung der Ermächtigung bereits im Ermächtigungszeitpunkt sachlich gerechtfertigt ist. Dies hatte zur Folge, dass bereits im Ermächtigungsbeschluss konkrete Anhaltspunkte für eine spätere Kapitalerhöhung gegeben sein mussten, welche einen Ausschluss des Bezugsrechts rechtfertigen konnten. Diese Gründe hat der Vorstand in seinem Bericht gem. §§ 203 Abs. 2 S. 2, 186 Abs. 4 S. 2 AktG darzulegen.[99] Mit der „Holzmann"-Entscheidung wurde das genehmigte Kapital mit Bezugsrechtsausschluss aus der Unternehmenspraxis eliminiert.[100] Ein hohes Anfechtungsrisiko, eine damit verbundene Rechtsunsicherheit und die zunehmende Zahl rechtsmissbräuchlicher Anfechtungsklagen war die Ursache der mangelnden Praktikabilität des Bezugsrechtsausschlusses.

Mit der „Deutschen Bank"-Entscheidung[101] hat der BGH – unter Beibehalten der Grundsätze von „Kali & Salz" sowie „Holzmann" – einen ersten Schritt in Richtung Liberalisierung unternommen. Zum einen erkannte der BGH an, dass die Erweiterung des Aktionärskreises durch die Zulassung junger Aktien an ausländischen Börsen einen Bezugsrechtsausschluss sachlich rechtfertigt. Andererseits waren konkrete Angaben zur Bestimmung der Börsenplätze und zum Volumen des jeweils an ihnen einzusetzenden Aktienkapitals im Vorstandsbericht nicht erforderlich.

In seinen Entscheidungen „Siemens/Nold"[102] und „Mangusta/Commerzbank I"[103] hat der BGH seine „Holzmann"-Rechtsprechung[104] ausdrücklich wegen „zu strengen" und „nicht praktikablen" Anforderungen aufgegeben.[105] Eine noch zuvor geforderte Vorverlagerung der Interessenabwägung in der Hauptversammlung und ein damit zusammenhängendes Konkretheitserfordernis für den Vorstandsbericht wurde aufgegeben. Das Bezugsrecht kann schon dann ausgeschlossen bzw. der Vorstand zu einem Bezugsrechtsausschluss ermächtigt werden, wenn die Maßnahme, zu deren Durchführung der Vorstand ermächtigt wer-

---

[97] BGH NJW 1978, 1316 ff.(Kali & Salz)
[98] BGH NJW 1982, 2444 f. (Holzmann)
[99] BGH NJW 1982, 2444 [2445 f.] (Holzmann)
[100] *Martens*, ZIP 1994, 669; *ders.* ZIP 1992, 1679 [1678]; *Vollhard*, AG 1998, 397
[101] BGHZ 125, 239 ff.; bestätigt durch BGH, BB 2000, 1643 [1644] (Adidas)
[102] BGHZ 136, 133 ff (Siemens/Nold)
[103] BGH BB 2005, 2767 (Magusta/Commerzbank I)
[104] BGH NJW 1982, 2444 ff. (Holzmann)
[105] BGH NJW 1997, 2815 (Siemens/Nold) bestätigt durch BGH BB 2005, 2767 (Magusta/Commerzbank I)

den soll, im wohlverstandenen Interesse der Gesellschaft liegt und der Hauptversammlung allgemein und in abstrakter Form bekannt gegeben wurde. Die Hauptversammlung hat zu prüfen, ob die abstrakt beschriebene Maßnahme einen Bezugsrechtsausschluss grundsätzlich rechtfertigt. Der Vorstand darf von seiner Ermächtigung zur Kapitalerhöhung und zum Bezugsrechtsausschluss nur dann Gebrauch machen, wenn das konkrete Vorhaben seiner abstrakten Umschreibung entspricht und im Zeitpunkt der Realisierung im wohlverstandenen Interesse der Gesellschaft liegt. Der BGH begründet seine Entscheidung damit, dass dem genehmigten Kapital die notwendige Flexibilität wieder gegeben und Rechtssicherheit geschaffen werden muss. In der Literatur ist das Siemens/Nold-Urteil auf geteiltes Echo gestoßen. Ein Teil der Stimmen befürwortet die Entscheidung, da das Urteil zu einer Erleichterung der Emissionspraxis führt und das genehmigte Kapital die ihm gesetzlich zugedachte Funktion der schnellen, flexiblen Kapitalbeschaffung erfüllen kann.[106] Zum anderen ist das Urteil auf heftige Kritik gestoßen, da es mit den gesetzlichen Regeln nicht vereinbar sei.[107]

---

[106] *Bungert*, NJW 1998, 488 [492]; *Kindler*, ZGR 1998, 35; *Vollhard*, AG 1998, 397 [402, 404]; *Wymeersch*, AG 1998, [390]

[107] *Hirte*, EWiR § 203 AktG 1/97 S. 1014; *Lutter*, JZ 1998, 47 ff.; *ders.*, FS Zöllner S. 363 [372 ff.]; *Hüffer*, AktG § 203 Rdn. 11 a

Kapitel II: **Schutz der Aktionäre vor Eingriffen in ihre Mitgliedschaft beim Bezugsrechtsausschluss**

Um die Aktionäre vor einen Eingriff in ihre Mitgliedschaft durch einen Bezugsrechtsausschluss zu schützen, sieht das Gesetz verschiedene Regelungen vor.[108] Überwiegend wird vertreten, dass diese Regelungen keinen hinreichenden Schutz der Aktionäre gewährleisten, sodass daneben eine sachliche Rechtfertigung des Bezugsrechtsausschlusses gefordert wird.[109] Ob neben den normierten Anforderungen noch weitere ungeschriebene Erfordernisse an einen Bezugsrechtsausschluss zu stellen sind, richtet sich danach, welche Anforderungen an einen Eingriff in die Mitgliedschaft eines Aktionärs zu stellen sind und ob die vorhandenen Regelungen zum Bezugsrechtsausschluss diese Eingriffsvoraussetzungen erfüllen. Im Folgenden soll zunächst die rechtliche Bedeutung der Mitgliedschaft in einer Aktiengesellschaft dargestellt werden. Sodann soll dargestellt werden, wann die Aktionäre in die Interessen und in die Mitgliedschaft der anderen Aktionäre (Kon-Aktionäre) eingreifen dürfen. Schließlich ist zu erörtern, ob diese Vorschriften einen hinreichenden Schutz der Mitgliedschaft der Altaktionäre gewährleisten. Im Falle einer möglichen Schutzlücke ist zu prüfen, in welchem Umfang weitere materielle Voraussetzungen notwendig sind.

A) Die Mitgliedschaft in einer Aktiengesellschaft

Die Mitgliedschaft in einer AG ist ein Dauerschuldverhältnis eigener Art mit der Gesellschaft als juristische Person, das eine Vielzahl von einzelnen Rechten und Pflichten in sich vereinigt.[110]

Die vertragliche Pflicht des Aktionärs in einer Aktiengesellschaft beschränkt sich auf die Leistung der Einlage (§ 54 AktG).[111] Werden vinkulierte Namensaktien begeben, können Nebenpflichten nach § 55 AktG begründet werden. Nebenpflichten der Aktionäre widersprechen aber dem Grundbild der Aktiengesellschaft und sind deshalb nur ausnahmsweise zulässig.[112]

Zu den mitgliedschaftlichen Rechten zählen die Verwaltungs- und Vermögensrechte. Die Verwaltungsrechte umfassen das Recht der Teilnahme an der Hauptversammlung und auf dieser zu reden[113] (§ 118 Abs. 1 AktG), das Stimmrecht (§ 134 AktG), das Anfechtungsrecht (§§ 245 Abs. 1, 2; 249 AktG) sowie ferner die Minderheitsrechte (§§ 122, 147 AktG). Durch die Verwaltungsrechte kann der Aktionär seinen Einfluss auf die Willensbildung der Gesellschaft ausüben oder

---

[108] §§ 53 a; 186; 203 Abs. 1, 2 S. 2; 204 Abs. 1 S. 2 AktG
[109] BGHZ, 71, 40 (Kali & Salz); 83, 319 (Holzmann); GK/*Wiedemann*, § 186 Rdn. 134 f.; *Hefermehl/Bungeroth* in G/H/E/K § 186 Rdn. 104; KK/*Lutter* § 186 Rdn. 61 jeweils m.w.N.
[110] *Habersack*, Mitgliedschaft S. 62 ff.; *Flume*, JP § 8 I (S. 258 ff.); *Lutter*, AcP 180 (1980) 84 [101 f.]; *Raiser*, KapGesR § 12 Rdn. 1 (S. 96); *K. Schmidt*, GesR § 19 I (S.. 547 ff)
[111] AnwK-AktR/*Janessen* § 54 AktG Rdn. 2 ff.; MüHdbAktR/*Wiesner* § 17 Rdn. 8
[112] *Raiser*, KapGesR § 12 Rdn. 39 (S. 109);
[113] *Hüffer*, AktG § 118 Rdn. 9, MüKoAktG/*Kubis* § 118 Rdn. 34 ff.

einen unrechtmäßigen Einfluss anderer abwehren.[114] Zu den Vermögensrechten der Aktionäre zählt der Anspruch auf den Anteil des Bilanzgewinns bzw. der Dividendenanspruch (§§ 58 Abs. 4; 60 AktG), der Rückzahlungsanspruch bei Kapitalerhöhungen (§ 225 Abs. 2 AktG), der Anspruch auf Beteiligung am Liquidationserlös (§ 271 AktG) sowie Ausgleichs-, Umtausch- und Abfindungsansprüche in Fällen der Verschmelzung, der Spaltung, des Formwechsels und des Konzernrechts (z.B. §§ 304; 305, 320 AktG; §§ 15; 29 UmwG). Zum Teil wird auch das Bezugsrecht bei Kapitalerhöhungen in die Kategorie der Vermögensrechte eingeordnet.[115] Das Bezugsrecht soll jedoch die Mitgliedschaft in der Gesellschaft im bisherigen Umfang gewährleisten. Wird darauf verzichtet und das Bezugsrecht weiter veräußert, stellt dieser Betrag lediglich eine Kompensation der Vermögenseinbuße dar, die der Aktionär dadurch erleidet, dass er nicht an der Kapitalerhöhung teilnimmt.[116] Insofern kann das Bezugsrecht nicht als ein Vermögensrecht angesehen werden.[117]

Die mit der Mitgliedschaft verknüpften Rechte können nicht von der Mitgliedschaft abgelöst und selbständig übertragen oder gepfändet werden.[118]

In ihrem Bestand ist die Mitgliedschaft im Ganzen – einschließlich sämtlicher Rechte und Pflichten – gegenüber Dritten als „sonstiges Recht" i.S.d. § 823 Abs. 1 BGB aber auch im Innenbereich, also im Verhältnis zur Gesellschaft und Mitgesellschaftern umfassend geschützt.[119] Neben den vertraglichen Pflichten trifft den Aktionär eine allgemeine Treupflicht gegenüber der Gesellschaft und gegenüber den Mitgesellschaftern.[120]

Wird das Bezugsrecht bei einer Kapitalerhöhung ausgeschlossen, tritt eine Stimmkraftverwässerung[121] sowie die Gefahr einer Vermögensverwässerung[122] ein. Da das Stimmrecht als auch die Vermögensrechte untrennbare Bestandteile der Mitgliedschaft sind, wird mit jeder Kapitalerhöhung, bei der das Bezugsrecht ausgeschlossen wird, die Mitgliedschaft des einzelnen Aktionärs beeinträchtigt.

B) Anforderung an einen Eingriff

Ursprünglich konnte in die Mitgliedschaftsrechte eingegriffen werden, wenn allein die formellen Anforderungen erfüllt wurden und der Beschluss nicht gegen

---

[114] MüHdbAktR/*Semler* § 38 Rdn. 1; *Raiser*, KapGesR § 12 Rdn. 10 (S. 99 f.)

[115] *Raiser*, KapGesR § 12 Rdn. 12 (S. 100)

[116] *Martens*, ZIP 1992, 1677 [1688]; *Schwark*, FS Claussen S. 357 [363]; so oben

[117] i.E. *Habersack*, Mitgliedschaft S. 261

[118] BGHZ 3, 354 [357]; *Raiser*, KapGesR § 12 Rdn. 13 (S. 101); *K. Schmidt*, GesR § 19 III 4. (S. 560 ff.)

[119] RGZ 100, 274 [278]; BGH NJW 1990, 2877 [2878] (Schärenkreuzer); *K. Schmidt*, GesR § 21 V (S. 651 f.); *Habersack*, Mitgliedschaft S. 117 ff.; *Lutter*, AcP 180 (1980) 84 [130]; Staudinger/*J. Hager*, § 823 Rdn. B 141 ff.; *Wiedemann*, GesR S. 382 ff.

[120] *Lutter*, AcP 180 (1980) 84 [104]; *K. Schmidt*, GesR § 20 IV (S. 587 ff., 591 f.); zum Inhalt und Umfang siehe unten Teil 2:Kapitel II:B)II. 2 (S. 28)

[121] siehe oben Teil 2:Kapitel I:C)II. (S. 14)

[122] siehe oben Teil 2:Kapitel I:C)I. (S. 10)

die guten Sitten verstoßen hat.[123] Hingegen steht es in der deutschen Rechtsordnung grundsätzlich niemandem zu, in die Rechte andere einzugreifen.[124] Eingriffe dürfen nur auf gesetzlicher Grundlage unter besonderen Voraussetzungen vorgenommen werden.[125] Deshalb ist heute die Auffassung über einen Eingriff in die Mitgliedschaftsrechte beim Vorliegen von rein formalen Voraussetzungen überholt. Im Folgenden sollen die Voraussetzungen für einen Eingriff in die Interessen und Rechte der Aktionäre dargestellt werden.

I. Gesellschaftszweck, Unternehmensgegenstand und Gesellschaftsinteresse

Ausgangspunkt der Erörterung stellt der *Verbands- bzw. Gesellschaftszweck* dar. Der Verbandszweck ist der von allen Gesellschaftern verfolgte Zweck.[126] Er bezeichnet mit anderen Worten den finalen Sinn des Zusammenschlusses, welcher in der Aktiengesellschaft in der Regel auf der Gewinnerzielung beruht.[127] Dieser Gesellschaftszweck wird zum überindividuellen konstituierenden Element des Verbandes.[128] Er ist weit gezogen und erfasst alle wirtschaftlichen oder nicht wirtschaftlichen Zielsetzungen.[129] Aus dieser Einheit der Gesellschaft als einem zweckbestimmten freiwilligen Personenzusammenschluss erklärt sich die Bindung aller Beteiligten an den Verbandszweck.[130] Für die Mitglieder ist er verbindlich und stellt damit eine unbewegliche Schranke dar.[131] Demnach hat die Gesellschafterversammlung nur insoweit Entscheidungsgewalt, wie sie zur Verfolgung des gemeinsamen Zwecks erforderlich sind oder soweit bestimmte zweckfreie oder zweckändernde Umstände als Beschlussgegenstände zur Abstimmung gestellt werden.[132]

Von dem Verbandszweck ist der *Gegenstand der Verbandstätigkeit bzw. der Gegenstand des Unternehmens* zu unterscheiden. Der Unternehmensgegenstand bezeichnet die Mittel bzw. den Tätigkeitsrahmen, auf die sich die Mitglieder

---

[123] RGZ 68, 235 [244] („Hibernia"); 107, 67 ; 107, 71 („Vereinigte Stahlwerke"); 108, 322 [325] (Leipziger Buchbinderei); 113, 188 [193] (Bergbau Ilse); 119, 248 [257] (Hamburg Süd); 132, 149 [163] (Victoria)
[124] *Füchsel*, BB 1972, 1533 [1536]; dazu ausführlich unten Teil 2:Kapitel II:F) (S. 50)
[125] so z.B. §§ 227 ff., 562 b (581 II), 704 S. 2, 859, 867, 904, 962, 1005 BGB
[126] *Westermann*, FS Schnorr v. Carolsfeld S. 517 [24]
[127] *Hüffer*, AktG § 23 Rdn. 22; MüKoAktG/*Pentz* § 23 Rdn. 71; *Westermann*, FS Schnorr v. Carolsfeld S. 517 [24]
[128] *K. Schmidt*, GesR § 4 I. 2. b) (S. 60); MüKoAktG/*Pentz* § 23 Rdn. 76; *Westermann*, FS Schnorr v. Carolsfeld S. 517 ff.
[129] *K. Schmidt*, GesR § 4 I. 2. b) (S. 60); MüKoAktG/*Pentz* § 23 Rdn. 76; *Westermann*, FS Schnorr v. Carolsfeld, S. 517 ff.; insoweit unzutreffend *Sinewe*, Bezugsrechtsausschluss S. 164 ff., der Gesellschaftszweck einer AG lediglich Wertsteigerung der Anteile beschränkt
[130] *Mülbert*, AUK S. 233 f.; *Füchsel*, BB 1972, 1533 [1536] *Zöllner*, Schranken S. 17 ff.
[131] BGHZ, 96, 245; [251 f.]; *Zöllner*, Schranken S. 24 ff., 29; *K. Schmidt*, BB 1987, 558; *Westermann*, FS Schnorr v. Carolsfeld, S. 517 [531]; *Wiedemann*, GesR S. 10
[132] *Mülbert*, AUK S. 233 f.

verständigt haben, um den Gesellschaftszweck zu erreichen.[133] Er ist der engere Begriff zum Verbandszweck, der nur einen Teil von diesem widerspiegelt.[134] Der Tätigkeitsrahmen kann nach den Regeln der Satzungsänderung modifiziert werden.[135] Da sich die Mitglieder auf einen bestimmten Unternehmensgegenstand geeinigt haben, stellt er sowohl für das einzelne Mitglied als auch für die Organe der Gesellschaft eine verbindliche Grenze dar.[136] Insofern müssen sich Beschlüsse im Rahmen des Gegenstandes des Unternehmens halten.

Alle Organe und Gesellschafter sind demnach an den Gesellschaftszweck und den Unternehmensgegenstand gebunden. Man spricht insoweit von dem *Gesellschafts- bzw. Verbandsinteresse*. Eine Maßnahme liegt im Gesellschaftsinteresse, wenn sie im Rahmen des Unternehmensgegenstandes den Gesellschaftszweck fördert.[137]

II. Treupflichten

1. Geltungsbereich

Unklar war, ob und in welchen Umfang bei Interessenbeeinträchtigungen der einzelnen Aktionäre, neben dem ohnehin zu beachtenden Gesellschaftsinteresse, die Belange der betroffenen Aktionäre berücksichtigt werden müssen. Eine Rücksichtnahmepflicht auf die Interessen der dissentierenden Aktionäre ergibt sich aus den Treupflichten der Aktionäre untereinander sowie einer Treupflicht der Gesellschaft gegenüber ihren Mitgliedern. Als Grundnorm für die Treupflicht der Gesellschafter untereinander gilt – wie im allgemeinen Vertragsrecht – § 242 BGB. Aus ihr lassen sich allgemeine Loyalitätspflichten ableiten, die sich im Einzelfall unter Berücksichtigung der Realstruktur der Gesellschaft zu konkreten Förderungs- und Interessenwahrungspflichten verdichten können.[138] Man spricht insoweit von den *(gesellschaftlichen) Treupflichten*.[139] In Personengesellschaften sind solche Treupflichten seit langem anerkannt.[140] Ausgangspunkt ist die Verbindung der Mitglieder untereinander. Zudem ist zwischen Treupflichten der Gesellschafter zur Gesellschaft, der Gesellschafter untereinander und der Gesellschaft zu den Gesellschaftern zu unterscheiden.[141]

---

[133] MüKoAktG/*Pentz* § 23 Rdn. 76; *K. Schmidt*, GesR § 4 II 3 b (S. 65)
[134] *Zöllner*, Schranken S. 27
[135] *Priester*, ZGR 1990, 420 [434]; *K. Schmidt*, GesR § 4 II 3 b (S. 65)
[136] *Füchsel*, BB 1972, 1533 [1536]; *K. Schmidt*, GesR § 4 II 3 b (S. 65)
[137] *Hüffer*, AktG § 186 Rdn. 26; *Hefermehl/Bungeroth* in G/H/E/K § 186 Rdn. 112; *Zöllner*, Schranken S. 73; 350 f.
[138] *Lutter*, AcP 180 (1980) 84 [105 ff.]; *K. Schmidt*, GesR § 20 IV 1 a (S. 587 f.)
[139] kritisch bzgl. Bezeichnung als Treupflicht *Lutter*, AcP 180 (1980) 85 [104]; dennoch hat sich die Bezeichnung „*Treupflicht*" in Literatur und Rechtsprechung durchgesetzt
[140] *A. Hueck*, Treuegedanke S. 12 f. m.w.N. in FN 31; *Fischer*, NJW 1954, 777; *Zöllner*, Schranken S. 335 ff.
[141] Überblick zur Entwicklung: *Dreher*, ZHR 157 (1993) 150 ff.

Hinsichtlich der Treupflicht gegenüber der Gesellschaft ist auf die *mitgliedschaftliche Zweckförderungspflicht* abzustellen.[142] Die Zusammenarbeit an einem gemeinsamen Zweck in der Gesellschaft verlangt von jedem Mitglied, dass es diese Ziele fördert. Demnach hat es alle Maßnahmen zu unterlassen, welche den Zweck vereiteln. Gleichzeitig hat es an Maßnahmen des Verbandes aktiv mitzuwirken, wenn es die Situation erfordert (sogenannte Unterlassungs- und Loyalitätspflicht des Mitglieds).

Hinsichtlich der Treupflichten der Gesellschafter untereinander steht das *mitgliedschaftliche Gemeinschaftsverhältnis* im Vordergrund.[143] Dieses wird als eine der Treuhand ähnliche Erscheinung angesehen. Das Treuhandverhältnis wird damit begründet, dass sich das einzelne Mitglied auf seine Kon-Mitglieder verlässt, diesen seine Interessen im Verband anvertraut und seinerseits gleiches Vertrauen zurückerhält.[144] Ebenso ist aber auch die Gesellschaft angehalten, das ihr entgegengebrachte Vertrauen zu wahren und nicht durch Maßnahmen die Interessen der Gesellschafter zu verletzen. Daneben begründet sich die Treupflicht der Gesellschafter untereinander – speziell der Mehrheit gegenüber der Minderheit. Diese ergibt sich aus dem *Korrelat zwischen Rechtsmacht und Verantwortung*.[145] Anknüpfungspunkt ist die Möglichkeit der Mehrheit, durch Einflussnahme auf die Geschäftsführung die gesellschaftsbezogenen Interessen der Mitgesellschafter zu beeinträchtigen. Als Gegengewicht wird deshalb die gesellschaftsrechtliche Pflicht gefordert, auf die gesellschaftlichen Interessen der Minderheit Rücksicht zu nehmen.

Die Treupflicht wurzelt danach in der rechtlichen Verbindung der Mitglieder untereinander und gegenüber der Gesellschaft. Ursprung dieser Verbindung ist jeweils das Gesellschaftsverhältnis. Die Pflicht zur Rücksichtnahme auf die Interessen sämtlicher Beteiligter des Gesellschaftsverhältnisses ist eine Nebenpflicht, wie sie regelmäßig bei rechtlichen Beziehungen mehrerer Personen nach § 241 Abs. 2 BGB besteht.[146] Insofern ist den verschiedenen Konfliktsituationen – Gesellschaftsinteresse zu Aktionsinteresse; Mehrheitsinteresse zu Minderheitsinteresse – gemein, dass Eingriffe in mitgliedschaftliche Interessen des Einzelnen – sei es durch die Mehrheit bzw. Minderheit der Mitglieder, sei es durch die Gesellschaft selbst – im Interesse des gemeinsamen Zwecks der Abwägung bedürfen. Daraus entwickelte sich die sachliche Rechtfertigung. Maßnahmen und Beschlüsse, welche in die Interessen einzelner Gesellschafter eingreifen sind nur wirksam, wenn sie im Gesellschaftsinteresse liegen, erforderlich und geeignet sind, sowie im angemessenen Verhältnis zu dem erstrebten Ziel stehen.[147] Die

---

[142] *A. Hueck*, Treuegedanke S. 12 f.; *Lutter*, AcP 180 (1980) 95 [110 ff.]
[143] *Lutter*, AcP 180 (1980) 85 [121, 124]; *Zöllner*, Schranken S. 350
[144] schon *A. Hueck*, Treuegedanke S. 12
[145] BGHZ 103, 184 [195] (Linotype); *Wiedemann*, JZ 1989, 447 [448]
[146] Rücksichtnahmepflicht äußert sich bei der AG im Verbot der Benachteiligung bzw. Schädigung der Aktionäre; vgl. §§ 53a; 117 Abs. 1, 243 Abs. 2, 255 Abs. 2 AktG
[147] BGHZ 71, 40 [43] (Kali & Salz); 83, 319 [321] (Holzmüller); 120, 141 [145 f.]; *Lutter*, AcP 180 (1980) 85 [123 ff.]; *Zöllner*, Schranken S. 350 ff.; *Hüffer*, AktG § 243 Rdn. 22 m.w.N.

Treupflichten sind demnach gesellschaftsübergreifend vorzufinden und somit auch in der Aktiengesellschaft.[148] Geht man davon aus, dass nicht jede Maßnahme und jeder Beschluss dem Interesse eines jeden Aktionärs entspricht, stellt sich die Frage, inwieweit die Treupflichten eine Rücksichtnahme auf die Einzelinteressen gebieten. Diese Frage soll im Folgenden für die Treupflichten in der Aktiengesellschaft erörtert werden.

2. Treupflichten in der Aktiengesellschaft

Die Aktiengesellschaft ist eine Kapitalgesellschaft mit körperschaftlichen Strukturen. Ihre Mitglieder haben sich zur Verfolgung eines überindividuellen Zweckes zusammengeschlossen. Als juristische Person ist die Aktiengesellschaft die organisierte Rechtsträgerin und gegenüber ihren Mitgliedern verabsolutiert.[149] Darin liegt der wesentliche Unterschied zu den Personengesellschaften. In ihnen verfolgen die Gesellschafter gemeinsam individuelle aber gleichgerichtete Ziele, sodass die Personen im Vordergrund stehen. Die Personengesellschaft lebt als Gruppe ihrer Mitglieder.[150] Diese Unterschiede spiegeln sich in den rechtlichen Beziehungen der Mitglieder wieder. Während die Gesellschafter in einer Aktiengesellschaft ihre Mitgliedschaft auf die Rechtsbeziehung zur Gesellschaft begründen[151], stützt sich die Mitgliedschaft in einer Personengesellschaft auf die Rechtsbeziehungen zu den Mitgesellschaftern[152]. Die unmittelbare rechtliche Beziehung der Gesellschafter in Personengesellschaften fordert konsequent, dass im Grundsatz der einzelne Gesellschafter im stärkeren Maße auf die Interessen der anderen Gesellschafter Rücksicht zu nehmen hat als bei der Aktiengesellschaft. Welche konkreten Loyalitäts- und Unterlassungspflichten bestehen, kann aufgrund dieser formalen Feststellung nicht beantwortet werden. Es muss daher die konkrete Binnenstruktur der Personengesellschaft bzw. der Aktiengesellschaft herangezogen werden.[153] Insofern kann zunächst festgehalten werden, dass nicht die Rechtsform des Verbandes entscheidend ist, sondern vielmehr dessen Realstruktur, die Zweckidee sowie der Einfluss des einzelnen Mitgliedes im Verband.[154]

Dennoch sind bestimmte Interessen der Mitglieder besonders geschützt und von der Gesellschaft und den Kon-Mitgliedern zu beachten. Diese Interessen finden ihren Ausdruck in gesetzlichen und satzungsmäßig zugesicherten Rechten des einzelnen Mitglieds.[155] Diese Rechte stellen zugleich den Kernbereich der

---

[148] BGHZ 103, 184 (Linotype); 129, 136 [169] (Girmes); *Lutter*, ZHR 153 (1989) 446 [454]; *Timm*, NJW 1988, 1582 [1583]; ders., ZGR 1987, 403 [409]; *Zöllner*, Schranken S. 350
[149] *Flume*, PersGes § 7 II (S. 89); ders., FS Kegel S. 147 [152 ff.]
[150] *Flume*, PersGes § 7 II (S. 89)
[151] *Raiser*, KapGesR § 12 Rdn. 1 (S. 96); *Flume*, JP § 8 I (S. 258)
[152] *Flume*, PersGes § 7 II (S. 89)
[153] *K. Schmidt*, GesR § 19 III 1 b (S. 555)
[154] BGHZ 103, 184 (Linotype); *Lutter*, AcP (1980) 85 [105 ff.]; *Raiser*, ZHR 151 (1987) 423 [433 f.]; *Timm*, NJW 1988, 1582 [1583]; ders., ZGR 1987, 403 [409]
[155] BGH NJW 1992, 3167 (IBH/Scheich Kamel); *Dreher*, ZHR 157 (1993) 150 [153 f.]

Grundmitgliedsrechte dar.[156] Dazu zählen zum Beispiel das Stimmrecht, das Recht auf Gewinnbeteiligung, das Recht auf Liquidationserlös und die Informationsrechte. Neben diesen Mitgliedschaftsrechten wird auch der Vermögenswert der Anteile geschützt.[157] Die Aktionäre dürfen deshalb nicht den Vermögenswert der Anteile der Kon-Aktionäre beeinträchtigen. Beeinträchtigt eine Maßnahme der Gesellschaft bzw. ein Beschluss der Gesellschafter diese Rechte, muss die bezweckte Maßnahme – wenn der Betroffene nicht zustimmt – aus Gründen der Treupflicht erforderlich und geeignet sowie im angemessenen Verhältnis zu dem erstrebten Ziel stehen (sog. sachliche Rechtfertigung).[158]

Teilweise gestattet das Gesetz der Aktionärsmehrheit, in die Rechte einzelner Aktionäre einzugreifen. Dabei begrenzt der Tatbestand die Eingriffsbefugnis entsprechend einer sachlichen Rechtfertigung. Im Falle des Ausschlusses der Minderheit durch eine Umwandlung[159], des Ausschlusses der Minderheit durch eine Eingliederung[160] und im Falle der Verweigerung von Auskünften im Rahmen des § 131 AktG[161] sind die Inhalts- und Schrankenbestimmungen durch wichtige Gründe des Allgemeinwohls gerechtfertigt. Im Falle des Beschlusses der Hauptversammlung über einen Minderheitsausschluss durch eine Umwandlung und im Falle des Squeeze-out liegen die rechtfertigenden Gründe für einen Eingriff in die Rechte der betroffenen Minderheit regelmäßig vor, da diese Maßnahmen zwangsläufig auf einen bestimmten – gesetzlich vorgesehenen, unter Umständen erwünschten Zweck – abzielen.[162]

Von dem Bezugsrechtsausschluss werden die Herrschafts- und Vermögensrechte der Mitgliedschaft beeinträchtigt.[163] Zu erörtern ist, welche Bedeutung diese Rechte für die Mitgliedschaft haben, ob bereits Eingriffstatbestände existieren, welche den allgemeinen Eingriffsanforderungen Rechnung tragen und ob die Voraussetzungen des Bezugsrechtsausschlusses diesen Anforderungen gerecht werden.

---

[156] *K. Schmidt*, GesR § 16 III 3 b) bb (S. 472)
[157] vgl. §§ 255 Abs. 2, 305 Abs. 1; 320b Abs. 1 S. 1, 327b Abs. 1 S. 1 AktG; §§ 12 Abs. 2, 15 UmwG; BVerfG ZIP 1999, 1438 [1440] (DAT/Altana); BGH ZIP 2001, 734 [736] (DAT/Altana)
[158] *Lutter*, AcP 180 (1980) 84 [123]; *Zöllner*, Schranken S. 349 ff.
[159] BVerfGE 14, 263 [280 ff.] (Feldmühle); BVerfG ZIP 1999, 1436 [1439] (DAT/Altana); 1999, 532 [533] (SEN)
[160] BVerfG NZG 2000, 1117 [1118] (Moto Meter)
[161] BVerfG ZIP 1798 [1799 f.] (Wenger/Daimler-Benz)
[162] i.E. BVerfGE 14, 263 [280 ff.] (Feldmühle); BVerfG NZG 2000, 1117 [1118] (Moto Meter); nach allgem. A. bedürfen deshalb keine sachlichen Rechtfertigung Umwandlungsbeschlüsse: statt aller *Gehling* in Semler/Stengel § 13 Rdn. 36 m.w.N.; ein Squeeze out: *Hüffer*, AktG § 327 a Rdn.; *Krieger*, BB 2002, 53 [55]; *Sieger/Hasselbach*, ZGR 2002, 120 [143]; *Vetter*, AG 2002, 176 [186]; Liquidationsbeschluss: BGHZ 76, 352 [353 ff.]; 103, 184
[163] siehe oben Teil 2:Kapitel I:C) (S. 9)

C) Rechtfertigung des Eingriffes infolge Bezugsrechtsausschlusses

Um festzustellen, ob bereits die bestehenden Regelungen zum Bezugsrechtsausschluss einen Eingriff in die Mitgliedschaft der Aktionäre rechtfertigt, soll zunächst näher auf die beeinträchtigten Rechte und deren Einschränkungsmöglichkeit eingegangen werden. Dann ist zu prüfen, ob die Regelungen zum Bezugsrechtsausschluss die Anforderungen an diese Einschränkungsmöglichkeiten erfüllen

I. Vom Bezugsrechtsausschluss betroffene Rechte und deren Einschränkungsmöglichkeit

1. Verwaltungsrechte

Zu den Verwaltungsrechten des Aktionärs gehören das Recht auf Teilnahme an der Hauptversammlung, das Stimmrecht (§§ 12, 134 AktG), das Auskunftsrecht (§ 131 AktG) sowie das Recht auf Einberufung der Hauptversammlung (§ 122 Abs. 3 AktG). Das Recht auf Teilnahme an der Hauptversammlung, das Auskunftsrecht sowie das Stimmrecht stehen jedem Aktionär unabhängig von seiner Beteiligung zu. Die Stimmkraft und das Recht auf Einberufung der Hauptversammlung sind von der Beteiligungsquote des Aktionärs an der Gesellschaft abhängig. Von einem Bezugsrechtsausschluss werden nur die Rechte beeinträchtigt, welche an die Beteiligungsquote anknüpfen.

Das Stimmrecht ist das wichtigste Verwaltungsrecht des Aktionärs[164], da er mit seiner Stimmkraft Einfluss auf die Beschlüsse und so schließlich auf die Entwicklung der Gesellschaft nehmen kann. Der Aktionär kann somit die personelle Zusammensetzung der Führungsebene des Unternehmens beeinflussen, über Satzungsänderungen sowie über Maßnahmen der Kapitalbeschaffung entscheiden und auch andere grundlegende, in Bestand und Struktur der Gesellschaft tief eingreifende Maßnahmen wie die Umwandlung in eine andere Rechtsform, die Eingliederung in einen Konzern oder die Verschmelzung treffen.[165] Schwindet seine Stimmkraft, verliert der Aktionär seinen Einfluss im Unternehmen. Dieser Prozess kann bis zur faktischen Entwertung seiner Stimmkraft und somit zum Verlust seines unternehmerischen Einflusses führen. Insoweit ist die Bezeichnung *Hirtes*[166], der Bezugsrechtsausschluss sei ein Gesellschafterausschluss auf Raten, zutreffend.

Im Folgenden soll erörtert werden, welchen Schutz das Stimmrecht erfährt und welche Anforderungen an einen Eingriff zu stellen sind. Im Anschluss ist zu untersuchen, welche Anforderungen an eine Beeinträchtigung des Stimmrechtes durch einen Bezugsrechtsausschluss zu stellen sind.

---

[164] BGHZ 70, 117 [122] (Mannesmann)
[165] *Zöllner/Noack*, AG 1991, 157 [158]; *Zöllner/Hanau*, AG 1997, 206 [207]
[166] *Hirte*, Bezugsrechtsausschluß und Konzernbildung S. 31

a)   Das Stimmrecht

Das Stimmrecht steht grundsätzlich jedem Aktionär als ein unentziehbares, nicht von der Mitgliedschaft trennbares Recht zu, sofern er seine Einlage geleistet hat (§§ 12, 134 AktG).[167] Eine Ausnahme bilden die stimmrechtslosen Vorzugsaktien (§§ 12 Abs. 1 S. 2; 139 ff. AktG). Diese Aktien gewähren einen Vorzug bei der Gewinnverteilung, besitzen dafür grundsätzlich kein Stimmrecht. Das Stimmrecht der Vorzugsaktien lebt nach § 140 Abs. 2 AktG auf, wenn der Vorzugsbetrag nicht oder nicht vollständig geleistet worden ist und im darauf folgenden Jahr nicht ausgeglichen werden kann. Sollen Stammaktien in stimmrechtslose Vorzugsaktien umgewandelt werden, ist neben der Satzungsänderung auch eine Zustimmung der Aktionäre notwendig, deren Aktien davon betroffen sind.[168]
Eine weitere Ausnahme gilt für eigene Aktien der Gesellschaft. Gem. § 71 b AktG stehen der Gesellschaft aus eigenen Aktien keine Rechte, somit auch keine Stimmrechte zu.

Beim Bezugsrechtsausschluss im Rahmen von Kapitalerhöhungen wird nicht das Stimmrecht der einzelnen Anteile ausgeschlossen. Die Beteiligungsquote des Aktionärs sinkt infolge der Vergrößerung des Grundkapitals ab. Dadurch verringert sich die Stimmkraft des Aktionärs in der Gesellschaft. Insofern liegt kein Entzug, sondern eine Einschränkung des Stimmrechtes vor. Dennoch wird der von Bezugsrechtsausschluss betroffene Aktionär in seiner Stellung in der Gesellschaft beeinträchtigt, sodass man eine Parallele zur Zustimmungspflicht der Umwandlung von Aktien in Vorzugsaktien ziehen könnte. Bevor eine Analogie näher erörtert wird, soll im Folgenden untersucht werden, welche Anforderungen an die Einschränkung des Stimmrechtes zu stellen sind.

b)   Ausschluss des Stimmrechts

Das Stimmrecht kann partiell ausgeschlossen werden, um die Richtigkeit von Verbandsbeschlüssen zu sichern.[169] Ausschlussmöglichkeiten bietet zum einen das Gesetz in § 136 Abs. 1 AktG. Dieser Regelung liegt der Gedanke zugrunde, dass alle Aktionäre vor Sonderinteressen Einzelner sowie der Verwaltung geschützt werden sollen.[170] Der Ausschluss nach § 136 Abs. 1 AktG ist auf die dort beschriebenen Fälle der Abstimmung beschränkt und ist für jeden Beschluss gesondert zu prüfen. Ein dauerhafter Ausschluss des Stimmrechts ist demnach nicht möglich. Insofern kann die Norm für eine dauerhafte und generelle Stimmkraftentwertung im Falle des Bezugsrechtsausschlusses nur bedingt herangezogen werden.

---

[167] BGH, NJW 1987, 780; *Hüffer*, AktG § 12 Rdn. 2; GK/*Barz* § 134 Rdn. 4; KK/*Zöllner* § 134 Rdn. 5; MüHdbAktR/*Semler* § 38 Rdn. 1; *K. Schmidt*, GesR § 23 V S. 1 (S. 470)
[168] BGHZ 70, 117 [122] (Mannesmann), KK/*Zöllner* § 139 Rdn. 22 m.w.N.
[169] *K. Schmidt*, GesR § 21 II 2 a (S. 608); *Zöllner*, Schranken S. 1
[170] *Zöllner*, Schranken S. 157 ff. AnwK-AktR/*Pluta* §136 Rdn. 1

Zum anderen können die Rechte aus Aktien – ausgenommen der Dividenden- und Liquidationsanspruch – ausgeschlossen sein, wenn der Gesellschafter seine Mitteilungs- bzw. Publikationspflichten aus § 20 Abs. 1, 2 AktG, § 21 Abs. 1, 1a WpHG oder aus § 35 Abs. 1, 2 WpÜG verletzt hat.[171] Diese Vorschriften bezwecken die effiziente Durchsetzung der Mitteilungspflichten und die angemessene Sanktion ihrer Verletzung.[172] Die Kon-Aktionäre sollen erkennen können, ob eine Konzernierung beginnt, um rechtzeitig Maßnahmen zum Schutz ihrer Interessen zu treffen. Dabei gelten die Regelungen des WpHG sowie des WpÜG nur für börsennotierte Aktiengesellschaften. Die Rechte sind nicht dauerhaft ausgeschlossen, sondern nur zeitweilig bis die Mitteilungspflichten nachgeholt werden.

Der Stimmkraftverlust im Falle des Bezugsrechtsausschlusses dient nicht der Sanktion für etwaiges rechtswidriges Verhalten der Gesellschafter, sondern ist zwangsläufige Folge dieser Kapitalerhöhung. Insofern können die Regelungen des WpHG sowie des WpÜG zum Stimmrechtsausschluss im Rahmen des Bezugsrechtsausschlusses nicht fruchtbar gemacht werden.

Schließlich kann das Stimmrecht einzelner Aktionäre durch sogenannte „bewegliche Stimmrechtsschranken" bei Abstimmungen eingeschränkt bzw. ausgeschlossen sein.[173] Diese beweglichen Stimmrechtsschranken ergeben sich aus der Bindung des Mitglieds an das zwingende Recht und die guten Sitten, den Gleichbehandlungsgrundsatz, an den Verbandszweck sowie an die Treupflichten.[174] Die Einschränkung bzw. der Ausschluss des Stimmrechts durch bewegliche Stimmrechtsschranken hat keine dauerhafte Wirkung, sondern ist auf die konkrete Abstimmung bezogen.

Die Stimmkraftverwässerung infolge eines Bezugsrechtsausschlusses wirkt für alle folgenden Abstimmungen unabhängig von deren Inhalt und Rahmenbedingungen. Die beweglichen Stimmrechtsschranken können demnach nicht eine dauerhafte Stimmkraftverringerung infolge eines Bezugsrechtsausschlusses rechtfertigen.

Es kann festgehalten werden, dass ein dauerhafter Stimmkraftentzug bzw. eine dauerhafte Stimmkraftbeschränkung gesetzlich nicht geregelt ist. Die Gründe für einen zeitweiligen Ausschluss des Bezugsrechtes knüpfen an das Verhalten der einzelnen Aktionäre gegenüber der Gesellschaft bzw. gegenüber den Kon-Aktionären an. Aus Gründen des Gesellschafts- bzw. der Aktionärsinteressen ist ausnahmsweise ein zeitweiliger Ausschluss des Bezugsrechtes geboten. Die Gründe für einen Bezugsrechtsausschluss sind mannigfaltig. Sie knüpfen weder

---

[171] gem. § 20 VII AktG; § 28 WpHG; § 59 WpÜG
[172] für WpHG RegBegr. BT-Drucks. 12/6679 S. 56; Art. 15 Transparenzrichtlinie (88/627/EWG) abgedr. in *Lutter*, Europäisches Gesellschaftsrecht S. 585; für WpÜG Reg-Begr. BT-Drucks. 14/7034 S. 52
[173] *K. Schmidt*, GesR § 21 II 3 (S. 613 ff.); *Zöllner*, Schranken S. 287 ff.
[174] *K. Schmidt*, GesR § 21 II 3 (S. 613 ff.); *Zöllner*, Schranken S. 287 ff.

an ein missbilligendes Verhalten eines Aktionärs an noch müssen sie zwangsläufig im Gesellschaftsinteresse liegen. Insofern kann für den Bezugsrechtsausschluss kein Bezug zu den zeitweiligen Ausschlusstatbeständen gezogen werden.

c) *Stimmrechtseingriff gegen angemessenen Ausgleich*
Mülbert[175] vertritt die Auffassung, dass die Mitgliedschaft nur vor Eingriffen in die vermögensrechtliche Stellung nicht jedoch vor einer Stimmentwertung geschützt ist. Der Gesetzgeber habe durch die Regelung des § 255 Abs. 2 AktG einen umfassenden Vermögensschutz angeordnet. Darüber hinaus werde durch den angemessenen Wertausgleich der quotale Verlust der Mitgliedschaft insgesamt, also auch in Bezug auf den Verlust von Herrschaftsrechten, kompensiert. Dies soll sich daraus ergeben, dass im Kaufs- bzw. Verkaufspreis einer Aktie sowohl die Herrschafts- als auch die Vermögensrechte der Mitgliedschaft enthalten sind.[176] Der Gesetzgeber habe zudem durch die in § 243 Abs. 2 S. 2 AktG vorgesehene Möglichkeit, einen Sondervorteil gegen Ausgleichsleistungen bestehen zu lassen, zum Ausdruck gebracht, dass für einen isolierten Schutz von mitgliedschaftlichen Herrschaftsrechten kein Raum ist.[177] Schließlich stützt er seine These darüber, dass das Aktiengesetz nur einen Vermögensschutz gewährt, auf die §§ 311, 317 AktG.[178] Diese Normen sollen allein die Vermögensposition der abhängigen Gesellschaft und ihrer Aktionäre, nicht hingegen die mitgliedschaftliche Stellung schützen.

Der Auffassung *Mülberts* ist zum einem entgegenzuhalten, dass nach dieser Auffassung die Teilhabe- und Schutzrechte der Mitgliedschaft negiert und auf das Prinzip *„dulde und liquidiere"* beschränkt werden, welches der Privatrechtsordnung – somit auch dem Gesellschaftsrecht – fremd ist.[179]
Der vermögensrechtliche Bestandteil ist von dem verwaltungsrechtlichen Bestandteil der Mitgliedschaft zu unterscheiden. Zunächst stellt sich die Frage, ob die Mitgliedschaft in ihrem Vermögensbestand geschützt ist. Dies ist stets zu bejahen. So hat jeder Gesellschafter – egal an welcher Gesellschaftsform er beteiligt ist – einen Anspruch auf seinen Anteil am Gewinn und seinen Anteil am Liquidationserlös bei Beendigung der Gesellschaft.[180] Beim Ausscheiden aus der Gesellschaft – ob freiwillig oder durch Ausschluss – steht dem Gesellschafter immer ein finanzieller Vermögensanspruch zu.[181] Man kann daher generalisie-

---

[175] *Mülbert*, AUK S. 262 ff., 324 ff., 339 ff.; ihm folgend *Sinewe*, Bezugsrechtsausschluss S. 99 ff.
[176] *Mülbert*, AUK S. 326 ff.; zustimmend *Sinewe*, Bezugsrechtsausschluss S. 101 ff.
[177] *Mülbert*, AUK S. 262 ff., 324 ff., 339 ff.; zustimmend *Sinewe*, Bezugsrechtsausschluss S. 99 ff.
[178] *Mülbert*, AUK S. 270 ff.
[179] *Habersack*, Mitgliedschaft S. 264
[180] *Kraft/Kreutz*, GesR S. 53;
[181] für G.b.R. § 738 BGB; für OHG und KG §§ 105 III, 161 II HGB i.V.m. § 738 BGB; zu vertrgl. Abfindungsansprüchen *Grunewald*, GesR S. 67 Rdn. 138 ff.; für st.G. § 253 HGB;

rend sagen, dass die Vermögensbeeinträchtigung infolge von Verlust oder Eingriff in die Mitgliedschaft ausgeglichen werden soll. Die Regelung des § 255 Abs. 2 AktG will speziell eine Vermögensbeeinträchtigung im Falle des Bezugsrechtsausschlusses der Aktionäre verhindern.[182] Insofern konkretisiert die Norm den allgemeinen Rechtsgedanken, dass die Mitgliedschaft in ihrem Vermögen umfassend geschützt ist. Sie sagt jedoch nichts darüber aus, unter welchen Voraussetzungen in die Mitgliedschaft eingegriffen werden darf. Schon gar nicht ist der Norm zu entnehmen, dass ein Eingriff in die Mitgliedschaft gegen angemessenen finanziellen Ausgleich zulässig sein soll.

Der Schutz der Herrschaftsrechte scheitert auch nicht daran, dass sich der Wert von Aktien nicht auf die verkörperten Vermögensrechte und Verwaltungsrechte aufteilen lässt.[183] Dieses Problem ist ebenfalls kein typisch aktienrechtliches Problem, sondern stellt sich bei allen Gesellschaftsformen. Dabei ist zu beachten, dass der Gesellschafter, der seine Mitgliedschaft veräußert, *„freiwillig"* auf seine Verwaltungs- und Vermögensrechte verzichtet. Er kann deshalb neben dem Verkaufspreis, welcher den vermögensrechtlichen Wert der Mitgliedschaft widerspiegelt, keinen Ausgleich für den Verlust seiner Herrschaftsrechte verlangen. Ebenso haben sich die Aktionäre die Nachteile einer Stimmkrafts- und Vermögensbeeinträchtigung selbst zuzuschreiben, wenn sie trotz der Möglichkeit der Ausübung des Bezugsrechtes auf dieses verzichten.[184]

Werden dem Aktionär Rechte aus der Mitgliedschaft entzogen, bedarf dieser Eingriff stets besonderer Voraussetzungen.[185] Die besonderen gesetzlichen Ausschlussgründe rechtfertigen den Eingriff in die Herrschaftsrechte. Dabei spielen etwaige vermögensrechtliche Aspekte keine Rolle. Erst nachdem wirksam in die Mitgliedschaftsrechte eingegriffen wurde, sollen vermögensrechtliche Abfindungs- bzw. Ausgleichsansprüche sicherstellen, dass der Aktionär nicht auch in seiner vermögensrechtlichen Stellung beeinträchtigt wird.[186] § 255 Abs. 2 AktG stellt keine Voraussetzungen für einen Eingriff in die Mitgliedschaftsrechte auf. Die Norm knüpft an einen wirksamen Bezugsrechtsausschluss an und will die Aktionäre vor einer vermögensrechtlichen Beeinträchtigung schützen.[187] Insofern kann er nicht als Eingriffsgrundlage herangezogen werden.

---

für PartG § 1 IV PartGG i.V.m. § 738 BGB; zur Abfindung des ausgeschlossenen Gesellschafter einer GmbH BGHZ 9, 257 [168]; 16, 317 [322]; 116, 359; zum squeeze out in AG §§ 327 a f. AktG
[182] siehe oben Teil 2:Kapitel II:C)II. 5 (S. 40)
[183] so *Mülbert*, AUK S. 335, 263 ff.
[184] *Habersack*, Mitgliedschaft S. 261; *Zöllner*, AG 2002, 585
[185] §§ 64, 237, 305, 327a ff AktG; BVerfGE 14, 263 [279] (Feldmühle); 50, 290 [339] (Mitbestimmung); BVerfG ZIP 1999, 1436 [1439] (DAT/Altana); ZIP 1999, 532 [533] (SEN): Eingriffe in Eigentum der betroffenen Aktionäre aus Gründen der Umwandlung, Mitbestimmung und Konzernierung gerechtfertigt und nicht weil Abfindung gewährt wurde
[186] §§ 304 f.; 327b AktG
[187] *Bayer*, ZHR 163 (1999) 505 [531]

Zudem kann nicht geleugnet werden, dass Verwaltungsrechte keinen eigenständigen Vermögenswert besitzen. Zwar kann dieser Wert nicht immer und selbständig ermittelt werden, dennoch berücksichtigt der Kapitalmarkt die mit dem Stimmrecht verbundene Einflussmöglichkeit.[188] So sind Vorzugsaktien an der Börse billiger zu haben als Stammaktien.[189] Größere Aktienpakete werden höher bezahlt als sie der Summe der Marktwerte einzelner Aktien entspricht (sog. Paketzuschlag).[190]

Soweit *Mülbert* aus den §§ 304, 311, 317 AktG einen alleinigen Vermögensschutz der Mitgliedschaft ableitet und diesen zu einem Grundsatz des Aktienrechts herausstellt, ist dem zu widersprechen. Alle Mitgliedschaftsrechte – Herrschafts- als auch Vermögensrechte – in der abhängigen Aktiengesellschaft bleiben in vollem Umfang bestehen. Der Mehrheitsgesellschafter hat aufgrund seiner Beteiligung die Macht seine Interessen zu Lasten der außenstehenden Aktionäre in der Gesellschaft durchzusetzen. Regelmäßig beeinträchtigen Maßnahmen des Mehrheitsaktionärs die Mitgliedschaft der außenstehenden Aktionäre in ihrem vermögensrechtlichen Bestand.[191] Deshalb befassen sich die oben genannten Vorschriften nur mit der vermögensrechtlichen Lage der Mitgliedschaft der außenstehenden Aktionäre. Ein solcher finanzieller Ausgleich – infolge der vom Mehrheitsaktionär verursachten vermögensrechtlichen Beeinträchtigung im Konzern – wird auch durch den § 243 Abs. 2 S. 2 AktG sichergestellt. Unter Berücksichtigung der obigen Ausführungen zu § 243 Abs. 2 S. 2 AktG hinsichtlich der Kompensationsfähigkeit von Mitgliedschaftsrechten ist deshalb die Vorschrift bei Abschlüssen von Unternehmensverträgen ergänzend neben § 304 AktG heranzuziehen.[192]

Ebenso ist *Mülbert* zu widersprechen, wenn er eine höhere Bedeutung des vermögensrechtlichen Schutzes daran festmacht, dass es der Muttergesellschaft überlassen bleibt, wie sie die Abfindung des Austrittes eines Aktionärs im Rahmen eines Vertragskonzerns ausgestalten will (§ 305 AktG). Die außenstehenden Aktionäre haben zunächst einmal die Wahl, ob sie weiterhin an der abhängigen Gesellschaft beteiligt bleiben wollen oder aus dieser ausscheiden möchten. Verbleibt der Gesellschafter in der abhängigen Gesellschaft, stehen ihm alle Mitgliedschaftsrechte zu. Theoretisch können sich aber keine Mehrheiten mehr bilden, die in der Lage wären, der Muttergesellschaft entgegenzusetzen. Dem außenstehenden Aktionär ist es nicht möglich andere Aktionäre zu mobilisieren und dem Mehrheitsaktionär erfolgreich entgegenzutreten. Seine Herrschaftsrechte sind faktisch bedeutungslos. Dennoch bleibt ihm die Hoffnung, dass der Mehrheitsaktionär seine Beteiligung abbaut, um beispielsweise der Mutterge-

---

[188] *Zöllner/Noack*, AG 1991, 157 [158]
[189] *Zöllner/Noack*, AG 1991, 157 [158]
[190] *Lutter*, ZHR 153 (1989), 446 [462]; *Zöllner/Noack*, AG 1991, 157 [158]
[191] z.B. Verwendungsbeschluss des Bilanzgewinns im Interesse der Muttergesellschaft
[192] RegBegr. *Kropff*, AktG S. 329

sellschaft Kapital zuzuführen.[193] Im Fall einer breiten Streuung der Aktien würden seine Herrschaftsrechte wieder aufblühen. Etwaige Abfindungsregelungen kommen erst zum tragen, wenn sich der Aktionär entscheidet, aus der Gesellschaft auszuscheiden und seinen Herrschaftseinfluss in der Gesellschaft aufzugeben. Die Gesellschaft kann den Aktionär nach Regelungen des § 305 AktG nicht aus der Gesellschaft verdrängen. Vielmehr bedarf es eines eigenen Entschlusses des Aktionärs. Die Gesellschaft darf nur die vermögensrechtlichen Ausgleichsfolgen des Ausscheidens regeln. Dabei muss sie das Abfindungsgebot so gestalten, dass es dem Wert der Beteiligung angemessen Rechnung trägt (§ 305 Abs. 1 AktG). Insoweit kann der Regelung nicht entnommen werden, dass die Mitgliedschaft nur in ihrem vermögensrechtlichen Bestand und nicht bzw. nur sehr eingeschränkt in ihrem herrschaftlichen Bestand geschützt ist.

Die Ausgleichsregelung des § 243 Abs. 2 S. 2 AktG kann ebenfalls nicht als Grundlage für einen Eingriff in die Mitverwaltungsrechte herangezogen werden. Gem. § 243 Abs. 2 S. 2 AktG ist eine Anfechtung nach § 243 Abs. 2 S. 1 AktG dann ausgeschlossen, wenn zwar der Tatbestand des Abs. 2 S. 1 erfüllt ist, aber der Beschluss Ausgleichsregelungen zugunsten der anderen Aktionäre enthält. Voraussetzung ist, dass sich der Schaden wirtschaftlich ausgleichen lässt. Eine wirtschaftliche Kompensation wird für den Fall der Beeinträchtigung der Herrschaftsrechte von Teilen der Literatur bestritten.[194] Wirtschaftlich kompensieren lassen sich nur Beeinträchtigungen, welche einen feststellbaren Vermögenswert besitzen. So können die mit der Verringerung der Beteiligungsquote entfallenden Steuerprivilegien[195] und sinkenden Gewinn- und Liquidationserlöse[196] durch Ausgleichszahlungen wirtschaftlich kompensiert werden. Ebenso kann eine Dividendengarantie unter Orientierung an § 304 AktG gewährt werden.[197] Hingegen haben die Herrschaftsrechte keinen messbaren Vermögenswert.[198] Diese vermitteln dem Mitglied das Recht auf die Teilnahme an der Willensbildung und sonstige eingeschränkte Verwaltungsbefugnisse im Verband. Es handelt sich deshalb bei der Mitgliedschaft um immaterielles Recht.[199] Ein Stimmkraftverlust kann nur durch Wiederherstellung des ursprünglichen Zustandes ausgeglichen werden. Dem betroffenen Aktionär müssten für seine Aktie mehr Stimmen gewährt werden. Solche Mehrstimmrechte sind unzulässig (§ 12 Abs. 2 AktG). Demnach lässt sich der Stimmkraftverlust infolge eines Bezugsrechtsausschlus-

---

[193] so z.B. Börsengänge von Tochterunternehmen: T-Online International AG (Deutsche Telekom AG); Infineon Technologies AG (Siemens AG); comdirect bank AG (Comerzbank AG)
[194] *Füchsel*, BB 1972, 1533 [1539]; *Hefermehl/Bungeroth* in G/H/E/K § 186 Rdn. 116; *Hirte*, Bezugsrechtsausschluß und Konzernbildung S. 73, 138 ff., 215; *ders.*, BB 1988, 1469 [1475 f.]
[195] siehe oben Teil 2:Kapitel I:C)I. 4 (S. 14)
[196] siehe oben Teil 2:Kapitel I:C)I. 2 (S. 12)
[197] *Hüffer*, AktG § 243 Rdn. 38; MüKoAktG/*Hüffer* § 243 Rdn. 102
[198] *Habersack*, Mitgliedschaft S. 357
[199] *Habersack*, Mitgliedschaft S. 357

ses nicht finanziell ausgleichen.[200] Eine infolge des Bezugsrechtsausschlusses eingetretene Stimmkraftverwässerung, die zugleich einen Sondervorteil im Sinne des § 243 Abs. 2 S. 1 AktG darstellt, kann nicht nach § 243 Abs. 2 S. 2 AktG kompensiert werden. Insofern scheidet ein Eingriff die Verwaltungsrechte der Mitgliedschaft gegen einen angemessenen Ausgleich nach § 243 Abs. 2 S. 2 AktG aus. Ein Bezugsrechtsausschluss kann nicht nach § 243 Abs. 2 S. 2 AktG gerechtfertigt sein.

Abschließend kann festgehalten werden, dass die vermögensrechtlichen Ausgleichsregelungen weder eine Ermächtigungsgrundlage für einen Eingriff in die Mitgliedschaft der Aktionäre darstellen noch etwaige Eingriffe rechtfertigen. Vielmehr setzen sie stets einen wirksamen Eingriff voraus und wollen den vermögensrechtlichen Verlust infolge eines Eingriffes ausgleichen.

d)   Zwischenergebnis
Ein dauerhafter Entzug des Stimmrechtes ist gesetzlich nicht geregelt. Aus den Regeln über einen zeitweisen Ausschluss des Stimmrechtes können keine Schlussfolgerungen auf die Beeinträchtigung durch einen Bezugsrechtsausschluss gezogen werden. Ein Eingriff in das Stimmrecht lässt sich nicht mit einem finanziellen Ausgleich rechtfertigen. Deshalb bleibt es bei den allgemeinen Regelungen zur Treupflicht in einer Aktiengesellschaft. Für einen Ausschluss des Bezugsrechtes bedarf es eines besonderen Grundes, welcher geeignet, erforderlich und angemessen ist.

2.   Vermögensrechte
Jedem Aktionär steht ein Anspruch auf den Anteil am Bilanzgewinns bzw. ein Dividendenanspruch zu (§§ 58 Abs. 4; 60 AktG). Dieser Anspruch kann nicht ausgeschlossen werden. Es besteht lediglich die Gefahr, dass seine Dividendenrendite sinkt.[201] Der Dividendenanspruch umfasst nicht zugleich einen Anspruch auf Dividendenkontinuität.[202] Führt eine Kapitalerhöhung unter Bezugsrechtsausschluss dazu, dass die Dividende sinkt, liegt darin keine Beeinträchtigung der Rechte des Aktionärs. Schließlich hat der Aktionär einen Anspruch auf den Liquidationserlös entsprechend seiner Beteiligung (§ 271 AktG). Dieses Recht wird ebenfalls nicht ausgeschlossen. Ein Recht auf einen Liquidationsanteil in einer bestimmten Höhe besteht nicht.
Schließlich kann der Wert der bisherigen Beteiligung infolge eines Bezugsrechtsausschlusses verringert werden, wenn die jungen Aktien unter ihrem wahren Wert begeben werden. Die gesetzlichen Tatbestände zum Eingriff in die Mitgliedschaftsrechte sehen stets eine finanzielle Ausgleichsregelung vor.[203]

---

[200] *Habersack*, Mitgliedschaft S. 356 f.
[201] siehe oben Teil 2:Kapitel I:C)I. 2 (S. 12)
[202] *Raiser*, KapGesR § 19 Rdn. 1 (S. 312) m.w.N.
[203] vgl. Ausgleichs-, Umtausch- und Abfindungsansprüche in Fällen der Verschmelzung, der Spaltung, des Formwechsels und des Konzernrechts (§§ 304; 305; 320 AktG; §§ 15; 29 UmwG).

Danach darf ein Eingriff in die Aktionärsrechte nicht zu einer Vermögensbeeinträchtigung führen.[204]

3. Zwischenergebnis

Das vom Bezugsrechtsausschluss betroffene und umfassend geschützte Stimmrecht kann nur durch einen wichtigen Grund eingeschränkt werden, welcher im Gesellschaftsinteresse liegt und geeignet, erforderlich und angemessen ist. Stets sind Vermögensbeeinträchtigungen infolge eines Eingriffs in die Mitgliedschaftsrechte auszugleichen.

II. Schutz der Mitgliedschaft bei Kapitalerhöhungen nach dem AktG

Nachdem die Anforderungen an einen Eingriff dargestellt wurden, soll erörtert werden, ob die bestehenden Regelungen zum Bezugsrechtsausschluss diesen Anforderungen gerecht werden.

1. Qualifizierte Mehrheit, § 186 Abs. 3 S. 2 AktG

Soll das Bezugsrecht der Aktionäre ausgeschlossen werden, verlangt § 186 Abs. 3 S. 2 AktG einen Beschluss der Hauptversammlung, mit einer – neben den in Gesetz oder Satzung für Kapitalerhöhungen aufgestellten Erfordernissen – Mehrheit von mindestens drei Vierteln des vertretenen Grundkapitals. Mit der Zulassung eines Bezugsrechtsausschlusses will man den wirtschaftlichen Bedürfnissen der Aktiengesellschaften an der Aufnahme von Eigenkapital unter Veränderung der Mitgliedschaftsstruktur Rechnung tragen.[205] Zugleich sollen die Mitglieder vor den Folgen eines Bezugsrechtsausschlusses weitgehend geschützt werden. Das Erfordernis einer qualifizierten Mehrheit des § 186 Abs. 3 S. 2 AktG dient in diesem Zusammenhang dazu, einen Bezugsrechtsausschluss bei Kapitalerhöhungen zu erschweren und ihn auf Ausnahmefälle zu beschränken.[206] Die erhöhten Anforderungen an den Beschluss sollen die Richtigkeit der privatautonomen Entscheidung der Mitglieder gewährleisten und so den Beschluss legitimieren.[207] Ein Missbrauch des Bezugsrechtsausschlusses durch die Mehrheit soll damit eingeschränkt werden.[208]

---

[204] BVerfGE 14, 263 [276 ff.] (Feldmühle); 25, 371 [407] (Rheinstahl); 50, 290 [339, 341] (Mitbestimmung); BVerfG ZIP 1999, 1436 [1439] (DAT/Altana); ZIP 1999, 532 [533] (SEN); ZIP 1999, 1798 [1799] (Wenger/Daimler-Benz); ZIP 1801 [1802] (Scheidemandel II)

[205] zu den einzelnen wirtschaftlichen Bedürfnissen siehe oben Teil 2:Kapitel I:C) (S. 9)

[206] Stellungnahme des Deutschen Industrie- und Handelstages in *Schwarz*, EuGesR S. 679; Protokoll über kommissarische Beratung im Reichsjustizministerium in *Schwarz*, EuGesR S. 967

[207] *K. Schmidt*, GesR § 16 I 2 a (S. 451)

[208] Bericht von Hachenburg über das Ergebnis der Beratungen im aktienrechtlichen Arbeitsausschuss (Amtl. Bericht vom 7.3. 1933 S. 83 – 87) abgedr. in *Schubert/Hommelhoff*, Aktienrechtsreform S. 823 [830 f.]; Erläuternde Bemerkungen des Reichsjustizministeriums zum Entwurf von 1931 abgedr. in *Schubert/Hommelhoff*, Aktienrechtsreform S. 907 [930 f.]

Die qualifizierte Mehrheit an sich stellt keinen wichtigen Grund für einen Bezugsrechtsausschluss dar. Aufgrund des qualifizierten Mehrheitsbeschlusses kann davon ausgegangen werden, dass die Hauptversammlung den Grund für einen Bezugsrechtsausschluss für gewichtig erachtet. Insofern kann bei der Frage, ob tatsächlich ein wichtiger Ausschlussgrund vorliegt, nur im Zweifelsfall auf die Auffassung der Mehrheit zurückgegriffen werden.

2. Bekanntmachung des Ausschlusses, §§ 186 Abs. 4 S. 1, 124 Abs. 1 AktG

Das Bezugsrecht darf nur ausgeschlossen werden, wenn der beabsichtigte Beschluss ausdrücklich und ordnungsgemäß angekündigt worden ist (§ 186 Abs. 4 S. 1 AktG). Den einzelnen Aktionären soll bewusst sein, dass ein Bezugsrechtsausschluss beabsichtigt ist, also eine Beeinträchtigung ihrer Mitgliedschaft beschlossen werden kann.[209] Die Pflicht zur ausdrücklichen Bekanntmachung hat gegenüber den einzelnen Aktionären eine Warnfunktion.[210] Die Norm stellt nicht sicher, ob ein Eingriff in die Rechte der Aktionäre gerechtfertigt ist.

3. Berichtspflicht, § 186 Abs. 4 S. 2 AktG

Weiterhin hat der Vorstand die Hauptversammlung in einem schriftlichen Bericht über die Gründe eines Bezugsrechtsausschlusses zu informieren sowie den vorgeschlagenen Ausgabekurs zu begründen (§ 186 Abs. 4 S. 2. AktG). Der Bericht soll den Aktionären als Entscheidungsgrundlage dienen.[211] Damit die Aktionäre eine sorgsame und abgewogene Entscheidung treffen können, muss ihnen die Möglichkeit der Vorbereitung gegeben werden. Eine sorgsame Vorbereitung bedarf einer umfassenden Kenntnis aller beurteilungsrelevanten Umstände.[212] Der Bericht bildet die Basis für weitere Erörterungen in der Hauptversammlung. Aktionäre haben dort die Möglichkeit, zu den einzelnen Punkten Fragen an den Vorstand zu stellen. Schließlich dient der Bericht auch der gerichtlichen Kontrolle der gefassten Beschlüsse.[213] Seine Funktion ist nicht auf eine bloße Bekanntmachung beschränkt. Teilweise wird in der Berichtspflicht die Bestätigung der sachlichen Rechtfertigung gesehen.[214] Da ein Bericht nur sinnvoll ist, wenn es einen Berichtsgegenstand gibt, kann der vorherigen Berichtspflicht zumindest entnommen werden, dass neben den formellen Erfordernissen auch ein materiel-

---

[209] GK/*Wiedemann* § 186 Rdn. § 186 Rdn. 112; KK/*Lutter* § 186 Rdn. 55
[210] Protokoll über kommissarische Beratung im Reichsjustizministerium in *Schwarz*, EuGesR S. 967; AnwK-AktR/*Rebmann*, § 186 Rdn. 36
[211] BGHZ 83, 319 [326] (Holzmann); *Bayer*, AG 1988, 323 [327]; *Lutter*, ZGR 1979, 401 [408 f.]; *Schwark*, FS Claussen S. 357 [367]; *Sinewe*, ZIP 2001, 403; *Westermann*, ZHR 156 (1992) 203 [217]
[212] LG München I WM 1996, 305 [307]; KK/*Lutter* § 186 Rdn. 56 *Lutter*, ZGR 1979, 401 [407]; *Schwark*, FS Claussen S. 357 [367]; *Sinewe*, ZIP 2001, 403; *Westermann*, ZHR 156 (1992) 203 [217]
[213] BGH NJW 1982, 2444 [2446] („Holzmann"); *Kübler/Mendelson/Mundheim*, AG 1994, 461 [463]
[214] BGHZ 83, 319 [325 f.] (Holzmann); *Hüffer*, AktG § 186 Rdn. 25; *Timm*, JZ 1980, 665 [669]

les hinzutreten muss.[215] Mangels Vorgabe eines konkreten Berichtsinhaltes kann der Berichtspflicht allein nicht entnommen werden, welche Anforderungen an das zusätzliche materielle Kriterium gestellt werden müssen. Die Norm stellt nicht sicher, ob ein Eingriff in die Mitgliedschaftsrechte der Aktionäre gerechtfertigt ist.

4. Schutz vor missbräuchlichem Bezugsrechtsausschluss durch § 243 Abs. 2 AktG

Ein Kapitalerhöhungsbeschluss, in dem zugleich das gesetzliche Bezugsrecht ausgeschlossen wird, kann nach § 243 Abs. 2 AktG angefochten werden, wenn ein Aktionär mit der Ausübung des Stimmrechts für sich oder einen Dritten Sondervorteile zum Schaden der Gesellschaft oder der anderen Aktionäre zu erlangen suchte und der Beschluss geeignet ist, diesem Zweck zu dienen. Die Regelung dient der Kontrolle der Mehrheitsmacht.[216] Die Einschränkung der Mehrheitsmacht ist dahingehend zu relativieren, dass eine Anfechtung belastender Mehrheitsbeschlüsse nur dann Erfolg verspricht, wenn die Mehrheit beweisbar mit Schädigungsabsicht gehandelt hat.[217] Selbst wenn das Stimmrecht nachweisbar missbräuchlich i.S.d. § 243 Abs. 2 S. 1 AktG ausgeübt worden ist, schließt § 243 Abs. 2 S. 2 AktG eine Anfechtung aus, wenn den anderen Aktionären ein angemessener Ausgleich für ihren Schaden gewährt wurde. Die Regelung wird deshalb überwiegend als misslungen angesehen, da sie einen gebotenen Minderheitenschutz außer Acht lässt und die Interessenlage des beeinträchtigten Aktionärs undifferenziert und auf die eines gläubigerähnlichen Kapitalanlegers verkürzt.[218]

Dennoch stellt sie sicher, dass bestimmte vermögensrechtliche Beeinträchtigungen der Beteiligung auszugleichen sind. Sie entspricht hingegen nur teilweise den aufgestellten Anforderungen eines umfassenden Vermögensschutzes, da lediglich missbräuchliche Eingriffe ausgeglichen werden müssen.

5. Schutz vor Vermögensverwässerung durch § 255 Abs. 2 AktG

Nach § 255 Abs. 2 AktG kann ein Beschluss, welcher das Bezugsrecht der Aktionäre ganz oder zum Teil ausschließt, auch dann angefochten werden, wenn der sich aus dem Erhöhungsbeschluss ergebende Ausgabebetrag oder der Mindestbetrag, unter dem die neuen Aktien nicht ausgegeben werden sollen, unangemessen niedrig ist. Ausgangspunkt ist die Eigentumsgarantie des Art. 14 Abs. 1 GG. Scheidet ein Mitglied aus einem Verband – freiwillig oder zwangsweise –

---

[215] so auch *Drinkuth*, Kapitalrichtlinie S. 245; *Groß*, EuZW 1994, 395 [399]; *Habersack*, EuGesR S. 141 Rdn. 199; *Kindler*, ZHR 158 (1994) 339 [357]; *Natterer*, ZIP 1995, 1481 [1487]; *Schwarz*, EuGesR S. 393 Rdn. 622 FN 707 bezogen auf Berichtspflicht des Art. 29 Abs. 4 S. 3 der 2.KpRL
[216] BVerfGE 14, 263 [283 f.] (Feldmühle); AnwK-AktR/*Heidel* § 243 Rdn. 1; MüKo-AktG/*Hüffer* § 243 Rdn. 70
[217] *Hüffer*, AktG § 243 Rdn. 34;
[218] MüKoAktG/*Hüffer* § 243 Rdn. 72; *ders.*, FS Kropff S. 127 [140 f.]; GK/*K. Schmidt* § 243 Rdn. 59; KK/*Zöllner* § 243 Rdn. 236

aus, muss er eine vermögensrechtliche Kompensation für den Wert seiner gesellschaftlichen Beteiligung an dem arbeitenden Unternehmen erhalten.[219] Die Regelung des § 255 Abs. 2 AktG will dieses verfassungsrechtliche Gebot im Aktienrecht durchsetzen, indem es die Aktionäre vor einer vermögensrechtlichen Beeinträchtigung infolge Verwässerung ihrer Beteiligungsrechte schützen will, die eintreten würden, wenn die auf die neuen Aktien geleisteten Einlagen nicht dem Wert der Mitgliedschaft entsprechen.[220] § 255 Abs. 2 AktG schützt nur vor Wertverfehlungen ohne das es auf ein subjektives Element ankommt. Damit bietet die Vorschrift einen umfassenderen Schutz als § 243 Abs. 2 AktG.[221] Insofern entspricht diese Norm den Anforderungen an einen umfassenden Vermögensschutz bei Eingriffen in die Mitgliedschaftsrechte der Aktionäre. Für die Berechnung des Wertes der jungen Aktien ist der wirkliche bzw. wahre Wert des Unternehmens unter Berücksichtigung der stillen Reserven und des inneren Geschäftswertes zugrunde zu legen.[222] Da sich der Wert eines Unternehmens nur schwer ermitteln lässt, besteht trotz gutachterlicher Feststellung des wirklichen Wertes des Unternehmens die Gefahr, dass reell eine Vermögensbeeinträchtigung vorliegt.[223] Insofern bietet die Anfechtungsmöglichkeit nach § 255 Abs. 2 AktG keinen sicheren Schutz vor Vermögensbeeinträchtigungen. Diese Gefahr besteht hingegen auch im Rahmen der sonstigen Ausgleichsansprüche bei Eingriffen in die Rechte der Aktionäre, da stets der Anteilswert der Beteiligung ermittelt werden muss. Daneben besteht im gleichen Maße die Möglichkeit einer Festlegung des Anteilswertes zugunsten des Aktionärs. Da die Kompensationsregelungen dennoch als wirksame Schutzmechanismen gegen eine Anteilswertverwässerung aufgestellt worden sind, ist davon auszugehen, dass dieses Restrisiko vom Eingriffsgrund abgedeckt wird. Gleiches hat für die Anforderungen des § 255 Abs. 2 AktG für einen Bezugsrechtsausschluss zu gelten, sodass die Norm hinreichend Schutz vor einer Vermögensverwässerung bietet.

6. *Gleichbehandlungsgebot, § 53 a AktG*

Das Gleichbehandlungsgebot in § 53 a AktG normiert den im Gesellschaftsrecht allgemein anerkannten Grundsatz, dass die Mitglieder unter gleichen Voraussetzungen gleich zu behandeln sind.[224] Eine Ungleichbehandlung ist dann zulässig, wenn sie durch Sachgründe gerechtfertigt ist.[225] Für Kapitalerhöhungen bedeutet dies, dass das Bezugsrecht einzelner Aktionäre nicht ohne sachliche Berechti-

---

[219] BVerfG ZIP 1999, 1439 (DAT/Altana); BVerfGE 14, 263 [283] (Feldmühle)
[220] AnwK-AktR/*Heidel* § 255 Rdn. 1; *Hüffer*, AktG § 255 Rdn. 2; zur Verwässerung siehe oben Teil 2:Kapitel I:C)I. (S. 10)
[221] *Hüffer*, FS Kropff S. 127 [133]
[222] BGHZ 40, 71 [51]; GK/*K. Schmidt*, § 255 Rdn. 12; *Heiser*, Interessenkonflikte S. 220; *Mülbert*, AUK S. 262; *Sinewe*, Bezugsrechtsausschluss S. 84 ff.
[223] *Frey/Hirte*, ZIP 1991, 697 [701]; *Meilicke*, DB 1961, 1281
[224] *Hüffer*, AktG § 53 a Rdn. 1; *ders.* NJW 1979, 1065 [1068]; negativ Formuliert: Verbot der willkürlichen Ungleichbehandlung, KK/*Lutter/Zöllner* § 53 a Rdn. 6
[225] KK/*Lutter/Zöllner* § 53 a Rdn. 8; *Wiedemann*, GesR S. 429 f.

gung ausgeschlossen werden darf bzw. bei einem generellen Bezugsrechtsausschluss die jungen Aktien nicht an bestimmte Altaktionäre zugeteilt werden dürfen.[226] Das Gleichbehandlungsgebot bietet nur einen Schutz hinsichtlich der ungleichen Verteilung der jungen Aktien, nicht jedoch hinsichtlich des Ausschlusses des Bezugsrechtes insgesamt. Insofern gewährt § 53 a AktG nur einen partiellen Schutz der Mitgliedschaft im Falle eines Bezugsrechtsausschlusses.

7. Zwischenergebnis

Es kann festgehalten werden, dass die Vorschriften über den Bezugsrechtsausschluss keine materiellen Eingriffsvoraussetzungen aufstellen. Insofern müssen die allgemeinen Eingriffsvoraussetzungen einer sachlichen Rechtfertigung vorliegen. Die Gewichtigkeit des Ausschlussgrundes kann lediglich im Zweifel aufgrund des qualifizierten Mehrheitsbeschlusses angenommen werden. Hingegen bietet § 255 Abs. 2 AktG einen hinreichenden Schutz vor einer Beeinträchtigung des Anteilwertes aufgrund eines Eingriffes in die Mitgliedschaftsrechte des Aktionärs.

III. Schutz der Mitgliedschaft bei Kapitalerhöhungen nach kapitalmarktrechtlichen Vorschriften

Börsennotierte Aktiengesellschaften unterliegen neben den allgemeinen zugleich den besonderen aktienrechtlichen Vorschriften über börsennotierte Gesellschaften[227] sowie den kapitalmarktrechtlichen Vorschriften. Die entsprechenden Normen sind dem Wertpapierhandelsgesetz (WpHG), dem Wertpapiererwerbs- und Übernahmegesetz (WpÜG), dem Wertpapierverkaufsprospektgesetz (VerkProspG) nebst Verkaufsprospektverordnung (VerkProspV), dem Börsengesetz (BörsG) nebst den Börsenzulassungsverordnungen sowie bei Vorliegen einer Entsprechungserklärung nach § 161 AktG des Deutschen Corporate Governance Kodex (DCGK), soweit die bestimmten Vorschriften von ihr erfasst werden[228], zu entnehmen.

Das Kapitalmarktrecht regelt primär den öffentlichen Vertrieb und Umlauf von Unternehmensbeteiligungen und verbrieften bzw. öffentlich registrierten Geldforderungstiteln. Damit wird zugleich der Funktionsschutz des Kapitalmarktes, der Wirtschaft und ein Schutz der Kapitalanleger gewährleistet.[229] Der Begriff des Kapitalanlegers ist weiter gefasst als der des Aktionärs. Es werden sowohl potentielle Anleger erfasst, die eine Beteiligung erwerben wollen, als auch diejenigen, die bereits in Aktien investiert haben.

Den Schutz des Anlegers will das Kapitalmarktrecht primär durch Prospektpflichten der Emittenten (VerkProspG, VerkProspV) erreichen. Die Anleger sollen vor einem unüberlegten Eintritt in eine Aktiengesellschaft abgehalten wer-

---

[226] BGHZ 33, 175 [186] (Minimax II)
[227] z.B. §§ 3 Abs. 2; 110 Abs. 3; 125 Abs. 1 S. 3; 130 Abs. 1; 134 Abs. 1; 171 Abs. 2 S. 2; 328 Abs. 3 AktG
[228] zum DCGK AnwK-AktR/*Fischer zu Cramburg* DCGK; *Ulmer*, ZHR 166 (2002), 150
[229] *Hopt*, ZHR 141 (1977) 389 [431]; *Lenenbach*, KBR S. 18 Rdn. 1.37 ff.

den.²³⁰ Dabei steht vor allem der Schutz des Vermögens der Anleger im Vordergrund. Andere kapitalmarktrechtlichen Vorschriften schützen auch diejenigen Anleger, die bereits eine Aktionärsstellung innehaben. Der Schutz beschränkt sich weitgehend darauf, dass der Aktionär über Maßnahmen der Gesellschaft, welche Auswirkung auf den Wert der Beteiligung haben, informiert werden muss, und dass er seine Aktien über den Kapitalmarkt veräußern kann. So müssen börsennotierte Gesellschaften sämtliche kursbeeinflussenden Tatsachen gem. § 15 WpHG veröffentlichen. Die Vorschrift will das Anlegerpublikum als Gesamtheit vor unangemessenen Börsenpreisen infolge von Informationsdefiziten schützen.²³¹ Der Aktionär ist somit über den Wert seiner Anlage informiert und erhält die Möglichkeit, bei negativen Entwicklungen der Unternehmenssituation rechtzeitig aus der Kapitalanlage auszusteigen und etwaige Vermögensverluste zu minimieren. Ebenso werden die Anleger mittelbar durch das Verbot des Insiderhandels gem. § 14 WpHG geschützt. Eigentlich will § 14 WpHG die Funktionsfähigkeit des organisierten Kapitalmarktes schützen.²³² Indirekt kommt dieser Schutz den Anlegern zugute. Mit dem Verbot des Insiderhandels soll verhindert werden, dass etwaige Insider Aktien von Anlegern unter dem wahren Wert erwerben. Anderenfalls könnten Insider die ahnungslosen Anlageaktionäre in deren Vermögen schädigen, indem sie ihnen nicht den Gegenwert für die Anlage zahlen würden.²³³

Im Rahmen von Unternehmensübernahmen will das WpÜG die Aktionäre mit einem ordnungsgemäßen Verfahren schützen.²³⁴ Die Aktionäre sind bei Wertpapiererwerbs- und Übernahmeverfahren der Gefahr einer Vermögensbeeinträchtigung ausgesetzt. Wertpapiererwerbs- und Übernahmeangebote führen regelmäßig zu beträchtlichen Kursschwankungen, die sich bei negativen Kursverläufen nachhaltig auf die Wertpapiere der Anleger auswirken.²³⁵ Weiterhin sind die Aktionäre der Zielgesellschaft der Gefahr einer konzernimmanenten Vermögensbeeinträchtigung und der eines Herrschaftsverlustes ausgesetzt, da sie in eine abhängige Gesellschaft gedrängt werden. Deshalb stellt § 3 WpÜG wesentliche Prinzipien zum Schutz der Aktionäre auf.²³⁶ Danach sollen die Aktionäre gleich behandelt werden. Dieses Prinzip wird durch Spezialvorschriften zum Vorstandshandeln (§ 30 WpÜG) sowie zur Abgabe eines Pflichtangebotes an alle Aktionäre (§ 35 WpÜG) sichergestellt. Daneben sollen die Wertpapierinhaber genügend Informationen erlangen, um eine sorgsame Entscheidung treffen zu

---

[230] AnwK-AktR/*von Kopp-Colomb/Lenze* VerkProspG, VerkProspV; *Groß*, KMR: VerkprospG § 1 Rdn. 1 ff., *Claussen*, Bank- und Börsenrecht S. 398 Rdn. 80 ff.; jeweils m.w.N.
[231] *Kümpel* in Assmann/Schneider, § 15 Rdn. 15; Schwark/*Zimmer* § 15 WpHG Rdn. 9
[232] *Kümpel* in Assmann/Schneider, § 14 Rdn. 4b; Schwark/*Schwark* § 14 WpHG Rdn. 4
[233] *Raiser*, KapGesR § 9 Rdn. 45 (S. 74)
[234] KK-WpÜG/*Hirte*, Einleitung Rdn. 84; Schwark/*Noack* Einl. WpÜG Rdn. 9
[235] *Steinmeyer*, WpÜG Einleitung Rdn. 14
[236] im Einzelnen KK-WpÜG/*Versteegen* § 3; *Fleischer*, WpÜG § 3 II. (S. 70 ff.); Schwark/*Noack* § 3 WpÜG

können, ob sie das Übernahmeangebot annehmen oder eventuell andere Maßnahmen stützen wollen. Die Verwaltung ist während des Verfahrens angehalten im Interesse der Zielgesellschaft zu handeln. Damit die Geschäftstätigkeit der Zielgesellschaft nicht behindert wird, soll das Übernahmeverfahren rasch durchgeführt werden. Schließlich sollen Marktverzerrungen vermieden werden. Um diese Prinzipien effektiv umsetzen zu können, trifft das WpÜG teilweise Regelungen im Bereich des Gesellschafts- und Konzernrechtes.[237] Es enthält in § 16 Abs. 4 WpÜG auch Regelungen über den Bezugsrechtsausschluss im Rahmen von Kapitalerhöhungen, welche als Abwehrmaßnahme getroffen werden können. Jedoch trifft § 16 Abs. 4 WpÜG lediglich Regelungen über Frist- und Formerfordernisse für die Einberufung und Durchführung von Hauptversammlungen. Etwaige materielle Erfordernisse werden nicht angesprochen. Insofern sind diese aus dem Aktienrecht zu entnehmen.

Es kann festgehalten werden, dass sich kapitalmarktrechtliche Vorschriften teilweise mit gesellschaftsrechtlichen Vorschriften überschneiden. Primär dienen sie jedoch der Funktionsfähigkeit des organisierten Kapitalmarktes. Für den konkreten Fall des Bezugsrechtsausschlusses bei Kapitalerhöhungen werden keine materiellen Eingriffsbefugnisse aufgestellt. Insofern richtet sich der Schutz nach den allgemeinen Vorschriften des Aktienrechtes.

D) Fazit

Der Bezugsrechtsausschluss greift in die Rechte der Aktionäre ein. Die Treupflichten in der Aktiengesellschaft fordern sowohl von den Aktionären als auch von der Gesellschaft eine Rücksichtnahme auf die gesetzlich und satzungsmäßig zugesicherten Rechte der Kon-Aktionäre. Sollten Maßnahmen zur Entwicklung der Gesellschaft getroffen werden, welche die Rechte der Aktionäre beeinträchtigen, haben diese den gesetzlichen und satzungsmäßigen Voraussetzungen zu entsprechen, also im Gesellschaftsinteresse zu liegen. Darüber hinaus müssen sie geeignet und erforderlich sein, das angestrebte Ziel zu erreichen. Schließlich hat das Interesse der Gesellschaft an der Umsetzung der Maßnahme dem Interesse der Aktionäre am Erhalt ihrer Rechte zu überwiegen.

Diese Eingriffsvoraussetzungen sind auch beim Bezugsrechtsausschluss zu beachten.[238] Der Ausschluss des Bezugsrechtes im Rahmen einer Kapitalerhöhung führt zu einer Verringerung der Beteiligungsquote des Mitgliedes. Dadurch wird seine Stimmkraft entwertet und sein Einfluss in der Gesellschaft schwindet. Die sonstigen – neben dem Bezugsrechtsausschluss – geregelten Eingriffstatbestände[239] beschränken sich auf einen besonderen Fall, in welchem der Eingriff beim Vorliegen der Voraussetzungen stets sachlich gerechtfertigt ist. Der zwangsläu-

---

[237] *Fleischer*, WpÜG § 1 IV. (S. 23 ff.); KK-WpÜG/*Hirte*, Einleitung Rdn. 71; *Steinmeyer*, WpÜG Einleitung Rdn. 20

[238] unabhängig ob Bar- oder Sachkapitalerhöhung, insoweit ist Auffassung *Kindls*, WiB 1995, 384 [385] abzulehnen, wonach Sachkapitalerhöhung lediglich einer Missbrauchskontrolle unterliegt

[239] §§ 64, 320, 327a AktG

fige Eingriff in das Stimmrecht lässt sich nicht allgemein durch die gesetzlichen Stimmrechtsausschlüsse rechtfertigen. Zudem beschränken die formellen Voraussetzungen den Bezugsrechtsausschluss nicht auf einen den Eingriff rechtfertigenden Fall. Vielmehr kann der Bezugsrechtsausschluss aus verschieden Anlässen durchgeführt werden. Die Beeinträchtigung der Herrschaftsrechte der Aktionäre ist nicht schon beim Vorliegen der formellen Ausschlussvoraussetzungen gerechtfertigt. Vielmehr muss auf die allgemeinen Eingriffsvoraussetzungen der sachlichen Rechtfertigung zurückgegriffen werden, wie sie in der Rechtsprechung und Literatur weitestgehend anerkannt ist.[240] Hingegen wird ein Vermögensschutz hinreichend von § 255 Abs. 2 AktG gewährleistet. Werden daneben andere Interessen des dissentierenden Aktionärs verletzt, ist zur Ermittlung der Schutzwürdigkeit dieser Interessen die Realstruktur, die Zweckidee sowie den Einfluss des einzelnen Mitgliedes im Verband heranzuziehen. Dabei beschränkt sich die Treupflicht primär auf die Rücksichtnahme gesellschaftlicher Interessen.[241] Für den weiteren Verlauf der Arbeit soll auf die Grundmitgliedschaftsrechte der Aktionäre im Rahmen des Bezugsrechtsausschlusses abgestellt werden, da diese unabhängig von einzelnen Gegebenheiten in allen Aktiengesellschaften vorhanden sind.

Das Erfordernis einer sachlichen Rechtfertigung von Bezugsrechtsausschlüssen steht als ungeschriebenes materielles Tatbestandsmerkmal neben den sonstigen Voraussetzungen des § 186 Abs. 3, 4 AktG.[242] Deshalb kann ein Verstoß gegen dieses ungeschriebene Tatbestandsmerkmal als Verletzung einer Gesetzesvorschrift i.S.d. § 243 Abs. 1 AktG im Wege der Anfechtungsklage geltend gemacht werden.[243]

E) Sachliche Rechtfertigung und europarechtliche Vorgaben

In der zweiten Kapitalrichtlinie der EG[244] finden sich einzelne Regelungen zur Kapitalerhöhung und zum Bezugsrechtsausschluss. Im Folgenden soll untersucht werden, ob die Richtlinie einer sachlichen Rechtfertigung entgegensteht oder eine solche sogar voraussetzt. Dazu wird zunächst untersucht, welche Anforderungen die Richtlinie an einen Bezugsrechtsausschluss stellt. Zu diesem Zweck ist die Richtlinie grammatikalisch, historisch, teleologisch und systematisch auszulegen.

---

[240] BGHZ 71, 40 [43] (Kali & Salz); 83, 319 [321] (Holzmüller); 120, 141 [145 f.]; *Lutter*, AcP 180 (1980) 85 [123 ff.]; *Zöllner*, Schranken S. 350 ff.
[241] BGH NJW 1992, 3167 [3171] (IBH/Scheich Kamel)
[242] BGHZ 71, 40 [43 ff.] (Kali & Salz); 83, 319 [321] (Holzmüller); *Becker*, BB 1981, 394 [395]; *Füchsel*, BB 1972, 1533 [1536]; GK/*Wiedemann* § 186 Rdn. 1135 ff.; *Hefermehl/Bungeroth* in G/H/E/K § 186 Rdn. 104 ff.; *Hüffer*, AktG § 186 Rdn. 25; KK/*Lutter* § 186 Rdn. 59 ff.; *Lutter*, ZGR 1979, 401 [413]; MüHdbAktR/*Krieger*, § 56 Rdn. 68
[243] BGHZ 71, 40 [43 ff.] (Kali & Salz); 83, 319 [321] (Holzmüller);125, 239 [241 f.] (Deutsche Bank); *Hüffer*, AktG § 243 Rdn. 25
[244] 77/91/EWG Abl.EG Nr. L 26/1 vom 31. Januar 1977; abgedr. in *Lutter*, Europäisches Unternehmensrecht S. 114 ff.

I. Wortlaut

In Art. 25 Abs. 1 der Richtlinie heißt es, dass „jede Kapitalerhöhung von der Hauptversammlung beschlossen werden muss". Art. 29 Abs. 1 schreibt für *Barkapitalerhöhungen* vor, dass „die Aktien vorzugsweise den Aktionären im Verhältnis zu dem durch ihre Aktien vertretenen Teil des Kapitals angeboten werden müssen". Diese Bestimmung wird durch Art. 29 Abs. 4 der Richtlinie wie folgt ergänzt: „Das Bezugsrecht darf durch die Satzung oder den Errichtungsakt weder beschränkt noch ausgeschlossen werden. Dies kann jedoch durch Beschluss der Hauptversammlung geschehen. Das Verwaltungs- oder Leitungsorgan hat der Hauptversammlung einen schriftlichen Bericht über die Gründe für eine Beschränkung oder einen Ausschluss des Bezugsrechts zu erstatten und den vorgeschlagenen Ausgabekurs zu begründen. Die Hauptversammlung entscheidet nach den Vorschriften, die in Art. 40 über die Beschlussfähigkeit (mind. die Hälfte des Grundkapitals) und Mehrheitserfordernisse (grundsätzlich mit Dreiviertelmehrheit) festgelegt sind." Abschließend ist auf die Präambel der Richtlinie hinzuweisen. Nach der zweiten Begründungserwägung soll die Richtlinie den „Schutz der Aktionäre einerseits und der Gläubiger andererseits sicherstellen". Ebenso sei es bei der Umsetzung der Richtlinie „erforderlich, dass die Mitgliedstaaten bei Kapitalerhöhungen ... die Beachtung der Grundsätze über die Gleichbehandlung der Aktionäre, die sich in denselben Verhältnissen befinden ... sicherstellen und für die harmonisierte Durchführung dieser Grundsätze Sorge tragen".

Festzustellen ist, dass vom Wortlaut der Vorschriften nur *Barkapitalerhöhungen* erfasst werden. Weiterhin ist dem Wortlaut zu entnehmen, dass bestimmte Publikations- und Verfahrensvorschriften einzuhalten sind. Ob daneben weitere materielle Anforderungen an den Bezugsrechtsausschluss gestellt werden müssen, lässt sich aus dem Wortlaut der Richtlinie nicht eindeutig entnehmen. Eine Andeutung könnte sich aus dem Erfordernis eines vorherigen Berichtes ergeben, da eine solche Berichtspflicht nur Sinn hat, wenn es einen Berichtsgegenstand gibt.[245] Welchen Inhalt der Bericht haben muss, ergibt sich aus dem Wortlaut der Vorschrift nicht, sondern ist vielmehr anhand seines Zweckes zu ermitteln.

Es kann daher festgehalten werden, dass dem Wortlaut nicht zu entnehmen ist, dass ein Bezugsrechtsausschluss sachlich gerechtfertigt werden muss.

II. Entstehungsgeschichte/Systematik

Weder aus der Entstehungsgeschichte noch aus dem systematischen Aufbau der Richtlinie lassen sich Schlussfolgerungen ziehen, die eine sachliche Rechtfertigung beim Ausschluss des Bezugsrechtes erfordern.

III. Regelungszweck

Das Recht auf Bezug junger Aktien gem. Art. 29 Abs. 1 der Richtlinie will sicherstellen, dass die Aktionäre ihre Beteiligungsquote bei Kapitalerhöhungen

---

[245] *Natterer*, ZIP 1995, 1481 [1487]

aufrechterhalten können.[246] Es dient dem Schutz der politischen sowie vermögensrechtlichen Stellung der Aktionäre innerhalb der Gesellschaft bei Kapitalerhöhungen gegen Bareinlagen.[247] Ausschlaggebend für die inhaltlichen Anforderungen des Bezugsrechtsausschlusses kann nur der Aktionärsschutz sein, um dessen willen das gesetzliche Bezugsrecht überhaupt geschaffen wurde.[248] Die Bestimmungen der Richtlinie enthalten aber nur Regeln prozessualer und informativer Art. Sachkriterien wurden nicht formuliert.[249] Wie bereits angedeutet wurde, kann die Berichterstattungspflicht Rückschlüsse auf materielle Erfordernisse geben.[250] Deshalb soll zunächst näher auf die Berichtspflicht eingegangen werden.

Die Berichtspflicht macht neben den anderen Informations- und Publikationspflichten nur Sinn, wenn sich der Inhalt von den anderen Bekanntmachungspflichten unterscheidet.[251] Die Begründung des Ausgabekurses soll primär eine Quersubvention vermeiden, darüber hinaus auch vor der Gefahr einer Beteiligungsverwässerung schützen.[252] Zweck des Berichtes ist es in diesem Zusammenhang, den Aktionären eine sachgerechte Entscheidung über den Bezugsrechtsausschluss zu ermöglichen.[253] Damit die Aktionäre eine sachgerechte Entscheidung treffen können, muss ihnen dargelegt werden, warum die geplante Maßnahme erforderlich sein soll. Folglich ist vor Berichterstattung eine entsprechende Kontrolle durch die Berichterstatter vorzunehmen.[254] Umstritten ist, welcher Maßstab an diese Kontrolle gestellt werden soll.[255] Da ein Bezugsrechtsausschluss für die bezweckte Maßnahme zumindest erforderlich sein muss, hat sie jedenfalls im Gesellschaftsinteresse zu liegen.[256]

Zunächst kann festgehalten werden, dass sich aus dem Sinn und Zweck der Berichtspflicht ergibt, dass neben den formellen Erfordernissen weitere materielle Anforderungen erfüllt werden müssen. Im Folgenden soll untersucht werden, ob materielle Kriterien allein aus europäischem Gemeinschaftsrecht entwickelt werden müssen und zugleich eine Grenze darstellen[257] oder ob die nationalen Anforderungen zugrunde gelegt werden können[258].

---

[246] *Drinkuth*, Kapitalrichtlinie S. 239; *Habersack*, EuGesR S. 140 Rdn. 196
[247] *Drinkuth*, Kapitalrichtlinie S. 239; *Habersack*, EuGesR S. 140 Rdn. 196; *Schwarz*, EuGesR S. 382 Rdn. 621; *Wymeersch*, AG 1998, 382 [383]
[248] *Hofmeister*, NZG 2000, 713 [715]; *Schwarz*, EuGesR S. 392 Rdn. 621
[249] *Wymeersch*, AG 1998, 382 [383]
[250] siehe oben Teil 2:Kapitel II:E)I. (S. 46)
[251] *Natterer*, ZIP 1995, 1481 [1487]
[252] *Habersack*, EuGesR S. 141 Rdn. 199
[253] Begr. Kom zu Art. 25, ABl EG Nr. 48 S. 4 v. 24.4.1970
[254] *Drinkuth*, Kapitalrichtlinie S. 245; *Groß*, EuZW 1994, 395 [399]; *Habersack*, EuGesR S. 141 Rdn. 199; *Kindler*, ZHR 158 (1994) 339 [357]; *Natterer*, ZIP 1995, 1481 [1487]; *Schwarz*, EuGesR S. 393 Rdn. 622 FN 707
[255] für rein europarechtliche Kriterien *Kindler*, ZHR 158 (1994) 339 [357 f.]; für Rückgriff auf nationale Regelungen *Natterer*, ZIP 1995, 1481 [1487]
[256] i.E. auch *Mülbert*, AUK S. 337 f.
[257] so *Kindler*, ZHR 158 (1994) 339 [357 f.]
[258] so *Natterer*, ZIP 1995, 1481 [1488]

IV. Grundlage für materielle Anforderungen nach der 2. Kapitalrichtlinie

Zum einem vertritt *Kindler*[259], dass die Kriterien für eine Inhaltskontrolle aus der Richtlinie selbst zu entwickeln sind, da ein Rückgriff auf innerstaatliches Recht insoweit harmonisierungsfeindlich wäre. Zum anderen hält ihm *Natterer*[260] entgegen, dass der europäische Gesetzgeber den rechtlichen Rahmen vorgibt, welchen der nationale Gesetzgeber ausgestalten kann. Unbestritten dienen die Richtlinien der Harmonisierung der einzelnen nationalen Rechtsnormen. Die Richtlinie will aber keine Vereinheitlichung des Rechtes – wie etwa die Verordnung –, sondern stellt einen Kompromiss zwischen den Erfordernissen einheitlichen Rechts innerhalb der Gemeinschaften und weitestmöglicher Bewahrung der nationalen Eigentümlichkeit dar.[261] Dies entspricht dem Grundgedanken des Art. 44 Abs. 2 lit. g EGV. Die Norm fordert keine Gleichheit, sondern eine Gleichwertigkeit, kein Maximum, sondern ein Minimum an Schutz für die zu regelnden Sachverhalte. Sollen auf dieser Ermächtigungsgrundlage Richtlinien erlassen werden, ist der Richtliniengeber gehalten, nur Mindest- oder Maximalnormen zu erlassen, um eine Gleichwertigkeit sowie ein Mindestmaß an Schutz herzustellen.[262] Diese Grundsätze lassen sich auch aus der zweiten Kapitalrichtlinie entnehmen. So wird an einigen Stellen in der Richtlinie dem nationalen Gesetzgeber untersagt, weiterreichende nationale Vorschriften zu erlassen.[263] Darin ist die Bestätigung zu sehen, dass grundsätzlich strengere nationale Regelungen getroffen werden können.[264] Gleichzeitig ist aus dem Fehlen einer Vorschrift, welche konkrete materielle Voraussetzungen an einen Bezugsrechtsausschluss stellt, zu entnehmen, dass das nationale Recht entsprechende Regelungen zum Schutz der Aktionäre treffen soll.[265] Insofern ist der nationale Gesetzgeber gehalten, einen Mindestschutz der Altaktionäre im Falle eines Bezugsrechtsausschlusses zu gewährleisten. Welche Anforderungen an den Mindestschutz zu stellen sind, kann sich nur aus der Richtlinie im Zusammenhang mit sonstigem europäischen Recht ergeben.

Der zweiten Begründungserwägung in der Präambel ist zu entnehmen, dass die Aktionäre bei Kapitalerhöhungen geschützt werden müssen. Wie bereits erörtert wurde, soll der Schutz durch Publikations- und Verfahrensvorschriften sichergestellt werden, aus denen sich zugleich ergibt, dass der Bezugsrechtsausschluss zumindest im Gesellschaftsinteresse liegen muss.[266] Ebenso wurde ausgeführt, dass der nationale Gesetzgeber den Schutz erweitern darf. Insofern steht die

---

[259] *Kindler*, ZHR 158 (1994) 339 [357 f.]
[260] *Natterer*, ZIP 1995, 1481 [1488]
[261] *Streinz*, Europarecht S. 135 Rdn. 385
[262] *Groß*, EuZW 1994, 395 [398]; *Natterer*, ZIP 1995, 1481 [1483]
[263] vgl. Art. 5 Abs. 1; 11 Abs. 2; 17 Abs. 2 der 2.KpRL
[264] i.E. *Natterer*, ZIP 1995, 1481 [1485]; a.A.: *Kindler*, ZHR 158 (1994) 339 [355]
[265] *Drinkuth*, Kapitalrichtlinie S. 246; *Natterer*, ZIP 1995, 1481 [1488]
[266] siehe oben Teil 2:Kapitel II:E)III. (S. 46)

sachliche Rechtfertigung für Barkapitalerhöhungen, welche einen umfassenden Schutz der Altaktionäre gewährleisten möchte und als eine strenge Regelung im Vergleich zu Regelungen anderer europäischer Staaten angesehen wird[267], nicht im Widerspruch zur zweiten Kapitalrichtlinie.[268]

V. Europarechtliche Anforderungen an eine Sachkapitalerhöhung

Die obigen Ausführungen bezogen sich auf einen Bezugsrechtsausschluss im Rahmen einer Barkapitalerhöhung. Im Folgenden soll untersucht werden, ob eine materielle Beschlusskontrolle auf Fälle des Bezugsrechtsausschlusses bei Sachkapitalerhöhungen mit den europarechtlichen Regelungen vereinbar ist. Der Wortlaut des Art. 29 Abs. 1 der zweiten Kapitalrichtlinie erfasst nur Barkapitalerhöhungen. Dies ließe zum einen den Umkehrschluss zu, dass den Aktionären bei Sachkapitalerhöhungen kein Bezugsrecht zusteht.[269] Auf der anderen Seite spricht der Wortlaut nicht gegen eine analoge Anwendung der Regelung auf die Sachkapitalerhöhung.[270] Wenn die Regelung abschließend sein sollte, hätte dies im Wortlaut deutlich herausgestellt werden können, indem man ein Bezugsrecht „nur" für Barkapitalerhöhungen gewährt hätte.[271]

Die Kommission geht in ihrer Begründung der Richtlinie ebenfalls nur auf die Barkapitalerhöhung ein.[272] Rückschlüsse darüber, ob sie ein Bezugsrecht für Sachkapitalerhöhungen ausschließen wollte, können aus der Nichterwähnung der Sachkapitalerhöhung nicht gezogen werden.

Anknüpfungspunkt für eine differenzierte Behandlung des Bezugsrechtsausschlusses könnte der Regelungszweck bieten. Die Regelung dient dem Schutz der Aktionäre vor einer Vermögens- und Einflussverwässerung in der Gesellschaft, da der relative Anteil an der Gesellschaft gemindert wird und die jungen Aktien zu einem niedrigeren Preis ausgegeben werden können.[273] Der Unterschied einer Sachkapitalerhöhung zu einer Barkapitalerhöhung liegt darin, dass die Aktien nicht gegen Barmittel überlassen werden, sondern ein Vermögensgegenstand eingebracht wird. Ebenso wie bei der Barkapitalerhöhung sinkt die relative Beteiligungsquote des Aktionärs an der Gesellschaft ab und führt zu einer Verwässerung des politischen Einflusses in der Gesellschaft. Neben der allgemeinen Gefahr einer Vermögensverwässerung infolge einer zu „billigen" Ausgabe der Aktien birgt die Sachkapitalerhöhung die Gefahr in sich, dass der Vermögensgegenstand überbewertet ist. Danach sind Aktionäre bei einer Sachkapitalerhöhung den gleichen Gefahren wie bei einer Barkapitalerhöhung ausgesetzt. Geht man von der Interessenlage der Aktionäre aus – welche in beiden Fällen auf den Erhalt der Beteiligungsquote hinausgeht, um einer Vermögens- und

---

[267] vgl. *Kindler*, ZHR 158 (1994) 339 [348; 351] zu Regelungen des Bezugsrechtsausschlusses im französischen und italienischen Recht
[268] EuGH ZIP 1996, 2015 [2017]
[269] so *Kindler*, ZHR 158 (1994) 339 [360 f.]
[270] *Meilicke*, DB 1996, 513 [516]
[271] *Drinkuth*, Kapitalrichtlinie S. 241; *Natterer*, ZIP 1995, 1481 [1488]
[272] Begr. Kommission ABl EG Nr. C v. 24.4.1970 S. 14
[273] siehe oben Teil 2:Kapitel II:E)III. (S. 46)

Stimmkraftverwässerung zu entgehen – ist eine Differenzierung der Schutzgewährung nicht nachvollziehbar.

Dass ein Bezugsrecht im Falle einer Sachkapitalerhöhung den Aktionären nach der Regelung der zweiten Richtlinie grundsätzlich nicht zugestanden wird, lässt sich aus der Situation einer Sachkapitalerhöhung erklären. In die Gesellschaft soll ein Vermögensgegenstand gegen Gewährung von Aktien eingebracht werden. Die ausgeschlossenen Aktionäre können diesen Gegenstand nicht zur Verfügung stellen. Da sie den Gegenstand nicht in die Gesellschaft einbringen können, können sie auch nicht an der Kapitalerhöhung beteiligt werden und junge Aktien fordern. In anderen europäischen Nachbarstaaten wurde deshalb das Bezugsrecht bei Sachkapitalerhöhungen bereits im Gesetz ausgeschlossen.[274] Selbst wenn der europäische Gesetzgeber diese Situation seiner Regelung zugrunde gelegt hat, wollte er offensichtlich nicht, dass das Bezugsrecht generell ausgeschlossen sein sollte. Da Richtlinien einen Mindestschutz gewährleisten wollen[275], ist vielmehr davon auszugehen, dass er es den einzelnen Mitgliedstaaten überlassen wollte, etwaige Schutzregelungen zu treffen.

Die sachliche Rechtfertigung als Inhaltskontrolle des Bezugsrechtsausschlusses einer Sachkapitalerhöhung gewährleistet einen höheren Schutz der Aktionäre als von der Richtlinie vorgesehen. Die Richtlinie will lediglich einen Mindestschutz der Aktionäre gewährleisten. Darüber hinaus können die Mitgliedstaaten weitere Schutzmaßnahmen ergreifen. Demzufolge steht das Erfordernis einer sachlichen Rechtfertigung an einen Bezugsrechtsausschluss im Rahmen einer Sachkapitalerhöhung nicht der zweiten Kapitalrichtlinie entgegen.[276]

VI. Zwischenergebnis

Die zweite Kapitalrichtlinie schreibt ein Bezugsrecht für Barkapitalerhöhungen vor. Dieses kann unter Beachtung der Publikations- und Verfahrensvorschriften ausgeschlossen werden. Dem Berichtserfordernis ist zu entnehmen, dass der Bezugsrechtsausschluss zumindest im Gesellschaftsinteresse liegen muss. Die Mitgliedstaaten können weitere Anforderungen an eine Inhaltskontrolle zum Schutz der Aktionäre aufstellen. Ein Bezugsrecht für Sachkapitalerhöhungen sieht die Richtlinie grundsätzlich nicht vor. Die Mitgliedsstaaten können zum Schutze der Aktionäre auch in diesem Bereich Regelungen treffen.

Das Erfordernis einer sachlichen Rechtfertigung sowohl für Bar- als auch für Sachkapitalerhöhungen geht über den von der Richtlinie geforderten Mindestschutz der Aktionäre hinaus und steht dieser nicht entgegen.

F) Sachliche Rechtfertigung und verfassungsrechtlicher Schutz des Eigentums

Eine Kapitalerhöhung unter Bezugsrechtsausschluss führt stetig zu einer Stimmkraftverwässerung, Verringerung der Verteilungsquote des Gewinn- und Liqui-

---

[274] *Hirte*, WM 1994, 321 ff; *Kindler*, ZHR 158 (1994), 339 ff
[275] siehe oben Teil 2:Kapitel II:E)IV. (S. 48)
[276] auch EuGH ZIP 1996, 2015 [2017]

dationserlöses, und trägt die Gefahr einer Vermögensbeeinträchtigung in sich.[277] Im Folgenden soll erörtert werden, ob die Mitgliedschaft des Aktionärs verfassungsrechtlich geschützt ist. Wenn das Grundgesetz die Mitgliedschaft des Aktionärs schützt, ist zu untersuchen, ob und in welchem Umfang der Gesetzgeber in die Mitgliedschaft eingreifen darf.

I. Mitgliedschaft als verfassungsrechtlich geschütztes Eigentum

Vom Eigentumsbegriff des Art. 14 GG werden alle Gegenstände erfasst, welche das einfache Recht zu einem bestimmten Zeitpunkt als Eigentum definiert.[278] Geschützt werden von diesem Eigentumsbegriff nicht nur das sachenrechtliche Eigentum, sondern alle vermögenswerten Rechte des Privatrechts.[279] Dies gilt auch für Gesellschaftsanteile in Form von Aktien.[280] Sie weisen sowohl mitgliedschaftsrechtliche als auch vermögensrechtliche Elemente auf und gewähren dem Inhaber sowohl Mitgliedschaftsrechte als auch vermögensrechtliche Ansprüche auf Gewinnbeteiligung und auf die Abwicklungsquote.[281] Die Mitgliedschaft ist damit in ihren mitgliedschaftlichen Befugnissen geschützt. Zu diesen Befugnissen gehören die Herrschafts- und Vermögensrechte. Insofern fallen das Stimmrecht – somit auch die vermittelte Stimmkraft – sowie die Quote an der Verteilung des Gewinn- und Liquidationserlöses unter diesen verfassungsrechtlichen Schutz.[282] Das Bezugsrecht gewährt den Aktionären das Recht, sich an der Kapitalerhöhung zu beteiligen, um die bisherige Stellung in der Gesellschaft aufrechtzuerhalten. Ein Ausschluss dieses Rechtes führt sowohl zu einer Verringerung der Stimmkraft (Stimmkraftverwässerung) als auch zu einer Verringerung der Quote an der Verteilung des Gewinns und des Liquidationserlöses(Vermögensverwässerung).[283]

Daneben besteht die Gefahr, dass die Dividendenrendite sinkt.[284] Vom Eigentumsschutz des Art. 14 Abs. 1 S. 1 AktG wird nur der derzeitige vermögensrechtliche Bestand des Eigentums, nicht hingegen zukünftige Gewinnchancen, Hoffnungen, Erwartungen oder Aussichten geschützt.[285] Zukünftige Dividen-

---

[277] siehe oben Teil 2:Kapitel I:C) (S. 9)
[278] BVerfGE 58, 300 [336]
[279] BVerfGE 51, 193 [221 f.]; BK/*Kimminich* Art. 14 Rdn. 38; *Papier* in Maunz/Düring Art. 14 Rdn. 196
[280] BVerfGE 14, 263 [276 ff.] (Feldmühle); 25, 371 [407] (Rheinstahl); 50, 290 [339, 341] (Mitbestimmung); BVerfG ZIP 1999, 1436 [1439] (DAT/Altana); ZIP 1999, 532 [533] (SEN); ZIP 1999, 1798 [1799] (Wenger/Daimler-Benz); ZIP 1801 [1802] (Scheidemandel II)
[281] BVerfGE 14, 263 [285] (Feldmühle); 25, 371 [407] (Rheinstahl); 50, 290 [339] (Mitbestimmung); BVerfG ZIP 1999, 1436 [1439] (DAT/Altana); ZIP 1999, 532 [533] (SEN); NZG 2000, 1117 [1118] (Moto Meter); BK/*Kimminich* Art. 14 Rdn. 38; *Zöllner/Hanau*, AG 1997, 206 [207 f.]; *Zöllner/Noack*, AG 1991, 157 [158]
[282] *Zöllner/Noak*, AG 1991, 157 [158]
[283] siehe oben Teil 2:Kapitel I:C) (S. 9)
[284] siehe oben Teil 2:Kapitel I:C)I. 2 (S. 12)
[285] BVerfGE 68, 193 [222]; 74, 129 [148]

denerwartungen fallen daher nicht unter den Eigentumsschutz des Art. 14 Abs. 1 S. 1GG.
Abschließend kann festgehalten werden, dass das Bezugsrecht der Aktionäre sowohl als Vermögens- wie auch als Mitgliedschaftsrecht unter den Eigentumsschutz des Art. 14 Abs. 1 GG fällt.

II. Eingriff oder Inhalts- und Schrankenbestimmung des Eigentums

Der Gesetzgeber hat in § 186 Abs. 3 u. 4 AktG vorgesehen, dass das Bezugsrecht der Aktionäre unter Einhaltung der Formalien ausgeschlossen werden kann. Im Folgenden ist zu erörtern, ob es sich dabei um einen Eingriff in das Eigentum der Aktionäre gem. Art. 14 Abs. 3 oder um eine Inhalts- und Schrankenbestimmung des Eigentums durch den Gesetzgeber gem. Art. 14 Abs. 1 S. 1 handelt.

Inhaltsbestimmungen legen abstrakt und generell die Rechte des Eigentümers fest.[286] Dadurch begründen, begrenzen und formen die Regelungen das Eigentum als Rechtsinstitut. Die Enteignung nach Art. 14 Abs. 3 GG ist auf „die vollständige oder teilweise Entziehung konkreter subjektiver Rechtspositionen ..., die durch Art. 14 Abs. 1 S. 1 GG gewährleistet sind", gerichtet.[287]

Mit der generellen Ausschlussmöglichkeit nach § 186 Abs. 3, 4 AktG ermächtigt der Gesetzgeber die Hauptversammlung zur Durchführung von Maßnahmen, die zugleich eine Umgestaltung der privatrechtlichen Beziehungen der Aktionäre zur Gesellschaft und zwischen den Aktionären selbst zur Folge hat. Der Gesetzgeber verleiht der Hauptversammlung damit nicht die Befugnis, gezielt in Rechte einzelner Aktionäre einzugreifen. Vielmehr stellt sich eine Beeinträchtigung der Mitgliedschaftsrechte als Folge der Umgestaltung dar. Ebenso greift auch das Aktiengesetz im Sinne eines Eingriffsgesetzes nicht unmittelbar in die bestehenden Rechte bestimmter Aktionäre ein. Deshalb stellt die Ausschlussbefugnis des § 186 Abs. 3, 4 AktG keine Enteignung durch ein Gesetz dar. Vielmehr besteht die Ausschlussmöglichkeit nach § 186 Abs. 3, 4 AktG generell für alle Aktiengesellschaften im Rahmen von Kapitalerhöhungen. Inwieweit ein möglicher Ausschluss des Bezugsrechtes den einzelnen – erst im Rahmen der Maßnahme bestimmbaren – Aktionär beeinträchtigt, hängt von den Umständen der konkreten Kapitalerhöhung ab. Insofern handelt es sich bei der Einräumung eines Bezugsrechtsausschlusses um eine Inhalts- und Schrankenbestimmung des Eigentums gem. Art. 14 Abs. 1 S. 2 GG.

III. Rechtfertigung

Nach dem Wortlaut des Art. 14 Abs. 1 S. 2 GG sind dem Gesetzgeber keine Grenzen hinsichtlich der Bestimmung des Inhalts und der Schranken des Eigentums gesetzt. Dennoch hat der Gesetzgeber bei der Festlegung von Inhalts- und Schrankenbestimmungen sowohl die grundlegenden Wertentscheidungen des Grundgesetzes zugunsten des Privateigentums im herkömmlichen Sinn zu be-

---

[286] BVerfGE 52, 1 [27]; 58, 300 [330]; 72, 66 [76]
[287] BVerfGE 38, 175 [180]; 45, 297 [326]; 52, 1 [27]

achten; als auch müssen diese im Einklang mit allen übrigen Verfassungsnormen stehen.[288]

Das in der Aktie verkörperte gesellschaftsrechtliche Eigentum ist in seinem Bestand nicht gegen Beschlüsse der Mehrheit unbedingt gesichert.[289] Der Gesetzgeber kann es aus gewichtigen Gründen des Gemeinwohls für angebracht halten, die Eigentumsrechte zu beschränken.[290] Die Wertentscheidungen werden dann vom Gesetzgeber verletzt, wenn er dem Hauptgesellschafter bzw. der Mehrheit das Recht geben würde, ohne sachliche Voraussetzungen, insbesondere ohne legitime Interessen der Gesellschaft, lediglich auf Grund einer qualifizierten Mehrheit die Rechte der Minderheitsaktionäre auszuschließen.[291] Im Falle des Ausschlusses der Minderheit durch eine Umwandlung[292], des Ausschlusses der Minderheit durch eine Eingliederung[293] und im Falle der Verweigerung von Auskünften im Rahmen des § 131 AktG[294] sind die Inhalts- und Schrankenbestimmungen durch wichtige Gründe des Allgemeinwohls gerechtfertigt. Im Falle des Beschlusses der Hauptversammlung über einen Minderheitsausschluss durch eine Umwandlung und im Falle des Squeeze-out liegen die rechtfertigenden Gründe für einen Eingriff in die Rechte der betroffenen Minderheit regelmäßig vor, da diese Maßnahmen zwangsläufig auf einen bestimmten – gesetzlich vorgesehenen u.U. erwünschten Zweck – abzielen.[295]

Der Bezugsrechtsausschluss kann verschiedenen Zwecken dienen. Er muss nicht immer von legitimen Zwecken der Gesellschaft getragen sein.[296] Insofern rechtfertigt der Bezugsrechtsausschluss nicht per se einen Eingriff in die Rechte der Aktionäre. Da die Fälle eines rechtfertigenden Bezugsrechtsausschlusses nicht überschaubar waren, unterließ es der (vorkonstitutionelle) Gesetzgeber, das Bezugsrecht für bestimmte Einzelfälle zu regeln und beschränkte die Voraussetzungen auf die qualifizierte Mehrheit und die ausdrückliche Ankündigung.[297] Später wurde die Berichtspflicht eingeführt. Bei diesen Voraussetzungen handelt es sich um Formalien. Sie vermögen nicht den Bezugsrechtsausschluss im materiellen Sinn zu rechtfertigen. Da allein nach der gesetzlichen Regelung über den Bezugsrechtsausschluss ein Eingriff in die Rechte der ausgeschlossenen Aktio-

---

[288] BVerfGE 8, 71 [80]; 14, 263 [278] (Feldmühle); 53, 257 [292 f.]

[289] BVerfGE 14, 263 [278] (Feldmühle)

[290] BVerfGE 14, 263 [278] (Feldmühle); *Zöllner/Noak*, AG 1991, 157 [163]

[291] BVerfGE 14, 263 [279] (Feldmühle); BVerfG ZIP 1999, 532 [533] (SEN); 1798 [1799] (Wenger/Daimler-Benz); 1801 [1802] (Scheidemandel II)

[292] BVerfGE 14, 263 [280 ff.] (Feldmühle); BVerfG ZIP 1999, 1436 [1439] (DAT/Altana); 1999, 532 [533] (SEN)

[293] BVerfG NZG 2000, 1117 [1118] (Moto Meter)

[294] BVerfG ZIP 1798 [1799 f.] (Wenger/Daimler-Benz)

[295] i.E. BVerfGE 14, 263 [280 ff.] (Feldmühle); BVerfG NZG 2000, 1117 [1118] (Moto Meter); nach allgem. A. bedürfen deshalb Umwandlungsbeschlüsse nicht der sachlichen Rechtfertigung: statt aller *Gehling* in Semler/Stengel § 13 Rdn. 36 m.w.N.

[296] vgl. z.B. RGZ 68, 235 (Hibernia); 105, 373 (Union-AG); 107, 67 (Vereinigte Stahlwerke); 108, 322 (Leipziger Buchbinderei); 113, 188 (Bergbau Ilse); 113, 149 (Viktoria); 119, 248 (Hamburg Süd AG)

[297] zu historischen Entwicklung siehe oben Teil 2:Kapitel I:D) (S. 16)

näre ohne sachliche Voraussetzungen möglich ist, würde der Gesetzgeber mit seiner Inhalts- und Schrankenregelung gegen Art. 14 Abs. 1 GG verstoßen. Eine Norm ist aber nur dann verfassungswidrig, wenn keine nach den Auslegungsgrundsätzen zulässige und mit der Verfassung zu vereinbarende Auslegung möglich ist. Lassen der Wortlaut, die Entstehungsgeschichte, der Gesamtzusammenhang der einschlägigen Regelung und deren Sinn und Zweck mehrere Deutungen zu, von denen eine zu einem verfassungsgemäßen Ergebnis führt, ist diese geboten.[298]

Es wurde bereits festgestellt, dass der Bezugsrechtsausschluss neben den formellen Voraussetzungen einer sachlichen Rechtfertigung bedarf.[299] Danach muss der Ausschluss – somit auch der Eingriff in die Eigentumsrechte – der dissentierenden Aktionäre geeignet, erforderlich und angemessen sein. Dieses materielle Erfordernis stellt zugleich sicher, dass der Eingriff von einem legitimen Interesse der Gesellschaft getragen und sachlich gerechtfertigt sein muss. Danach ist die Regelung über den Bezugsrechtsausschluss verfassungskonform, wenn neben die formellen Voraussetzungen das Erfordernis einer sachlichen Rechtfertigung tritt.[300]

IV. Zwischenergebnis

Die Aktie wird sowohl in ihrem vermögensrechtlichen als auch in ihrem mitgliedschaftlichen Bestand von der Eigentumsgarantie des Art. 14 Abs. 1 S. 1 GG geschützt. Der Bezugsrechtsausschluss nach § 186 Abs. 3, 4 AktG stellt ebenso wie der Ausschluss der Minderheit im Rahmen einer Umwandlung, einer Eingliederung und eines Squeeze-out eine Beschränkung der Eigentumsrechte dar. Tragen die genannten Vorgänge regelmäßig die Sachgründe für eine Eigentumsbeschränkung in sich, kommt es bei dem Bezugsrechtsausschluss auf die konkreten Umstände des Einzelfalls an. Deshalb genügt es nicht, dass für einen wirksamen Bezugsrechtsausschluss lediglich die formellen Erfordernisse erfüllt sind. Damit die Regelungen über den Bezugsrechtsausschluss verfassungsrechtlich bestehen können, müssen sie verfassungskonform ausgelegt werden. Eine verfassungskonforme Auslegung erfordert es, dass neben die formellen Anforderungen ein materielles Erfordernis tritt, wonach der Eingriff durch legitime Interessen der Gesellschaft gerechtfertigt ist. Diesem materiellen Erfordernis wird durch die sachliche Rechtfertigung des Bezugsrechtsausschlusses entsprochen. Danach darf das Bezugsrecht nur ausgeschlossen werden, wenn die bezweckte Maßnahme im Gesellschaftsinteresse liegt und der Ausschluss geeignet, erforderlich und angemessen ist.

G) Exkurs: Die einzelnen Prüfungspunkte

Soll das Bezugsrecht der Aktionäre im Rahmen einer Kapitalerhöhung ausgeschlossen werden, müssen folgende materiellen Anforderungen vorliegen:

---

[298] BVerfGE 83, 201 [214 f.]; 69, 1 [55]
[299] siehe oben Teil 2:Kapitel II:D) (S. 44)
[300] i.E. *Zöllner*, AG 2002, 585 [591]; *Zöllner/Noak*, AG 1991, 157 [161 ff.]

I. Gesellschaftszweck/Gegenstand des Unternehmens

Zunächst muss die angestrebte Maßnahme sowohl dem Gesellschaftszweck und dem Gegenstand des Unternehmens entsprechen.[301] Mit anderen Worten, es muss geprüft werden, ob die Gesellschaft nach ihrer Satzung diese Zwecke überhaupt verfolgen darf. Darf sie die angestrebten Maßnahmen verfolgen, liegt die Maßnahme im Gesellschaftsinteresse. Ein überragendes Interesse der Gesellschaft ist nicht erforderlich.[302] Liegt die Maßnahme nicht im Gesellschaftsinteresse, darf sie nicht weiter verfolgt werden bzw. es muss zuvor der Gesellschaftszweck und/oder der Unternehmensgegenstand geändert werden.

Das Gesellschaftsinteresse muss nicht mit den Interessen der einzelnen Aktionäre übereinstimmen. Insofern kommt es bei der Bestimmung des Gesellschaftsinteresses nicht auf das Interesse einzelner Aktionäre[303] oder sogar des Konzerns[304] an.

Soll eine Gesellschaft an die *Börse* gebracht werden, muss das Gesellschaftsinteresse an der Maßnahme ermittelt werden.[305] Es genügt nicht, dass der Gang an die Börse nur im Interesse (einzelner) Aktionäre liegt.[306] Ein Börsengang liegt beispielsweise dann im Interesse der Gesellschaft, wenn dadurch die Finanzierungschancen erhöht, eine Werbewirkung erzielt oder die Verwaltung von der Öffentlichkeit kontrolliert werden soll bzw. qualifizierte Fachkräfte dadurch gewonnen werden sollen.[307]

Weiterhin ist problematisch, ob der Bezugsrechtsausschluss als *Abwehrmaßnahme* eingesetzt werden darf (z.B. zur Abwehr der Begründung von Abhängigkeiten, Konzernierung, Vernichtung der Gesellschaft, unerwünschter Aktionäre). Maßnahmen, die es der Gesellschaft ermöglichen sollen dem Gesellschaftszweck im Rahmen des Unternehmensgegenstandes nachzukommen, liegen im Gesellschaftsinteresse. Vom Gesellschaftsinteresse werden alle Maßnahmen erfasst, die sich sowohl gegen schädliche als auch gegen störende Einflüsse auf die Gesellschaft richten. Es ist gleichgültig, ob diese Einflüsse ihren Ursprung außerhalb oder innerhalb der Gesellschaft haben. Dennoch ist zu prüfen, ob die Gesellschaft solche Einflüsse zu dulden hat.

Die Gesellschaft darf den Aktionär nicht an der Ausübung seiner Rechten hindern. Dass bedeutet, die Gesellschaft hat jedwede Maßnahme zu unterlassen,

---

[301] siehe oben Teil 2:Kapitel II:B)I. (S. 25)
[302] *Hefermehl/Bungeroth* in G/H/E/K § 186 Rdn. 109; *Hüffer*, AktG § 186 Rdn. 26; KK/*Lutter*, § 186 Rdn. 61; *Lutter*, ZGR 1979, 401 [403]
[303] *Füchsel*, BB 1972, 1533 [1538]; GK/*Wiedemann* § 186 Rdn. 139
[304] *Hirte*, Bezugsrechtsausschluß und Konzernbildung S. 47 ff., *Hüffer*, AktG § 186 Rdn. 26
[305] erforderlich bei erstmaligen Börsengang ist Beschluss der Hauptversammlung, da eine faktische Strukturänderung vorgenommen wird; dazu *Lutter/Drygala*, FS Raisch S. 239 [243]; *Raiser*, KapGesR § 16 Rdn. 13 (S. 229)
[306] *Lutter/Drygala*, FS Raisch S. 239 [243]
[307] *Krüger*, Unternehmensformen S. 657 ff. Rdn. 871 ff.; *Lutter/Drygala*, FS Raisch S. 239 [243]

welche die Rechtsausübung des Aktionärs in irgendeiner Weise sanktioniert. Zielen die Handlungen des Aktionärs darauf ab, den Gesellschaftszweck zu vereiteln – missbraucht er also seine Rechte[308] –, darf die Gesellschaft Abwehrmaßnahmen ergreifen.

Für Abwehrmaßnahmen gegen eine Überfremdung der Gesellschaft ist zu differenzieren. Allein eine Veränderung der Beteiligungsstruktur in der Gesellschaft zielt nicht darauf ab, den Gesellschaftszweck zu vereiteln. Die Aktiengesellschaft ist gerade auf wechselnde Beteiligungen angelegt.[309] Eine Beeinträchtigung ist erst dann gegeben, wenn mit der veränderten Beteiligungsstruktur die Handlungsfreiheit der Gesellschaft beschränkt wird (Begründung von Abhängigkeit, Konzernierung)[310] oder die Gesellschaft vernichtet werden soll[311].

Die *Gefahr der Abhängigkeit einer Gesellschaft* führt zugleich zu einer potentiellen Beeinträchtigung des Gesellschaftszwecks und der Unternehmenstätigkeit.[312] Nicht nur die Maßnahmen der Gesellschaft haben diesen Prinzipien des Gesellschaftszwecks und der Unternehmenstätigkeit zu entsprechen, sondern die Gesellschaft ist zugleich gehalten, diese Prinzipien zu wahren.[313] Insofern liegen Maßnahmen, welche eine Abhängigkeit der Gesellschaft abwehren wollen, im Gesellschaftsinteresse.[314]

II. Geeignetheit

Nachdem festgestellt werden musste, dass der Bezugsrechtsausschluss im Gesellschaftsinteresse liegt, ist zu prüfen, ob er geeignet ist, die bezweckte Maßnahme zu erreichen. Geeignetheit bedeutet, dass der Zustand, der durch den Bezugsrechtsausschluss und der Zustand, in dem der verfolgte Zweck als verwirklicht zu betrachten ist, in einem durch bewährte Hypothesen über die Wirklichkeit vermittelten Zusammenhang steht.[315]

III. Erforderlichkeit/Notwendigkeit

Konnte festgestellt werden, dass der Bezugsrechtsausschluss ein geeignetes Mittel zur Verwirklichung des Zwecks darstellt, ist zu prüfen, ob es erforderlich bzw. notwendig ist, den angestrebten Zweck über den Bezugsrechtsausschluss zu realisieren. Unzweifelhaft ist er immer dann erforderlich, wenn keine andere Alternative zur Wahl steht. Die Gewährung eigener Aktien stellt keine Alterna-

---

[308] siehe oben Teil 2:Kapitel II:B)II. 1 (S. 26)
[309] *K. Schmidt*, GesR § 26 III 2. (S. 771)
[310] GK/*Wiedemann*, § 186 Rdn. 161; KK/*Lutter* § 186 Rdn. 71; *Martens*, FS Fischer S. 473 [452]; *ders.*, FS Steindorff S. 151 [160]
[311] BGHZ 33, 175 [186] (Minimax II); *Füchsel*, BB 1972, 1533 [1538]; GK/*Wiedemann*, § 186 Rdn. 161; *Martens*, FS Fischer S. 473 [452]; *ders.*, FS Steindorff S. 151 [160]
[312] i.E. *Lutter/Timm*, NJW 1982, 409 [412 f.]
[313] siehe oben Teil 2:Kapitel II:B)I. (S. 25)
[314] *Lutter/Timm*, NJW 1982, 409 [415]
[315] i.E. GK/*Wiedemann* § 186 Rdn. 144; *Hüffer*, AktG § 186 Rdn. 27; so auch im öffentlichen Recht: *Bleckmann*, Grundrechte S. 453 Rdn. 125

tive zum Bezugsrechtsausschluss dar.[316] Sind mehrere mögliche Wege gegeben um das angestrebte Ziel zu erreichen, ist der Beste zu wählen.[317] Das bedeutet nicht, dass alleinig auf die Interessen der Gesellschaft abzustellen ist. Unter Geeignetheit ist vielmehr zu verstehen, dass es keinen anderen Zustand gibt, den die Gesellschaft ohne großen Aufwand gleichfalls erreichen kann, der für die Aktionäre weniger belastend ist und der mit dem Zustand, in dem der verfolgte Zweck als verwirklicht zu betrachten ist, ebenfalls in einem durch bewährte Hypothesen über die Wirklichkeit vermittelten Zusammenhang steht.[318] Mit anderen Worten, es darf keine gleich wirksamen aber für den Aktionär weniger belastenden Maßnahmen geben, den Zweck zu erreichen. Zu fragen ist daher immer, ob das mit der Kapitalerhöhung verfolgte Ziel auch ohne Bezugsrechtsausschluss erreicht werden kann.[319]

1. Barkapitalerhöhungen

Barkapitalerhöhungen dienen grundsätzlich der Unternehmensfinanzierung. Auf die Person des Zeichners kommt es nicht an. Deshalb gibt es regelmäßig keinen Grund, das Bezugsrecht der Altaktionäre auszuschließen.[320] Dennoch sind hier Konstellationen möglich, bei denen sich keine Alternativen zum Bezugsrechtsausschluss anbieten. Beispielsweise ist ein Bezugsrechtsausschluss dann unvermeidbar, wenn ein Unternehmen durch Zuführung von Eigenkapital saniert werden soll und die bisherigen Aktionäre dazu kein Kapital aufbringen können bzw. der Investor an dem Unternehmen beteiligt sein möchte.[321] Ebenso scheidet der Weg über Kapitalerhöhung unter Wahrung des Bezugsrechtes regelmäßig aus, wenn Kooperationen durch das Einräumen gegenseitiger Beteiligungen gefestigt werden sollen.[322] Zwangsläufig muss das Bezugsrecht ausgeschlossen werden, wenn Bezugsrechte aus Wandel- und Optionsanleihen und Aktienbezugsrechte befriedigt werden sollen.

Heftig umstritten ist im Zusammenhang mit Barkapitalerhöhungen, ob das Bezugsrecht zur *Erzielung* eines *größtmöglichen Agios* und zur *Vermeidung* der mit einem Bezugsrecht verbunden *Kosten* ausgeschlossen werden kann.[323] Mit dem

---

[316] gem. § 71 Abs. 1 Nr. 8 S. 5 AktG wird im Falle der Veräußerung der eigenen Aktien auf § 186 Abs. 3, 4 AktG verwiesen
[317] *Lutter*, ZGR 1979, 401 [404]
[318] i.E. KK/*Lutter* § 186 Rdn. 62; *Hefermehl/Bungeroth* in G/H/E/K § 186 Rdn. 133; so auch im öffentlich Recht vgl. *Bleckmann*, Grundrechte S. 453 Rdn. 125
[319] BGHZ 71, 40 [44] (Kali und Salz); 83, 319 [323] (Holzmann); KK/*Lutter* § 186 Rdn. 62.
[320] AnwK-AktR/*Rebmann* § 186 Rdn. 46
[321] LG Heidelberg, ZIP 1988, 1257; *Hirte*, Bezugsrechtsausschluß und Konzernbildung S. 64
[322] BGHZ 83, 319 [323] (Holzmann); *Martens*, FS Fischer S. 437 [448]; *Priester*, DB 1980, 1925 [1929]
[323] dafür: *Heinsius*, FS Kellermann S. 115 [129]; *Kübler*, ZBB 1993, 1 [7]; *Kübler/Mendelson/Mundheim*, AG 1990, 461 [471]; *Martens*, ZIP 1992, 1677 [1688]; *ders.*, FS Steindorff S. 151 [159 f.]; dagegen: *Ekkenga*, AG 1994, 59 ff.; *Frey/Hirte*, ZIP 1991, 697 [699 f.]; *Hirte*, WM 1994, 321 [323]; KK/*Lutter*, § 186 Rdn. 76; *Zöllner*, AG 2002, 581 [589]

Bezugsrecht können Kosten in Form eines *Risikoabschlages* bzw. einer *Risikoprämie* anfallen. Infolge der Bezugsfrist von mindestens zwei Wochen besteht die Gefahr, dass nach Ablauf dieser Frist der Börsenpreis unter den Ausgabebetrag der jungen Aktien absinkt und die freien Aktien – die Aktien, welche nicht bereits im Bezugsverfahren gezeichnet wurden – nicht am Kapitalmarkt abgesetzt werden können. Übernimmt eine Emissionsbank die Aktien aus der Kapitalerhöhung und bietet sie diese i.S.d. § 186 Abs. 5 AktG den Aktionären zum Bezug an, kann das Risiko, die freien Aktien am Markt unterzubringen auf die Emissionsbank übertragen werden. Diese wird regelmäßig gegen Gewährung einer Prämie bereit sein das Platzierungsrisiko zu übernehmen. Die Prämie führt zu einer Erhöhung der Kosten der Kapitalerhöhung.[324]

Dem Kostenargument ist entgegenzuhalten, dass die genannten Kosten durch eine andere Variante des Verfahrens der Kapitalerhöhung unter Gewährung eines mittelbaren Bezugsrechtes vermieden werden können. So braucht die Emissionsbank das Absatzrisiko der jungen Aktien dann nicht zu tragen, wenn sie die Aktien weit unter dem Börsenpreis oder sogar zu pari zeichnet. Der Bezugskurs wird erst unmittelbar vor der Veröffentlichung des Bezugsangebotes festgelegt, um so zwischenzeitliche Kursentwicklungen zu berücksichtigen. Liegt der Emissionspreis über dem Ausgabebetrag der Aktien an das Kreditinstitut, hat es das erzielte Agio an die Gesellschaft abzuführen.[325] Das Kursrisiko trägt die Gesellschaft selbst.[326] Somit entfallen etwaige Risikoprämien der Gesellschaft an die Emissionsbanken.

Für einen Bezugsrechtsausschluss aus Kostengründen wird weiterhin vorgetragen, dass sich aufgrund des verlängerten Verfahrens der Kapitalerhöhung, bedingt durch die Einhaltung der Bezugsfrist, der optimale Ausgabekurs nicht ausgenutzt werden kann und die Gesellschaft zusätzliche Erlöse verliert.[327] Ein Bezugsrechtsausschluss sei daher erforderlich, um einen *möglichst hohen Ausgabepreis* zu erzielen.[328] Dem ist entgegenzuhalten, dass ein etwaiger höherer Kapitalbedarf ohne weiteres durch einen größeren Umfang der (Nominal-)Kapitalerhöhung erbracht werden kann.[329] Dieser Argumentation ist entgegenzusetzen, dass eine Kapitalerhöhung im breiteren Umfang dazu führt, dass der Gewinn des Unternehmens auf mehr Aktien verteilt werden müsste als bei einer Kapitalerhöhung im geringerem Umfang, aber mit einem hohen Agio. Danach würde eine Kapitalerhöhung unter Wahrung des Bezugsrechtes zur Beeinträchtigung der Dividendenkontinuität und damit zur Benachteiligung der Aktionäre führen. Dennoch stellt die Kapitalerhöhung unter Wahrung des Bezugsrechtes

---

[324] *Heinsius*, FS Kellermann, S. 115 [129]; *Kübler/Mendelson/Mundheim*, AG 1990, 461 [471]
[325] zum Verfahren: AnwK-AktR/*Rebmann* § 186 Rdn. 90 ff., KK/*Lutter* § 186 Rdn. 107
[326] *Zöllner*, AG 2002, 581 [589]
[327] *Heinsius*, FS Kellermann S. 115 [119]; *Kübler*, ZBB 1993, 1 [4]; *Martens*, ZIP 1992, 1677 [1687 f.]
[328] *Heinsius*, FS Kellermann S. 115 [119]; *Kübler*, ZBB 1993, 1 [4]; *Martens*, ZIP 1992, 1677 [1687 f.]
[329] *Frey/Hirte*, AG 1991, 697 [699]; *Hirte*, WM 1994, 321 [323]; KK/*Lutter*, § 186 Rdn. 76

und trotz einer möglichen Beeinträchtigung der Dividendenkontinuität ein gleich effektives Mittel dar, um den Kapitalbedarf der Gesellschaft zu befriedigen. Hinsichtlich der Dividendenentwicklung kommt es nicht so sehr auf das Erzielen eines möglichst hohen Agios, sondern vielmehr auf die Mittelverwendung im Unternehmen an.[330] Die Dividendenkontinuität ist im Zusammenhang mit der Kapitalerhöhung rechtlich irrelevant.[331] Zudem ist die aufgezeigte Problematik dem Bezugsrechtsausschluss immanent. Dass ein maximales Agio nicht um den Preis des Bezugsrechtsausschlusses erzielt werden soll, bringt der Gesetzgeber durch seine Regelungssystematik des § 186 AktG zum Ausdruck.[332] Mit Einführung des vereinfachten Bezugsrechtsausschlusses nach § 186 Abs. 3 S. 4 AktG eröffnet er den Gesellschaften die Möglichkeit Barkapitalerhöhungen unter Erzielung eines maximalen Agios durchzuführen.[333] Damit gibt der Gesetzgeber zu erkennen, dass im Normalfall einer Kapitalerhöhung die Optimierung etwaiger Kosten bzw. Erträge nicht zu Lasten des Bezugsrechtsausschlusses gehen sollen.

2. *Bezugsrechtsausschluss als Mittel zur Verhinderung einer Gesellschaftsauflösung*

Ein Bezugsrechtsausschluss kann auch dahingehend eingesetzt werden, dass eine bevorstehende rechtswidrige Auflösung der Gesellschaft infolge einer Übernahme verhindert wird, indem das Bezugsrecht ausgeschlossen und die jungen Aktien einem gesellschaftsfreundlichen Aktionär bzw. Dritten (sog. weiße Ritter bzw. white knight) zugeteilt werden. Soll mit dem Bezugsrechtsausschluss eine angestrebte rechtswidrige Auflösung der Gesellschaft verhindert werden, ist dies auch im Rahmen der Überprüfung des Auflösungsbeschlusses möglich.[334] Die Überprüfung der Auflösung stellt hingegen kein gleich effektives Mittel zum Bezugsrechtsausschluss dar. Zum einen ist ein Auflösungsbeschluss entbehrlich, wenn es der „feindlichen" Aktionärsgruppe um den wirtschaftlichen Erfolg einer Auflösung geht[335] und deswegen auf eine rechtliche Auflösung verzichtet wird. Zum anderen kann die Gesellschaft auch bei erfolgreicher Beschlusskontrolle Nachteile erleiden. Das Management wird bei seinen Handlungen die mögliche Abwicklung der Gesellschaft im Auge behalten müssen. So wird das Engagement bei der Entwicklung neuer Strategien zur Festigung und Erweiterung der Marktstellung sinken. Dadurch können Marktchancen verschenkt werden. Auch die Kunden der Gesellschaft werden durch diese Situation beeinflusst. Unter dem Einfluss der Beendigung der Gesellschaft werden sie sich nach neuen Partnern umschauen und neue Geschäftsverbindungen eingehen. Deswegen ist der

---

[330] siehe oben Teil 2:Kapitel I:C)I. 2 (S. 12)
[331] *Hirte*, WM 1994, 321 [323]
[332] *Frey/Hirte*, ZIP 1991, 697 [700]
[333] RegBegr. BT-Druchs. 12/6721 S. 10; im Einzelnen siehe unten Teil 2:Kapitel III:A)IV. (S. 69)
[334] KK/*Lutter* § 186 Rdn. 75
[335] BGHZ 33, 175 [186]; *Füchsel*, BB 1972, 1533 [1538]; *Hüffer*, AktG § 186 Rdn. 32; *Hefermehl/Bungeroth* in G/H/E/K § 186 Rdn. 136

Bezugsrechtsausschluss zur Verhinderung der nachhaltigen Beeinträchtigungen im Rahmen einer rechtswidrigen Abwicklung notwendig.

3. Sachkapitalerhöhungen

Bei einer Sachkapitalerhöhung bietet sich stets als Alternative eine Barkapitalerhöhung unter Wahrung des Bezugsrechtes an, aus deren Erlös der Gegenstand von der Gesellschaft erworben werden kann. Deshalb ist stets zu prüfen, ob ein Erwerb des Gegenstands über die Barkapitalerhöhung gegeben ist.[336] Kommt es dem Inhaber des Gegenstandes gerade auf eine Beteiligung an der Gesellschaft an und stehen anderweitig keine adäquaten Gegenstände zum Verkauf, scheidet der Weg über eine Barkapitalerhöhung aus. Teilweise wird in diesen Fällen erwogen, eine gemischte Bar- und Sachkapitalerhöhung durchzuführen.[337] Dann ist zu prüfen, ob die Gesellschaft das Barkapital sinnvoll im Unternehmen einsetzen kann. Ist es der Gesellschaft nicht möglich das Kapital in die bestehende Finanzplanung einzubringen, muss sie das „überschüssige" Kapital in andere (externe) Anlageformen investieren. Dabei besteht zum einem die Gefahr einer Fehlinvestition. Zum anderen geht damit die Gefahr einher, dass die Gewinne aus den Anlagen hinter denen der unternehmensbezogenen Ertragserzielung zurückstehen. Die Mittel aus der Barkapitalerhöhung erzielen nicht die gleiche Rendite im Unternehmen wie das schon im Unternehmen arbeitende Kapital. Legt man der Berechnung des Unternehmenswertes die Ertragswertmethode[338] zugrunde, mindert sich der Unternehmenswert. Die Minderung des Unternehmenswertes führt dazu, dass der Wert der Anteile am Unternehmen ebenfalls gemindert wird. Regelmäßig schlägt sich eine derartig negative Entwicklung bei börsennotierten Aktiengesellschaften zwangsläufig in einem verminderten Börsenwert nieder. Durch den verminderten Unternehmenswert verschlechtert sich auch die Ausgangslage der Gesellschaft für spätere Finanzierungen von Projekten über den Kapitalmarkt. Aber auch die Aktionäre sind von diesem Effekt in dreifacher Weise negativ betroffen. Zum einen sinkt die Dividende pro Aktie, da der erwirtschaftete Gewinn des Unternehmens nicht im Verhältnis der Erhöhung des Grundkapitals gesteigert werden konnte. Zum anderen hätten die Aktionäre höhere Renditen erzielt, wenn sie das Geld aus der Kapitalerhöhung selbst unmittelbar angelegt hätten. Die Gewinne aus den Anlagen fließen in das Betriebsergebnis des Unternehmens ein und sind deshalb grundsätzlich zu versteuern.[339] Der Gewinn, welcher den Aktionären ausgezahlt wird und welchen diese wiederum zu versteuern haben, ist bereits mit den Steuern der Gesellschaft belastet.

---

[336] *Hefermehl/Bungeroth* in G/H/E/K § 183 Rdn. 37; *Hirte*, Bezugsrechtsausschluß und Konzernbildung S. 77; *Hüffer*, AktG § 186 Rdn. 34; KK/*Lutter* § 186 Rdn. 79; *Martens*, FS Fischer S. 437 [448]

[337] *Hefermehl/Bungeroth* in G/H/E/K § 183 Rdn. 37; *Hüffer*, AktG § 186 Rdn. 34; GK/*Wiedemann* § 186 Rdn. 169; KK/*Lutter* § 186 Rdn. 64; *Lutter*, ZGR 1979, 401 [406]

[338] Ertragswert bildet zumind. einen Teil der Unternehmensbewertung: BVerfG ZIP 1999, 1436 [1441] (DAT/Altana); BGH NJW 1978, 1316 [1319] (Kali und Salz); *Bayer*, AG 1988, 323 [327]

[339] beachte einzelne steuerrechtliche Ausnahmen (z.B. § 9 Ziff. 2 a GewStG § 102 BewG)

Investieren die Aktionäre ihr Vermögen direkt in Anlageformen, werden die daraus erzielten Gewinne um die Steuerlast der Gesellschaft gemindert. Schließlich erleidet der Aktionär durch den fallenden Börsenpreis einen Vermögensverlust seines Gesellschaftsanteils.

Ist der Inhaber des Gegenstandes zwar zum Verkauf bereit, aber nur zu einem wesentlich höheren Gegenwert, als er erhalten würde, wenn er eine Beteiligung an der Gesellschaft eingeräumt bekäme, ist zu prüfen, ob der Preis der Sacheinlage wirtschaftlich angemessen ist. Wäre ein Kauf der Sache unwirtschaftlich, ein Erwerb dieser durch die Beteiligung des Inhabers an dem Unternehmen unternehmenspolitisch und finanziell sinnvoll, scheidet eine Barkapitalerhöhung als gleich wirksame Maßnahme aus.

4. Börsengang

Soll ein Unternehmen an die Börse[340] gebracht werden, muss eine gewisse Anzahl von Aktien zur Verfügung gestellt werden.[341] Die Aktionäre können dazu einen Teil ihrer bisherigen Aktien bereitstellen. Möchten sie selbst finanziell von dem Börsengang profitieren, kann eine Kapitalerhöhung unter Wahrung des Bezugsrechtes durchgeführt werden. Die Gesellschafter übernehmen die jungen Aktien zu pari und geben diese geschlossen an ein Emissionskonsortium weiter, welches die Aktien zum höchstmöglichen Preis an ein anlagefreudiges Publikum abgeben wird.[342] Ein Ausschluss des Bezugsrechtes ist danach nur notwendig, wenn die Aktionäre nicht bereit sind, eigene Aktien der Börse zur Verfügung zu stellen.[343]

IV.   Verhältnismäßigkeit/Angemessenheit

Schließlich ist das Interesse der Gesellschaft am Bezugsrechtsausschluss zur Umsetzung der angestrebten Maßnahme mit dem Interesse der Aktionäre an der Aufrechterhaltung ihrer Beteiligungsquote abzuwägen. Der Bezugsrechtsausschluss stellt dann einen angemessenen Eingriff in die Mitgliedschaftsrechte der Aktionäre dar, wenn das Gesellschaftsinteresse höher zu bewerten ist als das Interesse der Aktionäre.[344] Erforderlich ist zunächst, dass die kontradiktorischen

---

[340] gleichgültig ob es sich dabei um eine nationale und ausländische Börse handelt
[341] für amtlichen Markt vgl. § 32 Abs. 1 Nr. 1 c BörsG i.V.m. § 2 BörsZulV; § 9 Abs. 1 BörsZulV; für geregelten Markt enthalten einzelne Börsenordnungen ebenfalls Mindestanforderungen an das Emissionsvolumen und die Stückzahl der einzuführenden Aktien: vgl. *Claussen*, Bank- und Börsenrecht § 9 Rdn. 47 (S. 377)
[342] *Lutter/Drygala*, FS Raisch S. 239 [243]
[343] *Heinsius*, FS Kellermann S. 115 [1128]; *Hefermehl/Bungeroth* in G/H/E/K § 186 Rdn. 133; *Hüffer*, AktG, § 186 Rdn. 31; a.A. *Hirte*, Bezugsrechtsausschluß und Konzernbildung S. 66
[344] BGHZ 71, 40 [46] (Kali und Salz); 83, 319 [321] (Holzmann); *Brandes*, WM 1994, 2177 [2185]; *Lutter*, ZGR 1979, 401 [404]

Interessen dargestellt werden. Dabei soll sich der Grad des Interesses abzeichnen können.[345]

Hinsichtlich des Gesellschaftsinteresses hat der Vorstand die Unternehmenslagen aufzuzeigen, welche sich nach erfolgreicher Umsetzung der angestrebten Maßnahme, bei Ergreifen etwaiger Alternativen und bei dem weiteren Unternehmensverlauf ohne Ergreifen etwaiger Maßnahmen ergeben.[346] Bestehen Alternativen, müssen deren Auswirkungen auf die Aktionäre und die Gesellschaft bei deren Umsetzung festgestellt werden.

Auf der anderen Seite sind die Nachteile und Vorteile des Bezugsrechtsausschlusses für die Aktionäre zu erörtern.[347] Beeinträchtigungen der Mitgliedschaftsrechte und sonstiger berechtigter Interessen der Aktionäre[348] sind festzustellen und zu bewerten. So muss die Gefahr einer Konzernierung und deren Folgen für die außenstehenden Aktionäre berücksichtigt werden. Bei bestehenden Alternativen sind die Unterschiede im Grad der Beeinträchtigung zu erörtern. Neben den Nachteilen der Maßnahme sind auch die Vorteile für die Aktionäre hervorzuheben, die unter Umständen etwaige Nachteile kompensieren können. So liegt keine Verwässerung des Gewinnanteils vor, wenn die neuen Mittel die gleiche Rendite im Unternehmen erwirtschaften wie das schon im Unternehmen arbeitende Kapital.[349] Führen die Maßnahmen zu einer Erhöhung der Rendite, können die Aktionäre mit einer höheren Dividende rechnen.

Schließlich sind die einzelnen Interessen gegeneinander abzuwägen. Für einen wirksamen Ausschluss müssen die Umstände, welche für einen Bezugsrechtsausschluss sprechen und im Gesellschaftsinteresse liegen, den Interessen der Aktionäre an der Aufrechterhaltung ihrer Beteiligungsquote an der Gesellschaft überwiegen. Besonders ist dabei die Höhe des vorgesehenen Ausgabebetrages der jungen Aktien zu beachten. In diesem Zusammenhang will § 255 Abs. 2 AktG die ausgeschlossenen Aktionäre vor einer Vermögensverwässerung schützen und stellt damit eine Zumutbarkeitsgrenze für die Verhältnismäßigkeit dar. Ist der Ausgabepreis unangemessenen niedrig, werden die ausgeschlossenen Aktionäre dermaßen in ihrem Vermögensinteresse verletzt, dass das Gesellschaftsinteresse den Vermögensinteressen der Aktionäre nicht überwiegen kann.[350]

1. *Unternehmenssanierung*

Soll ein Unternehmen saniert werden und steht als Alternative nur die Liquidation, überwiegt das Gesellschaftsinteresse das Interesse der Aktionäre. Im Falle

---

[345] *Lutter*, ZGR 1979, 401 [404]
[346] *Lutter*, ZGR 1979, 401 [404]
[347] *Lutter*, ZGR 1979, 401 [404]
[348] Festlegung muss u.U. für eine Gruppe oder einzelne Aktionäre erfolgen, wenn diesen bestimmte Rechte in der Gesellschaft zugestanden worden sind; vgl. oben Teil 2:Kapitel II:B)II. 2 (S.28)
[349] siehe oben Teil 2:Kapitel I:C)I. 2 (S. 12)
[350] *Cahn*, ZHR 164 (2000) 13 [138]; *Hefermehl/Bungeroth* in G/H/E/K § 186 Rdn. 16; KK/*Lutter* § 186 Rdn. 64

einer Liquidation würden die Aktionäre alle Rechte verlieren und regelmäßig keinen Liquidationserlös erhalten. Hat sich die Gesellschaft entschieden, das Unternehmen durch Aufnahme eines Investors zu sanieren, bleiben die Rechte der Altaktionäre eingeschränkt bestehen. Gleichzeitig können sie darauf hoffen, dass ihre jetzige wertlose Beteiligung durch eine Steigerung der Rentabilität des Unternehmens zu einer Vermehrung des Vermögens der Altaktionäre führt.

2. Einführung der Aktien an ausländischen Börsen

Ist die Gesellschaft bereits börsennotiert und will sie ihre Aktien an ausländischen Märkten zulassen, muss sie ebenfalls ein Interesse der Gesellschaft nachweisen, warum sie an diesen Finanzmärkten vertreten sein möchte. Dies kann dann der Fall sein, wenn die Gesellschaft zur späteren Finanzierung bestimmter Projekte die Märkte im Ausland nutzen will.[351] Eine internationale Streuung der Aktien führt zur Senkung der Kapitalkosten und zur Steigerung der Marktliquidität.[352] Werden mit der Einführung der Aktien an ausländischen Börsen der Aktionärskreis durch Gewinnung privater und institutioneller Anleger erweitert, die jungen Aktien breit gestreut und der Ausgabepreis am aktuellen Börsenkurs angelehnt, liegt die Maßnahme bei großen Aktiengesellschaften grundsätzlich im Gesellschaftsinteresse.[353]

3. Eingehen von Kooperationen

Dient der Bezugsrechtsausschluss dem Abschluss einer Kooperation mit einem anderen Unternehmen, kann das Gesellschaftsinteresse dem Interesse der Aktionäre überwiegen, wenn sich die Kooperation aus der Notwendigkeit einer expansiven Unternehmenspolitik ergibt, der Sicherung von Bezugs- bzw. Abnahmequellen dient oder in Vorbereitung eines Konzernverhältnisses getätigt werden muss, damit der Bestand des Unternehmens gesichert werden kann.[354]

---

[351] BGHZ 125, 239 [248 f.] (Deutsche Bank); GK/*Wiedemann* § 186 Rdn. 160; *Henze*, AktR S. 371 Rdn. 980; *Martens*, FS Steindorf S. 151 [161]
[352] *Henze*, AktR S. 371 Rdn. 980; *Kübler/Mendelson/Mundheim*, AG 1990, 461 [470 f.]
[353] BGHZ 125, 239 [248 f.] (Deutsche Bank); *Martens*, FS Steindorff S. 151 [161]
[354] BGHZ 83, 319 [321] (Holzmann); *Martens*, FS Fischer, S. 437 [448]

Kapitel III: Bezugsrechtsausschluss in Publikumsgesellschaften

Aktiengesellschaften sind dem Grunde nach auf eine Vielzahl von Aktionären angelegt. Dennoch sind auch Aktiengesellschaften in der Wirtschaft tätig, die nur wenige oder sogar nur einen Aktionär und personalistische Strukturen aufweisen. Im Folgenden steht die Publikumsgesellschaft im Vordergrund. Dabei soll untersucht werden, welche Auswirkung die Beteiligungsstruktur auf die Anforderungen an einen Bezugsrechtsausschluss hat.

A) Sachliche Rechtfertigung oder Missbrauchskontrolle?

Für Publikumsaktiengesellschaften – zumeist börsennotierte Aktiengesellschaften – wird zum Teil vertreten, dass ein Bezugsrechtsausschluss keiner sachlichen Rechtfertigung bedarf, da die Rechte der Mitglieder nicht bzw. nur marginal verletzt werden.[1] Danach hat der Bezugsrechtsausschluss alleinig im Interesse der Gesellschaft zu liegen. Im Folgenden soll diese These auf ihre Richtigkeit untersucht werden. Zunächst sollen Abgrenzungsmerkmale für Publikumsgesellschaften erarbeitet werden, welche eine besondere Behandlung dieser Gesellschaftsform zulassen. Sodann ist zu prüfen, ob in bestimmte Rechte der Mitglieder ohne weiteres eingegriffen werden darf bzw. ob die Gesellschafter durch den Eintritt in die Gesellschaft bestimmten Eingriffen zugestimmt haben.

I. Rechtliche Einordnung der Publikumsaktiengesellschaft

Aktiengesellschaften werden als geschlossene Gesellschaften sowie als Publikumsgesellschaften charakterisiert.[2] Der Begriff Publikumsgesellschaft ist nicht im Gesetz verankert. Im Aktienrecht versteht man unter einer Publikumsgesellschaft das Modell einer Aktiengesellschaft, in der viele Aktionäre relativ gleichmäßige Beteiligungen halten, sodass sich wechselnde Mehrheiten bilden können.[3] Die Aktien sollen sich im Streubesitz befinden, damit der einzelne Aktionär keinen wesentlichen Einfluss in der Gesellschaft ausüben kann. Diese Modellvorstellung lässt sich mit den Beteiligungsstrukturen in deutschen Aktiengesellschaften nicht vereinbaren, da an diesen regelmäßig nur ein Mehrheitsgesellschafter beteiligt ist oder sich die Aktienmehrheit im Besitz einer kleinen Gruppe befindet (z.B. einer Familie).[4] In der Literatur ist man sich in dem Punkt einig, dass bei einer Publikumsaktiengesellschaft der Großteil der Aktien weit

---

[1] *Kübler*, ZBB 1993, 1 [7]; *Kübler/Mendelson/Mundheim*, AG 1990, 461 [466, 474]; *Martens*, ZIP 1992, 1677 [1690]; *Schwark*, FS Claussen S. 357 [365]
[2] *Raiser*, KapGesR § 4 Rdn. 11 (S. 17); *Sinewe*, Bezugsrechtsausschluss; *Wiedemann*, GesR S. 408
[3] *Raiser*, KapGesR § 4 Rdn. 11 (S. 17); *Wiedemann*, GesR S. 408
[4] *Wiedemann*, GesR S. 408

gestreut sein muss.⁵ Wie viel Prozent der Gesellschaft sich in einem Streubesitz befinden sollen, ist ungeklärt.⁶

Schon das Bundesverfassungsgericht hat in seiner „Feldmühlen-"Entscheidung⁷ festgestellt, dass es der vom Gesetzgeber abgesteckte rechtliche Rahmen ermöglicht, dass in der Rechtsform der Aktiengesellschaft soziale Gebilde von unterschiedlichen Strukturen auftreten können. Sowohl eine breite Streuung der Aktien als auch eine Konzentration in der Hand eines Großaktionärs ist möglich. Der einzelne Aktionär kann als intensiver Mitarbeiter, aber auch als bloßer Investor auftreten. Die Aktiengesellschaft kann Inhaber von Großbetrieben sein, aber auch kleine Familienunternehmen betreiben. Da sich diese verschiedenen Gebilde nicht durch klare Merkmale voneinander abheben, ist es nahezu unmöglich ein auf die Eigenart der konkreten Gesellschaft zugeschnittenes besonderes Recht zu schaffen. Es bedarf gesetzlicher Anhaltspunkte, die es rechtfertigen verschiedene Gesellschaften, welche die Rechtsform einer Aktiengesellschaft angenommen haben, unterschiedlich zu behandeln. Eine solche Differenzierung sehen die gesetzlichen Vorschriften nur bezogen auf die Börsennotierung von Aktiengesellschaften vor.⁸ Deshalb ist eine unterschiedliche Behandlung von Aktiengesellschaften auf das Merkmal der Börsennotierung zurückzuführen.⁹ Erfasst werden danach nur Aktiengesellschaften, deren Aktien im amtlichen Handel (§§ 30 ff. BörsG), im geregelten Markt (§§ 49 ff. BörsG) bzw. an vergleichbaren ausländischen Märkten notiert sind.¹⁰ Aktien, die im sogenannten Freiverkehr (§ 57 BörsG) gehandelt werden, sind weder zum amtlichen noch zum geregelten Markt zugelassen. Aktiengesellschaften, die im sogenannten Freiverkehr gehandelt werden sind deshalb keine börsennotierten Aktiengesellschaften i.S.d. § 3 Abs. 2 AktG.¹¹

Da sich die Gesellschaft mit dem Handel ihrer Aktien an einer Börse dem breiten Publikum öffnet, könnte man sie als Publikumsgesellschaften bezeichnen. In der Regel werden aber Gesellschaften aller Rechtsformen als Publikumsgesellschaften bezeichnet, wenn sie eine Vielzahl von Mitgliedern haben.¹² Entscheidend ist die Realstruktur. Börsennotierte Aktiengesellschaften können in der Hand von wenigen oder von einem Aktionär liegen. Sie entsprechen nicht mehr dem allgemeinen Begriffsverständnis einer Publikumsgesellschaft. Sie dennoch

---

⁵ *Hirte*, ZIP 1994, 356 [359, 363]; *Lutter*, AG 1994, 429 [441 ff.]

⁶ *Fritzen*, DB 1981, 277 FN 7 geht von mind. 20 % aus bzw. mehr als 10 Mio DM aus; nach GK/*Wiedemann* § 186 Rdn. 164 muss Aktiengesellschaft lediglich an einer Börse notiert sein

⁷ BVerfGE 14, 263 [272 f., 274] (Feldmühle)

⁸ §§ 3 II; 58 II S. 2; 121 IV; 130 I; 134 I S. 2; 186 III S. 4 AktG; § 267 III S. 2 HGB; § 40 I BörsG; WpHG; § 1 WpÜG

⁹ *Albach/Corte/Friedewald/Lutter/Richter* S. 36 ff.; *Lutter*, AG 1994, 329 [430]; *Wiesner*, WM 1988, 1841 [1842]

¹⁰ Reg. Begr. BT- Drucks. 13/9712 S. 12; AnwK-AktR/*Ammon* § 3 Rdn. 5; *Hüffer*, AktG § 3 Rdn. 6

¹¹ *Hüffer*, AktG § 3 Rdn. 6; MüKoAktG/*Heider* § 3 Rdn. 40

¹² *Raiser*, KapGesR § 4 Rdn. 11 (S. 17); *K. Schmidt*, GesR § 57 (S. 1665 ff.)

als Publikumsgesellschaften zu bezeichnen, nur weil eine Börsennotierung vorliegt, wäre verwirrend. Insofern ist aufgrund der Abgrenzungskriterien alleinig zwischen börsennotierten und nicht börsennotierten Aktiengesellschaften zu unterscheiden.

II. Aktionäre einer börsennotierten Aktiengesellschaft

Die verschiedenen Interessen, welche die Aktionäre in einer Aktiengesellschaft verfolgen, lassen sich im Wesentlichen in zwei Typen unterscheiden. Zum einen gibt es den *Unternehmensgesellschafter*. Dieser wirkt aktiv an der Unternehmensgestaltung mit, indem er umfassend von seinen mitgliedschaftlichen Rechten – insbesondere dem Stimmrecht – Gebrauch macht. Für ihn ist es deshalb besonders wichtig, dass sein Einfluss im Unternehmen, welcher durch die Beteiligungsquote vermittelt wird, erhalten bleibt.

Auf der anderen Seite steht der *Anlagegesellschafter*. Dieser erwirbt die Mitgliedschaft nicht, um unternehmerische Ziele zu verfolgen, sondern als Vermögensanlage. Zu dem Unternehmensgegenstand (wirtschaftliche Tätigkeit, Produkte) hat er regelmäßig keine Beziehung. Teilweise wird er nicht einmal Kenntnis von diesem haben. Sein Interesse ist allein auf die Vermögensvermehrung gerichtet. Sollte seine Beteiligung nicht mehr die erwartete Rendite erzielen, wird er seine Aktie am Kapitalmarkt veräußern und in eine andere Kapitalanlage investieren. Damit ein Beteiligungswechsel unproblematisch erfolgen kann, bedarf es eines funktionierenden Kapitalmarktes. Dieser wird durch die kapitalmarktrechtlichen Vorschriften sichergestellt.[13] Der Anlegerschutz beschränkt sich nicht nur auf einen funktionsfähigen Kapitalmarkt, sondern will bereits vor Erwerb einer Anlage sowie während einer Beteiligung einen umfassenden Schutz gewährleisten. Besondere Publikationspflichten[14], Informationspflichten bei Veränderung des Stimmenanteils (§§ 21 ff. WpHG) sowie das Verbot von kursbeeinflussenden Maßnahmen (§ 14 WpHG) wollen diesen Schutz gewährleisten. Schafft es ein Anleger, nicht sich rechtzeitig von seiner Beteiligung zu trennen – mangels potentieller Käufer bzw. nur mit empfindlichen finanziellen Verlusten – wird er regelmäßig ein Interesse an der Unternehmenstätigkeit entwickeln. In solchen Fällen will er aktiv auf die Unternehmensentwicklung Einfluss nehmen können.

III. Beeinträchtigung der Mitgliedschaftsrechte durch einen Bezugsrechtsausschluss?

Die Auswirkungen eines Bezugsrechtsausschlusses auf die Rechte der Aktionäre in einer börsennotierten Aktiengesellschaft sind grundsätzlich dieselben wie in einer geschlossenen Gesellschaft. Dennoch wird zum Teil die Auffassung vertreten, dass ein Bezugsrechtsausschluss die Minderheitsaktionäre in börsennotierten Aktiengesellschaften nicht bzw. nicht merklich in ihren Mitgliedschaftsrech-

---

[13] *Hopt*, ZHR 141 (1977), 389 [431]; *Lenenbach*, BKR S. 19 Rdn. 1.40 ff.
[14] z.B. Erstellen von Verkaufsprospekten, ProspG; Ad-hoc-Publizität, § 15 WpHG; Zwischenberichte, § 40 BörsG i.V.m. §§ 53 ff. BörsZuV

ten verletzt.[15] Danach werde dem einzelnen Aktionär in einer börsennotierten Aktiengesellschaft kein meßbarer Einfluss vermittelt, sodass sein Stimmrecht nicht berührt und somit per se nicht verwässert werden kann. Etwas anderes soll gelten, wenn ein Minderheitsaktionär einen erheblichen Stimmenanteil – etwa ab einer Beteiligung von fünf Prozent – besitzt, weil ihm dann sogenannte Minderheitsrechte gewährt werden und er einen Einfluss auf die Verwaltung ausüben kann.[16]

Dem hält *Hüffer*[17] entgegen, dass die Bedeutungslosigkeit des Stimmrechts nur aus der Zersplitterung des Aktienbesitzes resultiert. Diese scheinbare Bedeutungslosigkeit kann durch Organisation der Stimmrechtsausübung überwunden werden. Würde man den Stimmen keine Bedeutung zumessen, würde dies zur „Verödung" der Hauptversammlung führen. Zugleich würde der Einfluss der übrigen Stimmberechtigten unkalkulierbar und ohne innere Rechtfertigung gestärkt werden. Welche Macht Minderheitsaktionäre ausüben können, wenn sie sich zusammenschließen, hat der Fall Eurotunnel eindrucksvoll gezeigt.[18] Dieses Beispiel belegt, welche Bedeutung dem Stimmrecht von Minderheitsaktionären zukommt.

In der Tat ist nicht zu erklären, warum Kleinaktionären Rechte abgesprochen werden sollen, wenn es sich beim Stimmrecht um ein wichtiges Mitgliedschaftsrecht handelt.[19] Eine Differenzierung ist dem Gesetz nicht zu entnehmen. Demzufolge sind die Rechte der Minderheitsaktionäre umfassend geschützt und bedürfen bei Eingriffen der sachlichen Rechtfertigung.

Eine weitere Auffassung scheint den Minderheitsaktionären die Herrschaftsrechte abzusprechen, weil sie mit dem Erwerb der Beteiligung auf diese verzichtet haben sollen.[20] Begründet wird diese Auffassung damit, dass ein Wandel beim Erwerb von Unternehmensbeteiligungen stattgefunden habe. Danach soll die Aktie bei börsennotierten Gesellschaften vornehmlich als Anlagepapier und weniger als mitgliedschaftliche Beteiligung – einschließlich aller Herrschaftsrechte – an dem Unternehmen angesehen werden. Dem ist entgegenzuhalten, dass auch Anlageaktionäre in Krisensituationen ihren Einfluss auf die Unternehmensfüh-

---

[15] LG Frankfurt/M WM 1992 437 [439]; *Martens*, ZIP 1677 [1690]; *Kübler/Mendelson/Mundheim*, AG 1990, 461 [466, 474]
[16] *Groß*, EuZW 1994, 395 [400]; *Ihrig/Wagner*, NZG 2002, 657 [659]; *Priester*, ZGR 1990, 420 [443]
[17] *Hüffer*, FS Kropff S. 127 [142 f.]
[18] Nachdem einer miserablen Performence der Eurotunnel-Aktie wurde der Vorstand der Gesellschaft abgesetzt. Nicht die Großaktionäre, die Fonds oder die institutionellen Anleger führten den Sturz herbei, sondern gerade die Kleinaktionäre. Dies kann als Beleg für eine funktionierende Aktionärsdemokratie angesehen werden. vgl. dazu: *Schneider*, „Deftige Ohrfeige" in Welt vom 11. April 2004; *Wüpper*, „Eine französische Revolution" in Welt vom 10. April 2004; „Aktionäre feuern Vorstand: Französische Revolution" in Welt vom 11. April 2004
[19] i.E. AnwK-AktR/*Heidel/Lochner* § 327 a AktG Rdn. 16; *Mülbert*, AUK S. 311
[20] i.E. *Schwark*, FS Claussen S. 357 [364]; *Sinewe*, Bezugsrechtsausschluss 33, 65 ff.

rung geltend machen wollen.[21] Das ist regelmäßig immer dann der Fall, wenn ihre Beteiligung in dem vermögensrechtlichen Bestand gefährdet ist.[22] Würde man den Minderheitsaktionären diese Rechte absprechen, benachteiligte man sie gegenüber den Vorzugsaktionären, welche in solchen Krisen ein Stimmrecht erhalten (§ 140 Abs. 2 AktG). Im Übrigen ist nicht nachvollziehbar, warum mit dem Erwerb einer kleinen Beteiligung konkludent auf die Herrschaftsrechte verzichtet werden soll.

Schließlich darf nicht verkannt werden, dass der Kapitalmarkt die mitgliedschaftlichen Teilhabe- und Kontrollrechte mit einem höheren Börsenkurs gegenüber den Vorzugsaktien honoriert. Dem lässt sich entnehmen, dass der Kapitalmarkt – trotz der Überlagerung des Verbandswesens durch Kapitalanlageinteressen – die mitgliedschaftliche Mitbestimmung am Unternehmen in den Vordergrund stellt. Deshalb ist dem Aktienrecht auch unter diesem Gesichtspunkt ein verbandsrechtliches und kein kapitalmarktrechtliches Verständnis zugrunde zu legen.[23]

Abschließend kann festgehalten werden, dass die Herrschaftsrechte der Kleinaktionäre ebenso wie die der Großaktionäre durch einen Bezugsrechtsausschluss in einer börsennotierten Aktiengesellschaft beeinträchtigt werden. Selbst die Anlageaktionäre haben neben dem Interesse der Vermögensmehrung durch die Beteiligung ein Interesse daran, in Unternehmenskrisen Einfluss auf die Gesellschaft auszuüben. Dieses Interesse wird vom Kapitalmarkt in Form eines höheren Börsenkurses der Stammaktien gegenüber Vorzugsaktien anerkannt. Deshalb kann weder davon ausgegangen werden, dass die Kleinaktionäre auf ihre mitgliedschaftlichen Herrschaftsrechte verzichtet haben, noch dass dieser Interessenschutz durch einen reinen Anlageschutz des Kapitalmarktrechts verdrängt worden ist. Ein Bezugsrechtsausschluss bedarf auch in einer börsennotierten Aktiengesellschaft der sachlichen Rechtfertigung.

IV. Einfluss der Beteiligungsquote auf die Interessengewichtung

Nachdem festgestellt wurde, dass die Rechte der Minderheitsgesellschafter umfassend geschützt sind, bleibt zu erörtern, ob ein Spielraum bei der Gewichtung der Aktionärsinteressen im Rahmen der Verhältnismäßigkeitsprüfung besteht. Dazu soll zunächst untersucht werden, welche Interessen Minderheitsaktionäre mit ihrer Beteiligung verfolgen und ob sich eine Vermutungsregelung hinsichtlich der Interessen der Minderheitsaktionäre aus gesetzlichen Vorschriften ableiten lässt. Sodann ist zu prüfen, auf welche Aktionäre bei der Anfechtung abzustellen ist.

---

[21] *Raiser*, KapGesR § 4 Rdn. 11 (S. 17)
[22] zur Macht der Minderheitsaktionäre vgl. FN 18
[23] *Habersack*, Mitgliedschaft S. 326 ff.

Die Aktionäre als Anteilseigner verfolgen primär eine Erhöhung ihres Anteilswertes im Sinne der Sharholder Value.[24] Sie sind demnach daran interessiert, dass der finanzielle Wert des Eigenkapitals, also der Ertragswert, maximiert wird. Die Unternehmensaktionäre verfolgen darüber hinaus regelmäßig noch weitere Interessen.[25] Um diese Interessen außerhalb der Ertragswertmaximierung durchsetzen zu können, benötigen sie ihre Stimmenmacht.[26] Bei sogenannten Anlageaktionären beschränkt sich das Interesse lediglich auf die Maximierung des Ertragswertes.[27] Das den Anlageaktionären daneben Herrschaftsrechte zustehen, ist ihnen mehr oder weniger gleichgültig. Vielmehr überlassen sie es der Verwaltung und den Unternehmensaktionären, Maßnahmen zu ergreifen, um den Ertragswert des Unternehmens zu steigern. Deutet es sich an, dass die ergriffenen Maßnahmen nicht den erhofften Erfolg erzielen, werden die Anlageaktionäre ihre Beteiligung veräußern und in andere, mehr Erfolg versprechende Kapitalmarktprodukte investieren.

Ob es sich bei dem einzelnen Aktionär um einen Unternehmensaktionär oder einen Anlageaktionär handelt, ist allein aufgrund seiner Beteiligungsquote am Unternehmen nicht erkennbar. Rückschlüsse lassen sich lediglich aus seinem Verhalten – so zum Beispiel im Rahmen der Hauptversammlungen – schließen. Im Folgenden soll untersucht werden, ob anhand gesetzlicher Regelungen aufgrund der Beteiligungsquote ein Anlageinteresse vermutet werden kann. Maßgeblich dafür könnten Regelungen aus dem Aktien- und Umwandlungsgesetz sein.

Die §§ 327 a ff. AktG ermöglichen es, eine Minderheit, deren Beteiligung unter fünf Prozent liegt, aus der Gesellschaft auszuschließen. Mit dieser Möglichkeit des Minderheitenausschlusses soll den wirtschaftlichen Bedürfnissen der Gesellschaft nachgekommen werden.[28] So entfällt beispielsweise ein erheblicher Formaufwand (Informations- und Berichtspflichten).
Nach überwiegender Auffassung bedarf der Beschluss keiner sachlichen Rechtfertigung, da der Gesetzgeber den Minderheitenausschluss als Selbstzweck ausgestaltet hat.[29] Indirekt trifft die Regelung eine Aussage über die Minderheitsaktionäre und qualifiziert sie als Anlagegesellschafter. Diese These soll im Folgenden kurz dargestellt werden.
Der Ausschluss der Minderheitsaktionäre zielt allein darauf ab, aufwendige, langwierige und kostenintensive Maßnahmen im Hinblick auf die Minderheits-

---

[24] *Pape*, Vergütungs- und Abfindungszahlungen S. 50 f.
[25] *Vitols*, Verhandelter Shareholder Value, S. 3; z.B. bei der Verflechtung mit Kunden und Zulieferern, dass die Geschäftsverbindungen erhalten bleiben
[26] um z.B. die Zusammensetzung des Aufsichtsrates und indirekt des Vorstandes mitzubestimmen, welcher eine Unternehmenspolitk i.S.d. Unternehmensaktionäre führt
[27] siehe oben Teil 2:Kapitel III:A)II. (S. 67)
[28] AnwK-AktR/*Heidel/Lochner* vor § 327 a ff. AktG Rdn. 4
[29] *Krieger*, BB 2002, 53 [55, 62]; *Sieger/Hasselbach*, ZGR 2002, 120 [143]; *Vetter*, AG 2002, 176 [186]

aktionäre zu beseitigen, um die Handlungsfähigkeit der Gesellschaft zu erhöhen, Kosten einzusparen und somit die Wettbewerbsfähigkeit auszubauen. Eine Beeinträchtigung der Minderheitsaktionäre ist durch einen Squeeze out auf ein Minimum beschränkt. So haben die Minderheitsaktionäre nicht einmal die theoretischen Einflussmöglichkeiten auf die Unternehmensführung, da sie sich gegenüber dem Mehrheitsaktionär im Rahmen von Abstimmungen nie durchsetzen können. Hier liegt der Unterschied zu Minderheitsaktionären, die aufgrund der Beteiligungsstruktur sowohl die theoretische als auch die praktische Möglichkeit haben, abstimmungsrelevante Mehrheiten zu bilden und unter Umständen einen Mehrheitsaktionär zu überstimmen. Im Gegensatz zu den Beschränkungen des Stimmrechtes im Rahmen eines Vertragskonzerns (§ 305 AktG)[30], bleibt dem Aktionär nicht einmal die Hoffnung, dass sich in Zukunft Mehrheiten gegen den momentanen Mehrheitsaktionär bilden können, da dieser gerade allein im Unternehmen bestimmen möchte. Hinzu kommt, dass ihnen nicht einmal Minderheitsrechte des Aktienrechtes zustehen, da diese an eine Mindestbeteiligung von fünf Prozent geknüpft sind.[31] Aufgrund der faktischen „Machtlosigkeit" der Minderheitsaktionäre scheidet eine Verletzung der Herrschaftsrechte aus. Es verbleiben dem Gesellschafter lediglich die Vermögensrechte aus der Mitgliedschaft. Minderheitsgesellschafter im Sinne des § 327a AktG können nur finanziell von ihrer Beteiligung profitieren. Dieses reine Geldanlageinteresse kann durch andere Anlageformen wahrgenommen werden. Indem § 327a AktG die Möglichkeit des Ausschlusses der Minderheitsaktionäre gegen eine angemessene Abfindung zulässt, bringt er zugleich zum Ausdruck, dass das reine Anlageinteresse an einer Unternehmensbeteiligung gegenüber dem Interesse der Gesellschaft bzw. des Konzerns zurücktritt.[32]

Schon vor der Einführung des Minderheitenausschlusses nach den §§ 327a AktG war die Ausschlussmöglichkeit von Minderheitsaktionären im Wege der auflösenden Übertragung in der Literatur anerkannt[33] und wurde später von der Rechtsprechung bestätigt[34]. Ausgangspunkt bildete die gleiche Überlegung wie bei der Schaffung des Minderheitsausschlusses nach §§ 327a ff. AktG. Minderheitsaktionäre mit einer Beteiligung unter fünf Prozent können nicht unternehmerisch tätig werden und verfolgen vornehmlich Geldanlagezwecke.[35] Deshalb tritt ihr Interesse am Erhalt der Mitgliedschaft hinter das des berechtigten Mehrheitsaktionärs zurück.[36]

Der typische Anlageaktionär verfolgt regelmäßig einen reinen Vermögensanlagezweck. Da der einzelne Aktionär allein mit einer Beteiligung unter fünf Prozent keinen eigenen wirksamen Einfluss auf die Gesellschaftsbelange nehmen kann, sind den Regelungen den §§ 327 a ff. AktG zu entnehmen, dass bei diesen

---

[30] siehe oben Teil 2:Kapitel II:C)I. 1.c) (S. 33)
[31] z.B. § 320 Abs. 1 S. 1 AktG
[32] i.E. BVerfGE 14, 263 [283] (Feldmühle)
[33] *Lutter/Drygala*, FS Kropff S. 191 ff.
[34] BVerfG NZG 2000, 1117 (Moto Meter)
[35] *Lutter/Drygala*, FS Kropff S. 191 [220]
[36] *Lutter/Drygala*, FS Kropff S. 191 [220]

Aktionären das Anlageinteresse im Vordergrund steht. Deshalb ist grundsätzlich bei einem Minderheitsaktionär mit einer Beteiligung unter fünf Prozent von einem Anlageaktionär auszugehen.[37] Sollte er daneben unternehmerische Ambitionen hegen, müssen diese nach außen treten. Ebenso muss erkennbar sein, dass der einzelne Aktionär auf den Erhalt seiner derzeitigen Stimmkraft Wert legt. Allein das Stimmen gegen einen Bezugsrechtsausschluss reicht für sich allein nicht aus. Vielmehr ist auf das Verhalten des Aktionärs in der Vergangenheit abzustellen. Einzubeziehen ist dabei, wie lange er an der Gesellschaft beteiligt ist, ob er selbst aktiv und konstruktiv an der Unternchmensentwicklung durch Vorschläge in der Hauptversammlung mitgewirkt hat und eventuell von seinem Auskunftsrecht Gebrauch gemacht hat. Daneben kann er plausibel darlegen, warum er unternehmerische Ziele verfolgt.[38]

Im Rahmen einer Abstimmung sind die Interessen wie folgt zu bestimmen. Minderheitsaktionäre sind mit ihren Mitbestimmungsbelangen nicht zu berücksichtigen, soweit sie dem Beschluss zugestimmt haben. Die Grundlage dafür bildet das (konkrete) Bezugsrecht bzw. der Bezugsanspruch als ein disponibles Aktionärsrecht[39]. Der Aktionär kann das Recht übertragen oder auf dieses verzichten. Als ein solcher Verzicht ist auch die positive Stimmabgabe anlässlich des Bezugsrechtsausschlusses zu werten.[40] Beachtlich sind demnach die Aktionäre, welche dem Beschluss nicht zugestimmt haben, also nicht mitbestimmt bzw. dagegen gestimmt haben.

Im Rahmen der Interessenabwägung ist sodann festzustellen, welches Interesse der Aktionär mit seiner Beteiligung verfolgt. Dabei wird für jeden Aktionär, dessen Beteiligung unter fünf Prozent liegt, vermutet, dass er lediglich mit seiner Beteiligung eine Vermögensanlage verfolgt. Der einzelne Aktionär kann diese Vermutung widerlegen. Ist ein Aktionäre mit fünf Prozent oder mehr an dem Unternehmen beteiligt, scheidet eine sachliche Rechtfertigung des Bezugsrechtsausschlusses aus, wenn allein eine Ertragswertmaximierung angestrebt wird.

Handelt es sich bei der zu beachtenden Gruppe ausschließlich um Anlageaktionäre – jeder Aktionär hält eine Beteiligung unter fünf Prozent –, ist für diese Aktionäre lediglich ein Anlageinteresse im Sinne der Shareholder Value in der Interessenabwägung einzustellen. Das bedeutet, auf etwaige Beeinträchtigung der Herrschaftsrechte ist im Rahmen der Interesenabwägung nicht abzustellen. Soweit mit dem Bezugsrechtsausschluss dem Sinn der Shareholder Value – also der Ertragsmaximierung; sei es durch Steigerung des Anteilswertes sei es durch

---

[37] schon vor Einführung der §§ 327a ff. AktG *Lutter/Drygala*, FS Kropff S. 191 [220]; *Mülbert*, AUK S. 323

[38] So zum Beispiel Kunden bzw. Lieferanten, die zusammen mit anderen gleichgesinnten Aktionären aufgrund der gesamten Beteiligungsquote in der Lage sind, Einfluss auf die Verwaltung auszuüben.

[39] GK/*Wiedemann* § 186 Rdn. 61; *Hefermehl/Bungeroth* in G/H/E/K § 186 Rdn. 17; *Hüffer*, AktG § 186 Rdn. 6 f.; KK/*Lutter* § 186 Rdn. 10 ff.

[40] *Martens*, ZIP 1992, 1677 81690]; *Schockenhoff*, AG 1994, 45 [57]

Steigerung der Dividende – entsprochen wird[41], werden die Interessen der Anlageaktionäre nicht beeinträchtigt. Da es sich insoweit um eine „neutrale" Abstimmung handelt, genügt es im Rahmen der Interessengewichtung, wenn eine qualifizierte Mehrheit für den Bezugsrechtsausschluss gestimmt hat. Die Prüfung der sachlichen Rechtfertigung konzentriert sich danach primär auf die Geeignetheit und Angemessenheit der Maßnahme.

Für eine Anfechtung der Aktionäre hat dies folgende Konsequenzen. Ein Aktionär, für welchen vermutet wird, dass er mit seiner Beteiligung lediglich eine Vermögensanlage getätigt hat, kann diese Vermutung widerlegen. Dazu hat er dieses Interesse plausibel darzulegen. Soweit ein Mitbestimmungsinteresse nicht plausibel dargelegt werden kann, können die Anlageaktionäre im Rahmen der Anfechtung lediglich geltend machen, dass der Bezugsrechtsausschluss nicht geeignet und angemessen ist, den Ertragswert zu steigern.

V. Zwischenergebnis

Der Bezugsrechtsausschluss in börsennotierten Aktiengesellschaften unterliegt neben den formellen Anforderungen ebenfalls dem ungeschriebenen Tatbestandsmerkmal der sachlichen Rechtfertigung. Diese entfällt nicht dadurch, dass bei Minderheitsgesellschaftern mit einer Beteiligung im Promillebereich scheinbar keine Rechtsverletzung erkennbar ist. Im Rahmen der Verhältnismäßigkeitsprüfung ist bei den dissidierenden Minderheitsgesellschaftern, deren Beteiligungsquote unter fünf Prozent liegt, von einem Anlageinteresse auszugehen, soweit nicht ein anderes Interesse erkennbar ist.

B) Vereinfachter Bezugsrechtsausschluss nach § 186 Abs. 3 S. 4 AktG und dessen Sperrwirkung

Im Jahre 1994 trat das Gesetz der kleinen Aktiengesellschaft und Deregulierung des Aktienrechtes[42] in Kraft. Mit diesem Gesetz wurde in § 186 Abs. 3 AktG der Satz 4 eingeführt, welcher eine Erleichterung der Eigenkapitalaufnahme zur Unternehmensführung bezwecken soll.[43] Nach § 186 Abs. 3 S. 4 AktG ist der Ausschluss des Bezugsrechtes insbesondere dann zulässig, wenn die Kapitalerhöhung gegen Bareinlagen nicht zehn Prozent des Grundkapitals übersteigt und der Ausgabebetrag den Börsenpreis nicht wesentlich unterschreitet (sogenannter „Vereinfachter Bezugsrechtsausschluss"). Mit dem vereinfachten Bezugsrechtsausschluss wird der Versuch unternommen, den Finanzierungsbedürfnissen der Gesellschaften durch Eigenkapitalzufluss nachzukommen. Die Aktiengesellschaften sollen in der Lage sein, eine größtmögliche Kapitalabschöpfung

---

[41] Nicht ausreichend ist ein alleiniges Finanzierungsinteresse der Gesellschaft (*Korthals*, Kapitalerhöhung zu höchsten Preisen S. 105 ff.), sondern die Maßnahme muss zu einer Ertragswertmaximierung führen.
[42] BGBl I 1994 S. 1961 ff.
[43] Reg. Begr. BT-Drucks. 12/6721 S. 1

zu betreiben.[44] Um dies zu erreichen, soll das Emissionsverfahren beschleunigt werden und dadurch ein entsprechender Risikoabschlag entfallen.[45]
Im Folgenden werden zunächst die Voraussetzungen des vereinfachten Bezugsrechtsausschlusses dargelegt. Diese bilden die Grundlage für die anschließende Untersuchung, ob in der Vorschrift eine Bestätigung des ungeschriebenen Merkmales einer sachlichen Rechtfertigung bei Bezugsrechtsausschlüssen gesehen werden kann. Abschließend soll erörtert werden, ob sich Rückschlüsse auf Kapitalerhöhungen mit Bezugsrechtsausschluss außerhalb der Regelung des § 186 Abs. 4 S. 3 AktG ziehen lassen.

I. Voraussetzungen des vereinfachten Bezugsrechtsausschlusses, § 186 Abs. 3 S. 4 AktG

1. Börsennotierte Gesellschaften

In § 186 Abs. 3 S. 4 AktG wird auf den Börsenpreis Bezug genommen. Der Börsenpreis kann für solche Aktien festgestellt werden, welche im amtlichen Markt, im geregelten Markt bzw. an vergleichbaren ausländischen Börsen gehandelt werden.[46] Demzufolge findet die Vorschrift nur auf börsennotierte Aktiengesellschaften i.S.d. § 3 Abs. 2 AktG Anwendung.[47] Indem die Vorschrift an einen vorhandenen Börsenpreis anknüpft, setzt sie zugleich voraus, dass die Aktien bereits an einer Börse notiert sind und sich ein Börsenpreis bilden konnte.[48] Die Ausgabe von Aktien einer anderen Gattung oder ein Gang an die Börse (sogenanntes „going public") scheidet demnach aus.

2. Ausgabebedingungen

Größere Schwierigkeiten bereitet die Bestimmung des Ausgabebetrages. Dieser darf den Börsenpreis nicht wesentlich unterschreiten. Auszugehen ist von dem Grundsatz, dass Beeinträchtigungen des vermögensrechtlichen Bestandes stets ausgeglichen werden müssen.[49] Grundlage der Vermögensbetrachtung bildet der wahre bzw. innere Wert des Unternehmens.[50] Dies führt zu mehreren Problemen. Zum einen ist zu fragen, ob der Börsenpreis dem inneren Wert des Unternehmens gleichgesetzt werden kann oder ob ein weiteres Merkmal hinzutreten muss. Zum anderen ist zu erörtern, wie der Börsenpreis zu ermitteln ist, welcher Referenzkurs, welche Zeitspanne und welche Abweichungen zugrunde gelegt werden dürfen.

---

[44] *Henze*, ZHR 167 (2003) 1 [5]; *Marsch-Barner*, AG 1994, 532 [535]
[45] RegBegr. BT-Drucks. 12/6712 S. 10; *Martens*, ZIP 1994, 669 [676]
[46] *Groß*, DB 1994, 2431; *Hirte*, ZIP 1994, 356 [358]; *Lutter*, JZ 1998, 50 [52]; *ders.*, AG 1994, 429 [441]; *Marsch-Barner*, AG 1994, 532 [533]; *Raiser*, KapGesR § 20 Rdn. 21 (S. 332 f.)
[47] *Hüffer*, AktG § 3 Rdn. 6; MüKoAktG/*Heider* § 3 Rdn. 40
[48] *Marsch-Barner*, AG 1994, 532 [536]
[49] vgl. oben Teil 2:Kapitel II:C)II. 5 (S. 40)
[50] vgl. oben Teil 2:Kapitel II:C)II. 5 (S. 40)

a) Berücksichtigung des wahren Wertes

Einigkeit besteht weitgehend darin, dass der Börsenpreis nicht immer mit dem wahren Wert des Unternehmens übereinstimmen muss.[51] Hinsichtlich der Konsequenzen werden unterschiedliche Auffassungen vertreten.

Für *Trapp*[52] stellt der Börsenpreis den einzig richtigen Maßstab für die Bestimmung des Wertes börsennotierter Gesellschaften dar. Er geht davon aus, dass auch für den Aktionär einer börsennotierten Aktiengesellschaft nicht der wahre Wert, sondern der Börsenpreis maßgeblich ist. Dies zeige sich schon darin, dass er seine Aktie über die Börse erworben hat. Hätte er seinerseits die Börsenbewertung nicht als Grundlage seiner Investition angesehen, hätte er sich nicht zum Kauf der Aktie entschlossen. Eine etwaige Beeinträchtigung bei der Verteilung des Liquidationserlöses sei ohnehin fiktiv, da diese bei börsennotierten Gesellschaften ein bloß theoretischer Fall sei. Einer nur fiktiven Verteilung des Liquidationserlöses ist entgegenzuhalten, dass die Entwicklung an den Kapitalmärkten ernüchternder ausfiel. So mussten einige nationale und internationale börsennotierte Unternehmen Insolvenzanträge stellen bzw. standen und stehen kurz vor der Antragstellung.[53] Der Bestimmung des Anteilwertes allein aufgrund des Börsenkurses steht § 255 Abs. 2 AktG entgegen. Diese Norm strebt den Vermögensschutz der Beteiligung des Aktionärs am Unternehmen zum Zeitpunkt der Kapitalerhöhung unter Bezugsrechtsausschluss an.[54] Dabei ist es irrelevant, wie der Aktionär zum Zeitpunkt des Erwerbes seiner Beteiligung deren Wert beurteilt hat. Der Börsenpreis allein bietet – mangels Berücksichtigung des wahren Wertes – keinen hinreichenden Verwässerungsschutz.

Lutter[55] vertritt deshalb die Auffassung, dass der Börsenpreis nur zugrunde gelegt werden darf, wenn er den wahren Wert des Unternehmens widerspiegelt. Liegt der Börsenpreis unter dem wahren Wert, soll § 186 Abs. 3 S. 4 AktG keine Anwendung finden. Zwar bietet diese Auffassung einen umfassenden Schutz vor Verwässerung, entspricht aber nicht dem Sinn und Zweck der Regelung.[56] Der Gesetzgeber wollte unter der wirtschaftlichen Betrachtung des Bezugsrechtes den Börsenpreis mit dem Verkehrswert der Aktie gleichsetzen.[57] Würde ein höherer innerer Wert der Aktie dem Ausgabebetrag zugrunde gelegt, würde sich ein negativer Bezugspreis ergeben.[58] Der bezugswillige Aktionär würde auf die

---

[51] BVerfG ZIP 1999, 1438 [1440 ff.] (DAT/Altana); BGH ZIP 2001, 734 [736] (DAT/Altana);AnwK-AktR/*Heidel* § 255 AktG Rdn. 13; *Henze*, AktR S. 375, Rdn. 991; *Hoffmann-Becking*, FS Lieberknecht, S. 25 [28]; *Hüffer*, AktG § 186 Rdn. 39 e; KK/*Lutter*, Nachtrag zu § 186 Rdn. 4; *Lutter*, AG 1994, 429 [441]; *Trapp*, AG 1997, 115 [118]; *Zöller*, AG 336 [341]

[52] *Trapp*, AG 1997, 115 [117]

[53] vgl. Kinowelt, EMTV, Worldcom, Grundig, Enron, Pramalat, Herlitz,

[54] *Hoffmann-Becking*, FS Lieberknecht, S. 25 [29]

[55] KK/*Lutter*, Nachtrag zu § 186 Rdn. 4; *Lutter*, AG 1994, 429 [441]; i.E. auch *Hirte*, WM 1994, 356 [359 f.]

[56] *Groß*, DB 1994, 2431 [2434]; *Seibert*, ZIP 1994, 247 [249 ff, 253]

[57] *Groß*, DB 1994, 2431 [2434]; *Seibert/Köster/Kiem*, Kleine AG S. 117 Rdn. 219

[58] siehe oben Teil 2:Kapitel I:C)III. 1 (S. 15)

Ausübung seines Bezugsrechtes verzichten und stattdessen „billigere" Altaktien am Kapitalmarkt erwerben. Ebenso würden potentielle Anleger auf die alten Aktien zurückgreifen, anstatt neue gleichartige zu einem höheren Emissionspreis zu beziehen. Erscheint dem Aktionär der Börsenpreis, an den sich der Ausgabebetrag anlehnt, unverhältnismäßig gering zum wahren Wert des Unternehmens, bleibt es ihm unbenommen seinen Aktienanteil am Kapitalmarkt aufzustocken.[59] Der Altaktionär erleidet somit keinen Vermögensverlust, solange gleichartige Aktien der Gesellschaft am Kapitalmarkt im ausreichenden Umfang angeboten werden.[60] Die Kapitalerhöhung ist für ihn wirtschaftlich neutral.[61]

Dieser Art des Vermögensschutzes entspricht dem zentralen Gedanken der „DAT/Altana"-Rechtsprechung des Bundesverfassungsgerichtes[62] im Rahmen einer Umwandlung, welche vom Bundesgerichtshof übernommen wurde[63]. In dem zu entscheidenden Fall haben die Gerichte erkannt, dass der Börsenwert als Untergrenze der Bewertung zu fungieren hat. Dieser spiegelt den Verkehrswert der Aktie wider, da der Börsenpreis der Betrag ist, den ein Aktionär bei einer freien Deinvestitionsentscheidung zum Zeitpunkt der Maßnahme erlangen würde. Der Börsenpreis ist aber nicht zugleich die Obergrenze, da der wahre Wert über dem Börsenpreis liegen kann, etwa bei einer schlechten Verfassung der Kapitalmärkte. In den letzteren Fällen ist der wahre Wert den entsprechenden Regelungen (z.B. bei Feststellung des Umtauschverhältnisses) zugrunde zu legen. Eine ähnliche Situation ist beim vereinfachten Bezugsrechtsausschluss gegeben. Liegt der Ausgabebetrag unter dem Börsenpreis, werden die Altaktionäre in ihrer vermögensrechtlichen Stellung beeinträchtigt, da der Börsenpreis der Altaktien infolge der Kapitalerhöhung verringert wird.[64] Anders als beim Umtauschverhältnis in umwandlungsrechtlichen Fällen hat der höhere wahre Wert keinen Einfluss auf die Beteiligungsquote an der Gesellschaft, da hier die Aktionäre die Möglichkeit haben, ihre Beteiligung durch Zukauf über die Börse aufrechtzuerhalten. Liegt der wahre Wert über dem Börsenpreis, hat die Kapitalerhöhung ebenfalls keinen negativen Einfluss auf den vermögensrechtlichen Bestand der Altaktionäre. Mit der Ausgabe der jungen Aktien zum Börsenpreis werden die Rechte der Aktionäre nicht beeinträchtigt.

Dem hält *Cahn*[65] entgegen, dass ein Zuerwerb von Aktien zu einem unter dem wahren Wert liegenden Börsenpreis nichts daran ändere, dass durch die Ausgabe junger Aktien zum Börsenkurs ein Teil des Unternehmenswertes, der nicht durch einen Zukauf der Altaktionäre ausgeglichen werden könne ohne volle Gegenleistung auf Dritte verlagert werde. Dem ist entgegenzuhalten, dass der Bezugsrechtsausschluss eine Beeinträchtigung der Vermögens- und Herrschafts-

---

[59] *Groß*, DB 1994, 2431 [2434]; *Seibert*, ZIP 1994, 247 [249 ff, 253]
[60] RegBegr. BT-Drucks. 12/6721 S. 10; *Hoffmann-Becking*, FS Lieberknecht S. 25 [19]
[61] *Claussen*, WM 1996, 609 [610]; *Kübler*, ZBB 1993, 1 [5]; *Lutter*, FS Zöllner S. 363 [374]*Martens*, ZIP 1994, 699 [672]
[62] BVerfG ZIP 1999, 1438 [1440]
[63] BGH ZIP 2001, 734 [736]
[64] vgl. oben Teil 2:Kapitel I:C)I. (S. 10)
[65] *Cahn*, ZHR 163 (1999) 554 [585]

rechte ausschließen möchte. Die Vermögens- und Herrschaftsrechte der Mitgliedschaft werden nicht beeinträchtigt, wenn die Altaktionäre ihre Quote am Grundkapital beibehalten können. Befindet sich der Börsenpreis unter dem wahren Wert des Unternehmens, ist dies keine spezifische Folge eines vereinfachten Bezugsrechtsausschlusses. Im Übrigen liegt auch keine Verlagerung des Vermögenswertes vor. Sowohl Altaktionäre als auch sonstige Anleger konnten sich die günstige Marktsituation schon vor einer Kapitalerhöhung zu eigen machen.[66] Demzufolge ist die von *Cahn* beschriebene Situation nicht die Folge einer Kapitalerhöhung unter Bezugsrechtsausschluss, sondern hat seinen Ursprung im Markt. Insofern können *Cahns* Bedenken ausgeschlossen werden.

Schließlich wird auf die Gefahr einer Vermögensbeeinträchtigung infolge von Kursexplosionen an den Kapitalmärkten hingewiesen.[67] Solche Veränderungen am Kapitalmarkt können den zukaufswilligen Altaktionär dadurch beeinträchtigen, dass dieser einen Aufschlag auf den bisherigen Kurs mitbezahlen muss, um seine Beteiligungsquote halten zu können. Eine solche Kursexplosion kann zum einem durch den massiven Zukauf von Aktien am Kapitalmarkt hervorgerufen werden. Allein durch die Ausgabe junger Aktien zum Börsenpreis und bei hinreichender Abdeckung des Kapitalmarktes mit Altaktien dieser Gattung, ist ein Anstieg des Kaufinteresses eher unwahrscheinlich und auf andere Umstände zurückzuführen. Zum anderen besteht die Möglichkeit, dass die jungen Aktien einem Aktionär (sogenannter „Paketaktionär") zugeteilt werden. Der Paketaktionär zahlt regelmäßig einen Aufpreis zum Börsenpreis, um eine bestimmte Beteiligungsquote an der Gesellschaft zu erhalten. In beiden Fällen müssen die zukaufswilligen Altaktionäre diese Kurssteigerung bezogen auf den Börsenpreis ihrer Aktien vor der Emission tragen. Im Ergebnis ändert diese Situation nichts daran, dass der Altaktionär die Möglichkeit besitzt, Aktien an der Börse nachzukaufen, um seine Beteiligungsquote aufrechtzuerhalten. In dem Aufpreis liegt auch keine Vermögensbeeinträchtigung seiner bisherigen Beteiligung, da die Kurssteigerung bereits seinen vorhandenen Aktien zugeflossen ist und er nur zusätzlich Vermögenswerte einsetzen muss, um seine Beteiligung beizubehalten.[68] Vor einem späteren Fallen der Kurse ist der Aktionär auch nicht bei Bestehen des Bezugsrechtes geschützt.[69] Demzufolge steht die Gefahr einer Kurssteigerung dem Ausgabebetrag in Anlehnung an den Börsenpreis nicht entgegen.

Abschließend kann festgehalten werden, dass die Rechte der Aktionäre durch den Bezugsrechtsausschluss nicht beeinträchtigt werden, wenn der Ausgabebetrag dem Börsenpreis entspricht und eine Zukaufsmöglichkeit über die Börse gewährleistet ist.[70]

---

[66] *Seibert/Köster/Kiem*, Kleine AG S. 118 Rdn. 220
[67] *Claussen*, AG 1995, 163 [169]; *Hirte*, ZIP 1994, 356 [359 f.]; *Hoffmann-Becking*, ZIP 1995, 1 [10]; *Schwark*, FS Claussen, S. 357 [373]; *Trapp*, AG 1997, 115 [116]
[68] *Bayer*, ZHR 163 (1999) 505 [537]
[69] *Bayer*, ZHR 163 (1999) 505 [537]
[70] i.E. auch RegBegr. BT-Drucks. 12/6721 S. 10; *Lutter*, AG 1995, 429 [443]

b) Festsetzung des Börsenpreises

Der § 186 Abs. 3 S. 4 AktG verlangt des Weiteren, dass der Ausgabebetrag der jungen Aktien den Börsenpreis nicht wesentlich unterschreiten darf. Das Gesetz hat auf einen bestimmten Stichtag zur Ermittlung des Börsenpreises verzichtet.[71] Hinzu kommt, dass die Kurse bei Mehrfachnotierungen an einem Stichtag differieren können. Hinsichtlich der Ermittlung des Ausgabebetrages unterscheiden sich die Auffassungen erheblich. Zum einen wird vertreten, dass dieser eine Referenzkurs zugrunde gelegt werden soll, der aus dem durchschnittlichen Kurs der letzten Börsentage vor Ausgabe[72] bzw. vor Zeichnung der jungen Aktien zu ermitteln ist.[73] Zum anderen wird auf einen Referenzkurs verzichtet und nur der Kurs zum Zeitpunkt der Festlegung des Ausgabekurses herangezogen.[74] Einigkeit besteht darin, dass Kursbeeinflussungen im Vorfeld der Kapitalerhöhung weitgehend ausgeschlossen werden sollen.

Manipulationen werden erheblich erschwert, mit einiger Wahrscheinlichkeit sogar ausgeschlossen, wenn man einen durchschnittlichen Referenzkurs wählt.[75] Der Bundesgerichtshof hält in seiner „DAT/Altana"-Entscheidung[76], welche sich mit umwandlungsrechtlichen Abfindungsansprüchen sowie Umtauschverhältnissen auseinanderzusetzen hatte, einen Referenzzeitraum von drei Monaten für angemessen. Man kann wohl zu Recht davon ausgehen, dass der Kursverlauf während dieses Zeitraumes nicht von der Kapitalerhöhung beeinflusst werden wird. Etwaige Kapitalerhöhungsabsichten werden regelmäßig erst mit Einberufung der Hauptversammlung bzw. bei Ausnutzung einer Ermächtigung zur Kapitalerhöhung kurz vor Durchführung bekannt. Anders als bei den umwandlungsrechtlichen Fällen, haben Kursveränderungen keine Auswirkung auf die Mitgliedschaftsrechte der Altaktionäre. Sowohl eine Vermögens- als auch eine Stimmkraftverwässerung scheidet aus, wenn sie ihren Anteil am Kapitalmarkt aufstocken können und der Ausgabebetrag den Börsenpreis nicht wesentlich unterschreitet[77]. Der Blick auf den durchschnittlichen Börsenkurs dient lediglich dazu, den Kurs zum Zeitpunkt der Ausgabe der jungen Aktien zu berechnen, damit der Ausgabebetrag der jungen Aktien weitgehend dem Börsenpreis entspricht.[78] Insofern kann bei geringer Volatilität auf einen bestimmten Stichtag abgestellt werden.[79] Bei Kursschwankungen erschwert sich die Bestimmung des Börsenpreises zum Zeitpunkt der Ausgabe. Um den Kurs zum Stichtag besser bestimmen zu können, ist ein Blick auf den Kursverlauf der letzten Tage unumgänglich.

---

[71] *Hüffer*, AktG § 186 Rdn. 39 d
[72] *Claussen*, WM 1994, 609 [612]
[73] KK/*Lutter*, Nachtrag zu § 186 Rdn. 14; *Raiser*, KapGesR § 20 Rdn. 21 (S. 332)
[74] *Marsch-Barner*, AG 1994, 532 [536 f.]; *Trapp*, AG 1997, 115 [119 f.]
[75] BVerfG ZIP 1999, 1436 [1442] (DAT/Altana); BGH ZIP 2001, 734 [736] (DAT/Altana)
[76] BGH ZIP 2001, 734 [736] (DAT/Altana)
[77] zur Nähe Börsenkurs siehe sogleich unter Teil 2:Kapitel III:B)I. 2.c) (S. 79)
[78] i.E. *Schwark*, FS Claussen S. 357 [372]
[79] *Groß*, DB 1994, 2431 [2434 f.]; *Marsch-Barner*, AG 1994, 532 [536 f.]; *Trapp*, AG 1994, 115 [119]

Danach kann festgehalten werden, dass die Aktien zu einem Preis ausgegeben werden müssen, der den Börsenpreis im Zeitpunkt der Ausgabe nicht wesentlich unterschreitet. Wie dieser Ausgabebetrag bestimmt wird – durch Heranziehen eines Referenzkurses oder Abstellen auf einen Stichtag – bleibt der Gesellschaft freigestellt, soweit die Ermittlungsmethode geeignet ist, den Börsenpreis zum Ausgabetermin hinreichend zu bestimmen.

c) *Ausgabebetrag in Nähe des Börsenpreises*

Weiterhin verlangt § 186 Abs. 3 S. 4 AktG, dass der Ausgabebetrag *nicht wesentlich* unter dem Börsenpreis liegen soll. Inwieweit der Ausgabebetrag der jungen Aktien den Börsenpreis unterschreiten darf, ist umstritten. So sollen Abweichungen von drei bis fünf Prozent des Börsenpreises noch im Rahmen dieses Erfordernisses liegen.[80]

Die Abweichungen sollen einen Kompromiss zwischen Durchführbarkeit der Kapitalerhöhung und Schutz vor Eingriffen in die Mitgliedschaft der Aktionäre bilden. Zum einen soll die Kapitalerhöhung nicht deswegen scheitern, weil der Börsenkurs kurzzeitig gestiegen ist.[81] Auf der anderen Seite sollen die Aktionäre vor einer Vermögensverwässerung infolge der Ausgabe junger Aktien unter dem Börsenpreis geschützt werden.[82] Wann die Belastbarkeitsgrenze der Altaktionäre erreicht ist, lässt sich schwer feststellen. Der Eingriff in das Vermögen wird von jedermann unterschiedlich aufgefasst. Eine pauschale Festlegung der Grenze ist nicht möglich. Andere Bezugswerte – wie das Zinsniveau, die Inflationsrate oder die allgemeine Steuerbelastung – können nicht zur Lösung dieses Problems herangezogen werden, da sie zum einen variieren und zum anderen keinen Bezug zu der Aktie in ihrer Vermögenssubstanz aufweisen. Die Grenzwerte lassen sich demnach nicht objektivieren. Eine Abwägung der Interessen ist somit stets einzelfallbezogen. Auch wenn die Grenzwerte von drei bis fünf Prozent weitgehend Anerkennung gefunden haben, ist es aus Gründen der Rechtssicherheit wünschenswert, wenn der Gesetzgeber objektive Grenzwerte einführen würde.[83]

d) *Genügend freie Aktien im Markt*

Damit die ausgeschlossenen Aktionäre ihre Beteiligung aufrechterhalten können, muss ihnen die Möglichkeit gegeben werden, Aktien entsprechend ihrer Beteiligungsquote hinzu zu erwerben. Ein Nachkauf ist nur dann möglich, wenn genügend Aktien im Markt vorhanden sind. Deswegen wird zum Teil gefordert, dass neben den Voraussetzungen des § 186 Abs. 3 S. 4 AktG sichergestellt werden

---

[80] *Dehner*, WiB 1994, 756; *Groß*, DB 1994, 2431 [2434]; *Marsch-Barner*, AG 1994, 532 [537]; *Raiser*, KapGesR § 20 Rdn. 21 (S. 333); *Schwark*, FS Claussen S. 357 [373]; für maximal 3%: KK/*Lutter*, Nachtrag zu § 186 Rdn. 15; *Lutter*, AG 1994, 429 [442]
[81] RegBegr. BT-Druchs. 12/6721 S. 10
[82] siehe oben Teil 2:Kapitel III:B)I. 2.a) (S. 75)
[83] AnwK-AktR/*Rebmann*, § 186 Rdn. 60; *Dehner*, WiB 1994, 756; *Groß*, DB 1994, 2431 [2434]; KK/*Lutter*, Nachtrag zu § 186 Rdn. 15; *Lutter*, AG 1994, 429 [442]; *Marsch-Barner*, AG 1994, 532 [537]; *Raiser*, KapGesR § 20 Rdn. 21 (S. 333); *Schwark*, FS Claussen S. 357 [373]

muss, dass die Aktionäre tatsächlich Aktien an der Börse nachkaufen können.[84] Einer Sicherung der Zukaufsmöglichkeit wird entgegengehalten, dass ein Aktionär mit geringer quotaler Beteiligung ohnehin keinen spürbaren Nachteil in seinen Herrschafts- und Vermögensrechten erleide.[85] Vielmehr sei bei Defiziten in der Zukaufsmöglichkeit die Kapitalerhöhung grundsätzlich zulässig und unterliege lediglich der Missbrauchskontrolle.[86] Dem ist entgegenzuhalten, dass auch die Rechte der Kleinaktionäre umfassend zu berücksichtigen sind.[87] Deshalb dürfen die Rechte der Kleinaktionäre nicht im Rahmen eines vereinfachten Bezugsrechtsausschlusses beeinträchtigt werden.

Vertritt man wie hier die Meinung, dass eine Vermögensbeeinträchtigung dann nicht gegeben ist, wenn der Börsenpreis unter dem inneren Wert des Unternehmens liegt, weil eine solche durch Nachkauf von Aktien an der Börse kompensiert werden kann, ist zu gewährleisten, dass genügend Aktien am Markt vorhanden sind. Anderenfalls müsste sichergestellt werden, dass der Börsenpreis stets dem wahren Wert des Unternehmens entspricht. Da der Börsenwert vom wahren Wert abweichen kann, hätte dies zur Folge, dass Kapitalerhöhungen gem. § 255 Abs. 2 AktG angefochten werden könnten und die Finanzierung zum geplanten Zeitpunkt vereitelt werden würde. Zudem müsste die Gesellschaft selbst im Vorfeld der Aktienausgabe prüfen, ob der Börsenpreis zum Zeitpunkt der Ausgabe der jungen Aktien weitgehend dem wahren Wert des Unternehmens entsprechen wird. Die Gewährleistung eines Zukaufs von Aktien derselben Gattung entspricht auch dem gesetzgeberischen Willen, wonach dem Unternehmen schnell und flexibel Barmittel in Form von Eigenkapital zugeführt werden sollen und die Altaktionäre zugleich einen Beteiligungsverlust durch Zuerwerb von Aktien über die Märkte wettmachen können.[88]

Nachdem festgestellt wurde, dass ein Zukauf über den Markt gewährleistet werden soll, stellt sich die Frage, welche Maßnahmen die Gesellschaften treffen müssen, um einen Zukauf gewährleisten zu können. Nach Auffassung des Gesetzgebers wird eine Zukaufsmöglichkeit bei einer Barkapitalerhöhung bis zu zehn Prozent des Grundkapitals vermutet.[89]

Für den amtlichen Markt ist ein Mindestvolumen der zuzulassenden Aktien von 1,25 Mio Euro, bei nennwertlosen Stückaktien die Einführung von mindestens 10.000 Stückaktien vorgeschrieben (§ 32 Abs. 1 Nr. 1 c BörsG i.V.m. § 2 BörsZulV). Zum anderen müssen die Aktien breit gestreut werden (§ 9 Abs. 1 BörsZulV). Dadurch soll ein ausreichend großer, möglichst repräsentativer Handel gewährleistet werden.[90] Für den geregelten Markt stellen die einzelnen Börsenordnungen ebenfalls Mindestanforderungen an das Emissionsvolumen und die

---

[84] KK/*Lutter*, Nachtrag zu § 186 Rdn. 17; *Lutter*, AG 1994, 429 [442 f.]
[85] *Claussen*, WM 1996, 609 [615]; *Hoffmann-Becking*, ZIP 1995, 1 [10]
[86] *Claussen*, WM 1996, 609 [614]; i.E. *Groß*, DB 1994, 2431 [2434]; *Henze*, AktR S. 374 f. [989]
[87] siehe oben Teil 2:Kapitel III:A)III. (S.67)
[88] RegBegr. BT-Drucks. 12/6721 S. 10
[89] RegBegr. BT-Drucks. 12/6721 S. 10
[90] *Claussen*, Bank- und Börsenrecht § 9 Rdn. 64 (S. 388)

Stückzahl der einzuführenden Aktien, weil sich sonst mangels Material kein ausreichender Handel und keine geregelte Preisfeststellung entwickeln können.[91] Die einzelnen Regelungen sollen danach zugleich sicherstellen, dass hinreichend viele Aktien an den Börsen gehandelt werden. Findet ein Handel von Aktien an den Börsen statt, können sowohl Anleger als auch Altaktionäre jederzeit Aktien über den Kapitalmarkt erwerben. Hinzu kommt, dass sich nicht jeder Anlageaktionär an einer Kapitalerhöhung beteiligen wird, da ihm entweder etwaige Geldmittel fehlen oder er in verschiedene Anlagemöglichkeiten investieren will. Es ist davon auszugehen, dass die jungen Aktien im Kapitalmarkt emittiert bzw. diesem später zur Verfügung gestellt werden sollen.[92] Es kann deshalb zu Recht davon ausgegangen werden, dass bei einer Barkapitalerhöhung bis zu zehn Prozent des Grundkapitals eine Nachkaufmöglichkeit vermutet werden kann.[93]

Umstritten ist in diesem Zusammenhang, ob es sich bei der Zehn-Prozent-Grenze um eine unwiderlegbare Vermutung handelt.[94] Dem Gesetzeswortlaut ist eine solche Regelung nicht zu entnehmen. In der Gesetzesbegründung wird das Wort *„Unterstellung"* gebraucht. Zum einen ist eine Unterstellung keine Fiktion und zum anderen wurde das Wort in der Gesetzesbegründung ohne methodischen Gehalt gewählt.[95] Dies wird durch den Referentenentwurf bestätigt, der sich gleichfalls mit der Frage einer Missbrauchskontrolle befasst hat.[96] Schließlich spricht auch der Sinn und Zweck der Vorschrift für eine widerlegbare Vermutung. Danach soll die Gesellschaft schnell und flexibel Geldmittel zur Gesellschaftsfinanzierung aus Eigenkapital beschaffen können. Gleichzeitig sollen die Rechte der Mitglieder nicht beeinträchtigt werden. Der vereinfachte Bezugsrechtsausschluss soll beides gewährleisten. Der Schutz der Aktionäre ist dann nicht mehr gewährleistet, wenn diese ihre Beteiligungsquote nicht mehr aufrechterhalten können. Insofern soll ihnen die Möglichkeit gegeben werden, diese Rechtsverletzung durch Rechtsbehelfe (Anfechtungs-, Unterlassungs- und Schadensersatzklagen) geltend machen zu können.[97] Alles andere stünde im Wider-

---

[91] *Claussen*, Bank- und Börsenrecht § 9 Rdn. 47 (S. 377)
[92] *Seibert/Köster/Kiem*, Kleine AG S. 109 Rdn. 205
[93] allgemeine Auffassung: Bericht Regierungskommission „Corporate Governance" BT Drucks. 14/7515 S. 100 Rdn. 220; *Claussen*, WM 1996, 609 [614]; *Henze*, ZHR 167 (2003) 1 [6]; *Hirte*, WM 1994, 356 [359 f.]; *Hoffmann-Becking*, ZIP 1995, 1 [10]; *Ihrig/Wagner*, NZG 2002, 657 [659]; KK/*Lutter*, Nachtrag zu § 186 Rdn. 4; *Lutter*, AG 1994, 429 [441]; *Schwark*, FS Claussen, S. 357 [370]
[94] so *Hoffmann-Becking*, ZIP 1995, 1 [10]; *Ihrig/Wagner*, NZG 2002, 657 [659]; a.A. *Claussen*, WM 1996, 609 [614]; *Henze*, ZHR 167 (2003) 1 [6]; *Hirte*, WM 1994, 356 [359 f.]; KK/*Lutter*, Nachtrag zu § 186 Rdn. 4; *Lutter*, AG 1994, 429 [441]
[95] *Claussen*, WM 1996, 609 [614]
[96] abgedr. in *Seibert/Köster/Kiem*, Kleine AG S. 153 Rdn. 359 ff.
[97] so auch *Claussen*, WM 1996, 609 [614]; *Henze*, ZHR 167 (2003) 1 [6]; *Hirte*, WM 1994, 356 [359 f.]; KK/*Lutter*, Nachtrag zu § 186 Rdn. 4; *Lutter*, AG 1994, 429 [441]

spruch zu der verfassungsrechtlichen Garantie des Eigentums aus Art. 14 Abs. 1 GG.[98]

Claussen[99] vertritt in diesem Zusammenhang die Auffassung, dass bei Defiziten im Zukauf der Aktien die Rechtsfolge niedriger liegen muss als bei regulären Bezugsrechtsausschlüssen, nämlich in einer Missbrauchskontrolle. Er problematisiert alleinig den Zukauf und verkennt den Kern des damit verbundenen Problems einer Rechtsverletzung der Aktionäre. Zum Zeitpunkt des Beschlusses eines vereinfachten Bezugsrechtsausschlusses wird davon ausgegangen, dass die Rechte der Aktionäre nicht verletzt werden. Nur deshalb bedarf es keiner weiteren materiellen Anforderung. Können Aktien nicht über die Börse hinzuerworben werden, liegt eine typische Situation eines Bezugsrechtsausschlusses vor. Aus den Gründen des Mitgliedschaftsschutzes bedarf es dafür der besonderen materiellen Voraussetzungen.[100] Demzufolge muss bei Zukaufsdefiziten der (vereinfachte) Bezugsrechtsausschluss sachlich gerechtfertigt werden. Dennoch können die Gesellschaften sicherstellen, dass genügend freie Aktien im Markt vorhanden sind, indem sie die jungen Aktien – unmittelbar bzw. mittelbar über ein Bankenkonsortium – im Markt emittieren. Auf diese Weise werden die Interessen der zukaufswilligen Aktionäre weitgehend gewahrt.

Es kann festgehalten werden, dass der vereinfachte Bezugsrechtsausschluss nicht in die Rechte der Altaktionäre eingreift, wenn diese ihren Anteil durch Zukäufe über die Börse beibehalten können. Das Gesetz vermutet einen solchen Zukauf innerhalb der Zehn-Prozent-Grenze des § 186 Abs. 3 S. 4 AktG. Sollte ein Zukauf tatsächlich nicht möglich sein, kann diese Vermutung widerlegt werden. Der Bezugsrechtsausschluss muss in diesem Fall den Anforderungen einer sachlichen Rechtfertigung entsprechen. Den Aktionären stehen die allgemeinen Rechtsbehelfe gegen einen Bezugsrechtsausschluss zu.

e)   *Zwischenergebnis*

Der Börsenpreis spiegelt den Verkehrswert der Aktie wider. Er kann sowohl unter als auch über dem wahren Wert des Unternehmens liegen. Liegt er unter dem wahren Wert des Unternehmens, tritt weder eine Vermögensverwässerung noch eine Stimmverwässerung bei den Altaktionären ein, wenn diese durch Zukauf über den Kapitalmarkt ihre Beteiligungsquote aufrechterhalten können. Deshalb muss eine ausreichende Zukaufsmöglichkeit am Markt gewährleistet werden. Diese Zukaufsmöglichkeit wird im Rahmen des § 186 Abs. 3 S. 4 AktG von Gesetzes wegen vermutet. Der Ausgabebetrag der jungen Aktien hat dem Börsenpreis zu entsprechen. Die Verwaltung ist gehalten, den Börsenpreis des Emissionstages zu ermitteln. Welche Methoden der Berechnung zugrunde gelegt werden – zum Beispiel dem Börsenkurs der letzten Tage, Wochen oder Monate –

---

[98] BVerfGE 14, 263 [283] (Feldmühle), danach muss der beeinträchtigte Aktionär die Möglichkeit haben, den Eingriff mit Rechtsmitteln anzugreifen

[99] *Claussen*, WM 1996, 609 [614]

[100] siehe oben Teil 2:Kapitel II: (S. 23)

bleibt ihr überlassen. Da sich der Börsenpreis zu einem bestimmten Tag nie eindeutig berechnen lässt, ist stets die Gefahr gegeben, dass die Kapitalerhöhung bei einem höheren Ausgabebetrag als der Börsenpreis scheitern kann. Das Erfordernis, dass der Ausgabebetrag den Börsenpreis nicht wesentlich unterschreiten darf, bildet den Kompromiss zwischen dem Interesse der Gesellschaft an der Durchführung der Kapitalerhöhung und dem Vermögens- und Herrschaftsinteresse der Aktionäre. Da eine Abwägung der Interessen einzelfallbezogen ist, können keine allgemein gültigen Grenzwerte aufgestellt werden. Abweichungen von drei bis fünf Prozent vom Börsenpreis werden allgemein toleriert, finden aber keine gesetzliche Grundlage. Im Interesse der Rechtssicherheit sollten gesetzliche Grenzwerte eingeführt werden.

II. Zeitliches Mindestintervall zwischen zwei vereinfachten Bezugsrechtsausschlüssen

In welchen Zeitabständen vom vereinfachten Bezugsrechtsausschluss Gebrauch gemacht werden darf, wurde im Gesetz nicht ausdrücklich geregelt. Der Regierungsbegründung[101] ist hinsichtlich der Grenze zu entnehmen, dass dem einzelnen Aktionär zugemutet werden kann, Aktien an der Börse nachzukaufen, um seine Beteiligung aufrechtzuerhalten. Zugleich versucht das Gesetz mit der Beschränkung des Emissionsvolumens, einer drohenden Marktenge Rechnung zu tragen.[102] Als unproblematisch wird danach der Fall angesehen, wenn ein vereinfachter Bezugsrechtsausschluss bzw. die Ermächtigung des Vorstandes zur Ausnutzung eines solchen alljährlich beschlossen wird. Jährlich muss eine ordentliche Hauptversammlung abgehalten werden. Hätte der Gesetzgeber nicht gewollt, dass im Rahmen der ordentlichen Hauptversammlung ein einfacher Bezugsrechtsausschluss bzw. eine Ermächtigung zu diesem beschlossen werden kann, hätte er dies im Gesetz deutlich zum Ausdruck bringen müssen.[103]
Eine vereinfachte Kapitalerhöhung kann grundsätzlich auch in kürzeren Zeitabständen beschlossen werden. Sie ist weitgehend mit einer Kapitalerhöhung unter Beachtung des Bezugsrechts vergleichbar. Im letzteren Fall brauchen die Interessen der Aktionäre nicht dahingehend gewahrt werden, ob diese es sich finanziell leisten können, an einer Kapitalerhöhung teilzunehmen.[104] Vielmehr müssen sie sich über das Problem im Vorfeld der Abstimmung bewusst sein und entsprechend ihrer finanziellen Situation eine Entscheidung treffen. Dazu können sich die Aktionäre zum einen vor der Hauptversammlung selbst einen Überblick über die Kapitalmarktsituation verschaffen, zum anderen können sie vom Vorstand in der Hauptversammlung eine Beurteilung über die Zukaufsmöglichkeiten verlangen. Zeigen sich bereits zum Zeitpunkt der Beschlussfassung hinreichend Anhaltspunkte dafür, dass ein Zukauf nicht gewährleistet werden kann, ist von einem Bezugsrechtsausschluss abzusehen bzw. sind die sonstigen Umstände ei-

---

[101] Reg.Begr. BT-Drucks. 12/6721 S. 10
[102] *Henze*, ZHR 167 (2003) 1 [6]
[103] *Ihrig/Wagner*, NZG 2002, 657 [661]
[104] *Zöllner*, AG 2002, 585

nen Bezugsrechtsausschluss sachlich zu rechtfertigen. Wird dennoch ein vereinfachter Bezugsrechtsausschluss beschlossen und ist die Zukaufsvermutung widerlegbar, können die Aktionäre den Bezugsrechtsausschluss erfolgreich anfechten.[105]

III. Bestätigung der sachlichen Rechtfertigung im vereinfachten Bezugsrechtsausschluss nach § 186 Abs. 3 S. 4 AktG

Der Bezugsrechtsausschluss soll nach § 186 Abs. 3 S. 4 AktG *insbesondere* dann zulässig sein, wenn die Voraussetzungen der Norm erfüllt sind. In der Regierungsbegründung wird angeführt, dass es bei dem Vorliegen der Voraussetzungen des § 186 Abs. 3 S. 4 AktG „weder einer Interessenabwägung, wie sie für den Bezugsrechtsausschluss im Übrigen verlangt wird (vgl. BGHZ 71, 41, 46 [Kali & Salz]), noch weiterer sachlicher Rechtfertigungsgründe" bedarf.[106] Daraus ergibt sich, dass etwaige sachliche Voraussetzungen an einen normalen Bezugsrechtsausschluss mit dem Vorliegen der Voraussetzungen des § 186 Abs. 3 S. 4 AktG gegeben sind, zumindest aber geringeren Anforderungen unterliegen. Alle Beschlüsse, die in die Rechte der Aktionäre eingreifen, unterliegen zumindest der Missbrauchskontrolle des § 243 Abs. 2 AktG. Werden die Rechte der Aktionäre durch den vereinfachten Bezugsrechtsausschluss tangiert, unterliegen sie deshalb ebenfalls der Missbrauchskontrolle. Zugleich ließe dies den Rückschluss zu, dass an die Bezugsrechtsausschlüsse im Übrigen höhere Anforderungen zu stellen wären.
Indem das Kapital nur bis zu zehn Prozent des Grundkapitals erhöht werden darf, die jungen Aktien in der Nähe des Börsenkurses ausgegeben sowie genügend freie Aktien im Markt vorhanden sein müssen, wird sichergestellt, dass die Altaktionäre weder einen Herrschafts- noch einen Vermögensverlust erleiden. Da eine Schädigung der Aktionäre unter den oben genannten Voraussetzungen nicht gegeben ist, scheidet sowohl eine Anfechtung nach § 243 Abs. 1 und 2 AktG als auch eine Anfechtung nach § 255 Abs. 2 AktG aus.[107] Insoweit kann dem vereinfachten Bezugsrechtsausschluss nicht entnommen werden, dass entweder in den übrigen Fällen des Bezugsrechtsausschlusses das Erfordernis einer sachlichen Rechtfertigung gegeben sein muss oder dass diese nicht missbräuchlich ausgeübt werden dürfen. Da hier keine Interessen der Gesellschafter verletzt werden, bestätigt sich nicht die Auffassung, dass das Gesetz eine Abwägung der Interessen der Gesellschaft gegenüber denen der Aktionäre im Sinne einer sachlichen Rechtfertigung vornimmt.[108]
Es kann daher festgehalten werden, dass es sich bei dem vereinfachten Bezugsrechtsausschluss nicht um einen klassischen Bezugsrechtsausschluss mit zwangsläufiger Beeinträchtigung der Rechte einzelner oder aller Aktionäre han-

---

[105] zur Zukaufsvermutung siehe oben Teil 2:Kapitel III:B)I. 2.d) (S. 79)
[106] RegBegr. BT-Druchs. 12/6721 S. 10
[107] i.E. RegBegr. BT-Druchs. 12/6721 S. 10
[108] auch *Mülbert*, AUK S. 318

delt, sondern vielmehr um eine faktische Bezugsmöglichkeit bzw. um ein faktisches Bezugsrecht[109].

IV. Sachkapitalerhöhung

Nach dem eindeutigen Wortlaut des § 186 Abs. 3 S. 4 AktG ist der vereinfachte Bezugsrechtsausschluss nur für Barkapitalerhöhung zulässig. Damit wird die Anwendung der Regeln über den vereinfachten Bezugsrechtsausschluss auf Sachkapitalerhöhungen ausgeschlossen. Dem Gesetzgeber war bekannt, dass der Gesellschaft durch Kapitalerhöhungen sowohl Bar- als auch Sacheinlagen zugeführt werden können.[110] Insofern kann davon ausgegangen werden, dass er die Sachkapitalerhöhung gerade nicht regeln wollte. Dennoch kann auch bei einer Sacheinlage – selbst wenn sie keinen Börsenpreis hat – der Ausgabepreis an den Börsenkurs angelehnt werden, sodass die Regelung auch auf Sachkapitalerhöhungen übertragbar wäre.[111] Es ist daher zu prüfen, ob eine analoge Anwendung in Betracht kommt.

Stellt man auf das gesetzliche Grundmodell einer Barkapitalerhöhung zu Finanzierungszwecken ab, differenzierte der Gesetzgeber die Sachverhalte bewusst. Die Gesellschaft soll mit dem vereinfachten Bezugsrechtsausschluss die Möglichkeit bekommen, Eigenkapital durch die Ausgabe junger Aktien am Kapitalmarkt aufnehmen zu können. Indem ein Zukauf von Aktien gleicher Gattung über den Kapitalmarkt vermutet wird, geht der Gesetzgeber grundsätzlich davon aus, dass die jungen Aktien am Kapitalmarkt einem breiten Publikum angeboten und nicht wenigen Auserwählten zugeteilt werden. Ein Zukauf der Altaktionäre wäre weitgehend gesichert. Diese Zukaufsmöglichkeit stellt sich für den Altaktionär als eine sogenannte faktische Bezugsmöglichkeit dar. Sachkapitalerhöhungen führen zwangsweise zu einer Zuteilung der jungen Aktien an einen oder mehrere wenige Sacheinleger. Die einseitige Zuteilung hat zur Folge, dass diese Aktien aus der Kapitalerhöhung dem Kapitalmarkt nicht unmittelbar zugeführt werden können. Die Altaktionäre wären im Gegensatz zur Barkapitalerhöhung stets der größeren Gefahr ausgesetzt, Aktien nicht bzw. nur mit Kursaufschlägen erwerben zu können. Weiterhin ist anzuführen, dass Unternehmensfinanzierungen grundsätzlich durch einen Geldmittelzufluss gekennzeichnet sind. Bei Sachkapitalerhöhungen werden keine Geldmittel, sondern Vermögensgegenstände zugeführt. Nur Barkapitalerhöhungen können zur Unternehmensfinanzierung in Form der Zuführung liquider Mittel eingesetzt werden.[112] Insofern unterscheiden sich die Ausgangslagen für eine Kapitalerhöhung.

Es ist festzuhalten, dass Bar- und Sachkapitalerhöhungen nur bedingt vergleichbar sind. Der Gesetzgeber beabsichtigte aufgrund der Unterschiede zwischen Sach- und Barkapitalerhöhung, dass der vereinfachte Bezugsrechtsausschluss

---

[109] Begriff *faktische Bezugsrecht*: *Ekkenga*, AG 2001, 567 [575]

[110] in RegBegr. BT-Drucks. 12/6721 S. 10 wird ausdrücklich auf Kali&Salz- Rechtsprechung Bezug genommen, der eine Sachkapitalerhöhung zugrunde lag

[111] *Hirte*, ZIP 1994, 356 [358]

[112] *Hirte*, ZIP 1994, 356 [358]; *Marsch-Barner*, AG 1994, 531 [534]

alleinig für Barkapitalerhöhungen zulässig sein sollte. Diese Absicht manifestiert sich in dem klaren Gesetzeswortlaut des § 186 Abs. 3 S. 4 AktG. Eine analoge Anwendung des vereinfachten Bezugsrechtsausschlusses auf Sachkapitalerhöhungen ist somit auszuschließen.

V. Konsequenz für sonstige Kapitalerhöhungen mit Bezugsrechtsausschluss

Es wurde für die Kapitalerhöhung unter vereinfachtem Bezugsrechtsausschluss festgestellt, dass dieser einer Kapitalerhöhung unter Gewährung einer faktischen Bezugsmöglichkeit entspricht und deswegen keiner weiteren materiellen Anforderung unterliegt. Die Rechte der Aktionäre werden nicht verletzt, da die jungen Aktien zum Börsenpreis ausgegeben werden müssen und die Altaktionäre die Möglichkeit haben, ihren Aktienbestand dem neuen Grundkapital durch Zukauf von Aktien über die Börse anzupassen. Mit der Begrenzung des Volumens der Kapitalerhöhung auf zehn Prozent des Grundkapitals und der alleinigen Zulässigkeit von Barkapitalerhöhungen wird die Vermutung erhoben, dass ein Zukauf über die Börse möglich ist. Nunmehr soll erörtert werden, welche Rückschlüsse auf sonstige Kapitalerhöhungen – Barkapitalerhöhungen mit einem Volumen über zehn Prozent des derzeitigen Grundkapitels bzw. Sachkapitalerhöhungen – zu ziehen sind.

Eine Beeinträchtigung der Aktionäre entfällt nicht nur dann, wenn den Aktionären junge Aktien zum Bezug förmlich angeboten werden[113], sondern auch, wenn ihnen auf andere Art und Weise eine Gelegenheit zur Erhaltung ihres proportionalen Aktienanteils geben wird.[114] In diesem Zusammenhang könnten die der Regelung des § 186 Abs. 3 S. 4 AktG zugrundeliegenden Absichten und Gedanken auf sonstige Kapitalerhöhungen übertragbar sein. Handelt es sich bei der Vorschrift um eine Norm, die ausschließlich den in § 186 Abs. 3 S. 4 AktG genannten Fall regeln will, dürfen keine Rückschlüsse auf sonstige Kapitalerhöhungen gezogen werden. Die Norm würde in diesem Fall zugleich der Rechtssicherheit dienen.

Der vereinfachte Bezugsrechtsausschluss nach § 186 Abs. 3 S. 4 AktG beschreibt den Fall einer faktischen Bezugsmöglichkeit, bei welcher die Rechte und Interessen der Aktionäre nicht beeinträchtigt werden.[115] Voraussetzung dafür ist, dass es sich um eine börsennotierte Gesellschaft handelt, der Ausgabepreis nicht wesentlich vom Börsenpreis abweicht und die Aktionäre ihre Beteiligungsquote durch Zukauf von Aktien aufrechterhalten können.[116] Die ersten beiden Voraussetzungen lassen sich relativ leicht handhaben und überprüfen. Regelmäßig wird es dem Vorstand hingegen schwer möglich sein, die Anzahl

---

[113] nach den Regelungen des §§ 186 Abs. 1, 2 sowie Abs. 5 AktG
[114] *Korthals*, Kapitalerhöhung zu höchsten Preisen S. 121; i.E. auch *Frey/Hirte*, ZIP 1991, 697 [699 f.]
[115] siehe oben Teil 2:Kapitel III:B)IV. (S. 85)
[116] im Einzelnen siehe oben Teil 2:Kapitel III:B)I. (S. 74 ff.)

der freien Aktien am Markt zu bestimmen und damit die Zukaufsmöglichkeit zu garantieren. Für diese Voraussetzung stellt § 186 Abs. 3 S. 4 AktG eine Vermutung auf, wonach die Aktionäre die tatsächliche Möglichkeit zur Aufrechterhaltung ihrer Beteiligungsquote durch Zukauf von Aktien über die Börse haben, wenn das Volumen der Kapitalerhöhung nicht zehn Prozent des Grundkapitals überschreitet.[117] Diese Vermutung kann widerlegt werden.[118] Dennoch will die Vorschrift der Verwaltung eine Sicherheit geben, dass die Verwaltung davon ausgehen kann, dass die Rechte und Interessen der Aktionäre nicht beeinträchtigt werden und der Ausschluss des Bezugsrechtes deshalb keiner sachlichen Rechtfertigung bedarf. Die mit der Regelung geschaffene Rechtssicherheit dient der Durchführung der Kapitalerhöhung unter Bezugsrechtsausschluss. Insofern ist die Bezeichnung „vereinfachter" Bezugsrechtsausschluss richtig. Die Regelung besagt hingegen nicht, dass in den sonstigen Fällen ein Bezugsrechtsausschluss stets zu einer Beeinträchtigung der Rechte und Interessen der Aktionäre führt. Lediglich die Zukaufsvermutung entfällt.

Der Gesellschaft ist es danach gestattet, über den geregelten Fall des § 186 Abs. 3 S. 4 AktG hinaus, eine Kapitalerhöhung unter Bezugsrechtsausschluss vorzunehmen, ohne dass diese sachlich gerechtfertigt sein müsste, soweit gewährleistet wird, dass die Rechte und Interessen der Aktionäre nicht beeinträchtigt werden. Dies ist dann der Fall, wenn die jungen Aktien zu einem Betrag ausgegeben werden, welcher dem Börsenpreis entspricht und für die Aktionäre eine Zukaufsmöglichkeit von Aktien besteht, damit sie ihre Beteiligungsquote aufrechterhalten können. Anders als beim vereinfachten Bezugsrechtsausschluss, greift nunmehr nicht die Vermutung, dass die Aktionäre ihre Beteiligungsquote durch Zukauf von Aktien über die Börse aufrechterhalten können. Diese Voraussetzung hat nunmehr der Vorstand sicherzustellen. Eine derartige Sicherheit wird der Vorstand in der Praxis nicht erbringen können. Zwar ist theoretisch denkbar, dass alle neuen Aktien an der Börse emittiert werden[119], hingegen kann damit nicht sichergestellt werden, dass alle Aktionäre die Möglichkeit des Zukaufes erlangen.[120] Ebenso ist es praxisfern, dass sich bei einer Sachkapitalerhöhung bis zu zehn Prozent des Grundkapitals Aktionäre finden, die dem Kapitalmarkt eine entsprechende Anzahl ihre Aktien zur Verfügung stellen, damit die Aktionäre ihre Beteiligungsquote aufrechterhalten können. In diesem Fall würden die Aktien unmittelbar an den Einbringer der Sacheinlage begeben.

---

[117] siehe oben Teil 2:Kapitel III:B)I. 2.d) (S. 79)
[118] siehe oben Teil 2:Kapitel III:B)I. 2.e) (S. 82)
[119] Nach § 71 Abs. 1 Nr. 8 S. 3 AktG müssen bei Erwerb und bei Veräußerung eigener Aktien die Aktionäre i.S.d. § 53a AktG gleich behandelt werden. Eine Gleichbehandlung ist nach § 71 Abs. 1 Nr. 8 S. 4 AktG immer dann sichergestellt, wenn ein Erwerb bzw. die Veräußerung der Aktien über die Börse erfolgt. Indem den Kapitalmarkt die Aktien zugefügt werden, besteht für alle Aktionäre die Möglichkeit diese Aktien zu erwerben, um ihren Anteil am Gesellschaftsvermögen aufrecht zu erhalten.
[120] für den Fall des Ausschlusses, um größtmögliche Kapitalabschöpfung zu erreichen. auch *Korthals*, Kapitalerhöhung zu höchsten Preisen S. 134 ff.

Es kann danach festgehalten werden, dass eine Kapitalerhöhung unter Bezugsrechtsausschluss außerhalb des § 186 Abs. 3 S. 4 AktG keiner sachlichen Rechtfertigung bedarf, soweit der Ausgabebetrag der jungen Aktien nicht wesentlich vom Börsenpreis abweicht und ein Zukauf von Aktien zum Erhalt der Beteiligungsquote der ausgeschlossenen Aktionäre gewährleistet wird. Diese Ausschlussmöglichkeit ist rein theoretischer Natur, da in der Praxis ein Zukauf über die Märkte nicht sichergestellt werden kann.

VI. Vereinbarkeit mit der zweiten Kapitalrichtlinie

Schließlich ist der vereinfachte Bezugsrechtsausschluss auf seine Kompatibilität mit der zweiten Kapitalrichtlinie zu prüfen. Nach der zweiten Kapitalrichtlinie wird gegenüber einem wirksamen Bezugsrechtsausschluss neben den Publikationspflichten und Verfahrensvorschriften auch ein materielles Erfordernis verlangt.[121] Die Publikations- und Verfahrensvorschriften müssen beim vereinfachten Bezugsrechtsausschluss ebenso wie beim ordentlichen Bezugsrechtsausschluss beachtet werden. Der vereinfachte Bezugsrechtsausschluss greift nicht in die Rechte der Aktionäre ein. Fraglich ist deshalb, ob der vereinfachte Bezugsrechtsausschluss nach den materiellen Ausschlusserfordernissen geprüft werden muss. Hat der vereinfachte Bezugsrechtsausschluss den Maßgaben der sachlichen Rechtfertigung zu entsprechen, hätte dies zur Folge, dass regelmäßig der Bezugsrechtsausschluss zur Finanzierung der Gesellschaft nicht erforderlich ist, weil dieses Ziel auch unter Wahrung des Bezugsrechtes erreicht werden kann.[122] Dennoch wird überwiegend vertreten, dass es sich bei dem vereinfachten Bezugsrechtsausschluss um einen echten Bezugsrechtsausschluss i.S.d. § 186 Abs. 3 S. 1 AktG handelt, wobei beim Vorliegen der beschriebenen Umstände der Ausschluss gerechtfertigt sei.[123]

Es wurde bereits ausgeführt, dass es sich bei dem vereinfachten Bezugsrechtsausschluss nicht um einen ordentlichen Bezugsrechtsausschluss, sondern um eine andere Art der faktischen Bezugsmöglichkeit handelt, da die Rechte des Altaktionärs nicht verletzt werden. Nach Art. 29 Abs. 7 der zweiten Kapitalrichtlinie liegt kein Bezugsrechtsausschluss i.S.d. Art. 29 Abs. 4 und 5 der Richtlinie vor, wenn die Aktien nach dem Beschluss über die Erhöhung des gezeichneten Kapitals an Banken oder andere Finanzinstitute ausgegeben werden, damit diese sie den Aktionären der Gesellschaft nach Maßgabe der Absätze eins und drei anbieten. Der vereinfachte Bezugsrechtsausschluss des § 186 Abs. 3 S. 4 AktG wird nicht vom Wortlaut des Art. 29 Abs. 7 der Richtlinie erfasst. Insofern stellt sich die Frage einer analogen Anwendung. Eine analoge Anwendung der Rege-

---

[121] siehe oben Teil 2:Kapitel II:E)IV. (S. 48)
[122] siehe oben Teil 2:Kapitel II:G)III. 1 (S. 57)
[123] AnwK-AktR/*Rebmann*, § 186 Rdn. 65; *Drinkuth*, Kapitalrichtlinie S. 250; GK/*Wiedemann*, § 186 Rdn. 148 ff.; *Henze*, ZHR 167 (2003) 1 [6]; *Hoffmann-Becking*, ZIP 1995, 1 [10]; *Hüffer*, AktG § 186 Rdn. 39 g; *Ihrig/Wagner*, NZG 2002, 657 [659]; KK/*Lutter* Nachtrag zu § 186 Rdn. 4; *Lutter*, AG 1994, 429 [441]

lung ist zulässig, wenn eine planwidrige Regelungslücke vorliegt und der gegebene Sachverhalt solche Ähnlichkeit mit einem geregelten Sachverhalt aufweist, dass die beiden Sachverhalte einer einheitlichen rechtlichen Bewertung unterliegen müssen.[124] Der Sachverhalt, welcher der Norm des Art. 29 Abs. 7 der Richtlinie zugrundeliegt, will nur die Fälle erfassen, in welchen den Aktionären der Bezug junger Aktien (aktiv) angeboten wird. Diese Situation ist mit der eines Angebotes durch die Gesellschaft vergleichbar, nur dass nicht die Gesellschaft, sondern ein Finanzintermediär das Angebot unterbreitet. Anders liegt der Sachverhalt beim vereinfachten Bezugsrechtsausschluss. Hier werden nicht dem Aktionär die jungen Aktien (aktiv) angeboten, sondern er wird an den Kapitalmarkt verwiesen, wenn er seine Quote aufrechterhalten will. Die Sachverhalte unterscheiden sich derartig, dass sich eine analoge Anwendung des Art. 29 Abs. 7 der zweiten Kapitalrichtlinie verbietet. Danach fällt der vereinfachte Bezugsrechtsausschluss unter die allgemeinen Regeln des Bezugsrechtsausschlusses. Hingegen verlangt die Richtlinie lediglich, dass der Bezugsrechtsausschluss zumindest im Gesellschaftsinteresse zu liegen hat.[125] Darüber hinaus können die nationalen Mitgliedsstaaten weitere Regelungen treffen. Für den normalen Fall des Bezugsrechtsausschlusses haben nach dem deutschen Recht weitere Anforderungen in Form der sachlichen Rechtfertigung vorzuliegen, soweit die Rechte der Aktionäre beeinträchtigt werden. Generell haben nach dem nationalen Recht jedwede Maßnahmen im Gesellschaftsinteresse zu liegen.[126] Der vereinfachte Bezugsrechtsausschluss greift nicht in die Rechte der ausgeschlossenen Aktionäre ein. Deshalb bedarf er nicht der sachlichen Rechtfertigung. Dennoch darf von einem vereinfachten Bezugsrechtsausschluss nur Gebrauch gemacht werden, wenn dieser dem Gesellschaftsinteresse dient. Insoweit wird den europarechtlichen Anforderungen an einen Bezugsrechtsausschluss entsprochen.[127] Daneben besteht hingegen die Gefahr, dass es die Aktionäre verpassen, ihren Aktienbestand aufzustocken, um ihre Beteiligungsquote beizubehalten. Diese Gefahr wird durch die Publikationsvorschriften des Art. 29 Abs. 4 2.KpRL sowie des § 186 Abs. 4 AktG ausgeschlossen. Auch beim vereinfachten Bezugsrechtsausschluss sind diese Publikationspflichten zu beachten. Somit wird gewährleistet, dass die Aktionäre rechtzeitig Aktien über den Kapitalmarkt beziehen können.

Man kann daher zusammenfassen, dass der vereinfachte Bezugsrechtsausschluss nicht gegen die Regelungen des Bezugsrechtsausschlusses der zweiten Kapitalrichtlinie verstößt, soweit die Formalien eingehalten werden.

VII. Ergebnis

Als Ergebnis kann festgehalten werden, dass der vereinfachte Bezugsrechtsausschluss eine Art der faktischen Bezugsmöglichkeit darstellt und nicht in die Mitgliedschaftsrechte der Altaktionäre eingreift. Deswegen müssen lediglich die

---

[124] *Larenz*, Methodenlehre S. 258 ff., 269 ff.
[125] siehe oben Teil 2:Kapitel II:E)III. (S. 46)
[126] siehe oben Teil 2:Kapitel II:B)I. (S. 25)
[127] auch *Habersack*, EuGesR S. 142 Rdn. 200

Formerfordernisse erfüllt werden. Einer sachlichen Rechtfertigung bedarf dieser Bezugsrechtsausschluss nicht. Auch außerhalb der Zehn-Prozent-Grenze und bei Sachkapitalerhöhungen ist ein Bezugsrechtsausschluss ohne Eingriffe in die Rechte der Altaktionäre möglich, wenn der Ausgabebetrag in der Nähe des Börsenpreises liegt und ein Zukauf der Aktien gleicher Gattung über den Kapitalmarkt gewährleistet ist. Jedoch greifen hier nicht die Vermutungsregeln über die Zukaufsmöglichkeit der Altaktionäre des § 186 Abs. 3 S. 4 AktG. Diese Zukaufsmöglichkeit muss von der Verwaltung sichergestellt werden. Die Gewährleistung des Zukaufes kann mit erheblichem Aufwand verbunden sein. So muss eine Marktanalyse über die freien Aktien erstellt werden. Ein solcher Aufwand ist im Regelfall des § 186 Abs. 3 S. 4 AktG nicht notwendig. Insofern liegt die eigentliche Bedeutung des vereinfachten Bezugsrechts bei dem Regelfall des § 186 Abs. 3 S. 4 AktG. Zudem hat der vereinfachte Bezugsrechtsausschluss gegenüber dem mittelbaren Bezugsrecht nach § 186 Abs. 5 AktG den Vorteil, dass etwaige Bezugsfristen entfallen und dadurch die jungen Aktien optimal am Kapitalmarkt platziert werden können.

Kapitel IV: **Zuteilung der jungen Aktien an einen Gesellschafter**

Neben den ungeschriebenen materiellen Anforderungen an den Bezugsrechtsausschluss hat die Maßnahme dem § 53a AktG zu entsprechen. Danach sind alle Aktionäre unter gleichen Voraussetzungen gleich zu behandeln. Das Gleichbehandlungsgebot ist ein Bestandteil der mitgliedschaftlichen Stellung des einzelnen Aktionärs.[128] Es war schon vor der gesetzlichen Normierung des § 53a AktG weitgehend anerkannt.[129] In der Begründung war und ist das Gleichbehandlungsgebot umstritten.[130] Einigkeit besteht in dem Punkt, dass eine Ungleichbehandlung durch sachliche Gründe gerechtfertigt sein muss.[131] Dem ist zuzustimmen. Maßnahmen, welche die Mitgliedschaftsrechte einzelner Aktionäre verletzen, sind stets sachlich zu rechtfertigen.[132] Da es sich bei dem Gleichbehandlungsgebot nach § 53a AktG um ein Mitgliedschaftsrecht handelt, sind auch Eingriffe in dieses Recht sachlich zu rechtfertigen.

Eine Ungleichbehandlung im Rahmen einer Kapitalerhöhung unter Bezugsrechtsausschluss ist in drei verschiedenen Fällen denkbar. Zum einem kann das Bezugsrecht für alle Aktionäre ausgeschlossen sein und die jungen Aktien werden einem oder mehreren außenstehenden Dritten zugeteilt. Zum anderen kann das Bezugsrecht nur für einen Teil der Aktionäre ausgeschlossen sein und die jungen Aktien werden einem oder mehreren außenstehenden Dritten zugeteilt. Schließlich ist auch der Fall denkbar, dass das Bezugsrecht für einen Teil der Aktionäre ausgeschlossen wird und die jungen Aktien Altaktionären zugeteilt werden. Hier stellt sich die Frage, ob neben den ungeschriebenen Anforderungen des Bezugsrechtsausschlusses kumulativ auch eine sachliche Rechtfertigung nach § 53 a AktG vorzuliegen hat.

Grundsätzlich erfährt im Falle der Kapitalerhöhung der Grundsatz der Gleichbehandlung des § 53a AktG eine spezielle Regelung durch § 186 Abs. 1 S. 1 AktG.[133] Danach soll jedem Aktionär entsprechend seines Anteils am bisherigen Grundkapital ein Teil der jungen Aktien zugeteilt werden. Seine Beteiligungsquote soll nicht nur im bisherigen Verhältnis zum Grundkapital aufrechterhalten werden, sondern auch im Verhältnis zu den Beteiligungen der anderen Aktionä-

---

[128] AnwK-AktR/*Janssen* § 53a AktG Rdn. 4; KK/*Lutter/Zöllner* § 53 a Rdn. 7; MüHdbAktR/*Wiesner* § 17 Rdn. 11 f.
[129] BVerfGE 14, 263 [285] (Feldmühle); RGZ 52, 287 [293 f.]; 62, 52 [60]; 113, 153 [156]; 119, 220 [228]; BGHZ 33, 175 [186] (Minimax II); 44, 245 [256]; *G. Hueck*, Gleichmäßige Behandlung S. 35 ff., 44 ff., 331 ff.; *Hüffer*, NJW 1979, 1065 [1068]; MüHdbAktR/*Wiesner* § 17 Rdn. 11; *Wiedemann* GesR S. 427; *Zöllner*, Schranken S. 301 ff.
[130] zu den einzelnen Auffassung *K. Schmidt*, GesR § 16 II. 4. b) bb) (S. 462 f.)
[131] BGHZ 33, 175 [186] (Minimax II); 70, 117 [121] (Mannesmann); *Hefermehl/Bungeroth* in G/H/E/K § 53a Rdn. 13 f.; *G. Hueck*, Gleichmäßige Behandlung, S. 173 ff.; *Hüffer*, AktG § 53a Rdn. 10; KK/*Lutter/Zöllner* § 53a Rdn. 13 ff.; *Zöllner*, Schranken S. 303 ff.
[132] siehe oben Teil 2:Kapitel II:B)II. 2 (S. 28)
[133] i.E. *Zöllner*, AG 2002, 585 [588]

re. Deshalb kann der Norm zugleich für den Fall eines Bezugsrechtsausschlusses negativ entnommen werden, dass der Ausschluss des Bezugsrechtes nicht zu einer Verringerung der Beteiligungsquote im Verhältnis zu den übrigen Altaktionären führen darf. Die ungeschriebenen Anforderungen von § 53 a AktG decken sich insofern mit denen des § 186 Abs. 3 AktG. Deshalb müssen lediglich die Voraussetzungen für einen Bezugsrechtsausschluss nach § 186 Abs. 3 AktG vorliegen.

Verändert sich die Quote anderer Aktionäre im Verhältnis zu den vom Bezugsrecht ausgeschlossen durch diese Maßnahme, intensiviert sich die ungleiche Behandlung der Aktionäre untereinander. Die von der Zuteilung ausgeschlossenen Aktionäre erleiden einen weiteren Einflussverlust, da es ihnen erschwert wird, Mehrheiten gegen die Stimmenmacht der begünstigten Mehrheit zu bilden. Die von der Zuteilung übergangenen Aktionäre werden demnach zusätzlich benachteiligt. Es ist danach fraglich, ob diese fortschreitende Ungleichbehandlung allein durch die Anforderungen an einen Bezugsrechtsausschluss gerechtfertigt sein kann. Da sich die Anforderungen mit denen des Bezugsrechtsausschlusses weitgehend überschneiden, wird zum Teil vertreten, dass der Bezugsrechtsausschluss in diesen Fällen einer stärkeren sachlichen Rechtfertigung bedarf.[134] Eine stärkere sachliche Rechtfertigung ist hingegen zu pauschal. Vielmehr sollten die einzelnen Eingriffe jeweils für sich geprüft werden. Dies ergibt sich auch aus den unterschiedlichen Anknüpfungspunkten der Regelung. Der Bezugsrechtsausschluss beschäftigt sich primär mit der Beeinträchtigung der Aktionärsinteressen bezogen auf den anteiligen Verlust am Grundkapital, der Gleichbehandlungsgrundsatz hingegen auf das Verhältnis der Aktionäre untereinander. Kein Aktionär darf übervorteilt werden. Erfasst wird damit, dass nicht einzelne Aktionäre von negativen Maßnahmen ausgeschlossen werden dürfen. Aufgrund der unterschiedlichen Anknüpfungspunkte ist zunächst zu prüfen, ob ein Bezugsrechtsausschluss an sich sachlich gerechtfertigt ist. Erst danach ist zu prüfen, ob die Zuteilung der jungen Aktien an Altaktionäre bzw. die Ausnahme einzelner Aktionäre vom Bezugsrechtsausschluss nach § 53 a AktG sachlich gerechtfertigt ist. Es ist denkbar, dass zum Beispiel eine Sachkapitalerhöhung unter Bezugsrechtsausschluss sinnvoll und auch sachlich gerechtfertigt ist, die Zuteilung der jungen Aktien an einen Altaktionär eine nicht zu rechtfertigende Ungleichbehandlung darstellt, soweit außenstehende Dritte willens und in der Lage sind, einen entsprechenden Gegenstand gegen Zuteilung junger Aktien einzubringen.[135] Eine derartige Vorgehensweise führt zumindest bei Gesellschaften mit einem breiten Streubesitz zu einer höheren demokratischen Gerechtigkeit.

---

[134] *Zöllner*, AG 2002, 581 [588]
[135] So zum Beispiel, wenn für eine Produktionserweiterung eine Gewerbeimmobilie einzubringen ist. Kann diese auch von einem Dritten eingebracht werden, dann werden die Altaktionäre untereinander nicht über den Bezugsrechtsausschluss hinaus ungleich behandelt. Dabei dürfen natürlich keine zwingenden Gründe des Gesellschaftsinteresses entgegenstehen.

Zunächst können die Aktionäre die Stellungnahmen der Verwaltung besser nachvollziehen, sodass sie selbst Alternativen entwickeln und schließlich eine sorgsame Entscheidung treffen können. Daneben ist denkbar, dass sich bei den verschieden Beschlusspunkten – Ausschluss des Bezugsrechtes und Zuteilung der jungen Aktien – unterschiedliche Mehrheiten bilden können.

Kapitel V: Die Berichterstattungspflicht

Das Gesetz sieht in § 186 Abs. 4 S. 2 AktG vor, dass der Vorstand der Hauptversammlung einen Bericht über den Grund des teilweisen oder vollständigen Ausschlusses des Bezugsrechtes vorzulegen hat, in welchem zugleich der vorgeschlagene Ausgabepreis zu begründen ist. Diese Berichterstattungspflicht beruht auf Art. 29 Abs. 4 S. 3 2.KpRL und wurde durch das zweite EG-Koordinierungsgesetz[136] in das Aktiengesetz aufgenommen. Im Folgenden soll untersucht werden, wie im Vorfeld zu einer Hauptversammlung zu berichten ist, in welcher eine Kapitalerhöhung unter Bezugsrechtsausschluss beschlossen werden soll.

A) Sinn und Zweck der Berichtspflicht

Der Berichtspflicht werden im Wesentlichen zwei Funktionen zugeschrieben. Zum einem soll sie den Aktionären als Entscheidungsgrundlage für einen Beschluss über das Bezugsrecht dienen. Zum anderen soll die Rechtmäßigkeit der Beschlüsse anhand des Berichtes überprüft werden können. Im Folgenden sollen die einzelnen Funktionen näher dargestellt werden.

I. Bericht als Entscheidungsgrundlage der Aktionäre

Jeder Bezugsrechtsausschluss, welcher in die Mitgliedschaftsrechte der Aktionäre eingreift, muss sachlich gerechtfertigt sein.[137] Damit die Aktionäre eine sachgerechte Entscheidung über den vorgeschlagenen Bezugsrechtsausschluss treffen können, benötigen sie Informationen.[138] Eine sorgsame und abgewogene Entscheidung setzt eine sorgfältige Vorbereitung und diese wiederum die umfassende Kenntnis aller beurteilungsrelevanten Umstände voraus.[139] Deshalb sind Alternativen und deren Konsequenzen zum Bezugsrechtsausschluss aufzuzeigen, die für die Abstimmung der Aktionäre maßgebend werden können und zwar unabhängig davon, inwieweit Gründe oder Gegengründe bekannt sind oder als bekannt gelten.[140] Der Bericht soll die Aktionäre so in die Lage versetzen, dass sie auf seiner Grundlage die Fragen selbst beantworten können, ob der Bezugsrechtsausschluss dem Erfordernis einer im Gesellschaftsinteresse liegenden sachlichen Rechtfertigung genügt.[141] Daraus folgt, dass sich die inhaltlichen An-

---

[136] vom 13.12.1978 BGBl I S. 1959
[137] siehe oben Teil 2:Kapitel II:D) (S. 44)
[138] BGHZ 83, 319 [326] (Holzmann); *Bayer*, AG 1988, 323 [327]; *Lutter*, ZGR 1979, 401 [408 f.]; *Schwark*, FS Claussen S. 357 [367]; *Sinewe*, ZIP 2001, 403; *Westermann*, ZHR 156 (1992) 203 [217]
[139] LG München I, WM 1996, 305 [307]; KK/*Lutter*, § 186 Rdn. 56; *Lutter*, ZGR 1979, 401 [406]; *Schwark*, FS Claussen S. 357 [367]; *Sinewe*, ZIP 2001, 403; *Westermann*, ZHR 156 (1992) 203 [217]
[140] LG München I, WM 1996, 305 [307]; *Westermann*, ZHR 156 (1992) 203 [217]
[141] LG München I, WM 1996, 305 [307]; *Becker*, BB 1981, 394 [395]; GK/*Wiedemann*, § 186 Rdn. 117; *Hirte*, Bezugsrechtsausschluß und Konzernbildung S. 85 f.; *ders.*, DStR 2001, 577; KK/*Lutter*, § 186 Rdn. 88; *Lutter*, ZGR 1979, 401 [408]; *Sethe*, AG 1994, 342

forderungen an die Berichtspflicht mit den Anforderungen an die Rechtmäßigkeit des Hauptversammlungsbeschlusses decken.[142]

II. Kontrollfunktion des Berichtes

Das materielle Erfordernis der sachlichen Rechtfertigung von Bezugsrechtsausschlüssen ist ein ungeschriebenes Tatbestandsmerkmal. Als solches kann es im Wege der Anfechtungsklage gerichtlich überprüft werden (§ 243 Abs. 1 AktG).[143] Die Hauptversammlung muss über alle beurteilungsrelevanten Umstände unterrichtet werden, damit sie einen wirksamen Beschluss fassen kann.[144] Daraus folgt, dass sich die inhaltlichen Anforderungen an die Berichtspflicht mit den Anforderungen an die Rechtmäßigkeit von Hauptversammlungsbeschlüssen decken.[145] Deshalb kann der Bericht als Grundlage für eine gerichtliche Überprüfung des Beschlusses über den Ausschluss des Bezugsrechtes herangezogen werden.[146]

B) Inhalt und Umfang des Berichtes

I. Allgemeines zum Inhalt und Umfang

Inhalt und Umfang des Berichtes lassen sich nicht aus dem Gesetzeswortlaut des § 186 Abs. 4 S. 2 AktG entnehmen. Deshalb ist auf den der Regelung zugrundeliegenden Zweck abzustellen.[147] Nach § 131 Abs. 2 AktG hat die Auskunft des Vorstandes gegenüber Aktionären im Rahmen der Hauptversammlung den Grundsätzen einer gewissenhaften und getreuen Rechenschaft zu entsprechen. Mit dem Auskunftsrecht des Aktionärs nach § 131 Abs. 1 AktG wird bezweckt, dass sich der Aktionär Informationen beschaffen kann, die er für die sinnvolle Ausübung seiner Rechte braucht, die ihm in der Hauptversammlung oder als hauptversammlungsbezogene Rechte zustehen.[148] Die Berichtspflicht nach § 186 Abs. 4 S. 2 AktG steht ebenso wie die nach § 8 UmwG im engen Zusammenhang mit dem Auskunftsrecht nach § 131 Abs. 1 AktG. Die Berichte dienen der Beschlussfassung in der Hauptversammlung. Dem Aktionär sollen durch den Bericht alle entscheidungserheblichen Informationen gegeben werden. Der Aktionär wird regelmäßig keine Kenntnis von den Umständen der entsprechenden Maßnahmen haben. Um dennoch eine sorgsame Entscheidung treffen zu können, müsste er die Informationen vom Vorstand gem. § 131 Abs. 1 AktG erfra-

---

[353]; *Sturies*, Wpg. 581 [585]; *Timm*, JZ 1980, 665 [669]; zum Verschmelzungsbericht: *Bayer*, AG 1988, 323 [328]

[142] *Kindler*, ZGR 1998, 35 [60]
[143] siehe unten Teil 2:Kapitel VI:A)I. (S. 129)
[144] siehe oben Teil 2:Kapitel V:A)I. (S. 95)
[145] *Kindler*, ZGR 1998, 35 [60]
[146] BGHZ 83, 319 [326] (Holzmann); im einzelnen siehe unten Teil 2:Kapitel VI:A)I. 1 (S. 129)
[147] LG München I, WM 1996, 305 [307]; *Schockenhoff*, AG 1994, 45 [55]
[148] BayOLG AG 1996, 180 [181] (Allianz); *Hüffer*, AktG § 131 Rdn. 1; RegBegr. in *Kropff*, AktG S. 184

gen. Zum Teil werden ihm diese Informationen bereits im Vorfeld der Hauptversammlung zugänglich gemacht[149], damit er Kenntnis von den Informationen nehmen und diese bewerten kann.[150] In der Hauptversammlung kann der Aktionär Fragen zum Bericht an den Vorstand nach § 131 Abs. 1 AktG stellen. Danach trägt die Berichtspflicht zum einen dem allgemeinen Informationsbedürfnis der Aktionäre Rechnung und stellt zugleich eine besondere Auskunft i.S.d. § 131 Abs. 2 AktG dar. Insofern hat der Vorstand bei der Anfertigung seiner Berichte den Grundsätzen einer gewissenhaften und getreuen Rechenschaft des § 131 Abs. 2 AktG zu entsprechen.[151] Der Bericht muss wahr, vollständig und sachlich zutreffend sein.[152] Der Vorstand hat danach alle maßgeblichen Tatsachen offenzulegen und über die seiner Ansicht nach für einen Bezugsrechtsausschluss sprechenden sachlichen Gründe insoweit zu informieren, als dies ohne schädliche vorzeitige Preisgabe von Planungen der Gesellschaft möglich ist.[153] Zur Verfügung stehende Alternativen, welche zur Erreichung des Ziels ebenso geeignet wären, müssen benannt werden.[154] Indem die Aktionäre auf der Grundlage des Berichtes ihre Entscheidung treffen sollen, ist er jedenfalls dann unzureichend und fehlerhaft, wenn er nach Art, Umfang und Tiefe der Darstellung bei einer Gesamtwürdigung aus Sicht eines verständigen Aktionärs keine geeignete Informationsgrundlage mehr bietet.[155]

Der Bericht ist an die Hauptversammlung gerichtet. Er soll demnach der Gesamtheit der Aktionäre als Entscheidungsgrundlage dienen. Insoweit braucht der Bericht nur dem Informationsbedürfnis des verständigen Aktionärs zu entsprechen. Haben einzelne Aktionäre einen weiteren Informationsbedarf, können sie in der Hauptversammlung weitere Auskünfte verlangen (§ 131 Abs. 1 S. 1 AktG).

Da es sich bei dem Bezugsrechtsausschluss im Rahmen einer ordentlichen Kapitalerhöhung im Wesentlichen um gegenwärtige Ereignisse handelt, lassen sich die Gründe für einen Bezugsrechtsausschluss nahezu eindeutig bestimmen und

---

[149] im Falle einer Kapitalerhöhung unter Ausschluss des Bezugsrechtes im Rahmen einer Verschmelzung durch den Verschmelzungsbericht §§ 8, 63 Abs. 1 u. 3 UmwG; für Ausschlussbericht siehe unten Teil 2:Kapitel V:C) (S. 107)
[150] *Diekmann* in Semler/Stengel § 63 Rdn. 1
[151] für Verschmelzungsbericht nach § 8 UmwG *Gehling* in Semler/Stengel § 8 Rdn. 14
[152] OLG Braunschweig, ZIP 1998, 1585 [1591]; GK/*Dechner* § 131 Rdn. 246; *Hüffer*, AktG § 131 Rdn. 21
[153] OLG Schleswig, NZG 2004, 282 [284]; *Becker*, BB 1981, 394 [395]; *Hirte*, Bezugsrechtsausschluß und Konzernbildung S. 85 f.; *Henn*, AktR S. 668 Rdn. 1249; KK/*Lutter*, § 186 Rdn. 56; *Martens*, ZIP 1994, 671 [675]; *Sethe*, AG 1994, 348 [348, 351]; *Schockenhoff*, AG 1994, 45 [55]
[154] BGHZ 83, 319 [327] (Holzmann); OLG Schleswig, NZG 2004, 282 [284]; LG Frankfurt, AG 1984, 296 [299]; *Becker*, BB 1981, 394 [395]; *Hirte*, Bezugsrechtsausschluß und Konzernbildung S. 85 f.
[155] so für Bericht nach § 8 UmwG *Gehling* in Semler/Stengler § 8 Rdn. 11; Kallmeyer/*Marsch-Barner* § 8 Rdn. 6; *Lutter* in Lutter, UmwG § 8 Rdn. 14; *Strantz* in Schmitt/Hörtnagl/Strantz § 8 Rdn. 12

auf Fakten stützen, die gleichsam unter Beweis gestellt werden können.[156] Demnach ist es dem Vorstand auch tatsächlich möglich den (strengen) Berichtserfordernissen nachzukommen.
Der Bericht darf keine Informationen enthalten, die zum Nachteil bzw. zum Schaden der Gesellschaft führen. Insofern unterliegt auch der Bericht den Grenzen des § 131 Abs. 3 AktG.[157] Kann der Vorstand aufgrund seiner Geheimhaltungspflicht nicht alle Informationen offenlegen, welche die Aktionäre benötigen, um die Maßnahme bewerten zu können, muss ihm die Möglichkeit gegeben werden, den vollständigen Bericht von einem zur Verschwiegenheit verpflichteten Sachverständigen überprüfen zu lassen und dessen Stellungnahme in den Bericht an die Aktionäre aufzunehmen.[158]
In einzelnen Fällen braucht der Beschluss zum Bezugsrechtsausschluss ausnahmsweise nicht sachlich gerechtfertigt zu sein, wenn nicht in die Mitgliedschaftsrechte der Aktionäre eingriffen wird. Dies ist zum Beispiel regelmäßig im Rahmen eines vereinfachten Bezugsrechtsausschlusses i.S.d. § 186 Abs. 3 S. 4 AktG der Fall.[159] Bedarf der Bezugsrechtsausschluss nicht der sachlichen Rechtfertigung, braucht der Bericht auch keine entsprechenden Angaben zu den materiellen Voraussetzungen zu enthalten. Vielmehr gelten die allgemeinen Regeln zum Beschluss von Maßnahmen. Diese müssen zwar stets im Gesellschaftsinteresse liegen. Es braucht hingegen kein besonderer Bericht erstattet werden.
Schließlich ist in dem Bericht der Ausgabebetrag der jungen Aktien zu begründen (§ 186 Abs. 4 S. 2 HS. 2 AktG).

II.   Die einzelnen Prüfungspunkte

1.   Gründe für Kapitalerhöhung

Eine allgemeine Berichterstattungspflicht des Vorstandes zu einer Kapitalerhöhung unter Wahrung des Bezugsrechtes sieht das Gesetz nicht vor. Da es sich bei einer Kapitalerhöhung stets um eine unternehmerische Maßnahme handelt[160] und jedwede Maßnahmen dem Gesellschaftsinteresse zu entsprechen haben, muss den Aktionären spätestens in der Hauptversammlung der Zweck der Kapitalerhöhung dargelegt werden. Regelmäßig werden die Aktionäre ohnehin nur Maßnahmen bewilligen, wenn sie mit deren Gründen einverstanden sind.
Soll das Bezugsrecht der Aktionäre ganz oder teilweise ausgeschlossen werden, muss die damit bezweckte Maßnahme gerechtfertigt sein. Die bezweckte Maßnahme stellt regelmäßig den Grund der Kapitalerhöhung dar. Deshalb hat der Vorstand plausibel darzustellen, warum die Maßnahme aus unternehmerischer Sicht geboten ist.[161] Zudem hat er Angaben zu den Erwerbern der jungen Aktien

---

[156] *Kallmayer*, AG 1993, 249 [250]; *Martens*, ZIP 1992, 1677 [1682]
[157] BGH NJW 1978, 1316 [1318] (Kali und Salz); *Lutter*, ZGR 1979, 401 [408]
[158] BGH NJW 1978, 1317 [1318] (Kali und Salz)
[159] siehe oben Teil 2:Kapitel III:B)V. (S. 86)
[160] siehe oben Teil 2:Kapitel I:B) (S. 6)
[161] *Zöllner*, AG 2002, 585 [588]

zu machen[162], sodass die Aktionäre erkennen können, ob eine etwaige Ungleichbehandlung ebenfalls sachlich gerechtfertigt ist.

2. Geeignetheit

Im zweiten Schritt ist darzulegen, dass die Kapitalerhöhung unter Bezugsrechtsausschluss geeignet ist, die angestrebte, unternehmerisch sinnvolle Maßnahme zu erreichen. Insoweit genügt es, wenn er den Bezugsrechtsausschluss und die bezweckte Maßnahme plausibel mit einer adäquaten Kausalkette begründen kann.

3. Erforderlichkeit

Sodann hat der Vorstand zu erklären, warum der Bezugsrechtsausschluss für die Umsetzung der unternehmerischen Maßnahme erforderlich ist. Dazu muss er sämtliche in Betracht kommenden Alternativen nennen und deren Ablehnung sachlich begründen[163], unabhängig davon, ob die Gründe und Gegengründe bekannt sind oder als bekannt gelten können[164]. Auf entfernte oder abwegige Alternativen, die etwa aus wirtschaftlichen Gesichtspunkten nicht in Betracht kommen, muss nicht näher eingegangen werden.

4. Angemessenheit

Schließlich hat der Bericht das Interesse der Gesellschaft am Ausschluss des Bezugsrechtes mit den Interessen der ausgeschlossenen Aktionäre abzuwägen.[165] Es ist dazu erforderlich, dass zunächst die einzelnen Interessen aufgezeigt werden. Das bedeutet, dass der Vorstand anschaulich die wirtschaftliche, rechtliche und unter Umständen sogar die politische Bedeutung der Maßnahme für die Gesellschaft darzustellen hat.
Auf der anderen Seite hat der Vorstand die Eingriffe des Bezugsrechtsausschlusses in die Mitgliedschaftsrechte der Aktionäre offenzulegen. Zwar wird der Eingriff regelmäßig im Verlust des Stimmrechts liegen, jedoch ist der effektive Stimmkraftverlust stets vom Umfang der Kapitalerhöhung abhängig, bei welcher das Bezugsrecht ausgeschlossen werden soll. Fraglich ist in diesem Zusammenhang, ob auch diejenigen Personen, welchen die jungen Aktien zugeteilt werden sollen, nebst Zuteilungsquote und endgültiger Beteiligungsquote an der Gesellschaft genannt werden müssen. Soll das Bezugsrecht im Rahmen einer Sachkapitalerhöhung ausgeschlossen werden, ist die Person und der Nennbetrag der Aktien gem. § 183 Abs. 1 S. 2 AktG bekanntzumachen. Bei einer Barkapita-

---

[162] *Hirte*, EWiR § 203 AktG 1/03 299 [300]
[163] BGHZ 71, 40 [50] (Kali & Salz); 83, 319 [327] (Holzmann); LG Frankfurt, AG 1984, 296 [299]; AnwK-AktR/*Rebmann* § 186 AktG Rdn. 39; *Becker*, BB 1981, 394 [395]; *Hirte*, Bezugsrechtsausschluß und Konzernbildung S. 85 f.; *Lutter*, ZGR 1979, 401 [408]; *Semler*, BB 1983, 1566 [1568]
[164] GK/*Wiedemann* § 186 Rdn. 125; *Hefermehl/Bungeroth* in G/H/E/K § 186 Rdn. 113; KK/*Lutter* § 196 Rdn. 212
[165] AnwK-AktR/*Rebmann* § 186 Rdn. 39; *Lutter*, ZGR 1979, 401 [408]; *Semler*, BB 1983, 1566 [1568]

lerhöhung werden die beteiligten Personen nicht erwähnt. Ein Bezugsrechtsausschluss bei Barkapitalerhöhungen zu reinen Finanzierungszwecken ist regelmäßig schon nicht erforderlich und scheidet deshalb aus.[166] Werden andere Zwecke verfolgt, bei denen es auf einen bestimmten Erwerber der jungen Aktien ankommt – wie z.B. Abwehr feindlicher Übernahmen – muss dieser auch bekanntgemacht und näher vorgestellt werden. Die Aktionäre sollen nachvollziehen können, warum gerade diese Person den verfolgten Zwecken gerecht werden kann (z.b. warum sie besonders loyal bei Übernahmeverfahren sein soll). Hinsichtlich einer Offenlegung der endgültigen Beteiligungsquote begünstigter Personen im Rahmen von Kapitalerhöhungen enthält das Gesetz keine Regelungen. Eine Mitteilungspflicht besteht nach § 20 AktG, §§ 20, 21 WpHG, wenn einem Unternehmen mehr als 25 Prozent der Aktien der Aktiengesellschaft gehören. Zweck der Mitteilungspflicht ist es, die Aktionäre, die Gläubiger sowie die Öffentlichkeit über geplante und bestehende Konzernverbindungen zu unterrichten und nicht erkennbare Machtverhältnisse in der Aktiengesellschaft offen zu legen.[167] Die Aktiengesellschaft hat nach erhaltener Mitteilung das Bestehen einer solchen Beteiligung nach § 20 Abs. 6 AktG bekanntzumachen. Ohne die vorherige Mitteilung des entsprechenden Unternehmens besteht eine Pflicht zur Bekanntmachung selbst dann nicht, wenn die Aktiengesellschaft von dritter Seite erfährt, dass eine relevante Beteiligung besteht.[168] Da zunächst der Aktiengesellschaft die Beteiligungsquote mitgeteilt werden muss, diese aber im Rahmen der Beschlussfassung noch nicht besteht und deshalb nicht mitteilungspflichtig ist, braucht der Bericht zum Bezugsrechtsausschluss auch keine Angaben zur Beteiligungsquote des Erwerbers der jungen Aktien nach Durchführung der Kapitalerhöhung mit Bezugsrechtsausschluss i.S.d. § 20 AktG zu enthalten. Gleichzeitig muss aber beachtet werden, dass die Aktionäre mit dem Beschluss einer Kapitalerhöhung unter Ausschluss des Bezugsrechtes und der Zuteilung der jungen Aktien an einen Erwerber selbst die Gefahr eines Konzernverhältnisses schaffen. Als außenstehender Aktionär in einem Konzern sind die Mitgliedschaftsrechte den potentiellen Eingriffen des Mehrheitsgesellschafters ausgesetzt.[169] Damit die vom Bezugsrecht ausgeschlossenen Aktionäre eine sorgsame Entscheidung treffen können, müssen ihnen auch Konsequenzen der Entscheidung in konzernrechtlicher Sicht aufgezeigt werden. Deshalb ist es unumgänglich, dass ihnen die endgültige Beteiligungsquote der Erwerber der jungen Aktien mitgeteilt wird.

Nachdem die einzelnen Interessen dargestellt worden sind, sind diese sachlich gegeneinander abzuwägen. Dabei muss klar herauskommen, dass das Wohl und

---

[166] siehe oben Teil 2:Kapitel II:G)III. 1 (S. 57)
[167] BGHZ 114, 203 [215]; AnwK-AktR/*Heinrich* § 20 Rdn. 1; *Hüffer*, AktG § 20 Rdn. 1; KK/*Lutter* § 20 Rdn. 1
[168] BGHZ 114, 203 [215]
[169] z.B. BGHZ 65, 15 (ITT); BGHZ 95, 330 (Autokran)

die Entwicklung der Gesellschaft die Einzelinteressen der Aktionäre überwiegen.

5. Begründung des Ausgabebetrages

Nach § 186 Abs. 4 S. 2 HS. 2 AktG hat der Vorstand den Ausgabebetrag zu begründen. Das bedeutet zum einen, dass der Vorstand einen Ausgabebetrag der jungen Aktien im Bericht vorzuschlagen hat.[170] Zum anderen hat er diesen Ausgabebetrag unter Darlegung der Berechnungsgrundlagen und Bewertungskriterien zu fundieren.[171] Das gilt auch, wenn kein Ausgabebetrag oder nur ein Mindest- oder Höchstbetrag vorgeschlagen wird.[172] Die Hauptversammlung ist nicht an den vorgeschlagenen Ausgabepreis gebunden, sondern kann ihn selbst festlegen.[173] Aufgrund des Ausgabebetrages der jungen Aktien können die Aktionäre die Gefahr einer Vermögensverwässerung abschätzen. Das Risiko und der Umfang der zu erwartenden Vermögensbeeinträchtigung ist ein wesentlicher Aspekt der Entscheidungsfindung zum Bezugsrechtsausschluss. Wird ein unangemessen niedriger Ausgabebetrag festgelegt, besteht gem. § 255 Abs. 2 AktG die Möglichkeit der Anfechtung.

III. Inhalt und Umfang des Berichtes börsennotierter Gesellschaften

1. Eingeschränkte Berichtspflicht?

Börsennotierte Aktiengesellschaften stehen grundsätzlich einem breiten Publikum offen. So findet man in den Gesellschaften vor allem Anlageaktionäre. Die Anlageaktionäre bezwecken mit ihrer Beteiligung die Vermehrung ihres Vermögens. Die unternehmerischen Aspekte der Beteiligung spielen für sie kaum oder nur eine untergeordnete Rolle.[174] Deshalb wird zum Teil vertreten, dass an den Bericht in börsennotierten Gesellschaften erleichterte Anforderungen zu stellen sind.[175] Danach wird die Funktion des Berichtes in diesen Gesellschaften vor allem darin gesehen, die Aktionäre vor sorgfalts- oder treupflichtwidrigen Machenschaften zu warnen.[176] Dem ist entgegenzuhalten, dass die Voraussetzungen für einen Bezugsrechtsausschluss in börsennotierten Gesellschaften die gleichen sind wie in nicht börsennotierten Gesellschaften.[177] Insofern erfährt auch der Berichtszweck bei börsennotierten Gesellschaften keine veränderten Anforderungen. Ohnehin sind die notwendigen Fakten eines Bezugsrechtsausschlusses auch

---

[170] GK/*Wiedemann* § 186 Rdn. 127; *Hefermehl/Bungeroth* in G/H/E/K § 186 Rdn. 99 f.
[171] *Hefermehl/Bungeroth* in G/H/E/K § 186 Rdn. 99; *Hirte*, Bezugsrechtsausschluß und Konzernbildung S. 86
[172] *Hefermehl/Bungeroth* in G/H/E/K § 186 Rdn. 100; *Hüffer*, AktG § 186 Rdn. 24
[173] GK/*Wiedemann* § 186 Rdn. 127
[174] siehe oben Teil 2:Kapitel III:A)II. (S. 67)
[175] Kübler/Mendelson/Mundheim, AG 1990, 461 [475]
[176] Kübler/Mendelson/Mundheim, AG 1990, 461 [475]
[177] siehe oben Teil 2:Kapitel III:A)III. (S. 67)

in der börsennotierten Gesellschaft bekannt, sodass die Berichtserfordernisse von der Verwaltung ohne weiteres erfüllt werden können.[178]
Die Anlageaktionäre halten regelmäßig nur eine geringe Beteiligung an der Gesellschaft (regelmäßig hält jeder Aktionär wendiger als fünf Prozent am Grundkapital).[179] So könnte man vertreten, dass es auf das Stimmenpotential der außenstehenden Aktionäre nicht ankomme und diese deshalb auch nicht umfassend informiert werden müssen. Dem ist zum einen entgegenzuhalten, dass die Stimmen der außenstehenden Aktionäre in Publikumsgesellschaften mit breiter Streuung von Bedeutung sind, da sich Minderheiten zusammenschließen und sich deshalb unterschiedliche Mehrheit bilden können.[180] Insofern müssen auch die Minderheitsaktionäre umfassend informiert sein, damit sie eine sorgsame und abgewogene Entscheidung treffen können. Zum anderen dient die Berichterstattung nicht allein dem Ziel der Gesellschafterinformation, sondern ist auch eine notwendige Voraussetzung der Rechtmäßigkeitskontrolle.[181] Schon aus diesen Gründen kann nicht auf eine umfassende Berichterstattung verzichtet werden.[182]
Es kann daher festgehalten werden, dass die Berichtspflicht in börsennotierten Gesellschaften nicht eingeschränkt ist. Der Vorstand hat der Hauptversammlung im Vorfeld von solchen Beschlüssen, in denen das Bezugsrecht ausgeschlossen werden soll, einen umfassend Bericht zu erstatten.

2. *Berichtspflicht zum vereinfachten Bezugsrechtsausschluss nach § 186 Abs. 3 S. 4 AktG*

Die börsennotierten Aktiengesellschaften haben die Möglichkeit, eine Kapitalerhöhung unter vereinfachtem Bezugsrecht i.S.d. § 186 Abs. 3 S. 4 AktG durchzuführen.[183] Nach dem Wortlaut des § 186 Abs. 4 S. 2 AktG – welcher generell eine Berichtspflicht im Falle eines beabsichtigten Bezugsrechtsausschlusses vorsieht – ist zu diesem Bezugsrechtsausschluss ein Bericht zu erstatten. Welchen inhaltlichen Anforderungen der Bericht zu genügen hat, ist indes umstritten. So wird teilweise vertreten, dass der Bericht zum vereinfachten Bezugsrechtsausschluss den allgemeinen inhaltlichen Anforderungen zu genügen hat.[184] Die Vertreter dieser Auffassung gehen davon aus, dass es sich bei dem vereinfachten Bezugsrechtsausschluss um einen „echten" Bezugsrechtsausschluss und somit um einen Eingriff in die Mitgliedschaft der Aktionäre handelt. In § 186 Abs. 3 S. 4 AktG werde lediglich eine spezielle Abwägung für die materielle Zulässigkeit des Bezugsrechtsausschlusses getroffen. Deshalb sei das Interesse am höchsten Erlös, die Möglichkeit eines Zukaufs, der Ausgabekurs, das Nichtüberschreiten

---

[178] *Sethe*, AG 1994, 342 [452]
[179] siehe oben Teil 2:Kapitel III:A)IV. (S. 69)
[180] siehe oben Teil 2:Kapitel III:A)III. (S. 67)
[181] siehe oben Teil 2:Kapitel V:A)II. (S. 96)
[182] *Prister*, ZGR 1990, 420 [427]
[183] zu den Voraussetzungen siehe oben Teil 2:Kapitel III:B)I. (S. 74)
[184] *Hirte*, ZIP 1994, 356 [361]; KK/*Lutter*, § 186 Nachtrag zu § 186 Rdn. 18; *Lutter*, AG 1994, 429 [443]

der Zehn-Prozent-Grenze sowie Angaben zum Vollzug der Kapitalerhöhung neben dem allgemeinen Inhalt eines Berichtes zum Bezugsrechtsausschluss in dem Bericht zum vereinfachten Bezugsrechtsausschluss darzustellen. Dem ist entgegenzuhalten, dass es sich bei dem vereinfachten Bezugsrechtsausschluss nicht um einen „echten" Bezugsrechtsausschluss handelt, bei dem in die Aktionärsrechte eingegriffen wird, sondern vielmehr um eine faktische Bezugsmöglichkeit, bei welcher gerade keine Rechte der Aktionäre verletzt werden.[185] Demnach ist auch die Berichtspflicht im Gegensatz zum normalen Bezugsrechtsausschluss zu reduzieren.[186] Im Übrigen würde die Absicht des Gesetzgebers, den Bezugsrechtsausschluss für Fälle des § 186 Abs. 3 S. 4 AktG zu erleichtern, durch eine erweiterte Berichtspflicht ins Gegenteil umgewandelt werden.[187] Der Bericht hat deshalb nur über die Motivation zur Kapitalerhöhung mit vereinfachtem Bezugsrechtsausschluss zu informieren und braucht nur solche Angaben zu enthalten, aus denen sich ergibt, dass den Anforderungen des § 186 Abs. 3 S. 4 AktG entsprochen wird.[188]

So muss auch kein besonderes Interesse am höchsten Erlös der jungen Aktien dargestellt werden.[189] Zum einen werden die Rechte der Aktionäre nicht verletzt werden, sodass es keiner Abwägung der Interessen im Rahmen der sachlichen Rechtfertigung bedarf. Zum andern haben die Aktionäre auch keinen Anspruch auf einen höchsten Emissionserlös.[190] Schließlich hat die Gesellschaft per se ein Interesse am höchstmöglichen Erlös für die jungen Aktien, der vom Vorstand im Rahmen der rechtlichen und tatsächlichen Möglichkeiten verfolgt werden muss.[191] Der Vorstand braucht auch nicht plausibel darzulegen, weshalb die Gesellschaft alsbald auf neues Kapital bzw. auf das hohe Aufgeld angewiesen ist.[192] Zum einem ist es nicht Voraussetzung eines vereinfachten Bezugsrechtsausschlusses i.S.d. § 186 Abs. 3 S. 4 AktG, dass die Kapitalerhöhung rasch durchgeführt bzw. ein hohes Aufgeld erzielt wird, sondern lediglich der damit verfolgte Zweck.[193] Zum anderen wäre es für die Gesellschaft unzumutbar, wenn sie einen hohen Kapitalbedarf belegen müsste und damit auf eine Finanzschwäche hindeuten würde.[194]

---

[185] siehe oben Teil 2:Kapitel III:B)III. (S. 84)
[186] RegBegr. BT-Drucks. 12/6721 S. 10; *Martens*, ZIP 1994, 669 [675]; *Schwark*, FS Claussen S. 357 [371]; *Trapp*, AG 1997, 115 [120]
[187] *Claussen*, WM 1996, 609 [613]; *Schwark*, FS Claussen S. 357 [368]; *Trapp*, AG 1997, 115 [120]
[188] RegBegr. BT-Drucks. 12/6721 S. 10; *Claussen*, WM 1996, 609 [613]; *Hoffmann-Becking*, ZIP 1995, 1 [9 f.]; *Marsch-Barner*, AG 1994, 532 [538]; *Martens*, ZIP 1994, 669 [675]; *Trapp*, AG 1997, 115 [120]; *Vollhard*, AG 1998, 397 [402]
[189] so aber KK/*Lutter*, Nachtrag zu § 186 Rdn. 21; *Lutter*, AG 1994, 429 [443]
[190] *Schwark*, FS Claussen S. 357 [368]
[191] *Hoffmann-Becking*, ZIP 1995, 1 [9]; *Marsch-Barner*, AG 1994, 532 [538]; *Martens*, ZIP 1994, 669 [676]
[192] so aber KK/*Lutter*, Nachtrag zu § 186 Rdn. 21
[193] *Schwark*, FS Claussen S. 357 [369]; *Seibert/Köster/Kiem*, Kleine AG S. 115 Rdn. 216 f.
[194] *Schwark*, FS Claussen S. 357 [369]

Teilweise wird darüber hinaus gefordert, dass der Vorstand verpflichtet ist, plausibel zu begründen, weshalb ein Zukauf der Aktien zu vergleichbaren Bedingungen – wie der vorgeschlagene Ausgabebetrag der jungen Aktien – möglich sein sollte.[195] Dem ist entgegenzuhalten, dass ein Zukauf von Aktien über die Börse bei einer Kapitalerhöhung bis zu zehn Prozent des Grundkapitals vermutet wird.[196] Der Vorstand braucht gerade nicht sicherzustellen, dass sich tatsächlich genügend freie Aktien im Markt befinden. Da eine tatsächliche Zukaufsmöglichkeit keine Voraussetzung des § 186 Abs. 3 S. 4 AktG ist, braucht der Vorstand auch nicht darüber zu berichten. Damit qualifizierte Minderheitsaktionäre – welche eine Beteiligung von mindestens fünf Prozent besitzen – die Möglichkeit haben, über den Kapitalmarkt Aktien erwerben, um ihre Beteiligung aufrechterhalten zu können, ohne dass dadurch der Kurs der Aktien unangemessen in die Höhe getrieben wird, verlangen Teile der Literatur[197], dass diese Aktionäre frühzeitig über eine Kapitalerhöhung zu unterrichten sind. Dem ist zum einen entgegenzuhalten, dass etwaige Kurssteigerungen keine Benachteiligung für zukaufswillige Aktionäre darstellen.[198] Zum anderen läge in der Vorabinformation eines ausgewählten Aktionärskreises ein Verstoß gegen das Insiderverbot des § 14 WpHG.[199]

Hingegen verlangt der vereinfachte Bezugsrechtsausschluss, dass der Ausgabebetrag der jungen Aktien den Börsenpreis nicht wesentlich unterschreiten darf. Es handelt sich dabei um eine Voraussetzung des vereinfachten Bezugsrechtsausschlusses. Der Vorstand hat demnach den vorgeschlagenen Ausgabekurs zu begründen.[200] Wie der Vorstand den Ausgabekurs ermittelt, ist ihm überlassen.[201] Er hat die Hauptversammlung über seine anzuwendende Methode zu informieren und diese zu erläutern.
Der vereinfachte Bezugsrechtsausschluss ist des Weiteren nur zulässig, wenn die Zehn-Prozent-Grenze nicht überschritten wird. Unstreitig hat deshalb der Vorstand der Hauptversammlung zu berichten, dass diese Grenze nicht überschritten wird. Daneben wird zum Teil vertreten, dass er auch die konkrete Höhe der Kapitalerhöhung in seinem Bericht zu rechtfertigen hat.[202] Das Gesetz lasse zwar einen vereinfachten Bezugsrechtsausschluss für Kapitalerhöhungen bis zu zehn Prozent des Grundkapitals zu, aber besage nichts darüber, ob diese Höhe per se gerechtfertigt ist. Es ist für dieses Problem auf den Sinn und Zweck der Zehn-Prozent-Grenze abzustellen. Diese Grenze wurde deswegen eingeführt, weil der Gesetzgeber davon ausging, dass in diesen Fällen ein Zukauf zum Erhalt der re-

---

[195] *Lutter*, AG 1994, 429 [443]
[196] siehe oben Teil 2:Kapitel III:B)I. 2.d) (S. 79)
[197] *Claussen*, WM 1996, 609 [615]; *ders.*, AG 1995, 169; *Frey/Hirte*, ZIP 1991, 356 [359]
[198] siehe oben Teil 2:Kapitel III:B)I. 2.a) (S. 75)
[199] *Trapp*, AG 1997, 115 [116]
[200] *Groß*, DB 1994, 2431 [2434]; *Marsch-Barner*, AG 1994, 532 [538]; *Seibert/Köster/Kiem*, Kleine AG S. 114 Rdn. 214
[201] siehe oben Teil 2:Kapitel III:B)I. 2.b) (S. 78)
[202] *Lutter*, AG 1994, 429 [443]

lativen Beteiligung über die Börse möglich ist.[203] Eine Interessenabwägung wird mit der Regelung gerade nicht angesprochen, sodass es keiner Begründungspflicht durch den Vorstand bedarf.[204]
Zusammenfassend kann festgehalten werden, dass der Vorstand zum vereinfachten Bezugsrechtsausschluss i.S.d. § 186 Abs. 3 S. 4 AktG nur über das Vorliegen der Voraussetzungen dafür zu berichten braucht.

3. Berichterstattung zu Kapitalerhöhungen mit vereinfachtem Bezugsrechtsausschluss außerhalb des § 186 Abs. 3 S. 4 AktG

Die Rechte der Aktionäre werden auch nicht in den übrigen Fällen eines Bezugsrechtsausschlusses tangiert, wenn der Ausgabebetrag der jungen Aktien nicht wesentlich unter dem Börsenpreis liegt und ein Zukauf über die Börse gesichert ist.[205] Diese Fälle des Bezugsrechtsausschlusses entsprechen weitgehend dem geregelten Fall des vereinfachten Bezugsrechtsausschlusses gem. § 186 Abs. 3 S. 4 AktG. Insoweit kann grundsätzlich auf die Ausführung zur Berichterstattungspflicht zum vereinfachten Bezugsrechtsausschluss verwiesen werden.[206] Der Unterschied zu dem geregelten Fall besteht zum einen darin, dass die Möglichkeit des Zukaufs von Aktien über die Börse nicht vermutet wird. Deshalb darf das Bezugsrecht nur ausgeschlossen werden, wenn ein Zukauf sichergestellt ist. Da die Zukaufsmöglichkeit eine Voraussetzung des vereinfachten Bezugsrechtsausschlusses außerhalb des § 186 Abs. 3 S. 4 AktG ist, hat der Vorstand in seinem Bericht zum Bezugsrechtsausschluss plausibel darzulegen, wie sichergestellt werden soll, dass jeder zukaufswillige Aktionär tatsächlich die Möglichkeit erhält, Aktien über die Börse zu erwerben, damit er seine Beteiligungsquote aufrechterhalten kann.
Im Falle einer Sachkapitalerhöhung liegt der Unterschied zum vereinfachten Bezugsrechtsausschluss darin, dass der Ausgabebetrag der jungen Aktien den Börsenpreis nicht wesentlich unterschreiten darf und dem Wert der Sacheinlage entsprechen muss. Danach hat der Vorstand über den Wert der Sacheinlage und über die Methode zur Ermittlung des Börsenpreises plausibel zu berichten.[207]

4. Erleichterte Berichtspflicht im Rahmen von Übernahmen (§ 16 Abs. 4 WpÜG)?

Im Rahmen von Übernahmeverfahren unterliegen Zielgesellschaft, dass heißt Gesellschaften, die übernommen werden sollen, erleichterten Anforderungen für das Abhalten einer Hauptversammlung (Nach § 16 Abs. 5 WpÜG). So verkürzt sich die Einberufungsfrist des § 123 AktG auf zwei Wochen vor dem Tag der Versammlung (§ 16 Abs. 4 S. 1 WpÜG). Die Gesellschaft kann abweichend von den gesetzlichen oder satzungsmäßigen Bestimmungen einen anderen Versamm-

---

[203] siehe oben Teil 2:Kapitel III:B)I. 2.d) (S. 79)
[204] *Schwark*, FS Claussen S. 357 [370]
[205] siehe oben Teil 2:Kapitel III:B)V. (S. 86)
[206] siehe oben Teil 2:Kapitel V:B)III. 2 (S. 102)
[207] daneben bestehen die allgemeinen Pflichten in Bezug auf Sacheinlagen nach § 183 AktG

lungsort bestimmen (§ 16 Abs. 4 S. 2 WpÜG). Um eine möglichst hohe Präsenzzahl in der Hauptversammlung zu ermöglichen, soll die Vollmachtserteilung für Stimmrechte erleichtert werden (§ 16 Abs. 4 S. 4 WpÜG).[208] Mitteilungen im Vorfeld der Hauptversammlung, ein Bericht nach § 186 Abs. 4 S. 2 AktG und fristgerecht eingereichte Anträge von Aktionären sind allen Aktionären zugänglich und in Kurzform bekanntzumachen (§ 16 Abs. 4 S. 5 WpÜG). Hinsichtlich des Inhaltes eines Ausschlussberichtes nach § 186 Abs. 4 S. 2 AktG enthält das WpÜG keine Regelungen.

Die Erleichterungen des § 16 Abs. 4 WpÜG beschränken sich auf die organisatorischen Aspekte der Durchführung einer Hauptversammlung.[209] Dem Sinn und Zweck der Vorschrift ist nicht zu entnehmen, dass der Vorstand einer erleichterten Berichterstattungspflicht zu Bezugsrechtsausschlüssen unterliegt bzw. gänzlich von dieser befreit werden soll. An der umfassenden Berichterstattung durch den Vorstand besteht auch übernahmerechtlich ein starkes Bedürfnis, denn nur die umfassend informierte Hauptversammlung vermag sachgerecht über die verwaltungsseitig vorgeschlagenen Abwehrmaßnahmen zu entscheiden.[210]

Danach unterliegt die Berichterstattungspflicht zu Kapitalerhöhungen im Rahmen von Übernahmeverfahren nach dem WpÜG, in denen zugleich das Bezugsrecht ausgeschlossen werden soll, den allgemeinen Anforderungen des § 186 Abs. 4 S. 2 AktG.

5. Berichterstattung nach kapitalmarktrechtlichen Vorschriften

Neben den aktienrechtlichen Publikationspflichten unterliegen börsennotierte Aktiengesellschaften den kapitalmarktrechtlichen Publikationspflichten.[211] Diese Publikationspflichten stehen neben den Verpflichtungen zur Bekanntgabe von Informationen des Aktiengesetzes. Will das Aktiengesetz mit der Berichtspflicht nach § 186 Abs. 4 S. 2 AktG die Aktionäre vor Eingriffen in ihre Rechte bewahren[212], streben die kapitalmarktrechtlichen Informationspflichten einen Funktionsschutz des Kapitalmarktes und der Wirtschaft sowie einen Schutz der Kapitalanleger an. Dabei orientieren sich die kapitalmarktrechtlichen Schutzvorschriften am Interesse des Anlagepublikums und nicht am Interesse der Aktionäre.[213] Die kapitalmarktrechtlichen Publikationsvorschriften überschneiden sich deshalb nur teilweise mit den gesellschaftsrechtlichen Vorschriften. Nach Art und Umfang ist die börsenrechtliche Publizität als Zulassungsvoraussetzung nicht mit der parallelen aktienrechtlichen Publizität vor und bei der Aktienausgabe zu vergleichen.[214] Für den konkreten Fall des Bezugsrechtsausschlusses bei Kapitalerhöhungen bleiben die kapitalmarktrechtlichen Publikationsvorschriften

---

[208] AnwK-AktR/*Sohbi* § 16 WpÜG Rdn. 9
[209] AnwK-AktR/*Sohbi* § 16 WpÜG Rdn. 10
[210] *Kiem*, ZIP 2000, 1509 [1514]
[211] z.B. Ad-hoc-Publizität (§ 15 WpHG); Zwischenberichtspflicht (§ 40 BörsG); Prospektpflicht (VerkProspG, VerkProspV)
[212] siehe oben Teil 2:Kapitel II:E)III. (S. 46), Teil 2:Kapitel V:A) (S. 95)
[213] *Hopt*, ZHR 141 (1977) 389 [395, 431]; *Lutter*, AcP 180 (1980) S 85 [156 f.]
[214] *Hopt*, ZHR 141 (1977) 389 [395]

(z.B. § 15 WpHG[215]) in ihrem Schutz vor Beeinträchtigungen der Mitgliedschaftsrechte der Aktionäre hinter den gesellschaftsrechtlichen Schutzvorschriften zurück. Insofern wird ein Schutz der Mitglieder durch Informationen über die Maßnahme nur durch die Vorschriften des Aktienrechtes gewährleistet.[216] Hingegen wird die Berichtspflicht nach § 186 Abs. 4 S. 2 AktG bei börsennotierten Gesellschaften zum Teil als eine (auch) kapitalmarktrechtliche Informationspflicht angesehen.[217] Diese Auffassung ist insoweit richtig, als die Informationen des Ausschlussberichtes geeignet sind, die Gesellschaft hinsichtlich ihrer Entwicklung und ihren Absichten zu beurteilen. Damit können diese Informationen der Bewertung des Unternehmens sowie einer Anlageentscheidung zugrunde gelegt werden. Jedoch ist der Bericht nicht der breiten Öffentlichkeit, sondern lediglich den Anteilseignern zugänglich zu machen. Insoweit kann die Berichtspflicht nach § 186 Abs. 4 S. 2 AktG nicht als eine zusätzliche kapitalmarktrechtliche Informationspflicht, sondern lediglich als eine zusätzliche Informationsquelle angesehen werden.

C) Form und Veröffentlichungszeitpunkt des Berichtes

I. Schriftlicher Bericht, § 186 Abs. 4 S. 2 AktG

Der Vorstand hat der Hauptversammlung gem. § 186 Abs. 4 S. 2 AktG einen *schriftlichen* Bericht über den Ausschluss des Bezugsrechtes zu erstatten. Eine Legaldefinition der Schriftform enthält § 126 BGB. Danach ist die Urkunde vom Aussteller eigenhändig durch Namensunterschrift oder mittels notariell beglaubigten Handzeichens zu unterzeichnen. Dennoch ist fraglich, ob der Bericht dem Schriftformerfordernis des § 126 BGB entsprechen muss oder es nicht vielmehr genügt, dass der Bericht der Hauptversammlung als lesbares Dokument vorliegt und für die Aktionäre die Urheberschaft des Vorstandes klar erkennbar ist.[218]

Als unproblematisch würde die Formvorschrift des BGB dann gelten, wenn dies ausdrücklich gesetzlich angeordnet wäre. Eine entsprechende Anwendung der Regeln des BGB ist für das HGB gem. Art. 2 Abs. 1 EGHGB vorgeschrieben. Das AktG enthält keinen gesetzlichen Verweis. Die im AktG vorgesehene Schriftform wird auch nicht näher definiert. Andere formelle Regelungen des AktG werden ebenfalls nicht erläutert.[219] Es handelt sich bei den nicht näher bestimmten Formvorschriften immer um solche, welche eine besondere Behandlung im BGB erfahren haben (z.B. Schriftform, Textform, notarielle Beurkun-

---

[215] zur Kursrelevanz der Kapitalerhöhung vgl. *Schwark*, KMRK, § 15 WpHG Rdn. 173 Stichpunkt: Kapitalmaßnahmen
[216] siehe oben Teil 2:Kapitel II:C)III. (S. 42)
[217] *Hirte*, DStR 2001, 577
[218] *Hüffer*, FS Claussen S. 171 [178]
[219] vgl. z.B. § 23 Abs. 1 AktG: *notarielle Beurkundung*; *notariell beglaubigte Vollmacht* §§ 32 Abs. 1; 145 Abs. 4 S. 1; 171 Abs. 2 S. 1; 186 Abs. 4 S. 2; 239 a Abs. 1 S. 1; 293 e Abs. 1 S. 1; 319 Abs. 3 S. 1 Nr. 3; 327 c Abs. 3 S. 1 AktG: *schriftlicher* Bericht; § 90 Abs. 4 S. 2 AktG: Bericht in *Textform*; § 312 Abs. 1 S. 1 AktG: Bericht ohne Formerfordernis

dung, notarielle Beglaubigung). Besondere Formvorschriften des Aktienrechtes werden entsprechend detailliert definiert.[220] Dies lässt den Schluss zu, dass ergänzend zu den Regeln des Aktiengesetzes die Vorschriften des Bürgerlichen Gesetzbuches Anwendung finden sollen.[221]
Der logische Schluss, dass die Formvorschriften des Bürgerlichen Gesetzbuches auch im Aktiengesetz gelten sollen, entspricht auch der historischen Entwicklung des Aktienrechtes. Bis 1937, als das Aktiengesetz aus dem Handelsgesetzbuch ausgegliedert wurde, ordnete Art. 2 Abs. 1 EGHGB die subsidiäre Geltung der Regelungen des Bürgerlichen Gesetzbuches auch auf das Aktienrecht an. Eine entsprechende Anordnung wurde bei Ausgliederung des Aktienrechtes nicht in das Aktiengesetz aufgenommen. Indem die subsidiäre Anwendung des Bürgerlichen Gesetzbuches weiterhin vorausgesetzt wird, ist davon auszugehen, dass es der Gesetzgeber verpasst hat, eine dem Art. 2 S. 1 EGHGB entsprechende Regelung in das Aktiengesetzes aufzunehmen. Es gelten daher grundsätzlich auch im Aktiengesetz die Formerfordernisse des Bürgerlichen Gesetzbuches, soweit das Aktiengesetz keine besondere Form anordnet.

Für das Formerfordernis des § 186 Abs. 4 S. 2 AktG könnte dann etwas anderes gelten, wenn die europäische Schriftform dem deutschen Schriftformerfordernis widersprechen würde. § 186 Abs. 4 S. 2 AktG beruht auf Art. 29 Abs. 4 S. 3 2.KpRL. Jedoch sagen weder die Richtlinie selbst noch andere Quellen etwas über die Schriftform aus.[222] Schriftform erfordert zumindest, dass der Bericht in Zeichen zu fixieren ist.[223] Damit werden mündliche Ausführungen des Vorstandes an die Hauptversammlung ausgeschlossen.[224] Der nationale Gesetzgeber kann neben die Fixierung des Berichtes strengere Regelungen treffen.[225] Deshalb verstößt die Schriftform des § 126 BGB nicht gegen Art. 29 Abs. 4 S. 3 2.KpRL.

Aus dem Sinn und Zweck der Schriftform könnte sich ein anderes Verständnis im Aktienrecht ergeben, als es von § 126 BGB gefordert wird. Zum einen dient der Bericht der gerichtlichen Kontrolle.[226] Insofern würde es genügen, wenn der Bericht dauerhaft in Schriftzeichen fixiert ist.[227] Anderseits wird mit der schriftlichen Berichtspflicht bezweckt, dass die Aktionäre ein formalisiertes Informationsrecht haben sollen[228], um sich auf den Beschluss in der Hauptversammlung hinreichend vorbereiten zu können.[229] Ob der Vorstand seinen Informations-

---

[220] z.B.: Bekanntmachung, § 25 AktG; Niederschrift, § 130 AktG
[221] generelle Geltung des § 126 BGB für Vorschriften des Privatrechts, wenn diese Schriftform vorsehen; LG Berlin, DB, 2004, 589; Palandt/*Heinrichs* § 126 Rdn. 1
[222] *Hüffer*, FS Claussen S. 171 [175]
[223] Bertelsmann/„Schrift"
[224] *Becker*, BB 1981, 394 [395]
[225] siehe oben Teil 2:Kapitel II:E)IV. (S. 48)
[226] siehe oben Teil 2:Kapitel V:A)II. (S. 96)
[227] i.E. *Becker*, BB 1981, 394 [395]
[228] so RegBegr. BT Drucks. 12/6699 S. 83 zu Bericht nach § 8 UmwG
[229] siehe oben Teil 2:Kapitel V:A)I. (S. 95)

zweck mit dem Bericht erreicht, ist unabhängig davon, ob der Bericht vom Vorstand unterschrieben ist.[230] Für die Richtigkeit des Berichtes hat der gesamte Vorstand einzustehen. Anders verhält es sich beim Jahresabschluss und dem Jahresbericht (§§ 245, 264 Abs. 1 S. 2 HGB) sowie beim Abhängigkeitsbericht (§§ 312 ff. AktG). Diese Berichte müssen von jedem Vorstandsmitglied unterzeichnet werden.[231] In den genannten Fällen können die Vorstandsmitglieder einzeln in Form von Bußgeldern (§ 334 Abs. 1 Nr. 1 lit. a HGB), Zwangsgeldern (§ 335 S. 1 Nr. 1 HGB; § 407 Abs. 1 S. 1 AktG) oder besonderen Schadensersatzpflichten (§ 318 Abs. 1 S. 1 AktG) zur Verantwortung gezogen werden. Eine solche Festsetzung der Einzelverantwortung fehlt für die Berichtspflicht nach § 186 Abs. 4 S. 2 AktG. Deshalb wird zum Teil angenommen, dass es keine Sachgründe gibt, welche eine Unterzeichnung sämtlicher Vorstandsmitglieder rechtfertigt.[232] Dem ist entgegenzuhalten, dass es sich bei dem Bericht zugleich um eine Wissenserklärung handelt. Die Aktionäre sollen umfassend über die Gründe eines Bezugsrechtsausschlusses informiert werden.[233] Jedes Vorstandsmitglied hat deswegen sein Wissen weiterzugeben und dies mit seiner Unterschrift zu dokumentieren.[234] Des Weiteren ist nicht einsichtig, warum die Berichtspflicht des Vorstandes unterschiedliche Ausprägung erhalten soll. Insofern ist nach dem Sinn und Zweck die Schriftform des § 126 BGB zu wahren.

Schließlich stellt sich die Frage, ob sich das einzelne Vorstandsmitglied bei der Unterzeichnung vertreten lassen kann. Eine Vertretung wäre dann möglich, wenn es sich bei der Berichtspflicht um ein Rechtsgeschäft handeln würde. Bei dem Bericht nach § 186 Abs. 4 S. 2 AktG handelt es sich um eine Wissenserklärung.[235] Insoweit ist zu erörtern, ob eine Vertretung in der Wissenserklärung rechtlich möglich ist. Überwiegend wird eine Vertretung der Wissenserklärung abgelehnt.[236] Unzweifelhaft ist eine Vertretung im Wissen nicht möglich, weil nur derjenige Wissen bekunden kann, der es selbst hat.[237] Vielmehr geht es um den Fall, dass der zur Wissenserklärung verpflichtete sein Wissen bekundet und einen Dritten als Gehilfen in die Erklärungshandlung einschaltet.

---

[230] *Hüffer*, FS Claussen S. 171 [179]; für Umwandlungsbericht nach § 8 UmwG: *Müller*, NJW 2000, 2001 [2002]
[231] *Baumbach/Hopt* § 245 Rdn. 1; § 264 Rdn. *Hüffer*, AktG § 312 Rdn. 2
[232] *Hüffer*, FS Claussen S. 171 [179]
[233] siehe oben Teil 2:Kapitel V:B)I. (S. 96)
[234] so zum Umwandlungsbericht LG Berlin, DB 2004, 589; *Gehling* in Semler/Stengel § 8 Rdn. 5
[235] *Hüffer*, FS Claussen S. 171 [180 ff.]; für Umwandlungsbericht nach § 8 UmwG: LG Berlin, DB 2004, 589; *Gehling* in Semler/Stengel § 8 Rdn. 5; *Grunewald* in G/H/E/K § 340a Rdn. 18 Kallmayer/*Marsch-Barner* § 8 Rdn. 2; KK/*Kraft* § 340a Rdn. 4 ff.; *Lutter* in Lutter, UmwG § 8 Rdn. 8; *Streitz* in Schmitt/Hörtnagl/Streitz, UmwG § 8 Rdn. 5
[236] LG Berlin, DB 2004, 589; *Gehling* in Semler/Stengler § 8 Rdn. 5; *Grunewald* in G/H/E/K § 340a Rdn. 18 Kallmayer/*Marsch-Barner* § 8 Rdn. 2; KK/*Kraft* § 340a Rdn. 4 ff., *Lutter* in Lutter, UmwG § 8 Rdn. 8; *Streitz* in Schmitt/Hörtnagl/Streitz, UmwG § 8 Rdn. 5; a.A. *Hüffer*, FS Claussen S. 171 [180 ff.]; *Müller*, NJW 2000, 2001 [2002 f.]
[237] OLG Celle, NJW-RR 1988, 956 [957]; *Hüffer*, FS Claussen S. 171 [181]

Tätigt ein zur Einzelvertretung berechtigtes Vorstandsmitglied ein Rechtsgeschäft, wird ihm das Wissen der anderen Vorstandsmitglieder zugerechnet, welche nicht am Rechtsgeschäft beteiligt und unter Umständen bereits aus dem Vorstand ausgeschieden sind.[238] Die Wissenszurechnung dient dem Schutz des Vertragspartners der Aktiengesellschaft. Bei der Berichtspflicht des Vorstandes an die Hauptversammlung geht es darum, dass sämtliches relevante Wissen des Vorstandes in seiner Funktion als Organ im Bericht offengelegt wird.[239] Insofern ist dieser Sachverhalt nicht mit dem Sachverhalt vergleichbar, in dem zurückgehaltenes Wissen eines Organmitgliedes bei Vertragsabschluss zugerechnet wird. Dem Bericht, welcher von einem Vorstandsmitglied legitimiert wurde, kann deshalb nicht entnommen werden, dass der Bericht auf dem Wissen aller Mitglieder des Vorstandes basiert.

Das Organ einer juristischen Person kann in der Erklärung seines Willens vertreten werden, da dieser durch Abstimmungen und Beschlüsse festgestellt werden kann.[240] Hinsichtlich des Wissens ist dies nicht möglich, da der Vertreter schlechterdings nicht erklären kann, was das einzelne Organmitglied wirklich weiß, sondern er kann nur das Wissen weiterleiten, welches das betreffende Organmitglied ihm gegenüber offenkundig gemacht hat. Insofern scheidet eine Vertretung in der Wissenserklärung aus.[241] Die Manifestation des Wissens kann lediglich durch einen Boten übermittelt werden. Anders als bei der Stellvertretung hat der Mitteilungsverpflichtete die erforderlichen Formvorschriften zu wahren. Das bedeutet, dass er den Bericht selbst unterschreiben muss.

Abschließend kann festgehalten werden, dass der Bericht zum Bezugsrechtsausschluss nach § 186 Abs. 4 S. 2 AktG der Schriftform des § 126 BGB zu entsprechen hat. Das Formerfordernis richtet sich an den Vorstand als Gesamtorgan, sodass jedes Vorstandsmitglied den Bericht persönlich zu unterzeichnen hat.

II. Veröffentlichungszeitpunkt des Berichtes

Der Vorstand ist verpflichtet der Hauptversammlung über den Grund des Bezugsrechtsausschlusses einen Bericht vorzulegen (§ 186 Abs. 4 S. 2 AktG). Wann und wie ein solcher Bericht zu veröffentlichen ist, ergibt sich nicht aus der Vorschrift. Eindeutig ist hingegen die Bekanntgabe des Beschlussvorschlages über einen Bezugsrechtsausschluss geregelt. Dieser Beschlussvorschlag ist ausdrücklich und ordnungsgemäß nach § 124 Abs. 1 AktG bekannt zu geben (§ 186 Abs. 4 S. 1 AktG). Im Folgenden soll erörtert werden, wann und wie den Aktionären der Bericht zugänglich zu machen ist.

---

[238] BGHZ 41, 282 [287]; 109, 327 [331]
[239] i.E. OLG Stuttgart, Beschl. v. 3.12.2003 – 20 W 6/03 (II. 1.)
[240] so Vorsitzender des Betriebsrates § 26 II S.1 BetrVG; Aufsichtsratsvorsitzender § 107 II S. 1 AktG
[241] i.E. LG Berlin, DB 2004, 589; diesen Unterschied verkennt *Müller*, NJW 2000, 2001 [2002 f.], wenn er die Vertretung bei Vertragsabschluss nach § 4 UmwG mit Weitergabe von Wissen nach § 8 UmwG gleichsetzt

1. Wortlaut

Nach dem Wortlaut des § 186 Abs. 4 S. 2 AktG ist der Bericht der Hauptversammlung vorzulegen. Die Hauptversammlung ist das Organ, in dem die Aktionäre ihre Rechte gem. § 118 AktG ausüben.[242] Insofern ist nach dem Wortlaut nur diesem Organ und nicht den einzelnen Aktionären bereits vor der Hauptversammlung der Bericht bekanntzugeben.[243]

2. Historie

Der deutsche Gesetzgeber führte die Berichtspflicht in § 186 AktG ein, um die zweite Kapitalrichtlinie der EG[244] ordnungsgemäß umzusetzen.[245] Dabei übernahm er fast wörtlich die Vorschrift des Art. 29 Abs. 4 S. 3 2.KpRL. Hätte der Gesetzgeber gewollt, dass der Bericht bereits im Vorfeld der Hauptversammlung den Aktionären zugänglich gemacht werden sollte, hätte er dies ausdrücklich anordnen können, wie er es für den Lagebericht, den Gewinnverwendungsbericht und den Konzernbericht in § 175 Abs. 2 AktG sowie für die Berichte im Rahmen einer Umwandlung in § 63 Abs. 1 u. 2 UmwG getan hat.[246] Indem die Spitzenverbände der Wirtschaft vorgeschlagen haben, den Bericht nach § 186 Abs. 4 S. 2 AktG zusammen mit den Mitteilungen nach § 125 AktG zu versenden, hatte der Gesetzgeber auch Kenntnis von der bestehenden für die Aktionäre unbefriedigenden Situation. Da er diesen Vorschlag nicht aufgegriffen hat, ist davon auszugehen, dass er eine Vorabinformation der Aktionäre über den Bezugsrechtsausschluss nicht für erforderlich hielt.[247]

Andererseits beschäftigte sich der Gesetzgeber in § 16 Abs. 4 S. 5 WpÜG ebenfalls mit der Berichtspflicht nach § 186 Abs. 4 S. 2 AktG. Dieser Bericht ist zusammen mit anderen Mitteilungen den Aktionären zugänglich und in Kurzfassung bekanntzumachen. Die Regelung des § 16 Abs. 4 S. 5 WpÜG will die Organisation der Hauptversammlung wesentlich erleichtern.[248] Da die Regelung eine Erleichterung der Berichtspflicht erzielen will, dabei im Vorfeld der Hauptversammlung ansetzt, geht der Gesetzgeber bei Erlass der Regelung offensichtlich davon aus, dass der Vorstandsbericht zum Bezugsrechtsausschluss im ordentlichen Verfahren bereits vor der Hauptversammlung den Aktionären zugänglich gemacht werden soll.

Ebenso soll der Vorstand gem. Nr. 2.3.1. S. 3 DCGK „die vom Gesetz für die Hauptversammlung verlangten Berichte ... nicht nur auslegen und den Aktionä-

---

[242] *Hüffer*, AktG § 118 Rdn. 2 f.; *Raiser*, KapGesR § 16 Rdn. 1 (S. 224); *K. Schmidt*, GesR § 28 IV. 1. (S. 837)
[243] OLG Bremen, ZIP 1991, 1589 [1594]; *Hefermehl/Bungeroth* in G/H/E/K § 186 Rdn. 104; *Martens*, ZIP 1992, 1677 [1686]
[244] 77/91/EWG Abl.EG Nr. L 26/1 vom 31. Januar 1977; abgedr. in *Lutter*, Europäisches Unternehmensrecht S. 114 ff.
[245] BGBl. I 1978 S. 1959
[246] *Marsch*, AG 1981, 211 [214]; *Sinewe*, ZIP 2001, 403 [405]
[247] BGHZ 120, 141 [155 f.]; *Hefermehl/Bungeroth* in G/H/E/K § 186 Rdn. 101; *Marsch*, AG 1981, 211 [214]
[248] RegBegr. BT-Druchs. 14/7034 S. 47; AnwK-AktR/*Sohbi* § 16 WpÜG Rdn. 10

ren auf Verlangen übermitteln, sondern auch auf der Internetseite der Gesellschaft zusammen mit der Tagesordnung veröffentlichen". Erfasst wird davon auch der Bericht zum Bezugsrechtsausschluss als ein vom Gesetz für die Hauptversammlung erforderlicher Bericht gem. § 186 Abs. 4 S. 2 AktG. Die Vorschrift geht davon aus, dass nach den gesetzlichen Regelungen des AktG und des UmwG sämtliche Berichte unter die Publikationspflicht des § 175 Abs. 2 AktG bzw. vergleichbaren Vorschriften (z.B. § 63 Abs. 1 u. 3 UmwG) fallen und die Berichte bereits vor der Hauptversammlung den Aktionären in Kurzform bekannt gegeben bzw. zugänglich gemacht werden. Da dass Aktiengesetz mit § 161 AktG auf den DCGK bezug nimmt, sind etwaige Grundaussagen des DCGK über Regelungen einzelner aktienrechtlicher Vorschriften bei deren Auslegung beachtlich.[249] Insofern könnte man darauf schließen, dass der Gesetzgeber den Bericht zum Bezugsrechtsausschluss denselben Publikationserfordernissen unterwerfen wollte, wie die Berichte nach § 175 AktG. Es darf hingegen nicht verkannt werden, dass der DCGK nicht vom parlamentarischen Gesetzgeber in einem ordentlichen Gesetzgebungsverfahren erlassen, sondern von einer Kommission geschaffen wurde.[250] Insofern kann diese den gesetzgeberischen Willen bei der Auslegung einzelner aktienrechtlicher Normen nur darstellen bzw. wiedergeben. Sie vermag es nicht, einzelnen Vorschriften einen gesetzgeberischen Willen aufzuerlegen. Grundaussagen über aktienrechtliche Normen im DCGK können auch auf der rechtlichen Behandlung etwaiger Probleme in Rechtsprechung und Literatur basieren. Deshalb ist es unzulässig, aufgrund einer Aussage des DCGKs über aktienrechtliche Normen auf den gesetzgeberischen Willen zum AktG zu schließen.

Zusammenfassend kann festgehalten werden, dass der Gesetzgeber einen (eingeschränkten) Bericht an die Aktionäre im Vorfeld der Hauptversammlung, in der ein Bezugsrechtsausschluss beschlossen werden soll, bei dem Erlass der Regelung wohl nicht für erforderlich hielt. Bei der späteren Schaffung neuer Normen, welche auf diesem Problem basieren, geht er selbst von einer vorherigen Publikationspflicht des Berichtes an die Aktionäre aus. Für die historische Auslegung ist jedoch entscheidend, was der gesetzgeberische Wille zum Zeitpunkt des Erlasses der auszulegenden Norm als entscheidend angesehen hat.[251] Legt der „jüngere" Gesetzgeber zu einem späteren Zeitpunkt – nach Inkrafttreten gesetzlicher Normen – einer bestimmten Regelung ein anderes Normenverständnis zugrunde, hat er selbst eine methodische Auslegung dieser Regelung vorgenommen. Den gesetzgeberischen Willen zum Zeitpunkt des Erlasses der Regelung vermag er nicht rückwirkend zu ändern. Deshalb ist als Fazit der historischen Auslegung festzuhalten, dass der Gesetzgeber bei Erlass des § 186 Abs. 4 S. 2 AktG eine Veröffentlichung außerhalb der Hauptversammlung nicht für erforderlich hielt.

---

[249] i.E. AnwK-AktR/*zu Cramburg* DCGK Rdn. 3
[250] AnwK-AktR/*zu Cramburg* DCGK Rdn. 12
[251] *Larenz*, Methodenlehre S. 204 ff., 217

3. Systematik

In § 186 Abs. 4 AktG ist sowohl die Bekanntmachung als auch die Berichterstattung des Bezugsrechtsausschlusses geregelt. Während die Bekanntmachung des Beschlusses nach den Regeln des § 124 Abs. 1 AktG zu erfolgen hat (§ 186 Abs. 4 S. 1 AktG), fehlt es hinsichtlich der Berichterstattungspflicht in § 186 Abs. 4 S. 2 AktG an einem solchen Verweis. Die unterschiedliche Regelung der Bekanntmachung und des Berichtes zeigt, dass der Bericht nicht Gegenstand der Bekanntmachung ist.[252] Deshalb muss der Bericht auch nicht gem. § 124 Abs. 1 AktG den Aktionären im Vorfeld der Hauptversammlung bekanntgemacht werden.

Der Bericht zum Bezugsrechtsausschluss gehört weder zu den publizierenden Berichten des § 175 Abs. 2 AktG, noch wird er von anderen Berichtspflichten erfasst[253]. Ebenso fehlt ein entsprechender Verweis auf diese Publikationspflichten. Deshalb muss der Bericht zum Bezugsrechtsausschluss auch nicht diesen Publizitätspflichten entsprechen.

Andererseits setzt § 16 Abs. 4 S. 5 WpÜG voraus, dass der Vorstandsbericht zum Bezugsrechtsausschluss im ordentlichen Verfahren bereits vor der Hauptversammlung den Aktionären zugänglich gemacht wird.[254] Die Norm trifft spezielle Regelungen zu Verfahrens- und Formvorschriften zur Einberufung der Hauptversammlung im Rahmen eines Übernahmeverfahrens nach dem WpÜG.[255] Systematisch baut sie damit auf die Regelung zur Berichtspflicht nach § 186 Abs. 4 S. 2 AktG auf. Gleichzeitig können Rückschlüsse auf den Inhalt der Grundnorm gezogen werden. Indem der Bericht bereits vor der Hauptversammlung den Aktionären zugänglich gemacht werden muss und § 16 Abs. 4 S. 5 WpÜG lediglich Erleichterungen im Vorfeld der Hauptversammlung schaffen möchte, muss der Bericht auch im Rahmen von Übernahmemaßnahmen bereits vor der Hauptversammlung den Aktionären zugänglich gemacht werden. Die Regelung sagt aber nichts darüber aus, wann und in welchem Umfang der Ausschlussbericht vor der Hauptversammlung zu publizieren ist. Da andere Berichte[256] nicht von der Regelung angesprochen werden, können auch keine systematischen Rückschlüsse auf deren Bestimmungen zur Veröffentlichung gezogen werden.

Als Ergebnis kann festgehalten werden, dass allein nach der systematischen Stellung der Berichtspflicht des § 186 Abs. 4 S. 2 AktG im Aktiengesetz der Ausschlussbericht lediglich der Hauptversammlung vorgelegt werden müsste. Mit der Einführung des § 16 Abs. 4 S. 5 WpÜG, der systematisch auf § 186 Abs.

---

[252] OLG Bremen, ZIP 1991, 1589 [1594]; *Hefermehl/Bungeroth* in G/H/E/K § 186 Rdn. 104; *Sinewe*, ZIP 2001, 403 [405]
[253] vgl. Bericht in Zshg. mit Unternehmensverträgen (§ 293 f. Abs. 1 Nr. 1, Abs. 3 AktG), Verschmelzungsverträgen (§§ 13, 63 Abs. 1 Nr. 1, Abs. 3 UmwG), Vermögensübertragungsverträgen (§ 179 a Abs. 2 S. 1, 2 AktG), Nachgründungsverträgen (§ 52 Abs. 2 S. 1, 2 AktG) und Squeeze out, (§ 327 c Abs. 3 AktG)
[254] siehe oben Teil 2:Kapitel V:)II. 2 (S. 111)
[255] AnwK-AktR/*Sohbi* § 16 WpÜG Rdn. 1
[256] etwa Berichte nach §§ 52 Abs. 2; 175 Abs. 2; 293a; 327 c Abs. 2 AktG; § 8 UmwG

4 S. 2 AktG zurückgreift und auf eine Vereinfachung der Berichtspflicht des Ausschlussberichtes abzielt, ist dieser Bericht den Aktionären im Vorfeld der Hauptversammlung zugänglich zu machen.

4. Sinn und Zweck

Nach den bisherigen Erörterungen spricht lediglich die systematische Bezugnahme des § 16 Abs. 4 S. 5 WpÜG auf die Berichtspflicht des § 186 Abs. 4 S. 2 AktG für eine Vorabpublizität des Ausschlussberichtes. Hingegen sprechen der Wortlaut und der gesetzgeberische Wille gegen eine solche Vorabpublizität und vielmehr für ein erstmaliges Auslegen des Berichtes in der Hauptversammlung. Eine Pflicht zur Vorabpublikation des Berichtes könnte sich aber dann ergeben, wenn diese nach Sinn und Zweck der Berichtspflicht erforderlich wäre.

Wie bereits ausgeführt wurde, dient der Bericht den Aktionären sowohl als Entscheidungsgrundlage zur Beschlussfassung über den Bezugsrechtsausschluss als auch zur Beschlusskontrolle.[257] Die gerichtliche Kontrolle des Beschlusses über den Bezugsrechtsausschluss findet im Rahmen eines Anfechtungsprozesses gem. §§ 245 Abs. 1, 2 bzw. 255 Abs. 2 AktG nach der Durchführung der Hauptversammlung statt. Es ist deshalb nicht erforderlich, dass zur Kontrolle des Bezugsrechtsausschlusses der Bericht bereits im Vorfeld der Hauptversammlung bekannt gegeben wird.

Soll sich der Aktionär auf die Abstimmung über den Bezugsrechtsausschluss sorgfältig vorbereiten können, muss ihm die Möglichkeit einer umfassenden Vorbereitung gegeben werden. Das bedingt, dass er sämtliche Informationen erhält, die er für eine sorgsame Entscheidung benötigt. Diese Informationen sind für die Entscheidungsfindung des Aktionärs bedeutungslos, wenn er nicht die Gelegenheit der Kenntnisnahme und Verarbeitung dieser Informationen bekommt.[258] Zum Teil wird vertreten, dass die Aktionäre genügend Zeit besäßen, sich in der Hauptversammlung mit dem Bericht auseinanderzusetzen und vor einem Bezugsrechtsausschluss hinreichend durch die Bekanntmachungspflicht gem. § 186 Abs. 4 S. 1 AktG gewarnt sind.[259] Die Aktionäre erfahren nicht erst „Minuten vor der Abstimmung" von den in Rede stehenden Vorhaben, da der Bericht vor der – unter Umständen länger dauernden – Ansprache in der Hauptversammlung vorzuliegen hat, sodass genügend Zeit für Vorbereitung und Rücksprachen besteht.[260] Will der Aktionär die gesamte Hauptversammlung aufmerksam verfolgen, wird der Durchschnittsaktionär an die Grenzen seiner Leistungsfähigkeit stoßen, wenn er nebenher den Bericht zum Bezugsrechtsausschluss studieren muss. Der Aktionär wäre allein aus Zeitgründen überfordert, den Be-

---

[257] siehe oben Teil 2:Kapitel V:A) (S. 95)
[258] *Lutter*, ZGR 1979, 401 [409]
[259] OLG Bremen, ZIP 1991, 1589 [1594]; *Becker*, BB 1981, 394 [395]; *Hefermehl/Bungeroth* in G/H/E/K § 186 Rdn. 104; *Marsch*, AG 1981, 211 [213 f.]; *Sethe*, AG 1994, 342 [357]
[260] *Kimpler*, DB 1994, 747 [770]; *Martens*, ZIP 1992, 1677 [1684]

richt in der Hauptversammlung zur Kenntnis zu nehmen, ihn zu bewerten und auf dessen Grundlage eine Entscheidung zu treffen.[261] Weiterhin bedeutet eine sorgsame und abgewogene Entscheidung zu treffen, dass dem Aktionär die Möglichkeit eingeräumt werden muss, sich von einer kompetenten Person beraten zu lassen. Auch wenn er sich einer solchen Person in der Hauptversammlung bedienen könnte, verbliebe ihm nicht die Möglichkeit die Ratschläge zu überdenken und mit dem Abstimmungsvorschlag des Vorstandes in Bezug zu setzen.

Die Rechtsordnung hat für Entscheidungssituationen unterschiedliche Regelungen getroffen. So gewähren die Regelungen über Haustürgeschäfte, bei denen der Kunde regelmäßig weiß, welches Produkt er kauft, dem Verbraucher ein Widerrufsrecht nach §§ 312, 355 BGB, wenn dieser nach einer angemessenen Zeit feststellt, dass seine Entscheidung unüberlegt und falsch war. Diesen Schutz kann man als einen sogenannten repressiven Schutz bezeichnen. Mit einer „Zwangsberatung" gem. § 311 b BGB, § 17 BeurkG sollen die Parteien eines Grundstückskaufes vor den Folgen des Verlustes bzw. Erwerbes der Immobilie geschützt werden.[262] Eine andere Form des präventiven Schutzes vor unüberlegten Entscheidungen bildet eine Wartefrist. So dürfen beispielsweise Beschwerden von Soldaten frühestens nach dem Ablauf einer Nacht eingereicht werden (§ 34 SoldG, § 6 Abs. 1 WehrbeschwO). Schließlich hat sich im Arzthaftungsrecht eine gefestigte Rechtsprechung herausgebildet, wonach Patienten vor einem beabsichtigten Eingriff so rechtzeitig aufgeklärt werden müssen, dass sie durch eine hinreichende Abwägung der für und gegen den Eingriff sprechenden Gründe ihre Entscheidungsfreiheit und damit ihr Selbstbestimmungsrecht in angemessener Weise wahren können.[263]

Werden die Informationen über den Bezugsrechtsausschluss erst in der Hauptversammlung an die Aktionäre gegeben, haben diese keine Gelegenheit, sich vor dem Beschluss umfassend zu informieren. Zwar besteht für sie die Möglichkeit, einen Widerspruch zum Protokoll zu erklären und die Abstimmung anzufechten, jedoch will das Anfechtungsrecht die Aktionäre nicht vor unüberlegten Entscheidungen bewahren, sondern dient ihnen zum Schutz vor Rechtsverletzung. Die Aktionäre haben im Nachhinein keine Möglichkeit, ihre Stimmabgabe zu berichtigen.
Im Übrigen sieht das Aktienrecht auch an anderer Stelle eine Frist zur Kenntnisnahme der Informationen im Vorfeld der Hauptversammlung vor.[264] Die Aktio-

---

[261] *Hirte*, Bezugsrechtsausschluß und Konzernbildung S. 124; *Lutter*, ZGR 1979, 401 [409]; *Timm*, DB1982, 211 [217]
[262] BGHZ 83, 395 [397]; 87, 150 [153]
[263] BGH VI ZR 131/02 vom 25.03.03 http://www.rws-verlag.de/bgh-free/volltext6/vo93352.htm ; BGH VersR 1998, 766 [767]; 1995, 1055 [1056 f.]; 1994, 1235 [1236]; 1992, 960 f.]; OLG Hamm, NJW 1993, 1538
[264] vgl. für Nachgründungsbericht (§ 52 Abs. 2 S. 1, 2 AktG) Lage- und Gewinnberichte (§ 175 Abs. 2 S. 1, 2 AktG); Berichte zu Unternehmensverträgen (§§ 293 a; 293 f. AktG), Be-

näre sollen im Vorfeld zu Hauptversammlungen von Übernahmeverfahren nach dem WpHG, bei denen das Gesetz kürzere Fristen in Anbetracht der besonderen Situation anerkennt, die Möglichkeit der Kenntnisnahme des Ausschlussberichtes nach § 186 Abs. 4 S. 2 AktG haben (§ 16 Abs. 4 S. 5 WpÜG). Insofern ist nicht sachlich nachvollziehbar, warum den Aktionären beim Bezugsrechtsausschluss die Informationen nicht schon im Vorfeld der ordentlichen Hauptversammlung zugänglich gemacht werden sollen. Zudem trägt eine sorgsame Entscheidung der Aktionäre zu einem sachlich richtigen Beschluss der Hauptversammlung bei. Eine solche, von der mündigen Mehrheit gebilligte Maßnahme, trägt die Vermutung der Richtigkeit in sich und legitimiert grundsätzlich den Beschluss.[265]

Aus diesen Gründen ist es erforderlich, dass den Aktionären die Möglichkeit eingeräumt werden muss, bereits vor der Hauptversammlung von den beschlussrelevanten Informationen Kenntnis zu nehmen.[266]

5. *Art und Weise der Vorabpublizität des Ausschlussberichtes*

Nachdem festgestellt wurde, dass der Ausschlussbericht bereits vor der Hauptversammlung zu veröffentlichen ist, soll im Folgenden erörtern werden, wann und wie der Bericht den interessierten Aktionären zugänglich gemacht werden soll. Es sind dazu mehrere Alternativen denkbar. Zum einen ist es möglich, nur den wesentlichen Inhalt des Berichtes in Anlehnung an § 124 Abs. 2 S. 2 Alt. 2 AktG bei der Einberufung der Hauptversammlung bekanntzumachen.[267] Zum anderen besteht die Möglichkeit, den vollständigen Bericht analog § 175 Abs. 2 AktG; § 63 Abs. 1 u. 3 UmwG bei der Gesellschaft auszulegen und auf Verlangen zuzusenden.[268] Schließlich ist auch die Kombination der beiden letztgenannten Alternativen möglich.[269]

a) *Bekanntgabe des wesentlichen Inhalts in Anlehnung an § 124 Abs. 2 Alt. 2 AktG*

Soll die Hauptversammlung über einen Vertrag beschließen, der nur mit Zustimmung der Hauptversammlung wirksam wird, ist der wesentliche Inhalt des Vertrages bekanntzumachen (§ 124 Abs. 2 Alt. 2 AktG). Betroffen sind davon Unternehmensverträge und deren Änderungen (§§ 293 ff. AktG), Verschmelzungsverträge (§§ 13, 63 ff. UmwG), Vermögensübertragungsverträge (§ 174 ff. UmwG, 179 a AktG), Verzichtserklärungen sowie Vergleichsverträge über Ersatzansprüche der Gesellschaft (§§ 50 S. 1, 53, 93 Abs. 4, 116, 117 Abs. 4, 309

---

richt zur Verschmelzungsverträge (§§ 8, 63 Abs. 1, 3 UmwG), Bericht zum Squeeze out (§ 327 c Abs. 2 AktG)
[265] *K. Schmidt*, GesR § 16 I. 2. a) (S. 451)
[266] *Bosse*, ZIP 2001, 104 [105]; *Lutter*, ZGR 1979 401 [409]; *Quack*, ZGR 1983, 257 [263]
[267] OLG Bremen; ZIP 1991, 1589 [1594];
[268] *Bosse*, ZIP 2001, 104 [105]; *Henn*, AktR S. 668 Rdn. 1249; *Hirte*, Bezugsrechtsausschluß und Konzernbildung S. 124; KK/*Lutter*, § 186 Rdn. 57; *Lutter*, ZGR 1979 401 [409]; *Quack*, ZGR 1983, 257 [263]; *Timm*, DB1982, 211 [217]
[269] *Hüffer*, NJW 1979, 1065 [1070]; *Suries*, WPg 1982, 581 [586];

Abs. 3, 310 Abs. 4, 317 Abs. 4, 318 Abs. 4 AktG) und Nachgründungsverträge (§ 52 AktG).[270] Der Vorstand ist regelmäßig gehalten, diese Verträge von der Einberufung der Hauptversammlung an in den Geschäftsräumen auszulegen und auf Verlangen den Aktionären zuzusenden.[271] Die Aktionäre können so selbst entscheiden, ob sie die vollständigen Texte lesen wollen.[272] Die Bekanntgabe des wesentlichen Inhaltes dient den Aktionären zur angemessenen Urteilsbildung.[273] Daneben hat der Vorstand regelmäßig einen Bericht an die Hauptversammlung zu erstatten, in welchem die Verträge näher erklärt werden sollen.[274] Soll das Grundkapital erhöht werden, bedarf es einer Satzungsänderung. Diese Satzungsänderung ist in ihrem Wortlaut bekanntzugeben (§ 124 Abs. 2 Alt. 1 AktG). Dabei ist in die Bekanntmachung die Tatsache des Erhöhungsbeschlusses, der Erhöhungsbetrag und das Bezugsverhältnis aufzunehmen.[275] Soll zugleich das Bezugsrecht der Aktionäre ausgeschlossen werden, ist der beabsichtigte Ausschluss ausdrücklich und ordnungsgemäß bekanntzugeben (§§ 186 Abs. 4 S. 1; 124 Abs. 1 AktG). Die Aktionäre werden so von einem bevorstehenden Bezugsrechtsausschluss informiert.

Unternehmensverträge sind individuelle privatrechtliche Verträge. Der konkrete Inhalt und die konkreten Gefahren des einzelnen Vertrages können nicht verallgemeinert werden. Deshalb ist der wesentliche Inhalt darzustellen, damit der einzelne Aktionär zum einem erfährt, welche Wirkungen und Maßnahmen der Vertrag auslöst (was eigentlich passiert) und zum anderen erkennen kann, ob und wie der Vertrag geeignet ist, seine Rechte und Interessen zu beeinträchtigen. Im Gegensatz zu diesen Verträgen sind der Ablauf eines Bezugsrechtsausschlusses sowie dessen Gefahren und zwangsläufigen Rechtsbeeinträchtigungen der Mitglieder durch diese Maßnahme dem Grunde nach bekannt.[276] Offen ist für die Aktionäre beim Bezugsrechtsausschluss lediglich, wie sich die Beeinträchtigung konkret äußert. Die Empfindlichkeit des Eingriffes ist vom Ausgabebetrag der jungen Aktien im Vergleich zum Wert der alten Aktien sowie vom Umfang der Kapitalerhöhung abhängig. Der Umfang der Kapitalerhöhung sowie der Ausgabebetrag der jungen Aktien ist deshalb bekanntzumachen (§§ 124 Abs. 1, 186 Abs. 2 S. 1 AktG). Der Aktionär kann danach den Grad seiner Stimmkrafts- und Vermögensverwässerung erkennen. Eine grobe Darstellung des Bezugs-

---

[270] AnwK-AktR/*Pluta* § 124 AktG Rdn. 12; *Hüffer*, AktG § 124 Rdn. 10; MüKoAktG/*Kubis* § 124 Rdn. 34 f.
[271] für Unternehmensverträge (§ 293 f. Abs. 1 Nr. 1, Abs. 3 AktG), Verschmelzungsverträge (§§ 13, 63 Abs. 1 Nr. 1, Abs. 3 UmwG), Vermögensübertragungsvertäge (§ 179 a Abs. 2 S. 1, 2 AktG), Nachgründungsverträge (§ 52 Abs. 2 S. 1, 2 AktG) und Ausschlussvorhaben (Squeeze out, § 327 c Abs. 3 Nr. 1, Abs. 4 AktG)
[272] MüKoAktG/*Kubis* § 124 Rdn. 37; *Hüffer*, AktG § 124 Rdn. 10
[273] RegBegr. *Kropff*, AktG S. 173 f.
[274] für Unternehmensverträge (§§ 293 a; 293 f. AktG), Verschmelzungsverträge (§§ 8, 63 Abs. 1, 3 UmwG), Ausschlussvorhaben (Squeeze out, § 327 c Abs. 2 AktG)
[275] RGZ 87, 155 [156]; *Hefermehl/Bungeroth* in G/H/E/K § 186 Rdn. 74; KK/Lutter § 186 Rdn. 48; MüHdbAktG/*Krieger* § 56 Rdn. 67
[276] Simmkraft- und Vermögensverwässerung, siehe oben Teil 2:Kapitel I:C) (S. 9)

rechtsausschlusses wäre darüber hinaus überflüssiger Formalismus. Neben dem Aufzeigen der möglichen Beeinträchtigungen der mitgliedschaftlichen Interessen durch die beabsichtigte Maßnahme haben die Aktionäre ein Interesse zu erfahren, welche Vor- und Nachteile diese Maßnahme für die Gesellschaft und die Aktionäre mit sich bringt. Deshalb unterliegt der Vorstand neben der Mitteilungspflicht über Verträge bzw. Maßnahmen auch einer Berichtspflicht. Die interessierten Aktionäre können auf diese Berichte zurückgreifen.[277] Beim Bezugsrechtsausschluss unterliegt der Vorstand ebenfalls einer Berichtspflicht (§ 186 Abs. 4 S. 2 AktG). Den Bericht können die Aktionäre spätestens in der Hauptversammlung einsehen.[278] Die Zielrichtung der Mitteilung des wesentlichen Inhalts von Verträgen entspricht demnach der Bekanntgabe des Umfanges der geplanten Kapitalerhöhung unter Ausschluss des Bezugsrechtes und der Mitteilung des Ausgabebetrages der jungen Aktien. Würde man zudem die Veröffentlichung des Ausschlussberichtes in seinem wesentlichen Inhalt verlangen, würde man mehr verlangen als Sinn und Zweck des § 124 Abs. 2 S. 2 Alt. 2 AktG erfordern.

Gestützt werden kann die hier vertretene Auffassung auf die Publikationspflichten im Rahmen eines Squeeze out (§ 327a ff. AktG). Nach § 327c Abs. 1 Nr. 2 AktG ist der vom Hauptaktionär festgelegte Barabfindungsbetrag mit der Tagesordnung bekanntzugeben. Darüber hinaus ist der Hauptaktionär verpflichtet, der Hauptversammlung einen schriftlichen Bericht zu erstatten, in dem die Voraussetzungen für die Übertragung dargelegt und die Angemessenheit der Barabfindung erläutert und begründet werden muss (§ 327c Abs. 2 S. 1 AktG). Dieser Bericht hat von der Einberufung der Hauptversammlung an im Geschäftsraum der Gesellschaft auszuliegen und auf Verlagen ist dem Aktionär eine Abschrift zu übergeben (§ 327c Abs. 3 Nr. 3; Abs. 4 AktG). Der Bericht muss nicht seinem wesentlichen Inhalt nach in Anlehnung an § 124 Abs. 2 S. 2 Alt. 2 AktG bekanntgemacht werden. Der Grund für den Verzicht der Bekanntmachung eines „Kurzberichtes" besteht darin, dass ein solcher Bericht neben den bekanntzumachenden Daten in der Tagesordnung (§ 327c Abs. 1 AktG) und dem Zugriff auf den Bericht (§ 327c Abs. 2, 3 AktG) keinen Sinn haben würde. Die Maßnahme eines Squeeze out ist ohne weiteres für jeden Aktionär verständlich. Er wird aus der Aktiengesellschaft gegen Barabfindung ausgeschlossen. Die Maßnahme bedarf deshalb – ebenso wie der Ausschluss des Bezugsrechtes – keiner weiteren Erklärungen. Die Aktionäre können auf Grundlage des bekanntgemachten Abfindungsbetrages erkennen, ob neben dem Verlust der Mitgliedschaft die Gefahr einer Vermögensbeeinträchtigung besteht. Der Zweck dieser Mitteilung entspricht dem der Bekanntgabe des Ausgabebetrages der jungen Aktien und des Umfangs der Kapitalerhöhung unter Bezugsrechtsausschluss. Die Aktionäre

---

[277] vgl. Berichtspflicht im Zshg. mit Unternehmensverträgen (§ 293 f. Abs. 1 Nr. 1, Abs. 3 AktG), Verschmelzungsverträgen (§§ 13, 63 Abs. 1 Nr. 1, Abs. 3 UmwG), Vermögensübertragungsverträgen (§ 179 a Abs. 2 S. 1, 2 AktG), Nachgründungsverträgen (§ 52 Abs. 2 S. 1, 2 AktG) und Squeeze out (§ 327 c Abs. 3 Nr. 1, Abs. 4 AktG)

[278] siehe oben Teil 2:Kapitel V:C)II. 1 (S. 111)

können in beiden Fällen die konkrete Beeinträchtigung erkennen. Das Interesse am Sinn und Zweck können interessierte Aktionäre dem Bericht entnehmen, der für jedermann zugänglich ist. Ein zusätzlicher Bericht hätte in diesem Zusammenhang keinen erheblicheren Wert für die Aktionäre. Der Bericht zum Bezugsrechtsausschluss braucht deshalb nicht in seinem wesentlichen Inhalt bekanntgegeben werden.[279]
Dieser Schlußfolgerung steht auf dem ersten Blick die Regelung des § 16 Abs. 4 S. 5 WpÜG entgegen, wonach Mitteilungen und der Ausschlussbericht den Aktionären zugänglich und in Kurzform bekanntzumachen sind. Die Bekanntmachungspflicht in Kurzform bezieht sich nicht alleinig auf die Berichtspflicht nach § 186 Abs. 4 S. 2 AktG, sondern auch auf sonstige Mitteilungen.[280] Erfasst werden davon Verträge, Berichte und Unterlagen im Zusammenhang mit der Beschlussfassung, welche der Vorstand im ordentlichen Bekanntmachungsverfahren grundsätzlich inhaltlich unverkürzt mitteilen muss.[281] Es wurde bereits ausgeführt, dass es im Rahmen der Einberufung zur Hauptversammlung nicht der verkürzten Mitteilung des Ausschlussberichtes bedarf, wenn die Aktionäre auf den Bericht zurückgreifen können. Diese Situation erfährt auch keine andere Bewertung durch die Besonderheiten eines Übernahmeverfahrens. Vielmehr ist auf den Zweck des § 16 Abs. 4 WpÜG im Zusammenhang der knappen Fristen hinzuweisen. Die Vorschrift will sicherstellen, dass die Aktionäre trotz der verkürzten Fristen des § 16 Abs. 4 WpÜG die Möglichkeit der Kenntnisnahme von den Beschlussgegenständen erhalten.[282] Anders als im ordentlichen Verfahren genügt es, wenn die Berichte in den Geschäftsräumen ausgelegt und auf der Internetseite der Gesellschaft zugänglich gemacht werden.[283] Die Aktionäre sollen nicht von der Möglichkeit einer erleichterten Einberufung benachteiligt werden. Insofern will die Vorschrift keine direkte Aussage darüber treffen, ob die mit der Einberufung zu veröffentlichen Berichte in verkürzter Form mit der Einberufung bekanntzugeben sind, sondern vielmehr sicherstellen, dass die Aktionäre trotz der besonderen Umstände die Möglichkeit einer umfassenden Vorbereitung bekommen.[284] Es ist deshalb auch im Rahmen von Übernahmeverfahren ausreichend, wenn die Kapitalerhöhung und der Bezugsrechtsausschluss zur Einberufung der Hauptversammlung mit der Tagesordnung bekanntgegeben wird (§§ 124 Abs. 1 Alt. 2; 186 Abs. 4. S. 1 AktG).
Zusammenfassend kann festgehalten werden, dass eine ausdrückliche und ordnungsgemäße Bekanntmachung des Bezugsrechtsausschlusses nach § 124 Abs. 1 AktG mit der Einberufung der Hauptversammlung ausreichend ist. Daneben

---

[279] zur Veröffentlichung des Vorstandsberichtes siehe unten Teil 2:Kapitel V:C)II. 5.b) (S. 120)
[280] *Geibel* in Geibel/Süßmann § 16 Rdn. 89; *Steinmeyer*, WpÜG § 16 Rdn. 27
[281] *Geibel* in Geibel/Süßmann § 16 Rdn. 89
[282] Reg. Beg. BT-Drucks. 14/7034 S. 47; AnwK-AktR/*Sohbi* § 16 WpÜG Rdn. 10; *Steinmeyer*, WpÜG § 16 Rdn. 27
[283] Reg. Beg. BT-Drucks. 14/7034 S. 47; AnwK-AktR/*Sohbi* § 16 WpÜG Rdn. 10; Schwark/*Noack*, KMRK § 16 WpÜG Rdn. 38; *Steinmeyer*, WpÜG § 16 Rdn. 27
[284] a.A. *Geibel* in Geibel/Süßmann § 16 Rdn. 95

muss der Ausschlussbericht nicht in Kurzfassung analog § 124 Abs. 2 Alt. 2 AktG mit der Einladung zur Hauptversammlung bekanntgemacht werden.

b)   Auslegung und Zusendung des Berichtes
Sämtliche Gesellschaftsmaßnahmen, welche die Rechte der Mitglieder in einem nicht unerheblichen Maße beeinträchtigen bzw. die abstrakte Gefahr einer Mitgliederbeeinträchtigung in sich tragen, bedürfen eines Berichtes.[285] Berichte sind aber nicht nur bei möglichen Beeinträchtigungen der Aktionärsrechte erforderlich, sondern auch dann, wenn die Gesellschaft den Aktionären zur Rechenschaftsablegung verpflichtet ist.[286] Diese gesetzlich geforderten Berichte sind regelmäßig vom Zeitpunkt der Einberufung der Hauptversammlung an in den Geschäftsräumen der Gesellschaft auszulegen und auf Verlangen den Aktionären zuzusenden.[287] Insofern liegt es nahe, auch dem Ausschlussbericht nach § 186 Abs. 4 S. 2 AktG die gleiche Behandlung zukommen zu lassen.[288]
Dem wird zum Teil entgegengehalten, dass sich die Interessenlage beim Bezugsrechtsausschluss von der der anderen Berichte unterscheide und deshalb eine analoge Anwendung abzulehnen ist.[289] Danach greife der durch die Fusion bedingte Verlust der Mitgliedschaft stärker in die Interessenlage der Aktionäre ein als der Ausschluss des Bezugsrechtes.[290] Dem ist entgegenzuhalten, dass auch andere Berichte, welche nicht im Zusammenhang mit einer Mitgliedschaftsbeeinträchtigung stehen – so der Lage- und Gewinnverwendungsbericht (§ 175 Abs. 2 S. 1, 2 AktG) -, bereits vom Zeitpunkt der Einberufung zur Hauptversammlung an in den Geschäftsräumen zur Einsicht bereitgehalten und den Aktionären auf Verlangen zugesandt werden müssen. Allein aus der Stärke des Eingriffs in die Mitgliedschaftsrechte der Aktionäre lassen sich der Zeitpunkt und der Zugriff auf den Bericht nicht begründen. Zudem wurde bereits festgestellt, dass eine Auslage des Berichtes erstmalig in der Hauptversammlung seinen Sinn verfehlen würde. Vielmehr sollen die Aktionäre schon vor der Hauptversammlung die Gelegenheit bekommen, sich mit den einzelnen Argumenten des Berichtes auseinanderzusetzen.[291] Generell dient eine vorherige Berichtspflicht den

---

[285] i.E. *Timm*, AG 1982, 211 [213 f.]; vgl. Bericht in Zshg. mit Unternehmensverträgen (§ 293 f. Abs. 1 Nr. 1, Abs. 3 AktG), Verschmelzungsverträgen (§§ 13, 63 Abs. 1 Nr. 1, Abs. 3 UmwG), Vermögensübertragungsverträgen (§ 179 a Abs. 2 S. 1, 2 AktG), Nachgründungsverträgen (§ 52 Abs. 2 S. 1, 2 AktG) und Squeeze out (§ 327 c Abs. 3 Nr. 1, Abs. 4 AktG)
[286] regelmäßig in Hauptversammlung über Lage der Gesellschaft sowie über den Gewinn und dessen Verwendung (§§ 250 ff. AktG)
[287] vgl. §§ 52 Abs. 2 S. 1, 2 ; 179 a Abs. 2 S. 1, 2; 293 f. Abs. 1 Nr. 1, Abs. 3; , § 327 c Abs. 3 Nr. 1, Abs. 4 AktG, §§ 13, 63 Abs. 1 Nr. 1, Abs. 3 UmwG
[288] so *Bosse*, ZIP 2001, 104 [105]; *Henn*, AktR S. 668 Rdn. 1249; *Hüffer*, NJW 1979, 1065 [1070]; KK/*Lutter*, § 186 Rdn. 57; *Lutter*, ZGR 1979, 40 [409]; *Quack*, ZGR 1983, 257 [263]; *Suries*, WPg 1982, 581 [586]; *Timm*, DB1982, 211 [217]
[289] *Martens*, ZIP 1992, 1677 [1686]
[290] *Martens*, ZIP 1992, 1677 [1686]
[291] siehe oben Teil 2:Kapitel V:C)II. 4 (S. 114)

Aktionären der umfassenden Vorbereitung zur Beschlussfassung.[292] Insofern ist die Interessenlage beim Bezugsrechtsausschluss die gleiche wie bei den übrigen Berichtspflichten. Dass der Gesetzgeber es unterlassen hat, die Auslage und Zusendung des Berichtes ausdrücklich zu regeln, kann dem nicht entgegenstehen.[293] Vielmehr ist dieser Umstand darauf zurückzuführen, dass die Berichtspflicht im Zuge der Richtlinienumsetzung fast wortwörtlich in das Aktiengesetz Einzug gefunden hat und eine Auslage- sowie Zusendungspflicht des Berichtes schlichtweg vergessen wurde.

Die hier vertretene Auffassung kann sich zudem auf § 16 Abs. 4 S. 5 WpÜG stützen. Speziell für den Ausschlussbericht will die Norm sicherstellen, dass die Aktionäre auch im Vorfeld einer Hauptversammlung im Rahmen eines Übernahmeverfahrens die Möglichkeit erhalten, vom Inhalt des Berichtes bereits vor der Hauptversammlung Kenntnis zu nehmen. Die Norm will trotz erheblicher Erleichterungen der Einberufung solcher Hauptversammlungen sicherstellen, dass die Interessen der Aktionäre gewährt werden.[294] Nach der Systematik trifft § 16 Abs. 4 S. 5 WpÜG in einzelnen Punkten speziellere Regelungen als § 186 Abs. 4 S. 2 AktG und setzt damit bestimmte Grundlagen voraus.[295] So geht die Regelung des § 16 Abs. 4 S. 5 WpÜG davon aus, dass der Ausschlussbericht den Aktionären generell bereits vor der Hauptversammlung bekanntgemacht wird. Wie die vorherige Bekanntmachung des Berichtes zu erfolgen hat, ist der Norm nicht zu entnehmen. Insofern ist der Ausschlussbericht vor der Hauptversammlung bekanntzumachen.

In den sonstigen Fällen der Berichterstattung sind gesetzlich geforderte Berichte regelmäßig vom Zeitpunkt der Einberufung der Hauptversammlung an in den Geschäftsräumen der Gesellschaft auszulegen und auf Verlangen den Aktionären zuzusenden.[296] Sachliche Gründe, die eine andere Berichtsart und Zeit für den Ausschlussbericht erfordern, sind nicht ersichtlich. Deshalb ist aus Gründen der Rechtsvereinheitlichung und Gleichbehandlung der Informationen auch der Ausschlussbericht ab dem Zeitpunkt der Einberufung zu Hauptversammlung in den Geschäftsräumen auszulegen und auf Verlangen den Aktionären zuzusenden.

---

[292] vgl. zu § 52 Abs. 2 S. 1, 2 AktG: AnwK-AktR/*Kleiser* § 52 Rdn. 11; zu §§ 179 a Abs. 2 S. 1, 2; 293 f. Abs. 1 Nr. 1, Abs. 3 AktG: AnwK-AktR/*Wagner* § 179 a AktG Rdn. 9, AnwK-AktR/*Schubert* § 293 f Rdn. 1; *Hüffer*, AktG § 179 a Rdn. 19, 293 Rdn. 4, 5; zu § 327 c Abs. 3 Nr. 1, Abs. 4 AktG: AnwK-AktR/*Heidel/Lochner* § 327 c AktG Rdn. 1; *Hüffer*, 327 c Rdn. 1; zu §§ 8, 63 Abs. 1 Nr. 1, Abs. 3 UmwG: *Diekmann* in Semler/Stengel § 63 Rdn. 1
[293] so aber *Martens*, ZIP 1992, 1677 [1686]
[294] sieh oben Teil 2:Kapitel V:C)II. 5.a) (S. 116)
[295] sieh oben Teil 2:Kapitel V:C)II. 3 (S. 113)
[296] vgl. §§ 52 Abs. 2 S. 1, 2 ; 179 a Abs. 2 S. 1, 2; 293 f. Abs. 1 Nr. 1, Abs. 3; , § 327 c Abs. 3 Nr. 1, Abs. 4 AktG, §§ 13, 63 Abs. 1 Nr. 1, Abs. 3 UmwG

Es kann abschließend festgehalten werden, dass für den Ausschlussbericht nach § 186 Abs. 4 S. 2 AktG die Regelungen der §§ 52 Abs. 2 S. 1, 2; 175 Abs. 2 S. 1, 2; 179a Abs. 2 S. 1, 2; 293f. Abs. 1 Nr. 1, Abs. 3; 327c Abs. 3, 4 AktG; § 63 Abs. 1 Abs. 3 UmwG anzuwenden sind. Die analoge Anwendung resultiert zum einen aus der vergleichbaren Interessenlage der Aktionäre. Tangieren Beschlüsse der Hauptversammlung die Rechte und Interessen der Aktionäre, müssen sich diese auf die Abstimmung vorbereiten können. Um eine sachgerechte Entscheidung treffen zu können, muss den Aktionären nicht nur die Information zur Verfügung gestellt werden, sondern die Aktionäre müssen auch Gelegenheit bekommen, diese Informationen zu verarbeiten. Zum anderen kann weder den Normen zum Bezugsrechtsausschluss noch dem gesetzgeberischen Willen entnommen werden, dass der Bericht zum Bezugsrechtsausschluss eine andere Behandlung als die übrigen Berichtspflichten des Aktienrechtes erfahren soll. Diese planwidrige Regelungslücke ist deshalb durch eine analoge Anwendung zu schließen. Diese Auffassung wird von der Regelung des § 16 Abs. 4 S. 5 WpÜG bekräftigt.

6. Vereinbarkeit mit Art. 29 Abs. 4 S. 3 2.KpRL

Nachdem festgestellt wurde, dass der Bericht bereits vom Zeitpunkt der Einladung zur Hauptversammlung an in den Geschäftsräumen der Gesellschaft ausgelegt und auf Verlangen den Aktionären zugesandt werden muss, soll im Folgenden dieses Ergebnis auf seine Vereinbarkeit mit der Regelung des Art. 29 Abs. 4 S. 3 2.KpRL geprüft werden.

Nach Art. 29 Abs. 4 S. 3 2.KpRL hat das Verwaltungs- oder Leitungsorgan der Hauptversammlung einen Bericht über die Gründe für eine Beschränkung oder einen Ausschluss des Bezugsrechts zu erstatten. Nach dem Wortlaut ist der Bericht der Hauptversammlung als Organ vorzulegen.[297] Das wiederum bedeutet, dass nur dem Organ, nicht aber den einzelnen Aktionären der Bericht zugänglich zu machen ist.[298] Insofern spricht der Wortlaut gegen eine Auslage- und Zusendungspflicht des Vorstandes außerhalb der Hauptversammlung.[299]

Will man den Willen des Richtliniengebers ermitteln, sind vergleichbare Probleme und deren Regelung des Richtliniengebers heranzuziehen. So wurde fast zeitgleich mit der zweiten Kapitalrichtlinie[300] die dritte Fusionsrichtlinie[301] erlassen. Nach Art. 11 Abs. 1 lit. d) und Abs. 3 3. FsRL haben die Aktionäre das Recht, mindestens einen Monat vor dem Tag der Hauptversammlung, die über den Verschmelzungsplan zu beschließen hat, den Verschmelzungsbericht nach

---

[297] *Hüffer*, AktG § 118 Rdn. 2 f.; *Raiser*, KapGesR § 16 Rdn. 1 (S. 224); *K. Schmidt*, GesR § 28 IV. 1. (S. 837)

[298] OLG Bremen, ZIP 1991, 1589 [1594]; *Hefermehl/Bungeroth* in G/H/E/K § 186 Rdn. 104; *Martens*, ZIP 1992, 1677 [1686]

[299] siehe oben Teil 2:Kapitel V:C)II. 1 (S. 111)

[300] 77/91/EWG v. 13.12.1976 Abl.EG Nr. L 26/1 v. 31.1.1977; abgedr. in *Lutter*, Europäisches Unternehmensrecht S. 114 ff.

[301] 78/855/EWG v. 9.10.1978 Abl.EG Nr. L 295 v. 20.10. 1978 abgedr. in *Lutter* Europäisches Unternehmensrecht S. 180 ff.

Art. 9 3.FsRL am Sitz der Gesellschaft zur Kenntnis zu nehmen und Abschriften zu verlangen. Da die beiden Richtlinien in einem unmittelbaren zeitlichen Zusammenhang erlassen wurden und die Berichterstattungspflicht dennoch unterschiedlich geregelt wurde, kann davon ausgegangen werden, dass der Richtliniengeber den Ausschlussbericht im Rahmen von Kapitalerhöhungen erst der Hauptversammlung zugänglich machen wollte.302

Sinn und Zweck der Berichtspflicht ist es, die Aktionäre über die Folgen und Gründe eines Bezugsrechtsausschlusses umfassend zu informieren, damit diese eine sorgsame Entscheidung treffen können. 303 Eine sorgsame Entscheidung ist nur möglich, wenn die relevanten Informationen rechtzeitig bekanntgegeben werden, sodass die Aktionäre die einzelnen Gründe nachvollziehen und bewerten können.304 Eine Bekanntgabe des Berichtes im Rahmen der Hauptversammlung wird diesen Anforderungen an den Berichtszweck nicht gerecht, da den Aktionären nicht genügend Zeit zum Erfassen des Berichtsinhaltes und dessen Bewertung verbleibt.305 Vielmehr ist der Bericht den Aktionären bereits vor der Hauptversammlung zugänglich zu machen.

Selbst wenn die europäische Richtlinie eine Veröffentlichung des Ausschlussberichtes erst in der Hauptversammlung beabsichtigt hat, bleibt es dem nationalen Gesetzgeber unbenommen, strengere Regelungen zum Schutz der Aktionäre zu treffen als sie von der Richtlinie vorgesehen sind.306 Eine Vorabpublizität hilft der Entscheidungsfindung und stützt eine rechtmäßige Beschlussfassung.307 Daher dient die frühzeitige Bekanntmachung sowohl dem Schutz der Aktionäre als auch der Gesellschaft vor Eingriffen in die Rechte der Aktionäre sowie vor rechtswidrigen Beschlüssen der Hauptversammlung. Insofern verstärkt eine Vorabpublizität des Ausschlussberichtes den Schutz der Aktionäre gegenüber einer Veröffentlichung in der Hauptversammlung und verstößt nicht gegen den zu erzielenden Mindestschutz der Aktionäre der 2.KpRL.

Nach alledem liegt in der Pflicht des Vorstandes, den Ausschlussbericht vom Zeitpunkt der Einberufung der Hauptversammlung an in den Geschäftsräumen der Gesellschaft auszulegen und auf Verlangen den Aktionären zuzusenden, kein Verstoß gegen die Vorgaben der zweiten Kapitalrichtlinie vor.

7. *Zwischenergebnis*

Der beabsichtigte Bezugsrechtsausschluss muss mit der Einladung zur Hauptversammlung ausdrücklich und ordentlich gem. § 186 Abs. 4 S. 1 AktG bekanntgemacht werden. Gleichzeitig ist der Bericht analog der §§ 52 Abs. 2 S. 1, 2; 175 Abs. 2 S. 1, 2; 179a Abs. 2 S. 1, 2; 293f. Abs. 1 Nr. 1, Abs. 3; 327c Abs. 3, 4 AktG; § 63 Abs. 1 Abs. 3 UmwG in den Geschäftsräumen auszulegen und

---

[302] *Martens*, ZIP 1992, 1677 [1686]
[303] Begr. Kom zu Art. 25, ABl EG Nr. 48 v. 24.4.1970 S. 4
[304] siehe oben Teil 2:Kapitel V:C)II. 4 (S. 114)
[305] siehe oben Teil 2:Kapitel V:C)II. 4 (S. 114)
[306] siehe oben Teil 2:Kapitel II:E)IV. (S. 48)
[307] siehe oben Teil 2:Kapitel V:C)II. 4 (S. 114)

auf Verlangen den Aktionären zuzusenden. Daneben muss der Bericht nicht in seinem wesentlichen Inhalt mit der Einberufung zu Hauptversammlung bekanntgegeben werden.

III. Besondere Anforderungen an börsennotierte Aktiengesellschaften

1. Form und Zeitpunkt der Publikation des Berichtes nach dem DCGK

Bezieht der Vorstand die Regelung der Nr. 2.3.1 DCGK in seine positive Entsprechenserklärung des § 161 AktG ein, soll er die vom Gesetz für die Hauptversammlung verlangten Berichte und Unterlagen auch auf der Internetseite der Gesellschaft zusammen mit der Tagesordnung veröffentlichen. Der Ausschlussbericht nach § 186 Abs. 4 S. 2 AktG ist ein solcher gesetzlich geforderter Bericht. Den Veröffentlichungszeitpunkt der Berichte auf der Internetseite regelt die Norm nicht ausdrücklich. Da diese Präsentation über die neuen Medien der Auslage von Dokumenten zur Seite gestellt wird und diese Auslage regelmäßig von der Einberufung zur Hauptversammlung an zu erfolgen hat[308], ist der Zeitpunkt der Internetveröffentlichung hinreichend bestimmt.[309] Die gesetzlich geforderten Berichte und Unterlagen sind danach vom Zeitpunkt der Einberufung der Hauptversammlung an auf der Internetseite der Gesellschaft zu veröffentlichen. Enthält die Bekanntmachung im elektronischen Bundesanzeiger schon sämtliche Informationen, genügt ein Link auf diese Internetseite, wenn dort die Informationen ohne weitere Voraussetzung zugänglich sind.[310] Da die Ausschlussberichte nach § 186 Abs. 4 S. 2 AktG nicht mit der Tagesordnung bekanntgemacht werden müssen[311], werden diese regelmäßig auch nicht im (elektronischen) Bundesanzeiger veröffentlicht. Die Publikation des Ausschlussberichtes auf der Internetseite der Gesellschaft ist deshalb unerlässlich.
Schließlich ist zu beachten, dass die Veröffentlichung des Ausschlussberichtes auf der Internetseite der Gesellschaft vom Zeitpunkt der Einberufung der Hauptversammlung an zwar den Regelungen des DCGK entspricht, nicht aber die aktienrechtlichen Anforderungen erfüllt.[312]

2. Veröffentlichungszeitpunkt im Rahmen von Übernahmeverfahren, § 16 Abs. 4 S. 5 WpÜG

Soll die Übernahme einer börsennotierten Aktiengesellschaft mit einer Kapitalerhöhung unter Bezugsrechtsausschluss abgewehrt werden, trifft § 16 Abs. 4 WpÜG spezielle Verfahrensregelungen. Die Zielgesellschaft muss im Falle eines Übernahmeverfahrens sofort reagieren können. Deshalb wird es ihr ermöglicht, die gesetzlichen Fristen im Zusammenhang mit der Einberufung zur

---

[308] siehe oben Teil 2:Kapitel V:C)II. 5.b) (S. 120)
[309] *Noak*, NZG 2003, 241 [243]
[310] *Noak*, NZG 2003, 241 [243]
[311] siehe oben Teil 2:Kapitel V:C)II. 5.a) (S. 116)
[312] vgl. §§ 52 Abs. 2 S. 1, 2 ; 179a Abs. 2 S. 1, 2; 293 f. Abs. 1 Nr. 1, Abs. 3; , § 327c Abs. 3 Nr. 1, Abs. 4 AktG, §§ 13, 63 Abs. 1 Nr. 1, Abs. 3 UmwG

Hauptversammlung zu unterschreiten.[313] Der Vorstand kann die Monatsfrist zur Einberufung der Hauptversammlung nach § 123 Abs. 1 AktG bis auf zwei Wochen vor der außerordentlichen Hauptversammlung gem. § 16 Abs. 4 S. 1 WpÜG unterschreiten. Wird die Einberufungsfrist des § 123 Abs. 1 AktG unterschritten, verkürzen sich auch die Anmelde- und Hinterlegungsfrist (§ 16 Abs. 4 S. 4 AktG) sowie die Frist des § 125 Abs. 1 S. 1 auf vier Tage vor der Hauptversammlung.

Soll in der Hauptversammlung zugleich eine Kapitalerhöhung unter Bezugsrechtsausschluss beschlossen werden, ist der Ausschluss in der Einberufung zur Hauptversammlung ausdrücklich und ordnungsgemäß bekanntzumachen (§ 186 Abs. 4 S. 1 AktG). Daneben ordnet § 16 Abs. 4 S. 5 WpÜG ausdrücklich an, dass der Bericht jedem Aktionär zugänglich zu machen ist. In Anbetracht der besonderen Situation der Hauptversammlung im Rahmen eines Übernahmeverfahrens, genügt es, wenn der vollständige Bericht den Aktionären zugänglich gemacht wird. Ist der Bericht im Rahmen einer ordentlichen Hauptversammlung in den Geschäftsräumen auszulegen und auf Verlangen den Aktionären zuzusenden[314], braucht der Bericht nicht mehr versandt, sondern muss stattdessen lediglich auf der Website der Gesellschaft ausgelegt werden und für die Aktionäre zugänglich sein.[315] Es ist – ebenso wie bei der Einberufung zur ordentlichen Hauptversammlung – nicht erforderlich, dass der Ausschlussbericht in verkürzter Form bekanntgegeben wird.[316]

Nach § 16 Abs. 4 S. 3 WpÜG betragen die Anmelde- und Hinterlegungsfristen sowie die Frist nach § 125 Abs. 1 S. 1 AktG bei Unterschreitung der Einberufungsfrist nach § 123 Abs. 1 AktG nur vier Tage. So könnte man annehmen, dass auch der Veröffentlichungszeitraum des Ausschlussberichtes auf vier Tage vor der Hauptversammlung beschränkt ist.
Unter den Anmelde- und Hinterlegungsfristen sind die Fristen des § 123 Abs. 2 und 3 AktG zu verstehen.[317] Der Ausschlussbericht wird nach dem Wortlaut nicht von der Fristverkürzung des § 16 Abs. 4 S. 3 WpÜG erfasst. Unabhängig von den Erfordernissen nach § 123 Abs. 2, 3 AktG sowie der Mitteilung nach § 125 Abs. 1 AktG hat der Ausschlussbericht im Rahmen einer ordentlichen Kapitalerhöhung vom Zeitpunkt der Einberufung an in den Geschäftsräumen auszuliegen und ist auf Verlangen den Aktionären zuzusenden. Insoweit besteht zwischen dem Ausschlussbericht und den Gegenständen einer Anmeldung und Hinterlegung nach § 123 Abs. 2, 3 AktG sowie der Mitteilung nach § 125 Abs. 1 AktG kein systematischer Zusammenhang. Vielmehr spricht in diesem Zusammenhang für eine Auslage des Berichtes zum Zeitpunkt der

---

[313] RegBegr. BT-Drucks. 14/7034 S. 47
[314] siehe oben Teil 2:Kapitel V:C)II. 7 (S. 123)
[315] RegBegr. BT-Drucks. 14/7034 S. 47; *Geibel* in Geibel/Süßmann § 16 Rdn. 94, 91; *Steinmeyer*, WpÜG 16 Rdn. 27
[316] siehe oben Teil 2:Kapitel V:C)II. 5.a) (S. 116)
[317] AnwK-AktR/*Sohbi* §16 WpÜG Rdn. 7

Einberufung, dass die Internetpräsentation neben der Auslage von Dokumenten steht und diese Auslage von der Einberufung der Hauptversammlung an zu erfolgen hat.[318]

Den Aktionären soll mit dem zeitigen Zugang des Berichtes die Möglichkeit einer umfassenden Kenntnisnahme von allen entscheidungserheblichen Umständen eingeräumt und somit eine sorgsame Entscheidungsfindung gewährleistet werden.[319] Die Verkürzung der einzelnen Fristen soll lediglich den besonderen zeitlichen Umständen eines Übernahmeverfahrens Rechnung tragen unter weitgehender Wahrung der rechtlichen Interessen der Beteiligten.[320] Insofern kann nicht davon ausgegangen werden, dass der Gesetzgeber das Informationsrecht der Aktionäre beschneiden wollte.[321] Sinn und Zweck der Vorschrift sprechen vielmehr für ein Zugänglichmachen des Berichtes vom Zeitpunkt der Einberufung der Hauptversammlung an.[322]

Zusammenfassend kann festgehalten werden, dass zu einer Hauptversammlung im Rahmen eines Übernahmeverfahrens nach dem WpÜG – ebenso wie zu einer ordentlichen Hauptversammlung – der beabsichtigte Ausschluss des Bezugsrechtes ausdrücklich und ordentlich mit der Tagesordnung gem. §§ 186 Abs. 4 S. 1, 124 Abs. 1 AktG bekanntzumachen ist. Gleichzeitig ist den Aktionären der Ausschlussbericht gem. § 16 Abs. 4 S. 5 WpÜG vom Zeitpunkt der Einberufung der Hauptversammlung an zugänglich zu machen. Das bedeutet, der Ausschlussbericht muss in den Gesellschaftsräumen ausgelegt und auf der Internetseite der Gesellschaft für die Aktionäre zugänglich sein. Hingegen haben die Aktionäre keinen Anspruch auf Zusendung des Berichtes. Neben der Bekanntmachung des Ausschlusses und der Gewährung des Zugangs zum Ausschlussbericht bedarf es nicht der Bekanntmachung dieses Berichtes in einer Kurzform.

D) Heilung inhaltlicher Mängel vor und in der Hauptversammlung

Der Bericht dient den Aktionären zur sorgsamen Vorbereitung der Entscheidungsfindung zum Beschluss über einen Bezugsrechtsausschluss. Damit die Aktionäre eine Entscheidung treffen können, brauchen sie entsprechende Informationen, eine angemessene Zeit zur Kenntnisnahme und Verarbeitung aller relevanten Umstände. Deswegen ist der Ausschlussbericht bereits vor der Hauptversammlung in den Geschäftsräumen der Gesellschaft auszulegen und jedem Aktionär auf Verlangen zuzusenden. Fehlen Informationen oder wurde über bestimmte Umstände falsch Bericht erstattet, ist zu erörtern, ob der Vorstand diese Mängel beilegen kann.

Den Aktionären ist der von Gesetzes wegen erforderliche Ausschlussbericht im Vorfeld der Hauptversammlung, vom Zeitpunkt der Einberufung an bis zur Be-

---

[318] so *Noak*, NZG 2003, 241 [243] zum vergleichbaren Problematik der Nr. 2.3.1. DCGK
[319] siehe oben Teil 2:Kapitel V:C)II. 5.b) (S. 120)
[320] *Geibel* in Geibel/Süßmann § 16 Rdn. 3
[321] *Geibel* in Geibel/Süßmann § 16 Rdn. 94
[322] *Geibel* in Geibel/Süßmann § 16 Rdn. 94

schlussfassung zugänglich zu machen.[323] Demnach geht das Gesetz davon aus, dass die Aktionäre grundsätzlich eine Frist von einem Monat[324] zur umfassenden Kenntnisnahme und Verarbeitung der Informationen benötigen. Dennoch führen Fehler in der Publizität des Berichtes – seien es inhaltliche Fehler oder Fristverstöße – nicht zwangsläufig zur Nichtigkeit des Berichtes und der darauf aufbauenden Beschlüsse, sondern lediglich zur Anfechtbarkeit nach § 243 Abs. 1 AktG. Das bedeutet, dass die Mängel nicht so gravierend sind, dass sie zur Nichtigkeit des Beschlossenen führen, sondern vorerst wirksam bestehen bleiben.[325] Im Falle einer Anfechtung hat die Gesellschaft stets die Möglichkeit nachzuweisen, dass sich die fehlerhafte Information nicht auf die Entscheidungsfindung des Aktionärs ausgewirkt hat.[326] Wenn falsche Informationen auf die Entscheidungsfindung des Aktionärs keinen Einfluss haben können, ist es auch möglich, fehlerhafte Informationen zu berichtigen bzw. unterlassene Informationen nachzureichen. Eine Berichtigung des Berichtes ist jedoch nur möglich, wenn die Aktionäre vom Informationsmangel Kenntnis erhalten und die neuen Informationen in ihren Entscheidungsprozess einbeziehen können.

Die Aktionäre erhalten von einem Informationsmangel zum einen durch dessen Bekanntmachung und zum anderen durch die Berichtigung der fehlerhaften Passagen des Berichtes bzw. Mitteilung der fehlenden Informationen Kenntnis. Der Informationsmangel ist deshalb zunächst in den Gesellschaftsblättern bekanntzumachen (§ 25 AktG). Die Mitteilung der richtigen Informationen hat auf dieselbe Weise und in derselben Form zu erfolgen wie die Informationsvermittlung zum Bezugsrechtsausschluss, also durch einen Bericht. Das bedeutet zum einen, dass der Bericht dem Schriftformerfordernis des § 126 BGB zu genügen hat.[327] Der fehlerfreie Bericht ist in den Gesellschaftsräumen auszulegen. Damit interessierte Aktionäre, welche bereits auf den fehlerhaften bzw. unvollständigen Bericht zugegriffen haben, ihren Entscheidungsprozess korrigieren können, ist ihnen ein Korrekturblatt nachzureichen. Damit die Entscheidung den neuen Umständen angepasst werden kann, hat das Korrekturblatt die fehlerhaften Passagen des Berichtes ausdrücklich zu benennen. Diese sind durch die richtigen Informationen zu korrigieren bzw. ist beim Fehlen bestimmter Informationen die Stelle anzugeben, an welcher die neuen Informationen einzufügen sind. Bei börsennotierten Gesellschaften, die sich unter Nr. 2.3.1. DCGK unterworfen haben bzw. im Rahmen von Übernahmeverfahren nach dem WpÜG (§ 16 Abs. 4 S. 5 WpÜG) ist der fehlerfreie Bericht auf die Website zu stellen. Gleichzeitig hat ein Hinweis auf die einstigen fehlerhaften bzw. fehlenden Passagen des ursprünglich mangelhaften Berichtes zu erfolgen.

---

[323] vgl. §§ 52 Abs. 2 S. 1, 2 ; 179a Abs. 2 S. 1, 2; 293 f. Abs. 1 Nr. 1, Abs. 3; , § 327c Abs. 3 Nr. 1, Abs. 4 AktG, §§ 13, 63 Abs. 1 Nr. 1, Abs. 3 UmwG
[324] vgl. § 123 Abs. 1 AktG; in Ausnahmefällen kann sich diese Frist bis auf zwei Wochen verkürzen (§ 16 Abs. 4 S. 1 WpÜG)
[325] MüKoAktG/*Hüffer* § 241 Rdn. 6; *K. Schmidt*, GesR § 28 IV 5. b) (S. 856)
[326] siehe unten Teil 2:Kapitel VI:A)IV. (S. 134)
[327] siehe oben Teil 2:Kapitel V:C)I. (S. 107)

Bis zu welchen Zeitpunkt vor der Hauptversammlung eine Mangelbeseitigung der Information möglich ist, hängt von der Schwere des Mangels, vom Umfang der neuen Informationen sowie von der verbleibenden Informationsverarbeitungszeit für die Aktionäre ab.[328] Hinsichtlich der Verarbeitungszeit kann § 16 Abs. 4 WpÜG entnommen werden, dass es den Aktionären zuzumuten ist, den Ausschlussbericht sowie die sonstigen Berichte innerhalb zwei Wochen zur Kenntnis zu nehmen und eine Entscheidung zu treffen. Voraussetzung dafür ist, dass die Berichte den interessierten Aktionären sofort auf der Webseite der Gesellschaft zur Verfügung stehen.[329] Sind inhaltliche Mängel so gering, dass die Aktionäre die neuen Informationen ohne weiteres bei ihrer Entscheidungsfindung berücksichtigen können, dürfen solche Zusatzinformationen auch mündlich in der Hauptversammlung erteilt werden.[330] Eine Verarbeitung der Zusatzinformationen ist immer dann ohne weiteres möglich, wenn sie für einen Durchschnittsaktionär ohne Hilfsmittel (Fachlektüre, Berater) verständlich sind.

Abschließend kann festgehalten werden, dass eine Heilung von Informationsmängeln bis zur Beschlussfassung im Einzelfall möglich ist. Dabei sind die Schwere des Berichtsmangels sowie die Möglichkeit der Verarbeitung der neuen Informationen im Entscheidungsprozess der Aktionäre ausschlaggebend.

---

[328] i.E. *Bayer*, AG 1988, 323 [330]; *Hirte*, Bezugsrechtsausschluß und Konzernbildung S. 228 f.; *Lutter*, ZGR 1979, 401 [409]

[329] siehe oben Teil 2:Kapitel V:C)III. 2 (S. 124)

[330] *Bayer*, AG 1988, 323 [330]; *Hefermehl/Bungeroth* in G/H/E/K § 186 Rdn. 101; *Hirte*, Bezugsrechtsausschluß und Konzernbildung S. 228 f.; *Lutter*, ZGR 1979, 401 [409]

Kapitel VI: **Rechtsschutzmöglichkeiten**

Der Beschluss zum Ausschluss des Bezugsrechtes ist im Wege einer Klage gem. §§ 243, 255 AktG anfechtbar. Die Klage kann auf einen unangemessen niedrigen Ausgabebetrag der jungen Aktien (§ 255 Abs. 2 AktG), auf eine Gesetzesverletzung (§ 243 Abs. 1 AktG) sowie auf eine unzulässige Verfolgung von Sondervorteilen (§ 243 Abs. 2 AktG) gestützt werden. Im Folgenden sollen die einzelnen Anfechtungsgründe dargestellt werden.

A) Anfechtungsklage

I. Gesetzesverletzung, § 243 Abs. 1 AktG

Der Beschluss zum Ausschluss des Bezugsrechtes kann gem. § 243 Abs. 1 AktG angefochten werden, wenn er ein Gesetz oder die Satzung verletzt. Es wurde im ersten Teil ausgeführt, dass Beschlüsse, welche das Bezugsrecht der Aktionäre ausschließen, neben den formellen Voraussetzungen des § 186 AktG auch dem materiellen Erfordernis einer sachlichen Rechtfertigung zu genügen haben.[1] Dabei handelt es sich um ein ungeschriebenes positives Zulässigkeitserfordernis.[2] Verstöße gegen die sachliche Rechtfertigung können deshalb im Wege der Anfechtungsklage nach § 243 Abs. 1 AktG mit der Behauptung einer Gesetzesverletzung angefochten werden.[3]

1. Umfang der gerichtlichen Kontrolle

Bei dem Beschluss der Hauptversammlung über einen Bezugsrechtsausschluss handelt es sich um eine unternehmerische Strukturentscheidung der Hauptversammlung. Die Hauptversammlung entscheidet sowohl über die Erhöhung des Grundkapitals, die Zusammensetzung der Mitglieder als auch über die Finanzierungspolitik der Gesellschaft.[4] Die Rechtsprechung[5] und die Literatur[6] überlassen der Hauptversammlung bei ihrer Entscheidung einen der gerichtlichen Kontrolle entzogen Entscheidungsfreiraum, welcher aber über eine bloße Missbrauchskontrolle hinausgeht.[7] Im Folgenden soll erörtert werden, inwieweit ein solcher Entscheidungsspielraum anerkannt werden kann.

---

[1] siehe oben Teil 2:Kapitel II:B) (S. 24)
[2] BGHZ 71, 40 [46] (Kali und Salz); 83, 319 [320] (Holzmann); *Lutter*, ZGR 1979, 401 [412]; KK/*Lutter* § 186 Rdn. 59 m.w.N.
[3] BGHZ 71, 40 [43] (Kali und Salz); 83, 319 [321 ff.] (Holzmann); GK/*K. Schmidt* § 243 Rdn. 45; *Hüffer*, AktG § 243 Rdn. 25; MüKoAktG/*Hüffer* § 243 Rdn. 58 ff.
[4] GK/*Wiedemann* § 186 Rdn. 190
[5] BGHZ 71, 40 [50] (Kali und Salz); 83, 319 [321] (Holzmann); OLG Braunschweig, AG 1999, 84 [86]; OLG Stuttgart, AG 1998, 529 [531]
[6] GK/*Wiedemann* § 186 Rdn. 190; *Hefermehl/Bungeroth* in G/H/E/K § 186 Rdn. 107; *Hüffer*, AktG § 196 Rdn. 36; KK/*Lutter* § 186 Rdn. 61; *Timm*, ZHR 153 (1989) 60 [63];
[7] BGHZ 71, 40 [50] (Kali und Salz): sorgfältige, sachgerechte Entscheidung; 83, 319 [321] (Holzmann): pflichtgemäße kaufmännische Prüfung; *Hefermehl/Bungeroth* in G/H/E/K § 186 Rdn. 107: nicht nachprüfbarer Kernbereich unternehmerischen Ermessens; KK/*Lutter* §

Hinsichtlich dem Struktur ändernden Bestandteil des Beschlusses, in welchem das Bezugsrecht ausgeschlossen wird, ist die Hauptversammlung zwingend an die materiellen Ausschlussvoraussetzungen gebunden, da diese Entscheidung in die Rechte der ausgeschlossenen Aktionäre eingreift.[8] Die der Entscheidung zugrundeliegenden Umstände müssen den Bezugsrechtsausschluss sachlich rechtfertigen. Ein der gerichtlichen Kontrolle entzogener Bereich kann aus Gründen des Aktionärsschutzes nicht anerkannt werden.

Basieren die dem Bezugsrechtsausschluss zugrundeliegenden Umstände auf Wertungen und Prognosen, steht der Hauptversammlung – ebenso wie dem Vorstand bei sonstigen unternehmerischen Entscheidungen – nur ein Beurteilungsspielraum hinsichtlich der Wertungen und Prognosen zu. Die gerichtliche Kontrolle kann sich in diesem Bereich nur auf die Grenzen des unternehmerischen Beurteilungsspielraumes beziehen. In diesem Punkt ergänzen sich die einzelnen Auffassungen und beschreiben den Kontrollmaßstab für eine gerichtliche Überprüfung. Danach sind Wertungen und Prognosen sorgfältig zu ermitteln.[9] Bei dieser Festlegung sind alle wesentlichen Gesichtspunkte erfasst.[10] Dazu sind sämtliche zur Verfügung stehenden Erkenntnisquellen zutreffend und vollständig auszuschöpfen.[11] In den Wertungen und Prognosen dürfen sich keine gesellschaftsfremden Erwägungen widerspiegeln.[12]

Für die Kontrolle des Bezugsrechtsausschluss bedeutet dies, dass zwischen der Entscheidung über etwaige Prognosen und über deren Fähigkeit zur sachlichen Rechtfertigung des Bezugsrechtsausschlusses zu trennen ist. Soweit der Beschlussvorschlag auf etwaigen Prognosen beruht, bezieht die Hauptversammlung diese Prognosen in ihre Entscheidung ein. Insofern trifft sie darüber eine unternehmerische Entscheidung. Dieser Teil der Entscheidung kann von dem Gericht lediglich auf die Grenzen der unternehmerischen Beurteilungsspielräume kontrolliert werden.

Gleichzeitig müssen sich diese Prognosen über den Eintritt bestimmter Umstände, soweit sie im Rahmen des unternehmerischen Beurteilungsspielraumes liegen, einen Ausschluss des Bezugsrechtes sachlich rechtfertigen. In diesem Punkt hat die Hauptversammlung keinen Beurteilungsspielraum, sondern ist an die materiellen Ausschlussvoraussetzungen gebunden.

Regelmäßig wird die Hauptversammlung nur über den Bezugsrechtsausschluss abstimmen, ohne dass sie sich zunächst auf eine zu erwartende Alternative fest-

---

186 Rdn. 61; Hirte, EWiR § 203 AktG 1/03 S. 299 [300]: Plausibilitätskontrolle; *Timm*, ZHR 153 (1989) 60 [63]: unternehmerisches Beurteilungsermessen

[8] siehe oben Teil 2:Kapitel II: (S. 23)

[9] so BGHZ 135, 244 [253] (ARAG/Garmenbeck) zur Ermittlung der Entscheidungsgrundlagen des Vorstandes im Rahmen seines unternehmerischen Ermessens

[10] *Hefermehl/Bungeroth* in G/H/E/K § 186 Rdn. 107

[11] *Henze*, NJW 1998, 3309 [3310 f.]; *Hirte*, Bezugsrechtsausschluß und Konzernbildung S. 225

[12] BGHZ 71, 40 [50] (Kali und Salz)

gelegt. Für die gerichtliche Kontrolle des Hauptversammlungsbeschlusses bedeutet dies, dass dem Bezugsrechtsausschluss bei mehreren Alternativen nur diejenige zugrunde zu legen ist, welche den materiellen Anforderungen an einen Ausschlussbeschluss gerecht wird.

2. Grundlage der gerichtlichen Prüfung

Obwohl die Hauptversammlung unmittelbar am operativen Geschäft der Gesellschaft mitwirkt, ist sie nicht in der Lage, Prognosen der Geschäftsentwicklung aufzustellen und etwaige Bewertungen vorzunehmen. Um dennoch eine rechtmäßige und sorgsame Entscheidung über einen Bezugsrechtsausschluss treffen zu können, benötigt sie die entsprechenden Informationen. Die Pflicht zur ordnungsgemäßen Erstellung von Bewertungen und Prognosen im Zusammenhang mit einem Bezugsrechtsausschluss richtet sich an den Vorstand als das zur Berichterstattung verpflichtete Organ. Die entscheidungsrelevanten Informationen – wie Prognosen der Geschäftsentwicklung und Maßnahmen zur Entwicklungsförderung der Gesellschaft, Alternativen und deren Bewertung – müssen im Ausschlussbericht enthalten sein.[13] Indem der Bericht die Gründe eines Bezugsrechtsausschlusses darzustellen und zu bewerten hat und diese Gründe einen Bezugsrechtsausschluss sachlich zu rechtfertigen haben, kann der Bericht zugleich der gerichtlichen Kontrolle zugrunde gelegt werden. Eine gerichtliche Prüfung der Rechtmäßigkeit des Ausschlusses nur auf Basis des Berichtes schließt aus, dass inhaltliche Mängel weder vor noch in der Hauptversammlung berichtigt werden können.[14]

Der Bericht dient den Aktionären primär der Entscheidungsfindung. Dass schließt hingegen nicht aus, dass neue Informationen von den Aktionären ohne weiteres in ihrem Entscheidungsprozess verarbeitet werden können. Fehlerhafte Informationen können deshalb noch vor der Entscheidungsfindung korrigiert bzw. ergänzt werden, sodass eine Heilung fehlerhafter Berichte grundsätzlich möglich ist.[15] Insofern darf nicht der Bericht allein der gerichtlichen Kontrolle zugrunde gelegt werden, sondern auch ergänzende Informationen außerhalb und während der Hauptversammlung.

II. Unangemessen niedriger Ausgabebetrag, § 255 Abs. 2 AktG

Eine Kapitalerhöhung unter Bezugsrechtsausschluss führt zwangsläufig zur Verwässerung der Stimmkraft. Diese Beeinträchtigung der Herrschaftsrechte muss sachlich gerechtfertigt sein. Eine Verletzung dieses ungeschriebenen Ausschlusserfordernisses kann im Wege der Anfechtungsklage nach § 243 Abs. 1 AktG überprüft werden.[16]

---

[13] siehe oben Teil 2:Kapitel V:B) (S. 96)
[14] so AnwK-AktR/*Rebmann* § 186 Rdn. 71; *Hirte*, Bezugsrechtsausschluß und Konzernbildung S. 225; KK/*Lutter* § 186 Rdn. 98; *Lutter*, ZGR 1979, 401 [409 f.]; Semler, BB 1983, 1566 [1568]
[15] siehe oben Teil 2:Kapitel V:D) (S. 126)
[16] siehe oben Teil 2:Kapitel VI:A)I. (S. 129)

Werden die Aktien unter ihrem wahren Wert ausgegeben, führt diese Maßnahme gleichzeitig zu einer Vermögensverwässerung der ausgeschlossenen Gesellschafter.[17] Mit der Anfechtungsmöglichkeit des § 255 Abs. 2 AktG sollen die Aktionäre vor einer Vermögensverwässerung in Folge eines zu niedrigen Ausgabebetrages der jungen Aktien geschützt werden.[18] Nach allgemeiner Auffassung gilt die Norm sowohl für Bar- als auch für Sachkapitalerhöhungen.[19] Dem § 255 Abs. 2 AktG kommt der Schutz der Vermögenssubstanz der Mitgliedschaft im Falle eines Bezugsrechtsausschlusses zu.[20] Aus dem eindeutigen Wortlaut der Norm ergibt sich, dass diese Norm neben § 243 AktG eine zusätzliche Anfechtungsmöglichkeit bieten will.[21]

Werden die jungen Aktien unter ihrem wahren Wert ausgegeben, erhalten die Aktionäre oder Dritte, denen die jungen Aktien zugeteilt werden, einen Sondervorteil.[22] Bedarf es für die Anfechtung nach § 243 Abs. 2 AktG einer subjektiven Komponente – des Strebens nach Sondervorteilen –, ist der Verwässerungsschutz nach § 255 Abs. 2 AktG rein objektiv auszulegen.[23] Die Anfechtungsmöglichkeit nach § 255 Abs. 2 AktG ergänzt damit den Schutz der Aktionäre im Falle eines Bezugsrechtsausschlusses[24] und erweitert die allgemeinen Anfechtungsmöglichkeiten.[25]

III. Darlegungs- und Beweislast

Jeder in der Hauptversammlung erschienene Aktionär darf, wenn er gegen den Beschluss Widerspruch zur Niederschrift erklärt hat, den fehlerhaften Beschluss anfechten (§ 245 Nr. 2 AktG). Hinsichtlich der Beweislast des Anfechtungsklägers gilt der allgemeine Grundsatz der Normentheorie.[26] Danach hat der Kläger für das Vorhandensein aller Voraussetzungen derjenigen Normen die Beweislast zu tragen, ohne deren Anwendung sein Prozessbegehren keinen Erfolg haben kann.[27] Im Grundsatz bedeutet dies, dass der Anspruchsteller für die rechtsbe-

---

[17] siehe oben Teil 2:Kapitel I:C)I. (S. 10)
[18] siehe oben Teil 2:Kapitel II:C)II. 5 (S. 40)
[19] BGHZ 71, 40 [50]; GK/*K. Schmidt* § 255 Rdn. 5; *Hüffer*, AktG § 255 Rdn. 7; MüKo-AktG/*Hüffer* § 255 Rdn. 11 j.m.w.N.
[20] *Bayer*, ZHR 163 (1999) 505 [530]; GK/*K. Schmidt* § 255 Rdn. 1; *Hüffer*, AktG § 255 Rdn. 2; MüKoAktG/*Hüffer* § 255 Rdn. 2; KK/*Zöllner* § 255 Rdn. 1
[21] „Die Anfechtung kann ..., *auch* darauf gestützt werden ..."; *Hüffer*, FS Kropff S. 127 [133]; GK/*K. Schmidt* § 255 Rdn. 2; a.A. *Mülbert*, AUK S. 327, 263 ff.
[22] BGHZ 71, 40 [50]; *Heiser*, Interessenkonflikte S. 221; GK/*K. Schmidt* § 255 Rdn. 1; *Hüffer*, AktG § 255 Rdn. 3; MüKoAktG/*Hüffer* § 255 Rdn. 2; KK/*Zöllner* § 255 Rdn. 1
[23] BGHZ 71, 40 [50]; *Heiser*, Interessenkonflikte S. 221; GK/*K. Schmidt* § 255 Rdn. 12; *Hüffer*, AktG § 255 Rdn. 3; MüKoAktG/*Hüffer* § 255 Rdn. 2; KK/*Zöllner* § 255 Rdn. 3
[24] so vom Gesetzgeber beabsichtigt vgl. RegBegr. *Kropff*, AktG S. 342
[25] BGHZ 71, 40 [50]; *Heiser*, Interessenkonflikte S. 221; *Hüffer*, AktG § 255 Rdn. 2; *Hüffer*, AktG § 255 Rdn. 3; MüKoAktG/*Hüffer* § 255 Rdn. 2; KK/*Zöllner* § 255 Rdn. 1
[26] *Hüffer*, AktG § 243 Rdn. 59; *ders.*, FS Fleck S. 151 [152 f.]; MüKoAktG/*Hüffer* § 243 Rdn. 135
[27] *Rosenberg*, Beweislast S. 12

gründenden Tatbestandsmerkmale, der Anspruchsgegner für die rechtsvernichtenden und rechtshemmenden Merkmale die Beweislast trägt.[28]
Nach der „Kali und Salz"- Rechtsprechung des Bundesgerichtshofes hat die Gesellschaft die Tatsachen darzulegen, aus denen sich die sachliche Rechtfertigung ergeben soll. Die Widerlegung der sachlichen Rechtfertigung einschließlich der zugehörigen Beweisführung obliegt dem Kläger. Die Rechtsprechung will dem Umstand Rechnung tragen, dass es dem anfechtenden Aktionär nach der Normentheorie nur schwer möglich ist, einen solchen Beweis zu führen, hingegen die Gesellschaft über die zur Klärung erforderlichen Unterlagen und Informationen verfügt.[29] Dem treten Teile der Literatur entgegen und verweisen darauf, dass die Beweislast für einen rechtmäßigen Ausschluss des Bezugsrechtes allein der Gesellschaft obliegt.[30] Begründet wird diese Auffassung damit, dass das Bezugsrecht den Regelfall darstelle und ein Ausschluss des Bezugsrechtes eine für die Gesellschaft günstige Ausnahme bilde. Insofern hat die Gesellschaft das Vorliegen der Tatsachen zu beweisen, die einen wirksamen Ausschluss ermöglichen.

Grundlage für die Anfechtungsklage stellt der Beschluss über den Bezugsrechtsausschluss dar. Dieser greift in die Rechte der Aktionäre ein. Deshalb bedarf er der sachlichen Rechtfertigung.[31] Die Gesellschaft will das Bezugsrecht immer dann ausschließen, wenn es sich von diesem Ausschluss Vorteile verspricht.[32] Insofern begünstigen die Regeln über den Bezugsrechtsausschluss die Gesellschaft. Nach der Normentheorie hat der dissidierende Aktionär sein Recht auf Bezug junger Aktien zu beweisen und die Gesellschaft die Voraussetzungen für einen wirksamen Ausschluss dieses Rechtes. Da dem Aktionär bei Kapitalerhöhungen immer das Recht auf Bezug junger Aktien zusteht, braucht er lediglich das Vorliegen einer Kapitalerhöhung unter Ausschluss des Bezugsrechtes darzulegen. Hingegen hat die Gesellschaft den Beweis eines wirksamen Ausschlusses anzutreten.[33]

Geht man hingegen von der Wirkung einer Anfechtung des Beschlusses aus, nämlich der Beseitigung des Beschlusses, ist die erfolgreiche Anfechtung ein für den dissidierenden Aktionär günstige Folge. Nach diesem Verständnis hätte der Aktionär die Voraussetzungen für eine erfolgreiche Anfechtung, somit einen rechtswidrigen Ausschluss, zu beweisen. Im Grundsatz gilt dieses Verständnis auch im Rahmen des § 243 AktG, sodass der Kläger alle Anfechtungsvoraussetzungen – einschließlich der Tatsachen des Gesetzes- oder Satzungsverstoßes – darzulegen und zu beweisen hat.[34]

---

[28] BGHZ 113, 222 [224]; *Rosenberg*, Beweislast S. 98
[29] BGHZ 71, 40 [48] (Kali und Salz); ebenso *Füchsel*, BB 1972, 1533 [1537]
[30] GK/*Wiedemann*, § 186 Rdn. 88; *Hüffer*, AktG § 243 Rdn. 64; *ders.*, FS Fleck S. 151 [167]; MüKoAktG/*Hüffer* § 243 Rdn. 140; *Lutter*, ZGR 1979, 401 [412]; *ders.*, ZHR 153 (1989) 446 [470]
[31] dies verkennt *Sinewe*, Bezugsrechtsausschluss S. 275
[32] siehe oben Teil 2:Kapitel I:C) (S.9)
[33] *Hüffer*, FS Fleck 151 [167]
[34] *Hüffer*, AktG § 243 Rdn. 60; *ders.*, FS Fleck S. 151 [157]; KK/*Zöllner* § 243 Rdn. 107

Für die Anfechtung des Beschlusses über einen Bezugsrechtsausschluss ist dieser Grundsatz jedoch nicht einschlägig. Der Grundsatz, dass der Kläger alle Tatsachen zu beweisen hat, die gegen die Wirksamkeit eines Hauptversammlungsbeschlusses sprechen, gelten nur insoweit, wie der Beschluss die Vermutung seiner Richtigkeit in sich trägt. Diese Vermutung ist bei Mehrheitsentscheidungen regelmäßig gegeben.[35] Anders verhält es sich bei einem Beschluss über das Bezugsrecht der Aktionäre. Neben den gesetzlichen Mehrheitserfordernissen bedarf der Beschluss der ungeschriebenen Zulässigkeitsvoraussetzung der sachlichen Rechtfertigung.[36] Dass der Beschluss den materiellen Anforderungen genügt, kann mit dem Vorliegen eines qualifizierten Mehrheitsbeschlusses nicht vermutet werden, sondern muss im Zweifel separat festgestellt werden. Insofern hat die Gesellschaft im Rahmen von Anfechtungsklagen die Gründe darzustellen und zu beweisen, welche einen Eingriff in das Bezugsrecht sachlich rechtfertigen.

Hinsichtlich der Prognosen und Bewertungen, auf welche sich die Entscheidung der Hauptversammlung stützt, obliegt der Gesellschaft ein unternehmerischer Beurteilungsspielraum. Die Gesellschaft hat die zugrunde gelegten Erfahrungssätze plausibel darzustellen.[37] Dem Anfechtungskläger obliegt es, diese Erfahrungssätze zu widerlegen. Bezüglich der übrigen Anfechtungsvoraussetzungen obliegt dem Anfechtungskläger die Beweislast.

Als Fazit ist festzuhalten, dass der Anfechtungskläger sein Bezugsrecht aufgrund einer Kapitalerhöhung darzustellen und zu beweisen hat. Der Gesellschaft obliegen die Darstellung und Beweis der Gründe, welche einen Bezugsrechtsausschluss rechtfertigen. Danach hat sie die materiellen Ausschlussgründe darzulegen und zu beweisen.

IV. Fehlerhafter Bericht/ergänzende Informationen

Im Rahmen des Abstimmungsverfahrens[38] sind Fehler grundsätzlich wegen einer Verletzung des Gesetzes oder der Satzung anfechtbar (§ 243 Abs. 1 AktG). Sie können das Beschlussergebnis beeinflussen und stellen damit die Legitimität der Entscheidung in Frage. Kann trotz eines solchen Fehlers eine Beeinflussung des Beschlussergebnisses ausgeschlossen werden, bleibt die Abstimmung wirksam bestehen.[39] Eine erneut durchzuführende Abstimmung mit gleichem Ergebnis würde unnötig Zeit und Kosten verursachen.

Umstritten ist lediglich die Frage, wann ein Fehler das Abstimmungsergebnis beeinflusst. Die ältere Rechtsprechung[40] und Teile der älteren Literatur[41] ver-

---

[35] *K. Schmidt*, GesR § 16 I. 2. (S. 451 f.]
[36] siehe oben Teil 2:Kapitel II:D) (S. 44)
[37] KK/*Lutter*, § 186 Rdn. 98; *Lutter*, ZGR 1979, 401 [414]
[38] Vorbereitung, Durchführung, Feststellung der Mehrheiten und des Ergebnisses
[39] allgem. Auffassung: RGZ 65, 241 [242 f.], 167, 151 [165]; BGHZ 49, 209 [211]; 59, 369 [375] 86, 1 [3]; GK/*K. Schmidt* § 243 Rdn. 21; *Hüffer* in G/H/E/K § 243 Rdn. 25; *ders.*, FS Fleck S. 151 [159]; KK/*Zöllner* § 243 Rdn. 81 ff.
[40] RGZ 65, 241 [242 f.], 167, 151 [165]; BGHZ 49, 209 [211]; 59, 369 [375] 86, 1 [3]
[41] *Baumbach/Hueck*, AktG § 243 Rdn. 8; GK/*Schilling*³ § 243 Anm. 10

langten für eine erfolgreiche Anfechtung keine Feststellung der Kausalität des Verfahrensfehlers für das Beschlussergebnis. Danach setze das Gesetz den ursächlichen Zusammenhang zwischen Gesetz- oder Satzungsverletzung und dem Beschluss voraus. Hingegen solle es der Gesellschaft obliegen, das Fehlen der Kausalität zweifelsfrei nachzuweisen. Die Kausalität sei dann zu verneinen, wenn ein objektiv urteilender Aktionär in Kenntnis aller Umstände und bei ordnungsgemäßem Verfahren nicht anders abgestimmt hätte als er es im konkreten Beschluss getan hat.[42]

Nach der jüngeren Auffassung in der Literatur[43], welcher sich die Rechtsprechung angeschlossen hat[44], kommt es nicht auf die Kausalität des Fehlers, sondern auf dessen Relevanz für die Abstimmung an. Ausgangspunkt ist der Zweck der verletzten Norm. Der Verstoß gegen die Norm ist anhand des (Schutz-)Zweckes wertend zu beurteilen. Dieser Auffassung ist zuzustimmen, da eine reine Kausalbetrachtung im Einzelfall versagt. Auswirkungen eines ordnungsgemäßen Verfahrens auf das Beschlussergebnis können nur hypothetisch betrachtet werden. So lässt sich kaum beurteilen, ob ein vernünftig urteilender Aktionär seine Entscheidung auch dann getroffen hätte, wenn alle Verfahrensvorschriften eingehalten worden wären.[45] Dieses Problem hat der Gesetzgeber erkannt und für den Fall der Auskunftsverweigerung in § 243 Abs. 4 AktG geregelt. Danach ist es für die Anfechtung unerheblich, dass die Hauptversammlung oder die Aktionäre erklären, dass die Verweigerung der Auskunft ihre Beschlussfassung nicht beeinträchtigt habe. Die Rechtsprechung schränkt die Relevanz des Fehlers für den Fall ein, dass die Mehrheit unterrichtet war und somit die Auskunftserteilung auf die Entscheidung keinen Einfluss haben konnte.[46] Dem ist entgegenzuhalten, dass die Unterrichtung der Mehrheit nicht zugleich die Gewähr für einen gleichlautenden Beschluss der Hauptversammlung bei ordnungsgemäßer Unterrichtung in sich trägt. Eine kritische Diskussion, angeregt von einzelnen Aktionären, kann mangels Kenntnis etwaiger Anknüpfungspunkte nicht stattfinden. Dem einzelnen Aktionär ist es nicht möglich, Mehrheiten zu gewinnen und so den Beschluss zu gestalten und das Abstimmungsergebnis zu prägen. Eine hypothetische Betrachtung vermag solche Entwicklungen nicht hinreichend zu erfassen. Deshalb ist dem § 243 Abs. 4 AktG vielmehr zu entnehmen, dass die Relevanz der Verletzung einer Verfahrensvorschrift unabhängig von hypothetischen Kausalerwägungen zu prüfen ist.

Dies hat für die Berichtspflicht nach § 186 Abs. 4 S. 2 AktG folgende Konsequenzen. Der Bericht dient primär der Entscheidungsfindung der Aktionäre zum Ausschluss des Bezugsrechtes.[47] Deshalb sind alle Umstände für einen Bezugs-

---

[42] BGHZ 36, 121 [140]; 122, 211 [239]
[43] GK/K. *Schmidt* § 243 Rdn. 21 ff.; *Hüffer*, AktG § 243 Rdn. 13; *ders.* in G/H/E/K §243 Rdn. 23 f.; *ders.*, FS Fleck S. 151 [159]; KK/*Zöllner* § 243 Rdn. 81 ff.
[44] BGH NJW 2002, 1128 [1128] (Sachsenmilch III)
[45] BGH NJW 2002, 1128 [1128] (Sachsenmilch III)
[46] BGHZ 36, 121 [140]
[47] siehe oben Teil 2:Kapitel V:A)I. (S. 95)

rechtsausschluss in dem Bericht so darzustellen, dass sich die Aktionäre ein Bild vom Bedürfnis eines Bezugsrechtsausschlusses sowie dessen Konsequenzen machen können. Ist der Bericht unvollständig, unübersichtlich oder unverständlich, ist es den Aktionären nicht möglich, eine sorgsame Entscheidung zu treffen. Der Beschluss kann in diesen Fällen angefochten werden.[48] Es obliegt der Gesellschaft im Anfechtungsprozess, die Relevanz etwaiger fehlender bzw. mangelnder Informationen darzulegen.

Grundsätzlich sind alle Informationen über die Umstände des Bezugsrechtsausschlusses zur Entscheidungsfindung relevant, sodass die Gesellschaft regelmäßig außer Stande sein wird, die Relevanz fehlerhafter bzw. unvollständiger Informationen für die Entscheidung abzusprechen. Anderseits muss es der Gesellschaft möglich sein, mangelhafte und fehlerhafte Informationen vor und in der Hauptversammlung zu beheben.[49] Eine Heilung der Berichtspflicht ist nur zulässig, soweit es einem Durchschnittsaktionär möglich ist, die neuen bzw. korrigierten Informationen in seinem Entscheidungsprozess zu berücksichtigen. Nimmt die Gesellschaft eine schriftliche bzw. mündliche Korrektur des Berichtes vor, trägt sie die Beweislast, dafür dass die neuen Informationen im Entscheidungsprozess der Aktionäre hinreichend berücksichtigt werden konnten.

Der Beschluss zum Bezugsrechtsausschluss ist ebenso anfechtbar, wenn der schriftliche Bericht nicht ordnungsgemäß ausgelegt wurde, Abschriften verweigert, der Hauptversammlung nicht in hinreichender Zahl zur Verfügung gestellt worden ist oder dieser nicht genügend Zeit zum Studium verblieb.[50] Diese Vorschriften sollen sicherstellen, dass die Aktionäre eine Entscheidung auf der Grundlage des Berichtes treffen können. Haben sie keinen Zugriff auf den Bericht bzw. wird ihnen dieser erschwert, beeinträchtigt dies im gleichen Maße die Entscheidungsfindung wie wenn der Bericht unvollständig gewesen wäre.

Wird die Schriftform des Berichtes gem. § 126 Abs. 1 BGB nicht gewahrt, ist der Beschluss ebenfalls anfechtbar. Fraglich ist, ob die Schriftform für die Beschlussfassung in dem Maße relevant ist, dass ein Verstoß zwangsläufig zur Anfechtung führt. Dies wird für den Verschmelzungsbericht im Rahmen des Umwandlungsgesetzes angenommen.[51] Die Schriftform soll sicherstellen, dass alle Vorstandsmitglieder ihr Wissen in den Bericht einbringen. Fehlt es an der Unterschrift eines Vorstandsmitgliedes, besteht die Gefahr, dass Informationen vorenthalten werden. Die Aktionäre sind verunsichert und werden im Zweifel der Verschmelzung nicht zustimmen. Dem ist entgegenzuhalten, dass die Schriftform lediglich die Vollständigkeit des Berichtes dokumentieren soll. Sind alle relevanten Informationen in dem Bericht enthalten, sind die Aktionäre zu einer Entscheidungsfindung in der Lage. Das Fehlen einer Unterschrift kann nicht da-

---

[48] *Lutter*, ZGR 1979, 401 [410]
[49] siehe oben Teil 2:Kapitel V:D) (S. 126)
[50] *Lutter*, ZGR 1979, 401 [410 f.]
[51] LG Berlin, DB 2004, 589; *Grunewald* in G/H/E/K § 340 a Rdn. 18; Kallmayer/*Marsch-Barner* § 8 Rdn. 2 ff.; *Lutter* in Lutter, UmwG § 8 Rdn. 8; *Strantz* in Schmitt/Hörtnagl/Strantz, UmwG § 8 Rdn. 6 f.

zu führen, dass die dem Bezugsrechtsausschluss zugrundeliegenden Umstände anders gewürdigt werden können. Für die Entscheidungsfindung und schließlich für das Beschlussergebnis ist die Unterschrift irrelevant, soweit spätestens in der Hauptversammlung der Vorstand zu erkennen gibt, dass der Bericht vollständig und sämtliches Wissen der Vorstandsmitglieder eingeflossen ist.

V. Unzulässige Verfolgung von Sondervorteilen, § 243 Abs. 2 AktG

Die Anfechtung kann auch darauf gestützt werden, dass ein Aktionär mit dem Beschluss für sich oder einen Dritten Sondervorteile zum Schaden der Gesellschaft oder der anderen Aktionär zu erlangen sucht (§ 243 Abs. 2 AktG). Diese Anfechtungsmöglichkeit hat im Rahmen der Anfechtung von Bezugsrechtsausschlüssen nur geringe Bedeutung, da eine Verletzung der materiellen Rechtfertigungsvoraussetzung im Rahmen von § 243 Abs. 1 AktG und ein Vermögensschutz über § 255 Abs. 2 AktG leichter der richterlichen Kontrolle zugeführt werden kann.[52] Hat die Gesellschaft die Voraussetzungen für einen wirksamen Bezugsrechtsausschluss darzulegen und gegebenenfalls zu beweisen, obliegt im Rahmen des § 243 Abs. 2 AktG dem Anfechtungskläger die Darlegung und der Beweis aller Anfechtungsvoraussetzungen.[53] Regelmäßig wird es dem Anfechtungskläger nur schwer möglich sein, den Vorsatz zur Erlangung eines Sondervorteils nachzuweisen.

VI. Ausschluss rechtsmissbräuchlicher Anfechtungsklagen

Hauptversammlungsbeschlüsse, welche das Bezugsrecht der Aktionäre ausschlossen, wurden von Aktionären zum Teil mit der Absicht angefochten, sich den „Lästigkeitswert" der Klage von der Gesellschaft abkaufen zu lassen.[54] Dieses Problem stellt sich nicht nur spezifisch bei Bezugsrechtsausschlüssen, sondern generell bei Anfechtungsklagen. Es hat daher eine eigene Behandlung unter dem Begriff „missbräuchlicher Anfechtungsklagen" erfahren.
Mit der Anfechtungsklage verfolgt der Aktionär auch fremde und nicht nur eigennützige Zwecke, da ein rechtswidriger Zustand beseitigt werden soll und diese damit im Interesse anderer Aktionäre, Gesellschaftsgläubiger und der Allgemeinheit liegt.[55] Da das Gesetz dem einzelnen Aktionär die Möglichkeit der Überprüfung der Beschlüsse an die Hand gibt, kann ein individueller Rechtsmissbrauch des anfechtenden Aktionärs nicht ausgeschlossen werden.[56] Deshalb unterliegt die Anfechtungsbefugnis, wie jede andere Befugnis, dem Verbot missbräuchlicher Ausnutzung. Ein Rechtsmissbrauch liegt dann vor, wenn nachgewiesen werden kann, dass der Kläger die Anfechtungsklage mit dem Ziel erho-

---

[52] *Hüffer*, AktG § 243 Rdn. 31
[53] *Hüffer*, AktG § 243 Rdn. 65
[54] Nachweis bei *Hirte*, BB 1988, 1469; *Martens*, ZIP 1992, 1677 ff.; *Schockenhoff*, AG 1994, 45 [46 f.]
[55] BGHZ 107, 196 [309] (Kochs/Adler); GK/*K. Schmidt* § 245 Rdn. 10; MüKoAktG/*Hüffer*, § 245 Rdn. 5 ff.; KK/*Zöllner* § 245 Rdn. 78 ff.; *Lutter*, FS 40 Jahre Der Betrieb S. 193 [208 f.]; *Mestmäcker*, DB 1961, 945 [951 f.]
[56] BGHZ 107, 196 [310] (Kochs/Adler); MüKoAktG/*Hüffer*, § 245 Rdn. 51 ff.

ben hat, die beklagte Gesellschaft in grob eigennütziger Weise zu einer Leistung zu veranlassen, auf die er keinen Anspruch hat und billigerweise auch nicht erheben kann.[57] Wann die Schwelle von zulässigen Vergleichsverhandlungen zu missbräuchlichen Abzahlungen überschritten ist, lässt sich nur schwer ermitteln.[58] Bei Anfechtungsklagen gegen Kapitalerhöhungen unter Bezugsrechtsausschluss hat der Einwand des Rechtsmissbrauchs kaum zur Abweisung der Klage geführt.[59] Zudem hat die Gesellschaft die rechtsmissbräuchlichen Motive des klagenden Aktionärs darzulegen und zu beweisen.[60] Um „unberechtigte" Anfechtungsklagen einzuschränken, bei denen der Missbrauchsnachweis nicht geführt werden konnte, werden verschiedene Modelle vorgeschlagen.[61] So will *Martens*[62] das Anfechtungsrecht auf den individuell vom Bezugsrechtsausschluss betroffenen Aktionär beschränken. Damit widerspricht er der herrschenden Auffassung, wonach der Kläger nicht in eigenen Rechten verletzt zu sein braucht.[63] Dennoch sieht er sich nicht mit der herrschenden Auffassung im Konflikt, da nach seiner Auffassung die individuelle Betroffenheit materiellrechtliche Voraussetzung für einen Bezugsrechtsausschluss sei. Es wurde bereits an anderer Stelle ausgeführt, dass jeder Bezugsrechtsausschluss eine Beeinträchtigung der Mitgliedschaft – unabhängig vom Umfang der konkreten Beteiligung des einzelnen Aktionärs – darstellt.[64] Insofern ist der dissidierende Aktionär stets individuell vom Bezugsrechtsausschluss betroffen. Im übrigen ist nicht zu erkennen, warum gerade bei der Kontrolle von Beschlüssen über das Bezugsrecht von dem Grundsatz, dass der „Aktionär Hüter der Aktienrechtsordnung" ist, abgewichen werden soll.[65]

Eine andere Möglichkeit der Klageeinschränkung möchte *Werner*[66] aus den gesellschaftlichen Treupflichten ableiten. Danach ist eine „an sich" begründete Klage treuwidrig, wenn der geltend gemachte Gesetzes- oder Satzungsverstoß unbedeutend ist. Das ist insbesondere dann der Fall, wenn nur Nebenpflichten oder unwesentliche Formvorschriften betroffen sind und der Kläger nicht spür-

---

[57] BGHZ 107, 196 [311] (Kochs/Adler); 112, 9 [30]; BGH NJW 1990, 322 [323] (DAT/Altana); *Boujong*, FS Kellermann S. 1 [5]; GK/*K. Schmidt* § 245 Rdn. 53 ff.; *Henze*, AktR S. 438 Rdn. 1164 ff.; *Lutter*, FS 40 Jahre Der Betrieb S. 193 [209 f.]; MüKo-AktG/*Hüffer* § 245 Rdn. 53
[58] *K. Schmidt*, GesR § 28 IV. 5. f) (S. 863 f.)
[59] *Schockenhoff*, AG 1994, 45 [57]
[60] OLG Koblenz, ZIP 2001, 1093 [1095]
[61] die folgenden Erörterungen beziehen sich auf Modelle de lege lata; daneben existieren eine Reihe von Reformvorschläge zum Anfechtungsrecht: *Boujong*, FS Kellermann S. 1 [12 f.]; *Heinsius*, FS Kellermann S. 115 [129 ff.]; *Hüffer*, ZGR 2001, 833 [861 ff.]; *Kallmeyer*, AG 1993, 249 [251]
[62] *Martens*, ZIP 1992, 1677 [1689 ff.]
[63] BGHZ 70, 117 [118]; 107, 196 [311] (Kochs/Adler); 112, 9 [30]; BGH NJW 1990, 322 [323] (DAT/Altana); *Boujong*, FS Kellermann S. 1 [5 f.]; *Henze*, AktR S. 435 Rdn. 1154.; *Lutter*, FS 40 Jahre Der Betrieb S. 193 [209 f.]; MüKoAktG/*Hüffer* § 245 Rdn. 5 ff.
[64] siehe oben Teil 2:Kapitel III:A)III. (S. 67)
[65] so auch *Schockenhoff*, AG 1994, 45 [57]
[66] *Werner*, FS Semler 419 [423 ff.]

bar beeinträchtigt wird. Dem ist entgegenzuhalten, dass es die Treupflichten der Kon-Mitglieder gebieten, auf die Mitgliedschaftsrechte der dissidierenden Aktionäre umfassend Rücksicht zu nehmen.[67] Die Grundlage der Rücksichtnahmepflicht besteht darin, dass die vom Bezugsrechtsausschluss betroffenen Rechte im Aktienrecht einen umfassenden Schutz erfahren. Ein Eingriff in diese mitgliedschaftlichen Grundrechte bedarf deswegen einer sachlichen Rechtfertigung. Hier werden die rechtlichen Interessen der Gesellschaft gegenüber der Minderheit im Rahmen der Verhältnismäßigkeitsprüfung gewürdigt. Eine Treupflicht der Minderheitsaktionäre im Rahmen der Anfechtungsklage zu statuieren bedeutet, dass die Interessen der Gesellschaft am Bezugsrechtsausschluss weiter gestärkt werden und deshalb die Minderheitsinteressen umso deutlicher überwiegen. Die Anfechtungsklage ist der falsche Ort für die Erörterung, inwieweit die Treupflicht der Aktionäre einen Eingriff rechtfertigt. Allein im Rahmen der sachlichen Rechtfertigung des Bezugsrechtsausschlusses hat die Abwägung aufgrund sämtlicher beurteilungsrelevanter Umstände stattzufinden. Soweit *Werner* eine individuelle Betroffenheit des Minderheitsaktionärs verlangt[68], entspricht er der Auffassung von *Martens*. Deshalb ist dieses Erfordernis aus denselben Gründen abzulehnen wie die Auffassung von *Martens*. Für die Gewährung des Anfechtungsrechtes kann es nicht auf die Spürbarkeit der Rechtsbeeinträchtigung ankommen. Eine Ausnahme von dem Grundsatz, dass jeder seine Rechtsverletzungen geltend machen kann, gleich wie intensiv der einzelne davon betroffen ist, kann sich weder auf rechtliche noch auf sachliche Gründe stützen. Im Übrigen werden geringfügige Mängel umfassend im Rahmen der Relevanzprüfung eines Gesetzes- oder Satzungsverstoßes für die Abstimmung gewürdigt. Abschließend kann festgehalten werden, dass Anfechtungsklagen gegen Bezugsrechtsausschlüsse lediglich den allgemeinen Anforderungen der §§ 241 ff. AktG unterliegen. Sie können nur dann als unbegründet abgewiesen werden, wenn der Kläger rechtsmissbräuchlich von seinem Anfechtungsrecht Gebrauch macht.

VII. Folgen der Anfechtung

1. Ex-tunc-Wirkung oder Abwicklung nach Grundsätzen der fehlerhaften Gesellschaft?

Eine begründete Anfechtungsklage führt zur anfänglichen Nichtigkeit der Kapitalerhöhung (§ 241 Nr. 5 AktG).[69] Infolge der Nichtigkeit des Kapitalerhöhungsbeschlusses sind keine neuen Anteile und somit auch keine neuen Mitgliedschaften entstanden. Ebenso ist eine erfolgte Aktienausgabe ungültig. Die Aktienurkunden sind nichtig und die einzelnen Zeichnungen unwirksam.[70]

---

[67] siehe oben Teil 2:Kapitel II:B)II. 2 (S. 28)
[68] *Werner*, FS Semler S. 419 [427 ff.]
[69] *Hefermehl/Bungeroth* in G/H/E/K § 189 Rdn. 31, 36 ff.; *Hüffer*, AktG § 189 Rdn. 6
[70] *Hefermehl/Bungeroth* in G/H/E/K § 185 Rdn. 101; KK/*Lutter* § 185 Rdn. 36

Bei der Aktie handelt es sich um ein Wertpapier im engeren Sinn, auf welches die Normen der §§ 793 ff. BGB sinngemäß Anwendung finden. Die Aktien sind jedoch keine abstrakten Wertpapiere, sondern von kausaler Natur, das heißt auf ein bestimmtes benanntes Rechtsverhältnis bezogen. Dieses Rechtsverhältnis stellt die Mitgliedschaft in der Aktiengesellschaft dar. Die Rechte aus der Aktie – die Mitgliedschaftsrechte – entstehen nicht durch deren Verbriefung und Begebung. Vielmehr manifestiert die Verbriefung das entstandene Rechtsverhältnis.[71] Ist die Mitgliedschaft nicht wirksam begründet worden, kann sie nicht gutgläubig durch Erwerb der Aktien entstehen.[72] Ein Verkehrsschutz der Erwerber fehlerhafter Aktien scheidet aus.[73]

Da der Beschluss mit ex-tunc-Wirkung nichtig ist, sind die mit der Kapitalerhöhung verbundenen oder motivierten Rechtsgeschäfte und Maßnahmen so rückabzuwickeln, als hätten die Gesellschafter ihren auf die Strukturveränderung gerichteten Beschluss nie gefasst. Von dieser Rückabwicklung wird die Rechtsstellung der Gesellschaftsgläubiger tangiert, welche auf eine erweiterte Haftungsmasse vertraut haben. Um die Gläubiger vor etwaigen negativen Folgen der Rückabwicklung zu schützen, sind die Zeichner analog § 277 Abs. 3 verpflichtet die Einlagen zu leisten, soweit dies zur Erfüllung der eingegangenen Verbindlichkeiten erforderlich ist.[74] Die Erwerber der Scheinaktien werden auf einen bereicherungsrechtlichen Anspruch gegen die Gesellschaft verwiesen.[75] Im Übrigen können sie die Gesellschaft und den Vorstand auf Schadensersatz gem. § 191 S. 3 AktG und gegebenenfalls den Veräußerer der Aktien nach allgemeinen Grundsätzen des Vertragsrechtes in Anspruch nehmen.[76]

Demgegenüber wird in jüngerer Zeit verstärkt die Anwendung der Lehre von der fehlerhaften Gesellschaft auf fehlgeschlagene Kapitalerhöhungen propagiert.[77] Danach soll die Kapitalerhöhung entgegen den allgemeinen Anfechtungsregeln nicht ex tunc, sondern nur ex nunc unwirksam sein. Die inner- und außenrechtlichen Beziehungen bleiben bis zur gerichtlichen Feststellung der Nichtigkeit wirksam.[78] Das bedeutet, dass die Mitgliedschaftsrechte aus den jungen Aktien vorläufig entstanden sind und bis zum Zeitpunkt der rechtskräftigen Entschei-

---

[71] KK/*Lutter* Anh. § 68 Rdn. 9; *Meyer-Cording/Drygala*, Wertpapierrecht, S. 108
[72] KK/*Lutter* Anh. § 68 Rdn. 10; § 191 Rdn. 5; *Hefermehl/Bungeroth* in G/H/E/K § 189 Rdn. 36; *Kort*, ZGR 1994, 291 [303 f.]; *Zöllner*, AG 1993, 68 [70]; a.A. *Hueck/Canaris*, Wertpapierrecht S. 195
[73] *Hefermehl/Bungeroth* in G/H/E/K § 189 Rdn. 36; KK/*Lutter* § 191 Rdn. 5; a.A. GK/*Wiedemann* § 191 Rdn. 5
[74] nur hinsichtlich Verbindlichkeiten nach Eintragung KK/*Lutter*, § 189 Rdn. 5; auch hinsichtlich Verbindlichkeiten vor Eintragung *Hefermehl/Bungeroth* in G/H/E/K § 189 Rdn. 37
[75] *Zöllner*, AG 1993, 68 [71]
[76] *Hefermehl/Bungeroth* in G/H/E/K § 189 Rdn. 39; KK/*Lutter*, § 189 Rdn. 7 f.
[77] *Hommelhoff*, ZHR 158 (1994) 11; *U. Huber*, FS Claussen S. 147; *Kort*, ZGR 1994, 291; *Krieger*, ZHR 158 (1994), 35; *Zöllner*, AG 1993, 68; *Zöllner/Winter*, ZHR 158 (1994) S. 59; *Hüffer*, AktG § 248 Rdn. 7a; *ders.*, ZGR 2001, 833 [852]; *Sinewe*, Bezugsrechtsausschluss 184 ff.
[78] *Kort*, ZGR 1994, 291 [305 f.]

dung über die Anfechtungsklage bestehen bleiben. Mit der Anfechtung falle nur der Beschluss ex tunc weg, die Strukturmaßnahme wird für die Zukunft rückabgewickelt. Die Übertragung der Grundsätze der fehlerhaften Gesellschaft auf die fehlgeschlagene Kapitalerhöhung wird den Interessen der Zeichner junger fehlerhafter Aktien sowie dem Schutz der Gesellschaftsgläubiger gerechter als eine ex-tunc-Wirkung der Anfechtung und der damit verbundenen Rückabwicklung der Maßnahme für die Vergangenheit. So sind die Zeichner zwar verpflichtet, die Einlage zu erbringen, jedoch erhalten sie sämtliche Mitgliedschaftsrechte für die Zeit bis zur Feststellung der Nichtigkeit des Beschlusses. Gleichzeitig werden die Gesellschaftsgläubiger durch die erbrachten Einlagen hinreichend geschützt. Zudem wird diese Lösung den faktischen Umständen einer Strukturmaßnahme gerecht. Eine Strukturmaßnahme, welche in Vollzug gesetzt wird, lässt sich nicht ohne weiteres beseitigen, da sämtliche Geschäfte, welche aufgrund des Beschlusses und mit Blick auf die Maßnahme vorgenommen worden sind, ebenfalls rückabgewickelt werden müssten. Schließlich kann die Anfechtung mit ex-tunc-Wirkung zur Verunsicherung des Kapitalmarktes und der Gesellschaftsgläubiger führen, sowie geschaffene Arbeitsplätze gefährden.[79]

„Die Lehre der fehlerhaften Gesellschaft beruht zum einen auf der Erkenntnis, dass eine ex-tunc-Wirkung der Anfechtung zu unerträglichen Ergebnissen führen würde und nicht mit dem Zweck der Nichtigkeits- und Anfechtungsvorschriften vereinbar wäre, eine auf Dauer angelegte und tatsächlich vollzogene Gemeinschaft, für die alle Beteiligten Beiträge erbracht und Werte geschaffen, die Gewinnchancen genützt und das gemeinschaftliche Risiko getragen haben, mit rückwirkender Kraft aus dem Rechtsleben zu streichen und so zu behandeln, als ob sie niemals bestanden hätte; ein solches Rechtsverhältnis verdiene vielmehr im allgemeinen so lange Bestandsschutz, bis der Nichtigkeits- und Anfechtungsgrund geltend gemacht werde."[80] Zudem ist der Rechtsverkehr vor den Folgen eine Rückabwicklung des tatsächlich geschaffenen Zustandes zu schützen.[81] Dieser Gedanke liegt weitgehend den Regelungen der §§ 277 ff. AktG zugrunde. Die Normen wollen die Aktionäre und den Rechtsverkehr im Falle der Nichtigkeit einer Aktiengesellschaft vor einer Rückabwicklung schützen und verweisen in diesem Fall auf die Regeln zur Abwicklung bei Auflösung der Gesellschaft.[82] Für eine Nichtigkeit der Gesellschaft mit einer ex-tunc-Wirkung besteht kein Bedürfnis, wenn sich Gesellschafter auf eine bestimmte Form des Zusammenschlusses verständigt und in diesem Rahmen gehandelt haben. Die Nichtigkeit kann danach nicht auf solche Umstände gestützt werden, die das einvernehmlich begründete Innenverhältnis der Gesellschafter untereinander betreffen. Das Prinzip der Lehre von der fehlerhaften Gesellschaft findet seine Grenzen,

---

[79] *Hommelhoff*, ZGR 1994, 11 [26 f.]
[80] BGHZ 55, 5 [8]; 62, 20 [26 f.]
[81] BGHZ 3, 285 [288]; 16, 160 [166];
[82] *Hüffer*, AktG § 275 Rdn. 2; MüKoAktG/*Hüffer* § 275 Rdn. 5; *K. Schmidt*, GesR § 6 II. 1. (S. 141 ff.)

wo die rechtliche Anerkennung des tatsächlich vorhandenen Zustandes mit gewichtigen Interessen der Allgemeinheit oder einzelner schutzwürdiger Personen in Widerspruch treten würde.[83] Danach lässt sich die Lehre der fehlerhaften Gesellschaft grundsätzlich auch auf andere Fälle der Nichtigkeit von Beschlüssen und Maßnahmen anwenden, soweit schutzwürdige Interessen der Allgemeinheit und Einzelner nicht verletzt werden. Die Interessen der Gesellschafter bleiben von Beschlüssen und deren Umsetzung unberührt, soweit ihre bisherige Zusammensetzung und ihre bisherigen Mitwirkungsbefugnisse beibehalten werden. Werden hingegen Maßnahmen beschlossen, die zu einer Veränderung der Beteiligungsstruktur und damit zu einer Veränderung der Befugnisse einzelner Aktionäre in der Gesellschaft führen, werden die Interessen der Aktionäre verletzt. Inwieweit eine Verletzung so erheblich ist, dass die Maßnahme rückabzuwickeln ist, richtet sich nach der Art der Beeinträchtigung und deren Kompensationsmöglichkeit.[84] Werden die mitgliedschaftlichen Grundrechte – wie Stimmrecht, Recht auf Gewinn- und Liquidationserlös – von der Maßnahme tangiert, sind diese stets beachtlich und dürfen nur unter Einhaltung strenger Voraussetzungen eingeschränkt werden.[85] Anders als Verletzungen von Vermögensrechten können Beeinträchtigungen des Stimmrechtes nicht kompensiert werden.[86] Die Einheit von Beschluss und Umstrukturierung und deren Schicksal dient dem Schutz der Aktionäre in ihren originären Angelegenheiten in der Gesellschaft.[87] Deshalb vermag sich das Interesse des Rechtsverkehrs am Bestehenbleiben der Maßnahme in der Vergangenheit nicht gegenüber den Interessen der Gesellschafter an deren rückwirkender Beseitigung durchsetzen. Die Aufrechterhaltung des rechtswidrigen Zustandes ist für die in ihren Mitgliedschaftsrechten beeinträchtigten Aktionäre unerträglich. Insofern sind Maßnahmen, welche zu einer Beeinträchtigung der Mitgliedschaftsrechte führen, rückwirkend zu beseitigen.

Für Kapitalerhöhungen ist die Lehre der fehlerhaften Gesellschaft unter folgender Maßgabe zu übertragen. Auf nichtige Kapitalerhöhung unter Wahrung des Bezugsrechtes kann diese Lehre übertragen werden, nicht hingegen auf Kapitalerhöhungen unter Ausschluss des Bezugsrechtes.
Bei einer ordentlichen Kapitalerhöhung unter Wahrung des Bezugsrechtes hat jeder Aktionär die Möglichkeit, seinen Einfluss im Innenverhältnis aufrechtzuerhalten. Ein Fehler des Kapitalerhöhungsbeschlusses, welcher zur Nichtigkeit führt, hat auf die Zusammensetzung der Aktionäre sowie auf das Innenverhältnis der Gesellschaft keinen Einfluss. Aktionärsrechte werden durch die fehlerhafte Strukturmaßnahme nicht verletzt.
Anders verhält es sich bei Kapitalerhöhungen, welche zu einer Veränderung der Zusammensetzung der Gesellschafter führen. Bei solchen Maßnahmen erfolgt

---

[83] BGHZ 3, 285 [288]; 16, 160 [166]; 26, 330 [334]; 55, 5 [9]; 62 20 [27]; 75, 214 [217]
[84] zu Kompensationsmöglichkeit *K. Schmidt*, GesR § 6 IV. 2. (S. 155)
[85] siehe oben Teil 2:Kapitel II:B)II. 2 (S. 28)
[86] siehe oben Teil 2:Kapitel II:C)I. 1.c) (S. 33)
[87] *Hommelhoff*, ZGR 1994, 11 [14 f.]

eine Veränderung des Innenverhältnisses der Gesellschaft. Wird der Beschluss zum Ausschluss des Bezugsrechtes deshalb angefochten, weil eine Verwässerung der Verwaltungsrechte nicht sachlich gerechtfertigt ist, liegt eine schwerwiegende Störung des Innenverhältnisses vor. Die dissidierenden Aktionäre sind mit ihrem neu entstandenen Mitspracherecht und Einfluss in der Gesellschaft nach der Umsetzung der Strukturmaßnahme nicht einverstanden. Infolge der Anfechtung fehlt es an einem einverständlichen Zusammenschluss der Gesellschafter und damit an einem einverständlichen Handeln der Gesellschaft. Stellt sich später heraus, dass die geltend gemachte Machtverschiebung unzulässig ist, bedeutet dies, dass die dissidierenden Aktionäre zu Unrecht im Innenverhältnis benachteiligt wurden. Sie konnten während dieser Zeit ihren Einfluss nicht im vollen Maße in der Gesellschaft geltend machen. Geht man von einer ex-tunc-Wirkung der Nichtigkeit aus, führt die Mitzählung der neuen unwirksamen Stimmen zur Anfechtbarkeit der folgenden Beschlüsse. Die Folgebeschlüsse werden im Falle einer unterbliebenen Anfechtung geheilt. Bei einer rechtzeitigen Anfechtung der Beschlüsse muss der Richter den Anfechtungsprozess bis zur Entscheidung über den Kapitalerhöhungsbeschluss aussetzen.[88] Nach den Regeln der fehlerhaften Gesellschaft soll dieses Vorgehen gerade unterbunden werden. Dadurch würden die geltend gemachten Missstände im Innenverhältnis dauerhaft bestehenbleiben. Die materielle Beschlusskontrolle will gerade diese Folgen der Stimmkraftverwässerung verhindern. Deshalb sind solche schwerwiegenden Rechtsverletzungen nur mit einer ex-tunc-Wirkung zu beseitigen. Die Regeln von der Lehre der fehlerhaften Gesellschaft sind bei nichtigen Kapitalerhöhungen unter Ausschluss des Bezugsrechtes grundsätzlich abzulehnen.[89]

Anders verhält es sich, wenn die Beeinträchtigungen der Verwaltungsrechte der dissidierenden Aktionäre sachlich gerechtfertigt sind, hingegen der Ausgabepreis der jungen Aktien unangemessen niedrig festgelegt wurde und deshalb eine ungerechtfertigte Vermögensbeeinträchtigung darstellt.[90] In diesen Fällen führte allein die Beeinträchtigung des Wertes der Beteiligung nicht zu einer Störung im Innenverhältnis. Die ausgeschlossenen Aktionäre wurden wirksam in ihren Verwaltungsrechten beschränkt und das Innenverhältnis neu geordnet. Eine vermögensrechtliche Beeinträchtigung kann mit der Abwicklung der Kapitalerhöhung in die Zukunft rückgängig gemacht bzw. anderweitig ausgeglichen werden.[91] Deshalb treten die Interessen der Aktionäre an einer rückwirkenden Abwicklung der Kapitalerhöhung hinter denen der Gesellschaft und des Rechtsver-

---

[88] *Zöllner*, AG 1993, 68 [71] FN 12
[89] Bedenken von *Krieger*, ZHR 158 (1994) 35 [49] sind für den Fall des Bezugsrechtsausschlusses begründet
[90] siehe oben Teil 2:Kapitel II:G)IV. (S. 61)
[91] zur Pflicht der Heilung dieser Mängel bzw. Reparatur: *Kort*, ZGR 1994, 291 [319 ff.]; *Zöllner*, AG 1993, 68 [77 f.]; *Zöllner/Winter*, ZHR 158 (1994) 59 [79 ff.] keine Heilungsmöglichkeit, wenn ursprünglicher Bezugsrechtsausschluss schon nicht sachliche gerechtfertigt war: *Zöllner*, AG 1993, 68 [77]; *Zöllner/Winter*, ZHR 158 (1994) 59 [90 f.]

kehrs zurück. Die Lehre über die fehlerhafte Gesellschaft ist in diesen Fall anwendbar.

Ebenso verhält es sich bei formalen Mängeln, wie zum Beispiel bei fehlenden oder fehlerhaften Informationen bzw. Berichten. Das Innenverhältnis wird allein durch diese formalen Mängel nicht gestört. Die Interessen der Aktionäre an einer rückwirkenden Abwicklung der Kapitalerhöhung treten deshalb hinter denen der Gesellschaft und des Rechtsverkehrs zurück.

Eine Ausnahme vom Grundsatz, dass eine sachlich nicht gerechtfertigte Kapitalerhöhung eine Nichtigkeit mit ex-tunc-Wirkung zur Folge hat, ist dann vorzunehmen, wenn das Interesse am Erhalt des geschaffenen Zustandes das der benachteiligten Aktionäre überwiegt. So ist gem. § 20 UmwG eine eingetragene Verschmelzung wirksam. Mängel der Verschmelzung haben auf die Wirksamkeit keinen Einfluss. Mit dieser Regelung soll eine organisationsrechtliche Veränderung nach ihrem Vollzug nicht mehr rückgängig gemacht werden, da eine Entschmelzung die Mehrzahl der an einer Verschmelzung Beteiligten über Gebühr beeinträchtigen würde.[92] Könnte man in diesem Zusammenhang den Kapitalerhöhungsbeschluss weiterhin anfechten, müssten bei erfolgreicher Anfechtung die geschaffenen Anteile vernichtet werden, welche die Anteilseigner des übertragenden Rechtsträgers für den Verlust ihrer bisherigen Beteiligung als Entschädigung erhalten haben. Der wirtschaftliche Erfolg der Verschmelzung wäre gefährdet. Deshalb muss sich die Wirkung des § 20 UmwG auch auf die Maßnahmen beziehen, welche die Grundlage für eine Verschmelzung schaffen. Insofern ist eine anfechtbare Kapitalerhöhung mit Eintragung der Verschmelzung wirksam.[93]

Schließlich scheidet eine Rückabwicklung auch dann aus, wenn eine Kapitalerhöhung mit Bezugsrechtsausschluss unter formalen Mängeln leidet und diese Mängel keinen Einfluss auf den Beschluss haben. In Bezug auf Informations- und Berichtsmängel ist dies dann der Fall, wenn sie rechtzeitig geheilt werden konnten.[94]

Abschließend kann festgehalten werden, dass fehlerhafte Kapitalerhöhungen unter Wahrung des Bezugsrechtes nach den Regeln der fehlerhaften Gesellschaft in die Zukunft abzuwickeln sind. Ist eine Kapitalerhöhung infolge eines sachlich nicht gerechtfertigten Bezugsrechtsausschlusses nichtig, führt dies zur anfänglichen Nichtigkeit der Kapitalerhöhung. Ist die Kapitalerhöhung wegen eines unangemessen niedrigen Ausgabepreises nichtig, erfolgt eine Abwicklung der Maßnahme nach den Regeln der fehlerhaften Gesellschaft. Die Kapitalerhöhung

---

[92] *Kübler* in Semler/Stengel § 20 Rdn. 84, 86
[93] *Grunewald* in Lutter § 20 Rdn. 78; *Kübler* in Semler/Stengel § 20 Rdn. 95; *Marsch-Barner* in Kallmeyer § 20 Rdn. 42; *Stratz* in Schmitt/Hörtnagl/Stratz §20 Rdn. 102
[94] im Einzelnen siehe oben Teil 2:Kapitel V:D) (S. 126)

bleibt trotz unzulässigem Bezugsrechtsausschluss wirksam bestehen, wenn sie die Grundlage für eine Verschmelzung bildet (§ 20 Abs. 2 AktG).

2. Teilanfechtung

Die Kapitalerhöhung unter Bezugsrechtsausschluss ist sowohl eine unternehmerische als auch eine strukturelle Entscheidung.[95] So kann der einzelne Aktionär die Kapitalerhöhung an sich für eine sinnvolle Maßnahme der Gesellschaftsfinanzierung erachten, jedoch den Bezugsrechtsausschluss als unzumutbare und sachlich nicht gerechtfertigte Beeinträchtigung empfinden. In diesen Fällen möchte er lediglich den Bezugsrechtsausschluss beseitigen, die Kapitalerhöhung an sich bestehen lassen.

Grundsätzlich ist gem. § 139 BGB der gesamte Beschluss nichtig, wenn nicht angenommen werden kann, dass die Kapitalerhöhung auch unter Wahrung des Bezugsrechtes vorgenommen werden könnte. Das Bezugsrecht kann nur im Beschluss über die Erhöhung des Kapitals ausgeschlossen werden (§ 186 Abs. 3 S. 1 AktG). Der Charakter und die Bedeutung eines Kapitalerhöhungsbeschlusses werden durch den Bezugsrechtsausschluss entscheidend geprägt, sodass die vorherrschende Auffassung eine Teilanfechtung des einheitlichen Beschlusses ausschließt.[96] Grundsätzlich mag diese Auffassung ihre Berechtigung haben. Die Kapitalerhöhung unter Bezugsrechtsausschluss kann vorwiegend nur für Maßnahmen eingesetzt werden, bei denen eine Kapitalerhöhung ohne den Bezugsrechtsausschluss ihren Zweck verfehlen würde.[97] Es sind jedoch ebenso Fälle denkbar, in denen ein Interesse an der Durchführung der Kapitalerhöhung auch ohne den Bezugsrechtsausschluss bestehen bleibt, so beispielsweise, wenn eine börsennotierte Aktiengesellschaft zu Finanzierungszwecken eine Barkapitalerhöhung um mehr als zehn Prozent des derzeitigen Grundkapitals durchführen möchte, die jungen Aktien in der Nähe des Börsenkurses ausgeben und das Bezugsrecht ausschließen will, um einen möglichst hohen Ausgabepreis zu erzielen. Um ein effektives Agio zu erzielen, will sie die jungen Aktien direkt in einem ausländischen Marktplatz einführen, an dem die Gesellschaft bereits vertreten ist. Der Zukauf von Aktien zum Erhalt der Beteiligungsquote über die Börse ist für zukaufswillige Aktionäre nicht gesichert. Ein Bezugsrechtsausschluss stellt damit eine Beeinträchtigung der Verwaltungsrechte dar und ist mangels eines besonderen Gesellschaftsinteresses nicht sachlich gerechtfertigt.[98] Stand die Eigenkapitalfinanzierung im Vordergrund und lässt sich den Umständen des Beschlusses entnehmen, dass die Kapitalerhöhung auch unter Wahrung des Bezugsrechtes und damit verminderter Einnahmen durchgeführt werden sollte,

---

[95] *Wiedemann*, ZGR 1999, 587 [569]
[96] *Hefermehl/Bungeroth* in G/H/E/K § 186 Rdn. 88, 149; *Hirte*, WM 1994, 321 [328]; KK/*Lutter* § 221 Rdn. 88; *Sethe*, AG 1994, 342 [355 f.]
[97] so etwa bei Sachkapitalerhöhungen, Bezugsrechtsausschluss als Mittel für Abwehrmaßnahme und zur Verhinderung einer Gesellschaftsauflösung, beim Börsengang bzw. zur Einführung der Aktien an ausländischen Börsen, beim Eingehen von Kooperationen
[98] Barkapitalerhöhung allein aus Finanzierungszwecken rechtfertigt Bezugsrechtsausschluss nicht, siehe oben Teil 2:Kapitel II:G)III. 1 (S. 57)

führt eine Anfechtung Bezugsrechtsausschlusses gem. § 139 BGB nicht zugleich zur Nichtigkeit der Kapitalerhöhung. Der Bezugsrechtsausschluss kann somit separat angefochten werden, wenn anzunehmen ist, dass die Kapitalerhöhung auch ohne den Bezugsrechtsausschluss durchgeführt werden soll.

B) Schadensersatzklagen

I. Schadensersatzansprüche

Wird das Bezugsrecht rechtswidrig ausgeschlossen, werden die Aktionäre in ihrer Mitgliedschaft beeinträchtigt.[99] Im Folgenden soll dargestellt werden, ob die Aktionäre im Falle eines unzulässigen Bezugsrechtsausschlusses Schadensersatzansprüche geltend machen können und wie der Schadenausgleich vorzunehmen ist.

1. Schadensersatzanspruch wegen Pflichtverletzung, §§ 283, 280 BGB

Die Aktionäre sind mit der Gesellschaft und den anderen Gesellschaftern über die Satzung verbunden. Deshalb sind die Aktionäre und die Gesellschaft verpflichtet auf die jeweiligen Interessen im bestimmten Maße Rücksicht zu nehmen (sogenannte Treupflichten).[100] Im Folgenden sollen Schadensersatzansprüche aufgezeigt werden, welche sich aus den vertraglichen bzw. gesetzlichen Beziehungen der Aktionäre untereinander und gegenüber der Gesellschaft ergeben.

a)   Haftung der Aktionäre

Die Aktionäre sind verpflichtet, die mitgliedschaftlichen Rechte der Kon-Aktionäre – und damit auch die Mitgliedschaft – zu achten und nicht zu beeinträchtigen. Deshalb bedarf ein Eingriff in die Mitgliedschaft der sachlichen Rechtfertigung.[101] Zudem sind sie verpflichtet einen angemessenen Ausgabebetrag der jungen Aktien festzulegen, damit der Wert der Anteile der ausgeschlossenen Aktionäre nicht beeinträchtigt wird.[102] Treffen die Mitglieder Maßnahmen, die zu einer sachlich nicht gerechtfertigten Verletzung der Mitgliedschaft der Kon-Aktionäre führen, stellt dieses treuwidrige Handeln einen Verstoß gegen das Mitgliedschaftsverhältnis dar. Die verletzten Aktionäre können ihren Schaden infolge der Pflichtverletzung i.S.d. § 241 Abs. 2 BGB gegen die entsprechenden Mitglieder gem. § 280 BGB geltend machen.
In diesem Zusammenhang ist fraglich, ob einer Haftung aus dem Gesellschaftsvertrag gem. § 280 BGB die Vorschrift des § 117 Abs. 7 Nr. 1 AktG entgegensteht. Grundsätzlich ist der Aktionär zum Schadensersatz verpflichtet, wenn er vorsätzlich seinen Einfluss auf die geschäftsführenden Organe zum Schaden der Gesellschaft und ihrer Aktionäre ausübt (§ 117 Abs. 1 S. 1 AktG). Die Schadensersatzhaftung ist aber dann ausgeschlossen, wenn der Aktionär seinen Ein-

---

[99] siehe oben Teil 2:Kapitel II:A) (S. 23)
[100] siehe oben Teil 2:Kapitel II:B)II. (S. 26)
[101] siehe oben Teil 2:Kapitel II:B)II. (S. 26)
[102] siehe oben Teil 2:Kapitel II:B)II. 2 (S. 28)

fluss in der Hauptversammlung durch Ausübung seines Stimmrechtes geltend gemacht hat (§ 117 Abs. 7 Nr. 1 AktG). Indem die Aktionäre in der Hauptversammlung über das Bezugsrecht abstimmen, könnte die Haftung für einen unzulässigen Bezugsrechtsausschluss gem. § 117 Abs. 7 Nr. 1 AktG ausgeschlossen sein. Für einen generellen Ausschluss der Haftung spricht zum einen, dass die Norm die freie Willensbildung der Aktionäre gewährleisten will.[103] Zum anderen widerspräche eine umfassende Haftung für fehlerhafte Stimmabgabe dem Willen des Gesetzgebers, wonach eine breite Streuung der Aktien in allen Bevölkerungsschichten ermöglicht werden soll.[104] Strenge Haftungsmaßstäbe würden vor einer Beteiligung an einer Aktiengesellschaft abschrecken.

Gegen den Ausschluss der Schadensersatzpflicht durch § 117 Abs. 7 Nr. 1 AktG spricht der Wortlaut. Danach wird lediglich die Haftung für missbräuchliche Stimmrechtsausübung zur Beeinflussung des Verhaltens bestimmter Personen der Aktiengesellschaft ausgeschlossen[105], nicht hingegen eine Haftung für eine unmittelbare Beeinträchtigung der Kon-Mitglieder durch den Beschluss.

Zu dem Zeitpunkt der Entstehung der Norm waren Treupflichten der Aktionäre untereinander noch nicht anerkannt. Mit der Erschaffung der Norm wollte der Gesetzgeber unter anderem dem Einwand beggnen, es gebe keine Treupflicht der Aktionäre und damit keine über den § 826 BGB hinausgehenden Haftung derselben.[106] Es sollte damit aber nicht die Haftung nach § 826 BGB durch den Ausschlusstatbestand des § 117 Abs. 7 Nr. 1 AktG verdrängt werden.[107] Mittlerweile sind die mitgliedschaftlichen Treupflichten der Aktionäre im Grundsatz anerkannt.[108] Fehlte es zum Zeitpunkt der Einführung des § 117 AktG noch an Haftungstatbeständen für schädigendes Verhalten der Aktionäre, kann eine Haftung auf die allgemeinen Anspruchsgrundlagen der Vertrags- und Deliktshaftung unter Beachtung der Treupflicht gestützt werden. Eines speziellen Haftungstatbestandes für treuwidriges Verhalten bedarf es nach diesem Verständnis nicht mehr.[109] Dennoch ist die Regelung des § 117 AktG für eine Haftung wegen einer Treupflichtverletzung nicht bedeutungslos.[110] Zum einen ist der Grund für einen Haftungsausschluss im Rahmen einer Stimmrechtsausübung nach § 117 Abs. 7 Nr. 1 AktG zu beachten. Der Gesetzgeber geht bei schädigenden Maßnahmen,

---

[103] LG Düsseldorf, ZIP 1993, 350 [358 ff.]
[104] LG Düsseldorf, ZIP 1993, 350 [358 ff.]
[105] *Dreher*, ZIP 1993, 332 [335]; *Zöllner/Winter*, ZHR 185 (1994) 59 [73]
[106] *Habersack*, Mitgliedschaft S. 199; *Henze*, FS Kellermann S. 141 [148]; MüKoAktG/*Kropff* § 117 Rdn. 5
[107] vgl. Reg.Begr. in *Kropff*, AktG S. 163 f.; *Zöllner*, Schranken S. 428 FN 30
[108] siehe oben Teil 2:Kapitel II:B)II. 2; BGHZ 103, 184 (Linotype); BGHZ 129, 136 (Girmes); BGH NJW 1992, 3167 (IBH/Scheich Kamel); *Dreher*, ZIP 1993, 332 [335 ff.]; *ders.*, ZHR 157 (1993) 150 [151 ff.]; *Henze*, FS Kellermann S. 141 ff.; *ders.*, ZHR 162 (1998) 186 KK/*Zöllner* § 243 Rdn. 195; *Lutter*, AcP 180 (1980) 84, 122 ff.; *ders.*, ZHR 153 (1989) 446 ff.; *Raiser*, KapGesR § 12 Rdn. 47 (S. 113); *K. Schmidt*, GesR § 20 IV (S. 587); *Timm*, WM 1991, 481; *Werner*, FS Semler S. 419 [423]; *Wiedemann*, GesR S. 92 ff. [95]; *Zöllner*, Schranken S. 335 ff.
[109] *Dreher*, ZIP 1993, 332 [335 f.]
[110] *Zöllner/Winter*, ZHR 158 (1994) 59 [73 ff.]; a.A. *Dreher*, ZIP 1993, 332 [335 f.]

die in der Hauptversammlung beschlossen wurden, davon aus, dass die überstimmten – regelmäßig auch die benachteiligten – Aktionäre durch die Möglichkeit einer Anfechtungsklage ausreichend vor einer missbräuchlichen Stimmrechtsausübung geschützt werden.[111] „Wenn schon die Schädigung durch vorsätzliche Verfolgung eines gesellschaftsfremden Sondervorteils nicht zum Schadensersatz verpflichten soll, dann erst recht nicht jede schwächere Form der Schädigung"[112], soweit sie mit Rechtsmitteln abgewehrt werden kann. Insofern ist diese Norm zugleich gesetzlicher Anhaltspunkt für den Vorrang der Anfechtungs- und Nichtigkeitsklagen vor der Schadensersatzklage.[113] Zum anderen fordert § 117 Abs. 1 AktG für eine Haftung des Aktionärs ein vorsätzliches Handeln. Für eine vertragliche Haftung infolge eines Treupflichtverstoßes (§ 280 BGB) genügt grundsätzlich die einfache Fahrlässigkeit gem. § 276 Abs. 1 BGB. Eine strengere oder mildere Haftung kann bestimmt werden oder sich aus dem Inhalt des Schuldverhältnisses ergeben (§ 276 Abs. 1 BGB). Nach § 54 Abs. 1 AktG wird die Obergrenze der Einlagepflicht bestimmt. Die Norm dient der internen Risikobeschränkung.[114] Damit das Haftungsrisiko der Aktionäre im Rahmen von Abstimmungen gegenüber der Gesellschaft und den Aktionären überschaubar ist, beschränkt sich die Haftung nach § 117 Abs. 1 AktG auf ein vorsätzliches Verhalten der Aktionäre. Gleichzeitig soll damit die freie Willensbildung der Aktionäre gewährleistet werden.[115] Diese Vorschriften prägen die Mitgliedschaft in der Aktiengesellschaft, wonach die Aktionäre grundsätzlich nur mit ihrer Einlage und nur ausnahmsweise für vorsätzliche Schädigungshandlungen haften sollen. Deshalb müssen sie zur Bestimmung des Haftungsmaßstabes nach § 276 BGB herangezogen werden. Eine vertragliche Haftung wegen einer Treupflichtverletzung kommt danach nur bei einem vorsätzlichen Zuwiderhandeln in Betracht.

Abschließend kann festgehalten werden, dass sich die Aktionäre gem. §§ 280, 241 Abs. 1 BGB im Falle eines vorsätzlichen treuwidrigen Verhaltens gegenüber den davon betroffenen Aktionären schadensersatzpflichtig machen können. Eine Haftung ist hingegen dann ausgeschlossen, wenn die treuwidrige Handlung in der Stimmabgabe im Rahmen der Hauptversammlung besteht. In diesen Fällen kann den betroffenen Aktionären zugemutet werden, sich im Wege einer Anfechtungs- oder Nichtigkeitsklage zur Wehr zu setzen.

b) Haftung des Vorstandes

(1) Festlegung eines unangemessenen niedrigen Ausgabebetrages
Die Hauptversammlung kann die Festlegung des Ausgabebetrages dem Vorstand überlassen (§ 182 Abs. 3 AktG). Sie selbst darf keinen unangemessen niedrigen

---

[111] Reg.Begr. in *Kropff*, AktG S. 163 f.
[112] *Zöllner*, Schranken S. 428
[113] *Habersack*, Mitgliedschaft S. 238; *Winter*, Treubindungen S. 320; *Zöllner/Winter*, ZHR 158 (1994) 59 [74]
[114] *Hüffer*, AktG § 54 Rdn. 1
[115] LG Düsseldorf, ZIP 1993, 350 [358 ff.]

Ausgabebetrag für die jungen Aktien festlegen (§ 255 Abs. 2 AktG). Die Norm richtet sich grundsätzlich nur an die Hauptversammlung. Werden dem Vorstand die Befugnisse der Hauptversammlung übertragen, kann er von diesen Befugnissen nur im gleichem Rahmen Gebrauch machen, wie die Hauptversammlung selbst, da die Hauptversammlung nur die Befugnisse auf den Vorstand übertragen kann, welche sie selbst innehat.[116] Da die Hauptversammlung bei der Festlegung des Ausgabebetrages an die Maßgaben des § 255 Abs. 2 AktG gebunden ist, hat der Vorstand diese Bestimmungen zu beachten.

(a)   Haftung gegenüber den ausgeschlossenen Aktionären

Verstößt der Vorstand gegen die Maßgaben des § 255 Abs. 2 AktG, ist fraglich, ob er deshalb den Aktionären zum Schadensersatz wegen einer vertraglichen Pflichtverletzung verpflichtet ist. Eine vertragliche Haftung käme in Betracht, wenn die Vorstandsmitglieder im Anstellungsvertrag mit der Gesellschaft zur Wahrung der Rechte der Aktionäre angehalten wären (Vertrag mit Schutzwirkung für Dritte). Soweit etwaige Schutzpflichten nicht bereits im Anstellungsvertrag enthalten sind, können sie in den Vertrag einbezogen sein, wenn der Dritte für den Schuldner erkennbar mit der Leistung des Schuldners in Berührung kommt und der Gläubiger in dem Bereich, in den das Schuldverhältnis hineinragt, seinerseits fürsorge- und obhutspflichtig ist.[117] Der Vorstand wird vom Aufsichtsrat bestellt (§ 84 Abs. 1 AktG). Dabei handelt es sich um einen korporativen Akt der Berufung zum Unternehmensorgan.[118] Daneben schließt der Aufsichtsrat für die Gesellschaft einen Anstellungsvertrag mit den Vorstandsmitgliedern (§ 84 Abs. 1 S. 5 Abs. 3 S. 5 AktG). Dieser Anstellungsvertrag ist als Geschäftsbesorgungsvertrag i.S.d. §§ 611 ff., 675 BGB zu qualifizieren.[119] Beide Figuren – Berufung zum Unternehmensorgan sowie Anstellungsvertrag – beziehen sich auf ein äußerlich einheitliches Rechtsverhältnis.[120] Grundsätzlich sind die Vorstandsmitglieder nur gegenüber der Gesellschaft verantwortlich (§§ 84, 93 Abs. 1 AktG).[121] Nach § 93 Abs. 2 AktG hat lediglich die Gesellschaft bei einem schädigenden Verhalten der Organmitglieder, nicht hingegen die Aktionäre, einen Anspruch gegen die Vorstandsmitglieder (§ 93 Abs. 2 AktG).[122] Damit regelt § 93 Abs. 2 AktG die Verantwortlichkeit der Organmitglieder in der Gesellschaft aus dem Anstellungsverhältnis. Ein Rückgriff auf etwaige vertragliche Anspruchsgrundlagen – wie z.B. §§ 280, 241 Abs. 2 BGB – ist damit versperrt.[123] Nicht ausgeschlossen sind hingegen Ansprüche des allgemeinen Deliktsrechtes.

---

[116] siehe unten Teil 3:Kapitel VI:A)II. 1 (S. 209)
[117] BGHZ 49, 350 [354]; 56, 269 [273];
[118] *Hüffer*, AktG § 84 Rdn. 4; *Raiser*, KapGesR § 14 Rdn. 45 (S. 152)
[119] BGHZ 10, 187 [191]; 36, 141 [143]
[120] MüKoAktG/*Hefermehl/Spindler* § 84 Rdn. 8; *Raiser*, KapGesR § 14 Rdn. 46
[121] *Hüffer*, AktG § 93 Rdn. 19; MüKoAktG/*Hefermehl/Spindler* § 76 Rdn. 63
[122] GK/*Hopt* § 93 Rdn. 469; *Hüffer*, AktG § 93 Rdn. 19; KK/*Mertens* § 93 Rdn. 169 ff.; MüKoAktG/ *Hefermehl/Spindler* § 93 Rdn. 138
[123] i.E. *Klette*, BB 1968, 1101 [1104]

Abschließend kann festgehalten werden, dass die Aktionäre keinen vertraglichen Anspruch gegen den Vorstand aufgrund der Festlegung eines unangemessen niedrigen Ausgabebetrages der jungen Aktien haben.[124]

(b)   Haftung gegenüber der Gesellschaft
Mit der Festlegung eines zu niedrigen Ausgabekurses erleiden nicht nur die Aktionäre, sondern auch die Gesellschaft einen unmittelbaren Schaden. Der Schaden besteht nicht in der Vermögensminderung, sondern in der Vereitelung einer konkreten, erreichbaren Erwerbsaussicht.[125] Bei voller Ausschöpfung des Ausgabebetrages hätte die Gesellschaft höhere Einlagen und somit mehr Eigenkapital erhalten. Der Schaden beläuft sich demnach auf die Differenz zwischen dem tatsächlichen und erzielbaren Einlagebetrag. Die Beschränkung der Festlegung des Ausgabebetrages für junge Aktien gem. § 255 Abs. 2 AktG besteht im Interesse der vom Bezugsrecht ausgeschlossenen Altaktionäre.[126] Der Verstoß des Vorstandes könnte zugleich eine Pflichtwidrigkeit gegenüber der Gesellschaft darstellen, wenn er über das Vermögen der Aktiengesellschaft zweckwidrig verfügt hätte.[127]

Der Vorstand handelt zweckwidrig, wenn er gegenüber der Gesellschaft – auch bei Gewährung des Bezugsrechtes – verpflichtet wäre, einen möglichst hohen Ausgabebetrag festzulegen.[128] Hinsichtlich der Festlegung des Ausgabebetrages der jungen Aktien kommt es auf das Interesse der Aktiengesellschaft an der Kapitalerhöhung an. Nur wenn diese mit der Kapitalerhöhung ein Finanzierungsinteresse verfolgt, kann der Vorstand gehalten sein, einen möglichst hohen Ausgabebetrag für die jungen Aktien festzulegen.[129] Welchem Zweck die Kapitalerhöhung dienen soll, ist dem Erhöhungsbeschluss zu entnehmen sowie der Festlegung zum Ausgabebetrag. Dient die Kapitalerhöhung der Gesellschaftsfinanzierung, ist die Gesellschaft an einem möglichst hohen Ausgabebetrag interessiert.[130] Legt die Hauptversammlung einen Mindestbetrag fest und überlässt sie es dem Vorstand, den Ausgabebetrag festzusetzen, ist diese Festsetzung dahingehend zu verstehen, dass die Hauptversammlung einen möglichst hohen Emissionskurs wünscht.[131] In diesen Fällen hat der Vorstand einen möglichst hohen Ausgabebetrag festzulegen. Im Übrigen kann er ihn nach ordnungsgemäßer Ausübung seines Ermessens frei festlegen.[132] Sollen die jungen Aktien öffentlich angeboten werden, muss der Vorstand darauf achten, dass der Ausgabebetrag nicht wesentlich über dem inneren Wert der Anteile liegt. Andernfalls besteht

---

[124] auch *Hüffer*, AktG § 182 Rdn. 25; 186 Rdn. 18; KK/*Lutter*, § 182 Rdn. 27; *Klette*, BB 1986, 1101 [1103 ff.]
[125] *Klette*, BB 1968, 1101 [1103]
[126] siehe oben Teil 2:Kapitel II:C)II. 5 (S. 40)
[127] *Nelle*, Untreue bei Gesellschaften S. 552
[128] so KK/Lutter § 182 Rdn. 28; *Klette*, BB 1968, 1101 [1103]
[129] *Hirte*, Bezugsrechtsausschluß und Konzernbildung § 97 f.; *Klette*, BB 1968, 2203 [2265]
[130] *Cahn*, ZHR 163 (1999) 554 [582]
[131] MüKoAktG/*Hüffer* § 255 Rdn. 17
[132] *Klette*, BB 1968, 2203 [2265]

der konkrete Anlass zur Befürchtung, dass der Emittent rechtswidrig erlangte Marktvorteile zum Nachteil der Anlageinteressenten abschöpft.[133]
Ein Verstoß gegen § 255 Abs. 2 AktG stellt deshalb nicht zugleich eine Pflichtverletzung des Vorstandes gegenüber der Gesellschaft dar. Vielmehr ist im Einzelfall zu Prüfen, ob der Vorstand auch gegenüber der Gesellschaft zur Festlegung eines möglichst hohen Ausgabebetrages verpflichtet war. Ist dies der Fall, liegt darin eine Pflichtverletzung i.S.d. § 93 Abs. 2 AktG. Der Vorstand hat der Gesellschaft nur Schadensersatz in Höhe der Differenz des pflichtgemäß erzielbaren zum tatsächlichen Einlagebetrag zu erstatten. Dabei kann der gegenüber der Gesellschaft pflichtgemäß zu erzielende Einlagebetrag von dem nach § 255 Abs. 2 AktG abweichen.

Wurde der Aufsichtsrat zur Festlegung des Ausgabebetrages der jungen Aktien ermächtigt, gelten für ihn dieselben Pflichten, wie für den Vorstand (§§ 116 S. 1, 93 Abs. 1 AktG). Verletzt er diese, so ist er der Gesellschaft ebenfalls gem. §§ 116 S. 1, 93 Abs. 2 AktG zum Schadensersatz verpflichtet.

(2)   Unterlassene Anfechtung eines fehlerhaften Ausschlussbeschlusses
Der Vorstand ist grundsätzlich verpflichtet, die von der Hauptversammlung beschlossenen Maßnahmen auszuführen (§ 83 Abs. 2 AktG). Wurden die Maßnahmen fehlerhaft beschlossen, kann er die Beschlüsse gem. § 245 Nr. 4 AktG anfechten. Hat er es unterlassen die fehlerhaften Beschlüsse anzufechten und führt er die beschlossenen Maßnahmen aus, ist er für eine etwaige Beeinträchtigung einzelner Rechte bzw. der Mitgliedschaft ursächlich. Es stellt sich danach die Frage, ob der Vorstand den Aktionären aufgrund seiner rechtlichen Stellung in der Gesellschaft entsprechend des §§ 280, 241 Abs. 1 BGB wegen einer Treupflichtverletzung schadensersatzpflichtig sein kann.
Der Vorstand, in seiner Funktion als Organ, unterliegt Treupflichten.[134] Unter anderem ist er zur Wahrung der Rechte aus der Mitgliedschaft angehalten.[135] Ist ein Beschluss geeignet, die Rechte aus der Mitgliedschaft zu verletzen, hat er grundsätzlich Überlegungen anzustellen, ob er Maßnahmen zur Abwendung des Schadens ergreifen soll. Das Anfechtungsrecht gibt ihm dazu ein wirksames Mittel an die Hand. Dennoch besteht keine unbeschränkte Pflicht zur Anfechtung von Hauptversammlungsbeschlüssen. Eine Anfechtungspflicht besteht nur dann, wenn der Beschluss offensichtlich die Interessen der Gesellschaft verletzt oder vom Vorstand ein pflicht- oder gesetzwidriges Verhalten fordert.[136] Hat der Vorstand einen rechtswidrigen Beschluss herbeigeführt – z.B. durch unrichtige Informationen bzw. einen fehlerhaften Bericht – ist er diesem ursächlich. Da die Aktionäre keine ordnungsgemäße Entscheidung finden konnten und der Be-

---

[133] *Ekkenga*, AG 2001, 615 [624 f.]
[134] BGHZ 13, 188 [192]; 49, 30 [31]; *Hüffer*, AktG § 84 Rdn. 9; KK/*Mertens* § 84 Rdn. 9, § 93 Rdn. 57
[135] siehe oben Teil 2:Kapitel II:B)II. (S. 26)
[136] AnwK-AktR/*Landwehrmann* § 93 AktG Rdn. 17

schluss zudem in die Rechte einzelner Aktionäre eingreift ist, der Vorstand zur Anfechtung verpflichtet. Erkannte der Vorstand in den sonstigen Fällen die Schädlichkeit des Beschlusses, ist er aber ohne Verletzung der Sorgfaltspflicht der Ansicht, dass eine Anfechtung des Beschlusses der Gesellschaft nachteiliger wäre als die Durchführung, braucht er nicht anzufechten.[137] Zudem kann der Vorstand grundsätzlich davon ausgehen, dass sich diejenigen Aktionäre, welche zunächst gegen den Beschluss gestimmt haben, aber keine Anfechtungsklage erheben, mit dem Beschluss einverstanden erklären. Hat der Vorstand erkannt, dass sich Aktionäre nicht mit dem Beschluss einverstanden erklären, aber nicht anfechten können, weil ihnen das Anfechtungsrecht verwehrt ist – zum Beispiel wegen unterlassener Widerspruchserklärung oder freiwilligen Fernbleibens von der Hauptversammlung – und hat er es pflichtwidrig und schuldhaft unterlassen anzufechten und führt er den Beschluss aus, verletzt er die Rechte der Aktionäre. Dennoch scheidet eine vertragliche Haftung mangels vertraglicher Beziehung und damit mangels Anspruchsgrundlage aus.[138]

Einen eigenen Ersatzanspruch der Aktionäre sieht das Gesetz in § 117 Abs. 2 AktG vor, wenn der Vorstand bzw. ein Teil des Vorstandes von einem Aktionär zur Durchführung einer für die Gesellschaft bzw. für die Gesellschafter schädlichen Maßnahme bestimmt worden ist. Beruht die Maßnahme – wie hier im Fall der Kapitalerhöhung – auf einem Beschluss der Hauptversammlung, ist die Haftung gem. § 117 Abs. 7 Nr. 1 AktG ausgeschlossen. Die Aktionäre können sich vor Eingriffen durch eine Anfechtungsklage gem. § 243 Abs. 1 oder Abs. 2 AktG schützen.[139] Der Haftungsausschluss umfasst zugleich eine schuldhaft unterlassene Anfechtung des Hauptversammlungsbeschlusses. Andernfalls würde Sinn und Zweck der Norm unterlaufen, wonach der Vorstand nicht für Entscheidung der Hauptversammlung verantwortlich sein soll, welche ihrerseits durch Rechtsmittel des einzelnen dissidierenden Aktionärs angefochten werden kann. Hat hingegen der Vorstand einen rechtswidrigen Beschluss herbeigeführt – z.B. durch unrichtige Informationen bzw. einen fehlerhaften Bericht – liegen die Voraussetzungen für einen Haftungsausschluss nicht vor.[140] Dennoch ist ein vertraglicher Schadensersatzanspruch der Aktionäre gegen den Vorstand mangels Anspruchsgrundlage ausgeschlossen.[141]

c) *Schadensersatzansprüche gegen Gesellschaft*

(1) Verletzung des Bezugsanspruches

Ein Schadensersatz wegen einer Pflichtverletzung ist dann gegeben, wenn die Gesellschaft den Aktionären zur Gewährung junger Aktien nach der Maßgabe

---

[137] *Zöllner*, Schranken S. 429; a.A. KK/*Lutter* § 186 Rdn. 100
[138] siehe oben Teil 2:Kapitel VI:B)I. 1.b)(1) (S. 148)
[139] RegBegr. in *Kropff*, AktG S. 163 f.; *Hüffer*, AktG § 117 Rdn. 13
[140] GK/*Hopt* § 93 Rdn. 324 ff.; *Hüffer*, AktG § 93 Rdn. 26; KK/*Mertens* § 93 Rdn. 116; MüKoAktG/*Hefermehl/Spindler*, § 93 Rdn. 118
[141] siehe oben Teil 2:Kapitel VI:B)I. 1.b)(1)(a) (S. 149)

des § 186 Abs. 1 S. 1 AktG verpflichtet war und die Gesellschaft diesen Bezugsanspruch pflichtwidrig verletzt hat (§ 280 BGB). Dazu müsste ein Anspruch auf Bezug junger Aktien überhaupt entstanden sein. Gem. § 186 Abs. 3 S. 1 AktG kann das Bezugsrecht nur im Beschluss über die Kapitalerhöhung ausgeschlossen werden. Führt der Ausschluss dazu, dass der konkrete Bezugsanspruch nicht entsteht, liegt bei einem rechtswidrigen Bezugsrechtsausschluss keine Verletzung des Bezugsanspruches vor. In diesem Fall könnte lediglich eine Verletzung der Mitgliedschaft aufgrund eines rechtswidrigen Bezugsrechtsausschlusses von den ausgeschlossenen Aktionären geltend gemacht werden. Würde hingegen der Bezugsrechtsausschluss lediglich den entstandenen Bezugsanspruch ausschließen, läge im Falle des rechtswidrigen Bezugsrechtsausschlusses eine Vereitelung des Bezugsanspruches vor.

Das Recht auf Bezug junger Aktien besteht bei jeder Kapitalerhöhung. Die Ausschlussmöglichkeit nach § 186 Abs. 3, 4 AktG betrifft hingegen die einzelne Kapitalerhöhung und nicht das Recht auf Bezug junger Aktien bei weiteren Kapitalerhöhungen. Insofern wird nicht das abstrakte Bezugsrecht in dem Sinne ausgeschlossen, dass der konkrete Bezugsrechtsanspruch nicht entsteht, sondern es wird der konkrete Bezugsanspruch ausgeschlossen.[142] Lagen die materiellen Ausschlussvoraussetzungen nicht vor, konnte der Bezugsanspruch nicht wirksam ausgeschlossen werden. Die Aktionäre haben mit dem Kapitalerhöhungsbeschluss einen Anspruch auf Bezug junger Aktien gegen die Gesellschaft. Ebenso verhält es sich, wenn die Gesellschaft (Vorstand und/oder Aufsichtsrat) über die Festlegung des Ausgabebetrages zu entscheiden hatte und ein unangemessen niedriger Ausgabebetrag i.S.d. § 255 Abs. 2 AktG festgesetzt wurde. Ein Verstoß gegen § 255 Abs. 2 AktG bewirkt, dass infolge des sachlich nicht gerechtfertigten Bezugsrechtsausschlusses der Bezugsanspruch nicht ausgeschlossen werden konnte.[143] Die Aktionäre haben einen Anspruch auf den Bezug junger Aktien.

Hat die Gesellschaft die jungen Aktien bereits an Dritte ausgegeben, ist es ihr gem. § 275 Abs. 1 Alt. 1 BGB unmöglich, den bezugswilligen Aktionären Aktien aus der Kapitalerhöhung anzubieten. Die Gesellschaft ist deshalb gem. §§ 283, 280 Abs. 3 BGB zum Schadensersatz statt zu der Leistung verpflichtet, wenn die Verwaltung schuldhaft die Unwirksamkeit des Bezugsrechtsausschlusses verkannt hat.[144] Mit Ablauf der Anfechtungsfrist (§ 246 Abs. 1 AktG) ist der Beschluss zum Bezugsrechtsausschluss wirksam. Das Bezugsrecht der Aktionäre ist damit wirksam ausgeschlossen, soweit keine Anfechtungsklage erhoben wurde. Führt der Vorstand die Kapitalerhöhung nach Ablauf der Anfechtungsfrist durch und wurde keine Anfechtungsklage erhoben, schließt er damit mögliche Schadensersatzansprüche der ausgeschlossenen Aktionäre wegen Nichterfül-

---

[142] *Cahn*, ZHR 164 (2000) S. 113 [126]
[143] siehe oben Teil 2:Kapitel II:G)IV. (S. 61)
[144] GK/*Wiedemann* § 186 Rdn. 103; KK/*Lutter* § 186 Rdn. 41; *Hüffer*, AktG § 186 Rdn. 18; zum schuldhaften Handeln der Verwaltung sogleich

lung des Bezugsanspruches aus. Führt der Vorstand die Kapitalerhöhung vor Ablauf der Anfechtungsfrist durch, hat er zu prüfen, ob etwaige Anfechtungsklagen erfolgreich eingelegt werden könnten. Kommt er zu dem Schluss, dass Anfechtungsklagen Aussicht auf Erfolg hätten, hat er mit der Durchführung der Kapitalerhöhung bis zum Ablauf der Anfechtungsfrist zu warten. Ebenso hat er bereits erhobene Anfechtungsklagen gegen den Bezugsrechtsausschluss auf deren Erfolgsaussichten zu prüfen. Kommt er zu dem Schluss, dass etwaige Klagen begründet sind, hat er ebenfalls von einer Durchführung der Kapitalerhöhung unter Bezugsrechtsausschluss abzusehen.

(2) Regressanspruch gegen Vorstand

Der Vorstand ist für die Rechtmäßigkeit des Handelns der Gesellschaft verantwortlich.[145] Insofern obliegt ihm die Pflicht, die Gesellschaft so zu leiten, dass diese keine Pflichtverletzungen gegenüber Dritten bzw. Aktionären begeht und deshalb einer Haftung ausgesetzt wird.[146] Verletzt er diese Pflicht und ist die Gesellschaft gegenüber Dritten zum Schadensersatz verpflichtet, kann die Gesellschaft gem. §§ 93 Abs. 2, 116 S. 1 AktG den Vorstand in Regress nehmen.

Setzt der Vorstand den rechtswidrigen Beschluss der Hauptversammlung um, werden gegen die Gesellschaft Schadensersatzansprüche gem. §§ 280, 275 BGB ausgelöst. Dennoch führt dies nicht zugleich zu einer Verletzung seiner Pflichten nach § 93 Abs. 2 AktG, denn er ist grundsätzlich gehalten, die Beschlüsse der Hauptversammlung umzusetzen (§ 83 Abs. 2 AktG). Bei anfechtbaren Beschlüssen hat er nach pflichtgemäßem Ermessen zu entscheiden, ob er eine Anfechtungsklage gem. § 245 Nr. 4 AktG erhebt.[147] Er hat sie immer dann zu erheben, wenn er sich im Falle der unterlassenen Anfechtung gegenüber der Gesellschaft haftbar macht.[148] Er braucht die Beschlüsse hingegen nicht anzufechten, wenn die Anfechtung des Beschlusses der Gesellschaft nachteiliger wäre als die Durchführung.[149]

Verstößt der Vorstand schuldhaft gegen diese Pflicht, ist eine Haftung nicht bereits dann ausgeschlossen, wenn der Vorstand den Hauptversammlungsbeschluss ausführt. Nach § 93 Abs. 4 S. 1 AktG ist eine Schadensersatzpflicht nur dann ausgeschlossen, wenn die Handlung des Vorstandes auf einem *gesetzmäßigen* Beschluss der Hauptversammlung beruht. Ist der Beschluss wegen eines sachlich nicht gerechtfertigten Bezugsrechtsausschlusses anfechtbar gem. § 243 Abs. 1 AktG[150], handelt es sich nicht um einen gesetzmäßigen Beschluss i.S.d. § 93 Abs. 4 S. 1 AktG. Im Falle rechtswidriger Beschlüsse scheidet ein Haftungsausschluss aus.[151] Demzufolge bleibt die Haftung trotz Beschlusses der Hauptver-

---

[145] *Thümmel*, Haftung S. 74 Rdn. 138
[146] *Thümmel*, Haftung S. 140 Rdn. 290
[147] *Raiser*, KapGesR § 14 Rdn. 66 (S. 160 f.)
[148] GK/*K. Schmidt* § 245 Rdn. 43
[149] *Habersack*, Mitgliedschaft S. 350; MüKoAktG/ *Hefermehl/Spindler* § 93 Rdn. 112; *Hüffer*, AktG § 93 Rdn. 26; KK/*Mertens* § 93 Rdn. 118; *Zöllner*, Schranken S. 429
[150] siehe oben Teil 2:Kapitel VI:A)I. (S. 129)
[151] *Hüffer*, AktG § 93 Rdn. 25; MüKoAktG/ *Hefermehl/Spindler* § 93 Rdn. 112

sammlung bestehen. Wird der Beschluss infolge Fristablauf (§ 246 AktG) unanfechtbar, ist er gesetzmäßig und eine Haftung ist grundsätzlich ausgeschlossen (§ 93 Abs. 4 S. 1 AktG).[152] Hat hingegen der Vorstand einen rechtswidrigen Beschluss herbeigeführt – z.b. durch unrichtige Informationen bzw. einen fehlerhaften Bericht, greift der Haftungsausschluss nicht.[153]

2. Deliktsschutz

a) Mitgliedschaft als sonstiges Recht i.S.d. § 823 Abs. 1 BGB

Die Mitgliedschaft in einer Aktiengesellschaft unterfällt dem Schutz des § 823 Abs. 1 AktG, wenn es sich dabei um ein absolutes Recht handeln würde. Absolute Rechte sind solche Rechte, die gegenüber jedermann wirken.[154] Die Mitgliedschaft – gleichgültig in welcher Gesellschaftsform – stellt eine Bündelung sämtliche Rechte und Pflichten dar. Sie werden dem einzelnen Mitglied zugeordnet. Nur das Mitglied ist zur Ausübung der Rechte berechtigt und zur Erfüllung der Pflichten verpflichtet. Außenstehende Dritte werden von den mitgliedschaftlichen Herrschafts- und Teilhaberechten ausgeschlossen. Deswegen stellt die Mitgliedschaft ein absolutes Recht i.S.d. § 823 Abs. 1 BGB dar und erfährt einen umfassenden deliktischen Schutz.[155]

(1) Deliktsschutz im Rahmen von Gesellschaftsmaßnahmen

Im Verhältnis der Mitglieder zur Gesellschaft und zu den Kon-Mitgliedern ist der Deliktsschutz nur eingeschränkt. Die Mitgliedschaft als Teilhaberecht bzw. Herrschaftsrecht sui generis kann eine Inhaltsänderung infolge einer Änderungen der Satzung der Gesellschaft erfahren.[156] Nicht jede zulässige Satzungsänderung oder satzungskonforme Maßnahme greift danach in die Mitgliedschaft des einzelnen Aktionärs ein. Andernfalls würde das Deliktsrecht das Gesellschaftsrecht überlagern und auf diese Weise die innerverbandsrechtliche Kompetenz- und Sanktionsordnung empfindlich stören.[157] Den Mitgliedschaftsrechten ist ein Deliktsschutz nur vor solchen Eingriffshandlungen zu gewähren, die final in die Mitgliedschaftsrechte eingreifen.[158]

---

[152] GK/*Hopt* § 93 Rdn. 323; *Hüffer*, AktG § 93 Rdn. 25; KK/*Mertens* § 93 Rdn. 119; MüKo-AktG/*Hefermehl/Spindler*, § 93 Rdn. 112
[153] GK/*Hopt* § 93 Rdn. 324 ff.; *Hüffer*, AktG § 93 Rdn. 26; KK/*Mertens* § 93 Rdn. 116; Mü-KoAktG/*Hefermehl/Spindler*, § 93 Rdn. 118
[154] Soergel/*Zeuner* § 823 Rdn. 46; Staudinger/*J. Hager* § 823 Rdn. B 124
[155] BGH NJW 1990, 2877 [2878]; *Habersack*, Mitgliedschaft S. 152; *Hadding*, FS Kellermann S. 91 [103]; *Lutter*, AcP 180 (1980) 85 [130]; *K. Schmidt*, JZ 1991, 157 [158] Staudinger/*J. Hager* § 823 Rdn. B 141 ff.; *Wiedemann*, GesR S. 382 ff.
[156] *Habersack*, Mitgliedschaft S. 258
[157] *Martens*, FS Steindorf S. 151 [170]
[158] *Martens*, FS Steindorf S. 151 [170]; *Mertens*, FS Fischer S. 461 [469]; MükoBGB/*Wagner* § 823 Rdn. 165; *K. Schmidt*, JZ 1991, 157 [159]

(2) Verletzung der Mitgliedschaft infolge eines rechtswidrigen Bezugsrechtsausschlusses

Schließt die Hauptversammlung das Bezugsrecht rechtswidrig aus, ist zunächst zu erörtern, ob dadurch die Mitgliedschaft oder lediglich eine vertragliche Pflicht der Gesellschaft gegenüber dem ausgeschlossenen Aktionär – der konkrete Bezugsanspruch – verletzt wird.

Dem Aktionär steht kraft seiner Mitgliedschaft gem. § 186 Abs. 1 S. 1 AktG das Recht auf Bezug junger Aktien zu.[159] Dieses abstrakte Bezugsrecht ist ein der Mitgliedschaft immanentes, unselbständiges Recht und von dieser nicht trennbar. Mit dem Kapitalerhöhungsbeschluss entsteht aus dem allgemeinen Bezugsrecht ein konkreter Bezugsanspruch gegen die Aktiengesellschaft.[160] Dabei handelt es sich um eine selbständige Forderung, die aus dem allgemeinen Mitgliedschaftsrecht entspringt, jedoch ab dem Kapitalerhöhungsbeschluss vom Aktienrecht gelöst und selbständig übertragen werden kann. Forderungen – damit eine Verletzung des konkreten Bezugsanspruches – werden nicht vom Deliktsschutz des § 823 Abs. 1 BGB erfasst.[161]

Der Ausschluss des konkreten Bezugsanspruches führt indes auch dazu, dass der Aktionär seine Beteiligungsquote nicht aufrechterhalten kann. Infolge der Durchführung der Kapitalerhöhung wird seine Stimmkraft verwässert, der Vermögens- und Liquidationsanteil verkleinert und der vermögensrechtliche Bestand der Mitgliedschaft gefährdet. Die Beschränkung dieser Rechte stellt einen Eingriff in die Mitgliedschaft dar. Das Bezugsrecht kann ausgeschlossen werden (§ 186 Abs. 3 S. 1 AktG). Die mitgliedschaftlichen Grundrechte – wie das Stimmrecht, Recht auf Gewinn- und Liquidationserlös – bilden den unveränderlichen Kern der Mitgliedschaft.[162] Werden diese Rechte eingeschränkt, liegt darin eine Beeinträchtigung der Mitgliedschaft und nicht nur eine bloße Inhaltsänderung. Da jeder Bezugsrechtsausschluss diese Rechte der Mitgliedschaft einschränkt, liegt darin zugleich eine Verletzung der Mitgliedschaft selbst i.S.d. § 823 Abs. 1 BGB[163] und bedarf der sachlichen Rechtfertigung.[164]

Dem einzelnen Inhaber eines Rechtsgutes steht es hingegen offen, in die Rechtsgutverletzung einzuwilligen.[165] Die Einwilligung richtet sich nach den allgemeinen Regeln der rechtsgeschäftlichen Willenserklärung.[166] Insofern kann sie auch konkludent abgegeben werden. Ist dem vom Bezugsrecht ausgeschlossenen Ak-

---

[159] GK/*Wiedemann* § 186 Rdn. 64; *Hefermehl/Bungeroth* in G/H/E/K § 186 Rdn. 14; *Hüffer*, AktG § 186 Rdn. 6; KK/*Lutter* § 186 Rdn. 10; *Meilicke*, BB 1961, 1281
[160] GK/*Wiedemann* § 186 Rdn. 61; *Hefermehl/Bungeroth* in G/H/E/K § 186 Rdn. 14, 19; *Hüffer*, AktG § 186 Rdn. 6, 7; KK/*Lutter* § 186 Rdn. 10; *Meilicke*, BB 1961, 1281
[161] RGZ 57, 353 [354]; *Habersack*, Mitgliedschaft S. 134; *Larenz/Canaris*, SBT § 76 I. 4. (S. 392); Soergel/*Zeuner* § 823 Rdn. 48; a.A. Staudinger/*Hager* § 823 B 165
[162] siehe oben Teil 2:Kapitel II:A) (S. 23)
[163] *Habersack*, Mitgliedschaft S. 161 ff.
[164] siehe oben Teil 2:Kapitel II:B) (S. 24)
[165] BGH NJW 1964, 1177 [1178]; *Larenz/Canaris* SBT S. 363; Soergel/*Zeuner* § 823 Rdn. 225
[166] BGH NJW 1992, 1558

tionär bewusst, dass die Umstände einen Bezugsrechtsausschluss nicht zu rechtfertigen vermögen, und stimmt der dennoch nicht gegen den Bezugsrechtsausschluss, kann darin eine Einwilligung in die Beeinträchtigung seiner Mitgliedschaft entnommen werden. Die Verletzung seiner Mitgliedschaft ist infolge seiner Einwilligung gerechtfertigt.

(3) Verletzung der Mitgliedschaft infolge der Festlegung eines unangemessen niedrigen Ausgabebetrages der jungen Aktien

Die jungen Aktien dürfen im Falle des Bezugsrechtsausschlusses nicht zu einem unangemessen niedrigen Ausgabebetrag ausgegeben werden (§ 255 Abs. 2 AktG). Mit der Vorschrift soll eine Vermögensverwässerung der Beteiligung der Altaktionäre verhindert werden.[167] Die Vermögensverwässerung mindert den Wert der Mitgliedschaft. Im Folgenden soll erörtert werden, ob die Aktionäre einen Schadensersatz für die Wertminderung ihrer Mitgliedschaft gem. § 823 Abs. 1 AktG verlangen können. Dazu soll zunächst untersucht werden, welche Auswirkung ein unverhältnismäßig niedriger Ausgabepreis hat. Die Erkenntnisse dieser Untersuchung stellen die Grundlage für die Erörterung, ob die Wertminderung einen Eingriff in die Mitgliedschaft als sonstiges Recht i.S.d. § 823 Abs. 1 AktG darstellt.

Der Wert einer Aktie entspricht dem Anteil am Gesellschaftsvermögen (vgl. § 271 Abs. 2 AktG). Werden die jungen Aktien unter ihrem inneren Wert ausgegeben, steigt das Grundkapital prozentual stärker, als das Vermögen der Gesellschaft.[168] Infolge dieses unausgeglichenen Verhältnisses sinkt der durch die Aktie vermittelte Anteil am Gesellschaftsvermögen. Die Aktie verliert an Wert. Es kann zunächst festgehalten werden, dass die Ursache für eine Wertminderung der alten Aktien in dem unausgeglichenen Verhältnis von Vermögenszufluss zum Umfang der Ausgabe neuer Anteile besteht. Um den Wertverlust zu kompensieren, ist das Gesellschaftsvermögen aufzustocken.

Die Mitgliedschaft ist als ein sonstiges Recht umfassend geschützt.[169] Einwirkungen auf die Mitgliedschaft, welche zu einer Wertminderung dieser führen, verletzen die Mitgliedschaft in ihrem Bestand. Dieser Schaden kann grundsätzlich gem. § 823 Abs. 1 BGB als eine Verletzung der Mitgliedschaft im Sinne eines sonstigen Rechts geltend gemacht werden. Beruht die Wertminderung der Mitgliedschaft auf einer vermögensrechtlichen Schädigung des Verbandes, stellt sich die Mitgliedschaftsbeeinträchtigung als mittelbare Folge bzw. als Reflex des Gesellschaftsschadens dar. In diesem Fall ist umstritten, ob der Reflexschaden in den Schutzbereich der Mitgliedschaft nach § 823 Abs. 1 BGB fällt oder lediglich vom Verband geltend gemacht werden kann.

---

[167] siehe oben Teil 2:Kapitel II:C)II. 5 (S.40)
[168] siehe oben Teil 2:Kapitel I:C)I. 1 (S. 10)
[169] siehe oben Teil 2:Kapitel VI:B)I. 1.c) (S. 152)

Zum einen wird vertreten, dass durch die Wertminderung des Anteils in die Mitgliedschaft des Aktionärs eingegriffen wird, die ihn grundsätzlich berechtigt, Schadensersatzansprüche gem. § 823 Abs. 1 BGB gelten zu machen.[170] Da die Gesellschaft ihre Schäden ebenfalls geltend machen kann, besteht die Gefahr einer doppelten Inanspruchnahme der schädigenden Personen (sogenannter Doppelschaden). Um die Inanspruchnahme eines sich überschneidenden doppelten Schadens zu vermeiden, darf der Anteilseigner seinen Anspruch auf Naturalrestitution gem. § 249 S. 1 AktG nur auf dem Wege geltend machen, dass er Klage auf Leistung an die Gesellschaft stellt.

Dem ist entgegenzuhalten, dass es sich bei dem Reflexschaden nicht um eine Verletzung der Mitgliedschaft handelt, sondern lediglich um einen Eingriff in den Vermögensbestand der Gesellschaft.[171] Eine Schädigung des Gesellschaftsvermögens greift nicht in die Rechte der Aktionäre aus der Mitgliedschaft zur Gesellschaft ein.[172] Der Aktionär kann seine mitgliedschaftlichen Herrschafts-, Teilhabe- und Vermögensrechte ohne Einschränkungen weiterhin geltend machen. So bleibt der Gewinn- und Liquidationsanspruch umfassend bestehen. Eine Minderung des Gesellschaftsvermögens führt lediglich dazu, dass der Wert der Mitgliedschaft gemindert wird. Das Vermögen wird jedoch nicht von § 823 Abs. 1 BGB geschützt.[173] Insoweit kann der Aktionär allein wegen einer Minderung des Wertes seiner Mitgliedschaft – als Ausprägung eines Teils seines Vermögensgegenstandes – keinen Schadensersatz verlangen. Zum anderen ist der deliktische Schutz des Reflexschadens der Mitgliedschaft unter Verweis auf die Rechtspersönlichkeit der Gesellschaft zu versagen.[174] Das Vermögen des Mitgliedes ist von dem des Verbandes getrennt. Zur Kompensation erhält das Mitglied Gestaltungs- und Einwirkungsrechte. Wenn sich eine Minderung des Gesellschaftsvermögens als ein Schaden der Mitgliedschaft darstellte, würde man das eigenständige Vermögen der Gesellschaft negieren. Zudem würde man der Gesellschaft eigene Rechte zur Verfolgung dieses Schadens absprechen und damit die eigene Rechtspersönlichkeit der Gesellschaft als juristische Person ausblenden.

Für den Fall der Ausgabe der jungen Aktien zu einem unangemessen niedrigen Ausgabebetrag bedeutet dies, dass das Gesellschaftsvermögen nicht im erforderlichen Maße i.S.d. § 255 Abs. 2 AktG gemehrt wurde. Dennoch liegt allein darin nicht zwangsläufig eine Schädigung des Gesellschaftsvermögens. Im Rahmen von Kapitalerhöhungen unter Wahrung des Bezugsrechtes braucht der Ausgabebetrag der jungen Aktien nicht dem wahren Wert zu entsprechen. Die Aktien dürfen nicht unter dem Nennbetrag bzw. den auf die einzelne Stückaktie entfal-

---

[170] BGH AG 1976, 16 [18]; BGH NJW 1988, 413 [415]; *Mertens*, FS Fischer S. 461 [474]
[171] *Habersack*, Mitgliedschaft S. 154 ff., 157 f.; *K. Schmidt*, JZ 1991, 157 [159]
[172] *K. Schmidt*, JZ 1991, 157 [159]
[173] BGH NJW 1978, 2031 [2032]; *Larenz/Canaris*, SBT § 76 I. 4. (S. 392); Soergel/Zeuner § 823 Rdn. 47
[174] *Habersack*, Mitgliedschaft S. 158 f.

lenden anteiligen Betrag des Grundkapitals ausgegeben werden (§ 9 Abs. 1 AktG). Das Erfordernis der Ausgabe zum wahren anteiligen Wert am Gesellschaftsvermögen gilt nur für Kapitalerhöhungen, bei denen das Bezugsrecht ausgeschlossen wird (§ 255 Abs. 2 AktG). Damit soll verhindert werden, dass den bezugsberechtigten Aktionären bzw. Dritten ein Sondervorteil zugewandt wird.[175] Da die mitgliedschaftlichen Rechte nicht wegen eines unangemessenen niedrigen Ausgabebetrages, sondern allein wegen des Bezugsrechtsausschlusses beeinträchtigt werden, stellt die Verletzung dieses Abwehrrechtes keine Verletzung der Mitgliedschaft dar. Vielmehr ist der Ausschluss in den Fällen, in den der Ausgabebetrag unangemessen unter dem wahren Wert des Unternehmens liegt, rechtswidrig, da in den Vermögensbestand der Aktionäre nicht kompensationslos eingegriffen werden darf.[176] Demzufolge dient das Anfechtungsrecht nach § 255 Abs. 2 AktG primär dazu, einen unzulässigen Eingriff in den Anteilswert der Mitgliedschaft infolge eines Bezugsrechtsausschlusses abzuwehren. Indem das Bezugsrecht nicht wirksam ausgeschlossen werden kann, haben die Aktionäre ein Recht auf Bezug junger Aktien (§ 186 Abs. 1 S. 1 AktG). Kann die Gesellschaft diesen Anspruch nicht erfüllen, stehen dem Aktionär Schadensersatzansprüche aus Nichterfüllung zu (§§ 280 Abs. 3, 283; 275 Abs. 1 BGB).[177]
Abschließend kann festgehalten werden, dass die Ausgabe der jungen Aktien zu einem unangemessen niedrigen Ausgabebetrag zu einer Minderung des Wertes der Mitgliedschaft führt. Ursache dafür ist, dass dem Gesellschaftsvermögen im Verhältnis zur Ausgabe junger Anteile zu wenige Vermögenswerte zufließen. Für die Minderung des Wertes der Mitgliedschaft ist die Entwicklung des Gesellschaftsvermögens im Rahmen der Kapitalerhöhung ursächlich. Die Mitgliedschaftsrechte werden allein wegen des zu niedrigen Ausgabebetrages nicht beschränkt, sodass keine Verletzung der Mitgliedschaft i.S.d. § 823 Abs. 1 AktG vorliegt. In diesen Fällen ist der Bezugsrechtsausschluss regelmäßig unzulässig. Ein Schadensersatzanspruch kann aufgrund einer Verletzung des Bezugsanspruches durch die Gesellschaft geltend gemacht werden (§ 280 BGB).

b) *Bezugsrecht nach § 186 Abs. 1 S. 1 AktG als Schutzgesetz i.S.d. § 823 Abs. 2 BGB*

Jedem Aktionär muss auf sein Verlangen ein seinem Anteil an dem bisherigen Grundkapital entsprechender Teil der neuen Aktien zugeteilt werden (§ 186 Abs. 1 S. 1). Umstritten ist, ob es sich bei dieser Norm um ein Schutzgesetz i.S.d. § 823 Abs. 2 AktG handelt.[178]
Unproblematisch handelt es sich bei dem Recht auf Zuteilung junger Aktien nach § 186 Abs. 1 S. 1 AktG um ein materielles Gesetz im Sinne des Art. 2

---

[175] *Hüffer*, AktG § 255 Rdn. 2; MüKoAktG/*Hüffer* § 255 Rdn. 2
[176] siehe oben Teil 2:Kapitel II:C)II. 5 (S. 40)
[177] siehe oben Teil 2:Kapitel VI:B)I. 1.c)(1) (S. 152)
[178] bejahend: GK/*Wiedemann* § 186 Rdn. 103; KK/*Lutter* § 186 Rdn. 41; dagegen: *Cahn*, ZHR 164 (2000) 113 [129 f.]; *Martens*, FS Steindorff S. 151 [167 f.]; skeptisch: *Hüffer*, AktG § 186 Rdn. 18

EGBGB. Zudem müsste das Bezugsrecht den vom Ausschluss Betroffenen gerade vor Schäden der eingetretenen Art schützen wollen. Einen Individualschutz gewährleisten diejenigen Rechtsnormen, die dazu bestimmt sind, den Einzelnen oder einzelne Personenkreise gegen die Verletzung bestimmter Rechtsgüter oder Interessen zu schützen.[179] Das Bezugsrecht will die Aktionäre vor einer Beeinträchtigung ihrer Mitgliedschaft – in Form von Stimmkraft- und Vermögensverwässerung – im speziellen Fall der Kapitalerhöhung bewahren.[180] Die Norm dient daher dem Individualschutz der Aktionäre.[181]

Teilweise wird vertreten, dass § 823 Abs. 2 BGB nur den Schutz des allgemeinen Rechtsverkehrs bezweckt und nicht für Sonderrechtsverhältnisse eingreifen soll.[182] Danach sei das Bezugsrecht als Teil der Mitgliedschaft ein besonderes Rechtsverhältnis des Aktionärs zur Gesellschaft und werde deshalb nicht vom Deliktsschutz des § 823 Abs. 2 BGB erfasst. Die Funktion des § 823 Abs. 2 BGB liegt hingegen in der Ergänzung und der Erweiterung des Schutzes von § 823 Abs. 1 BGB sowie dem Ersatz allgemeiner Vermögensschäden.[183] Es ist deshalb unerheblich, ob der Geschädigte ein Teilnehmer des allgemeinen Rechtsverkehrs ist. Insoweit ist der überwiegenden Auffassung zuzustimmen, welche einen Schutz des Allgemeinverkehrs nicht fordert.[184] Deshalb sind auch andere Rechtsnormen als Schutzgesetze i.S.d. § 823 Abs. 2 BGB anerkannt, die ebenfalls nur für Sonderrechtsverhältnisse gelten.[185]

Schließlich soll der deliktische Schutz nach § 823 Abs. 2 AktG dann eingeschränkt werden, wenn die Belange des Geschädigten anderweitig ausreichend abgesichert sind.[186] Im Falle des Bezugsrechtsausschlusses haben die Aktionäre bereits einen Schadensersatzanspruch gegen die Gesellschaft wegen der Verletzung ihrer Mitgliedschaft. Diese Subsidiaritätsthese ist unschlüssig und deshalb abzulehnen. Entweder ist der Geschädigte voll abgesichert, sodass kein Schaden vorliegt und sich die Anwendung de § 823 Abs. 2 BGB nicht stellt oder ein Schaden bleibt bestehen, dann schneidet die Subsidiarität vorschnell und unreflektiert die Frage nach dem Verhältnis der verschiedenen Ansprüche zueinander und insbesondere die Regreßproblematik ab.[187] Eine Einschränkung der Qualifikation von Normen zu Schutzgesetzen ist hingegen mit Blick auf die Voraussetzungen und Grenzen der §§ 823, 826 BGB vorzunehmen, damit diese An-

---

[179] BGH NJW 1982, 241 [242]; OLG Hamm, VersR 1998 249 [250]; MükoBGB/*Wagner* § 823 Rdn. 340 ff.; Staudinger/*J. Hager* § 823 Rdn. G 19; Soergel/*Zeuner* § 823 Rdn. 289
[180] siehe oben Teil 2:Kapitel I:C) (S. 9)
[181] *Martens*, FS Steindorff S. 151 [167]
[182] *Martens*, FS Steindorff S. 151 [167 f.]
[183] *Larenz/Canaris*, SBT 2 § 77 III (S. 439)
[184] MüKoBGB/*Wagner* § 823 Rdn. 344; Soergel/*Zeuner* § 823 Rdn. 285 ff.; Staudinger/*J. Hager* § 823 Rdn. G 16 ff.
[185] so §§ 266, 302 StGB: MüKoBGB/*Wagner* § 823 Rdn. 360.; Palandt/*Thomas* § 823 Rdn. 61 ff.; Soergel/*Zeuner* § 823 Rdn. 298
[186] BGHZ 84, 3112 [314]; 110, 342 [360]; BGH NJW 1980 1792 [1793]
[187] *Canaris*, FS Larenz S. 27 [63]; *Larenz/Canaris*, SBT 2 § 77 II. 3 (S. 435)

spruchsvoraussetzungen nicht unterlaufen werden.[188] Zu beachten ist dabei, dass es für eine Haftung nach § 823 Abs. 2 BGB genügt, wenn nur fahrlässig gegen ein Schutzgesetz verstoßen wird. Der Unrechtsgehalt eines die fahrlässige Verletzung fremder Vermögensinteressen sanktionierenden Tatbestands kann nicht genügen, um ihn als Schutzgesetz im Bereich der Vermögensdelikte, wie Betrug und Untreue, gleichzusetzen.[189] Die Ersatzfähigkeit bedarf deshalb einer besonderen teleologischen Legitimation, wobei rechtsgutspezifisch zu differenzieren ist.[190] Das Bezugsrecht dient dem Schutz der Mitgliedschaft. Die Mitgliedschaft unterliegt in ihrem jeweiligen Bestand dem Eigentumsschutz des Art. 14 GG[191] und ist im Rahmen des § 823 Abs. 1 BGB als ein sonstiges Recht anerkannt[192]. Insofern sind die gleichen Maßstäbe an die Verletzung der Mitgliedschaft infolge eines Bezugsrechtsausschlusses zu setzen, wie in den sonstigen Fällen der Mitgliedschaftsverletzung. Nach § 823 Abs. 1 BGB löst die fahrlässige Verletzung der Mitgliedschaft den Schadensersatzanspruch aus. Insofern besteht kein Wertungswiderspruch zum allgemeinen Deliktsrecht, wenn eine fahrlässige Verletzung des Bezugsrechtsausschlusses – welcher zugleich eine Verletzung der Mitgliedschaft darstellt[193] – zur Schadensersatzpflicht führt. Abschließend kann festgehalten werden, dass es sich bei § 186 Abs. 1 S. 1 AktG um eine Schutznorm i.S.d. § 823 Abs. 2 AktG handelt.

c)   *Untreue infolge der Festlegung eines zu niedrigen Ausgabebetrages, § 823 Abs. 2 BGB i.V.m. § 266 StGB*

(1)   Haftung des Vorstandes und Aufsichtsrates
Der Vorstand könnte gem. § 823 Abs. 2 BGB i.V.m. § 266 StGB zum Schadensersatz verpflichtet sein, wenn er sich mit der Festlegung eines zu niedrigen Ausgabebetrages wegen Untreue strafbar gemacht hat und diese Norm auch zum Schutz der Aktionäre vor Schäden der eingetreten Art besteht.

Wird der Ausgabebetrag für die jungen Aktien zu niedrig festgelegt, sinkt der Wert der alten Aktien.[194] Die Aktionäre erleiden dadurch eine Vermögensminderung, welche sich als ein Nachteil i.S.d. § 266 Abs. 1 StGB darstellt.[195] Obliegt dem Vorstand die Festlegung des Ausgabebetrages für die jungen Aktien und legt er diesen zu niedrig fest, kann er sich gegenüber den ausgeschlossenen Aktionären gem. § 823 Abs. 2 BGB i.V.m. § 266 StGB schadensersatzpflichtig machen. Nach dem objektiven Tatbestand des § 266 StGB muss der Vorstand die ihm durch Gesetz oder Rechtsgeschäft eingeräumte Befugnis über fremdes

---

[188] *Larenz/Canaris*, SBT 2 § 77 II. 4 (S. 436); MüKoBGB/*Wagner* § 823 Rdn. 317 ff.
[189] *Canaris*, FS Larenz S. 27 [64]
[190] *Larenz/Canaris*, SBT 2 § 77 II. 4 (S. 436); MüKoBGB/*Wagner* § 823 Rdn. 320
[191] siehe oben Teil 2:Kapitel II:F)I. (S. 51)
[192] siehe oben Teil 2:Kapitel VI:B)I. 1.c) (S. 152)
[193] siehe oben Teil 2:Kapitel VI:B)I. 2.a)(2) (S. 156)
[194] siehe oben Teil 2:Kapitel I:C)I. 1 (S. 10)
[195] LK/*Hübner* § 266 Rdn. 90; *Klette*, BB 1968, 1101 [1104]

Vermögen zu verfügen, missbrauchen (Missbrauchsalternative) bzw. eine ihm kraft Gesetzes, Rechtsgeschäftes oder eines Treueverhältnisses obliegende Pflicht, fremde Vermögensinteressen wahrzunehmen, verletzen (Treubruchsalternative).

Der Missbrauchstatbestand setzt voraus, dass der Täter seine Vertretungsmacht in Bezug auf das fremde Vermögen missbraucht. Ein Missbrauch liegt dann vor, wenn die Handlungen im Außenverhältnis wirksam sind, aber nach den Regelungen des Innenverhältnisses nicht hätten vorgenommen werden dürfen.[196] Nach § 82 Abs. 1 AktG kann die Vertretungsbefugnis des Vorstandes im Außenverhältnis nicht beschränkt werden. Dies gilt sowohl für Rechtshandlungen gegenüber Dritten als auch für korporationsrechtliche Geschäfte, die durch externe Erklärung in Geltung gesetzt werden.[197] Im Innenverhältnis ist er an § 255 Abs. 2 AktG gebunden.[198] Legt der Vorstand einen zu niedrigen Ausgabebetrag fest, verstößt er gegen die Pflicht aus § 255 Abs. 2 AktG. Dennoch ist die Festlegung im Außenverhältnis gem. § 82 Abs. 1 AktG wirksam. Mit der fehlerhaften Festsetzung des Ausgabebetrages verletzt er seine Pflicht gegenüber der Gesellschaft.

Durch den Missbrauchstatbestand soll derjenige geschützt werden, welcher einem anderen Befugnisse erteilt.[199] Der Vorstand steht lediglich in rechtlichen Beziehungen zur Gesellschaft, sodass eine Verantwortlichkeit gem. §§ 84, 93 Abs. 1 AktG nur gegenüber der Gesellschaft besteht.[200] Dennoch wird versucht, die Aktionäre in dieses Rechtsverhältnis einzubeziehen, da den Aktionären rechtlich die Anteile an der Gesellschaft und somit auch deren Vermögen wirtschaftlich zugeordnet sind.[201] Dem ist das Wesen der Aktiengesellschaft als juristische Person entgegenzuhalten. Danach ist das Gesellschaftsvermögen allein der Gesellschaft zugeordnet. Das Aktiengesetz, die Satzung und der Aufsichtsrat (§ 111 Abs. 4 S. 1 AktG) legen die Befugnisse des Vorstandes zur Gesellschaft fest. Diese Beschränkungen durch die Gesellschaft haben ihre Berechtigung darin, dass die Handlungen des Vorstandes für und gegen die Gesellschaft (§ 78 Abs. 1 AktG) wirken. Einer Beschränkung der Befugnisse des Vorstandshandelns durch die Aktionäre besteht nicht. Andernfalls würden die unterschiedlichen und zahlreichen Bindungen die Handlungsfähigkeit des Vorstandes unerträglich einschränken. Da er nur an die Beschränkungen gegenüber der Gesellschaft gebunden ist, kann ein Missbrauch auch nur gegenüber der Gesellschaft stattfinden. Führt der Missbrauch zugleich zu einer Vermögensbeeinträchtigung der Gesellschafter, liegt in dem Verhalten gegenüber den Gesellschaftern keine

---

[196] BGHSt 5, 61 [63]; *Otto*, StR § 54 Rdn. 12 (S. 257);
[197] *Hüffer*, AktG § 82 Rdn. 3; KK/*Mertens* § 82 Rdn. 38; MüKoAktG/*Hefermehl/Spindler* § 82 Rdn. 21
[198] siehe oben Teil 2:Kapitel VI:B)I. 1.b)(1) (S. 148)
[199] BGHSt 5, 61 [63]; 24, 286; *Tröndle/Fischer*, StGB § 266 Rdn. 2
[200] siehe oben Teil 2:Kapitel VI:B)I. 1.b)(1) (S. 148)
[201] *Klette*, BB 1968, 1101 [1104]

Untreue infolge des Missbrauches einer Befugnis i.S.d. § 266 Abs. 1 S. 1 1. Alt. StGB.
Obwohl der Verstoß gegen § 255 Abs. 2 AktG bezüglich der Aktionäre nicht den Untreuetatbestand des Missbrauches der Verfügungsberechtigung erfüllt, könnte ein solcher Missbrauch im Hinblick auf das Gesellschaftsvermögen vorliegen. Die Beschränkung der Festlegung des Ausgabebetrages für junge Aktien gem. § 255 Abs. 2 AktG besteht im Interesse der vom Bezugsrecht ausgeschlossenen Altaktionäre.[202] Der Verstoß des Vorstandes stellt zugleich eine Pflichtwidrigkeit gegenüber der Gesellschaft dar, wenn er zweckwidrig über das Vermögen der Aktiengesellschaft verfügt. Er verfügt zweckwidrig über das Vermögen der Aktiengesellschaft, wenn er aufgrund des Zweckes der Kapitalerhöhung für die Gesellschaft zur Festlegung eines höheren Ausgabebetrages verpflichtet gewesen wäre.[203] Der Vorstand darf die Aktien gem. § 9 Abs. 1 AktG nicht unter ihrem Nennbetrag oder den auf die einzelne Stückaktie entfallenden anteiligen Betrag des Grundkapitals ausgeben. Erteilt ihm die Hauptversammlung zur Festlegung des Ausgabebetrages keine Vorgaben und ergibt sich aus dem Zweck der Kapitalerhöhung nicht, dass ein möglichst hoher Ausgabebetrag festzulegen ist, steht es dem Vorstand frei einen Ausgabebetrag festzulegen.[204] Ein Verstoß gegen § 255 Abs. 2 AktG stellt deshalb regelmäßig nicht zugleich eine Pflichtverletzung des Vorstandes gegenüber der Gesellschaft dar. Vielmehr ist im Einzelfall zu prüfen, ob der Vorstand auch gegenüber der Gesellschaft zur Festlegung eines möglichst hohen Ausgabebetrages verpflichtet gewesen ist. War dies der Fall, liegt darin ein Missbrauch der Verfügungsmacht des Vorstandes gegenüber der Gesellschaft i.S.d. § 266 Abs. 1 S. 1 1. Alt StGB.
Die Verletzung einer Treupflicht setzt voraus, dass eine Pflicht zur Wahrnehmung fremder Vermögensinteressen besteht. Unter Treueverhältnis i.S.d. § 266 Abs. 1 S. 1 2. Alt. StGB versteht man ein solches Verhältnis tatsächlicher Herrschaft über fremde Vermögensinteressen, welche aus seiner vermögensfürsorglichen Natur ein rechtlich begründetes Betreuungsverhältnis schafft, welches die Rechtspflicht zur Obsorge für die beherrschten Vermögensinteressen entstehen lässt.[205] Die Aktionäre schließen sich zu einer Gemeinschaft zusammen und vertrauen der Gesellschaft einschließlich deren Organe ihre Interessen an, welche primär in der Wahrung der Mitgliedschaftsrechte liegen.[206] Daneben vertrauen die Gesellschafter der Gesellschaft ihre Vermögensinteressen an. Eine Ausprägung erfahren diese Vermögensinteressen im Schutz vor gezielten Eingriffen – infolge eines Ausschlusses aus der Gesellschaft, Konzernierung oder Ausgabe junger Aktien – in den vermögensrechtlichen Bestand der Anteile.[207] Verstößt der Vorstand mit seiner Handlung gegen eine Regelung, welche dem Vermö-

---

[202] siehe oben Teil 2:Kapitel II:C)II. 5 (S. 40)
[203] siehe oben Teil 2:Kapitel VI:B)I. 1.b)(1) (S. 148)
[204] siehe oben Teil 2:Kapitel VI:B)I. 1.b)(1) (S. 148)
[205] LK/*Hübner* § 266 Rdn. 75
[206] siehe oben Teil 2:Kapitel II:B)II. 1 (S. 26)
[207] siehe oben Teil 2:Kapitel II:C)I. 1.c) (S. 33)

gensschutz der Mitglieder dient, verletzt er die Vermögensinteressen, welche ihm kraft seines Amtes zur Obsorge anvertraut worden sind.[208] Eine Verletzung der Treupflicht scheidet aus, wenn der Verpflichtete an bestimmte Weisungen gebunden ist.[209] Das ist dann der Fall, wenn die Hauptversammlung den Ausgabebetrag bzw. die Grundlagen zur Bestimmung des Ausgabebetrages durch den Vorstand festgelegt hat.[210]

Der Vorstand muss zudem vorsätzlich gegen die Treupflicht verstoßen haben, wobei bedingter Vorsatz genügt.[211] Einer Schädigungsabsicht bedarf es nicht.[212] Regelmäßig werden die Vorstandsmitglieder die Anforderungen für die Festlegung des Ausgabebetrages einschließlich der besonderen Regelungen im Falle des Bezugsrechtsausschlusses nach § 255 Abs. 2 AktG kennen, dass zumindest ein bedingter Vorsatz gegeben sein wird.[213] Grundsätzlich indiziert die Tatbestandsmäßigkeit der Handlung die Rechtswidrigkeit. Zudem haben Rechtfertigungsgründe im Rahmen von § 266 StGB kaum praktische Bedeutung.[214]

Indem die Strafvorschrift der Untreue (§ 266 StGB) nicht nur den Rechtsverkehr vor einer Schädigung des Vermögens schützen will, sondern vor allem den einzelnen Vermögensinhaber, welcher sein Vermögen in die Obhut eines anderen legt[215], handelt es sich um ein Schutzgesetz i.S.d. § 823 Abs. 2 BGB. Haben sich die Vorstandsmitglieder der Untreue strafbar gemacht, sind sie den geschädigten Personen zum daraus entstandenen Schaden verpflichtet. Im Falle des Missbrauches ihrer Befugnisse gegenüber der Gesellschaft kann die Gesellschaft ihren Schaden gem. § 823 Abs. 2 BGB i.V.m. § 266 Abs. 1 S. 1 1. Alt. StGB vom Vorstand einfordern. Verletzt er hingegen die ihm von den Aktionären anvertrauten Vermögensinteressen, können diese ihren Schaden gem. § 823 Abs. 2 BGB i.V.m. § 266 Abs. 1 S. 1 2. Alt. StGB gelten machen.

Wird der Aufsichtsrat zur Festlegung des Ausgabebetrages der jungen Aktien berufen, ist er der Gesellschaft – ebenso wie der Vorstand – bei dessen Festlegung an den von der Gesellschaft verfolgten Zweck gebunden. Ebenso wird dem Aufsichtsrat als Organ der Gesellschaft von den Aktionären infolge des Zusammenschlusses zu einer Gesellschaft die Obsorge der Vermögensinteressen anvertraut.[216] Insofern gelten die Ausführungen zur Festlegung des Ausgabebetrages durch den Vorstand entsprechend für den Aufsichtsrat, wenn dieser den Ausgabebetrag der jungen Aktien festlegt.

---

[208] i.E. *Klette*, BB 1968, 1101 [1104]
[209] S/S - *Lenkner* § 266 Rdn. 48
[210] i.E. *Nelles*, Untreue bei Gesellschaften S. 552
[211] BGH NJW 1975, 1234 [1236]
[212] LK/*Hübner* § 266 Rdn. 102
[213] *Klette*, BB 1968, 1101 [1105]
[214] LK/*Hübner* § 266 Rdn. 101
[215] BGHZ 8, 276 [284]; 100, 190 [192]
[216] siehe oben Teil 2:Kapitel II:B)II. 1 (S. 26)

(2) Haftung der Aktionäre

Die Aktionäre sind in einer Art Treuhandverhältnis miteinander verbunden. Dieses Treuhandverhältnis begründet sich mit dem Zusammenschluss der Mitglieder zum Verband. Die einzelnen Mitglieder übertragen ihre Interessen auf den Verband und gleichzeitig vertrauen sie diese auch ihren Kon-Mitgliedern an, damit zusammen der Gesellschaftszweck erzielt werden kann.[217] Insofern werden auch Vermögensinteressen übertragen und anvertraut. Zwar beschränkt sich die Pflicht zur Wahrung der Interessen auf einen Kernbereich[218], umfasst wird jedoch auch der Vermögenswert der Gesellschaftsanteile.[219] Die Aktionäre unterliegen demnach einer Pflicht zur Wahrnehmung fremder Vermögensinteressen i.S.d. § 266 Abs. 1 S. 1 2. Alt. StGB. Sie dürfen deshalb keinen unangemessen niedrigen Ausgabebetrag für die jungen Aktien festlegen, wenn zugleich das Bezugsrecht ausgeschlossen wird. Dieser Treupflichtverstoß muss vorsätzlich begangen werden. Weil den Aktionären der wahre Wert des Unternehmens regelmäßig nicht bekannt ist, scheidet ein vorsätzliches Handeln beim Festlegen des Ausgabebetrages überwiegend aus.

d)   Zum Schadensersatz verpflichtete Personen

(1) Aktionäre

Das Bezugsrecht wird von der Hauptversammlung im Beschluss über die Kapitalerhöhung ausgeschlossen (§ 186 Abs. 3 S. 1 AktG). Aktionäre, die für einen Bezugsrechtsausschluss stimmen, obwohl dieser nicht durch sachliche Gründe gerechtfertigt ist, sind ursächlich für die Mitgliedschaftsverletzungen der ausgeschlossenen, dissidierenden Aktionäre. Ebenso legen sie regelmäßig den Ausgabebetrag der jungen Aktien fest. Dabei sind sie gehalten, dass dieser nicht den wahren Anteilswert wesentlich unterschreitet.

Für eine Haftung der Aktionäre ist der Sinn und Zweck des § 117 AktG zu beachten. Danach kommt eine Haftung der Aktionäre nur bei einem vorsätzlichen Handeln in Betracht und soweit der Schaden nicht durch eine Anfechtung des Beschlusses kompensiert werden kann.[220]

(2) Vorstand

Der Vorstand setzt die Beschlüsse der Hauptversammlung um (§ 84 Abs. 2 AktG) und ist somit für eine Beeinträchtigung der Mitgliedschaft infolge fehlerhafter Beschlüsse mit ursächlich. Er hätte eine Beeinträchtigung verhindern können, wenn er den fehlerhaften Beschluss gem. §§ 241 ff. 245 Nr. 4 AktG angefochten hätte. Nach § 117 Abs. 7 Nr. 1 AktG entfällt die Haftung, wenn der

---

[217] siehe oben Teil 2:Kapitel II:B)II. (S. 26)
[218] siehe oben Teil 2:Kapitel II:B)II. 2 (S. 28)
[219] vgl. §§ 255 Abs. 2, 305 Abs. 1; 320b Abs. 1 S. 1, 327b Abs. 1 S. 1 AktG; §§ 12 Abs. 2, 15 UmwG; BVerfG ZIP 1999, 1438 [1440] (DAT/Altana); BGH ZIP 2001, 734 [736] (DAT/Altana)
[220] siehe oben Teil 2:Kapitel VI:B)I. 1.a) (S. 146)

Vorstand durch Ausübung des Stimmrechtes in der Hauptversammlung zur Ausführung der Maßnahme bestimmt worden ist. Nach Sinn und Zweck der Norm, wonach der Vorstand nicht für Entscheidungen der Hauptversammlung verantwortlich sein soll, gilt der Haftungsausschluss auch im Rahmen des Deliktsrechtes, da es der einzelne Aktionär selbst in der Hand hat, den fehlerhaften Beschluss anzufechten.

Wird dem Vorstand die Festlegung des Ausgabebetrages überlassen und legt er diesen entgegen § 255 Abs. 2 AktG zu niedrig fest, ist er den ausgeschlossenen Aktionären gem. § 823 Abs. 2 BGB i.V.m. § 266 Abs. 1 S. 1 2. Alt StGB zum Schadensersatz verpflichtet. Daneben kann der Vorstand der Gesellschaft gem. § 93 Abs. 2 AktG sowie gem. § 823 Abs. 2 BGB i.V.m. § 266 Abs. 1 S. 1 1. Alt. StGB zum Schadensersatz verpflichtet sein, wenn er pflichtwidrig einen zu niedrigen Ausgabebetrag festgelegt hat.

(3) Gesellschaft

(a) Haftung für Beschlüsse der Hauptversammlung

Die Hauptversammlung beschließt den Bezugsrechtsausschluss. Sie ist das Organ der Aktiengesellschaft, in welchem die Aktionäre ihre Rechte ausüben. Durchgeführt wird die Kapitalerhöhung von dem Leitungsorgan, dem Vorstand. Fraglich ist, ob die vom Bezugsrechtsausschluss betroffenen Aktionäre gegen die Gesellschaft einen Schadensersatzanspruch wegen einer Mitgliedschaftsverletzung durch die Hauptversammlung gem. § 823 Abs. 1, 2 BGB i.V.m. § 186 Abs. 1 S. 1 AktG § 31 BGB geltend machen können.

Gem. § 31 BGB ist der Verein für den Schaden verantwortlich, den der Vorstand, ein Mitglied des Vorstands oder ein anderer verfassungsmäßig berufener Vertreter durch eine in Ausführung der ihm zustehenden Verrichtung begangene, zum Schadensersatz verpflichtende Handlung einem Dritten zugefügt hat. Die Anwendung des § 31 BGB wird auf alle Verbände übertragen, die Träger von Rechten und Pflichten sein können, da er das allgemeine Rechtsinstitut der Repräsentantenhaftung zum Ausdruck bringt.[221] Somit gilt die Haftungszurechnung auch für die Aktiengesellschaft.[222]

Unstreitig ist analog § 31 BGB die Gesellschaft für denjenigen Schaden verantwortlich, welchen der Vorstand oder dessen Mitglieder im Rahmen der Vorstandstätigkeit einem Dritten zugefügt haben. Nichts anderes kann für Maßnahmen der Hauptversammlung gelten, wenn diese nach außen wirken und so Dritte in ihren Rechten verletzen.[223] § 31 BGB will allgemein ein rechtswidriges Verhalten, welches von der Gesellschaft – zwangsläufig von den Organen der Gesellschaft – ausgeht, dem Verband zurechnen.[224] Eine Ersatzpflicht für Maßnahmen, welche der Gesellschaft zuzurechnen sind, besteht grundsätzlich nur

---

[221] *K. Schmidt*, GesR § 10 IV. 2. (S. 274)
[222] unstr. vgl. bereits RGZ 78, 347 [353 f.]; RG, JW 1930, 2937 [2928]
[223] *Habersack*, Mitgliedschaft S. 239
[224] *Raiser*, KapGesR § 8 Rdn. 8 f. (S. 51); *K. Schmidt*, GesR § 10 IV. 1 c) (S. 274)

gegenüber Dritten. Die Sonderrechtsbeziehungen der Mitglieder zur Gesellschaft überlagern den allgemeinen Deliktsschutz.[225] Nicht jede Beeinträchtigung der mitgliedschaftlichen Rechte löst deliktsrechtliche Haftungsansprüche aus.[226] Der Aktionär steht der Gesellschaft nur mit seinen absoluten Rechten, einschließlich der Mitgliedschaft, als Dritter gegenüber.[227] Da ein Bezugsrechtsausschluss die Mitgliedschaft verletzt[228], ist ihm die Gesellschaft für Schäden infolge von Handlungen der Organe verpflichtet.

(b)   Haftung für Handlungen des Vorstandes und des Aufsichtsrates

Daneben ist die Gesellschaft gem. § 31 BGB auch zum Ersatz der Schäden verpflichtet, welche die Organe den Aktionären aufgrund ihrer Organstellung zugeführt haben. Fraglich ist, ob die Gesellschaft auch für die Schäden einzustehen hat, für welche der Vorstand bzw. der Aufsichtsrat gem. § 823 Abs. 2 BGB i.V.m. § 266 Abs. 1 S. 1 2. Alt. StGB verantwortlich ist, weil er entgegen § 255 Abs. 2 AktG einen zu niedrigen Ausgabebetrag festgelegt hat. Die Minderung des Vermögenswertes der Mitgliedschaft stellt keine Verletzung der Mitgliedschaft dar.[229] Der Schaden reflektiert lediglich das Gesellschaftsvermögen, welches nicht im gleichen Verhältnis gewachsen ist, wie neue Anteile ausgegeben wurden. Insofern könnte man der Auffassung sein, dass die Aktionäre mit diesem Interesse der Gesellschaft nicht als Dritte gegenüberstehen und deshalb eine Ersatzpflicht nach § 31 BGB analog ausscheidet. Dem ist entgegenzuhalten, dass der Gesellschaft aufgrund der ihr von den Aktionären anvertrauten Interessen die Pflicht obliegt, diese Interessen zu wahren.[230] Da die Gesellschaft nicht selbst, sondern nur durch ihre Organe handelt, sind diese zur Wahrung der Interessen für die Gesellschaft angehalten. Verletzen die Organe diese Pflicht und sind sie den Aktionären deshalb zum Schadensersatz verpflichtet, wäre es nach diesem System widersprüchlich, wenn die Gesellschaft von einer Haftung befreit ist, weil es sich um ein gesellschaftsinternes Problem handelt. Ist die Gesellschaft den Aktionären zur Wahrung bestimmter Interessen verpflichtet, welche die Organe wahrzunehmen haben, hat sie für etwaige Schäden aufgrund der Interessenverletzung durch die Organe einzustehen. Demzufolge ist die Gesellschaft den Aktionären zum Ersatz des Schadens der Organe verpflichtet, für welche die Organe gem. § 823 Abs. 2 BGB i.V.m. § 266 Abs. 1 2. Alt. StGB verantwortlich sind.

---

[225] BGH NJW 1990, 2877 [2878] (Schärenkreuzer)
[226] siehe oben Teil 2:Kapitel VI:B)I. 2.a)(1) (S. 155)
[227] BGH NJW 1990, 2877 [2878] (Schärenkreuzer); BGHZ 90, 92 [95]; *Habersack*, Mitgliedschaft S. 139 ff.
[228] siehe oben Teil 2:Kapitel VI:B)I. 2.a)(2) (S. 156)
[229] siehe oben Teil 2:Kapitel VI:B)I. 2.a)(3) (S. 157)
[230] siehe oben Teil 2:Kapitel II:B)II. 1 (S. 26)

II. Verhältnis des Deliktsrechts zu Rechtsschutzmöglichkeiten gegen Bezugsrechtsausschluss

Die Aktionäre haben die Möglichkeit, gegen fehlerhafte Kapitalerhöhungsbeschlüsse, bei denen ihr Bezugsrecht ausgeschlossen wurde, im Wege einer Anfechtungsklage bzw. einer Nichtigkeitsklage (§§ 241 ff. AktG) vorzugehen. Diese Klagearten sind darauf gerichtet, den fehlerhaften Beschluss mit rückwirkender Wirkung (ex tunc) zu beseitigen (vgl. § 241 Nr. 5 AktG). Gleichzeitig werden die mit dem Beschluss verbundenen Beeinträchtigungen der Aktionärsinteressen aufgehoben. Daneben können die Aktionäre den Schaden infolge des rechtswidrigen Bezugsrechtsausschlusses geltend machen. Schadensersatzklagen dienen der Wiederherstellung des ursprünglichen fehlerfreien Zustandes. Ein fehlerhafter Hauptversammlungsbeschluss wäre danach aufzuheben und darauf beruhende Maßnahmen rückabzuwickeln. Damit tritt die Schadensersatzklage in Konkurrenz mit der Anfechtungsklage nach §§ 243 ff. AktG.

Nach Ablauf der Anfechtungsfrist werden die fehlerhaften Beschlüsse unangreifbar. Ließe man für diese Fälle Schadensersatzklagen zu, welche die Wirkung einer Anfechtung entfalten, würde die Wirkung der §§ 243 ff. AktG und damit die Bestandskraft von fehlerhaften Beschlüssen in Frage gestellt.[231] Wurde ein Beschluss erfolgreich angefochten und für nichtig erklärt (§§ 248, 241 Nr. 5 AktG), werden Schadensersatzansprüche der Aktionäre insoweit verdrängt, als die Wirkung der Beschlussanfechtung die Mitglieder schadlos stellt.[232] Das hat zur Konsequenz, dass mit der Schadensersatzklage nicht die Rechtsfolge einer Anfechtungsklage begehrt werden kann.

In dem Fall, dass eine Kapitalerhöhung unter Bezugsrechtsausschluss trotz Anfechtung durchgeführt wurde – was praktisch aufgrund des hohen Risikos kaum der Fall sein wird – und die Anfechtung erfolgreich war, ist die Kapitalerhöhung rückabzuwickeln. Damit wird eine Schädigung der Mitgliedschaft rückwirkend beseitigt. Dennoch können Maßnahmen, welche in folgenden Hauptversammlungen unter Berücksichtigung der nichtigen Stimmen der jungen Aktien beschlossen wurden, die Verletzung der Mitgliedschaft der ausgeschlossenen Aktionäre ausweiten bzw. intensivieren. Die folgenden Beschlüsse der Hauptversammlung sind infolge der Berücksichtigung der nichtigen Stimmen aus der Kapitalerhöhung fehlerhaft und deswegen ebenfalls gem. § 243 Abs. 1 AktG anfechtbar. Hatte die Berücksichtigung dieser Stimmen Einfluss auf die Beschlussfassung, ist der Beschluss nichtig[233] und die darauf beruhende Maßnahme ist rückabzuwickeln. Insoweit verdrängt die Möglichkeit der Anfechtung der Folgebeschlüsse etwaige Schadensersatzansprüche auf Rückabwicklung derjenigen Maßnahmen, welche die Mitgliedschaft aufgrund des fehlerhaften Beschlusses

---

[231] *Zöllner*, Schranken S. 429
[232] *Habersack*, Mitgliedschaft S. 267, 226 ff.; *Zöllner*, ZGR 1988, 392 [401]; *Zöllner/Winter*, ZHR 158 (1994) 59 [73 ff.]
[233] *Hüffer*, AktG § 243 Rdn. 19; MüHdbAktR/*Semler* § 38 Rdn. 37; MüKoAktG/*Hüffer* § 243 Rdn. 41

über den Ausschluss des Bezugsrechtes beeinträchtigen und eigenständig mit Rechtsmitteln angegriffen werden können. Scheidet eine Rückabwicklung aus – so im Fall der Kapitalerhöhung zur Verschmelzung durch Aufnahme[234] –, kann die Anfechtungsklage die Folgen eines fehlerhaften Beschlusses nicht beseitigen. In diesem Fall lässt sich die Beeinträchtigung nur im Wege eines Schadenausgleiches kompensieren. Dennoch ist zunächst eine Anfechtungsklage zu erheben. Zum einen darf der Registerrichter im Falle einer Anfechtung die Eintragung des Beschlusses nur vornehmen, soweit das für die Klage zuständige Prozessgericht die Freigabe zur Eintragung gem. § 16 III UmwG durch Beschluss erteilt hat. Dadurch wird sichergestellt, dass die Rechte und Interessen der Aktionäre sowie die Rechte und Interessen der Gesellschaft(en) gewahrt werden. Zum anderen wird dem Vorstand die Möglichkeit gewährt, die Umsetzung des Beschlusses zu überdenken und nach pflichtgemäßer Ermessensausübung zu unterlassen. Die Anfechtungsklage, welche Beeinträchtigungen vorbeugt, wird in diesen Fällen dem Begehren der Aktionäre besser gerecht, als eine Schadensersatzklage, die die entstandene Beeinträchtigung der Aktionäre auszugleichen versucht.

III. Umfang des Schadensersatzes

1. Naturalrestitution

Grundsätzlich hat der zum Schadensersatz Verpflichtete zunächst Naturalrestitution zu leisten (§ 249 Abs. 1 AktG). Danach sind die Aktionäre so zu stellen, wie sie ohne das schädigende Ereignis – den Bezugsrechtsausschluss – stehen würden. Soweit eine Naturalrestitution durch die Wirkung der Anfechtung gewährleistet wird, werden Schadensersatzansprüche insoweit verdrängt, wie sie der Wirkung einer Anfechtung entsprechen.[235] Eine Naturalrestitution kommt danach nur in Betracht, wenn eine Rückabwicklung der Kapitalerhöhung ausscheidet.

a)   Anbieten von freien Aktien

Soweit eine Anfechtung die Quotenverwässerung nicht auszugleichen vermag, besteht ein Schadensersatzanspruch der Aktionäre auf Wiederherstellung der ursprünglichen Beteiligungsquote an der Gesellschaft. Befinden sich im Kapitalmarktmarkt genügend freie Aktien bzw. sind einzelne Aktionäre bereit, Aktien zu verkaufen, haben die Schadensersatzpflichtigen (Gesellschaft, Vorstand bzw. Aktionäre) diese Aktien den geschädigten Aktionären zum Ausgabebetrag der jungen Aktien zu verschaffen.
Liegt der Preis für die Aktien der gleichen Gattung über dem einstigen Ausgabebetrag, entspricht er aber dem wahren Wert des Unternehmens, ist die Wiederherstellung deswegen nicht unverhältnismäßig i.S.d. § 251 Abs. 2 S. 1 BGB. Die zur Wiederherstellung benötigten Kosten entsprechen dem Wert der Anteile.

---

[234] siehe oben Teil 2:Kapitel VI:A)VII. 1 (S. 139)
[235] siehe oben Teil 2:Kapitel VI:B)II. (S. 168)

Danach übersteigen die „Herstellungskosten" nicht den Wert der Sache, sodass keine Situation i.S.d. § 251 Abs. 2 S. 1 BGB gegeben ist. Anders verhält es sich, wenn die Aktien nur weit über dem wahren Wert zu erhalten sind.[236] Die Aufwendungen zur Wiederherstellung der Beteiligungsquote übersteigen deren wirklichen Wert. Für Schäden an Kraftfahrzeugen wird eine Wiederherstellung als unverhältnismäßig angenommen, wenn die Reparaturkosten den Wert der Sache vor dem Schadenfall um mehr als dreißig Prozent übersteigen.[237] Diese Grenze lässt sich nicht pauschal auf andere Gegenstände übertragen. Vielmehr ist auf den beschädigten Gegenstand und das Integritätsinteresse des Geschädigten abzustellen.[238] Mit der Wiederherstellung der Beteiligungsquote soll zum einen die Stimmkraft hergestellt und zum anderen sollen etwaige Vermögensbeeinträchtigungen ausgeglichen werden. Etwaige Vermögensbeeinträchtigungen können auch anderweitig kompensiert werden.[239] Hinsichtlich der Wiederherstellung der Stimmkraft kommt es auf das Interesse des Aktionärs an diesem Recht an. So hat der Unternehmensaktionär ein weitaus höheres Interesse an der Wiederherstellung seiner Stimmkraft als der Anlageaktionär, weil dieser aktiv an der Gesellschaftsentwicklung mitwirken möchte.[240] Für den Anlageaktionär steht die Rendite der Beteiligung im Vordergrund. Soll mit der Wiederherstellung der Beteiligung lediglich eine Vermögensbeeinträchtigung ausgeglichen werden und ist dies anderweitig mit weniger finanziellen Aufwendungen möglich, liegt die Unzumutbarkeitsgrenze niedriger als bei demjenigen, der seine Quote benötigt, um in der Gesellschaft unternehmerisch mitzuwirken. Einen Anhaltspunkt, welche Interessen ein Aktionär mit seiner Beteiligung verfolgt, lässt sich aus der ursprünglichen Beteiligungsquote und dessen bisherigem Verhalten in der Gesellschaft erschließen.[241] Im Einzelfall kann es dem Schädiger zumutbar sein, auch mehr als dreißig Prozent des wahren Wertes der Aktien aufzubringen. Der Schädiger braucht die Mehraufwendungen dann nicht zu tragen, wenn der geschädigte Aktionär die Aktien veräußern will, um einen Kursanstieg der Aktie zu realisieren.[242] In diesem Fall kommt es ihm nur auf die Erzielung eines Veräußerungsgewinns an und nicht auf das Integritätsinteresse.

b) *Rückabwicklung der Kapitalerhöhung*

(1)   Durch die Gesellschaft

Scheidet eine Rückabwicklung aufgrund spezieller Regelungen aus – so im Zusammenhang mit einer Verschmelzung[243] – ist ein Schadensersatzanspruch aus-

---

[236] Situation stellt sich vor allem in geschlossenen Aktiengesellschaften, wo sich kein angemessener Preis im Markt bilden kann
[237] Palandt/*Heinrichs* § 251 Rdn. 7 m.w.N.
[238] OLG Naumburg, NJW-RR 1995, 1041f.; *Oetker*, NJW 1985, 345 [348]
[239] im Einzelnen siehe unten Teil 2:Kapitel VI:B)III. 2 (S. 175)
[240] siehe oben Teil 2:Kapitel III:A)II. (S. 67)
[241] siehe oben Teil 2:Kapitel III:A)IV. (S. 69)
[242] so für KFZ OLG Hamm NJW-RR 1993, 1436 [1437];
[243] siehe oben Teil 2:Kapitel VI:A)VII. 1 (S. 139)

geschlossen, welcher auf eine Rückabwicklung abzielt. Ebenso ist eine Rückabwicklung ausgeschlossen, wenn eine Anfechtung des Beschlusses – welche bei Erfolg zu einer Rückabwicklung der Kapitalerhöhung führen würde – ausscheidet. Der Regelungszweck des Anfechtungsrechtes und deren Wirkung sind insoweit auch im Schadensersatzrecht beachtlich. Andernfalls könnten diese Regelungen umgangen werden. Da die ordentliche Kapitalerhöhung und der Bezugsrechtsausschluss stets angefochten werden können, scheidet eine Naturalrestitution im Wege der Rückabwicklung der Kapitalerhöhung grundsätzlich aus.

(2)   Beschluss der Hauptversammlung

Eine andere Möglichkeit der Naturalrestitution besteht im Beschluss einer Kapitalherabsetzung, wonach die jungen Aktien der Kapitalerhöhung entzogen werden. Eine derartige Maßnahme entzieht dem Inhaber der jungen Aktien die Mitgliedschaft vollständig. Die Maßnahme müsste deshalb sachlich gerechtfertigt sein.[244] Befinden sich genügend Aktien im Markt, sodass die ausgeschlossenen Aktionäre ihre Quote durch einen Zukauf wiederherstellen können, ist eine Kapitalherabsetzung nicht erforderlich, um die ursprüngliche Beteiligungsquote der ausgeschlossen Aktionäre wieder herzustellen. Vielmehr kann eine Beeinträchtigung der Aktionäre, durch freie Aktien des Marktes ausgeglichen werden. Den ausgeschlossenen Aktionären werden Aktien aus dem Markt zum Ausgabepreis der jungen Aktien angeboten bzw. diese Differenz wird ersetzt. Handelt es sich um eine nicht börsennotierte Aktiengesellschaft bzw. sind nicht genügen freie Aktien im Markt vorhanden, wird das Interesse der Gesellschaft an der Begleichung der Schadensersatzansprüche das Interesse der auszuschließenden Aktionäre nur in Ausnahmefällen überwiegen. So müssten die Interessen der ausgeschlossenen Aktionäre an der Wiederherstellung ihrer Beteiligung gegen Interessen der Aktionäre abgewogen werden, welchen ihre Mitgliedschaft entzogen werden müsste. Soweit die neuen Aktionäre nicht schon vorher Aktien der Gesellschaft besaßen, konnten sie keine Einwirkungsmöglichkeit auf den fehlerhaften Beschluss ausüben und sind deshalb schutzwürdiger. Lediglich dann, wenn die Inhaber der jungen Aktien ihrerseits zur Wiederherstellung des ursprünglichen Zustandes verpflichtet wären und den vom Bezugsrecht ausgeschlossenen Aktionären junge Aktien anbieten müssten, besteht ausnahmsweise die Pflicht zum Beschluss einer Kapitalherabsetzung. Da hingegen eine Anfechtungsklage etwaige Schadensersatzansprüche zur Wiederherstellung des ursprünglichen Zustandes verdrängt[245], wäre in diesem Fall eine Pflicht zur Kapitalherabsetzung ausgeschlossen.

Scheidet eine Rückabwicklung trotz erfolgreicher Anfechtung des Beschlusses aus – so im Falle einer wirksamen Umwandlung –, liegt hingegen in einem neuen Beschluss der Hauptversammlung, welcher auf Rückgängigmachung der durchgeführten Maßnahmen abzielt, keine unzulässige Umgehung der entsprechenden Regelungen vor. So ist die Hauptversammlung trotz der Wirksamkeit

---

[244] siehe oben Teil 2:Kapitel II:B) (S. 24)
[245] siehe oben Teil 2:Kapitel VI:B)II. (S. 168)

der Verschmelzung in der Lage, deren Rückgängigkeit in Form einer Spaltung zu beschließen. Der Rechtsverkehr wird in diesem Fall hinreichend durch die Vorschriften über die Spaltung geschützt (§§ 123 ff, 141 ff. UmwG). Dennoch ist eine derartige Verpflichtung regelmäßig abzulehnen. Die Mitgliedschaften der neu hinzugekommenen Aktionäre sind ebenfalls in ihrem Bestand umfassend geschützt. Ein Ausschluss im Wege der Entschmelzung bedürfte der sachlichen Rechtfertigung.[246] Eine Pflicht zur Schadensersatzleistung vermag einen Eingriff in diese aus oben genannten Gründen regelmäßig nicht zu rechtfertigen. Abschließend kann festgehalten werden, dass regelmäßig keine Verpflichtung zu einer Beschlussfassung besteht, wonach die durchgeführte Kapitalerhöhung unter Bezugsrechtsausschluss faktisch rückabzuwickeln ist.

c) *Ausgabe eigener Aktien*

Das Bezugsrecht soll die Aktionäre vor einer Verwässerung ihrer Beteiligung an der Gesellschaft schützen.[247] Damit die Aktionäre ihre Beteiligung aufrechterhalten können, erhalten sie die Möglichkeit, junge Aktien aus der Kapitalerhöhung zu beziehen.[248] Insofern kann die Naturalrestitution auch darin bestehen, dass den rechtswidrig ausgeschlossenen Aktionären Aktien der gleichen Gattung angeboten werden. Der Preis dieser Aktien hat dem Ausgabebetrag der jungen Aktien aus der fehlerhaften Kapitalerhöhung zu entsprechen.

(1) Eigene Aktien der Gesellschafter

Sind einzelne Gesellschafter den vom Bezugsrecht ausgeschlossenen Aktionären zum Schadensersatz verpflichtet, haben sie diesen grundsätzlich Aktien anzubieten, damit sie ihre Beteiligungsquote aufrechterhalten können. Nach § 186 Abs. 1 S. 1 AktG müssen den Aktionären die jungen Aktien zum Bezug angeboten werden. Naturalrestitution bedeutet insoweit, dass die deliktischen Aktionäre lediglich erworbene junge Aktien anzubieten brauchen, welche über ihre Zuteilungsquote gem. § 186 Abs. 1 S. 1 AktG hinausgeht.

Haben hingegen die deliktischen Aktionäre keine jungen Aktien erworben – weil die jungen Aktien einem Dritten zugeteilt wurden – bzw. nur in dem Umfang, dass sie ihre Quote aufrechterhalten haben, ist fraglich, ob sie auch diese Aktien den ausgeschlossenen Aktionären anzubieten haben. Es stellt sich mithin die Frage, ob dem Zugriff auf diese Aktien der Bestandsschutz der Mitgliedschaft der deliktischen Aktionäre derart entgegensteht, dass die Abgabe eigener Aktien für die deliktischen Aktionäre gem. § 251 Abs. 2 S. 1 AktG unzumutbar ist.

Nach § 251 Abs. 2 S. 1 BGB tritt das Interesse des Geschädigten an einer Restitution hinter den Schutz des Ersatzpflichtigen zurück, wenn diese für den Ersatzpflichtigen nach Treu und Glauben unzumutbar ist.[249] Danach sind die Güter

---

[246] jeglicher Eingriff in die Mitgliedschaft bedarf der sachlichen Rechtfertigung siehe oben Teil 2:Kapitel II:B)II. (S. 26)
[247] siehe oben Teil 2:Kapitel I:C)II. (S. 14)
[248] durch Bezugsrecht (§ 186 Abs. 1 S. 1 AktG), bzw. über Kapitalmarkt, wenn ausreichend Liquidität sichergestellt ist (siehe oben Teil 2:Kapitel III:A)IV. (S. 69)
[249] BGHZ 63, 295 [297]; *E. Schmidt*, JUS 1986, 517 [520]

und Interessen gegeneinander abzuwägen.[250] Bei der Frage der Unzumutbarkeit der Ersatzpflicht ist auch der Grad des Verschuldens des Schädigers einzubeziehen.[251] Gegen einen Bestandsschutz der erworbenen Aktien des deliktischen Aktionärs spricht, dass Aktionäre aus der Aktiengesellschaft aus wichtigem Grund auch ohne ausdrückliche gesetzliche Grundlage ausgeschlossen werden dürfen.[252] Grundlage für einen derartigen Ausschluss bildet wiederum die Treupflicht der Aktionäre.[253] Verhält sich ein Mitglied treuwidrig gegenüber seinen Kon-Mitgliedern und verletzt deren Interessen derart, dass ein gemeinsames Verbleiben im Verband unzumutbar ist, kann der schädigende Gesellschafter ausgeschlossen werden.[254] Eine Schadensersatzpflicht der Aktionäre, wegen eines unzulässigen Bezugsrechtsausschlusses tritt nur ein, wenn die deliktischen Aktionäre ihrerseits vorsätzlich gegen die Pflicht zur Wahrung der Rechte der Kon-Aktionäre verstoßen haben.[255] In diesem Falle ist regelmäßig die Zumutbarkeitsschwelle gegeben, sodass die Voraussetzungen eines Ausschlusses vorliegen. Die Gewährung eigener Aktien ist dem deliktischen Aktionär deshalb zumutbar, soweit das Integritätsinteresse des vom Bezugsrecht ausgeschlossenen Aktionärs hergestellt werden soll.[256]

(2)   Eigene Aktien der Gesellschaft

Besitzt die Gesellschaft eigene Aktien und muss sie über diese nicht anderweitig verfügen, wird zum Teil vertreten, dass die Gesellschaft diese Aktien den benachteiligten Aktionären zur Verfügung zu stellen hat.[257] Diese Auffassung ist abzulehnen. Zum einen stößt ein Ausgleich praktisch an seine Grenzen, wenn nicht genügend eigene Aktien der Gesellschaft vorhanden sind. Das ist immer dann der Fall, wenn die Kapitalerhöhung zehn Prozent des Grundkapitals übersteigt, da die Gesellschaft maximal zehn Prozent des Grundkapitals halten darf (§ 71 Abs. 2 AktG).

Zum anderen verstößt die Ausgabe der eigenen an die vom Bezugsrecht ausgeschlossenen Aktionäre gegen die Regelungen des § 71 Abs. 1 Nr. 8 S. 3, 5 AktG. Danach sind bei der Veräußerung der eigenen Aktien die Aktionäre gleichmäßig zu behandeln. Sollten einzelne Aktionäre vom Bezug der eigenen Aktien ausgenommen werden, sind die Regeln des § 186 Abs. 3, 4 AktG anzuwenden. Wurde danach eine Kapitalerhöhung wirksam durchgeführt, sind neue Mitgliedschaften entstanden. Diese neuen Mitgliedschaften sind in ihrem Bestand ebenso ge-

---

[250] *Oetker*, NJW 1985, 345 [347]
[251] BGH, NJW 1970, 1180 [1181]
[252] allgem. A. statt aller: *Raiser*, KapGesR § 12 Rdn. 63 (S. 120); *K. Schmidt*, GesR § 28 I. 5. (S. 803 f.) jeweils m.w.N.
[253] für GmbH: BGHZ 80, 346 [348 f.]; für AktG: *Raiser*, KapGesR § 12 Rdn. 63 (S. 120); *K. Schmidt*, GesR § 28 I. 5. (S. 803 f.)
[254] für GmbH: BGHZ 80, 346 [348 f.]
[255] siehe oben Teil 2:Kapitel VI:B)I. 2.d)(1) (S. 165)
[256] siehe oben Teil 2:Kapitel VI:B)III. 1.a) (S. 169)
[257] GK/*Wiedemann* § 186 Rdn. 103; *Hefermehl/Bungeroth* in G/H/E/K § 186 Rdn. 81; *Hüffer*, AktG § 186 Rdn. 18

schützt wie die bereits existierenden Mitgliedschaften. Würden die eigenen Aktien der Gesellschaft lediglich den von der Kapitalerhöhung ausgeschlossenen Altaktionären zugeteilt, würde die Beteiligungsquote der Aktionäre mit jungen Aktien verwässert. Eine solche beschränkte Zuteilung eigener Aktien der Gesellschaft entspricht einem Bezugsrechtsausschluss. Deshalb müssen für eine solche Zuteilung die Voraussetzungen eines Bezugsrechtsausschlusses vorliegen (§§ 186 Abs. 3, 4; 71 Abs. 1 Nr. 8 S. 5 AktG). Insoweit ist bei der Zuteilung zu prüfen, ob ein Ausschluss der Aktionäre, welche junge Aktien aus der Kapitalerhöhung erhalten haben, von der Ausgabe eigener Aktien geeignet, erforderlich und angemessen ist, um die Schadensersatzansprüche gegen die Gesellschaft zu befriedigen. Regelmäßig rechtfertigt die Verpflichtung zur Schadensersatzleistung nicht den Ausschluss derjenigen Aktionäre, welche sich nicht für den Ausschluss zu verantworten haben.[258] Befinden sich genügend Aktien im Markt, sodass die ausgeschlossenen Aktionäre ihre Quote durch einen Zukauf wiederherstellen können, bedarf es keiner einseitigen Zuteilung an die geschädigten Aktionäre. Vielmehr kann eine Beeinträchtigung der Aktionäre durch freie Aktien des Marktes ausgeglichen werden. Den ausgeschlossenen Aktionären werden Aktien aus dem Markt zum Ausgabepreis der jungen Aktien angeboten bzw. diese Differenz ersetzt. Handelt es sich um eine nicht börsennotierte Aktiengesellschaft bzw. sind nicht genügend freie Aktien im Markt vorhanden, wird das Gesellschaftsinteresse an der Erfüllung der Schadensersatzansprüche nur ausnahmsweise dem Interesse der von der Zuteilung junger Aktien ausgeschlossenen Aktionäre am Erhalt ihrer Beteiligungsquote überwiegen.[259] Eine Ausgabe eigener Aktien unter Ausschluss der Erwerber junger Aktien ist lediglich dann möglich, wenn die Erwerber ihrerseits zum Schadensersatz gegenüber den betroffenen Aktionären verpflichtet sind.[260]

d) *Andere, der Rückabwicklung entsprechende Maßnahmen*

Eine Naturalrestitution ließe sich auch durch eine erneute Kapitalerhöhung unter Ausschluss der Erwerber – Dritte bzw. begünstigte Altaktionäre – weitgehend herstellen.[261] Gegen die Pflicht zur Wiederherstellung der Quote in Form einer neuen Kapitalerhöhung unter eingeschränktem Bezugsrechtsausschluss spricht zum einen, dass die Kapitalerhöhung als gesetzliches Mittel der Selbstfinanzierung der Gesellschaft zweckentfremdet würde.[262] Zum anderen würde der Minderheit unzulässigerweise die Entscheidung über die Kapitalerhöhung eingeräumt.[263] Sollte dennoch ein Kapitalbedarf der Gesellschaft bestehen, so wird der Ausschluss des Bezugsrechtes regelmäßig nicht sachlich gerechtfertigt sein,

---

[258] siehe oben Teil 2:Kapitel VI:B)III. 1.b)(1) (S. 170)
[259] *Cahn*, ZHR 164 (2000) 113 [146]
[260] i.E. *Cahn*, ZHR 164 (2000) 113 [145]
[261] werden Aktionäre Dritten zugewandt ist eine vollständige Herstellung der Quote nicht möglich
[262] *Cahn*, ZHR 164 (2000) 113 [147]
[263] *Hirte*, Bezugsrechtsausschluß und Konzernbildung S. 233

soweit sich nicht die Erwerber der jungen Aktien im Rahmen der Zuteilung dieser Aktien Schadensersatzpflichtig gemacht haben.[264]

2. Kompensation

Scheidet eine Naturalrestitution aus, ist der Schaden durch Geldersatz zu kompensieren (§ 251 Abs. 1 BGB). Da der Geldanspruch an die Stelle der Naturalrestitution tritt, ist auch dieser Anspruch insoweit ausgeschlossen, wie ein Schaden durch eine Anfechtungsklage kompensiert werden kann.[265]
Die Höhe der Entschädigung bestimmt sich nach dem positiven Interesse des Klägers an der Wiederherstellung des Zustandes, welcher ohne das schädigende Ereignis bestanden hätte. Die Entschädigung hat dem verletzten Interesse, soweit es rechtliche geschützt ist, zu entsprechen; beide müssen einander äquivalent sein.[266] Dazu ist das Interesse des Geschädigten in Geld zu bewerten.[267] § 251 BGB bezieht sich ausschließlich auf die Kompensation vermögenswerter Gegenstände sowie auf reine Vermögensschäden, nicht aber auf immaterielle Positionen, die über den Objekteingriff vermittelt worden sind.[268] Existiert ein Markt für die beschädigten Gegenstände, bemisst sich der Umfang des Schadens nach dem Verkehrswert der beschädigten Sache.[269]

a)   Kompensation der Herrschaftsrechte

Die Mitgliedschaft vermittelt sowohl Verwaltungs- als auch Vermögensrechte.[270] Die Herrschaftsrechte selbst haben keinen messbaren Vermögenswert. Diese vermitteln dem Mitglied das Recht an der Teilnahme der Willensbildung und sonstige eingeschränkte Verwaltungsbefugnisse im Verband. Es handelt sich deshalb bei der Mitgliedschaft um immaterielles Recht.[271] Eine Kompensation dieser Beeinträchtigung scheidet mangels ausdrücklicher gesetzlicher Erstattungsfähigkeit gem. § 253 Abs. 1 BGB aus.[272]

b)   Kompensation von Vermögenseinbußen

Hinsichtlich eines Wertverlustes der mitgliedschaftlichen Anteile an der Gesellschaft scheiden grundsätzlich solche Schäden aus, welche lediglich eine Minderung des Gesellschaftsvermögens reflektieren.[273] Nicht erfasst wird daher die Minderung des Vermögenswertes der Beteiligung infolge der Ausgabe der jungen Aktien unter dem wahren Wert. Ein Ausschluss des Reflexschadens der Ak-

---

[264] siehe oben Teil 2:Kapitel VI:B)III. 1.b)(2) (S. 171)
[265] siehe oben Teil 2:Kapitel VI:B)II. (S. 168)
[266] BGH NJW 1984, 2579 [2571]
[267] BGH NJW 1984, 2579 [2571]
[268] BGHZ 92, 85 [90]; *E. Schmidt*, JUS 1986, 517 [518]
[269] BGHZ 92, 85 [90]; 117, 29 [31]; *E. Schmidt*, JUS 1986, 517 [521]
[270] siehe oben Teil 2:Kapitel II:A) (S. 23)
[271] *Habersack*, Mitgliedschaft S. 357
[272] *Habersack*, Mitgliedschaft S. 356 ff.; Mertens, FS Steindorff S. 151 [165]; zum Verlust eines Paketzuschlages siehe unten Teil 2:Kapitel VI:B)III. 3 (176)
[273] siehe oben Teil 2:Kapitel VI:B)I. 2.a)(2) (S. 156)

tionäre beruht darauf, dass die Gesellschaft einen etwaigen Schaden als eigenständiges Rechtssubjekt selbst geltend machen soll.[274] Zudem können die Aktionäre die Gesellschaft zur Verfolgung von Schadensersatzansprüchen gegen die Organe anhalten (§ 147 AktG), sodass Vermögensschäden der Gesellschaft und eine entsprechende Vermögensbeeinträchtigung der Aktionäre – der Reflexschaden – ausgeglichen werden. Schließlich ist dem § 147 AktG der Grundsatz zu entnehmen, dass vorbehaltlich der besonderen Vorschriften nach Art der §§ 309 Abs. 3, 317 Abs. 4, 318 Abs. 4 AktG und vorbehaltlich der analogen Anwendung der Vorschriften auf vergleichbare Problemlagen für eine actio pro socio des Aktionärs kein Raum besteht.[275]

Soweit die Kapitalerhöhung nicht ausschließlich dem Finanzierungsinteresse dient, erleidet die Gesellschaft infolge eines zu niedrigen Ausgabebetrages regelmäßig keinen eigenen Schaden[276], sondern allein die ausgeschlossenen Aktionäre. Deshalb können diese den erlittenen Vermögensschaden geltend machen.[277] Der Umfang des Schadens entspricht dem Bezugswert im Falle einer ordentlichen Kapitalerhöhung.[278] Wird daneben ein Schaden der Gesellschaft widergespiegelt, ist dieser von dem reinen Eigenschaden des Aktionärs abzuziehen. Soweit es sich lediglich um einen Schaden der Gesellschafter und nicht der Gesellschaft handelt, sind die Schadensersatzleistungen nicht an die Gesellschaft, sondern an die betroffenen Gesellschafter zu leisten. Dies ist der Fall, soweit die Pflicht zur Festlegung des Ausgabebetrages in der Nähe des inneren Wertes nur gegenüber den ausgeschlossenen Aktionären gem. § 255 Abs. 2 AktG, nicht hingegen auch gegenüber der Gesellschaft besteht.

3. Entgangener Gewinn

Schließlich können die Aktionäre einen mittelbaren Schaden dadurch erleiden, dass sie mit ihren Anteilen nicht mehr die Vermögensvorteile ziehen können, welche sie bei Beibehaltung ihrer Anteile erzielt hätten. Erfasst werden alle Vermögensvorteile, die dem Geschädigten zum Zeitpunkt des schädigenden Ereignisses zwar noch nicht zustanden, ohne dieses Ereignis aber angefallen wären (§ 252 BGB).[279] Dazu zählt zum Beispiel der Verlust steuerrechtlicher Vorteile aus sogenannten Schachtelbeteiligungen[280] sowie der Verlust eines Paketzuschlages für die Beteiligungen infolge des Absinkens der Anteile unter eine be-

---

[274] siehe oben Teil 2:Kapitel VI:B)I. 2.a)(3) (S. 157)
[275] *Habersack*, DStR 1998, 533; *Krieger*, ZHR 163 (1999) 434 [344 f.]; zur Effektivität der Aktionärsklage: *Ulmer*, ZHR 163 (1999) 290
[276] siehe oben Teil 2:Kapitel VI:B)I. 2.a)(3) (S. 157)
[277] bzgl. Aktionäre: siehe oben Teil 2:Kapitel VI:B)I. 1.a) (S. 146); bzgl. Vorstand: siehe oben Teil 2:Kapitel VI:B)I. 1.b) (S.148)
[278] *Cahn*, ZHR 164 (2000) 113 [148]; *Martens*, FS Steindorff S. 252 [264]
[279] BGH NJW-RR 1989, 980 [981]; MüKoBGB/*Oetker* § 252 Rdn. 3, 31 ff.; Palandt/*Heinrichs* § 252 Rdn. 1; Staudinger/*Schimann* § 252 Rdn. 6
[280] *Cahn*, ZHR 164 (2000) 113 [148]; allgemein zum Verlust von Steuervorteilen als entgangener Gewinn: BGHZ 79, 223; BGH NJW-RR 1993, 714; zur Schachtelbeteiligung siehe oben Teil 2:Kapitel I:C)I. 4 (S. 14)

stimmte Quote[281]. Der Aktionär hat die Umstände darzulegen, aus denen sich nach dem gewöhnlichen Verlauf der Dinge die Wahrscheinlichkeit des Gewinneintritts ergibt.[282] Im Falle des Verlustes von Steuervorteilen braucht er lediglich die Umstände darzulegen, wonach ihm der Steuervorteil zugesprochen wäre, wenn er seine Quote aufrechterhalten hätte. Ein solcher Nachweis kann regelmäßig leicht erbracht werden, da die einstige Steuerbefreiung für das vorangegangene Jahr bewilligt worden ist. Schwieriger lässt sich hingegen darlegen, dass potentielle Erwerber bereit sind, für Anteile mit einer relevanten Beteiligungsquote an der Gesellschaft einen Paketzuschlag zu zahlen.

4. Gesellschaft von Kompensationsleistung ausgenommen? *(BGH Urteil hinsichtlich Anlegerschutz einarbeiten)*

Schadensersatzleistungen der Gesellschaft an die Aktionäre führen zu einem Vermögenszufluss der Gesellschaft an die Aktionäre außerhalb der Dividendenzahlungen. Insofern könnte darin ein Verstoß gegen § 57 AktG liegen. Danach ist die Einlagenrückgewähr, die Ausschüttung von Zinsen und eine sonstige über den Bilanzgewinn hinausgehende Vermögensverteilung untersagt, damit das Grundkapital aufrechterhalten bleibt.[283] Die Schadensersatzzahlungen an einzelne Aktionäre führt zu einer Verringerung des Gesellschaftsvermögens und damit auch zu einem potentiellen Nachteil der Gesellschaftsgläubiger. Deshalb schließt § 57 AktG auch in diesem Fall Schadensersatzzahlungen der Gesellschaft an die Gesellschafter grundsätzlich aus.[284] Infolge solcher Schadensersatzzahlungen würde nicht nur das Gesellschaftsvermögen zum Nachteil der Gesellschaftsgläubiger, sondern auch zum Nachteil derjenigen Gesellschafter verringert, welche für die Schädigungen der ausgeschlossenen Aktionäre nicht verantwortlich sind. Deshalb ist eine Erstattung etwaiger Schadensersatzansprüche regelmäßig zu versagen.[285] Die Gesellschaft wird dadurch nicht von ihrer Schadensersatzpflicht befreit. Lediglich die Durchsetzung dieser Ansprüche wird gehindert. Da die Gesellschaft mit den Schadensersatzansprüchen belastet ist, muss sie ihrerseits einen Schadenausgleich bei den dafür verantwortlichen Organmitgliedern suchen (§§ 93 Abs. 2, 116 AktG). Im Falle des Bezugsrechtsausschlusses im Rahmen einer ordentlichen Kapitalerhöhung können Vorstand sowie Aufsichtsrat für etwaige Schäden der Aktionäre verantwortlich sein.[286] Ergibt sich in diesem Fall, nach verantwortlicher Prüfung des Aufsichtsrates, dass derartige Haftungsansprüche bestehen und voraussichtlich durchsetzbar sind, hat der Aufsichtsrat

---

[281] regelmäßig unter solche Quoten, die bestimmte Rechte gewährleisten: fünf Prozent, zehn Prozent und fünf Prozent
[282] BGHZ 54, 45 [55]; MüKoBGB/*Oetker* § 252 Rdn. 31
[283] *Hüffer*, AktG § 57 Rdn. 1; KK/*Lutter* § 57 Rdn. 2
[284] *Cahn*, ZHR 163 (2000) 113 [149]
[285] *Cahn*, ZHR 163 (2000) 113 [149]
[286] Ausnahmsweise auch der Aufsichtsrat, wenn ihm die Festlegung des Ausgabepreises gem. § 182 AktG überlassen würde und dieser einen unangemessen niedrigen Ausgabepreis festgelegt hat.

bzw. der Vorstand die Schadensersatzansprüche zu verfolgen.[287] Sieht der Aufsichtsrat bzw. der Vorstand pflichtwidrig von einer Verfolgung dieser Ansprüche ab, machen sie sich ihrerseits Schadensersatzpflichtig.[288] Daneben kann die Hauptversammlung bzw. ein Teil dieser die Gesellschaft zur Verfolgung von Schadensersatzansprüchen gegen die Organe verpflichten (§ 147 AktG).

Soweit die Gesellschaft die Schadensersatzansprüche gegen die Organe durchsetzen konnte, sind mit den erfolgten Zahlungen die Ansprüche der Gesellschaft gegen die geschädigten Aktionäre zu begleichen. Ebenso steht § 57 AktG einer Erstattung des Schadens der ausgeschlossenen Aktionäre nicht entgegen, soweit diese von einer D&O-Versicherung[289] getragen werden.

5. Mitverschulden des ausgeschlossenen Aktionärs

Verlangt ein Mitglied Schadensersatz infolge eines rechtswidrigen Ausschlusses seines Bezugsrechtes, muss er sich ein Mitverschulden und ein Unterlassen der Schadenabwehr bzw. eine Minderung des Schadens anrechnen lassen (§ 254 BGB).

Der einzelne Aktionär hat den Schaden mit verursacht, wenn er beim Beschluss über das Bezugsrecht positiv gestimmt hat. Daneben muss dem Geschädigten eigenes Verschulden an der Schädigung seiner Interessen zur Last gelegt werden.[290] Dem geschädigten Aktionär musste die Schädigung vorhersehbar und vermeidbar gewesen sein.[291] An dieser Vorhersehbarkeit fehlt es, wenn nach dem Ausschlussbericht und den Informationen in der Hauptversammlung ein Bezugsrechtsausschluss für einen Durchschnittsaktionär als sachlich gerechtfertigt anzusehen war bzw. der Bericht unverständlich oder fehlerhaft war.

Erkannte der Aktionär, dass der Ausschluss rechtswidrig erfolgte und sah er dessen schädlichen Folgen voraus, hätte er Widerspruch einlegen und eine Anfechtungsklage gegen den Beschluss rechtzeitig erheben können. Bei einer erfolgreichen Anfechtung wäre die Kapitalerhöhung rückabzuwickeln, und die Beeinträchtigungen der ausgeschlossenen Aktionäre wären weitgehend behoben worden.[292] Nach den allgemeinen Grundsätzen des § 254 BGB kann der Geschädigte gehalten sein, Rechtsbehelfe zur Schadenabwendung oder Schadenminderung zu ergreifen.[293] Indem sich mehrere Personen in einem Verband zusammengeschlossen haben, um gemeinsam einen Zweck zu verfolgen, obliegt den Mitglie-

---

[287] BGHZ 135, 244 [252 ff.] (ARAG/Garmenbeck); im Falle einer Pflichtverletzung des Aufsichtsrates gilt diese Pflicht für den Vorstand
[288] BGHZ 135, 244 [252 ff.] (ARAG/Garmenbeck)
[289] zur D-&-O-Versicherung: *Ihlas*, Organhaftung und Versicherung; *Thümmel*, Haftung S. 160 ff. jeweils m.w.N.
[290] RGZ 54, 407 [410]; Palandt/*Heinrichs* § 254 Rdn. 12; Staudinger/*Schiemann* § 254 Rdn. 31
[291] MüKoBGB/*Oetker* § 254 Rdn. 3 f. Palandt/*Heinrichs* § 254 Rdn. 12; Staudinger/*Schiemann* § 254 Rdn. 54
[292] siehe oben Teil 2:Kapitel VI:A)VII. 1 (S. 139)
[293] BGHZ 90, 17 [32]; MüKoBGB/*Oetker* § 254 Rdn. 68; Staudinger/Schiemann § 254 Rdn. 31

dern die Pflicht, diesen Zweck bzw. diese Ziele zu fördern und Maßnahmen zu unterlassen, welche den Zweck vereiteln (sogenannte Unterlassungs- und Loyalitätspflicht des Mitglieds).[294] Eine solche Treupflicht verlangt von dem einzelnen Mitglied, dass es gegen Interessen- bzw. Rechtsbeeinträchtigungen von mehreren Abwehrmaßnahmen solche ergreift, bei denen der Verband nach Möglichkeit vor wirtschaftlichen Schäden bewahrt bleibt.[295] Bei Erhebung eines Widerspruches gegen den Beschluss und/oder einer rechtzeitigen Anfechtung des Beschlusses hätte unter Umständen die Umsetzung verhindert werden können. Zumindest hätte sich die Verwaltung nochmals kritisch mit dem Beschluss auseinandersetzen, diesen auf seine Rechtmäßigkeit prüfen und von einer Durchführung absehen können. Wären die Meinungsverschiedenheiten in diesem Rahmen ausgetragen worden, hätten etwaige wirtschaftliche Schäden von der Gesellschaft infolge von Schadensersatzansprüchen ausgeschlossener Aktionäre weitgehend ausgeschlossen werden können. In diesen Fällen hat sich der einzelne Aktionär ein Mitverschulden anrechnen zu lassen. Das Verschulden kann im Einzelfall das Verschulden der Verwaltung bzw. der Gesellschaft übersteigen, sodass der Aktionär mit seinem Schadensersatzbegehren ausfällt.

C) Anforderungen an den Registerrichter

Der Kapitalerhöhungsbeschluss ist beim Handelsregister anzumelden (§ 184 AktG). Der Registerrichter ist immer verpflichtet, jedwede Anmeldungen auf ihre formelle und materielle Richtigkeit zu prüfen.[296] Deshalb sind der Anmeldung sämtliche Unterlagen beizufügen, die das Gericht zur Prüfung der Wirksamkeit des Kapitalerhöhungsbeschlusses benötigt.[297] Der Registerrichter hat die angemeldeten Tatsachen nur dann zu überprüfen (§ 12 FGG), wenn im konkreten Einzelfall begründete Zweifel an ihrer Richtigkeit bestehen, da die einzutragenden Tatsachen mit der Anmeldung glaubhaft gemacht werden und das Registergericht davon ausgehen kann, dass die angemeldeten Tatsachen richtig sind.[298] Stellt sich heraus, dass aufgrund der vorgelegten Tatsachen die eintragungspflichtigen Beschlüsse fehlerhaft sind, hat der Registerrichter zu prüfen, welche gesellschaftsrechtlichen Konsequenzen der Fehler in sich birgt. Führt er zur Nichtigkeit oder Unwirksamkeit des Beschlusses, darf der Registerrichter den Beschluss nicht in das Handelsregister eintragen.[299] Hinsichtlich der Pflicht zur Eintragung anfechtbarer Beschlüsse differieren die Auffassungen. Teilweise wird vertreten, dass der Registerrichter anfechtbare Beschlüsse stets einzutragen

---

[294] siehe oben Teil 2:Kapitel II:B)II. (S. 26)
[295] BGHZ 110, 323 [330] (Schärenkreuzer); *Habersack*, Mitgliedschaft S. 352
[296] *Bassenge/Herbst*, FGG § 125 Rdn. 8 ff., 17 ff.; *Keidel/Kuntze/Winkler*, FG § 127 Rdn. 1 ff.
[297] *Hefermehl/Bungeroth* in G/H/E/K § 184 Rdn. 26; *Hüffer*, AktG § 184 Rdn. 4; KK/*Lutter* § 184 Rdn. 10 f.
[298] Keidel/Kuntze/Winkler, FG § 127 Rdn. 11
[299] allgem. A.: *Bassenge/Herbst*, FGG § 125 Rdn. 17; *Hüffer*, AktG § 184 Rdn. 6; *Keidel/Kuntze/Winkler*, FG § 127 Rdn. 13 m.w.N. aus jüngerer Lit. und Rspr. in FN 30; *Lutter*, NJW 1969, 1873 [1874] m.w.N. der älteren Lit. und Rspr. in FN 9, 11

hat, lediglich den Ablauf der Anfechtungspflicht abwarten darf bzw. soll.[300] Anderseits soll der Registerrichter – als staatliche Rechtskontrolle – die Eintragung von anfechtbaren Beschlüssen ablehnen, wenn dadurch öffentliche Interessen oder Minderheitsinteressen von erheblicher Relevanz verletzt werden.[301] Zuzustimmen ist einer dritten – differenzierenden – Auffassung, wonach der Registerrichter die Eintragung von anfechtbaren Beschlüssen abzulehnen hat, wenn der Mangel auch die Interessen der Öffentlichkeit – die Interessen der Gläubiger, künftiger Aktionäre oder der öffentlichen Ordnung des Aktienwesens – berührt.[302] Soweit der Mangel die Interessen der einzelnen Aktionäre betrifft, haben es diese Aktionäre selbst in der Hand, ihre Interessen im Wege einer Anfechtungsklage zu wahren. Sie können eigenverantwortlich entscheiden, ob sie eine Beeinträchtigung ihrer Interessen zum Wohle oder Vorteil der Gesellschaft oder Dritter hinnehmen wollen. Wäre es dem Registerrichter gestattet, die Eintragung auch nach Ablauf der Anfechtungsfrist abzulehnen, würde man die Aktionäre entmündigen. Aus denselben Gründen ist auch eine Wahrnehmung der Aktionärsinteressen einer Publikumsgesellschaft abzulehnen.[303] Diese können von dem Anfechtungsrecht nach §§ 241 ff. AktG ebenso Gebrauch machen, wie Aktionäre einer nicht börsennotierten Gesellschaft. Hingegen können von dem Beschluss betroffene Dritte (Gläubiger, zukünftige Aktionäre) diesen Beschluss nicht angreifen, sondern sich erst gegen eine spätere Beeinträchtigung aufgrund des Beschlusses wehren. Als staatliches Organ hat der Registerrichter deshalb präventiv etwaige drittbeeinträchtigende Beschlüsse zu unterbinden. Dazu ist ihm die Möglichkeit der Eintragungsversagung gegeben.

Da der Bezugsrechtsausschluss nur die Rechte der ausgeschlossenen Aktionäre tangiert[304] und Interessen von Gläubigern, künftigen Aktionären und der Ordnung des Aktienwesens – also der Öffentlichkeit – unberührt lässt, hat der Registerrichter einen sachlich nicht gerechtfertigten und deshalb anfechtbaren Kapitalerhöhungsbeschluss der Hauptversammlung spätestens mit Ablauf der Anfechtungsfrist in das Handelsregister einzutragen.

---

[300] Godin/Wilhelmi, AktG § 181 Anm. 5; *Keidel/Kuntze/Winkler*, FG § 127 Rdn. 13
[301] GK/*Wiedemann* § 181 Rdn. 25; KK/*Lutter* § 184 Rdn. 15; generelle Pflicht zur Eintragungsablehnung, unabhängig ob Mangel im öffentlichen, oder Aktionärsinteresse *Hefermehl/Bungeroth* in G/H/E/K § 184 Rdn. 43
[302] *Hefermehl/Bungeroth* in G/H/E/K § 181 Rdn. 46; *Lutter*, NJW 1969, 1873 [1878 f.]
[303] a.A. GK/*Wiedemann* § 181 Rdn. 25
[304] siehe oben Teil 2:Kapitel I:C) (S. 9)

Kapitel VII: **Teilergebnis**

Der Bezugsrechtsausschluss im Rahmen einer ordentlichen Kapitalerhöhung – egal ob bei einer nicht börsennotierten oder börsennotierten Gesellschaft – greift in die Rechte der Aktionäre ein. Aufgrund der rechtlichen Verbindung der Aktionäre untereinander sind diese bei einer Beschlussfassung verpflichtet auf die Mitgliedschaftsrechte der Kon-Aktionäre Rücksicht zunehmen. Deshalb darf das Bezugsrecht nur ausgeschlossen werden, wenn der Ausschluss im Gesellschaftsinteresse liegt und die Ausschlussgründe den Eingriff sachlich rechtfertigen.

Es lassen sich hingegen Unterschiede zwischen börsennotierten und nicht börsennotierten Aktiengesellschaften aufzeigen. So kann bei Aktionären in börsennotierten Aktiengesellschaften, deren Anteil an der Gesellschaft unter fünf Prozent liegt, davon ausgegangen werden, dass diese mit ihrer Beteiligung lediglich Kapitalanlagezwecke verfolgen. Hinsichtlich der Interessenabwägung, im Rahmen der sachlichen Rechtfertigung, hat dies zur Konsequenz, dass das Interesse der Gesellschaft am Bezugsrechtsausschluss immer dann überwiegen wird, wenn die damit bezweckte Maßnahme den Anlageinteressen der Anlageaktionäre nicht entgegensteht. Kein Eingriff in die Mitgliedschaftsrechte der Aktionäre liegt beim vereinfachten Bezugsrechtsausschluss i.S.d. § 186 Abs. 3 S. 4 AktG vor. Die Aktionäre können etwaige Beeinträchtigungen durch Zukauf von Aktien über die Börse kompensieren. Ebensowenig werden die Aktionäre darüber hinaus von einem Bezugsrechtsausschluss beeinträchtigt, wenn der Ausgabebetrag der jungen Aktien nicht wesentlich unter dem inneren Wert liegt und ein Zukauf von Aktien zum Erhalt der Beteiligungsquote über die Börse gesichert ist.

Sollen die jungen Aktien nur einzelnen Altaktionären zugeteilt werden, muss diese Ungleichbehandlung der Aktionäre zusätzlich gem. § 53a AktG sachlich gerechtfertigt sein.

Die Aktionäre treffen mit dem Beschluss zur Kapitalerhöhung und zum Bezugsrechtsausschluss eine unternehmerische Entscheidung. Damit sie eine sorgsame und abgewogene Entscheidung treffen können, müssen sie rechtzeitig und umfassend über die Gründe der zu beschließenden Maßnahme informiert werden. Deshalb ist der beabsichtigte Bezugsrechtsausschluss mit der Einladung zur Hauptversammlung ausdrücklich und ordentlich gem. § 186 Abs. 4 S. 1 AktG bekanntzugeben. Gleichzeitig ist der Bericht analog der §§ 52 Abs. 2 S. 1, 2; 175 Abs. 2 S. 1, 2; 179a Abs. 2 S. 1, 2; 293f. Abs. 1 Nr. 1, Abs. 3; 327c Abs. 3, 4 AktG; § 63 Abs. 1 Abs. 3 UmwG in den Geschäftsräumen auszulegen und auf Verlangen den Aktionären zuzusenden. Daneben muss der Bericht in seinem wesentlichen Inhalt mit der Einberufung zur Hauptversammlung bekanntgegeben werden. Im Rahmen eines Übernahmeverfahrens können die Fristen der Bekanntmachung bis auf zwei Wochen vor der Hauptversammlung verkürzt werden (§ 16 Abs. 4 S. 1 AktG). In diesen Fall muss der Bericht allen Aktionären sofort zugänglich sein, indem er auf die Website der Gesellschaft gestellt wird. Der Bezugsrechtsausschluss ist anfechtbar, wenn er in sachlich nicht gerechtfertigter Weise in die Rechte der Aktionäre eingreift. Aufgrund einer fehlerhaften

Berichterstattung kann keine ordnungsgemäße Entscheidung getroffen werden. Deshalb ist der Ausschlussbeschluss infolge eines Berichtsfehlers ebenfalls anfechtbar. In diesem Fall trägt die Gesellschaft die Beweislast dafür, dass der Bezugsrechtsausschluss sachlich gerechtfertigt ist. Die Anfechtung führt regelmäßig zur Nichtigkeit der gesamten Kapitalerhöhung. Ergibt sich aus dem Beschluss der Hauptversammlung, dass die Kapitalerhöhung auch unter Wahrung des Bezugsrechtes Bestand haben soll, führt die Anfechtung ausnahmsweise nur zur Nichtigkeit des Bezugsrechtsausschlusses. Eine bereits durchgeführte Kapitalerhöhung ist rückabzuwickeln. Die Anwendung der Regeln über die fehlerhafte Gesellschaft scheidet aufgrund eines unzureichenden Schutzes der ausgeschlossenen Aktionäre aus.

Schäden der ausgeschlossenen Aktionäre infolge eines rechtswidrigen Bezugsrechtsausschlusses können nur insoweit geltend gemacht werden, wie sie nicht durch eine Anfechtung unterbunden bzw. beseitigt werden konnten. Zur Leistung von Schadensersatz können diejenigen Aktionäre verpflichtet sein, welche vorsätzlich für einen rechtswidrigen Bezugsrechtsausschluss gestimmt haben. Der Vorstand und der Aufsichtsrat sind jeweils insoweit zum Schadensersatz verpflichtet, wie sie eigenständig – ohne dass sie dazu von der Hauptversammlung bestimmt worden sind – an dem Bezugsrechtsausschluss mitgewirkt haben. Wurde das Bezugsrecht rechtswidrig ausgeschlossen, bleibt der Bezugsanspruch gegenüber der Gesellschaft bestehen, sodass die Aktionäre gegenüber der Gesellschaft einen Schadensersatzanspruch wegen Nichterfüllung ihres Bezugsanspruches haben (§§ 280, 275 BGB). Die Gesellschaft haftet gegenüber den ausgeschlossenen Aktionären ebenso für rechtswidrige Handlungen ihrer Organe – somit auch der Hauptversammlung – soweit den Handlungen Außenwirkung zukommt; dass heißt die Aktionäre den Handlungen wie Dritte gegenüberstehen. Geschädigte Aktionäre müssen sich ein Mitverschulden anrechnen lassen, wenn sie es unterlassen haben, etwaige Schädigungen durch gesellschaftsinterne Maßnahmen – Diskussion in der Hauptversammlung, Widerspruch zum Protokoll und rechtzeitige Anfechtung des Erhöhungsbeschlusses – abzuwenden. Beruht der Eingriff allein auf dem Beschluss der Hauptversammlung, werden etwaige Schäden fast vollständig durch eine Rückabwicklung der Kapitalerhöhung beseitigt, sodass ein darüber hinausgehender Schaden regelmäßig nicht vorliegen wird. Das bedeutet erst recht, dass Aktionäre, die eine Anfechtung verpasst haben, regelmäßig keinen Schadensersatz geltend machen können.

Teil 3: Das genehmigte Kapital und der Bezugsrechtsausschluss

Das Bedürfnis nach einer Kapitalerhöhung besteht immer dann, wenn die Gesellschaft neues Eigenkapital – sei es in Form von Barmitteln bzw. von Sachwerten – benötigt. Daneben können günstige Kapitalmarktbedingungen die Gesellschaft unabhängig von konkreten Projekten zur Kapitalerhöhung veranlassen. Regelmäßig entstehen die Bedürfnisse zur Eigenkapitalfinanzierung bzw. liegen die günstigen Kapitalmarktsituationen nicht zeitnah im Zusammenhang mit den Hauptversammlungen vor. Die Einberufung einer Hauptversammlung bei jedem konkreten Bedürfnis nach einer Kapitalerhöhung ist sehr aufwendig und kostenintensiv. Deshalb ist die Hauptversammlung berechtigt, die Entscheidung über die Kapitalerhöhung, den Bezugsrechtsausschluss und die Bedingungen der Aktienausgabe dem Vorstand zu übertragen (§§ 202 ff. AktG). Die folgende Erörterung befasst sich mit dem Bezugsrechtsausschluss im Rahmen des genehmigten Kapitals. Es soll untersucht werden, welche Anforderungen an einen Bezugsrechtsausschluss zu stellen sind. Zunächst wird der Ablauf einer genehmigten Kapitalerhöhung kurz skizziert. Ausgehend von den verschiedenen Möglichkeiten der Ermächtigung sowie deren Sinn und Zweck unter Beachtung des Verfahrens einer genehmigten Kapitalerhöhung soll erörtert werden, welche Anforderungen an den Ermächtigungsbeschluss der Hauptversammlung sowie an den späteren Vorstandsbeschluss zur Ausnutzung des genehmigten Kapitals zu stellen sind.

Kapitel I: Ablauf einer genehmigten Kapitalerhöhung
Eine genehmigte Kapitalerhöhung bietet sich immer dann an, wenn die Kapitalerhöhung nicht sofort durchgeführt werden soll, sondern erst zu einem späteren Zeitpunkt, wenn zusätzliches Eigenkapital benötigt wird bzw. günstig zu erlangen ist. Die Ermächtigung des Vorstandes erfolgt entweder in der Gründungssatzung oder – wie es regelmäßig der Fall ist – infolge einer Satzungsänderung. Der Vorstand ist dann berechtigt, das Grundkapital durch Ausgabe neuer Aktien gegen Einlagen bis zu einem bestimmten Betrag zu erhöhen (§ 202 Abs. 1, 2 AktG). Diese Ermächtigung ist auf maximal fünf Jahren beschränkt.
Für die Erteilung der Ermächtigung in Form einer Satzungsänderung ist die Hauptversammlung zuständig. Der Vorstand hat dazu die Hauptversammlung einzuberufen. Bei der Einberufung der Hauptversammlung ist der beabsichtigte Ermächtigungsbeschluss seinem Wortlaut nach bekannt zu geben (§ 124 Abs. 2 S. 2 AktG). Soll der Vorstand ermächtigt werden, das Grundkapital auch oder nur durch Sacheinlagen zu erhöhen, muss dies ausdrücklich im Ermächtigungsbeschluss bestimmt werden (§ 205 Abs. 1 AktG).
Der Ermächtigungsbeschluss der Hauptversammlung bedarf einer Mehrheit von mindestens drei Viertel des vertretenen Grundkapitals (§ 202 Abs. 2 S. 2 AktG). Die Satzung kann daneben weitere Erfordernisse festsetzen (§ 202 Abs. 3 AktG). Eine geringere Kapitalmehrheit ist – anders als bei Kapitalerhöhungen gegen Einlagen – aufgrund des eindeutigen Wortlautes unzulässig.[305] Daneben ist stets eine einfache Stimmenmehrheit erforderlich.[306] Bestehen mehrere Aktiengattungen, müssen zudem die Aktionäre jeder Gattung der Ermächtigung durch einen Sonderbeschluss zustimmen (§§ 202 Abs. 2 S. 4, 182 Abs. 2 AktG).
Die Hauptversammlung darf den Vorstand für höchstens fünf Jahre zur Ausnutzung des genehmigten Kapitals ermächtigen (§ 202 Abs. 1, 2 S. 1 AktG). Deshalb ist im Ermächtigungsbeschluss ein konkretes Datum anzugeben.[307] Des Weiteren muss die Ermächtigung einen bestimmten Nennbetrag enthalten, bis zu dem der Vorstand das Grundkapital erhöhen darf (§ 202 Abs. 1, 2 S. 1 AktG). Dieser ist aus Gründen der Rechtssicherheit konkret zu beziffern[308] und darf die Hälfte des bestehenden Grundkapitals zum Zeitpunkt der Ermächtigung nicht übersteigen (§ 202 Abs. 3 S. 1 AktG). Ein bestehendes und noch nicht ausgenutztes genehmigtes Kapital ist dabei zu berücksichtigen.[309] Darüber hinaus kann der Ermächtigungsbeschluss eine Zweckbestimmung für das genehmigte Kapital, eine Ermächtigung zum Bezugsrechtsausschluss sowie weitere Festsetzungen über den Inhalt der Aktienrechte und Bedingungen der Aktienausgabe enthalten (§ 203 Abs. 1, 2 AktG).[310] Welche materiellen Anforderungen an den

---
[305] *Hüffer*, AktG § 202 Rdn. 9; KK/*Lutter* § 202 Rdn. 5
[306] siehe oben Teil 2:Kapitel I:B) (Seite 7)
[307] *Hüffer*, AktG § 202 Rdn. 11; KK/*Lutter* § 202 Rdn. 13
[308] *Hüffer*, AktG § 202 Rdn. 12; KK/*Lutter* § 202 Rdn. 11
[309] MüHdbAG/*Krieger* § 58 Rdn. 7; *Hefermehl/Bungeroth* in G/H/E/K § 202 Rdn. 15
[310] MüHdbAG/*Krieger* § 58 Rdn. 12; *Raiser*, KapGesR § 20 Rdn. 40.

Ermächtigungsbeschluss zu stellen sind und ob ein Bericht an die Hauptversammlung zu erteilen ist, soll im weiteren Verlauf der Arbeit erörtert werden.
Das beschlossene genehmigte Kapital ist im Handelsregister anzumelden (§§ 202 Abs. 2, 181 AktG). Es zählt trotz Eintragung noch nicht zum Grundkapital, sondern ist lediglich eine Delegation der Zuständigkeit der Hauptversammlung an den Vorstand (§ 119 Abs. 1 Nr. 6 AktG).
Aufgrund bestimmter wirtschaftlichen Umstände, die bei der Gesellschaft einen Kapitalbedarf hervorrufen, der zeitnah befriedigt werden soll, wird der Vorstand auf seine Ermächtigung zurückgreifen. Diesem obliegt nicht nur die Entscheidung über die Ausübung der Ermächtigung, sondern auch die Entscheidung über den Inhalt der Aktienrechte und deren Bedingungen, soweit ihn nicht die Hauptversammlung an bestimmte Erfordernisse gebunden hat (§ 204 Abs. 1 S. 1 AktG).[311] Nutzt der Vorstand das genehmigte Kapital aus, steht den Aktionären grundsätzlich ein Bezugsrecht zu (§§ 203 Abs. 1 S. 1, 186 As. 1 S. 1 AktG). Der Vorstand hat die Bezugsaufforderung in den Gesellschaftsblättern, den Ausgabekurs und die Frist für die Ausübung des Bezugsrechts bekanntzugeben (§§ 203 Abs. 1 S. 1, 186 Abs. 2 S. 1 AktG).[312] Die Hauptversammlung kann ihm auch die Befugnis der Entscheidung über einen Bezugsrechtsausschluss erteilen (§ 203 Abs. 2 AktG). Welchen materiellen und formellen Anforderungen der Vorstand unterliegt, soll im weiteren Verlauf der Arbeit erörtert werden. Vor allem soll untersucht werden, ob ein Bericht an die Hauptversammlung bzw. die Aktionäre vor Ausnutzung des genehmigten Kapitals zu erstatten ist. Die vom Vorstand vorgenommenen Festsetzungen bedürfen für ihre Wirksamkeit der Zustimmung des Aufsichtsrates (§ 204 Abs. 1 S. 2 1. HS AktG). Daneben hat der Aufsichtsrat der Aktienausgabe zuzustimmen (§ 202 Abs. 3 S. 2 AktG). Welche Anforderungen an die Zustimmung des Aufsichtsrates zu stellen sind, sollen ebenfalls im weiteren Verlauf der Arbeit untersucht werden.
Sodann erfolgt der Abschluss der Zeichnungsverträge mit den Bezugsberechtigten bzw. mit sonstigen Interessenten (§§ 203 Abs. 1 S. 1, 185 AktG).[313] Ist dieser Vorgang beendet, wird die Kapitalerhöhung durchgeführt. Nachdem die Einlagen erbracht worden sind, hat der Vorstand und der Aufsichtsratsvorsitzende die Durchführung der Kapitalerhöhung zum Handelsregister mit einer Reihe von Versicherungen anzumelden (§§ 203 Abs. 1, 3 S. 4 , 188 Abs. 2 AktG). Nach erfolgter Eintragung werden die jungen Aktien an die berücksichtigten Zeichner ausgegeben (§§ 203 Abs. 1, 191 AktG).

---

[311] *Henn*, AktR S. 677 Rdn. 1270
[312] siehe oben Teil 2:Kapitel I:B) (S. 6)
[313] zur Bekanntgabe siehe oben Teil 2:Kapitel I:B) (S. 6)

Kapitel II: Historische Entwicklung

Dem Recht über die Aktiengesellschaft des ADHGB war das genehmigte Kapital unbekannt. Um außerhalb einer Hauptversammlung die Finanzierungsbedürfnisse der Gesellschaft befriedigen zu können, war es üblich, die Aktien an ein treuhänderisch agierendes Kreditinstitut zu geben, damit dieses bei Bedarf die Aktien am Kapitalmarkt absetzte (sogenanntes Simultanverfahren).[1] Wurde zunächst das Simultanverfahren praktiziert, ging man später zur Schaffung von Vorratsaktien über.[2] Das der Verwaltung anvertraute Vorratskapital verleitete diese zum Missbrauch. So konnte sich die Verwaltung mit den Stimmrechten aus dem Vorratskapital bei Beschlüssen der Generalversammlung gegen die widersprechende Minderheit durchsetzen.[3]

Mit der Schaffung des Aktiengesetzes wurde erstmals das genehmigte Kapital eingeführt. Zugleich haftete der Zeichner auf Erfüllung der Einlagepflicht, auch wenn er sie für Rechnung der Gesellschaft übernommen hatte (§ 51 AktG 1937). Im Zuge der Schaffung des genehmigten Kapitals wurden gleichzeitig alte Vorratsaktien eingezogen (§ 6 EGAktG 1937). Damit sollte eine effektive Kapitalaufbringung gewährleistet werden.[4] Mit Einführung dieser Neuerungen verloren die Vorratsaktien fast vollständig an wirtschaftlicher Bedeutung und wurden durch das genehmigte Kapital ersetzt.[5]

Die vom Aktiengesetz von 1938 neu eingeführten Regelungen über das genehmigte Kapital, wurden bei der Aktienrechtsreform von 1965 AktG im Wesentlichen übernommen. Lediglich eine Änderung zur Ermächtigung der Ausschlussbefugnis wurde in § 203 Abs. 2 AktG eingeführt. Soll der Vorstand mit dem Ermächtigungsbeschluss zum genehmigten Kapital zugleich zum Ausschluss des Bezugsrechtes ermächtigt werden, bedarf es nach der Neuregelung neben der Einrichtung des genehmigten Kapitals einer ausdrücklichen Ermächtigung zum Bezugsrechtsausschluss. Die Befugnis des Vorstandes zur Entscheidung über das Bezugsrecht sollte mit der Neuregelung eingeschränkt werden.[6]

---

[1] Schlegelberger/Quassowski, AktG § 169 Rdn. 1
[2] *Hirte*, Bezugsrechtsausschluß und Konzernbildung S. 101
[3] RGZ 132, 149 (Victoria); *Hefermehl/Bungeroth* in G/H/E/K § 56 Rdn. 4; KK/*Lutter* § 56 Rdn. 3
[4] *Hüffer*, AktG § 56 Rdn. 1; KK/*Lutter* § 56 Rdn. 2; *K. Schmidt*, GesR § 29 III. 2. c) (S. 901)
[5] GK/*Hirte* § 202 Rdn. 3; *Hirte*, Bezugsrechtsausschluß und Konzernspitze S. 103; KK/*Lutter* § 56 Rdn. 4; *Timm*, Konzernspitze S. 78
[6] RegBegr. in *Kropff*, AktG S. 305

Kapitel III: **Möglichkeit der Einflussnahme auf die Verwaltung außerhalb der Hauptversammlung**

Jedwede Hauptversammlungsbeschlüsse, welche in die Mitgliedschaftsrechte der Aktionäre eingreifen, bedürfen der sachlichen Rechtfertigung.[7] Es gibt hingegen auch Beschlüsse, welche nicht unmittelbar die Rechte der Aktionäre tangieren, sondern bei denen es eines weiteren Aktes[8] bzw. Beschlusses der Verwaltung[9] bedarf. Infolge einer abweichenden Umsetzung der Hauptversammlungsbeschlüsse können die Rechte der Aktionäre verletzt werden. Die Gefahr einer fehlerhaften Umsetzung von Beschlüssen vergrößert sich zum einen, wenn der Ausführungsakt zeitlich weit von dem Hauptversammlungsbeschluss entfernt ist. Etwaige bei der Beschlussfassung – stillschweigend oder ausdrücklich – vorausgesetzte Rahmenbedingungen können sich derart geändert haben, dass der Beschluss seine Legitimation verloren hat. Zum anderen birgt eine eigenständige Entscheidung der Verwaltung zur Umsetzung eines Hauptversammlungsbeschlusses die Möglichkeit von Fehlern in sich. So können bestimmte Vorgaben der Hauptversammlung missverstanden werden oder sich die Verwaltung von Dritten in ihrer Beschlussfassung beeinflussen lassen.

Eine besondere Gefahr der Beeinflussung der Verwaltung geht von den Großaktionären aus. Großaktionäre betrachten die aktive Einflussnahme und Kontrollausübung als ein wichtiges Motiv ihrer Investition in das Unternehmen[10] und sind deshalb regelmäßig im Aufsichtsrat vertreten.[11] Ihren Einfluss auf die Verwaltung erlangen sie durch mehrere Schritte. Zunächst bestellen sie zumindest einen Teil der Aufsichtsratsmitglieder gem. § 101 Abs. 1 S. 1 AktG. In der Regel entscheidet die Hauptversammlung über die Zusammensetzung des Aufsichtsrates durch Beschluss. Insofern hat der Mehrheitsaktionär mit seiner Stimmkraft unmittelbaren Einfluss auf die Zusammensetzung des Aufsichtsrates. Zum anderen können Aktionäre ein Entsendungsrecht gem. § 101 Abs. 2 AktG haben. In diesem Fall brauchen sie ihre Aufsichtsratskandidaten nicht einmal der Hauptversammlung zur Abstimmung vorzustellen. In der Praxis ist es überwiegend der Fall, dass über die Zusammensetzung des Aufsichtsrates durch einen Beschluss - sogenannte Blockabstimmung - beschlossen wird.[12] Dabei werden die Kandidaten überwiegend vom Vorstand vorgeschlagen.[13]

Der Aufsichtsrat wiederum bestellt den Vorstand gem. § 84 Abs. 1, 2 AktG. So finden sich die Interessenvertreter der Großaktionäre häufig in der Verwaltung

---

[7] siehe oben Teil 2:Kapitel II:B) (S. 24)
[8] so bedarf es zur Durchführung der Kapitalerhöhung der Mitwirkung der Verwaltung gem. § 184 AktG
[9] im Falle der Ausnutzung des genehmigten Kapitals des Ausnutzungsbeschlusses des Vorstandes sowie bei gleichzeitiger Ermächtigung des Bezugsrechtsausschlusses eines entsprechenden Beschluss des Vorstandes
[10] *Helmis*, Corporate Governance in Deutschland S. 8
[11] *Roth/Wörle*, ZGR 2004, 565 [576 f.]
[12] *Roth/Wörle*, ZGR 2004, 565 [576 f.]
[13] *Roth/Wörle*, ZGR 2004, 565 [580]

wieder und nehmen Managementaufgaben war.[14] Dass die Interessen der Großaktionäre von denen der Kleinaktionäre abweichen, war im das letzten Jahrhundert lange bekannt.[15] Insofern muss eine Beeinträchtigung der Minderheitsaktionäre nicht unmittelbar durch einen Hauptversammlungsbeschluss aufgrund der Stimmenmacht der Großaktionäre vorliegen. Eine Beeinträchtigung kann auch durch Handlungen bzw. Beschlüsse der Verwaltung infolge der Einflussnahme des Großaktionärs auf die Verwaltung stattfinden.[16] Da Großaktionäre auch in Zukunft das Bild der deutschen Aktiengesellschaft prägen werden[17], wird sich das Problem der Einflussnahme des Großaktionärs auf die Verwaltung auch weiterhin stellen.

---

[14] *Helmis*, Corporate Governance in Deutschland S. 8; *Nöcker*, FAZ vom 2.3.2005 S. 22
[15] vgl. RGZ 68, 235 (Hibernia); 105, 373 (Union); 107, 67; 107, 71 (Vereinigte Stahlwerke); 108, 322 (Leipziger Buchbinderei); 113, 188 (Bergbau Ilse); 119, 248 (Hamburg Süd); 132, 149 (Victoria); BGHZ 71, 40 (Kali & Salz) zuletzt OLG Schleswig, NZG 2004, 281
[16] vgl. OLG Schleswig, NZG 2004, 282 [285]
[17] *Vitols*, Vereinbarter Shareholder Value S. 6 f.

Kapitel IV: **Ermächtigungsbeschluss**

Beschließt die Hauptversammlung ein genehmigtes Kapital, kann sie zugleich das Bezugsrecht ausschließen (sog. Direktausschluss, § 203 Abs. 1 S. 1 i.V.m. § 186 Abs. 3 AktG) oder aber dem Vorstand die Entscheidung über einen Ausschluss des Bezugsrechtes überlassen (§ 203 Abs. 2 S. 1 AktG). Im Folgenden soll untersucht werden, welche materiellen Voraussetzungen an den Hauptversammlungsbeschluss, bezogen auf die jeweilige Ausschlussvariante, zu stellen sind.

A) Direkter Bezugsrechtsausschluss

I. Ausschlussvoraussetzungen

Schließt die Hauptversammlung selbst das Bezugsrecht im Ermächtigungsbeschluss aus, greift dieser Beschluss in die Rechte der dissendierenden Mitglieder ein. Die Wirkungen des Ausschlusses zeigen sich erst bei Ausnutzung des genehmigten Kapitals durch den Vorstand und nicht schon unmittelbar nach dem Ermächtigungsbeschluss der Hauptversammlung. Der Unterschied zur ordentlichen Kapitalerhöhung mit Bezugsrechtsausschluss besteht lediglich darin, dass der Beschluss nicht sofort vom Vorstand umgesetzt wird, die tatsächliche Beeinträchtigung deshalb nicht unmittelbar erfolgt, sondern erst mit der Ausnutzung des genehmigten Kapitals und der Umsetzung des Ausschlusses durch den Vorstand. Da der Vorstand den von der Hauptversammlung beschlossenen Bezugsrechtsausschluss umzusetzen hat, entscheidet die Hauptversammlung selbst über den damit verbundenen Eingriff in die Rechte der dissidierenden und später vom Bezugsrecht ausgeschlossenen Aktionäre. Deshalb muss der Bezugsrechtsausschluss durch die Hauptversammlung den materiellen Ausschlussvoraussetzungen entsprechen.[1] Der Beschluss muss demnach sachlich gerechtfertigt sein.[2] Er bedarf dann nicht der sachlichen Rechtfertigung, wenn der Vorstand zu einem vereinfachten Bezugsrechtsausschluss (§ 186 Abs. 3 S. 4 AktG) ermächtigt werden soll oder in sonstiger Weise sichergestellt wird, dass der Vorstand das Bezugsrecht nur ausschließen darf, wenn die Ausgabe der jungen Aktien zum Börsenpreis erfolgt und die Aktionäre ihre Beteiligungsquote durch Zukauf an der Börse aufrechterhalten können.[3]

II. Festlegung des Ausgabebetrages

Die Hauptversammlung kann in dem Ermächtigungsbeschluss zugleich den Ausgabebetrag der jungen Aktien festlegen (§ 204 Abs. 1 AktG). Dieser darf den Nennbetrag der Aktien bzw. den auf die einzelne Stückaktie entfallenden anteiligen Betrag am Grundkapital gem. § 9 Abs. 1 AktG nicht unterschreiten.

---

[1] KK/*Lutter*, § 203 Rdn. 11; *Lutter*, BB 1981, 861 [862]; *Natterer*, ZIP 2002, 1672 [1778]; *Timm*, DB 1982, 211 [214 f.]
[2] siehe oben Teil 2:Kapitel II: (S.23)
[3] siehe oben Teil 2:Kapitel III:B)V. (S. 86)

Legt die Hauptversammlung den Ausgabebetrag fest bzw. bestimmt sie Richtlinien zur Ermittlung des Ausgabebetrages, ist sie an die Maßgaben des § 255 Abs. 2 AktG gebunden.[4] Diese Norm will die ausgeschlossenen Aktionäre vor einer Vermögensverwässerung ihrer Anteile schützen.[5] Die Gefahr einer Vermögensverwässerung besteht stets bei Kapitalerhöhung unter Bezugsrechtsausschluss – gleichgültig ob ordentliche Kapitalerhöhung oder Ausnutzung eines genehmigten Kapitals. Die Regelung des § 255 Abs. 2 AktG beschränkt sich nicht auf einen Verwässerungsschutz im Rahmen einer ordentlichen Kapitalerhöhung, sondern gilt umfassend.[6] Demzufolge hat die Hauptversammlung die Maßgaben dieser Norm auch bei der Schaffung eines genehmigten Kapitals mit gleichzeitigem Bezugsrechtsausschluss zu beachten.

B) Ermächtigung zum Bezugsrechtsausschluss

Die Hauptversammlung kann dem Vorstand neben der Ermächtigung zur Kapitalerhöhung auch die Entscheidung zum Bezugsrechtsausschluss überlassen (§ 203 Abs. 2 AktG). Im Folgenden soll erörtert werden, welche Anforderungen an den Ermächtigungsbeschluss der Hauptversammlung zu stellen sind.

Damit der Vorstand über einen Bezugsrechtsausschluss entscheiden darf, muss er von der Hauptversammlung ermächtigt worden sein. Mit der Ermächtigung werden Befugnisse der Hauptversammlung auf den Vorstand übertragen.[7] Die Aktionäre sind bei allen Beschlüssen – so auch bei diesem Ermächtigungsbeschluss – zur Wahrung der Interessen der Kon-Mitglieder gehalten. Greift der Beschluss in die Mitgliedschaftsrechte der Aktionäre ein, bedarf er der sachlichen Rechtfertigung.[8]

Indem der Vorstand autonom über das Bezugsrecht entscheiden darf, ermöglicht der Ermächtigungsbeschluss dem Vorstand einen späteren Eingriff in die Rechte der Aktionäre. Schließt der Vorstand das Bezugsrecht später aus, bedarf diese Vorstandsentscheidung der sachlichen Rechtfertigung.[9] Allein durch die Ermächtigung des Vorstandes werden demnach die Rechte der Aktionäre nicht verletzt. Mit dem Beschluss setzen sich aber die Aktionäre der Gefahr aus, dass der Vorstand seine Befugnis missbraucht und die Mitgliedschaftsrechte verletzt. Deshalb wird zum Teil gefordert, dass der Ermächtigungsbeschluss den materiellen Ausschlussvoraussetzungen zu entsprechen habe.[10]

---

[4] *Klette*, DB 1968, 977 [979 f.]
[5] siehe oben Teil 2:Kapitel II:C)II. 5 (S. 40)
[6] KK/*Lutter* § 204 Rdn. 11; MüKoAktG/*Hüffer* § 255 Rdn. 9 ff.; *Klette*, DB 1968, 977 [979 f.]
[7] *Hefermehl/Bungeroth* in G/H/E/K § 202 Rdn. 1; KK/*Lutter* § 202 Rdn. 2
[8] siehe oben Teil 2:Kapitel II:B) (S. 24)
[9] im einzelnen unten Teil 3:Kapitel VI:A)II. 1 (S. 209)
[10] BGHZ 83, 319 [321 f.] Holzmann; KK/*Lutter*, § 203 Rdn. 22 f.; *Quack*, ZGR 1983, 257 [262]; *Schockenhoff*, AG 1994, 45 [46 ff.]; *Semler*, BB 1983, 1566 [1568]; *Timm*, Konzernspitze S. 79 f.; *ders.*, BB 1982, 211 [214 ff.]

Die Gefahr einer missbräuchlichen Ausnutzung besteht in der Tat.[11] Dennoch würde es dem Charakter dieses (Vertrauens-) Beschlusses widersprechen, wenn stets davon auszugehen ist, dass die Verwaltung diese Ermächtigung missbrauchen wird. Eine materielle Rechtfertigung des Ermächtigungsbeschlusses würde das Vertrauen an den Vorstand gleichzeitig untergraben. Im Folgenden soll der Charakter des Ermächtigungsbeschlusses dargelegt werden. Auf den Mehrheits-/Minderheitskonflikt wird anschließend eingegangen.

Bei dem Ermächtigungsbeschluss handelt es sich um eine Vertrauensfrage, wie sie sich stets bei der Begründung eines Treuhandverhältnisses stellt. Eine Ermächtigung basiert auf dem Vertrauen, dass der Ermächtigte seine Befugnis nicht zum Nachteil des Ermächtigenden ausübt. Fehlt ein solches Vertrauen, darf der Ermächtigende seine Rechte nicht übertragen bzw. muss die Ausübung der Ermächtigung auf einen oder auf einzelne bestimmte Fälle beschränken. Diesem Gedanken liegt auch die Konzeption des genehmigten Kapitals und der Ermächtigung zum Bezugsrechtsausschluss zugrunde. Wäre der Gesetzgeber davon ausgegangen, dass grundsätzlich immer eine Missbrauchsgefahr durch die Verwaltung bestände, hätte er die Ermächtigung nicht zugelassen. Der Gesetzgeber will dieses Vertrauen durch verschiedene Regelungen sicherstellen. So ist zum einen den Personen der Zugang in den Vorstand verwehrt, welche nicht unbeschränkt geschäftsfähig sind, wegen einer Straftat nach den §§ 283 bis 283 d StGB verurteilt worden sind oder welchen die Ausübung eines Berufs, Berufszweiges, Gewerbes oder Gewerbezweiges untersagt worden ist (§ 76 Abs. 3 AktG). Zum anderen bedarf die Entscheidung des Vorstandes über den Bezugsrechtsausschluss sowie über die Bedingungen der Aktienausgabe gem. § 204 Abs. 1 S. 2 AktG der Zustimmung des Aufsichtsrates. Schließlich bedarf der Beschluss einer qualifizierten Mehrheit (§ 202 Abs. 2 S. 2 AktG). Mit dem Erfordernis einer qualifizierten Mehrheit wird der Grundsatz, dass die Richtigkeit und der Bestand eines Beschlusses seine Legitimation in der Mehrheitsentscheidung findet,[12] gestärkt.

Da durch den Beschluss grundsätzlich (noch) keine Mitgliedschaftsrechte der dissidierenden Aktionäre beeinträchtigt werden, bedürfen die dissidierenden Aktionäre zum Zeitpunkt des Ermächtigungsbeschlusses keines besonderen Schutzes vor der Entscheidung der Mehrheit.[13] Es darf nicht verkannt werden, dass die Mehrheit mit dem Vorstand abgestimmt handeln kann. In diesem Fall geht das oben genannte System fehl. Dennoch sind die außenstehenden Aktionäre nicht schutzlos. Ist der Beschluss nur dahingehend angelegt, das Bezugsrecht der Aktionäre entgegen den materiellen Anforderungen durch den Vorstand auszu-

---

[11] siehe oben Teil 3:Kapitel III: (S. 189)
[12] *K. Schmidt*, GesR § 16 I. 2. a) (S. 451)
[13] GK/*Hirte* § 203 Rdn. 73; Eine Differenzierung zwischen börsennotierten und nicht börsennotierten Gesellschaften (so *Lutter/Leinekugel*, ZIP 1998, 805 [813] ist abzulehnen, da die Börsennotierung bzgl. des Vertrauens der Aktionäre in den Vorstand keine Rolle spielt.

schließen, ist der Beschluss gem. § 242 Abs. 2 S. 1 AktG anfechtbar.[14] Regelmäßig werden zu diesem Zeitpunkt die Missbrauchsumstände noch nicht nach außen treten. Vielmehr manifestieren sich die Absichten bei der Beschlussfassung zum genehmigten Kapital erst bei dessen Ausnutzung. Eine effektive Missbrauchskontrolle ist deshalb allenfalls zum Zeitpunkt der Ausnutzung des genehmigten Kapitals möglich. Soll der Ermächtigungsbeschluss als ein „Vertrauensbeschluss" bestehen bleiben, hat der Schutz vor einer möglichen Begründung einer Missbrauchsgefahr zum Zeitpunkt der Ermächtigung zurückzutreten. Vielmehr ist aufgrund der qualifizierten Mehrheitsentscheidung davon auszugehen, dass das dem Vorstand entgegengebrachte Vertrauen berechtigt ist. Der Beschluss bedarf deshalb neben den formellen Anforderungen keiner weiteren materiellen Erfordernisse.[15]

Danach hat es die Hauptversammlung grundsätzlich selbst in der Hand, inwieweit sie ihre Befugnisse auf den Vorstand übertragen möchte.[16] Will die Hauptversammlung dem Vorstand zwar ein genehmigtes Kapital einräumen, hingegen nicht die Entscheidung über das Bezugsrecht, verzichtet sie auf eine entsprechende Ermächtigung. Will die Hauptversammlung dem Vorstand daneben die Ausschlussbefugnis einräumen, kann sie diese Befugnis auf bestimmte Sachverhalte beschränken (§§ 203 Abs. 1 S. 1, 186 Abs. 3 AktG).[17] Dieser Fall der beschränkten Befugniserteilung ist mit der Ermächtigung der Verwaltung zum Erlass von Rechtsvorschriften nach Art. 80 Abs. 1 S. 2 GG vergleichbar.[18] Inhalt, Zweck und Ausmaß der erteilten Ermächtigung müssen bestimmt sein, damit der Vorstand erkennen kann, welche Handlungen von der Ermächtigung gedeckt sind. Der Vorstand darf von dem Bezugsrechtsausschluss nur dann Gebrauch machen, wenn sämtliche Vorgaben des Ermächtigungs- und Bezugsrechtsausschlusses der Hauptversammlung erfüllt sind. Die Hauptversammlung kann zudem die Bedingungen der Aktienausgabe festlegen (§ 204 AktG). Will sie den Vorstand auch zur Durchführung einer Sachkapitalerhöhung ermächtigen, kann sie Vorgaben über mögliche Gegenstände, Personen sowie den Nennbetrag bzw. die Zahl der Stückaktien geben (§ 205 Abs. 2 AktG). Bringen die Aktionäre dem Vorstand ein umfassendes Vertrauen entgegen, dass er mit seinen Befugnissen zum Wohle der Gesellschaft handelt und zugleich die Rechte der Aktionäre achtet, so findet dieser Gedanke in §§ 203 Abs. 2 S. 1, 204 Abs. 1 S. 1 HS. 1, 205 AktG seine Grundlage. Diese Normen erlauben es der Hauptversammlung gerade – leichtsinnig – dem Vorstand ein genehmigtes Kapital zu bewilligen, indem er gleichzeitig über das Bezugsrecht und die Aktienausgabe entscheiden darf.[19]

---

[14] im Einzelnen unten Teil 3:Kapitel V:A)I. 2 (S. 199)
[15] i.E. wohl auch *Bungert*, ZIP 2001, 74 [743]
[16] bei Missbrauch durch die Mehrheit sogleich
[17] *Simon*, AG 1985, 237 [238]
[18] *Kallmeyer*, AG 1993, 249 [251]
[19] *Ekkenga*, AG 2001, 615 [617]

Will man die Ermächtigung des Vorstandes einer bestimmten Art von Treuhand zuordnen, handelt es sich um ein sogenanntes „fremdnütziges Treuhandverhältnis". Fremdnützige Treuhandverhältnisses sind dadurch gekennzeichnet, dass einem Dritten – dem Treuhänder – Rechte übertragen bzw. Befugnisse eines anderen – dem Treugeber – eingeräumt werden, welche der Treuhänder im eigenen Namen aber im Interesse des Treugebers ausüben kann.[20] Diese Art der Treuhand bezweckt unter anderem die vereinfachte und erleichterte Ausübung der Rechtspositionen des Treugebers.[21] Damit soll die optimale Verwirklichung bestimmter Zwecke sichergestellt werden. Die Errichtung eines genehmigten Kapitals entspricht diesem Zweck. Danach soll der Vorstand das der Hauptversammlung originär zustehende Recht der Entscheidung über eine Kapitalerhöhung ausüben, um flexibel auf ein rasch auftretendes Finanzierungsbedürfnis bzw. eine Finanzierungschance reagieren zu können.[22] Wird dem Vorstand zugleich die Entscheidung über das Bezugsrecht eingeräumt, kann er die Kapitalerhöhung auch für andere Maßnahmen einsetzen[23], um die Entwicklung der Gesellschaft voranzutreiben. Die Hauptversammlung entscheidet demnach darüber, ob sie dem Vorstand die Ausübung ihrer Rechte überlässt, damit er von diesem optimalen Gebrauch machen kann. Zur wirksamen Vertrauenserteilung bedarf es eines qualifizierten Mehrheitsbeschlusses der Hauptversammlung von mindestens drei Vierteln des vertreten Grundkapitals (§§ 202 Abs. 2 S. 2, 3; 203 Abs. 1 S. 1 i.V.m. § 186 Abs. 3 S. 2, 3 AktG).

Soweit die Hauptversammlung dem Vorstand einen bestimmten Rahmen vorgibt – wann und wie das Bezugsrecht ausgeschlossen werden darf –, legt sie selbst in dem Ermächtigungsbeschluss fest, inwieweit in die Rechte der ausgeschlossenen Aktionäre eingegriffen wird. Sie entscheidet in diesem Fall (teilweise) selbst über den Bezugsrechtsausschluss. Da die Hauptversammlung nur in die Rechte der Aktionäre eingreifen darf, wenn der Eingriff sachlich gerechtfertigt ist, muss auch der von der Hauptversammlung vorgegebene Eingriffsrahmen den materiellen Ausschlussanforderungen entsprechen.[24] Danach müssen die vorgegebenen Umstände (Inhalt, Zweck und Ausmaß der erteilten Ermächtigung) dem materiellen Erfordernis entsprechen.[25]

---

[20] *Beuthien*, ZGR 1974, 26 [29 f.]; *Reinhardt/Erlinghagen*, JuS 1962, 41;
[21] *Beuthien*, ZGR 1974, 26 [31 f., 35]; *Henssler*, AcP 196 (1996) 37 [38 f]; *Schlosser*, NJW 1970, 681
[22] Kübler/Mendelson/Mundheim, AG 1994, 461 [463]
[23] siehe oben Teil 2:Kapitel I:C) (S. 9), Teil 3:Kapitel I: (S. 185)
[24] siehe oben Teil 2:Kapitel II:B)II. (S. 26)
[25] KK/*Lutter* § 203 Rdn. 11; *Lutter*, BB 1981, 861 [862]; *Timm*, DB 1982, 211 [214]

Kapitel V: Rechtsschutzmöglichkeiten gegen den Ermächtigungsbeschluss

Verletzen Beschlüsse der Hauptversammlung unmittelbar oder mittelbar die Rechte einzelner Aktionäre bzw. verstoßen diese gegen zwingendes Gesetzes- oder Satzungsrecht, müssen die Aktionäre die Möglichkeit eines Rechtsschutzes haben. Im Folgenden sollen mögliche Rechtsschutzmöglichkeiten der Aktionäre erörtert werden.

A) Anfechtungsklage

Ist ein Aktionär mit dem Hauptversammlungsbeschluss nicht einverstanden, weil er glaubt, dass dieser an Rechtsmängeln leidet, kann er diesen gem. §§ 243 ff. AktG anfechten.

I. Anfechtungsgründe

1. Direktausschluss

a) Voraussetzungen

Beschließt die Hauptversammlung ein genehmigtes Kapital und schließt sie zugleich das Bezugsrecht aus, muss der Beschluss den materiellen Anforderungen eines Bezugsrechtsausschlusses entsprechen.[26] Werden diese Anforderungen nicht erfüllt, liegt darin eine Gesetzesverletzung und der Beschluss kann gem. § 243 Abs. 1 AktG angefochten werden.[27] Da der Ausschluss des Bezugsrechtes im Ermächtigungsbeschluss dem Ausschluss des Bezugsrechtes im Rahmen einer ordentlichen Kapitalerhöhung entspricht[28], kann auf die Ausführung zur Anfechtung einer ordentlichen Kapitalerhöhung unter Ausschluss des Bezugsrechtes verwiesen werden.[29] Ebenso verhält es sich, wenn die Hauptversammlung einen zu niedrigen Ausgabebetrag bestimmt bzw. Faktoren zur Bestimmung des Ausgabebetrages festlegt, welche zu einem unangemessen niedrigen Ausgabebetrag führen, und damit einen Verstoß gegen § 255 Abs. 2 AktG darstellen.[30] Stützt sich die Anfechtungsklage auf eine Gesetzesverletzung i.S.d. § 243 Abs. 1 AktG, hat die Gesellschaft die Gründe darzustellen und zu beweisen, welche einen Eingriff in das Bezugsrecht sachlich rechtfertigen. Hinsichtlich der Prognosen und Bewertungen, auf welche sich die Entscheidung der Hauptversammlung stützt, obliegt der Gesellschaft ein unternehmerischer Beurteilungsspielraum. Sie hat die zugrunde gelegten Erfahrungssätze plausibel darzustellen. Dem Anfech-

---

[26] siehe oben Teil 3:Kapitel IV:A)I. (S. 191)
[27] siehe oben Teil 2:Kapitel VI:A)I. (S. 129)
[28] siehe oben Teil 3:Kapitel IV:A)I. (S. 191)
[29] siehe oben Teil 2:Kapitel VI:A)I. (S. 129)
[30] *Bayer*, ZHR 163 (1999) 505 [520]; GK/*Hirte* § 203 Rdn. 120; im Einzelnen siehe oben Teil 2:Kapitel VI:A)II. (S. 131)

tungskläger obliegt es, diese Erfahrungssätze zu widerlegen. Bezüglich der übrigen Anfechtungsvoraussetzungen trägt der Anfechtungskläger die Beweislast.[31] Schließlich kann die Anfechtung auch auf die Verfolgung unzulässiger Sondervorteile durch einzelne Aktionäre gestützt werden (§ 243 Abs. 2 AktG). Regelmäßig wird es dem Anfechtungskläger nur schwer möglich sein, den Vorsatz zur Erlangung eines Sondervorteils nachzuweisen. Insoweit bietet § 255 Abs. 2 AktG einen einfacheren Schutz.[32]

Ebenso wie beim Ausschluss des Bezugsrechtes einer ordentlichen Kapitalerhöhung kommt auch beim Direktausschluss dem Vorstandsbericht eine wesentliche Rolle zu. Damit die Aktionäre eine sorgsame Entscheidung treffen können, benötigen sie sämtliche entscheidungsrelevanten Informationen.[33] Ein fehlerhafter bzw. unvollständiger Bericht führt deshalb zur Anfechtbarkeit eines darauf basierenden Ausschlussbeschlusses.[34] Eine Heilung der Berichtspflicht ist nur zulässig, soweit es einem Durchschnittsaktionär möglich ist, die neuen bzw. korrigierten Informationen in seinem Entscheidungsprozess zu berücksichtigen. Nimmt die Gesellschaft eine schriftliche bzw. mündliche Korrektur des Berichtes vor, trägt sie die Beweislast, dass die neuen Informationen im Entscheidungsprozess der Aktionäre hinreichend berücksichtigt werden konnten.[35]
Der Direktausschluss ist auch dann anfechtbar, wenn die Formvorschriften der Berichtspflicht[36] verletzt worden sind. Diese Vorschriften sollen sicherstellen, dass die Aktionäre eine Entscheidung auf der Grundlage des Berichtes treffen können. Haben sie keinen Zugriff auf den Bericht bzw. wird ihnen dieser erschwert, ist die Entscheidungsfindung im gleichen Maße beeinträchtigt, als wenn der Bericht unvollständig gewesen wäre.

b) Wirkung der Anfechtung

Im Falle einer begründeten Anfechtungsklage, ist der Beschluss gem. § 241 Nr. 5 AktG von Anfang an nichtig.[37] Dennoch wird teilweise vertreten, dass die Anfechtung im Zweifel nicht den Bestand des gleichzeitig beschlossenen genehmigten Kapitals im Übrigen berühren soll.[38] Dem ist entgegenzuhalten, dass nach § 139 BGB im Zweifel auch das genehmigte Kapital nichtig ist. Etwas anderes kann nur dann gelten, wenn sich aus dem Ermächtigungsbeschluss ergibt, dass das genehmigte Kapital auch ohne den Bezugsrechtsausschluss Bestand haben soll. Mit der Einräumung eines genehmigten Kapitals überträgt die

---

[31] siehe oben Teil 2:Kapitel VI:A)III. (S. 132)
[32] im Einzelnen siehe oben Teil 2:Kapitel VI:A)V. (S. 137)
[33] siehe oben Teil 2:Kapitel V:A)I. (S. 95)
[34] siehe oben Teil 2:Kapitel VI:A)IV. (S. 134)
[35] siehe oben Teil 2:Kapitel VI:A)IV. (S. 134)
[36] siehe oben Teil 2:Kapitel VI:A)IV. (S. 134)
[37] *Hüffer*, AktG § 241 Rdn. 25, 33; § 248 Rdn. 4;
[38] OLG München, WM 1991, 539 [545] (PWA); OLG München, WM 1991, 1763 [1766] (NAK); *Groß*, AG 1991, 201 [205]; GK/*Hirte* § 203 Rdn. 125; *Hefermehl/Bungeroth* in G/H/E/K § 203 Rdn. 31; *Hirte*, WM 1994, 321 [328]; *Simon*, AG 1985, 237 [239];

Hauptversammlung dem Vorstand eigene Befugnisse. Schließt die Hauptversammlung im Ermächtigungsbeschluss das Bezugsrecht aus, beschränkt sie die Befugnisse des Vorstandes auf einen konkreten Fall.[39] Ist die Erteilung dieser konkreten Befugnis unwirksam, kann nach dem Willen der Hauptversammlung grundsätzlich nicht davon ausgegangen werden, dass der Vorstand berechtigt sein soll, weiterhin Rechte der Hauptversammlung auszuüben. Kann der Zweck des genehmigten Kapitals auch ohne Bezugsrechtsausschluss erreicht werden, entspricht die Möglichkeit der Ausnutzung durch den Vorstand dem Willen der Hauptversammlung.[40] Nur in diesem Fall kann Bezugsrechtsausschluss isoliert angefochten werden.[41]

2. Ermächtigungsbeschluss zum Bezugsrechtsausschluss

a) Vorratsermächtigung

Wird der Vorstand ermächtigt, über das Bezugsrecht zu entscheiden, vertraut ihm die Hauptversammlung ihre Befugnisse an, damit er effektiv von einer Kapitalerhöhung Gebrauch machen kann. Der Beschluss bedarf neben den formellen Erfordernissen keiner weiteren materiellen Anforderungen.[42] Insofern scheidet eine Anfechtungsklage aufgrund eines materiellen Gesetzesverstoßes i.S.d. § 243 Abs. 1 AktG weitgehend aus.

Indem die Hauptversammlung ihre Befugnisse an den Vorstand überträgt, besteht die Gefahr, dass der Vorstand diese Befugnis missbräuchlich für den Mehrheitsaktionär bzw. die Aktionärsmehrheit ausnutzt.[43] Stimmt ein Aktionär dem Ermächtigungsbeschluss nur deswegen zu, damit der Vorstand die Ermächtigung missbräuchlich zu seinen oder zu Gunsten eines Dritten rechtsmissbräuchlich ausnutzen wird, ist der Beschluss gem. § 243 Abs. 2 AktG anfechtbar. Jedoch werden solche Umstände bei der Beschlussfassung regelmäßig nicht in Erscheinung treten. Eine Anfechtungsklage wird deshalb kaum erhoben werden können.[44]

b) Zweckgebundene Ermächtigung

Ermächtigt die Hauptversammlung den Vorstand zum Bezugsrechtsausschluss und gibt sie ihm gleichzeitig einen Ausschlussrahmen vor, hat dieser Rahmen den Anforderungen einer sachlichen Rechtfertigung zu entsprechen.[45] Verstöße gegen dieses materielle Beschlusserfordernis stellt einen Gesetzesverstoß dar

---

[39] siehe oben Teil 3:Kapitel IV:B) (S. 192)
[40] siehe oben Teil 2:Kapitel VI:A)VII. 2 (S. 145)
[41] zurecht BGH NJW 1982, 2444 [2446] (Holzmann; insoweit nicht in BGHZ 83, 319 abgedruckt); *Hüffer*, AktG § 203 Rdn. 32; *Sethe*, AG 1994, 342 [356]
[42] siehe oben Teil 3:Kapitel IV:B) (S. 192)
[43] *Hirte*, Bezugsrechtsausschluß und Konzernbildung S. 105
[44] zumal auch der Anfechtungsklage sämtliche Umstände zu beweisen hat: siehe oben Teil 2:Kapitel VI:A)III. (S. 132)
[45] siehe oben Teil 3:Kapitel IV:B) (S. 192)

und kann gem. § 243 Abs. 1 AktG angefochten werden.[46] Bestimmt die Hauptversammlung einen zu niedrigen Ausgabebetrag bzw. legt sie der Bestimmung einen Faktor zugrunde, welcher zu einem unangemessen niedrigen Ausgabebetrag führt, kann dieser Verstoß gem. § 255 Abs. 2 AktG angefochten werden.[47] Versucht ein Aktionär mit dem Ermächtigungsbeschluss für sich oder einen Dritten Vorteile zum Schaden der Gesellschaft oder der Aktionäre zu erlangen, ist der Beschluss gem. § 243 Abs. 2 AktG anfechtbar. Trägt in den Fällen der Anfechtung nach §§ 243 Abs. 1, 255 Abs. 2 AktG die Gesellschaft die Beweislast für das Vorliegen sämtlicher Umstände, die einen Bezugsrechtsausschluss rechtfertigen, obliegt dies im Falle des § 243 Abs. 2 AktG dem anfechtenden Aktionär.[48]

Will sich der Vorstand von der Hauptversammlung einen bestimmten Rahmen zum Ausschluss des Bezugsrechtes einräumen lassen, bedarf es dazu eines Berichtes, damit die Hauptversammlung eine sorgsame Entscheidung treffen kann.[49] Es sind sämtliche Umstände für den Ermächtigungsrahmen in dem Bericht so darzustellen, dass sich die Aktionäre ein Bild von dem Bedürfnis der Ermächtigung sowie deren Konsequenzen im Falle der Ausnutzung machen können. Ist der Bericht unvollständig, unübersichtlich, unverständlich, wurde er nicht ordnungsgemäß ausgelegt, wurden Abschriften verweigert oder der Hauptversammlung nicht in hinreichender Zahl zur Verfügung gestellt, sind die Aktionäre nicht in der Lage, eine sorgsame Entscheidung zu treffen. Der Beschluss kann in diesen Fällen ebenso angefochten werden, wie der Bericht zum Direktausschluss des Bezugsrechtes im Errichtungsbeschluss eines genehmigten Kapitals.[50] Gleichfalls ist der Beschluss anfechtbar, wenn der Bericht nicht der Schriftform entspricht.[51] Anderseits können Berichtsfehler geheilt werden, wenn ein Durchschnittsaktionär die Berichtigung bei der Entscheidung hinreichend berücksichtigen konnte.[52] Nimmt die Gesellschaft eine schriftliche bzw. mündliche Korrektur des Berichtes vor, trägt sie die Beweislast, dass die neuen Informationen in dem Entscheidungsprozess der Aktionäre hinreichend berücksichtigt werden konnten.[53]

Wurde die Ausschlussermächtigung erfolgreich angefochten, ist grundsätzlich das gesamte genehmigte Kapital nichtig (§ 139 BGB). Ergibt sich aus dem Beschluss, dass der Vorstand vom genehmigten Kapital auch ohne die Befugnis des Bezugsrechtsausschlusses Gebrauch machen soll, bleibt das genehmigte Kapital

---

[46] siehe oben Teil 2:Kapitel VI:A)I. (S. 129)
[47] siehe oben Teil 2:Kapitel VI:A)II. (S. 131)
[48] siehe oben Teil 2:Kapitel VI:A)III. (S. 132)
[49] zur Berichtspflicht siehe unten Teil 3:Kapitel VIII:B) (S. 255)
[50] zum Direktausschluss siehe oben Teil 2:Kapitel VI:A)IV. (S. 134)
[51] siehe oben Teil 2:Kapitel VI:A)IV. (S. 134)
[52] siehe oben Teil 2:Kapitel VI:A)IV. (S. 134)
[53] siehe oben Teil 2:Kapitel VI:A)IV. (S. 134)

bestehen.[54] Die zweckgebundene Ermächtigung steht zwischen der Vorratsermächtigung und dem genehmigten Kapital mit gleichzeitigem Bezugsrechtsausschluss. Schließt die Hauptversammlung das Bezugsrecht selbst im Ermächtigungsbeschluss aus, bezieht sich das genehmigte Kapital grundsätzlich auf den Fall, zu welchem sie das Bezugsrecht ausgeschlossen hat. Deshalb führt die Nichtigkeit des Bezugsrechtsausschlusses regelmäßig zur Nichtigkeit des gesamten genehmigten Kapitals. Versteht man die zweckgebundene Ermächtigung dahingehend, dass sie nur bestimmte Fälle der Kapitalerhöhung erfassen soll, und sind diese ohne einen Bezugsrechtsausschluss nicht durchführbar, führt dies zur zwangsläufigen Nichtigkeit des genehmigten Kapitals.

Ist der Zweck, zu welchem die Ermächtigung erteilt worden ist, auch ohne Ausschluss des Bezugsrechtes möglich, lässt die Nichtigkeit des Bezugsrechtsausschlusses das genehmigte Kapital im Übrigen bestehen. Regelmäßig ist bei einer zweckgebundenen Ermächtigung davon auszugehen, dass dem Vorstand die Befugnisse der Hauptversammlung übertragen werden sollen, damit dieser davon effektiv Gebrauch machen kann. Der Rahmen der Ausschlussermächtigung ist dahingehend zu verstehen, dass die Hauptversammlung kein umfassendes Vertrauen gegenüber dem Vorstand aufbringen wollte. Hingegen soll er im Rahmen dieser Ermächtigung von den Befugnissen zum Wohle der Gesellschaft und im Interesse der Hauptversammlung Gebrauch machen können. Das schließt auch Kapitalerhöhungen unter Wahrung des Bezugsrechtes ein. Deshalb kann man regelmäßig davon ausgehen, dass das genehmigte Kapital unabhängig vom Bezugsrechtsausschluss Bestand haben soll.

Bei der Vorgabe eines rechtswidrigen Ausschlussrahmens stellt sich die Frage, ob die Ermächtigung zum Bezugsrechtsausschluss auf die Fälle begrenzt werden kann, in denen ein Bezugsrechtsausschluss sachlich gerechtfertigt ist. Die Übertragung von Rechten auf einen Treuhänder ist eine in sich einheitliche Regelung und kann nicht in mehrere Teile zerlegt werden.[55] Da die Übertragung der Ausschlussbefugnis einem Treuhandverhältnis entspricht[56], kann die Ermächtigung zum Bezugsrechtsausschluss unter Beachtung des vorgegebenen Rahmens nicht auf die Fälle beschränkt werden, in welchen der Ausschluss den materiellen Erfordernissen entspricht. Ebenso scheidet eine Umdeutung der Ermächtigung gem. § 140 BGB aus. Eine Parallele kann zu den wucherischen Rechtsgeschäften gezogen werden. Danach scheidet eine Aufrechterhaltung der Verträge unter Anpassung der Gegenleistung auf ein angemessenes Maß grundsätzlich aus.[57] Andernfalls könnte derjenige, der seinen Vertragspartner in sittenwidriger Weise übervorteilt damit rechnen, dass er schlimmstenfalls durch gerichtliche Festsetzung das bekommt, was gerade noch vertretbar und damit sittengemäß ist. Da-

---

[54] vgl. oben zur Teilnichtigkeit bei Bezugsrechtsausschluss im Rahmen einer ordentlichen Kapitalerhöhung Teil 2:Kapitel VI:A)VII. 2) (S. 145)
[55] BGHZ 44, 158 [162]
[56] siehe oben Teil 3:Kapitel IV:B) (S. 192)
[57] *Larenz/Wolf*, AT § 41 V Rdn. 66 (S. 750)

nach verlöre für ihn das sittenwidrige Rechtsgeschäft das Risiko, mit dem es durch die vom Gesetz angedrohte Nichtigkeitsfolge behaftet sein soll.[58] Könnte die Hauptversammlung einen weiten Rahmen zum Ausschluss des Bezugsrechtes bestimmen, welcher nicht den materiellen Anforderungen an einen Bezugsrechtsausschluss entspricht und würde eine gerichtliche Entscheidung diesen Rahmen auf ein gesetzlich zulässiges Maß beschränken, würde der Mehrheit Tür und Tor geöffnet die Ermächtigungsbefugnis zu missbrauchen. Die Anfechtungsmöglichkeit nach § 243 Abs. 2 AktG bietet in diesem Zusammenhang keinen hinreichenden Schutz. Zum einen führt der Beschluss lediglich zu einer potentiellen rechtswidrigen Beeinträchtigung der Mitgliedschaftsrechte. Dem Anfechtungskläger ist der Beweis, dass der Mehrheitsaktionär bzw. die Aktionärsmehrheit mit dem Ermächtigungsbeschluss die Grundlage schafft, dass der Vorstand diese später im Sinne der Mehrheit zu deren oder zum Vorteil eines Dritten ausnutzt, regelmäßig nur schwer möglich. Hat die Hauptversammlung einen Ausschlussrahmen bestimmt, welcher nicht den materiellen Anforderungen eines Bezugsrechtsausschlusses entspricht, ist die Ausschlussermächtigung nichtig.

II. Ausschluss missbräuchlicher Anfechtungsklagen

Kann nachgewiesen werden, dass ein Kläger eine Anfechtungsklage lediglich mit dem Ziel erhoben hat, die beklagte Gesellschaft in grob eigennütziger Weise zu einer Leistung zu veranlassen, auf die er keinen Anspruch hat und billigerweise auch nicht erheben kann, darf diese Klage auf Antrag wegen Rechtsmissbrauchs als unbegründet abgewiesen werden.[59]

B) Unterlassungsklage

Ist die Anfechtung des Hauptversammlungsbeschlusses nicht mehr möglich – weil die Anfechtungsfrist abgelaufen ist (§ 246 AktG) – stellt sich die Frage, ob der Aktionär die Ausnutzung des genehmigten Kapitals unter Ausschluss des Bezugsrechtes dennoch verhindern kann. Das Rechtsschutzersuchen richtet sich gegen die Gesellschaft. Diese soll von der Ausnutzung des genehmigten Kapitals abgehalten werden. Nutzt der Vorstand das genehmigte Kapital unter Ausschluss des Bezugsrechtes nach den Maßgaben des Hauptversammlungsbeschlusses aus, realisiert er den Eingriff in die Mitgliedschaftsrechte der dissidierenden Aktionäre.

Um eine bevorstehende Rechts- oder Interessenverletzung abwenden zu können, kann der potentiell Betroffene die bevorstehende schädliche Maßnahme durch eine Unterlassungsklage abwenden. Dabei ist stets erforderlich, dass der Kläger einen Anspruch auf Unterlassen der entsprechenden Handlung hat.

---

[58] BGHZ 68, 204 [207]; Soergel/*Siebert*/*Hefermehl* § 140 Rdn. 5; *Flume*, Rechtsgeschäft § 32, 9c (S. 597)
[59] im Einzelnen siehe oben Teil 2:Kapitel VI:A)VI. (S. 137)

I. Verbandsrechtlicher Unterlassungsanspruch

Will der Aktionär ein Recht auf Unterlassen des Bezugsrechtsausschlusses gegen die Gesellschaft geltend machen, weil die erforderlichen Voraussetzungen fehlen, muss ihm ein entsprechender Anspruch zustehen. Ein subjektives Recht des Aktionärs auf Bindung der Verwaltungsorgane an Gesetz und Satzung gibt es nicht.[60] Vielmehr obliegt es dem Aufsichtsrat, den Vorstand zum pflichtgemäßen Verhalten anzuhalten und umgekehrt.[61] Der Aktionär hat deshalb keinen Anspruch darauf, dass der Vorstand die materiellen Voraussetzungen für einen Bezugsrechtsanspruch beachtet und beim Nichtvorliegen der rechtfertigenden Umstände einen Bezugsrechtsausschluss unterläßt.

In seiner „Holzmüller"-Entscheidung[62] begründet der Bundesgerichtshof eine Unterlassungsklage mit einem verbandsrechtlichen Anspruch des Aktionärs gegen die Gesellschaft auf Achtung seiner Mitgliedsrechte. Danach hat die Gesellschaft alles zu unterlassen, was die Mitgliedschaftsrechte über das durch Gesetz und Satzung gedeckte Maß hinausgehende beeinträchtigt. Die Gewährung eines solchen Unterlassungsanspruches ist nicht unbedenklich. Das Aktiengesetz stellt den Aktionären spezielle Rechtsschutzmöglichkeiten gegen bestimmte Handlungen und Entscheidungen zur Verfügung (§§ 147 Abs. 3, 241 ff. AktG). Ein darüber hinausgehender Rechtsschutz gegen Handlungen des Vorstandes stellt den Grundsatz der eigenverantwortlichen Unternehmensleitung durch den Vorstand (§ 76 Abs. 1 AktG) in Frage.[63] Gleichzeitig wird damit die ausschließliche Kontrollfunktion des Aufsichtsrates überlagert.[64] Schließlich eröffnet § 147 Abs. 3 AktG den Aktionären die Möglichkeit, gegen rechtswidriges Vorstandshandeln vorzugehen, selbst wenn dessen Anforderungen nur schwer erfüllbar sind.[65]

Dennoch ist der Entscheidung des Bundesgerichtshofes zuzustimmen, soweit man die Aktionärsrechte auf die im Gesetz umschriebene Mitglieds- oder Mitgliedschaftsrechte beschränkt.[66] Die Pflicht zur Wahrung dieser Rechte begründet sich aus der Stellung des Organs im Verband. Die Gesellschafter haben sich zu einem Verband zusammengeschlossen und vertrauen diesem ihre Interessen an. Dem Verband – somit den für ihn handelnden Organen – obliegt die (Treu-)Pflicht diese anvertrauten Interessen zu wahren.[67] Diese bindenden Gesellschafterinteressen umfassen in der Aktiengesellschaft zumindest die Mitgliedschaftsrechte der Aktionäre aufgrund des Gesetzes oder der Satzung.[68] Deshalb darf der Vorstand keine Entscheidung über diejenigen Fälle treffen, welche ausschließlich der Hauptversammlung zugeordnet sind (§ 119 Abs. 1 AktG) oder Rechte der Aktionäre ohne Rechtfertigung ausschließen bzw. vereiteln. Insofern haben

---

[60] *Zöllner*, ZGR 1988, 392 [422]
[61] *Zöllner*, ZGR 1988, 392 [423]
[62] BGHZ 83, 122 [133 ff.] (Holzmüller)
[63] *Eckardt* in G/H/E/K § 118 Anm. 12; *Wiedemann*, GesR S. 463 f.;
[64] *Hommelhoff*, ZHR 143 (1979) 288 [310 ff.]
[65] *Teichmann*, FS Mühl S. 663 ff.
[66] zu Recht *Zöllner*, ZGR 1988, 392 [426]
[67] siehe oben Teil 2:Kapitel II:B)II. 1 (S. 26)
[68] siehe oben Teil 2:Kapitel II:B)II. 2 (S. 28)

die Aktionäre einen verbandsrechtlichen Unterlassungsanspruch gegen Ausschluss des Bezugsrechtes durch den Vorstand, wenn der Ausschluss nicht sachlich gerechtfertigt ist.

Im Falle des Bezugsrechtsausschlusses durch die Hauptversammlung haben die Aktionäre selbst eine Entscheidung über ihre eigenen Belange getroffen. Sie bringen durch ihren Beschluss zum Ausdruck, dass sie selbst ihre Interessen beschränken wollen. Der Vorstand ist verpflichtet die Hauptversammlungsbeschlüsse umzusetzen (§ 83 Abs. 2 AktG). Er selbst trifft keine eigene Entscheidung mehr, sondern beschränkt sich auf die Ausführung. Denn für eine Entscheidung des Vorstandes ist kein Raum, wo das Aktiengesetz die Hauptversammlung zur Entscheidung beruft.[69] Mangels eigener Entscheidungskompetenz und Pflicht zur Ausführung der Hauptversammlungsbeschlüsse ist er für eine Verletzung etwaiger Mitgliedschaftsrechte nicht verantwortlich. Demzufolge scheidet ein verbandsrechtlicher Unterlassungsanspruch nach Holzmüller aus. Dissidierende Aktionäre haben die Möglichkeit, sich gegen den Beschluss im Wege der Anfechtungs- und Nichtigkeitsklage gem. §§ 241 ff. AktG zur Wehr zu setzen. Damit wird der Rechtsschutz der dissidierenden Aktionäre gegen rechtswidrige Beschlüsse der Hauptversammlung nicht verkürzt.

II.   Deliktsrechtlicher Unterlassungsanspruch

Die Schaffung eines genehmigten Kapitals und der gleichzeitige rechtswidrige Ausschluss des Bezugsrechtes verletzt bei Ausnutzung der Ermächtigung die Mitgliedschaft der ausgeschlossenen Aktionäre.[70] Gegen rechtswidrige Eingriffe in absolute Rechte gewährt § 1004 BGB einen Unterlassungsanspruch.[71] Da es sich bei der Mitgliedschaft um ein absolutes Recht i.S.d. § 823 Abs. 1 BGB handelt[72], steht dem einzelnen Mitglied gegen den bevorstehenden Eingriff grundsätzlich ein Unterlassungsanspruch gem. §§ 823 Abs. 1, 1004 BGB zu. Dennoch ist der Anspruch ausgeschlossen, wenn der Rechtsinhaber den Eingriff zu dulden hat (§ 1004 Abs. 2 BGB).

Eine solche Duldungspflicht könnte der wirksame Hauptversammlungsbeschluss statuieren. Mit der Wirksamkeit der Hauptversammlungsbeschlüsse, infolge des Ablaufes der Ausschlussfrist zur Erhebung von Anfechtungsklagen, will das Gesetz dem Bedürfnis der Gesellschaft, der Gläubiger, der Aktionäre sowie des sonstigen Rechtsverkehrs nach Rechtssicherheit Rechnung tragen.[73] Die Wirksamkeit des Hauptversammlungsbeschlusses führt jedoch nicht dazu, dass der Inhalt des Beschlusses Rechtmäßigkeit erlangt.[74] Vielmehr bleibt die inhaltliche Rechtswidrigkeit bestehen. Insofern verweist *Habersack* zu Recht auf die Be-

---

[69] *Hommelhoff*, ZHR 143 (1979) 288 [310]
[70] siehe oben Teil 2:Kapitel VI:B)I. 2.a)(2) (S. 156)
[71] *Larenz/Canaris*, SBT II § 87 (S. 704); Palandt/*Bassenge* § 1004 Rdn. 2
[72] siehe oben Teil 2:Kapitel VI:B)I. 2.a)(2) (S. 156)
[73] *Habersack*, Mitgliedschaft S. 227; *Hüffer*, AktG § 246 Rdn. 1
[74] *Habersack*, Mitgliedschaft S. 235; *Winter*, Treubindungen S. 322 f.

standskraft rechtswidriger Verwaltungsakte gem. §§ 43 ff. VwVfG.[75] Ein rechtswidriger – aber nicht nichtiger – Verwaltungsakt bleibt mit Ablauf der Anfechtungsfrist gem. § 43 Abs. 2 VwVfG wirksam. Diese Wirksamkeitsregelung dient auf dem Gebiet des öffentlichen Rechtes, beim Erlass öffentlich-rechtlicher Maßnahmen, welche in Form eines Verwaltungsaktes angeordnet werden, der Rechtssicherheit.[76] Von der Wirksamkeit des Verwaltungsaktes ist die Rechtmäßigkeit der angeordneten Maßnahme zu unterscheiden. Diese bleibt auch weiterhin rechtswidrig. Jedoch war es dem Adressaten zumutbar, sich gegen die Maßnahme zur Wehr zu setzen und somit die Wirksamkeit der Maßnahme zu verhindern.[77]

Zwar wird der Hauptversammlungsbeschluss mit Unanfechtbarkeit nicht rechtmäßig, sodass deswegen keine Duldungspflicht des Eingriffes in die Mitgliedschaft nach § 1004 Abs. 2 BGB besteht, dennoch ist die Rechtswirkung der §§ 243 ff. AktG zu beachten. Soweit die Anfechtungsregelungen das Mitglied vor Schäden bewahrt, werden entsprechende Schadensersatzansprüche verdrängt.[78] Gleiches muss für den deliktischen Unterlassungsanspruch nach § 1004 BGB gelten.[79] Mit der Unanfechtbarkeit des Beschlusses hat der Aktionär einen daraus resultierenden Eingriff in sein Mitgliedschaftsrecht hinzunehmen. Er kann nach erfolgtem Eingriff lediglich den Schaden geltend machen, welcher über die Wirkungen des Beschlusses hinausgeht.[80]

III. Zwischenergebnis

Eine Unterlassungsklage kann sich auf den mitgliedschaftlichen Unterlassungsanspruch nach Holzmüller sowie auf den allgemeinen Abwehranspruch nach §§ 823 Abs. 1, 1004 BGB stützen. Greift die Verwaltung in die Rechte der Aktionäre ein, kommen diese Abwehransprüche grundsätzlich zum Tragen. Werden die Aktionärsrechte bereits im Ermächtigungsbeschluss beeinträchtigt bzw. bedarf es zur Beeinträchtigung lediglich der Umsetzung des Beschlusses und leidet der Ermächtigungsbeschluss deswegen an rechtlichen Mängeln, kann er gem. §§ 243 ff. AktG angefochten werden. Mit Ablauf der Anfechtungsfrist ist der Beschluss wirksam. Etwaige zukünftige Eingriffe in die Mitgliedschaftsrechte oder in die Mitgliedschaft – infolge der späteren Umsetzung des Beschlusses – können weder mit der Unterlassungsklage aufgrund des mitgliedschaftlichen Unterlassungsanspruches nach Holzmüller noch nach §§ 823 Abs. 2, 1004 BGB abgewehrt werden, soweit eine Anfechtung nach §§ 243 ff. AktG die gleiche Wirkung erzielt hätte. Eine Klage auf Unterlassung der im Ermächtigungsbeschluss beschriebenen Maßnahmen scheidet regelmäßig nach Unanfechtbarkeit des Ermächtigungsbeschlusses aus.

---

[75] *Habersack*, Mitgliedschaft S. 235
[76] BVerfGE 60, 253 [266 ff.]; Knack/*Meyer* vor § 43 Rdn. 29 ff.; *Maurer*, VwR § 11 Rdn. 2 (S. 269)
[77] Knack/*Meyer* § 43 Rdn. 9
[78] siehe oben Teil 2:Kapitel VI:B)II. (S. 168)
[79] *Habersack*, Mitgliedschaft S. 236; *Mertens*, FS Fischer S. 161 [171]
[80] siehe oben siehe oben Teil 2:Kapitel VI:B)II. (S. 168)

Kapitel VI: Anforderungen bei Ausnutzung des genehmigten Kapitals

Entschließt sich der Vorstand vom genehmigten Kapital Gebrauch zu machen und ist das Bezugsrecht ausgeschlossen – sei es durch die Hauptversammlung selbst (Direktausschluss) oder durch autonome Entscheidung des Vorstandes (Ausschlussermächtigung) –, wird in die Rechte der ausgeschlossenen Aktionäre eingegriffen.[1] Im Folgenden soll untersucht werden, welche Voraussetzungen für eine wirksame Durchführung der Kapitalerhöhung unter Bezugsrechtsausschluss gegeben sein müssen.

A) Anforderungen an den Vorstand

Die Entscheidung, ob und in welchem Umfang von dem genehmigten Kapital Gebrauch gemacht wird, obliegt dem Vorstand. Welchen Anforderungen an den Vorstand zu stellen sind, wenn gleichzeitig das Bezugsrecht der Aktionäre ausgeschlossen ist, soll im Folgenden untersucht werden. Zunächst wird die Variante eines Direktausschlusses und sodann die des Ausschlusses des Bezugsrechtes durch den Vorstand erörtert.

I. Direktausschluss durch die Hauptversammlung

1. Bindung an das Gesellschaftsinteresse

Die Aktionäre haben sich zu einem bestimmten Zweck – regelmäßig auf die Gewinnerwirtschaftung gerichtet – zusammengeschlossen (Unternehmens- bzw. Gesellschaftszweck). Gleichzeitig legen sie fest, auf welche Art und Weise dieser Zweck verfolgt werden soll (Unternehmensgegenstand).[2] Die Organe – welche zur Verfolgung der Interessen der Verbandsmitglieder berufen sind – haben sich bei der Ausübung ihrer Tätigkeit an den Gesellschaftszweck und den Unternehmensgegenstand zu halten.[3] Sie dürfen deshalb nur Maßnahmen ergreifen, welche den Gesellschaftszweck fördern und dem Unternehmensgegenstand entsprechen, dementsprechend im Gesellschaftsinteresse liegen. Gesellschaftszweck und Unternehmensgegenstand beschränken somit die Geschäftsführungsbefugnis des Vorstandes (§ 82 Abs. 2 AktG).[4] Will der Vorstand von dem genehmigten Kapital Gebrauch machen, muss er zunächst prüfen, ob die verfolgte Maßnahme im Gesellschaftsinteresse liegt.

2. Handeln im Rahmen der Befugnis

Ermächtigt die Hauptversammlung den Vorstand, eine Kapitalerhöhung durchzuführen, überträgt sie ihm eigene Befugnisse. Sie braucht nicht alle Befugnisse zu übertragen, sondern kann diese auf bestimmte Fälle beschränken. Die Ent-

---

[1] siehe oben Teil 2:Kapitel II: (S. 23)
[2] z.B. Herstellung von Maschinen oder chemischen Produkten, Anbieten von Dienstleistungen, Vertrieb von Produkten etc.
[3] siehe oben Teil 2:Kapitel II:B)I. (S. 25)
[4] *Hefermehl* in G/H/E/K § 82 Rdn. 27; *Hüffer*, AktG § 82 Rdn. 9

scheidungskompetenz des Vorstandes richtet sich nach den von der Hauptversammlung übertragenen Befugnissen.[5] Deshalb hat der Vorstand stets zu prüfen, ob sich seine Handlung im Rahmen der übertragenen Befugnisse hält. Ermächtigt die Hauptversammlung den Vorstand, eine Kapitalerhöhung durchzuführen, und schließt sie das Bezugsrecht nur für einen bestimmten Fall aus, hat der Vorstand zu prüfen, ob die vorliegenden Umstände dem von der Hauptversammlung vorgegebenen Ausschlussgrund entsprechen.[6] Die Hauptversammlung schließt im Ermächtigungsbeschluss das Bezugsrecht für einen konkreten Fall aus. Ermächtigung und Bezugsrechtsausschluss sind aufeinander bezogen. Infolge dieser Verbindung ist grundsätzlich davon auszugehen, dass die Hauptversammlung den Vorstand nur für den konkreten Fall zur Kapitalerhöhung ermächtigt hat, indem das Bezugsrecht ausgeschlossen sein soll. Das bedeutet, dass der Vorstand das genehmigte Kapital nicht unabhängig vom Bezugsrechtsausschluss ausnutzen darf. Etwas anderes gilt nur dann, wenn der mit dem genehmigten Kapital unter Bezugsrechtsausschluss verfolgte Zweck auch unter Wahrung des Bezugsrechtes erreicht werden kann.[7]

Hat die Hauptversammlung das Bezugsrecht rechtswidrig ausgeschlossen und ist der Beschluss mangels Anfechtung wirksam, darf der Vorstand die Kapitalerhöhung unter Bezugsrechtsausschluss durchzuführen, soweit diese im Gesellschaftsinteresse liegt.[8] Da ihm die Entscheidung obliegt, ob er von dieser Ermächtigung Gebrauch machen möchte, ist er nicht verpflichtet von der Ermächtigung Gebrauch zu machen.

3. *Festlegung des Ausgabebetrages, § 255 Abs. 2 AktG*

Hat die Hauptversammlung im Ermächtigungsbeschluss keinen Ausgabekurs bzw. lediglich einen Mindestbetrag bestimmt, obliegt die Festlegung des Ausgabebetrages bei Ausnutzung des genehmigten Kapitals gem. § 204 Abs. 1 S. 1 AktG dem Vorstand. Die Hauptversammlung darf gem. § 255 Abs. 2 AktG keinen unangemessen niedrigen Ausgabebetrag für die jungen Aktien festlegen. Die Norm richtet sich grundsätzlich nur an die Hauptversammlung. Insoweit ist fraglich, ob auch der Vorstand an die Norm bei Ausnutzung des genehmigten Kapitals gebunden ist.

Nach § 203 Abs. 1 S. 1 AktG gelten die §§ 185 bis 191 AktG über die Kapitalerhöhung gegen Einlagen für die Ausgabe der neuen Aktien bei Ausnutzung des genehmigten Kapitals sinngemäß. Vom Wortlaut wird die Anwendbarkeit des § 255 AktG nicht erfasst. Dennoch will § 203 Abs. 1 S. 1 AktG sämtliche Vorschriften der Kapitalerhöhung gegen Einlagen einbeziehen, welche im Rahmen

---

[5] i.E. BGHZ 136, 133 [140] (Siemens/Nold); *Bayer*, ZHR 163 (1999) 505 [539]; *Hirte*, Bezugsrechtsausschluß und Konzernbildung S. 104 ff.; *Kindler*, ZGR 1998, 35 [49 f.]; KK/*Lutter*, § 203 Rdn. 18; *Lutter*, DB 1981, 1568; *Martens*, FS Fischer S. 437 [444]; *Semler*, BB 1983, 1566 [1568]; *Quack*, ZGR 1983, 257 [260 f.]
[6] *Cahn*, ZHR 164 (2000) 113 [124]; GK/*Hirte*, § 203 Rdn. 79
[7] siehe oben Teil 3:Kapitel V:A)I. 1.b) (S. 198)
[8] *Habersack*, Mitgliedschaft S. 236; *Mertens*, FS Fischer S. 161 [171]; zur Frage ob Vorstand zur Anfechtung verpflichtet ist siehe oben Teil 2:Kapitel VI:B)I. 1.c)(2) (S. 154)

des genehmigten Kapitals sinnvoll sind.[9] § 255 Abs. 2 AktG bezweckt den Schutz der Altaktionäre vor einer Vermögensverwässerung ihrer Anteile infolge eines unangemessen niedrigen Ausgabebetrages der jungen Aktien.[10] Die Gefahr einer Vermögensverwässerung infolge eines zu niedrigen Ausgabebetrages stellt sich sowohl bei einer ordentlichen als auch bei einer genehmigten Kapitalerhöhung mit Bezugsrechtsausschluss. Sinn und Zweck des genehmigten Kapitals – schnell und flexibel eine Kapitalerhöhung durchzuführen[11] – rechtfertigen eine derartige Abweichung des Schutzes der ausgeschlossenen Aktionäre nicht. Der Vermögensschutz der ausgeschlossenen Aktionäre über § 255 Abs. 2 AktG ist auch im Rahmen des genehmigten Kapitals geboten.

Zudem ergibt sich eine Bindung des Vorstandes an die Regelung des § 255 Abs. 2 AktG aus dem Ermächtigungsakt. Überträgt die Hauptversammlung dem Vorstand die Befugnis, den Ausgabebetrag der jungen Aktien festzulegen, ist der Vorstand an die Maßgaben gehalten, welchen die Hauptversammlung unterliegt. Der Grund dafür ist, dass die Hauptversammlung nur die Befugnisse übertragen kann, welche sie selbst besitzt.[12] Deshalb ist der Vorstand bei der Festlegung des Ausgabebetrages – ebenso wie bei einer ordentlichen Kapitalerhöhung unter Bezugsrechtsausschluss[13] – an die Maßgaben des § 255 Abs. 2 AktG gebunden.[14]

II. Entscheidung über den Bezugsrechtsausschluss

1. Bindung an das materielle Ausschlusserfordernis

Schließt der Vorstand das Bezugsrecht aus, führt er – wie die Hauptversammlung bei einer ordentlichen Kapitalerhöhung – eine definitive Entscheidung über den Ausschluss des Bezugsrechtes herbei. Folge dieser Entscheidung ist es, dass die Aktionäre bei der Kapitalerhöhung kein Recht auf den Bezug junger Aktien haben. Die Situation für die ausgeschlossenen Aktionäre ist insoweit dieselbe wie bei einer ordentlichen Kapitalerhöhung mit Bezugsrechtsausschluss. Der Beschluss des Vorstandes zum Ausschluss des Bezugsrechts der Aktionäre greift – ebenso wie ein Bezugsrechtsausschluss einer ordentlichen Kapitalerhöhung – in die Rechte der ausgeschlossenen Aktionäre ein. Unzweifelhaft muss seine Entscheidung über das Bezugsrecht – ebenso wie alle anderen Entscheidungen und Handlungen – im Interesse der Gesellschaft liegen.[15] Daneben ist fraglich, ob der Vorstand – ebenso wie die Aktionäre in der Hauptversammlung – an die materiellen Ausschlussvoraussetzungen gebunden ist. Der Vorstand steht selbst

---

[9] *Klette*, DB 1968, 977 [979]
[10] siehe oben Teil 2:Kapitel II:C)II. 5 (S. 40)
[11] AnwK-AktR/*Groß* § 202 AktG Rdn. 3; *Henze*, AktR S. 378 Rdn. 1000; *Hüffer*, AktG § 202 Rdn. 2; GK/*Hirte* § 202 Rdn. 19; KK/*Lutter*, Vorb. § 202 Rdn. 1; *Sethe*, AG 1994, 342 [352]
[12] siehe oben Teil 3:Kapitel VI:A)II. 1.b) (S. 210)
[13] siehe oben Teil 2:Kapitel VI:B)I. 1.b)(1) (S. 148)
[14] KK/*Lutter* § 204 Rdn. 11; *Klette*, DB 1968, 977 [979]; MüKoAktG/*Hüffer* § 255 Rdn. 13
[15] siehe oben Teil 2:Kapitel II:B)I. (S.25)

nicht in unmittelbarer rechtlicher Beziehungen zu den einzelnen Aktionären.[16] Im Folgenden soll erörtert werden, ob der Vorstand – aufgrund seiner Organstellung und/oder der von der Hauptversammlung übertragenen Befugnisse – ebenfalls an die materiellen Ausschlussvoraussetzungen gebunden ist.

a) Aufgrund Organstellung

Der Vorstand ist das Leitungsorgan der Gesellschaft (§ 76 Abs. 1 AktG). In seiner Tätigkeit zur Führung der Geschäfte ist er an keine Weisungen gebunden (§ 82 Abs. 2 AktG). Insoweit ist fraglich, ob er zur Wahrung der Rechte der Aktionäre verpflichtet ist. Eine solche Obhutspflicht wurzelt in der Stellung des Vorstandes. Die Gesellschafter schließen sich zu einer Gemeinschaft zusammen und vertrauen dem Gebilde ihre Interessen an. Die wesentlichen Interessen der Gesellschafter spiegeln sich in den Mitgliedschaftsrechten wider. Vertrauensempfänger ist die Gesellschaft – Vorstand und Aufsichtsrat als handelnde Organe der Gesellschaft – und die Kon-Mitglieder. Sowohl die Organe[17] als auch die Aktionäre sind deshalb an die mitgliedschaftlichen Interessen der Gesellschafter gebunden und haben diese zu wahren. Wird der Vorstand ermächtigt, das Bezugsrecht der Aktionäre für die Gesellschaft auszuschließen, muss er beim Gebrauchen der Ermächtigung die Rechte der Aktionäre beachten. Danach darf er das Bezugsrecht – aufgrund seiner Organstellung – nur ausschließen, wenn die bezweckte Maßnahme im Gesellschaftsinteresse liegt, erforderlich und geeignet ist sowie im angemessenen Verhältnis zu dem erstrebten Ziel steht.[18] Dem Vorstand obliegt somit originär die Pflicht zur Wahrung der Mitgliedschaftsrechte. Will er das Bezugsrecht der Aktionäre ausschließen, so darf er dies nur, wenn der Ausschluss sachlich gerechtfertigt ist.

b) Aufgrund der übertragenen Befugnis

Mit dem Ermächtigungsbeschluss der Hauptversammlung überträgt sie einen Teil ihrer Befugnisse auf den Vorstand.[19] Die Hauptversammlung kann nur die Befugnisse auf den Vorstand übertragen, welche sie selbst innehat. Die Entscheidungskompetenz des Vorstandes kann nicht weiter reichen als die der Hauptversammlung.[20] Da die Hauptversammlung einen Bezugsrechtsausschluss nur beschließen darf, wenn dieser sachlich gerechtfertigt ist[21], ist auch der Vor-

---

[16] siehe oben Teil 2:Kapitel VI:B)I. 1.b) (S. 148)
[17] BGHZ 83, 122 [133 f.] (Holzmüller)
[18] BGHZ 319, 321 [324] (Holzmann); GK/*Hirte* § 203 Rdn. 79; *Hirte*, Bezugsrechtsausschluß und Konzernbildung S. 104 ff., 120 ff.; KK/*Lutter* § 203 Rdn. 29; *Lutter*, BB 1981, 861 [862]; *Marsch*, AG 1981, 211 [213]; *Martens*, FS Fischer S. 437 [445]; *Quack*, ZGR 1983, 257 [261]; *Timm*, DB 1982, 211 [215]
[19] KK/*Lutter* § 202 Rdn. 2
[20] *Bayer*, ZHR 163 (1999) 505 [539]; *Ekkenga*, AG 2001, 567 [569]; *Hirte*, Bezugsrechtsausschluß und Konzernbildung S. 104 ff.; *Kindler*, ZGR 1998, 35 [49 f.]; KK/*Lutter*, § 203 Rdn. 18; *Lutter*, DB 1981, 1568; *Martens*, FS Fischer S. 437 [444]; *Quack*, ZGR 1983, 257 [260 f.]; *Semler*, BB 1983, 1566 [1568]
[21] siehe oben Teil 2:Kapitel II:D) (S. 44)

stand an dieses materielle Erfordernis gebunden.[22] Anderenfalls läge es im Belieben der Aktionärsmehrheit, über den Weg einer genehmigten Kapitalerhöhung das Erfordernis einer sachlichen Rechtfertigung zu umgehen.[23] Deshalb obliegt ihm nicht nur die Pflicht zur Wahrung der Mitgliedschaftsrechte aufgrund seiner Stellung in der Gesellschaft, sondern auch aufgrund der ihm übertragenen Ausschlussbefugnis.

c) *Erleichterte Anforderungen im Rahmen des genehmigten Kapitals*
Die Statuierung erleichterter Ausschlussanforderungen ist aus zwei Gründen denkbar. Zum einen kann sie aus dem Institut des genehmigten Kapitals an sich rühren. Zum anderen können die allgemeinen erleichterten Ausschlussanforderungen bei börsennotierten Gesellschaften[24] auch im genehmigten Kapital zu Geltung kommen.

(1)   Erleichterte Anforderungen resultierend aus dem genehmigten Kapital
Teilweise wird vertreten, dass an den Ausschlussbeschluss des Vorstandes im Rahmen des genehmigten Kapitals geringere materielle Anforderungen zu stellen sind.[25] Sollten andere Maßstäbe für einen Bezugsrechtsausschluss durch den Vorstand gelten, müssten sich diese aus dem Gesetz oder anderen Umständen ergeben.
Weder dem Wortlaut noch der Systematik der Vorschriften über das genehmigte Kapital kann eine Geltung veränderter Maßstäbe entnommen werden.[26] Lediglich Sinn und Zweck dieser Vorschrift kann eine andere Auslegung fordern. Das genehmigte Kapital bezweckt die Erleichterung der Kapitalbeschaffung, indem der Vorstand ermächtigt wird, kurzfristig und flexibel Kapitalerhöhungen durchzuführen.[27] Es brauchen keine zeitraubenden und schwerfälligen Hauptversammlungen im unmittelbaren Vorfeld zur Kapitalerhöhung abgehalten werden. Dadurch lassen sich vom Vorstand angestrebte Maßnahmen (z.B. Finanzierung von Projekten, Abschluss von kooperationsrechtlichen Verträgen etc.) schnell umsetzen. Teilweise wird deshalb in der Literatur vertreten, dass das Erfordernis einer sachlichen Rechtfertigung dem Anliegen nach einer schnellen und flexiblen Kapitalerhöhung entgegensteht.[28] Dem ist zum einen entgegenzuhalten, dass die Abwägung der Gesellschafts- und Aktionärsinteressen im Vorfeld der Kapitalerhöhung nicht zu erheblichen Zeitverzögerungen führt. Vielmehr sollte der Vorstand stets die Interessen der Aktionäre bei seiner Verfolgung der Unternehmensziele im Blick haben. Kommt er dieser Pflicht gewissenhaft nach, kann

---

[22] i.E. *Martens*, FS Fischer S. 151 [160 f.]; *Semler*, BB 1983, 1566 [1568]
[23] *Schumann*, Bezugsrecht S. 70
[24] z.B. § 186 Abs. 3 S. 4 AktG; im Einzelnen siehe oben Teil 2:Kapitel III:A)IV. (S. 69)
[25] *Cahn*, ZHR 163 (1999) 554 [571 ff.]; *Hofmeister*, NZG 2000, 713 [714]; *Ihrig*, WiB 1997, 1181 [1182]; *Kindler*, ZGR 1998 [35 [59 f.]
[26] so auch *Bayer*, ZHR 163 (1999), 505 [539]; *Raiser*, KapGesR § 20 Rdn. 44 (S. 341)
[27] BGH NJW 1997, 2815 f. (Siemens/Nold); AnwK-AktR/*Groß* § 202 AktG Rdn. 4; GK/*Hirte* § 202 Rdn. 19; *Hüffer*, AktG § 202 Rdn. 1; KK/*Lutter* Vorb. § 202 Rdn. 1
[28] *Heiser*, Interessenkonflikte S. 586, *Kübler/Mendelson/Mundheim*, AG 1994, 461 [463]

er bereits in frühen Phasen der Planung erkennen, ob die beabsichtigte Maßnahme Eingriffe in die Rechte der Mitgliedschaft zu rechtfertigen vermag. Zum anderen ist den Vorschriften nicht zu entnehmen, dass die Aktionärsrechte im Rahmen des genehmigten Kapitals an Bedeutung verlieren und deshalb einfacher eingeschränkt werden können.[29] Das genehmigte Kapital ändert nichts an dem Zusammenschluss der Mitglieder zu einer Gemeinschaft, in welcher die Mitgliedschaftsrechte sowohl von der Gesellschaft als auch von den Gesellschaftern zu achten sind.

Aufgrund des unternehmerischen Handlungsspielraumes des Vorstandes wird in der Literatur[30] teilweise vertreten, dass die Prüfung des Bezugsrechtsausschlusses im Rahmen des genehmigten Kapitals nur noch einer Missbrauchskontrolle zu unterliegen hat. Eine Prüfung des Ausschlusses anhand der sachlichen Rechtfertigung laufe im Ergebnis sowieso auf eine Missbrauchskontrolle hinaus, da das unternehmerische Ermessen des Vorstandes bei den einzelnen Prüfungspunkten der sachlichen Rechtfertigung einfließe. Die verfolgten Ziele des Vorstandes können so stärker bewertet werden. Im Ergebnis seien nur die Interessen der Gesellschaft gegen die Interessen der Aktionäre abzuwägen. Das Bezugsrecht darf danach nicht ausgeschlossen werden, wenn ein Ausschluss missbräuchlich erscheinen würde. Unzweifelhaft steht dem Vorstand bei der Wahl zwischen verschiedenen Möglichkeiten des unternehmerischen Handelns ein Ermessensspielraum zu.[31] Da es sich bei der Wahl von Unternehmensfinanzierungen durch Eigen- oder Fremdkapital um unternehmerische Entscheidungen handelt, obliegt dem Vorstand auch in diesem Punkt ein unternehmerisches Ermessen.[32] Entscheidet er sich für eine Eigenkapitalfinanzierung in Form der Kapitalerhöhung, muss er dafür grundsätzlich einen Hauptversammlungsbeschluss gem. § 119 Abs. 1 Nr. 6 AktG einholen. Es handelt sich bei der Kapitalerhöhung demnach nicht primär um eine unternehmerische Maßnahme, sondern um eine Strukturmaßnahme.[33] Soll das Bezugsrecht ausgeschlossen werden, entscheidet die Hauptversammlung unter der Maßgabe der materiellen Ausschlussvoraussetzungen. Der Vorstand ist berechtigt eine Kapitalerhöhung durchzuführen, wenn er dazu in der Satzung (§ 202 Abs. 1 AktG) oder von der Hauptversammlung (§ 202 Abs. 2 AktG) ermächtigt worden ist. Nach § 203 Abs. 2 AktG kann der Vorstand ermächtigt werden, bei Ausnutzung des genehmigten Kapitals, das Bezugsrecht auszuschließen. Die Kapitalerhöhung an sich wird deshalb nicht zum Gegenstand des unternehmerischen Handelns des Vorstandes, sondern bleibt eine Strukturmaßnahme der Hauptversammlung. Der Unterschied zur ordentlichen Kapitalerhöhung liegt darin, dass der Vorstand zur Umsetzung seiner un-

---

[29] i.E. GK/*Hirte* § 203 Rdn. 79; *Lutter*, ZGR 1979, 401 [412]
[30] *Cahn*, ZHR 163 (1999), 554 [577 ff.]; *Sinewe*, Bezugsrechtsausschluss S. 110 ff.
[31] BGHZ 135, 244 [253] (ARAG/Garmenbeck); BGHZ 125, 239 [246] (Deutsche Bank); *Henze*, NJW 1998, 3309 [3310 f.]; *Kindler*, ZHR 162 (1998) 101 [106]; MüKo-AktG/*Hefermehl/Spindler*, § 76 Rdn. 25
[32] *Sinewe*, Bezugsrechtsausschluss S. 112 f.
[33] *Hüffer*, AktG § 119 Rdn. 6; MüKoAktG/*Kubis* § 119 Rdn. 13; *Raiser*, KapGesR § 16 Rdn. 10 (S. 227)

ternehmerischen Entscheidung der Gesellschaftsfinanzierung nicht mehr die Hauptversammlung einberufen muss, da ihn die Hauptversammlung bereits zu dieser Maßnahme ermächtigt hat. Der Bezugsrechtsausschluss ist Bestandteil der Strukturmaßnahme und als solche unterliegt sie den materiellen Voraussetzungen dieser Strukturmaßnahme. Der Vorstand ist bei der Ausführung der Strukturmaßnahme an die Einhaltung der damit verbundenen Anforderungen verpflichtet. Will er eine Kapitalerhöhung aus dem genehmigten Kapital durchführen und gleichzeitig das Bezugsrecht ausschließen, hat er die materiellen Ausschlussvoraussetzungen zu beachten. Eine Missbrauchsprüfung scheidet deshalb aus. Der Vorstand hat zu prüfen, ob die konkreten Umstände den Bezugsrechtsausschluss sachlich rechtfertigen. Bei dieser Prüfung steht ihm lediglich ein Beurteilungsspielraum zu.[34] Dieser kann gerichtlich überprüft werden. Diese Feststellung steht nicht im Widerspruch zu der „Deutschen-Bank"-Rechtsprechung des Bundesgerichtshofes[35]. Danach dürfte sich der Vorstand die Börsenplätze und die Volumen der Kapitalerhöhungen aus mehreren Vorgaben der Hauptversammlung aussuchen, um junge Aktien an ausländischen Börsen einzuführen. Hierbei wurde dem Vorstand lediglich ein Ermessensspielraum bei der Entscheidung und der Umsetzung des genehmigten Kapitals zugestanden. Hinsichtlich des Bezugsrechtsausschlusses oblag ihm ein solcher Ermessensspielraum nicht. Der Vorstand war an die Voraussetzungen der sachlichen Rechtfertigung gebunden. Dies ergibt sich eindeutig aus der Urteilsbegründung, wonach die Entscheidung nicht im Widerspruch zur „Holzmann"-Entscheidung stehen sollte.[36] In der „Holzmann"-Entscheidung führte der Bundesgerichtshof aus, dass der Vorstand das Bezugsrecht der Aktionäre nur ausschließen darf, wenn der Ausschluss den Anforderungen der sachlichen Rechtfertigung entspricht.[37]

Im Ergebnis ist die Pflicht zur Prüfung und Abwägung der Interessen der Gesellschaft mit denen der Aktionäre im Fall des genehmigten Kapitals dieselbe wie bei einer ordentlichen Kapitalerhöhung. Im Rahmen einer ordentlichen Kapitalerhöhung ist der Vorstand gehalten, die einzelnen Umstände eines Bezugsrechtsausschlusses darzustellen und zu bewerten, damit die Aktionäre eine sorgsame und abgewogene Entscheidung treffen können.[38] Bei der Bewertung der Umstände fließt regelmäßig sein unternehmerisches Ermessen ein, da die Finanzierung von Projekten, deren erhoffte spätere Rentabilität und die Ablehnung etwaiger Alternativen stets auf Zukunftsprognosen basiert.[39] Aufgrund dieser Informationen treffen die Aktionäre zunächst die Entscheidung, ob sie das Bezugsrecht überhaupt ausschließen wollen. Wenn dies der Fall sein sollte, müssen

---

[34] *Kindler*, ZGR 1998, 35 [59 f.]; GK/*Hirte* § 203 Rdn. 79; *Zöllner*, AG 2002, 585 [587]
[35] BGHZ 125, 239 [244] (Deutsche Bank)
[36] BGHZ 125, 239 [249] (Deutsche Bank)
[37] BGHZ 83, 319 [321] (Holzmann)
[38] LG München I WM 1996, 305 [307]; KK/*Lutter*, § 186 Rdn. 56; *Lutter*, ZGR 1979, 401 [406]; *Schwark*, FS Claussen S. 357 [367]; *Westermann*, ZHR 156 [1992] 203 [217]; im Einzelnen oben Teil 2:Kapitel IV: (S. 91)
[39] *Hofmeister*, NZG 2000, 713 [718]

die mitgeteilten Umstände einen Bezugsrechtsausschluss sachlich rechtfertigen. Das bedeutet zum einen, dass sich der Nutzen der Maßnahme für das Gesellschaftsinteresse plausibel darstellt und zum anderen, dass die Einschätzungen über die Geeignetheit und Erforderlichkeit der Maßnahme zutreffend sind.[40] Dabei kommt es jeweils auf die Ex-Ante-Beurteilung an. Hinsichtlich des Erfordernisses der Verhältnismäßigkeit besteht keine Beurteilungsprärogative des Entscheidungsorgans. Obliegt die Entscheidung über den Bezugsrechtsausschluss beim genehmigten Kapital dem Vorstand, hat er die Umstände eines Bezugsrechtsausschlusses selbst an den Kriterien der sachlichen Rechtfertigung zu prüfen. Die zugrunde gelegten Umstände müssen sich im Rahmen des Ermessensspielraumes halten. Bei der Prüfung, ob die festgestellten Umstände dem Maßstab der materiellen Erfordernisse für einen Bezugsrechtsausschluss entsprechen, hat der Vorstand kein unternehmerisches Ermessen. Kann das Gericht bei den der Entscheidung zugrunde gelegten Umständen lediglich überprüfen, ob der Vorstand seine Beurteilungsprärogative überschritten hat, ist die darauf basierende Entscheidung voll gerichtlich überprüfbar.

Abschließend ist festzuhalten, dass der Vorstand beim Ausschluss des Bezugsrechtes an die materiellen Ausschlusserfordernisse gebunden ist. Sinn und Zweck des genehmigten Kapitals rechtfertigen keine Vereinfachung des Bezugsrechtsausschlusses.

(2) Vereinfachter Bezugsrechtsausschluss bei börsennotierten Aktiengesellschaften

Der vereinfachte Bezugsrechtsausschluss nach § 186 Abs. 4 S. 2 AktG gewährt den Aktionären eine faktische Bezugsmöglichkeit und gleichzeitig Schutz vor einer Vermögensverwässerung. Deswegen unterliegt dieser Bezugsrechtsausschluss außer den Anforderungen des § 186 Abs. 4 S. 2 AktG nicht den besonderen materiellen Ausschlussvoraussetzung eines Bezugsrechtsausschlusses.[41]

Im Falle einer Sachkapitalerhöhung oder einer Barkapitalerhöhung, bei welcher das Kapital um mehr als zehn Prozent des bestehenden Grundkapitals erhöht werden soll, werden die Rechte der ausgeschlossenen Aktionäre ebenfalls nicht tangiert, wenn der Ausgabebetrag der jungen Aktien den Börsenpreis nicht wesentlich unterschreitet und ein Zukauf der Aktien gleicher Gattung über den Kapitalmarkt gewährleistet wird.[42] Da es zur Sicherstellung der Zukaufsmöglichkeit von Aktien über den Markt genügend freier Aktien bedarf, müssten diese entweder im Umfang des Kapitalerhöhungsvolumens vorhanden sein oder von einem oder mehreren Aktionären zur Verfügung gestellt werden. Etwaige praktische Fälle sind kaum vorstellbar, sodass es sich vielmehr um eine theoretische Möglichkeit handelt. Will der Vorstand das Bezugsrecht der Aktionäre nach diesen Maßgaben ausschließen, verletzt er nicht die Rechte der Aktionäre. Der Ausschluss muss deshalb nicht sachlich gerechtfertigt sein. Fraglich ist, ob der

---

[40] siehe oben Teil 2:Kapitel V:B)II. (S. 98)
[41] siehe oben Teil 2:Kapitel III:B)III. (S. 84)
[42] siehe oben Teil 2:Kapitel III:B)V. (S. 86)

Vorstand einen vereinfachten Bezugsrechtsausschluss vornehmen kann, wenn er dazu nicht ausdrücklich ermächtigt worden ist. Zunächst soll auf den gesetzlich geregelten Fall des vereinfachten Bezugsrechtsausschlusses des § 186 Abs. 3 S. 4 AktG näher eingegangen werden. Zu erörtern ist, welche Relevanz die Zehn-Prozent-Grenze für das genehmigte Kapital hat. Anschließend sollen Rückschlüsse auf die sonstigen Fälle des vereinfachten Bezugsrechtsausschlusses gezogen werden.

(a) Begrenzung auf zehn Prozent des Grundkapitals und Mehrfachausnutzung

Nach § 186 Abs. 3 S. 4 AktG ist ein vereinfachter Bezugsrechtsausschluss nur zulässig, wenn die Kapitalerhöhung nicht zehn Prozent des Grundkapitals übersteigt. Wie sich aus vergleichbaren Vorschriften zum genehmigten Kapital (z.B. § 202 Abs. 3 AktG) ergibt, bezieht sich die Zehn-Prozent-Grenze auf den Gesamtnennbetrag und nicht auf das Agio.[43]

(01) Genehmigtes Kapital und vereinfachter Bezugsrechtsausschluss

Die Anwendung des vereinfachten Bezugsrechtsausschlusses im Rahmen des genehmigten Kapitals ist unproblematisch für den Fall zulässig, dass das Bezugsrecht im Ermächtigungsbeschluss ausgeschlossen wird (§ 203 Abs. 1 S. 1 AktG i.V.m. § 186 Abs. 3 S. 4 AktG).[44] Wird die Entscheidung über einen Bezugsrechtsausschluss an den Vorstand delegiert, verweist § 203 Abs. 2 AktG lediglich auf den § 186 Abs. 4 AktG. Dennoch ist hier die Geltung des § 186 Abs. 3 S. 4 AktG weitgehend anerkannt.[45] Geht man vom Sinn und Zweck der Regelung aus – sich flexibel des Kapitalmarktes zu Finanzierungszwecken zu bedienen – liegt der Hauptanwendungsfall des vereinfachten Bezugsrechtsausschlusses gerade im Rahmen des genehmigten Kapitals. Dem Vorstand ist es dadurch möglich, noch besser auf bestimmte Unternehmenssituationen zu reagieren.

(02) Maßgebliches Grundkapital

Welche Grundkapitalziffer bei der Ermächtigungsausnutzung zugrunde gelegt werden muss, ist umstritten. Zum einen wird vertreten, dass es bei der Festlegung auf das jeweilig bestehende Grundkapital ankommt.[46] Danach handelt es sich im Rahmen des genehmigten Kapitals um eine dynamische Grenze, welche sich bei zwischenzeitlichen Kapitalerhöhungen oder Kapitalherabsetzungen automatisch anpaßt. Zum anderen wird vertreten, dass das Grundkapital maßgeb-

---

[43] *Groß*, DB 1994, 2431 [2432]; *Marsch-Barner*, AG 1994, 532 [534]
[44] *Ihrig/Wagner*, NZG 2002, 657 [659]
[45] OLG München, BB 1996, 2162; GK/*Hirte* § 203 Rdn. 114; *Hirte*, ZIP 1994, 356 [361]; *Ihrig/Wagner*, NZG 2003, 657 [659]; *Kindler*, NJW 1994, 3041 [3047]; KK/*Lutter* Nachtrag zu § 186 Rdn. 34; *Lutter*, AG 1994, 429 [445]; MüHdbAG/*Krieger*, § 58 Rdn. 19; *Schwark*, FS Claussen, 357 [377 f.]; *Seibert/Köster/Kiem*, Kleine AG S. 113 Rdn. 211
[46] *Groß*, DB 1994, 2431 [2432; 2429]; KK/*Lutter*, Nachtrag zu § 186 Rdn. 34; *Lutter*, AG 1994, 429, [444]; *Trapp*, AG 1997, 115 [117]

lich sein soll, welches zum Zeitpunkt der Eintragung des genehmigten Kapitals in das Handelsregister bestanden hat.[47] Eine ausdrückliche gesetzliche Regelung zum maßgeblichen Zeitpunkt der Ermittlung des Grundkapitals fehlt. Für die Grundkapitalziffer zum Zeitpunkt der Eintragung spricht einerseits die Gesetzessystematik der §§ 202 Abs. 3 S. 1, 203 Abs. I S. 2 AktG.[48] Nach § 203 Abs. 1 S. 2 AktG tritt die Ermächtigung an die Stelle des Erhöhungsbeschlusses einer ordentlichen Kapitalerhöhung.[49] Ebenso ist bei der Berechnung der Kapitalgrenze nach § 202 Abs. 3 AktG das Grundkapital zur Zeit der Ermächtigung maßgeblich. Legt man diese Gesetzessystematik zugrunde, muss auch für die Grenze des § 186 Abs. 3 S. 4 AktG im Rahmen des genehmigten Kapitals das Grundkapital zum Zeitpunkt der Eintragung des Ermächtigungsbeschlusses maßgeblich sein.[50] Zum anderen spricht für die Zehn-Prozent-Grenze des § 186 Abs. 3 S. 4 AktG zum Zeitpunkt der Ermächtigungseintragung die Kompetenzzuordnung dieser Norm. Die Regelung des § 186 Abs. 3 S. 4 AktG beschränkt bereits die Beschluss- sowie die Ermächtigungskompetenz der Hauptversammlung.[51] Danach darf die Hauptversammlung eine Kapitalerhöhung mit vereinfachtem Bezugsrechtsausschluss nach § 186 Abs. 3 S. 4 AktG nur beschließen, wenn sie zehn Prozent des vorhandenen Grundkapitals nicht überschreitet. Überträgt sie dem Vorstand die Entscheidung, wann er von der Kapitalerhöhung mit vereinfachtem Bezugsrecht Gebrauch machen will, kann sie nur die Kompetenzen übertragen, die sie selbst zum Zeitpunkt der Ermächtigung innehat.

Gegen die Festlegung der Kapitalgrenze zum Zeitpunkt der Ermächtigungseintragung spricht der Sinn und Zweck der Regelung des § 186 Abs. 3 S. 4 AktG. Bei dieser Art der Kapitalerhöhung werden die Rechte der ausgeschlossenen Aktionäre nicht tangiert.[52] Zum einen wird eine Vermögensverwässerung durch die Pflicht zur Ausgabe der Aktien in der Nähe des Börsenpreises unterbunden.[53] Zum anderen wird vermutet, dass bei einer Kapitalerhöhung bis zu zehn Prozent des bestehenden Grundkapitals genügend freie Aktien im Markt vorhanden sind. Die zukaufswilligen ausgeschlossenen Aktionäre haben die Möglichkeit ihre Beteiligungsquote durch Bezug von Aktien gleicher Gattung über den Kapitalmarkt aufrechtzuerhalten.[54] Die Norm stellt demnach bei der Beurteilung, ob der Ausschluss die Rechte der Aktionäre tangiert, eindeutig auf den Zeitpunkt der Kapitalerhöhung ab. Für die Frage, ob der Vorstand von dem vereinfachten Bezugsrecht Gebrauch machen darf, ist einzig und allein relevant, ob die Rechte

---

[47] *Ihrig/Wagner*, NZG 2002, 657 [660]; *Marsch-Barner*, AG 1994, 532 [534]
[48] *Ihrig/Wagner*, NZG 2002, 657 [660]
[49] AnwK-AktR/*Groß* § 203 AktG Rdn. 4; *Hüffer*, AktG § 203 Rdn. 2; KK/*Lutter*, § 203 Rdn. 4
[50] *Ihrig/Wagner*, NZG 2002, 657 [660]
[51] OLG München, AG 1996, 518; LG München I, WM 1996, 305 [308]; *Ihrig/Wagner*, NZG 2002, 657 [661]; *Martens*, ZIP 1994, 669 [678]
[52] siehe oben Teil 2:Kapitel III:B)I. 2.e) (S. 82)
[53] siehe oben Teil 2:Kapitel III:B)I. 2 (S. 74)
[54] siehe oben Teil 2:Kapitel III:B)I. 2.d) (S. 79)

der ausgeschlossenen Aktionäre beeinträchtigt werden. Liegen die Voraussetzungen des § 186 Abs. 3 S. 4 AktG vor, werden diese Rechte nicht beeinträchtigt. Für die Voraussetzungen des § 186 Abs. 3 S. 4 AktG ist lediglich das Kapital zum Zeitpunkt der Kapitalerhöhung und nicht eine von der Hauptversammlung bestimmte Kapitalziffer maßgeblich. Nichts anderes kann bei der Ausnutzung des genehmigten Kapitals gelten. Für die Berechnung der Zehn-Prozent-Grenze des Grundkapitals ist der Zeitpunkt der Ausnutzung des genehmigten Kapitals maßgeblich.

(03) Mehrfachausnutzung
Weiterhin ist strittig, ob die Zehn-Prozent-Grenze des § 186 Abs. 3 S. 4 AktG für die gesamte Zeit des genehmigten Kapitals gilt oder ob eine mehrfache Ausnutzung zulässig ist. Die Literaturmeinung, welche eine Mehrfachausnutzung ablehnt, stützt ihre Auffassung auf die Grenzen des Ermächtigungsbeschlusses.[55] Die Hauptversammlung kann selbst nicht mehrere ordentliche Kapitalerhöhungen mit vereinfachtem Bezugsrechtsausschluss zum Gegenstand eines Beschlusses machen. Da sie nur die Kompetenzen auf den Vorstand übertragen kann, welche sie selbst innehat, darf sie den Vorstand nur zu einem genehmigten Kapital mit vereinfachtem Bezugsrechtsausschluss ermächtigen. Nach dieser Auffassung soll die Regelung sowohl das Emissionsvolumen als auch die Beschluss- und Ermächtigungskompetenz begrenzen. Aus den gleichen Gesichtspunkten sei es deshalb unzulässig, dass ein Vorstand zu einem genehmigten Kapital mit vereinfachtem Bezugsrechtsausschluss ermächtigt wird, wenn ein solches noch besteht bzw. nicht voll ausgenutzt worden ist.[56]
Dem ist entgegenzuhalten, dass § 186 Abs. 3 S. 4 AktG keine Kompetenz der Hauptversammlung beschreibt, sondern lediglich feststellt, wann ein Bezugsrechtsausschluss nicht sachlich gerechtfertigt sein muss.[57] Die Regelung spielt für die Übertragung der Hauptversammlungsbefugnis zum Bezugsrechtsausschluss auf den Vorstand keine Rolle. Macht der Vorstand von der Ausschlussbefugnis Gebrauch, brauchen nicht die materiellen Ausschlussbefugnisse gegeben sein, wenn die Maßgaben des § 186 Abs. 3 S. 4 AktG vorliegen. Gestützt wird diese Auffassung vom Wortlaut und vom gesetzgeberischen Willen. So finden nach dem Wortlaut des § 203 Abs. 1 AktG auch die Regelungen des § 186 Abs. 3 S. 4 AktG im genehmigten Kapital umfassende Anwendung.[58] Insbesondere das Verhalten des Rechtsausschusses im Gesetzgebungsverfahren spricht gegen etwaige Einschränkungen der Ermächtigung zum vereinfachten Bezugsrechtsausschluss. Der Rechtsausschuss hat, obwohl er Kenntnis von diesem Problem gehabt haben soll, dieses weder ausdrücklich in der Norm geregelt

---

[55] i.E. *Ihrig/Wagner*, NZG 2002, 657 [661]
[56] i.E. *Ihrig/Wagner*, NZG 2002, 657 [661 f.]
[57] siehe oben Teil 2:Kapitel III:B)III. (S. 84)
[58] *Groß*, DB 1994, 2431 [2439]; *Marsch-Barner*, AG 1994, 532 [534]

noch Stellung in der Regierungsbegründung dazu genommen.[59] Da § 186 Abs. 3 S. 4 AktG lediglich Regelungen zur Kapitalerhöhung und nicht bezüglich der Ermächtigung zum genehmigten Kapital trifft, steht schließlich der Verweis des § 203 Abs. 1 und 2 AktG auf § 186 Abs. 3 S. 4 AktG dem gefundenen Ergebnis nicht entgegen.[60] Es ist sich deshalb der – wohl überwiegenden – Literaturmeinung anzuschließen, wonach sich die Zehn-Prozent-Grenze auf die einzelne Kapitalerhöhung und nicht auf die Ausschlussermächtigung bezieht.[61] Eine Ausnutzung des genehmigten Kapitals in mehreren Tranchen mit vereinfachtem Bezugsrechtsausschluss ist zulässig. Wird von dem vereinfachten Bezugsrechtsausschluss in kürzeren Zeitabständen Gebrauch gemacht, ist dennoch fraglich, ob die Zukaufsvermutung des § 186 Abs. 3 S. 4 AktG aufrechterhalten werden kann. Den Aktionären ist die Kapitalerhöhung unter vereinfachtem Bezugsrechtsausschluss rechtzeitig bekanntzugeben (§ 203 Abs. 1 S. 1, 186 Abs. 2 AktG analog), damit diese die Möglichkeit des Zukaufes erhalten.[62] Ist diese Zukaufsmöglichkeit tatsächlich nicht gegeben, können sie die Kapitalerhöhung im einstweiligen Rechtsschutz verhindern. Sie müssen lediglich schlüssig darlegen, dass ein tatsächlicher Zukauf nicht möglich ist. Insofern sind die Rechte der Aktionäre hinreichend geschützt. Haben sie erfolglos versucht, Aktien am Kapitalmarkt zu erwerben, und können sie diese erfolglosen Versuche schlüssig darlegen und beweisen, wird ein einstweiliger Rechtsschutz gegen den Bezugsrechtsausschluss regelmäßig erfolgreich durchgeführt werden können.

(04)   Verhältnis ordentliche Kapitalerhöhung und genehmigte Kapitalerhöhung mit vereinfachtem Bezugsrechtsausschluss

Im weiteren stellt sich die Frage, ob die Hauptversammlung eine ordentliche Kapitalerhöhung mit vereinfachtem Bezugsrechtsausschluss beschließen kann, wenn noch ein genehmigtes Kapital vorhanden ist und der Vorstand ermächtigt wurde, das Bezugsrecht nach § 186 Abs. 3 S. 4 AktG auszuschließen. Die gleiche Frage stellt sich auch dann, wenn neben einer Kapitalerhöhung mit vereinfachtem Bezugsrechtsausschluss ein genehmigtes Kapital geschaffen und der Vorstand zum vereinfachten Bezugsrechtsausschluss ermächtigt werden soll. Die Norm des § 186 Abs. 3 S. 4 AktG beschreibt, unter welchen Voraussetzungen der Bezugsrechtsausschluss keiner sachlichen Rechtfertigung bedarf. Insofern kann die Hauptversammlung selbst einen vereinfachten Bezugsrechtsausschluss beschließen und dem Vorstand gleichzeitig ein genehmigtes Kapital einräumen, welches dieser ebenfalls nach den Maßgaben des § 186 Abs. 3 S. 4

---

[59] so *Groß*, DB 1994, 2431 [2439] mit Verweis auf den Aufsatz von *Hirte*, ZIP 1994, 356 [362], der dieses Problem bereits im Rahmen der Erarbeitung eines vereinfachten Bezugsrechts anführte

[60] AnwK-AktR/*Rebmann*, § 186 AktG Rdn. 61; *Schwark*, FS Claussen, S. 357 [377]

[61] *Groß*, DB 1994, 2431 [2439]; *Hirte*, ZIP 1994, 356 [362]; KK/*Lutter*, Nachtrag zu § 186 Rdn. 34; *Lutter*, AG 1994, 429 [444]; *Marsch-Barner*, AG 1994, 532 [534]; *Trapp*, AG 1997, 115 [17]

[62] siehe unten Teil 3:Kapitel IX:A)III. (S. 271)

AktG ausnutzen darf. Die Aktionäre sind in diesem Fall vor tatsächlichen Zukaufshindernissen hinreichend geschützt.[63]

(05) Erforderlichkeit einer Ausschlussermächtigung?

Schließlich stellt sich die Frage, ob der Vorstand zum vereinfachten Bezugsrechtsausschluss überhaupt eine Ausschlussermächtigung der Hauptversammlung nach § 203 Abs. 2 S. 1 AktG benötigt. Nach dem Wortlaut stellt der vereinfachte Bezugsrechtsausschluss einen Bezugsrechtsausschluss i.S.d. § 203 Abs. 2 S. 1 AktG dar. Er unterscheidet sich von einem mittelbaren Bezugsrechtsausschluss (§ 186 Abs. 5 AktG) dadurch, dass den Aktionären keine jungen Aktien angeboten werden. Dennoch liegt die für einen Bezugsrechtsausschluss typische Situation einer Rechtsbeeinträchtigung der Aktionäre nicht vor, da sie ihre Beteiligungsquote durch Zukauf von Aktien über die Börse beibehalten können. Eine besondere Ermächtigung kann sich lediglich aus dem zu schaffenden Treuhandverhältnis ergeben. Bei der Schaffung eines genehmigten Kapitals und im Besonderen bei Erteilung der Befugnis zum Ausschluss des Bezugsrechtes muss die Hauptversammlung dem Vorstand Vertrauen entgegenbringen, dass er diese Befugnisse nicht missbraucht. Geht der Vorstand fälschlich davon aus, dass der Gesellschaft das Kapital im Wege der Eigenfinanzierung zufließen soll, führt die Ausnutzung eines genehmigten Kapitals maximal dazu, dass der Gesellschaft Eigenkapital zugeführt wird, welches sie zu dem entsprechenden Zeitpunkt nicht bzw. nicht optimal in dem Unternehmen einsetzen kann. Dies wiederum führt dazu, dass die Renditeerwartungen der Aktionäre enttäuscht werden. Rechte der Aktionäre werden dadurch nicht beeinträchtigt.

Beim Bezugsrechtsausschluss besteht unmittelbar für die Aktionäre die Gefahr einer rechtswidrigen Rechtsbeeinträchtigung. Demnach müssen die Aktionäre dem Vorstand ein umfassenderes Vertrauen entgegenbringen. Deshalb darf diese Ausschlussermächtigung nur ausdrücklich gefasst werden.

Beim vereinfachten Bezugsrechtsausschluss werden die Rechte der Aktionäre nicht tangiert, soweit die Maßgaben des § 186 Abs. 3 S. 4 AktG gewahrt werden. Die Hauptversammlung muss dem Vorstand das Vertrauen zur rechtmäßigen Ausnutzung des genehmigten Kapitals unter vereinfachtem Bezugsrechtsausschluss entgegenbringen. Dieses Vertrauen hat sich in der Ermächtigung des Vorstandes widerzuspiegeln. Allein die Schaffung eines genehmigten Kapitals wird diesen Anforderungen nicht gerecht. Deshalb bedarf es daneben einer ausdrücklichen Ermächtigung zum vereinfachten Bezugsrechtsausschluss. Da der vereinfachte Bezugsrechtsausschluss die Aktionärsrechte nicht tangiert, enthält eine allgemeine Ausschlussermächtigung – welche dem Vorstand einen Eingriff in die Mitgliedschaft der Aktionäre erlaubt – stets auch die Ermächtigung zum vereinfachten Bezugsrechtsausschluss.

---

[63] siehe oben Teil 3:Kapitel VI:A)II. 1.c)(2)(a)(03) (S. 217)

(b) Vereinfachter Bezugsrechtsausschluss außerhalb des § 186 Abs. 3 S. 4 AktG

Der Bezugsrechtsausschluss nach § 186 Abs. 3 S. 4 AktG ist ein gesetzlich geregelter Fall des vereinfachten Bezugsrechtsausschlusses. Daneben liegt ein vereinfachter Bezugsrechtsausschluss vor, wenn eine Sachkapitalerhöhung oder eine Barkapitalerhöhung, bei welcher das Kapital um mehr als zehn Prozent des bestehenden Grundkapitals erhöht werden soll, der Ausgabebetrag der jungen Aktien den Börsenpreis nicht wesentlich unterschreitet und ein Zukauf der Aktien gleicher Gattung über den Kapitalmarkt gewährleistet wird.[64] In diesen Fällen werden die Rechte der ausgeschlossenen Aktionäre ebenfalls nicht beeinträchtigt. Hingegen wird die Möglichkeit des Zukaufes junger Aktien über den Kapitalmarkt nicht vermutet und muss deshalb sichergestellt werden. Die Gefahr eines fehlerhaften vereinfachten Bezugsrechtsausschlusses ist gegenüber dem geregelten Fall des § 186 Abs. 3 S. 4 AktG erhöht. Insofern erfordern diese Fälle ein höheres Vertrauen der Aktionäre in die Handlungen des Vorstandes als im Falle des § 186 Abs. 3 S. 4 AktG. Deshalb muss der Vorstand erst recht für derartige Fälle des vereinfachten Bezugsrechtsausschlusses ermächtigt werden. Eine Ermächtigung zum vereinfachten Bezugsrechtsausschluss nach § 186 Abs. 3 S. 4 AktG enthält somit nicht zugleich die Ermächtigung zum vereinfachten Bezugsrechtsausschluss in den sonstigen Fällen. Anderseits ist eine entsprechende Ermächtigung als Minus zum echten Bezugsrechtsausschluss von der allgemeinen Ausschlussbefugnis umfasst.

Im Falle einer Sachkapitalerhöhung besteht die Gefahr, dass die einzubringenden Gegenstände nicht dem Wert der jungen Aktien entsprechen. Diese Gefahr wurde vom Gesetzgeber erkannt. Die Regelung des § 183 AktG soll etwaigen Beeinträchtigungen vorbeugen. Im Rahmen des genehmigten Kapitals führt der Vorstand die Kapitalerhöhung durch bzw. wählt die einzubringenden Gegenstände sowie die Zeichner der jungen Aktien allein aus. Dabei können weitere Fehler unterlaufen, die zu einer Vermögensverwässerung der ausgeschlossenen Aktionäre führen können. Deshalb müssen diese Handlungen des Vorstands vom Vertrauen der Hauptversammlung gedeckt sein. Das Gesetz wird dem gerecht, indem es eine ausdrückliche Ermächtigung zur Sachkapitalerhöhung verlangt (§ 205 Abs. 1 AktG). Diese Gefahr einer Vermögensverwässerung stellt sich auch bei einer Sachkapitalerhöhung unter vereinfachtem Bezugsrechtsausschluss. Insofern darf der Vorstand eine solche nur durchführen, wenn er dazu von der Hauptversammlung gem. § 205 Abs. 1 AktG ausdrücklich ermächtigt worden ist.

Der Vorstand darf von einem vereinfachten Bezugsrechtsausschluss nur Gebrauch machen, wenn er ausdrücklich dazu ermächtigt worden ist. Im Falle einer Sachkapitalerhöhung muss er daneben ausdrücklich ermächtigt worden sein, eine solche durchzuführen (§ 205 Abs. 1 AktG).

---

[64] siehe oben Teil 2:Kapitel III:B)V. (S. 86)

(3) Zwischenergebnis

Der Vorstand ist beim Bezugsrechtsausschluss – ebenso wie die Hauptversammlung – an die materiellen Ausschlussvoraussetzungen gebunden. Soweit die Voraussetzungen eines vereinfachten Bezugsrechtsausschlusses vorliegen, bedarf es – mangels Rechtsbeeinträchtigung der Aktionärsrechte – keiner materiellen Ausschlussvoraussetzungen. Der Vorstand kann von einem vereinfachten Bezugsrechtsausschluss Gebrauch machen. Zwar werden die Aktionärsrechte beim Vorliegen der Erfordernisse eines vereinfachten Bezugsrechtsausschlusses nicht tangiert, hingegen besteht gegenüber der Schaffung eines genehmigten Kapitals unter Wahrung des Bezugsrechtes immer die Gefahr eines fehlerhaften Ausschlusses. Das Vertrauen der Hauptversammlung in den Vorstand zur fehlerfreien Durchführung vereinfachter Bezugsrechtsausschlüsse hat sich in einem entsprechenden Ermächtigungsbeschluss widerzuspiegeln.

d) Europarechtliche Vorgaben

Die obigen Erörterungen haben gezeigt, dass auch der Vorstand an die materiellen Ausschlussvoraussetzungen gebunden ist. Dieses Erfordernis soll im Folgenden auf seinen europarechtlichen Bestand geprüft werden.

Der Art. 29 Abs. 5 2. KpRL regelt den Bezugsrechtsausschluss im Rahmen des genehmigten Kapitals. Nach seinem Wortlaut sind keine materiellen Anforderungen vorgesehen. Der Gesetzgebungsgeschichte ist zu diesem Problem nichts zu entnehmen. Insofern ist auf den Sinn und Zweck der Vorschrift abzustellen. Die Richtlinie dient dem Schutz der Aktionäre vor einer Beeinträchtigung ihres derzeitigen politischen Einflusses und ihrer vermögensrechtlichen Beteiligung an der Gesellschaft durch die Mitgliedschaft im Rahmen von Kapitalerhöhungen.[65] Soll das Bezugsrecht von der Hauptversammlung ausgeschlossen werden, hat der Vorstand die Hauptversammlung zuvor zu informieren. Aus dieser Berichtspflicht leitet sich das materielle Erfordernis ab, wonach der Bezugsrechtsausschluss zumindest im Gesellschaftsinteresse liegen muss.[66] Die nationalen Gesetzgeber können diesen Schutz erweitern. Deshalb verstößt das materielle Erfordernis der sachlichen Rechtfertigung von Bezugsrechtsausschlüssen nicht gegen die zweite Kapitalrichtlinie.[67]

Auch im Rahmen des Art. 29 Abs. 5 2.KpRL müssen die materiellen Schranken des Abs. 4 beachtet werden.[68] Danach darf der Vorstand bei Ausnutzung des genehmigten Kapitals das Bezugsrecht nur ausschließen, wenn die materiellen Ausschlussvoraussetzungen vorliegen.[69] Ob diese materielle Schranke bereits bei der Ermächtigung des Vorstandes durch den Hauptversammlungsbeschluss einsetzt, ist umstritten. Der Wortlaut des Art. 29 Abs. 5 KpRL gibt für dieses

---

[65] siehe oben Teil 2:Kapitel II:E)III. (S. 46)
[66] siehe oben Teil 2:Kapitel II:E)IV. (S. 48)
[67] siehe oben Teil 2:Kapitel II:E)IV. (S. 48)
[68] *Drinkuth*, Kapitalrichtlinie S. 251; *Kindler*, ZHR 158 (1994) 339 [362]
[69] BGHZ 83, 319 [321 f.] (Holzmann); *Drinkuth*, Kapitalrichtlinie S. 251; *Kindler*, ZHR 158 (1994) 339 [362]

Problem nichts her.⁷⁰ Zwar wird hinsichtlich des Ermächtigungsbeschlusses auf Art. 29 Abs. 4 KpRL verwiesen, jedoch bleibt die Berichtspflicht des Abs. 4 von diesem Verweis ausgeklammert. Deswegen wird vereinzelt vertreten, dass der Ermächtigungsbeschluss der Hauptversammlung nicht der Inhaltskontrolle nach den Kriterien der sachlichen Rechtfertigung unterliegt.⁷¹ Die Richtlinie hindert die Mitgliedstaaten nicht am Ergreifen weitergehender Schutzmaßnahmen.⁷² Aus der Formulierung des Art. 29 Abs. 5 S. 1 KpRL ergibt sich eindeutig, dass der europäische Gesetzgeber es im Übrigen den nationalen Mitgliedstaaten überlässt, wie sie das genehmigte Kapital regeln wollen.⁷³ Danach „*können*" die Mitgliedstaaten entsprechende Vorschriften zum genehmigten Kapital erlassen. Eine Inhaltskontrolle des Ermächtigungsbeschlusses der Hauptversammlung verstößt daher nicht gegen Art. 29 Abs. 5 KpRL.⁷⁴ Danach dürfen die nationalen Gesetzgeber bei einem Bezugsrechtsausschluss im Rahmen des genehmigten Kapitals sowohl an den Ermächtigungsbeschluss der Hauptversammlung als auch an den Vorstandsbeschluss materiellen Anforderungen knüpfen.

e) Zwischenergebnis

Will der Vorstand das Bezugsrecht im Rahmen des genehmigten Kapitals ausschließen, ist er an die Voraussetzung der sachlichen Rechtfertigung sowohl aufgrund einer originären Pflicht zur Wahrung der Mitgliedschaftsrechte als auch an die Reichweite der ihm übertragenen Befugnisse gebunden. Eine Missbrauchskontrolle würde zu einer ungerechtfertigten Beschneidung der Aktionärsrechte führen. Dieses Ergebnis steht im Einklang mit der zweiten Kapitalrichtlinie.

2. *Bindung an die Vorgaben der Hauptversammlung*

Der Vorstand leitet die Gesellschaft unter eigener Verantwortung (§ 76 AktG). Er ist bei seinen Entscheidungen weder an Weisungen des Aufsichtsrates noch an Vorgaben einzelner Aktionäre gebunden.⁷⁵ Andererseits kann die Hauptversammlung den Ausschluss des Bezugsrechtes an das Vorliegen bestimmter Umstände bzw. an bestimmte Verwendungszwecke binden⁷⁶ und Vorgaben hinsichtlich der Bedingungen zur Aktienausgabe treffen⁷⁷. Dem Vorstand steht in diesen Fällen kein Ermessensspielraum zu.⁷⁸ Will er das Bezugsrecht ausschließen, ist er an die Vorgaben der Hauptversammlung gebunden.

---

⁷⁰ *Drinkuth*, Kapitalrichtlinie S. 252
⁷¹ *Kindler*, ZHR 158 (1994) 339 [363 f.]
⁷² siehe oben Teil 2:Kapitel II:E)IV. (S. 48)
⁷³ *Drinkuth*, Kapitalrichtlinie S. 252
⁷⁴ BGHZ 83, 319 [321 ff.] (Holzmann); *Drinkuth*, Kapitalrichtlinie S. 252
⁷⁵ AnwK-AktR/*Oltmanns* § 76 AktG Rdn. 7 f.; *Hüffer*, AktG § 76 Rdn. 10; KK/*Mertens* § 76 Rdn. 42
⁷⁶ *Hüffer*, AktG § 203 Rdn. 35; KK/*Lutter*, § 203 Rdn. 29
⁷⁷ siehe unten Teil 3:Kapitel IV:B) (S. 192)
⁷⁸ BGHZ 125, 263 [282]; *Hüffer*, AktG § 203 Rdn. 35; *Kindler*, ZGR 1998, 35 [52]; KK/*Lutter*, § 203 Rdn. 29; *Martens*; ZIP 1994, 669 [670]

3. Bindung an die gesetzlichen Bestimmungen

Hat die Hauptversammlung im Ermächtigungsbeschluss keinen Ausgabekurs bzw. lediglich einen Mindestbetrag bestimmt, obliegt bei Ausnutzung des genehmigten Kapitals die Festlegung des Ausgabebetrages dem Vorstand (§ 204 Abs. 1 S. 1 AktG). Er ist wie die Hauptversammlung an die Maßgaben des § 255 Abs. 2 AktG gebunden.[79] Schließt er das Bezugsrecht aus, darf er keinen unangemessen niedrigen Ausgabebetrag für die jungen Aktien festlegen.

B) Anforderung an den Aufsichtsrat

Der Aufsichtsrat überwacht die Geschäftsführung des Vorstandes (§ 111 Abs. 1 AktG). Dazu hat ihm der Vorstand regelmäßig und in besonderen Situationen unverzüglich einen Bericht zu erstatten (§ 90 AktG). Ein effektives Mittel der Aufsicht stellt der Zustimmungsvorbehalt dar (§§ 111 Abs. 4 S. 2; 202 Abs. 3 S. 2, 204 Abs. 1 AktG). Danach bedürfen vom Vorstand beabsichtigte Maßnahmen für ihre Wirksamkeit der Zustimmung des Aufsichtsrates. Die Überwachungspflicht umfasst nicht nur die Zweckmäßigkeit der Unternehmensleistung, sondern auch deren Rechtmäßigkeit.[80] Die Aufsichtsratsmitglieder haben bei der Wahrnehmung ihrer Aufgaben die Sorgfalt eines ordentlichen und gewissenhaften Aufsichtsratsmitglieds anzuwenden (§§ 116, 93 AktG). Zudem sind sie verpflichtet, die speziellen gesetzlichen Ge- und Verbote zu beachten, die Rechtsvorschriften für die unternehmerische Betätigung der Gesellschaft einzuhalten, das Unternehmensinteresse zu wahren sowie kollegial im Aufsichtsrat mitzuarbeiten.[81] Im Folgenden soll erörtert werden, wie der Aufsichtsrat seine Kontrolle bei Ausnutzung des genehmigten Kapitals ausübt. Zunächst wird die Variante des Ausschlusses durch den Vorstand und anschließend die Ausnutzung der Kapitalerhöhung mit Direktausschluss untersucht.

I. Entscheidung über den Bezugsrechtsausschluss

Macht der Vorstand von seiner Ermächtigung zum Bezugsrechtsausschluss Gebrauch, bedarf diese Entscheidung der Zustimmung des Aufsichtsrates (§ 204 Abs. 1 S. 2 AktG). Die Zustimmung ist eine Wirksamkeitsvoraussetzung für die vom Vorstand beschlossene Maßnahme.[82] Im Folgenden soll erörtert werden, wann der Aufsichtsrat dem Bezugsrechtsausschluss zustimmen darf und welche Anforderungen in diesem Zusammenhang an den Vorstand zu stellen sind.

1. Materielle Anforderungen an die Zustimmung

Mit dem Zustimmungserfordernis des § 204 Abs. 1 S. 2 AktG wird der Aufsichtsrat an der Geschäftsführung der Gesellschaft beteiligt.[83] Bei jedweden Ent-

---

[79] siehe oben Teil 3:Kapitel IV:A)II. (S. 191)
[80] *Lutter/Krieger*, Aufsichtsrat S. 27 Rdn. 72; *Semler*, Leitung und Überwachung S. 108 Rdn. 186
[81] *Raiser*, KapGesR § 15 Rdn. 102 (S. 212)
[82] GK/*Hirte* § 204 Rdn. 17; *Hefermehl/Bungeroth* in G/H/E/K § 204 Rdn. 2; *Hüffer*, AktG § 204 Rdn. 7; KK/*Lutter* § 204 Rdn. 16
[83] *Raiser*, KapGesR § 15 Rdn. 12 (S. 181)

scheidungen sind die Organe an das Gesellschaftsinteresse gebunden.[84] Insofern darf der Aufsichtsrat einem Bezugsrechtsausschluss des Vorstandes nur zustimmen, wenn die Maßnahme im Interesse der Gesellschaft liegt.
Indem die Aktionäre ihre Interessen auf die Gesellschaft übertragen haben, ist der Aufsichtsrat – ebenso wie der Vorstand – bei seinen Handlungen zur Wahrung der Aktionärsrechte angehalten.[85] Als Kontrollorgan nimmt er ohnehin seine Aufgaben auch zum Schutze der Hauptversammlung und der Aktionäre war.[86] Die Pflicht zur Wahrung der Aktionärsrechte begründet sich damit schon allein aus der Aufgabe des Organs im Verband. Weil der Aufsichtsrat zur Wirksamkeit des vom Vorstand beschlossenen Bezugsrechtsausschlusses mitwirken muss, hat er deshalb die Rechte der ausgeschlossenen Aktionäre zu wahren. Da ein Ausschluss des Bezugsrechtes immer in die Rechte der ausgeschlossenen Aktionäre eingreift, bedarf er der sachlichen Rechtfertigung.[87] An dieses Erfordernis ist auch der Aufsichtsrat gebunden. Deshalb darf er dem Ausschlussbeschluss des Vorstandes nur zustimmen, wenn die materiellen Voraussetzungen eines Bezugsrechtsausschlusses vorliegen.

2. Bericht

Die Zustimmung zum Bezugsrechtsausschluss des Vorstandes stellt eine Entscheidung des Aufsichtsrates dar. Entscheidungen des Aufsichtsrates werden in Form von Beschlüssen gefasst (§ 108 Abs. 1 AktG). Anstelle des Gesamtorgans kann auch ein Ausschuss des Aufsichtsrates entscheiden (§ 107 Abs. 3 AktG).[88] Damit der Aufsichtsrat bzw. der Ausschuss eine sorgfältige und sachgerechte Entscheidung treffen kann, muss er – ebenso wie die Hauptversammlung, die selbst eine Entscheidung über das Bezugsrecht fällt – umfassend informiert sein.[89] Der Vorstand hat deshalb alle entscheidungsrelevanten Umstände übersichtlich, vollständig und sachlich zutreffend im Bericht gem. § 90 Abs. 4 S. 1 AktG darzustellen.[90]

Der Bericht ist möglichst rechtzeitig und in Textform zu erstatten (§ 90 Abs. 4 S. 2 AktG). Entgegen dem Schriftformerfordernis des Vorstandsberichtes an die Hauptversammlung (§ 186 Abs. 4 S. 2 AktG), wonach sämtliche Vorstandsmitglieder den Bericht zu unterschreiben haben[91], genügt es, wenn der Bericht gem. § 126b BGB dauerhaft in Schriftzeichen wiedergegeben werden kann und der Erklärende erkennbar ist. Diese Anforderungen erfüllt das (Computer-)Fax, die Kopie oder eine Email.[92] Der Vorstand ist damit in der Lage, den Aufsichtsrat

---

[84] siehe oben Teil 2:Kapitel II:B)I. (S. 25)
[85] siehe oben Teil 3:Kapitel VI:A)II. 1.a) (S. 210)
[86] z.B. bei Zustimmung nach § 204 Abs. 1 AktG: KK/*Lutter* § 203 Rdn. 52
[87] siehe oben Teil 2:Kapitel II:B)II. (S. 26)
[88] GK/Hirte § 204 Rdn. 17; *Hüffer*, AktG § 204 Rdn. 7; KK/*Lutter* § 204 Rdn. 16
[89] *Semler*, Aufsichtsratsmitglieder Rdn. A 77; zur Berichtspflicht gegenüber der Hauptversammlung Teil 2:Kapitel V:A) (S. 95)
[90] *Hüffer*, AktG § 90 Rdn. 13; *Semler*, Aufsichtsratsmitglieder A 78
[91] siehe oben Teil 2:Kapitel V:C)I. (S. 107)
[92] MüKoBGB/*Einsele* § 126b Rdn. 9, 2

bzw. den Aufsichtsratsmitgliedern zeitnah über die geplante Maßnahme zu informieren. Damit der Aufsichtsrat alle Umständen eines Bezugsrechtsausschlusses prüfen und bewerten kann, muss er den Bericht rechtzeitig zur Kenntnis nehmen können. Von den Aufsichtsratsmitgliedern und im Besonderen von den Mitgliedern eines Ausschusses, welcher für bestimmte Entscheidungen eingerichtet wurde, kann ein gewisser Sachverstand vorausgesetzt werden. Dieser Sachverstand ermöglicht eine zügige Erfassung und Bewertung der Ausschlussumstände. Deshalb brauchen für den Bericht gegenüber dem Aufsichtsrat nicht die Fristen für die Berichterstattung gegenüber der Hauptversammlung[93] eingehalten zu werden. Ab dem Zeitpunkt der Grundsatzentscheidung des Vorstandes über die Ausnutzung des genehmigten Kapitals und den Ausschluss des Bezugsrechtes ist es ihm möglich, dem Aufsichtsrat einen entsprechenden Bericht vorzulegen. Rechtzeitig ist danach die Berichterstattung, wenn sie in den darauffolgenden Tagen erfolgt. Geht man davon aus, dass zwischen der Grundsatzentscheidung und dem Ausschlussbeschluss des Vorstandes und des Aufsichtsrates 30 Tage liegen[94], verbleibt dem Aufsichtsrat genügend Zeit, sich mit dem Bezugsrechtsausschluss auseinanderzusetzen.

II. Ausnutzung der Ermächtigung beim Direktausschluss

Die Hauptversammlung kann das Bezugsrecht bereits bei Schaffung eines genehmigten Kapitals ausschließen. Der Vorstand darf beim Vorliegen der von der Hauptversammlung vorgegebenen Umstände die Kapitalerhöhung unter Ausschluss des Bezugsrechtes durchführen. Indem der Vorstand die Entscheidung über das „Ob" der Ausnutzung des genehmigten Kapitals unter Bezugsrechtsausschluss trifft, wirkt er am Eingriff in die Mitgliedschaftsrechte der ausgeschlossenen Aktionäre mit. Es stellt sich deshalb die Frage, inwieweit diese Handlung der internen Kontrolle durch den Aufsichtsrat unterliegt. Im Folgenden soll erörtert werden, welche Aufgabe dem Aufsichtsrat bei der Ausnutzung der Kapitalerhöhung zukommt, wenn die Hauptversammlung das Bezugsrecht bereits im Ermächigungsbeschluss ausgeschlossenen hat.

a)   Direkte Anwendung des § 204 Abs. 1 S. 2 AktG

Ist der Vorstand auch zur Entscheidung über das Bezugsrecht ermächtigt worden (§ 203 Abs. 2 S. 1 AktG), bedarf die Entscheidung über einen Ausschluss der Zustimmung der Hauptversammlung (§ 204 Abs. 1 S. 2 AktG). Die Zustimmung des Aufsichtsrates ist eine Wirksamkeitsvoraussetzung für den Bezugsrechtsausschluss durch den Vorstand.[95] Hat die Hauptversammlung das Bezugsrecht selbst im Ermächtigungsbeschluss ausgeschlossen, ist der Ausschluss bereits

---

[93] siehe oben Teil 2:Kapitel V:C)II. (S. 110), Teil 2:Kapitel V:C)III. (S. 124)
[94] *Heinsius*, FS Kellermann S. 115 [124]
[95] GK/*Hirte* § 204 Rdn. 17; *Hefermehl/Bungeroth* in G/H/E/K § 204 Rdn. 2; *Hüffer*, AktG § 204 Rdn. 7; KK/*Lutter* § 204 Rdn. 16

225

wirksam.[96] Es bedarf keiner weiteren Erfordernisse. Eine direkte Anwendung der Zustimmungspflicht des Aufsichtsrates nach § 204 Abs. 1 S. 2 AktG zur Ausnutzung des genehmigten Kapitals, zu welchem die Hauptversammlung das Bezugsrecht bereits ausgeschlossen hat, besteht nicht.

b)   Analoge Anwendung des § 204 Abs. 1 S. 2 AktG

Eine analoge Zustimmungspflicht ist anzunehmen, wenn die Interessenlage bei Durchführung der Kapitalerhöhung unter Direktausschluss des Bezugsrechtes mit der Ausnutzung der Ermächtigung zum Bezugsrechtsausschluss vergleichbar wäre und eine Zustimmungspflicht planwidrig nicht geregelt wurde.

(1)   Gleiche Interessenlage

Grundsätzlich obliegt der Hauptversammlung die Entscheidung über den Inhalt der Aktienrechte, der Bedingungen zur Ausgabe (§ 204 Abs. 1 S. 1 AktG) und zum Bezugsrechtsausschluss (§ 203 Abs. 1 S. 1 i.V.m. § 186 Abs. 3 AktG). Überlässt die Hauptversammlung die Entscheidung dem Vorstand (§§ 203 Abs. 2, 204 Abs. 1 S. 1 AktG), hat der Aufsichtsrat die Rechtmäßigkeit der entsprechenden Vorstandsentscheidungen zu kontrollieren. Damit sollen unter anderem die Verletzungen von Rechten der Mitglieder ausgeschlossen werden. Um einen effektiven Schutz der Aktionärsrechte zu gewährleisten, ist die Wirksamkeit der Maßnahmen abhängig von der Zustimmung des Aufsichtsrates.[97] Der Zustimmungsvorbehalt bezweckt die präventive Kontrolle der Geschäftsführung.[98]

Ein Bezugsrechtsausschluss greift in die Rechte der ausgeschlossen Aktionäre ein. Deshalb obliegt die Entscheidung grundsätzlich der Hauptversammlung. Zudem muss der Eingriff in die Rechte der dissidierenden Aktionäre sachlich gerechtfertigt sein.[99] Eine Rechtfertigung ist abhängig von den jeweiligen Umständen. Hat die Hauptversammlung das Bezugsrecht im Ermächtigungsbeschluss ausgeschlossen, muss sie die Ausnutzung an das Vorliegen konkreter Umstände binden.[100] Sind diese Umstände zum Ausnutzungszeitpunkt nicht gegeben, scheidet eine Rechtfertigung des Eingriffes in die Aktionärsrechte der ausgeschlossenen dissidierenden Aktionäre aus. Da der Vorstand von der Ermächtigung auch Gebrauch machen kann, obwohl die entsprechenden Umstände nicht vorliegen, bleibt die Gefahr eines rechtswidrigen Bezugsrechtsausschlusses auch im Falle eines Direktausschlusses des Bezugsrechtes durch die Hauptversammlung bestehen. Die Aktionärsrechte bedürfen deshalb eines ebenso effektiven Schutzes wie bei der Entscheidung des Vorstandes über den Bezugsrechtsausschluss. Eine präventive Kontrolle des Ausschlusses durch den Aufsichtsrat in Form der Zustimmung kann eine Verletzung der Aktionärsrechte – ebenso wie bei der Entscheidung des Vorstandes über das Bezugsrecht – weit-

---

[96] siehe oben Teil 3:Kapitel V:B) (S. 202)
[97] i.E. GK/*Hirte* § 204 Rdn. 16 ff.; *Hüffer*, AktG § 204 Rdn. 1
[98] *Hüffer*, AktG § 111 Rdn. 16; MüKoAktG/*Semler* § 11 Rdn. 197
[99] siehe oben Teil 2:Kapitel II:B) (S. 24)
[100] siehe oben Teil 3:Kapitel IV:A)I. (S. 191)

gehend unterbinden. Die Interessenlage bei Ausnutzung des Direktausschlusses entspricht der bei einer Entscheidung des Vorstandes über den Bezugsrechtsausschluss.

(2) Planwidrige Regelungslücke

Eine planwidrige Regelungslücke liegt vor, wenn das Gesetz einen bestimmten Fall nicht oder nur unvollständig geregelt hat.[101] Das Gesetz hat den Direktausschluss in § 203 Abs. 2 S. 1 i.V.m. § 186 Abs. 3 AktG geregelt. Eine Zustimmung des Aufsichtsrates bei Ausnutzung der Ermächtigung durch den Vorstand ist nicht vorgesehen. Dem gesetzgeberischen Willen kann nicht entnommen werden, dass in diesem Fall die Handlung des Vorstandes lediglich der allgemeinen Kontrolle des Aufsichtsrates unterliegen soll. Vielmehr ist davon auszugehen, dass der Gesetzgeber die Gefahrensituation für die Aktionäre bei Ausnutzung des genehmigten Kapitals, bei dem die Hauptversammlung das Bezugsrecht direkt ausschließt, verkannt hat. Ebenso kann der systematischen Stellung des Direktausschlusses und dessen Sinn nicht zu entnommen werden, dass die Gefahrenlage für die Aktionärsrechte bei Ausnutzung durch den Vorstand ungefährlicher sei als bei einer eigenen Entscheidung des Vorstandes über den Bezugsrechtsausschluss und dass der Direktausschluss deshalb lediglich der allgemeinen Kontrolle des Aufsichtsrates unterliegen soll. Insofern ist anzunehmen, dass die Kontrolle der Ausnutzung des genehmigten Kapitals unter Direktausschluss des Bezugsrechtes durch die Hauptversammlung planwidrig ungeregelt geblieben ist.

c) Zwischenergebnis

Die Schutzbedürftigkeit der Aktionäre vor einer rechtswidrigen Ausnutzung des genehmigten Kapitals, bei dem die Aktionäre selbst das Bezugsrecht ausgeschlossen haben, entspricht der eines vom Vorstand beschlossenen Bezugsrechtsausschlusses. Bezüglich des Schutzes der Aktionäre ist das Gesetz in diesem Fall lückenhaft. Deshalb gebietet sich eine analoge Anwendung der Regelung des § 204 Abs. 1 S. 2 AktG auf den Fall des genehmigten Kapitals, in welchem die Hauptversammlung selbst das Bezugsrecht für einen bestimmten Fall ausgeschlossen hat. Der Aufsichtsrat hat dem Beschluss des Vorstandes zuzustimmen.[102] Hinsichtlich der materiellen und formellen Anforderungen an den Zustimmungsbeschluss des Aufsichtsrates kann auf die Erfordernisse bei einer Zustimmung zum Beschluss über das Bezugsrecht durch den Vorstand verwiesen werden.[103]

C) Anforderungen an den Registerrichter

Der Vorstand und der Aufsichtsrat haben bei Ausnutzung des genehmigten Kapitals die Durchführung der Kapitalerhöhung zum Handelsregister anzumelden

---

[101] *Larenz*, Methodenlehre S. 259
[102] BGHZ 136, 133 [140] (Siemens/Nold)
[103] siehe oben Teil 3:Kapitel VI:B)I. (S. 223)

(§ 203 Abs. 1 S. 1 i.V.m. § 188 AktG). Der Registerrichter ist verpflichtet, jedwede Anmeldungen auf ihre formelle und materielle Richtigkeit zu prüfen.[104] Leidet die Durchführung der Kapitalerhöhung an Mängeln, wird überwiegend vertreten, dass der Registerrichter die Eintragung abzulehnen hat, wenn der Fehler ausschließlich das Interesse der Gläubiger, künftiger Aktionäre oder des Aktienwesens betrifft.[105] Da der Aufsichtsrat mit seiner Kontrolle über die Rechtmäßigkeit des Bezugsrechtsausschlusses im Interesse der Aktionäre tätig wird, ergebe sich für den Registerrichter nicht die Pflicht zur Prüfung, ob der Aufsichtstat den Maßnahmen hätte zustimmen dürfen.[106] Wurde eine Eintragungspflicht des Registerrichters bezüglich eines anfechtbaren Hauptversammlungsbeschlusses für den Fall bejaht, weil der Mangel ausschließlich die Aktionärsinteressen tangiert[107], kann dieses Ergebnis nicht ohne weiteres auf die Prüfungspflicht des Registerrichters bei Durchführung der Kapitalerhöhung übertragen werden. Den vom Hauptversammlungsbeschluss betroffenen Aktionären räumt das Gesetz spezielle Rechtsschutzmöglichkeiten ein (§§ 241 ff. AktG). Vergleichbare Regelungen fehlen bei der Ausnutzung des genehmigten Kapitals. Zutreffend wird davon ausgegangen, dass der Registerrichter zugleich die Aufgabe einer Rechtsaufsichtsbehörde innehat.[108] Diese Auffassung stützt sich zum Teil auf das Fehlen von Rechtsschutzmöglichkeiten der Allgemeinheit gegen beeinträchtigende Beschlüsse der Hauptversammlung.[109] Hat die Hauptversammlung dem Vorstand die Entscheidung zur Ausnutzung des genehmigten Kapitals überlassen, entledigen sich die Aktionäre der Rechtsschutzmöglichkeit, gegen fehlerhafte Kapitalerhöhungsmaßnahmen nach §§ 241 ff. AktG vorzugehen. Sie befinden sich damit in der gleichen Situation, wie Gläubiger oder zukünftige Aktionäre. Danach hat der Registerrichter zu prüfen, ob sich der Vorstand bei der Ausnutzung des genehmigten Kapitals und beim Bezugsrechtsausschluss im Rahmen seiner Ermächtigung bewegt hat.

Hingegen kann er zwar zu prüfen, ob die Rechte und Interessen der Aktionäre durch die Kapitalerhöhung verletzt worden sind, darf sich hingegen nicht über den Willen der einzelnen Aktionäre hinwegsetzen. Es wurde im ersten Teil ausgeführt, dass die Aktionäre einen Eingriff in ihre Rechte billigen können, indem sie für rechtswidrigen Bezugsrechtsausschluss stimmen bzw. nicht gegen einen solchen im Wege der Anfechtungsklage vorgehen.[110] Der Registerrichter würde sich über das Selbstbestimmungsrecht der Aktionäre hinwegsetzen. Hinzu kommt, dass ihm nicht alle Informationen zur Beurteilung der Rechtmäßigkeit des Bezugsrechtsausschlusses vorliegen werden.

---

[104] *Bassenge/Herbst*, FGG § 125 Rdn. 8 ff., 17 ff.; *Keidel/Kuntze/Winkler*, FG § 127 Rdn. 1 ff.
[105] *Hüffer*, AktG § 204 Rdn. 9; KK/*Lutter* § 203 Rdn. 52; mit Pflicht zur Abwägung bei Beeinträchtigung der Aktionärsinteressen: GK/*Hirte* § 204 Rdn. 20
[106] KK/*Lutter* § 204 Rdn. 52
[107] siehe oben Teil 2:Kapitel VI:C) (S. 179)
[108] GK/*Wiedemann* § 181 Rdn. 25, *Lutter*, NJW 1969, 1873 [1878]
[109] *Lutter*, NJW 1969, 1873 [1877 ff.]
[110] siehe oben Teil 2:Kapitel III:A)IV. (S. 69)

D) Rechtsfolgen eines rechtswidrigen Beschlusses

Ist die Vorstandsentscheidung fehlerhaft, weil die Voraussetzungen für einen Bezugsrechtsausschluss nicht vorliegen oder der Ausgabebetrag zu niedrig festgesetzt wurde, oder fehlt es an der Zustimmung des Aufsichtsrates, ist der Beschluss unwirksam. Da der Vorstand verpflichtet ist die Rechtsvorschriften einzuhalten[111], darf er einen unwirksamen Beschluss über die Kapitalerhöhung und den Bezugsrechtsausschluss nicht ausführen.[112] Das bedeutet, er darf ihn nicht zur Grundlage von Zeichnungsverträgen, Anmeldungen oder anderen Rechtsgeschäften bzw. rechtlichen Handlungen machen.

Etwaige Wirksamkeitshindernisse im Innenverhältnis lassen hingegen die Wirksamkeit von Rechtsgeschäften bzw. rechtlichen Handlungen im Außenverhältnis unberührt (§ 82 Abs. 1 AktG). Bei internen Maßnahmen und Beschlüssen fehlt es, mangels Eintragungsfähigkeit in das Handelsregister, an Publizität.[113] Deshalb kann weder eine Legalitätskontrolle durch den Registerrichter noch durch andere Organe oder Organmitglieder der Gesellschaft stattfinden. Ebenso wenig können Dritte erkennen, ob der Beschluss gegen das Gesetz oder die Satzung verstößt. Für sie ist lediglich erkennbar, dass die Kapitalerhöhung durchgeführt worden ist. Deshalb kann aus Gründen des Rechtsschutzes eine rechtswidrig durchgeführte Kapitalerhöhung nicht mehr angegriffen werden. Der Abschluss von Zeichnungsverträgen und die Anmeldung zur Eintragung der durchgeführten Kapitalerhöhung ist spätestens mit Eintragung der Kapitalerhöhung ins Handelsregister wirksam.[114] Gleichzeitig sind die Mitgliedschaften der jungen Aktien mit dem vom Vorstand festgesetzten Inhalt wirksam entstanden.[115]

---

[111] MüKoAktG/*Hefermehl/Spindler* § 93 Rdn. 19; *Raiser*, KapGesR § 14 Rdn. 66 (S. 160 f.)
[112] GK/*Hirte* § 204 Rdn. 19; KK/*Lutter* § 204 Rdn. 23 f.; *Klette*, BB 1968, 1101 [1102];
[113] KK/*Lutter* § 204 Rdn. 25
[114] *Hüffer*, AktG § 204 Rdn. 8; KK/*Lutter* § 204 Rdn. 24 f.; *Klette*, BB 1968, 1101 [1102]; a.A.: Wirksamkeit mit Eintragung: GK/*Hirte* § 204 Rdn. 21; MüHdbAG/*Krieger* § 58 Rdn. 57
[115] GK/*Hirte* § 204 Rdn. 21; *Hüffer*, AktG § 204 Rdn. 8; AktG KK/*Lutter* § 204 Rdn. 25 ff.; *Klette*, BB 1968, 1101 [1102]

Kapitel VII: Rechtsschutzmöglichkeiten der Aktionäre bei Ausnutzung des Ermächtigungsbeschlusses

Hat der Vorstand einen rechtswidrigen Beschluss über das Bezugsrecht gefasst und ist er gewillt diesen umzusetzen, stellt sich die Frage, wie die Aktionäre eine bevorstehende Beeinträchtigung ihrer Rechte und Interessen abwehren können. Im Folgenden sollen die Rechtsschutzmöglichkeiten der Aktionäre vor einem fehlerhaften Bezugsrechtsausschluss erörtert werden.

A) Nichtigkeits- und Anfechtungsklagen, §§ 241 ff. AktG

Im Rahmen einer ordentlichen Kapitalerhöhung können die Aktionäre einen von der Hauptversammlung rechtswidrig beschlossenen Bezugsrechtsausschluss im Wege von Anfechtungs- und Nichtigkeitsklagen (§§ 241 ff. AktG) abwehren.[116] Insofern stellt sich die Frage, ob eine Anfechtung auch gegen rechtswidrige Organbeschlüsse möglich ist.

Der Nichtigkeits- und Anfechtungsklage im Aktienrecht kommt eine Doppelfunktion zu. Zum einen sind sie negatorische Klagen und zum anderen Gestaltungsklagen.[117] Als negatorische Klagen dienen sie dem Verbandsmitglied zur Abwehr rechtswidrigen Verbandshandelns.[118] Die Nichtigkeits- und Anfechtungsklagen nach §§ 241 ff. AktG können nach ihrem klaren Wortlaut nur gegen Hauptversammlungsbeschlüsse gerichtet werden.[119] Dennoch wird vertreten, dass in Fällen, in denen die Hauptversammlung Kompetenzen auf den Vorstand übertragen hat, die Vorstandsbeschlüsse in gleicher Weise anfechtbar sein müssten, wie entsprechende Hauptversammlungsbeschlüsse, weil der Rechtsschutz gegenüber fehlerhaften Beschlüssen der Gesellschaftsorgane nicht hinter dem Rechtsschutz gegenüber Hauptversammlungsbeschlüssen zurückbleiben darf.[120]

I. Analoge Anwendung der Nichtigkeits- und Anfechtungsklagen auf Beschlüsse des Vorstandes und Aufsichtsrates

Die Anwendung der Regeln über die Nichtigkeits- und Anfechtungsklagen gegen Beschlüsse des Aufsichtsrates bzw. Vorstandes durch ein Organmitglied ist umstritten. In der Literatur wird sie überwiegend für weniger schwerwiegende Verstöße befürwortet.[121] Auch bei Aufsichtsratsbeschlüssen bestehe ein Bedürfnis nach Rechtssicherheit, dem die herkömmliche Ansicht, die von der grundsätzlichen Nichtigkeit aller inhaltlich und verfahrensmäßig fehlerhaften Beschlüsse ausgeht, nicht hinreichend Rechnung trage.

---

[116] siehe oben Teil 2:Kapitel VI:A) (S. 129)
[117] *K. Schmidt*, GesR § 21 V. 2. (S. 646); *ders.*, FS Semler S. 329 [331]
[118] GK/*K. Schmidt* § 246 Rdn. 9; *K. Schmidt*, GesR § 21 V. 2. (S. 646)
[119] vgl. Abschnittsüberschrift „Nichtigkeit von Hauptversammlungsbeschlüssen" sowie einzelnen Tatbestände der §§ 241 ff. AktG
[120] klägerische Auffassung in OLG Frankfurt/M, BB 2003, 1975 [1976]
[121] *Axhausen*, Anfechtbarkeit S. 157 ff.; *Lemke*, Fehlerhafte Aufsichtsratsbeschluß S. 94 ff. jeweils m.w.N.

Der Bundesgerichtshof, ihm folgende Instanzgerichte sowie Teile der Literatur lehnen eine entsprechende Anwendung der Anfechtungsregeln strikt ab.[122] Für eine analoge Anwendung der Anfechtungsvorschriften fehle es an einer vergleichbaren Lage. Die Abgrenzungen der §§ 241, 243 AktG passen nicht auf Aufsichtsratsbeschlüsse. Das Vertrauen der Öffentlichkeit bzw. einer unbestimmten Vielzahl von gegenwärtigen und künftigen Aktionären in den Bestand der Entscheidungen des Aufsichtsrates sei nicht in dem Maße gegeben wie bei einem Hauptversammlungsbeschluss. Zudem entfalten die Entscheidungen des Aufsichtsrates regelmäßig nur interne Wirkung.
Der letzteren Auffassung ist zuzustimmen. Eine analoge Anwendung der Anfechtungsvorschriften nach §§ 241 ff. AktG ist sowohl für Klagen der Organmitglieder als auch für Klagen anderer Organe oder Organmitglieder – einschließlich einzelner Aktionäre – abzulehnen. Zum einen passen die Anfechtungsregelungen der §§ 241 ff. AktG und deren Rechtsfolgen nicht auf fehlerhafte Organbeschlüsse. Die Regelungen der §§ 241 ff. AktG sind an die Entscheidungsbefugnisse der Hauptversammlung nach § 119 AktG gebunden. Erfasst werden insbesondere Interessenkonflikte der Aktionäre, welche sich bei Handlungen der anderen Organe nicht in dieser Art stellen können bzw. zu ungerechtfertigten Ergebnissen führen. Würde der Vorstand bzw. Aufsichtsrat Beschlüsse treffen können, welche der Gesellschaft zum Schaden gereichen, und ein Rechtsschutz dennoch ausscheiden, weil sie diese Beeinträchtigung analog § 243 Abs. 2 S. 2 AktG kompensieren dürften, läge darin ein Widerspruch zur Pflicht des Vorstandes bzw. des Aufsichtsrates, allein im Gesellschaftsinteresse zu handeln[123]. Ebenso kann nicht die Anfechtungsfrist des § 246 Abs. 1 AktG pauschal übernommen werden. Zum Schutze des Rechtsverkehrs hat die Anfechtungsfrist für Hauptversammlungsbeschlüsse zweifellos ihre Berechtigung. Das Interesse Einzelner an einer längeren Anfechtungsfrist hat dahinter zurückzutreten. Bezüglich fehlerhafter Vorstands- und Aufsichtsratsbeschlüsse wäre eine Übertragung dieser Regelung verfehlt. Aufgrund der vorwiegend internen Wirkung dieser Beschlüsse bedarf der Rechtsverkehr keines so umfangreichen Schutzes wie bei Hauptversammlungsbeschlüssen.[124] Den Organen ist es wegen der begrenzten Zahl von Mitgliedern möglich, sich über Meinungsverschiedenheiten bezüglich der Wirksamkeit von Beschlüssen auch außerhalb des Gremiums zu verständigen und binnen eines überschaubaren Zeitraumes eine sachgerechte Entscheidung herbeizuführen.[125] Zudem ist ein Schutz des Rechtsverkehrs immer dann verfehlt, wenn es lediglich um gesellschaftsinterne Angelegenheiten geht, welche keine Außenwirkung entfalten. Würden anderseits fehlerhafte Beschlüsse das Innenverhältnis empfindlich stören und müssten sie deshalb aufge-

---

[122] BGHZ 122, 342 [347 ff.]; 124, 211 [125]; OLG Frankfurt/M BB 2003, 1975 [1976]; *Hüffer*, ZGR 2001, 833 [869 ff.]; MüKoAktG/*Hüffer* § 241 Rdn. 102
[123] zur Bindung der Organe an das Gesellschaftsinteresse siehe oben Teil 2:Kapitel II:B)I. (S. 25)
[124] BGHZ 122, 342 [348]; *Hüffer*, AktG § 108 Rdn. 19; KK/*Lutter* § 204 Rdn. 23
[125] BGHZ 122, 342 [348]

hoben werden, stände einer Beseitigung die Regelung des § 242 Abs. 2 S. 1 AktG entgegen. Danach können nichtige Beschlüsse nicht mehr angegriffen werden, wenn sie bereits drei Jahre im Handelsregister eingetragen sind. Würde man die Anfechtung von Beschlüssen durch ein anderes Organ bzw. Organmitglied zulassen, müssten die Organe jeweils über die Beschlüsse des anderen Organs umfassend berichten bzw. einen Beobachter entsenden dürfen.[126] Das widerspricht der eindeutigen Kompetenzzuordnung des Aktiengesetzes. Zum einen ist allein der Aufsichtsrat zur Überwachung der Geschäftstätigkeit des Vorstandes berufen (§ 111 Abs. 1 AktG), zum anderen hat der Vorstand den Aufsichtsrat nur über bestimmte Geschäfte zu informieren (§ 90 AktG) und dieser ist nur in bestimmten Fällen an der Geschäftsführung zu beteiligen (§ 111 Abs. 4 S. 2 AktG). Könnten sämtliche Organe bzw. Organmitglieder – einschließlich der Aktionäre – Vorstandsbeschlüsse im Wege der Anfechtungs- und Nichtigkeitsklage angreifen, bestände die Gefahr, dass der Vorstand seine Tätigkeit nicht mehr eigenverantwortliche (§ 76 Abs. 1 AktG) wahrnehmen könnte. Eine analoge Anwendung der Anfechtungsvorschriften der §§ 241 ff. AktG aus Gründen der Rechtssicherheit ist deshalb abzulehnen.

II. Begründung eines Anfechtungsrechtes infolge der Übertragung von Hauptversammlungsbefugnissen auf ein anderes Organ

Eine Anwendung der Anfechtungsvorschriften gegen Hauptversammlungsbeschlüsse könnte sich aus der Übertragung der Hauptversammlungsbefugnisse auf den Vorstand ergeben. Beschließt die Hauptversammlung einen Bezugsrechtsausschluss, können die dissidierenden Aktionäre diesen Beschluss anfechten. Indem die Entscheidung auf den Vorstand übertragen wird, liegt es nahe, dass der Vorstandsbeschluss zum Bezugsrechtsausschluss ebenso anfechtbar wäre.

Die Übertragung der Hauptversammlungsbefugnisse auf den Vorstand ändert nichts am Charakter der Vorstandsbeschlüsse. Zwar ist das ermächtigte Organ mit der Übertragung an die rechtlichen Grenzen des übertragenden Organs gebunden.[127] Nicht allein deshalb gelten die Rechtsschutzmöglichkeiten gegen Beschlüsse des übertragenden Organs auch für Beschlüsse des ermächtigten Organs. Die Anfechtungsregelungen der §§ 241 ff. AktG sind speziell auf mögliche Mängel des Hauptversammlungsbeschlusses und dessen Wirkung angepasst. Mit der Übertragung einer Befugnis der Hauptversammlung wird nicht zugleich der Charakter des Hauptversammlungsbeschlusses auf den Vorstand übertragen. Der Vorstandsbeschluss hat entgegen dem Hauptversammlungsbeschluss lediglich interne Wirkung. Deshalb ist auch nur die Durchführung der Kapitalerhöhung (§§ 203 Abs. 1 S. 1, 188 AktG), nicht der Beschluss des Vorstandes, in das Handelsregister anzumelden. Zudem entledigt sich die Hauptversammlung bewusst ihrer Rechtsschutzmöglichkeiten gegen mögliche inhaltliche Fehler einer

---

[126] vgl. Teilnahmerecht des Vorstandes und Aufsichtsrates an Hauptversammlung nach § 118 Abs. 2 S. 1 AktG

[127] siehe oben Teil 3:Kapitel VI:A)II. 1.b) (S. 210)

Kapitalerhöhung und eines Bezugsrechtsausschlusses. Die Übertragung von Befugnissen beruht auf Vertrauen.[128] Das Vertrauen besteht vorwiegend darin, dass der Ermächtigte die Befugnis rechtmäßig ausübt. Mit der Übertragung begibt der Ermächtigende seine Befugnis in die Sphäre des Ermächtigten. Das bedeutet zugleich, dass er im Falle eines Missbrauches grundsätzlich an die formellen Rechtsschutzmöglichkeiten gebunden ist, welchen der Ermächtigte unterliegt. Besondere Rechtsschutzmöglichkeiten können nicht erschaffen werden (§ 23 Abs. 5 AktG).
Eine analoge Anwendung der Anfechtungsregelungen der §§ 241 ff. AktG auf Aufsichtsrats- und Vorstandsbeschlüsse ist deshalb unzulässig.[129]

III. Zusammenfassung

Die besonderen Rechtsschutzmöglichkeiten der Aktionäre gegen fehlerhafte Beschlüsse der Hauptversammlung nach §§ 241 ff. AktG lassen sich nicht auf fehlerhafte Aufsichtsrats- und Vorstandsbeschlüsse übertragen. Demzufolge können Aktionäre nicht im Wege einer Nichtigkeits- bzw. Anfechtungsklage gem. §§ 241 ff. AktG gegen fehlerhafte Vorstands- und Aufsichtsratsbeschlüsse vorgehen.

B) Feststellungs- und Unterlassungsklagen

Scheiden die speziellen Rechtsschutzmöglichkeiten der Nichtigkeits- und Anfechtungsklage (§ 241 ff. AktG) aus, ist fraglich, ob daneben die allgemeinen Rechtsschutzmöglichkeiten, wie eine Unterlassungs- und Feststellungsklage, gegeben sind.

I. Unterlassungsklage

Grundsätzlich kann sich der Aktionär gegen bevorstehende Rechtsbeeinträchtigungen im Wege einer Unterlassungsklage zur Wehr setzten. Bei Verletzung der mitgliedschaftlichen Rechte steht ihm ein Unterlassungsanspruch nach Holzmüller zu.[130] Greift die Maßnahme in die Mitgliedschaft ein, hat er daneben einen allgemeinen deliktischen Unterlassungsanspruch nach §§ 823 Abs. 1, 1004 BGB.[131]
Schließt der Vorstand das Bezugsrecht der Aktionäre aus, obwohl die gegebenen Umstände einen solchen Ausschluss nicht rechtfertigen, verletzt dies das der Mitgliedschaft immanente Bezugsrecht der Aktionäre sowie deren konkreten Bezugsanspruch.[132] Sowohl bei dem Bezugsrecht als auch bei dem Bezugsanspruch handelt es sich um Mitgliedschaftsrechte (§ 186 Abs. 1 S. 1 AktG). Insofern haben die potentiell betroffenen Aktionäre gegen die bevorstehende Beein-

---

[128] siehe oben Teil 3:Kapitel VIII:C)III. 2 (S. 262)
[129] siehe oben Teil 3:Kapitel VII:A)I. (S. 231)
[130] siehe oben Teil 3:Kapitel V:B)I. (S. 203)
[131] siehe oben Teil 3:Kapitel V:B)II. (S. 204)
[132] siehe oben Teil 2:Kapitel VI:B)I. 1.c)(1) (S. 152)

trächtigung einen mitgliedschaftlichen Unterlassungsanspruch nach Holzmüller, welchen sie im Wege einer Unterlassungsklage geltend machen können. Zudem hat die Gesellschaft – einschließlich ihrer Organe – auf die Mitgliedschaft der Aktionäre, im Sinne eines sonstigen Rechtes nach § 823 Abs. 1 BGB[133], ebenso wie auf sonstige absolute Rechte Dritter Rücksicht zu nehmen. Ein sachlich nicht gerechtfertigter Bezugsrechtsausschluss verletzt die Mitgliedschaft der Aktionäre i.S.d. § 823 Abs. 1 AktG.[134] Dem Aktionär steht deshalb gegen bevorstehende Beeinträchtigungen der Mitgliedschaft infolge eines Bezugsrechtsausschlusses ein Abwehranspruch aus §§ 823 Abs. 1, 1004 BGB zu. Zusammenfassend kann festgehalten werden, dass im Falle eines bevorstehenden rechtswidrigen Bezugsrechtsausschlusses durch den Vorstand der potentiell betroffene Aktionär sowohl einen verbandsrechtlichen Anspruch auf Unterlassung dieser Maßnahme – da sein Recht auf Bezug junger Aktien gem. § 186 Abs. 1 S. 1 AktG verletzt wird – als auch einen deliktsrechtlichen Unterlassungsanspruch gem. §§ 823 Abs. 1, 1004 BGB – wegen einer Beeinträchtigung seiner Mitgliedschaft – hat. Um rechtzeitig eine vorbeugende Unterlassungsklage gegen Maßnahmen des Vorstandes erheben zu können, benötigen die Aktionäre in tatsächlicher Hinsicht Kenntnis vom rechtswidrigen Vorstandshandeln. Sollen die jungen Aktien am amtlichen Markt gehandelt werden, haben die Aktionäre vor Einführung der Aktien die Möglichkeit der Kenntnisnahme von den Gründen eines Bezugsrechtsausschlusses.[135] Hingegen bleiben ihnen die konkreten Umstände unbekannt. Inwiefern der Vorstand verpflichtet ist, den Aktionären Informationen über die geplante Maßnahme zur Verfügung zu stellen, soll an späterer Stelle ausführlich erörtert werden.[136]

II. Feststellungsklage

Neben der Unterlassungsklage wird zum Teil vertreten, dass auch eine Feststellungsklage statthaft sein soll, um die Durchführung einer beschlossenen Maßnahme zu unterbinden.[137] Feststellungsurteile sind nicht vollstreckbar.[138] Hat die Klage eine Leistung bzw. ein Unterlassen zum Gegenstand, richtet sich das Begehren sowohl auf Feststellung, dass dem Kläger ein bestimmter Anspruch zusteht, darüber hinaus auf das Erlangen eines Vollstreckungstitels, um die Handlung bzw. das Unterlassen tatsächlich durchsetzen zu können. Es wäre danach ein Umweg, wenn man zunächst auf Feststellung des Bestehens klagen könnte und sodann nochmals auf Leistung klagen müsste, um einen erforderlichen Vollstreckungstitel zu erlangen. Kann der Kläger auf Leistung oder Unterlassung

---

[133] siehe oben Teil 2:Kapitel VI:B)I. 2.a)(2) (S. 156)
[134] siehe oben Teil 2:Kapitel VI:B)I. 2.a)(2) (S. 156)
[135] Diese Möglichkeit besteht auch bei Einführung im geregelten Markt oder Freiverkehr, soweit Börsen entsprechende Regelungen getroffen haben.; siehe oben Teil 3:Kapitel IX:A)II. (S. 270)
[136] siehe unten Teil 3:Kapitel VIII: (S. 253)
[137] BGHZ 136, 133 [141] (Siemens/Nold); *Hirte*, Bezugsrechtsausschluß und Konzernbildung S. 207; KK/*Lutter* § 203 Rdn. 45
[138] Zöller/*Stöber* § 704 Rdn. 2

klagen, entfällt deshalb regelmäßig das Feststellungsinteresse.[139] Dennoch ist die Erhebung einer Feststellungsklage neben der Möglichkeit zur Erhebung einer Unterlassungsklage zulässig, wenn die Durchführung des Feststellungsverfahrens unter dem Gesichtspunkt der Prozesswirtschaftlichkeit zu einer sinnvollen und sachgemäßen Erledigung der strittigen Punkte führt.[140] Dass ist dann der Fall, wenn zu erwarten ist, dass sich der Beklagte dem Feststellungsurteil beugen wird.[141] Von einer solchen Leistungsbereitschaft wird bei Klagen gegen öffentlich-rechtliche Körperschaften und Anstalten ausgegangen.[142] Aufgrund der Hierarchie in der Verwaltung, hat der Kläger die Möglichkeit, seinen festgestellten Anspruch bei der nächst höheren Behörde geltend zu machen. Diese kann verbindliche Weisungen an die zuständige Behörde erteilen, um dem klägerischen Anspruch beizukommen. Zudem ist die Zwangsvollstreckung in juristische Personen des öffentlichen Rechtes dadurch erschwert (§ 882 a ZPO), dass auch aus Gründen der Prozesswirtschaft ein Feststellungsurteil im Ergebnis die gleiche Wirkung wie ein Leistungsurteil zeigt.[143]

Beim Vorstand einer Aktiengesellschaft soll generell von einem Willen zum rechtmäßigen Handeln ausgegangen werden, sodass er sich allein aufgrund eines feststellenden Urteils rechtmäßig verhalten wird.[144] Eine gesetzliche Vermutung zum generellen Willen des rechtmäßigen Handelns des Vorstandes gibt es nicht. Vielmehr ist das Gegenteil zutreffend. Nach § 93 Abs. 2 S. 2. AktG hat der Vorstand zu beweisen, dass er im Falle eines ursächlichen Schadens nicht pflichtwidrig gehandelt hat. Ebenso hat er bei Schäden der Gesellschafter aufgrund der Befolgung von Weisungen einzelner Aktionäre zu beweisen, dass seine Handlungen nicht gegen die gesetzlichen Pflichten verstoßen haben (§ 117 Abs. 2 S. 2 AktG). Würde das Aktiengesetz davon ausgehen, dass der Vorstand generell den Willen zum rechtmäßigen Handeln hätte, müsste man dem Kläger nach §§ 93 Abs. 2, 117 Abs. 2 AktG erhöhte Darlegungs- und Beweispflichten auferlegen. Das Aktiengesetz weicht vom Grundsatz, dass der Kläger die anspruchsbegründenden Tatbestandsmerkmale, somit auch die Pflichtwidrigkeit, darzulegen und zu beweisen hat[145], zuungunsten des Vorstandes ab. Aufgrund dieser Umstände kann nicht davon ausgegangen werden, dass der Vorstand stets den Willen zum rechtmäßigen Handeln besitzt. Zudem fehlt es der Aktiengesellschaft an einer der öffentlich-rechtlichen Verwaltung angelehnten Hierarchie. Der Kläger kann sich mit seinem festgestellten Anspruch nicht an eine höhere Institution der Gesellschaft wenden, welche verbindliche Anweisung an den Vorstand erteilt, wie es bei öffentlich-rechtlichen Körperschaften bzw. Anstalten der Fall ist. Der Vorstand ist – entgegen dem öffentlich-rechtlichen Instanzenzug – nicht an Weisungen gebunden (§ 76 Abs. 1 AktG).

---

[139] BGH NJW 1984, 1118 [119]; 1996, 452 [453]; MüKoZPO/*Lüke* § 256 Rdn. 49
[140] BGH NJW 1984, 1118 [119]; NJW 1996, 2735 [2726]; MüKoZPO/*Lüke* § 256 Rdn. 50
[141] BGHZ 27, 190 [195 f.]; 130, 115 [20]; BGH NJW 1997, 2321
[142] schon RG JW 1938, 892 [893]; BGHZ 28, 123 [126]; BGH NJW 1984, 1118 [1119]
[143] MüKoZPO/*Lüke* § 256 Rdn. 50
[144] *Hirte*, Bezugsrechtsausschluss und Konzernbildung S. 207; *Lutter*, BB 1981, 861 [864]
[145] BGH NJW 1985, 1774 [1775]; *Rosenberg/Schwab/Gottwald*, ZPO § 114 Rdn. 10

Zusammenfassend kann festgehalten werden, dass bei Klagen von Organen oder Aktionären gegen den Vorstand keine besonderen Umstände vorliegen, die eine Ausnahme vom Grundsatz der Subsidiarität der Feststellungsklage gegenüber der Leistungsklage rechtfertigen. Will der Aktionär den Vorstand zum Unterlassen des Bezugsrechtsausschlusses anhalten, muss er eine Unterlassungsklage einreichen.

C) Schadensersatzansprüche der Aktionäre

Hat der Registerrichter die Durchführung der Kapitalerhöhung in das Handelsregister eingetragen (§§ 203 Abs. 2 S. 1, 188 AktG), ist das Kapital erhöht und die neuen Mitgliedschaftsrechte sind entstanden.[146] Wurde das Bezugsrecht rechtswidrig ausgeschlossen, sind die Aktien Dritten oder nur einzelnen Aktionären zugeteilt worden, wurde – wie bei einem rechtswidrigen Bezugsrechtsausschluss im Rahmen einer ordentlichen Kapitalerhöhung – sowohl der Anspruch auf Bezug junger Aktien gem. §§ 203 Abs. 1, 186 Abs. 1 S. 1 AktG als auch die Mitgliedschaft i.S.d. § 823 Abs. 1 AktG verletzt.[147] Im Folgenden soll untersucht werden, welche Schadensersatzansprüche die Aktionäre bei Durchführung einer Kapitalerhöhung haben, bei der das Bezugsrecht ausgeschlossen wurde, obwohl die materiellen Ausschlussvoraussetzungen und/oder die Anforderungen der Hauptversammlung nicht gegeben waren.

I. Haftung des Vorstandes

Der Vorstand trifft bei Ausnutzung des genehmigten Kapitals die Entscheidung über das Bezugsrecht der Aktionäre. Schließt er dieses aus, können ihm Fehler unterlaufen, welche zu Schäden bei den vom Bezugsrechtsausschluss betroffenen Aktionären führen können. Ebenso können Schäden der Aktionäre infolge einer fehlerhaften Durchführung der Kapitalerhöhung hervorgerufen werden, bei dem die Hauptversammlung selbst das Bezugsrecht ausgeschlossen hat. Die Aktionäre haben die Möglichkeit, die Rechtmäßigkeit des Bezugsrechtsausschlusses anhand des Vorstandsberichtes nach § 160 Abs. Nr. 3, 4 AktG zu prüfen. Im Folgenden sollen die verschieden Anknüpfungspunkte für eine Haftung des Vorstandes aufgezeigt werden.

1. Fehlen der materiellen Ausschlussvoraussetzungen

Ebenso wie die Hauptversammlung ist auch der Vorstand beim Ausschluss des Bezugsrechtes an die materiellen Ausschlussvoraussetzungen gebunden.[148] Der Vorstand steht zu den Aktionären in keiner vertraglichen Beziehung.[149] Vertragliche Schadensersatzansprüche der Aktionäre gegen den Vorstand scheiden deswegen aus. Liegen die materiellen Voraussetzungen nicht vor, wird in unzuläs-

---

[146] siehe oben Teil 3:Kapitel VI:C) (S. 227)
[147] zum rechtswidrigen Bezugsrechtsausschluss im Rahmen einer ordentlichen Kapitalerhöhung siehe oben Teil 2:Kapitel VI:B)I. 1.c)(1) (S. 152), Teil 2:Kapitel VI:B)I. 2.a)(2) (S. 156)
[148] siehe oben Teil 3:Kapitel VI:A)II. 1 (S. 209)
[149] siehe oben Teil 2:Kapitel VI:B)I. 1.b)(1) (S. 148)

siger Weise in die Mitgliedschaft der vom Bezugsrecht ausgeschlossenen Aktionäre eingegriffen (§ 823 Abs. 1 BGB).[150] Gleichzeitig wird das Bezugsrecht (§ 186 Abs. 1 S. 1 AktG) verletzt. Dabei handelt es sich um ein Schutzgesetz i.S.d. § 823 Abs. 2 AktG.[151]

Für eine Haftung ist stets ein schuldhaftes Handeln erforderlich. Danach muss der Vorstand in die Mitgliedschaft der Aktionäre eingegriffen (§ 823 Abs. 1 BGB) sowie schuldhaft das Bezugsrecht verletzt haben (§ 823 Abs. 2 S. 2 BGB i.V.m § 186 Abs. 1 S. 1 AktG). Nach der Auffassung *Hirtes*[152] bedarf es keines Verschuldens des Vorstandes, da der Schadensersatz – ebenso wie der Primäranspruch – auf Wiederherstellung des ursprünglichen Zustandes abzielt, ohne dass es dafür eines Verschuldens bedarf (§ 243 Abs. 1 AktG). Zwar dient das Deliktsrecht auch dem Interessenausgleich, dennoch darf und soll nicht jedes schädigende Verhalten eine Ersatzpflicht auslösen. Eine unbegrenzte Schadensersatzpflicht kann den persönlichen und wirtschaftlichen Entfaltungsspielraum massiv einschränken, sodass der Einzelne auch von solchen Aktivitäten abgehalten werden kann, die rechtmäßig oder sogar sozial erwünscht sind.[153] Um eine ausgeglichene Entscheidung zwischen Belangen des Schädigers und des Geschädigten zu erreichen, ist die Haftung an das Verschuldensprinzip sowie an feste und klare Haftungstatbestände zu knüpfen.[154] Will man vom Verschuldensprinzip im Einzelfall abweichen, bedarf es spezieller Haftungsnormen. Aufgrund des Ausnahmecharakters verschuldensunabhängiger Haftungstatbestände sind an eine Analogie strenge Voraussetzungen zu stellen.[155] *Hirte* stellt keine Analogie zu bereits bestehenden verschuldensunabhängigen Haftungstatbeständen an, sondern begründet eine derartige Haftung mit Ausgleichsregelungen des Aktiengesetzes.[156] Ausgleichsregelungen beruhen nicht auf deliktischen Handlungen der Organe bzw. der Gesellschaft, sondern wollen den Aktionären einen angemessenen Ausgleich für die Beeinträchtigung ihrer Interessen gewähren, welche infolge einer unzulässigen Maßnahme stattgefunden hat. Daraus einen Rückschluss auf deliktische Handlungen zu ziehen, ist systemwidrig, da sie den Handelnden in seiner Entscheidungsfreiheit unerträglich einschränken. Allein ein Schaden der ausgeschlossenen Aktionäre stellt keinen sachlichen Grund dar, der eine Haftungsverschärfung rechtfertigt. Regelmäßig werden infolge unerlaubter Handlungen Rechte anderer beeinträchtigt. Eine verschuldensunabhängige Haf-

---

[150] siehe oben Teil 2:Kapitel VI:B)I. 2.a)(2) (S. 156)
[151] siehe oben Teil 2:Kapitel VI:B)I. 2.b) (S. 159)
[152] *Hirte*, Bezugsrechtsausschluß und Konzernbildung S. 238 ff.
[153] *Larenz/Canaris*, SBT 2 § 75 I. (S. 350); Staudinger/*Hager* Vorb. zu §§ 823 ff. Rdn. 12
[154] *Larenz/Canaris*, SBT 2 § 75 I. (S. 350)
[155] grundsätzlich ablehnend: RGZ 99, 96 [98]; 116, 226 [228]; 172, 156 [157 ff.]; BGHZ 54, 332 [336 f.]; 63, 234 [236 f.]; *Larenz/Canaris*, SBT 2 § 84 I. 1. (S. 600); MüKoBGB/*Mertens* § 823 Rdn. 206; Soergel/*Zeuner* § Vorb. zu § 823 Rdn. 13, 34; Staudinger/*Hager* Vorb. zu §§ 823 ff. Rdn. 29
[156] z.B. §§ 304 Abs. 1 , 317 Abs. 1, 320b Abs. 1 AktG

tung beim Ausschluss des Bezugsrechtes ließe sich lediglich mit dem Vorliegen der einheitlichen Prinzipien einer Gefährdungshaftung begründen. Den geregelten Fällen einer verschuldensunabhängigen Gefährdungshaftung ist gemein, dass eine besondere Gefahr besteht, welche von einer bestimmten Person veranlasst oder beherrscht wird, welche aus dem risikobehafteten Zustand einen Vorteil zieht.[157] Die Entscheidung über das Bezugsrecht der Aktionäre durch den Vorstand stellt zwar eine Gefahr dar, diese geht aber über die allgemeine Gefahr eines Missbrauches der Befugnisse eines Treuhänders nicht hinaus. Regelmäßig besteht in Fällen der Treuhand für den Treugeber die Gefahr der Beschädigung oder des Verlustes des Treugutes infolge eines Rechtsmissbrauchs durch den Treuhänder. Es wird dennoch von keinem ernstlich vertreten, dass der Treuhänder aufgrund einer Gefährdungshaftung ohne ein Verschuldenserfordernis haftbar ist. Zudem wurde die Gefahr eines rechtswidrigen Bezugsrechtsausschlusses durch den Vorstand nicht vom Vorstand oder der Gesellschaft begründet, sondern von den Aktionären selbst durch ihre Delegation der Befugnis auf dem Vorstand infolge eines Hauptversammlungsbeschlusses. Dahinter steht die Absicht der Hauptversammlung, dass der Vorstand diese Befugnis zum Wohle der Gesellschaft und somit mittelbar oder unmittelbar auch für die Aktionäre ausüben kann. Schließlich zieht der Vorstand aus dem Bezugsrechtsausschluss regelmäßig keinen eigenen Vorteil. Der Ausschluss des Bezugsrechtes vereint nicht die für eine Gefährdungshaftung typischen Prinzipen in sich.

Das Statuieren einer Gefährdungshaftung des Vorstandes für einen Bezugsrechtsausschluss im Rahmen des genehmigten Kapitals widerspräche dem Sinn und Zweck des genehmigten Kapitals. Danach soll der Vorstand in der Lage sein, rasch eine Kapitalerhöhung durchzuführen und flexibel über einen Bezugsrechtsausschluss entscheiden zu können.[158] Eine verschuldensunabhängige Gefährdungshaftung würde dazu führen, dass der Vorstand – mangels eigener Vorteile – von seiner Befugnis zum Bezugsrechtsausschluss keinen Gebrauch machen würde. Aus Gründen der erheblichen Abweichungen der Haftungsumstände zu denen typischer verschuldensunabhängiger Gefährdungstatbestände und des Sinns und Zweckes des genehmigten Kapitals ist eine verschuldensunabhängige Haftung des Vorstandes abzulehnen.

Ob der Vorstand das Bezugsrecht pflichtwidrig ausgeschlossen hat, lässt sich für den betroffenen Aktionär nur schwer nachweisen. Die Beweislast für pflichtwidriges Handeln des Vorstandes ist im Aktiengesetz für andere Schadensersatzpflichten an verschieden Stellen geregelt (§§ 93 Abs. 2 S. 2, 117 Abs. 2 S. 2 AktG). Sowohl die Gesellschaft als auch die Aktionäre brauchen die Pflichtwidrigkeit und das Verschulden des Vorstandes nicht nachzuweisen, da sie regelmäßig aufgrund ihrer fehlenden Sachnähe – insbesondere wegen fehlender

---

[157] *Larenz/Canaris*, SBT 2 § 84 I. 2. (S. 604); MüKoBGB/*Mertens* Vorb. zu § 823 Rdn. 19; Staudinger/*Hager* Vorb. zu §§ 823 ff. Rdn. 28
[158] siehe oben Teil 3:Kapitel VIII:C)III. 1 (S. 260)

Kenntnis der gesamten Sachlage bzw. erforderlicher Unterlagen – nicht in der Lage sind, die für einen Sorgfaltsverstoß erforderlichen Tatsachen zu beweisen.[159] Aufgrund der vergleichbaren Situation der deliktischen Ansprüche aus § 823 BGB zu denen der §§ 93 Abs. 2, 117 Abs. 2 AktG ist die Beweislastregelung der §§ 93 Abs. 2 S. 2, 117 Abs. 2 S. 2 AktG auf Schadensersatzansprüche der Aktionäre gegen den Vorstand aus § 823 BGB analog anzuwenden. Der Vorstand hat danach zu beweisen, dass er das Bezugsrecht der Aktionäre pflichtgemäß ausgeschlossen hat bzw. dass ihm im Falle eines rechtswidrigen Bezugsrechtsausschlusses kein Verschulden zur Last fällt. Danach hat er zu beweisen, dass er die Umstände, welche einen Ausschluss rechtfertigen, ordnungsgemäß ermittelt und im Rahmen seines Beurteilungsspielraumes bewertet hat sowie dass er aufgrund dieser Umstände von einem sachlich gerechtfertigten Bezugsrechtsausschluss ausgehen durfte.

2. *Fehlerhafte Festlegung des Ausgabebetrages der jungen Aktien*

a) *Verletzung der Mitgliedschaft, § 823 Abs. 1 BGB*

Der Vorstand ist – ebenso wie die Hauptversammlung – an die Maßgaben des § 255 Abs. 2 AktG gehalten.[160] Deshalb darf er im Falle eines Bezugsrechtsausschlusses die jungen Aktien nicht zu einem unangemessen niedrigen Ausgabebetrag ausgeben. Ein Verstoß gegen diese Pflicht verletzt jedoch nicht die Mitgliedschaft der Aktionäre, obwohl die Ausgabe der jungen Aktien zu einem unangemessen niedrigen Ausgabebetrag zu einer Minderung des Wertes der Mitgliedschaft führt. Für die Minderung des Wertes der Mitgliedschaft ist die Entwicklung des Gesellschaftsvermögens im Rahmen der Kapitalerhöhung ursächlich. Dem Gesellschaftsvermögen fließen im Verhältnis zur Ausgabe junger Anteile zu wenig Vermögenswerte zu. Hingegen verteilt sich das Gesellschaftsvermögen auf alle Anteile. Dies führt dazu, dass der Wert der alten Aktien sinkt, hingegen derjenige der jungen Aktien steigt. Die Mitgliedschaftsrechte werden davon nicht tangiert, sodass keine Verletzung der Mitgliedschaft i.S.d. § 823 Abs. 1 AktG vorliegt.[161] Jedoch ist in diesen Fällen der Bezugsrechtsausschluss regelmäßig nicht sachlich gerechtfertigt und deshalb unzulässig. Ein Schadensersatzanspruch kann dann auf eine Verletzung der Mitgliedschaft wegen einer Verletzung des Bezugsrechtes gestützt werden (§§ 823 Abs. 1, Abs. 2 BGB i.V.m. § 186 Abs. 1 S. 1 AktG).

b) *Haftung wegen Veruntreuung des Aktionärsvermögens, nach § 823 Abs. 2 BGB i.V.m. § 266 StGB*

Legt der Vorstand einen zu niedrigen Ausgabebetrag der jungen Aktien im Falle des Bezugsrechtsausschlusses fest, werden die Anteile der ausgeschlossenen

---

[159] MüKoAktG/*Hefermehl/Spindler* § 93 Rdn. 86; *Kropff* in G/H/E/K § 117 Rdn. 39
[160] siehe oben Teil 2:Kapitel VI:B)I. 2.c) (S. 161)
[161] siehe oben Teil 2:Kapitel VI:B)I. 2.a)(3) (S. 157)

Altaktionäre in ihrem Vermögenswert gemindert.[162] Diese Handlung des Vorstandes erfüllt den objektiven Tatbestand der Untreue in der Treubruchsalternative des § 266 Abs. 1 2. Alt. StGB, soweit ihm nicht die Hauptversammlung Vorgaben zur Ermittlung des Ausgabebetrages erteilt hat. Da den Vorstandsmitgliedern die Anforderungen für die Festlegung des Ausgabebetrages im Falle eines Bezugsrechtsausschlusses nach § 255 Abs. 2 AktG bekannt ist, handeln sie zumindest mit bedingtem Vorsatz. Deshalb hat sich der Vorstand regelmäßig mit dieser Handlung gegenüber den Aktionären wegen Untreue in der Treubruchsalternative gem. § 266 Abs. 1 2. Alt. StGB strafbar gemacht.[163] Die Norm des § 266 StGB ist ein Schutzgesetz i.S.d. § 823 Abs. 2 BGB.[164] Der Vorstand ist den betroffenen Aktionären gem. § 823 Abs. 2 BGB i.V.m. § 266 Abs. 1 2. Alt. StGB zum Schadensersatz verpflichtet.

3. Schadensersatzpflicht gem. § 117 Abs. 2 S. 1 AktG

Wurde der Vorstand von einem oder einzelnen Aktionären bestimmt, das Bezugsrecht auch bei Nichtvorliegen der materiellen Ausschlussvoraussetzungen auszuschließen oder die jungen Aktien zu einem unangemessen niedrigen Ausgabebetrag auszugeben, haftet er gegenüber den davon geschädigten Aktionären gem. § 117 Abs. 2 S. 1 AktG. Um diesen Anspruch durchsetzen zu können, muss der geschädigte Aktionär nachweisen, dass ein Aktionär vorsätzlich seinen Einfluss auf die Gesellschaft ausgeübt hat, welcher grundsätzlich nach Art und Intensität geeignet ist, die Führungspersonen zu einem schädigenden Handeln zu bestimmen, um diese Führungspersonen zu einem Handeln zu veranlassen, welches einen Schaden für die Gesellschaft oder andere Aktionäre mit sich bringt.[165] Hingegen braucht er nicht zu beweisen, dass der Vorstand pflichtwidrig gehandelt hat. Regelmäßig hat der einzelne Minderheitsaktionär von derartigen Einflussnahmen keine Kenntnis, sodass es ihm schwer möglich sein wird, die Anspruchsvoraussetzung schlüssig darzulegen und beweisen zu können. Ist der Vorstand bereits aus anderen Gründen zum Schadensersatz verpflichtet und trifft ihn die Ersatzpflicht empfindlich in seinem Vermögen, wird er aller Wahrscheinlichkeit nach diese Ersatzpflicht auf beteiligte Aktionäre abwälzen wollen und die benötigten Informationen für eine Haftungsbegründung aus § 117 Abs. 1 AktG offenbaren.

4. Haftungsausschluss, § 117 Abs. 7 Nr. 1 AktG

Wurde der Vorstand durch eine Abstimmung in der Hauptversammlung zu einer rechtswidrigen Handlung veranlasst, wonach er grundsätzlich zum Schadensersatz verpflichtet wäre, entfällt seine Haftung (§ 117 Abs. 7 Nr. 1 AktG). Dieser Haftungsausschluss gilt nicht nur für eine Haftung aus § 117 Abs. 2 AktG, son-

---

[162] siehe oben Teil 2:Kapitel I:C)I. (S. 10)
[163] siehe oben Teil 2:Kapitel VI:B)I. 2.c) (S. 161)
[164] siehe oben Teil 2:Kapitel VI:B)I. 2.c) (S. 161)
[165] *Hüffer*, AktG § 117 Rdn. 3 ff.

dern für sämtliche Haftungsansprüche aus Vertrag oder Delikt.[166] Hat die Hauptversammlung in ihrem Ermächtigungsbeschluss bestimmte Vorgaben erteilt und hat sich der Vorstand an diese Vorgaben gehalten, wurde er zu dieser Handlung durch eine Abstimmung der Hauptversammlung bestimmt.
Danach entfällt grundsätzlich auch die Haftung für einen rechtswidrigen Bezugsrechtsausschluss, wenn die Hauptversammlung den Bezugsrechtsausschluss an das Vorliegen bestimmter Umstände gebunden hat und diese Umstände tatsächlich vorlagen, selbst wenn sie einen Bezugsrechtsausschluss nicht zu rechtfertigen vermochten.[167] Ebenso verhält es sich, wenn die Hauptversammlung Vorgaben zur Ermittlung des Ausgabebetrages der jungen Aktien erteilt und diese gegen die Maßgaben des § 255 Abs. 2 AktG verstoßen. Betroffene Aktionäre können gegen den Hauptversammlungsbeschluss im Wege einer Anfechtungsklage nach §§ 243 ff. AktG vorgehen und eine spätere Beeinträchtigungen vermeiden. Die Haftung des Vorstandes ist für diese Handlung gem. § 117 Abs. 7 Nr. 1 AktG ausgeschlossen. Hat hingegen der Vorstand einen rechtswidrigen Beschluss herbeigeführt – z.B. durch unrichtige Informationen bzw. einem fehlerhaften Bericht, greift der Haftungsausschluss nicht ein.[168] Soweit der Aufsichtsrat mitwirkt und die Mitwirkung den Maßgaben des Hauptversammlungsbeschlusses entspricht ist seine Haftung aus denselben Gründen wie die des Vorstandes ausgeschlossen.

5. Haftung des Aufsichtsrates, § 823 Abs. 1 BGB

Der Aufsichtsrat überwacht die Geschäftsführung des Vorstandes (§ 111 Abs. 1 AktG). Macht der Vorstand von der Ermächtigung eines genehmigten Kapitals Gebrauch und wird dadurch das Bezugsrecht der Altaktionäre ausgeschlossen – gleichgültig ob Bezugsrecht bereits durch Hauptversammlung ausgeschlossen wurde oder ob der Vorstand selbst über den Bezugsrechtsausschluss entscheidet – hat der Aufsichtsrat der Kapitalerhöhung zuzustimmen (§ 204 Abs. 1 S. 2 HS. 2 AktG).[169] Er darf der Maßnahme des Vorstandes nur zustimmen, wenn die Umstände einen Bezugsrechtsausschluss sachlich rechtfertigen.[170] Stimmt er dem Bezugsrechtsausschluss zu, obwohl die materiellen Ausschlussvoraussetzungen nicht vorliegen, verletzt er die Mitgliedschaft der ausgeschlossenen Aktionäre gem. § 823 Abs. 1 BGB.
Die Haftung des Aufsichtsrates ist aus denselben Gründen wie die Haftung des Vorstandes keine verschuldensunabhängige Gefährdungshaftung.[171] Ein Ver-

---

[166] siehe oben Teil 2:Kapitel VI:B)I. 2.d)(1) (S. 165)
[167] i.E. *Kort*, FS Lutter, 1421 [1431]
[168] GK/*Hopt* § 93 Rdn. 324 ff.; *Hüffer*, AktG § 93 Rdn. 26; KK/*Mertens* § 93 Rdn. 116; MüKoAktG/*Hefermehl/Spindler*, § 93 Rdn. 118
[169] bzw. analog § 204 Abs. 1 S. 2 AktG im Falle des Direktausschlusses: siehe oben Teil 3:Kapitel VI:B)II. b) (S. 226)
[170] siehe oben Teil 3:Kapitel VI:B)I. 1 (S. 223)
[171] siehe oben Teil 3:Kapitel VII:C)I. 2.a) (S. 240)

schulden ist erforderlich, wird jedoch entsprechend §§ 116 Abs. 1 S. 1, 93 Abs. 2 S. 2, 117 Abs. 2 S. 2 AktG vermutet.[172]

6. Haftung für Veruntreuung des Aktionärsvermögens, 823 Abs. 2 BGB i.V.m. § 266 StGB

Der Aufsichtsrat hat der Entscheidung des Vorstandes über die Bedingungen der Aktienausgabe zuzustimmen (§ 204 Abs. 1 S. 2 HS. 1 AktG). Legt der Vorstand den Ausgabebetrag der jungen Aktien fest, handelt es sich dabei um eine Bedingung der Aktienausgabe, welcher der Aufsichtsrat zuzustimmen hat.[173] Der Aufsichtsrat ist – ebenso wie der Vorstand – an die Maßgaben der §§ 9 Abs. 1, 255 Abs. 2 AktG gebunden.[174] Legt der Vorstand einen unangemessen niedrigen Ausgabebetrag fest, darf er dieser Festlegung nicht zustimmen. Stimmt er dennoch zu, ist der Ausschluss wirksam.[175] Gleichzeitig verletzt der Aufsichtsrat seine Treupflicht[176] gegenüber den Aktionären. Aufgrund der Wertminderung der Anteile der Altaktionäre und der Treupflichtverletzung erfüllt er den objektiven Tatbestand des § 266 Abs. 1 2. Alt. StGB. Ebenso wie dem Vorstand sind auch dem Aufsichtsrat die Anforderungen des § 255 Abs. 2 AktG im Rahmen eines Bezugsrechtsausschlusses bekannt. Insofern handelt er zumindest bedingt vorsätzlich und ist gem. § 266 Abs. 1 2. Alt. StGB wegen Untreue strafbar.
Aufgrund dieser Strafbarkeit des Aufsichtsrates ist er den betroffenen Aktionären zum Schadensersatz (§ 823 Abs. 1 BGB i.V.m. § 266 StGB verpflichtet.

7. Haftung gem. § 117 Abs. 2 AktG

Hat sich der Aufsichtsrat aufgrund der Einflussnahme eines Aktionärs einer rechtswidrigen Zustimmung verleiten lassen, ist er den geschädigten Aktionären gem. § 117 Abs. 2 AktG zum Schadensersatz verpflichtet. Für den Schadensersatz begehrenden Aktionär ist die Darlegung und der Beweis der Anspruchsvoraussetzung mangels Kenntnis von Einflussnahmen einzelner Aktionäre auf Handlungen des Aufsichtsrates fast unmöglich.

8. Haftungsausschluss, § 117 Abs. 7 Nr. 1 AktG

Wurde der Aufsichtsrat durch eine Abstimmung in der Hauptversammlung zu der Handlung veranlasst, ist seine Haftung generell aufgrund dieser Handlung ausgeschlossen §§ 117 Abs. 7 Nr. 1 AktG.[177] Danach entfällt die Haftung für die Zustimmung zu einem rechtswidrigen Bezugsrechtsausschluss, wenn die Haupt-

---

[172] vgl. Begründung zur Verschuldensvermutung des Vorstandes: siehe oben Teil 3:Kapitel VII:C)I. 2.a) (S. 240)
[173] BGHZ 21, 354 [357]
[174] siehe oben Teil 2:Kapitel VI:B)I. 2.c) (S. 161)
[175] siehe oben Teil 3:Kapitel VI:B)I. (S. 223)
[176] zur Treupflicht gegenüber den Aktionären nach § 266 Abs. 1 S. 2 StGB siehe oben Teil 2:Kapitel VI:B)I. 2.c) (S. 161)
[177] Ausschluss nach § 117 Abs. 7 Nr. 1 AktG wirkt in gleicher Weise für Vorstand und Aufsichtsrat; zum Haftungsausschluss des Vorstandes siehe oben Teil 3:Kapitel VII:C)I. 4 (S. 241)

versammlung einen Bezugsrechtsausschluss an das Vorliegen bestimmter Umstände gebunden hat und diese Umstände tatsächlich vorlagen, selbst wenn sie einen Bezugsrechtsausschluss nicht zu rechtfertigen vermögen. Ebenso verhält es sich, wenn die Hauptversammlung Vorgaben zur Ermittlung des Ausgabebetrages der jungen Aktien erteilt, diese jedoch gegen die Maßgaben des § 255 Abs. 2 AktG verstoßen. Der Haftungsausschluss greift nicht ein, wenn der Aufsichtsrat ausnahmsweise zur Anfechtung des Hauptversammlungsbeschlusses verpflichtet war.[178]

II. Haftung der Gesellschaft

1. Haftung für Verschulden der Organe

Die Gesellschaft ist analog § 31 BGB für Schäden verantwortlich, die ein Organ bzw. ein Organmitglied in Ausführung der ihm zustehenden Verrichtung rechtswidrig und schuldhaft begangen hat. Ist der Vorstand und/oder der Aufsichtsrat zum Schadensersatz wegen der Verletzung der Mitgliedschaft infolge eines unzulässigen Bezugsrechtsausschlusses (§ 823 Abs. 1 BGB) oder wegen Veruntreuung des Vermögens der Aktionäre infolge der Festlegung eines unangemessen niedrigen Ausgabebetrages der jungen Aktien (§ 823 Abs. 2 BGB i.V.m. § 266 Abs. 1 2. Alt StGB) verpflichtet, ist die Gesellschaft für den Schaden analog § 31 BGB verantwortlich.[179] Eine Haftung der Gesellschaft für ihre Organe ist ausgeschlossen, wenn die Organe von der Haftung ausgeschlossen sind. Das ist dann der Fall, wenn die Hauptversammlung durch Abstimmungen die Verwaltung zu einem solchen Handeln veranlasst hat (§ 117 Abs. 7 Nr. 2 AktG).[180]

2. Verletzung des Bezugsanspruches

Den Aktionären steht bei jeder Kapitalerhöhung – egal ob im Rahmen einer ordentlichen oder einer genehmigten Kapitalerhöhung – der Anspruch auf Bezug junger Aktien zu (§ 186 Abs. 1 S. 1 AktG i.V.m. § 203 Abs. 1 S. 1 AktG). Dieser konkrete Bezugsanspruch – nicht hingegen das abstrakte Bezugsrecht – kann ausgeschlossen werden. Liegen die materiellen Voraussetzungen für einen Bezugsrechtsausschluss nicht vor, kann der konkrete Bezugsanspruch nicht ausgeschlossen werden, sondern bleibt weiterhin bestehen.[181] Hat die Gesellschaft die jungen Aktien bereits an Dritte ausgegeben, ist es ihr unmöglich Aktien aus der Kapitalerhöhung den bezugswilligen Aktionären anzubieten (§ 275 Abs. 1 Alt. 1 BGB). Hat die Verwaltung das Bezugsrecht schuldhaft ausgeschlossen, ist die

---

[178] entspricht der Anfechtungspflicht des Vorstandes (§§ 116 S. 1, 93 AktG): siehe oben Teil 2:Kapitel VI:B)I. 1.b)(2) (S. 151)
[179] siehe oben Teil 2:Kapitel VI:B)I. 2.d)(3) (S. 166)
[180] zum Haftungsausschluss des Vorstandes: siehe oben Teil 3:Kapitel VII:C)I. 4 (S. 241); zum Haftungsausschluss des Aufsichtsrates: siehe oben Teil 3:Kapitel VII:C)I. 8 (S. 243)
[181] siehe oben Teil 2:Kapitel VI:B)I. 1.c)(1) (S. 152)

Gesellschaft zum Schadensersatz statt der Leistung verpflichtet (§§ 283, 280 BGB).[182] Die betroffenen Aktionäre müssen sich ein Mitverschulden entgegenhalten lassen, wenn es ihnen möglich war, die Verletzung ihres Bezugsanspruches durch Rechtsmittel abzuwehren (§ 254 BGB).[183] Beruht der Ausschluss des Bezugsrechtes auf Vorgaben der Hauptversammlung, hätten die dissidierenden Aktionäre den potentiellen Schaden im Wege einer Anfechtungsklage des Hauptversammlungsbeschlusses (§§ 243 ff. AktG) beseitigen können. Haben sie eine Beeinträchtigung ihrer Rechte zum Zeitpunkt des Beschlusses erkennen können und dennoch von der Erhebung einer Anfechtungsklage abgesehen, haben sie es unterlassen einen Schaden erfolgreich abzuwehren. Dieses Verschulden müssen sie sich entgegenhalten lassen. Im Einzelfall kann dies dazu führen, dass der Aktionär mit seinen Ansprüchen ausfällt.

III. Haftung der Aktionäre

1. Haftung der Aktionäre wegen Treupflichtverletzung, §§ 280, 241 Abs. 2 BGB

Jedem Aktionär obliegt die vertragliche Treupflicht, andere Aktionäre weder in ihren Mitgliedschaftsrechten – einschließlich der Mitgliedschaft – noch in bestimmten gesetzlichen bzw. satzungsmäßig geschützten Interessen zu verletzen.[184] Der einzelne Aktionär darf deshalb Bezugsrechtsausschlüssen nicht zustimmen, wenn die materiellen Voraussetzungen dafür nicht vorliegen. Ebenso darf er im Falle eines Bezugsrechtsausschlusses keinen unangemessen niedrigen Ausgabebetrag i.S.d. § 255 Abs. 2 AktG beschließen.[185] Diese Treupflicht gilt sowohl im Rahmen von Abstimmungen der Hauptversammlung als auch bei sonstigen Handlungen. Deshalb handeln die Aktionäre treuwidrig, wenn sie den Vorstand zu einem rechtswidrigen Bezugsrechtsausschluss oder zur Festlegung eines unangemessen niedrigen Ausgabebetrags veranlassen. Verstoßen sie schuldhaft gegen diese Pflicht, sind sie den betroffenen Aktionären zum Schadensersatz verpflichtet (§§ 280, 241 Abs. 2 BGB). Hinsichtlich des Verschuldensmaßstabes ist auf § 117 Abs. 1 BGB abzustellen.[186] Danach beschränkt sich die Haftung auf ein vorsätzliches Verhalten der Aktionäre.

2. Haftung wegen Beeinflussung der Verwaltung, § 117 Abs. 1 AktG

Haben einzelne Aktionäre ihren Einfluss auf den Vorstand bzw. auf den Aufsichtsrat ausgenutzt, damit diese das Bezugsrecht ausschließen, obwohl die materiellen Voraussetzungen nicht gegeben sind, oder einen unangemessen niedrigen Ausgabebetrag festlegen, und ist die Verwaltung diesen Begehren zum

---

[182] siehe oben Teil 2:Kapitel VI:B)I. 1.c)(1) (S. 152)
[183] siehe oben Teil 2:Kapitel VI:B)III. 5 (S. 178)
[184] siehe oben Teil 2:Kapitel II:B)II. 2 (S. 28)
[185] siehe oben Teil 2:Kapitel II:B)II. 2 (S. 28)
[186] siehe oben Teil 2:Kapitel VI:B)I. 1.a) (S. 146)

Schaden anderer Aktionäre nachgekommen, sind die Einfluss nehmenden Aktionäre den geschädigten zum Schadensersatz gem. § 117 Abs. 1 AktG verpflichtet. Für die geschädigten Aktionäre ist es mangels Kenntnis der konkreten Umstände nur schwer möglich, einen schädigenden Einfluss einzelner Aktionäre darzulegen und zu beweisen. Unterliegen hingegen die Organmitglieder ebenfalls einer persönlichen Haftung aufgrund einer pflichtwidrigen Handlung wegen der Einflussnahme eines Aktionärs und greift diese empfindlich in das private Vermögen ein, werden sie bereit sein, etwaige Umstände der Einflussnahme von Aktionären offenzulegen, um ihren Schaden auf diese abzuwälzen.

3. Haftung nach § 826 BGB

Sowohl Altaktionäre als auch junge Aktionäre können gegenüber den vom Bezugsrecht ausgeschlossenen Altaktionären wegen sittenwidriger Schädigung zum Schadensersatz verpflichtet sein (§ 826 BGB). Für die Bewertung einer sittenwidrigen Schädigung ist auf die geschützten Rechtsgüter und Interessen sowie auf die Verhaltensweise, Motive und Leichtfertigkeit des Schädigers abzustellen.[187] Als geschützte Rechtsgüter kommen im Rahmen des Bezugsrechtsausschlusses zum einen die Mitgliedschaft als sonstiges Recht i.S.d. § 823 Abs. 1 BGB zum anderen das Anteilsvermögen der Aktionäre in Betracht, welches gesellschaftsintern über § 255 Abs. 2 AktG geschützt ist.

Diejenigen, welche bereits vor der Kapitalerhöhung und dem Bezugsrechtsausschluss Aktionäre der Gesellschaft waren, haben auf diese Interessen Rücksicht zu nehmen.[188] Ein Verstoß gegen diese Pflichten begründet noch keine Haftung nach § 826 BGB. Vielmehr müssen weitere Umstände hinzutreten. Dass ist dann der Fall, wenn einzelne Aktionäre absichtlich ihre Kon-Aktionäre schädigen wollen[189] oder aus eigensüchtigem Zwecke auf Kosten der Minderheit handelten.[190]

Diejenigen, welche erst in die Gesellschaft eintreten wollen, sind noch nicht mit den anderen Aktionären rechtlich über die Gesellschaft verbunden. Dennoch unterliegen auch sie beim Eintritt in die Gesellschaft den Pflichten nach § 241 Abs. 2 BGB. Das bedeutet, dass sie ebenso wie die Aktionäre auf die Rechte und geschützten Interessen der Kon-Aktionäre Rücksicht zu nehmen haben. Verletzen sie diese Pflichten, um andere Aktionäre zu schädigen oder eigensüchtig Vorteile zu Lasten der ausgeschlossenen Altaktionäre zu erlangen, sind sie diesen ebenfalls gem. § 826 BGB zum Schadensersatz verpflichtet.

4. Haftungsausschluss nach § 117 AktG

Wurde der Einfluss im Rahmen einer Abstimmung der Hauptversammlung ausgeübt, entfällt generell eine Haftung gem. § 117 Abs. 7 Nr. 1 AktG.[191] Dieser

---

[187] *Larenz/Canaris*, SBT 2 § 78 II 2 (S. 451); Soergel/*Hönn/Dönneweg* § 826 Rdn. 98 f.
[188] siehe oben Teil 2:Kapitel II:B)II. (S. 26)
[189] GK/*Wiedemann* § 186 Rdn. 103
[190] RGZ 113, 188 [193] (Bergbau Ilse); 119, 248 [257] (Hamburg Süd); 132, 149 [163]
[191] zum generellen Haftungsausschluss siehe oben Teil 2:Kapitel VI:B)I. 2.d)(1) (S. 165)

Haftungsausschluss kommt lediglich den Altaktionären zugute, welche abstimmungsberechtigt waren.

IV. Umfang des Schadensersatzes

1. Naturalrestitution

Besteht gegen den Vorstand, den Aufsichtsrat, die Gesellschaft oder gegen einzelne Aktionäre ein Schadensersatzanspruch, haben diese die negativen Beeinträchtigungen der vom Bezugsrecht ausgeschlossenen Aktionäre auszugleichen. Grundsätzlich ist der Schaden durch die Herstellung des ursprünglichen Zustandes zu beseitigen (Naturalrestitution, § 249 Abs. 1 AktG). Lagen die materiellen Voraussetzungen eines Bezugsrechtsausschlusses nicht vor, konnte der konkrete Bezugsanspruch nicht ausgeschlossen werden. Die Aktionäre hatten aufgrund der Kapitalerhöhung einen Anspruch auf Bezug junger Aktien entsprechend ihrem Anteil am bisherigen Grundkapital. Dieser ursprüngliche Zustand des Quotenerhalts kann zum einen durch Rückabwicklung der Kapitalerhöhung und zum anderen durch Anbieten von Aktien der gleichen Gattung zum Ausgabebetrag der jungen Aktien erfolgen.

a) *Anbieten freier Aktien*

Das Anbieten von Aktien gleicher Gattung zum Ausgabebetrag der jungen Aktien aus der Kapitalerhöhung ist unproblematisch möglich, soweit genügend freie Aktien im Markt vorhanden sind. Sind nicht genügend freie Aktien vorhanden, um die Schadensersatzansprüche zu befriedigen, haben die zum Ersatz verpflichteten Organmitglieder und Aktionäre eigene Aktien anzubieten, soweit die geschädigten Aktionäre die Wiederherstellung ihres Integritätsinteresses verlangen.[192] Verfolgten die geschädigten Aktionäre mit ihrer Beteiligung lediglich Anlageinteressen, kann der Schadensersatz in Form eines Wertausgleiches erfolgen.

b) *Anbieten eigener Aktien der Gesellschaft*

Besitzt die Gesellschaft eigene Aktien, darf sie diese nicht an die vom Bezugsrecht ausgeschlossenen Aktionäre abgeben. Zum einen ist dies regelmäßig aus praktischen Gründen – mangels genügend eigener Aktien – unmöglich. Zum anderen würden diejenigen Aktionäre, welche von der erneuten Zuteilung ausgenommen wären, in gleicher Weise in ihren Rechten verletzt, als würde deren Bezugsrecht im Falle einer Kapitalerhöhung ausgeschlossen. Die Interessen der vom Bezugsrecht ausgeschlossenen Aktionäre an der Wiederherstellung ihrer Beteiligungsquote, vermag einen Eingriff in die Rechte der von der Zuteilung ausgeschlossenen Aktionäre nicht zu rechtfertigen.[193]

---

[192] siehe oben Teil 2:Kapitel VI:B)III. 1.a) (S. 169)
[193] siehe oben Teil 2:Kapitel VI:B)III. 1.c)(2) (S. 173)

c)   Rückabwicklung der Kapitalerhöhung

(1)   Echte Rückabwicklung
Wurde die Kapitalerhöhung durchgeführt, sind die neuen Mitgliedschaften wirksam entstanden.[194] Eine Rückabwicklung der Kapitalerhöhung beutet, die jungen Aktien der (neuen) Gesellschafter einzuziehen. Zwangsläufig wird damit in deren Mitgliedschaft eingegriffen bzw. diese entzogen. Das Interesse der vom Bezugsrecht ausgeschlossenen Altaktionäre an der Wiederherstellung des ursprünglichen Zustandes vermag einen solchen Eingriff grundsätzlich nicht zu rechtfertigen.[195] Etwas anderes gilt dann, wenn die Erwerber der jungen Aktien ihrerseits zum Schadensersatz verpflichtet sind.[196]

(2)   Andere, der Rückabwicklung entsprechende Maßnahmen
Eine Naturalrestitution ließe sich auch in Form einer erneuten Kapitalerhöhung unter Ausschluss der Erwerber – Dritte bzw. der begünstigten Altaktionäre – weitgehend durchführen.[197] Diese Art der Naturalrestitution ist abzulehnen, da die Kapitalerhöhung und der Bezugsrechtsausschluss zweckentfremdet eingesetzt werden würde und zudem der Minderheit in unzulässiger Weise die Entscheidung über eine Kapitalerhöhung eingeräumt würde.[198] Darüber hinaus rechtfertigt der rechtswidrige Bezugsrechtsausschluss grundsätzlich nicht den erneuten Bezugsrechtsausschluss derjenigen Aktionäre, welche vom vormaligen rechtswidrigen Bezugsrechtsausschluss durch Zuteilung junger Aktien begünstigt wurden.[199]

2.   Kompensation/Entgangener Gewinn

a)   Verlust der Beteiligungsquote
Scheidet eine Naturalrestitution aus, ist der Schaden durch Geldersatz zu kompensieren (§ 251 Abs. 1 BGB). Erstattungsfähig sind grundsätzlich nur materielle Rechte, welche einen Vermögenswert besitzen. Bei der Mitgliedschaft handelt es sich um ein immaterielles Recht, welches sich mangels ausdrücklicher Erstattungsfähigkeit der Kompensation des § 253 Abs. 1 BGB entzieht.[200] Hinsichtlich eines Wertverlustes der mitgliedschaftlichen Anteile an der Gesellschaft scheidet grundsätzlich eine Kompensation solcher Schäden aus, welche lediglich eine Minderung des Gesellschaftsvermögens reflektieren.[201]

---

[194] siehe oben Teil 3:Kapitel VI:C) (S. 227)
[195] i.E. *Cahn*, ZHR 164 (2000) 113 [143]
[196] *Cahn*, ZHR 164 (2000) 113 [143]
[197] werden Aktionäre Dritten zugewandt ist eine vollständige Herstellung der Quote nicht möglich
[198] siehe oben Teil 2:Kapitel VI:B)III. 1.d) (S. 174)
[199] i.E. *Cahn*, ZHR 164 (2000) 113 [143]
[200] siehe oben Teil 2:Kapitel VI:B)III. 2.a) (S. 175)
[201] siehe oben Teil 2:Kapitel VI:B)I. 2.a)(2) (S. 156)

Führt der rechtswidrige Bezugsrechtsausschluss dazu, dass die ausgeschlossenen Aktionäre den erwarteten Gewinn – infolge von Steuervorteilen oder Paketzuschlag aufgrund der Beteiligungsquote – nicht erzielen können, ist ihnen dieser entgangene Gewinn zu ersetzen (§ 252 BGB).[202]

b)   Aufgrund der Vermögensverwässerung
Der Vermögensschaden im Falle der Minderung des Beteiligungswertes wird nicht von § 823 Abs. 1 BGB erfasst. Er ist aber dann erstattungsfähig, wenn die handelnden Organe wegen Untreue zum Schadensersatz verpflichtet sind (§ 823 Abs. 2 BGB i.V.m. § 266 Abs. 1 2. Alt StGB). Die Strafandrohung des Tatbestandes will die geschädigten Personen gerade vor den Vermögensschäden des Treuhänders schützen.[203] Deshalb ist diesen Fällen ausnahmsweise der Vermögensschaden erstattungsfähig.
Die Aktionäre können eine Erstattung des Vermögensschadens nur an sich selbst verlangen, soweit es sich bei ihrem Schaden nicht um einen Reflex des Gesellschaftsschadens handelt.[204] Im letzteren Fall ist die Gesellschaft zum Schadenausgleich gehalten.

c)   Eingeschränkte Ersatzpflicht der Gesellschaft
Trotz der Pflicht der Gesellschaft zur geldwerten Kompensation des Anteilsverlustes der ausgeschlossenen Aktionäre, ist aus Gründen der Kapitalerhaltung die Durchsetzung der Schadensersatzansprüche gegen die Gesellschaft gehindert, soweit sie nicht ihrerseits Ersatz der Schäden von den verantwortlichen Organen erlangt hat.[205]

V.   Bewertung der Haftung
Ein rechtswidriger Bezugsrechtsausschluss führt generell zur Haftung der Gesellschaft, des Vorstandes und des Aufsichtsrates. Ausnahmsweise sind daneben einzelne Aktionäre zum Schadensersatz verpflichtet. Der Schadenausgleich ist grundsätzlich durch Anbieten von Aktien gleicher Gattung zum Ausgabebetrag der jungen Aktien vorzunehmen. Sind diese Aktien nur zu einem höheren Preis als dem des Ausgabebetrages zu erwerben, müssen die zum Ersatz verpflichteten Beteiligten diese Differenz aufbringen. Bei größeren Aktiengesellschaften kann sich dieser Betrag auf mehrere Millionen Euro belaufen. Im gleichen finanziellen Umfang kann sich eine Kompensation der Vermögenswerte – im Falle eines Ausschlusses der Naturalrestitution – belaufen.[206] Dabei sei angemerkt, *dass der Verlust der Herrschaftsrechte nicht kompensiert werden kann.* Vermögensrechtliche Ersatzverpflichtungen eines derartigen Umfangs können das Vermögen der einzelnen Organmitglieder bei Weitem übersteigen. Potentielle Ersatzpflichtige

---
[202] siehe oben Teil 2:Kapitel VI:B)III. 3 (S. 176)
[203] BGHZ 8, 276; 100, 190 [192]; BGH, ZIP 2001, 1874 [1876] (Bremer Vulkan); MüKoBGB/*Wagner* § 823 Rdn. 23
[204] siehe oben Teil 2:Kapitel VI:B)III. 2.b) (S. 175)
[205] siehe oben Teil 2:Kapitel VI:B)III. 4 (S. 177)
[206] *Ekkenga*, AG 2001, 567 [576]; *Lutter*, JZ 1998, 50 [51]

werden deshalb grundsätzlich gehalten sein, eine derartige Haftung weitestgehend auszuschließen. Sie werden deshalb bemüht sein, das Bezugsrecht nur dann ausschließen, wenn sämtliche Ausschlussvoraussetzungen vorliegen.[207] Im Übrigen können sie ihre Haftung begrenzen, wenn sie die Hauptversammlung weitestgehend über den Bezugsrechtsausschluss entscheiden lassen und diese Beschlüsse ordnungsgemäß umsetzen. Die Beschlüsse sind mit Ablauf der Anfechtungsfrist wirksam.[208] Eine Haftung scheidet damit gem. § 117 Abs. 7 Nr. 1 AktG. Eine potentielle Haftung der gewissenhaften Organe kommt vielmehr nur dort zum Tragen, wo sie eigene Entscheidungen und Bewertungen treffen müssen. Um diese Haftung zu minimieren, können sie sich die Ermächtigung zum Bezugsrechtsausschluss für konkrete Fälle einräumen lassen. Insoweit gewinnt der freiwillige Bericht des Vorstandes zum Zeitpunkt der Ermächtigung an Bedeutung.

Diese präventive Schutzwirkung der angedrohten Haftung verliert an ihrer Effektivität, soweit die Schäden von einem Versicherer übernommen werden. Seit Ende der neunziger Jahre haben sich am deutschen Markt verstärkt Haftpflichtversicherungen für Vorstände und Aufsichtsräte etabliert.[209] Im Falle des Bestehens einer D&O-Versicherung werden die Ersatzpflichten der Organmitglieder grundsätzlich vom Versicherer ersetzt (Nr. 1.1 AVB-AVG). Vom Versicherungsschutz sind Haftpflichtansprüche wegen vorsätzlicher Schadenverursachung oder wissentlichen Abweichens von Gesetz, Vorschrift, Beschluss, Vollmacht oder Weisung oder durch sonstige wissentliche Pflichtverletzungen ausgeschlossenen (Nr. 5.1 AVB-AVB). Bei den materiellen Ausschlussvoraussetzungen handelt es sich um ungeschriebene gesetzliche Regelungen.[210] Ein Versicherungsschutz für eine Haftung der Organmitglieder wegen wissentlicher Missachtung dieser Anforderungen besteht demnach nicht. Legt der Vorstand bzw. der Aufsichtsrat im Falle des Bezugsrechtsausschlusses den Ausgabebetrag der jungen Aktien entgegen der Maßgaben des § 255 Abs. 2 AktG zu niedrig fest, kann grundsätzlich davon ausgegangen werden, dass die Organe wissentlich gegen diese Pflicht verstoßen haben.[211] Regelmäßig ist eine Haftung nach § 823 Abs. 2 BGB i.V.m. § 266 Abs. 1 S. 1 2. Alt. StGB begründet. Ein Versicherungsschutz scheidet in diesen Fällen regelmäßig aus.

Die Hauptversammlung kann in ihrem Ermächtigungsbeschluss den Bezugsrechtsausschluss an bestimmte Umstände knüpfen. Diese Umstände sind dem Vorstand regelmäßig bekannt, da der Beschluss zum einen protokolliert wird (§ 130 AktG) und zum anderen vom Vorstand zur Eintragung in das Handelsregister angemeldet werden muss (§ 184 AktG). Insofern wird eine Ersatzpflicht der

---

[207] i.E. *Nöcker*, FAZ 2.3.2005 S. 22
[208] siehe oben Teil 3:Kapitel V:B) (S. 202)
[209] *Lattwein/Krüger*, NVersZ 2000, 365 ff.
[210] BGHZ 71, 40 [46] (Kali und Salz); 83, 319 [320] (Holzmann); *Lutter*, ZGR 1979, 401 [412]; KK/*Lutter* § 186 Rdn. 59 m.w.N.
[211] siehe oben Teil 2:Kapitel VI:B)I. 2.c) (S. 161)

Organe im Falle eines rechtswidrigen Bezugsrechtsausschlusses wegen Missachtung des zugrunde liegenden Ermächtigungsbeschlusses nicht vom Versicherer übernommen.

Als Fazit kann festgehalten werden, dass die Organe die Schäden aufgrund eines fehlerhaften Bezugsrechtsausschlusses, mangels bestehenden Versicherungsschutzes, überwiegend aus ihren eigenen Vermögen zu erstatten haben. Eine potentielle Haftung der Organe bei der Entscheidung über den Bezugsrechtsausschluss führt zu einem gewissen präventiven Schutz der Rechte der vom Bezugsrechtsausschluss betroffenen Aktionäre.[212]

Dennoch vermag die Schadensersatzandrohung nicht vollständig auszuschließen, dass die Verwaltungsmitglieder aufgrund etwaiger Einflussnahme des Mehrheitsaktionärs das Bezugsrecht rechtswidrig zulasten der Minderheit ausschließt. Wurden infolge der Kapitalerhöhung die Herrschaftsrechte der ausgeschlossenen Aktionäre verletzt und stehen keine freien Aktien zur Verfügung – wie es regelmäßig der Fall sein wird, wenn die Maßnahme dem Minderheitsausschluss dient – können diese Eingriffe nicht kompensiert werden. Insofern besteht im Schutz der Herrschaftsrechte der dissidierenden Aktionäre eine „Schutzlücke".

D) Exkurs: Schadensersatzansprüche der Gesellschaft

Die Gesellschaft kann infolge eines fehlerhaften Bezugsrechtsausschlusses selbst Schäden erleiden. Der Schaden kann zum einen mittelbar aus den Ansprüchen der verletzten Aktionäre gegen die Gesellschaft aufgrund des rechtswidrigen Bezugsrechtsausschlusses resultieren oder unmittelbar, indem der fehlerhafte Bezugsrechtsausschluss zugleich das Vermögen der Gesellschaft geschädigt hat. Im Folgenden soll erörtert werden, welche Ansprüche die Gesellschaft gegen die Organe oder einzelne Aktionäre hat, welche an der fehlerhaften Kapitalerhöhung unter Bezugsrechtsausschluss beteiligt waren.

I. Haftung der Verwaltung

Sowohl der Vorstand als auch der Aufsichtsrat sind zur Einhaltung der Sorgfalt eines ordentlichen und gewissenhaften Geschäftsleiters angehalten (§§ 93 Abs. 1, 116 S. 1 AktG). Legen sie den Ausgabebetrag für die jungen Aktien fest, sind danach sie an das Finanzinteresse der Gesellschaft gebunden. Dieses kann von den Anforderungen des § 255 Abs. 2 AktG abweichen. Die Festlegung eines Ausgabebetrages entgegen der Maßgaben des § 255 Abs. 2 AktG führt deshalb nicht zwangsläufig zu einer Pflichtwidrigkeit des den Ausgabebetrag festlegenden Organs gegenüber der Gesellschaft.[213]

---

[212] OLG Frankfurt/M ZIP 2003, 903 [906]; *Ekkenga*, AG 2001. 567 [576], wobei dessen Bedenken einer konträren Wirkung von D&O-Versicherungen beigelegt werden konnte
[213] siehe oben Teil 2:Kapitel VI:B)I. 1.b)(1) (S. 148)

Die Organe sind für die Rechtmäßigkeit des Handelns der Gesellschaft verantwortlich. Insofern obliegt ihnen die Pflicht, die Gesellschaft so zu leiten, dass keine Pflichtverletzung gegenüber Dritten zu einer Haftung der Gesellschaft führt.[214] Verletzen die Organe diese Pflicht, kann die Gesellschaft die beteiligten Organe in Regress nehmen (§§ 93 Abs. 2, 116 S. 1 AktG). Hat der Vorstand rechtswidrig das Bezugsrecht ausgeschlossen und hat der Aufsichtsrat diesem Ausschluss zugestimmt, haben die Aktionäre ein Recht auf Bezug der jungen Aktien. Können diese Bezugsansprüche nicht bedient werden, haben die Aktionäre gegen die Gesellschaft einen Schadensersatzanspruch wegen Nichterfüllung (§§ 280 Abs. 3, 275, 283 BGB). Kommt die Gesellschaft diesen Anforderungen nach, kann sie bei den Organen Regress nehmen (§§ 93 Abs. 2, 116 S. 1 AktG). Die Haftung der Organe ist gem. §§ 93 Abs. 4 S. 1, 116 S. 1 AktG ausgeschlossen, wenn sie den Maßgaben des unanfechtbaren Hauptversammlungsbeschlusses Folge leisten, es sei denn, sie haben diesen fehlerhaften Hauptversammlungsbeschluss pflichtwidrig herbeigeführt.[215]

II. Haftung der Aktionäre

Aktionäre, welche ihren Einfluss außerhalb von Abstimmungen der Hauptversammlung auf die Organe ausgeübt haben, damit diese vom genehmigten Kapital Gebrauch machen und gleichzeitig das Bezugsrecht rechtswidrig ausschließen, sind der Gesellschaft für daraus entstandene Schäden zum Ersatz verpflichtet (§ 117 Abs. 1 AktG). Erfasst werden unmittelbare Schäden der Gesellschaft infolge eines zu niedrigen Ausgabebetrages, als auch mittelbare Schäden infolge von Schadensersatzansprüchen derjenigen Aktionäre, welche vom Bezugsrecht ausgeschlossen wurden.

---

[214] siehe oben Teil 2:Kapitel VI:B)I. 1.c)(2) (S. 154)
[215] siehe oben Teil 2:Kapitel VI:B)I. 1.c)(2) (S. 154)

Kapitel VIII: Bericht zum Bezugsrechtsausschluss im Rahmen des genehmigten Kapitals

A) Allgemeines zur Berichtspflicht beim genehmigten Kapital

Mit der Übertragung der Ausschlussbefugnis des Bezugsrechtes auf den Vorstand begeben sich die Aktionäre - speziell die Minderheitsaktionäre – in die Gefahr, dass der Vorstand von dieser Ermächtigung zum Schaden aller Aktionäre oder nur einer Minderheit[1] Gebrauch machen kann, ohne dass eine Prüfung durch die Hauptversammlung bzw. durch die Aktionäre stattfindet. Die Berichtspflicht zum Bezugsrechtsausschluss dient grundsätzlich als Entscheidungsgrundlage der Aktionäre und der gerichtlichen Kontrolle etwaiger Beschlüsse.[2] Soweit die Ausschlussbefugnis an die Verwaltung übertragen wurde, steht die Kontrollfunktion im Vordergrund, da die Hauptversammlung an der Verwaltungsentscheidung nicht mehr mitwirken kann. Die obigen Erörterungen haben ergeben, dass das Aktiengesetz verschiedene Regelungen zum Schutz der Aktionäre vor einem rechtswidrigen Bezugsrechtsausschluss getroffen hat. Dennoch bestehen Lücken in diesem Schutzsystem. Ebenso vermögen die gesetzlichen Regelungen eine einmalige Verletzung der Herrschaftsrechte nicht auszugleichen. Dies hat zur Folge, dass trotz einer festgestellten rechtswidrigen Rechtsverletzung die betroffenen Aktionäre fortwährend die Beeinträchtigung hinzunehmen haben. Vor derartigen Eingriffen können sie sich lediglich vor der Durchführung dieser Maßnahmen im Wege einer Unterlassungsklage schützen.[3] Um den Beschluss der Verwaltung beurteilen und im Falle eines rechtswidrigen Bezugsrechtsausschlusses erfolgreich eine Unterlassungsklage erheben zu können, benötigen die Aktionäre Informationen über die entsprechende Maßnahme. Im Folgenden sollen zunächst die Modelle zur Information der Aktionäre vorgestellt werden. Sodann soll erörtert werden, wie die Aktionäre vor der Hauptversammlung zu unterrichten sind, in welcher das Bezugsrecht unmittelbar ausgeschlossen wird bzw. der Vorstand dazu ermächtigt werden soll. Sodann sollen bestehende Informationspflichten im Zusammenhang mit der Durchführung des genehmigten Kapitals vorgestellt werden. Aufgrund all dieser Erkenntnisse soll abschließend erörtert werden, ob es eines Vorrabberichtes – ein Bericht unmittelbar vor Ausnutzung des genehmigten Kapitals – bedarf.

I. Alleinige Nachkontrolle in der nächsten Hauptversammlung

Nach dem ersten Berichterstattungsmodell besteht überhaupt keine Berichtspflicht im Rahmen des genehmigten Kapitals.[4] Eine Kontrolle der Ermächtigung oder ihrer Ausnutzung durch die Hauptversammlung ist nicht erforderlich. Le-

---

[1] so wenn der Vorstand kollusiv mit der Mehrheit zusammenarbeitet
[2] siehe oben Teil 2:Kapitel V:A) (S. 95)
[3] siehe oben Teil 3:Kapitel V:B) (S. 202)
[4] BGHZ 136, 133 (Siemens/Nold); *Marsch*, AG 1981, 213 ff.; *van Venrooy*, DB 1982, 735 [737]

diglich der Aufsichtsrat kontrolliert die vom Vorstand ausgenutzte Ermächtigung. Eine Kontrolle der Vorstandsmaßnahme durch die Aktionäre erfolgt in der darauf folgenden Hauptversammlung und gegebenenfalls durch die Gerichte im Rahmen von Schadensersatzklagen der Altaktionäre. Nach dieser Auffassung wird lediglich eine ex-post-Betrachtung vorgenommen, welche an dem geschaffenen Status quo nichts mehr ändern kann.[5] Die nachträgliche Kontrolle beschränkt sich im Wesentlichen auf die Überprüfung von Schadensersatzansprüchen gegen den Vorstand und den Aufsichtsrat.

II. Gewisse Vorkontrolle, im Übrigen Nachkontrolle

Das zweite Modell verlangt ein gewisses Maß an präventiver Kontrolle des Ausschlusses. Eine gewisse Vorkontrolle des Bezugsrechtsausschlusses erfolgt im Wege einer Diskussion über die Gründe für die Ermächtigung in der Hauptversammlung.[6] Dabei wird der Vorstand eingebunden, welcher unter Beachtung seines unternehmerischen Ermessens die Maßnahmen im Rahmen der Vorgaben umzusetzen hat. Der Ermächtigungsbeschluss kann nach §§ 243 ff. AktG angefochten werden. Im Übrigen besteht wie beim ersten Modell die Möglichkeit der Nachkontrolle im Rahmen von Schadensersatzklagen.

III. Gewisse Vorkontrolle und Kontrolle im Ausgabezeitpunkt der jungen Aktien

Nach einem Dritten Modell soll sich die präventive Kontrolle nicht nur auf den Zeitpunkt der Ermächtigung des Vorstandes durch die Hauptversammlung beschränken. Neben einer Vorkontrolle in Anlehnung an den Vorschlag des zweiten Modells sollen die Aktionäre rechtzeitig vor Inanspruchnahme der Ermächtigung zum Bezugsrechtsausschluss informiert werden. Dies soll mit einer zusätzlichen Information außerhalb der Hauptversammlung erreicht werden.[7] Damit erhalten die Aktionäre die Möglichkeit, eine gerichtliche Kontrolle des Bezugsrechtsausschlusses vorzunehmen. Im Falle eines Verstoßes gegen das materielle Erfordernis kann der Bezugsrechtsausschluss durch Unterlassungs- bzw. Feststellungsklagen unterbunden werden.

IV. Vollständige Vorkontrolle

Schließlich besteht die Möglichkeit einer vollständigen Vorkontrolle. Es wird die Ermächtigung zum Bezugsrechtsausschluss in der Hauptversammlung unter den Maßgaben der sachlichen Rechtfertigung geprüft. Für eine derartige Kontrolle ist es notwendig, dass konkrete Zwecksetzungen der Ermächtigung bereits

---

[5] *Bosse*, ZIP 2001, 104 [106]
[6] BGH, NJW 1997, 2815 [2816 f.]; *Kindler*, ZGR 1998, 35 [56]; *Henze*, ZHR 162 (1998) 186 [190]; *Martens*, FS Steindorff, S. 151 [154 f.]; *Quack*, ZGR 1983, 257 [264]
[7] *Hirte*, Bezugsrechtsausschluß und Konzernbildung S. 112 ff.; *ders.*, ZIP 1989, 1233 [1239]; KK/*Lutter* § 186 Rdn. 22; *Kimpler*, DB 1994, 767 [768 f.]; *Kort*, FS Lutter, S. 1421 [1432]; *Lutter*, BB 1981, 861 [862 f.]; *Meilicke/Heidel*, DB 2000, 2358 [2359 f.]; *Sethe*, AG 1994, 342 [351 ff.]

in der Hauptversammlung vorliegen. Sind die Zwecksetzungen zu pauschal, scheidet eine Ermächtigung von Rechts wegen aus.[8]

B) Berichtspflicht beim Direktausschluss

I. Allgemeines

Schließt die Hauptversammlung bereits im Ermächtigungsbeschluss das Bezugsrecht der Aktionäre aus, entscheiden die Aktionäre selbst über ihr Bezugsrecht. Durch einen neuen Hauptversammlungsbeschluss kann die Ermächtigung wieder zurückgenommen werden.[9] Lediglich der Zeitpunkt zur Durchführung der Kapitalerhöhung ist dem Vorstand überlassen. Im Zeitpunkt des Ermächtigungsbeschlusses muss die beabsichtigte Maßnahme den Anforderungen der sachlichen Rechtfertigung genügen.[10] Damit die Aktionäre eine sorgsame und sachgerechte Entscheidung treffen können, benötigen sie sämtliche beurteilungsrelevanten Informationen. Die zukünftigen Umstände der Kapitalerhöhung, welche einen Bezugsrechtsausschluss erfordern, müssen deshalb bereits zum Zeitpunkt der Einberufung der Hauptversammlung konkret benannt werden.[11] Die Situation vor und während der Abstimmung über den Bezugsrechtsausschluss in der Hauptversammlung entspricht der eines beabsichtigten Bezugsrechtsausschlusses im Rahmen einer ordentlichen Kapitalerhöhung. Deshalb hat der Vorstand den Beschluss im gleichen Maße vorzubereiten. Ihm obliegen dieselben Berichtspflichten wie zu einem Bezugsrechtsausschluss einer ordentlichen Kapitalerhöhung.[12] Es kann daher auf die entsprechenden Ausführungen zum ordentlichen Bezugsrechtsausschluss verwiesen werden.[13] Danach hat der Bericht sämtliche entscheidungserheblichen Umstände sowie eine Stellungnahme des Vorstandes zu enthalten. Der beabsichtigte Bezugsrechtsausschluss muss mit der Einladung der Hauptversammlung ausdrücklich und ordentlich gem. § 186 Abs. 1 S. 1 AktG bekanntgemacht werden. Gleichzeitig ist der Bericht analog der §§ 52 Abs. 2 S. 1, 2; 175 Abs. 2 S. 1, 2; 179 a Abs. 2 S. 1, 2; 293 f. Abs. 1 Nr. 1, Abs. 3; 327 c Abs. 3, 4 AktG; § 63 Abs. 1 Abs. 3 UmwG in den Geschäftsräumen auszulegen und auf Verlangen den Aktionären zuzusenden. Hingegen braucht der Bericht nicht in seinem wesentlichen Inhalt mit der Einberufung zur Hauptversammlung bekanntgegeben werden.

---

[8] so früher BGH in BGHZ 83, 319 [326 f.] (Holzmann), 125, 239 [241 ff, 249 f.] (Deutsche Bank); *Becker*, BB 1981, 394 [395]; *Timm*, Konzernspitze S. 79 f.; ders., DB 1982, 211 [212 ff.]
[9] KK/*Lutter* § 202 Rdn. 7; *Hüffer*, AktG § 202 Rdn. 18 jeweils m.w.N.
[10] siehe oben Teil 3:Kapitel IV:A)I. (S. 191)
[11] BGHZ 125, 239 [241 ff,] (Deutsche Bank); OLG Schleswig, NZG 2004, 282 [284]; *Hefermehl/Bungeroth* in G/H/E/K § 203 Rdn. 18; KK/*Lutter* § 203 Rdn. 11; *Timm*, DB 1982, 211 [214 f.]
[12] BGHZ 125, 239 [241 ff,] (Deutsche Bank); *Hefermehl/Bungeroth* in G/H/E/K § 203 Rdn. 18; KK/*Lutter* § 203 Rdn. 11; *Timm*, DB 1982, 211 [214 f.]
[13] oben Teil 2:Kapitel IV: (S. 91)

Regelmäßig sind zum Zeitpunkt der Hauptversammlung noch nicht alle Umstände der später durchzuführenden Maßnahme bekannt. Deshalb wird es selten der Fall sein, dass das Bezugsrecht bereits in der Hauptversammlung ausschlossen wird.[14]

II. Börsennotierte Aktiengesellschaften

Beschließt die Hauptversammlung einen vereinfachten Bezugsrechtsausschluss i.S.d. § 186 Abs. 3 S. 4 AktG, greift ein solcher Bezugsrechtsausschluss nicht in die Rechte der ausgeschlossenen Aktionäre ein, da diese bei Ausnutzung der Ermächtigung ihre Beteiligungsquote durch Zukauf von Aktien an der Börse aufrechterhalten können.[15] Einen wesentlichen Punkt des vereinfachten Bezugsrechtsausschlusses stellt die Ermittlung des Ausgabebetrages der jungen Aktien dar. Damit bei den Altaktionären keine Wertverwässerung hervorgerufen wird, darf dieser nicht unangemessen unter dem Börsenpreis der Altaktien liegen. Der Börsenkurs bei Ausnutzung des genehmigten Kapitals steht zum Zeitpunkt der Ermächtigung regelmäßig nicht fest. Überlässt die Hauptversammlung dem Vorstand die Festlegung des Ausgabebetrages, hat er der Hauptversammlung zu berichten, wie er den Ausgabekurs ermitteln will.[16]

Zusammenfassend kann festgehalten werden, dass der Vorstand zum vereinfachten Bezugsrechtsausschluss i.S.d. § 186 Abs. 3 S. 4 AktG nur über das Vorliegen von dessen Voraussetzungen zum Zeitpunkt der Ausnutzung des genehmigten Kapitals zu berichten braucht.

Beschließt die Hauptversammlung einen Bezugsrechtsausschluss über die Grenzen des § 186 Abs. 3 S. 4 AktG, werden die Rechte der dissidierenden Aktionäre dann nicht vom Bezugsrechtsausschluss tangiert, wenn der Ausgabebetrag der jungen Aktien nicht wesentlich unter dem Börsenpreis liegt und ein Zukauf über die Börse gesichert ist.[17] Der Unterschied zum geregelten Fall des § 186 Abs. 3 S. 4 AktG besteht einerseits darin, dass ein Zukauf von Aktien über die Börse nicht vermutet wird.[18] Deshalb darf die Verwaltung das Bezugsrecht nur dann ausschließen, wenn sie diesen Zukauf sicherstellen kann. Da die Zukaufsmöglichkeit eine Voraussetzung des vereinfachten Bezugsrechtsausschlusses außerhalb des § 186 Abs. 3 S. 4 AktG ist, hat der Vorstand in seinem Bericht zum Bezugsrechtsausschluss plausibel darzulegen, wie er sicherstellen will, dass jeder zukaufswillige Aktionär tatsächlich die Möglichkeit erhält, Aktien über die Börse zu erwerben, damit er seine Beteiligungsquote aufrechterhalten kann.

Andererseits weicht der vereinfachte Bezugsrechtsausschluss bei Sachkapitalerhöhung von der Regelung des § 186 Abs. 3 S. 4 AktG dahingehend ab, dass der Betrag der jungen Aktien den Börsenpreis nicht wesentlich unterschreiten darf

---

[14] *Lutter*, BB 1981, 861 [862]; *Sethe*, AG 1994, 342 [363]
[15] siehe oben Teil 2:Kapitel III:A)IV. (S. 69)
[16] siehe oben Teil 2:Kapitel V:B)III. 2 (S. 102)
[17] siehe oben Teil 2:Kapitel III:B)V. (S. 86)
[18] siehe oben Teil 2:Kapitel III:B)V. (S. 86)

und zusätzlich dem Wert der Sacheinlage entsprechen muss. Der Vorstand ist deshalb zusätzlich angehalten, über den Wert der Sacheinlage und über die Methode zur Ermittlung des Börsenpreises plausibel zu berichten.

C) Berichtspflicht zur Ermächtigung zum Bezugsrechtsausschluss

Ausgangspunkt für eine Berichtspflicht gegenüber der Hauptversammlung bildet die Ermächtigung des Vorstandes. Ihre gesetzliche Verankerung findet sich in § 185 Abs. 1 BGB. Sie begründet für den Ermächtigten die Befugnis, im eigenen Namen über ein Recht des Ermächtigenden zu verfügen oder dieses in sonstiger Weise auszuüben.[19] Die Ermächtigung ist eine einseitige Willenserklärung.[20] Für den Fall der Ermächtigung des Vorstandes über den Ausschluss des Bezugsrechtes zu entscheiden, bedeutet dies, dass die Hauptversammlung einen wirksamen Ermächtigungsbeschluss fassen muss. Die Pflicht des Vorstandes zur Erstellung eines Berichtes im Vorfeld der beabsichtigten Ermächtigung zum Bezugsrechtsausschluss wird nicht explizit von § 203 Abs. 2 S. 2 AktG angeordnet. Die Vorschrift erklärt, dass die Regelungen über den Bezugsrechtsausschluss nach § 186 Abs. 4 AktG *sinngemäß* anwendbar sein sollen. Im Folgenden wird durch Auslegung der Normen ermittelt, ob und unter welchen Maßgaben eine Berichtspflicht des Vorstandes besteht.

I. Wortlaut/Systematik

Die Norm des § 203 Abs. 1 S. 1 AktG regelt, welche Vorschriften der ordentlichen Kapitalerhöhung bei der Schaffung eines genehmigten Kapitals zur Anwendung kommen. Die Vorschrift verweist generell auch auf den § 186 AktG und erklärt dessen Regeln für *sinngemäß* anwendbar.
Die Möglichkeit der Ermächtigung des Vorstandes zum Bezugsrechtsausschluss ist speziell in § 203 Abs. 2 AktG geregelt. Nach dem Wortlaut des § 203 Abs. 2 S. 2 AktG findet § 186 Abs. 4 AktG *sinngemäß* Anwendung, wenn der Vorstand zum Bezugsrechtsausschluss ermächtigt wird. Die (pauschale) Verweisung erfasst sowohl den Satz 1 als auch den Satz 2 des vierten Absatzes. Das bedeutet, dass nicht nur die Bekanntmachungspflicht, sondern auch die Berichtspflicht sinngemäß bei der Ermächtigung des Vorstandes zum Bezugsrechtsausschluss Anwendung finden soll.

In § 186 Abs. 4 AktG ist sowohl die Bekanntmachungs- als auch Berichterstattungspflicht des Vorstandes an die Hauptversammlung bei einem beabsichtigten Bezugsrechtsausschluss durch die Hauptversammlung geregelt. Beim genehmigten Kapital tritt an die Stelle des Kapitalerhöhungsbeschlusses der Beschluss über die Schaffung eines genehmigten Kapitals (§ 203 Abs. 1 S. 2 AktG). Durch die Ermächtigung des Vorstandes wird das Bezugsrecht nicht ausgeschlossen. Der Bezugsrechtsausschluss erfolgt erst aufgrund der späteren Entschließung des

---

[19] Palandt/*Heinrichs* § 185 Rdn. 13; Soergel/*Leptien* § 185 Rdn. 35; Staudinger/*Gursky* § 185 Rdn. 30
[20] Palandt/*Heinrichs* Einf. § 182 Rdn. 3; Soergel/*Leptien* vor § 182 Rdn. 4

Vorstandes. Die Regelung des § 186 AktG gilt gem. § 203 Abs. 1 S. 2 AktG nur bei der Schaffung des genehmigten Kapitals, nicht aber bei der Ausnutzung. Der Vorstand muss die Hauptversammlung nicht bei seinem Beschluss über die Ausnutzung des genehmigten Kapitals beteiligen. Ein Bericht an die Hauptversammlung bei Ausnutzung des genehmigten Kapitals scheidet nach § 203 Abs. 1 S. 1 AktG generell aus. Ob ein Bericht gegenüber der Hauptversammlung zum Zeitpunkt der Ermächtigung zu erstatten ist, kann dem Wortlaut nicht eindeutig entnommen werden.

Nach § 203 Abs. 2 S. 2 AktG soll die Regelung des § 186 Abs. 4 AktG nicht unmittelbar, sondern nur sinngemäß zur Anwendung kommen. Eine sinngemäße Anwendung der Bekanntmachungspflicht bezieht sich eindeutig auf den Ermächtigungsbeschluss der Hauptversammlung.[21] Ein solcher Beschluss kann zu einem Bezugsrechtsausschluss führen, und ist deshalb – ebenso wie ein Ausschluss des Bezugsrechtes nach § 186 Abs. 4 S. 1 AktG – anzukündigen.[22]
Nicht so klar stellt sich die Problematik hinsichtlich einer Berichterstattungspflicht. Diese dient zum einen der Entscheidungsfindung und zum anderen der Kontrolle des Bezugsrechtsausschlusses.[23] Hinsichtlich des Inhaltes bedeutet eine sinngemäße Anwendung, dass der Bericht ähnliche Informationen enthalten muss wie der Bericht an die Hauptversammlung im Rahmen einer ordentlichen Kapitalerhöhung nach § 186 Abs. 4 S. 2 AktG. Der Bericht ist deshalb entweder gegenüber der Hauptversammlung abzugeben, wenn er der Entscheidungsfindung dienen soll, und/oder gegenüber den Aktionären außerhalb der Hauptversammlung zu erstatten, wenn dem Bericht lediglich eine Kontrollfunktion des Bezugsrechtsausschlusses zukommen soll.[24] Ob der Bericht bereits zum Zeitpunkt der Ermächtigung zu erstatten ist, kann dem Verweis des § 203 Abs. 2 S. 2 AktG weder aus dem Wortlaut noch der Systematik entnommen werden, ob der Bericht konkrete Anhaltspunkte oder lediglich pauschale Möglichkeiten enthalten muss.[25]

Es kann daher festgehalten werden, dass nach dem Wortlaut und der Systematik des § 203 Abs. 2 S. 2 AktG die Ermächtigung des Vorstandes zum Bezugsrechtsausschluss bekanntgegeben werden muss. Hingegen kann weder dem Wortlaut noch der Systematik entnommen werden, ob daneben eine Berichterstattung zu erfolgen hat. Sollte eine historische und teleologische Auslegung eine Berichtspflicht erfordern, kann der Norm unter den Gesichtspunkten der grammatikalischen und systematischen Auslegung nicht entnommen werden,

---

[21] *Natterer*, ZIP 2002, 1672 [1677]
[22] Reg.Begr. in *Kropff*, AktG S. 305
[23] siehe oben Teil 2:Kapitel V:A) (S. 95)
[24] a.A. *Bosse*, ZIP 2001, 104 [105]; *Timm*, DB 1982, 211 f., für welche bereits dem Wortlaut entnommen werden kann, dass der Bericht bereits zum Zeitpunkt der Ermächtigung zu erstatten ist
[25] *Lutter*, JZ 1998, 50 [51]

wann gegenüber wem – der Hauptversammlung oder den Aktionären außerhalb der Hauptversammlung – ein Bericht und mit welchem Inhalt zu erstattet ist.

II. Historik

Der Verweis des § 203 Abs. 2 S. 2 AktG auf den § 186 AktG besteht seit der Novellierung des Aktiengesetzes im Jahre 1965. Zu diesem Zeitpunkt war die Berichtspflicht über den Bezugsrechtsausschluss noch nicht in § 186 AktG verankert. Diese wurde im Rahmen der Umsetzung der zweiten Kapitalrichtlinie in § 186 Abs. 4 AktG als Satz 2 eingeführt.[26] Art. 29 Abs. 4 2.KpRL regelt die Berichtspflicht eines beabsichtigten Bezugsrechtsausschlusses im Wege einer ordentlichen Kapitalerhöhung. In Art. 29 Abs. 5 2.KpRL ist die Ermächtigung des Vorstandes zum Ausschluss des Bezugsrechtes bei Ausnutzung des genehmigten Kapitals geregelt. Die Vorschrift enthält weder Regelungen über einen Vorstandsbericht zum Ermächtigungsbeschluss der Hauptversammlung noch zu einem Ausschluss des Bezugsrechtes bei Ausnutzung der Ermächtigung. Der Verweis des § 203 Abs. 2 S. 2 AktG auf den § 186 AktG blieb dennoch bestehen. Es wurde weder der § 203 AktG auf die Neuerung des § 186 Abs. 4 S. 2 AktG angepasst noch nimmt die Regierungsbegründung zu dieser Problematik Stellung.

Deshalb wird teilweise vertreten, dass der Verweis des § 203 Abs. 2 S. 2 Akt auf § 186 Abs. 4 S. 2 AktG nicht vom gesetzgeberischen Willen getragen worden ist.[27] Dem ist entgegenzuhalten, dass alle Regelungen der Richtlinie – einschließlich des Art. 29 Abs. 5 2.KpRL – umzusetzen waren. Der Gesetzgeber musste sich sehr wohl Gedanken zu § 203 Abs. 2 AktG machen, sodass man nicht ohne weiteres von einem redaktionellen Versehen ausgehen darf.[28] Zudem hatte der Gesetzgeber im Rahmen von zahlreichen Reformen zum Aktienrecht[29] die Gelegenheit gehabt, den Verweis auf die Bekanntgabe der Ausschlussermächtigung durch die Hauptversammlung zu beschränken. Dennoch hat er davon keinen Gebrauch gemacht. Vielmehr liegt deshalb der Schluss nahe, dass es sich um eine bewusste Entscheidung des Gesetzgebers handelte, die nicht ohne weiteres im Wege einer Auslegung ignoriert werden kann.[30]

Mit der Schaffung des genehmigten Kapitals und der Möglichkeit des Bezugsrechtsausschlusses durch den Vorstand wollte der Gesetzgeber dem Bedürfnis nachkommen, dass der Vorstand schnell und flexibel handeln kann.[31] Zugleich

---

[26] Gesetz vom 13.12 1987 BGBl. I. S. 1959 [1962]: Art. 1 Nr. 22 lit. b
[27] *Marsch*, AG 1981, 211 [212]; *van Venrooy*, DB 1982, 735 [738 f.]
[28] *Sethe*, AG 1994, 342 [354] FN 107
[29] z.B. Gesetz für kleine Aktiengesellschaften und Deregulierung des Aktienrechtes v. 2.8.1994, BGBl. I 1994 S. 1961; Gesetz zur Kontrolle und Transparenz im Unternehmensrecht v. 27.4.1998, BGBl. I 1998 S. 786 ff.; Transparenz und Publizitätsgesetz v. 19.7.2002, BGBl. I 2002 S. 2681
[30] BGHZ 83, 319 [326] (Holzmann); *Bosse*, ZIP 2001, 104 [105]; KK/*Lutter* § 203 Rdn. 36; *Quack*, ZGR 1983, 257 [262]
[31] Reg.Begr. in *Kropff*, AktG S. 305

sah der Gesetzgeber die Gefahren einer Entscheidungsbefugnis des Vorstandes über den Ausschluss des Bezugsrechtes für die Aktionäre. Deshalb muss ein entsprechender Ermächtigungsbeschluss ebenso wie ein beabsichtigter Bezugsrechtsausschluss in der Hauptversammlung gem. §§ 203 Abs. 2 S. 2, 186 Abs. 2 S. 1 AktG bekanntgemacht werden. Die ursprünglich in § 186 Abs. 4 AktG a.F. vorgesehene Bekanntmachungspflicht bezog sich eindeutig und klar nur auf die Ermächtigung, nicht aber auf den Bezugsrechtsausschluss. Deshalb wird teilweise vertreten, dass für einen Ermächtigungsbericht nichts anderes zu gelten habe.[32] Wie bereits erwähnt, wollte der Gesetzgeber mit der Einführung der Berichtspflicht die Anforderungen des Art. 29 Abs. 4 2.KpRL erfüllen.[33] Nach Art. 29 Abs. 4 2.KpRL dient der Bericht zugleich der Kontrolle der Bezugsrechtsausschlüsse.[34] Insofern kann davon ausgegangen werden, dass der nationale Gesetzgeber der Berichtspflicht ebenfalls diese Kontrollfunktion zukommen lassen wollte. Die Kontrolle des Bezugsrechtsausschlusses im Rahmen des genehmigten Kapitals ist durch einen Bericht zum Ermächtigungsbeschluss, zum Vorstandsbeschluss über die Ausnutzung und nach Ausnutzung der Ermächtigung in der nächsten Kapitalerhöhung möglich.[35] Weder der Gesetzesbegründung noch anderen Materialien zur Berichtspflicht ist zu entnehmen, wie der Gesetzgeber die Ausschlusskontrolle verstanden haben wollte.

III. Sinn und Zweck

Nachdem der grammatikalischen, systematischen und historischen Auslegung der Norm weder etwas Konkretes zum Zeitpunkt noch zum Inhalt der Berichtspflicht entnommen werden konnte, ist auf den Sinn und Zweck der Regelung abzustellen.

1. Interessenlagen

Die Berichtspflicht des § 186 Abs. 4 S. 2 AktG bezweckt eine umfassende Information der Aktionäre, damit diese eine sorgsame und sachgerechte Entscheidung treffen können.[36] Zugleich dient der Bericht der gerichtlichen Kontrolle von Beschlüssen, die auf der Grundlage des Berichtes getroffen werden.[37] Mit der Berichtspflicht soll grundsätzlich sichergestellt werden, dass in die Rechte der dissidierenden Aktionäre nur eingegriffen werden darf, wenn der Bezugsrechtsausschluss sachlich gerechtfertigt ist. Damit schützt der Bericht sowohl vor unsachgemäßen Entscheidungen als auch vor rechtswidrigen Eingriffen in die Rechte der Aktionäre. Ein Bericht zum Zeitpunkt der Ermächtigung, welcher sämtliche Umstände der späteren Kapitalerhöhung enthält, gewährleistet einen umfassenden Schutz. Vermögen die Umstände einen Bezugsrechtsausschluss nicht sachlich zu rechtfertigen, können die Aktionäre gegen den Hauptversamm-

---

[32] *Natterer*, ZIP 2002, 1672 [1677]
[33] RegBegr. BT-Drucks. 8/1678 S. 18
[34] siehe oben Teil 2:Kapitel II:E)III. (S. 46)
[35] vgl. Modelle der Berichterstattung Teil 3:Kapitel VIII:A) (S. 253)
[36] siehe oben Teil 2:Kapitel V:A)I. (S. 95)
[37] siehe oben Teil 2:Kapitel V:A)II. (S. 96)

lungsbeschluss im Wege einer Anfechtungsklage vorgehen.[38] Stellt man den Schutzzweck des Berichtes für die Aktionäre im Rahmen des genehmigten Kapitals in den Vordergrund, ist ein Bericht mit sämtlichen entscheidungserheblichen Umständen anzufertigen.[39] Die Hauptversammlung als das für den Ausschluss zuständige Organ soll eine sorgfältige und überlegte Entscheidung aufgrund aller möglichen Gesichtspunkte treffen können. Der Aktionär hat in diesem Zusammenhang vor der Beschlussfassung nicht nur die formellen, sondern auch die materiellen Gründe für den geplanten Bezugsrechtsausschluss zu erfahren.[40] Die Gefahr eines nachteiligen Eingriffs nimmt mit der Pauschalisierung von Informationen potentiell zu.[41]

Dem Zweck der Berichtspflicht steht das genehmigte Kapital mit seinen Zweckerwägungen entgegen. Das Institut des genehmigten Kapitals soll die Gesellschaft in die Lage versetzen, ohne die umständliche und zeitraubende Prozedur der Einberufung einer außerordentlichen Hauptversammlung, kurzfristig eine Kapitalerhöhung durchzuführen.[42] Mit der Möglichkeit, kurzfristig und flexibel neues Eigenkapital zu beschaffen, kann die Verwaltung unmittelbar auf Marktsituationen reagieren und Projekte zeitnah umsetzen.[43] Dem Vorstand soll bei seinen Entscheidungen die Freiheit verbleiben, die Gegebenheiten und Entwicklungen an der Börse, der Konjunktur, der Wirtschaft, der Wirtschaftspolitik sowie der allgemeinen politischen Lage optimal ausnutzen zu können.[44] Ein Bericht zum Zeitpunkt der Ermächtigung kann nicht sämtliche Ausschlussalternativen erfassen, da sich die zukünftige Entwicklung sowohl der Gesellschaft als auch des Marktes nicht hinreichend vorhersagen lassen kann. Konkrete Vorgaben des Berichtes schränken den Vorstand in seiner Handlungsfähigkeit ein. Damit würde der Sinn und Zweck des genehmigten Kapitals, schnell und flexibel auf Marktgegebenheiten reagieren zu können, unterlaufen und in Extremfällen könnte die Hauptversammlung selbst über die Kapitalerhöhung entscheiden.[45] Soll der Zweck des genehmigten Kapitals trotz Berichtspflicht dennoch weitgehend erhalten bleiben, müssen sich etwaige Vorgaben des Berichtes auf ein Mindestmaß reduzieren.[46] Soweit man einen – wenn auch nur abstrakten – Bericht fordert, hat dieser verwertbare Informationen zu enthalten und soll nicht als inhaltsleere Formalie daneben bestehen. Insofern muss aufgrund des Berich-

---

[38] siehe oben Teil 3:Kapitel V:A) (S. 197)
[39] BGHZ 83, 319 [326 f.] (Holzmann); *Becker*, BB 1981,394 [395]; KK/*Lutter* § 203 Rdn. 25 f.; *Quack*, ZGR 1983, 257 [262]; *Semler*, BB 1983, 1566 [1568]; *Sturies*, Wpg, 1982, 581 [585]; *Timm*, Konzernspitze S. 79 f.; ders., DB 1982, 211 [215]
[40] *Becker*, BB 1981,394 [396]; KK/*Lutter* § 203 Rdn. 36, 38; *Quack*, ZGR 1983, 257 [262]
[41] i.E. *Hirte*, Bezugsrechtsausschluß und Konzernbildung S. 105
[42] AnwK-AktR/*Groß* § 202 AktG Rdn. 3; *Hüffer*, AktG § 202 Rdn. 2; GK/*Hirte* § 202 Rdn. 19; KK/*Lutter*, Vorb. § 202 Rdn. 1; *Sethe*, AG 1994, 342 [352]
[43] AnwK-AktR/*Groß* § 202 AktG Rdn. 3; *Hüffer*, AktG § 202 Rdn. 2; GK/*Hirte* § 202 Rdn. 19; KK/*Lutter*, Vorb. § 202 Rdn. 1; *Sethe*, AG 1994, 342 [352]
[44] *Henze*, AktR S. 378 Rdn. 1000
[45] *Kübler*, ZBB 1993, 1 [2]; *Schwark*, FS Claussen S. 357 [367]
[46] BGH NJW 1997, 2815 [2816] (Siemens/Nold); *Heinsius*, FS Kellermann S. 115 [120]; *Kübler*, ZBB 1993, 1 [2]; *Martens*, ZIP 1992, 1677 [1682 f.]

tes ein Mindestmaß an vorausschauender Beschlusskontrolle möglich sein.[47] Dies ist dann der Fall, wenn der Bericht abstrakte Umstände enthält, welche über den Satzungszweck hinausgehen[48] und die Ausnutzungsvarianten abgrenzbar sind. Dennoch steht die – wenn auch nur abstrakte – Berichtspflicht zum Schutze der Aktionäre vor rechtswidrigen Bezugsrechtsausschlüssen dem genehmigten Kapital konträr gegenüber.

2. Stellungnahme

Dieser Konflikt lässt sich nur aufheben, wenn man versucht, die Interessen zu gewichten. Dabei ist zum einen zu untersuchen, inwieweit das genehmigte Kapital eigene Schutzmechanismen enthält und wie die Ermächtigungsentscheidung – durch welche erst die Gefahr eines missbräuchlichen Handelns durch den Vorstand begründet wird – zu bewerten ist. Zum anderen sind die Umstände und die Wirkung der Ermächtigung des Vorstandes für die Aktionäre und die Gesellschaft heranzuziehen. Schließlich ist zu erörtern, welche Informationen die Aktionäre zwingend benötigen, um eine Ermächtigungsentscheidung treffen zu können.

Die Aktionäre dürfen den Vorstand nur zum Ausschluss des Bezugsrechtes ermächtigen, wenn der Zweck der Maßnahme grundsätzlich geeignet ist, etwaige Beeinträchtigungen sachlich zu rechtfertigen.[49] Zum Teil wird vertreten, dass die Hauptversammlung für ihre Entscheidung konkrete Umstände benötige, da sie nicht nur über das „Ob" der Kapitalbeschaffung, sondern auch über die Mittelverwendung entscheidet.[50] Deshalb hat sie dem Vorstand konkrete Vorgaben zur Mittelverwendung zu machen. Eine entsprechende Entscheidung kann die Hauptversammlung nur treffen, wenn sie zuvor durch einen umfassenden Bericht über die verschiedenen Alternativen unterrichtet worden ist. Diese Auffassung verkennt das der Ermächtigung zugrundeliegende Prinzip. Der Ermächtigte ist – soweit der Ermächtigende keine Vorgaben gemacht hat – nicht an die Art und Weise der Ausübung seiner Ermächtigung gebunden.[51] Er darf von ihr im gleichen Umfang Gebrauch machen, wie der Berechtigte. Das bedeutet aber auch, dass der Ermächtigte an die Voraussetzungen und Grenzen der Rechtsausübung gebunden ist. Für die von der Hauptversammlung übertragene Befugnis des Vorstandes bedeutet dies, dass er das Bezugsrecht ebenso wie die Hauptversammlung unter der Prämisse ausschließen kann, dass der Ausschluss sachlich gerechtfertigt ist.[52] Daneben ist der Vorstand an die ihm obliegenden Grenzen der Rechtsausübung gebunden. Die Ausübung der Ermächtigung ist danach auf

---

[47] OLG München, ZIP 2002, 1580 [1582]
[48] OLG München, ZIP 2002, 1580 [1582]
[49] siehe oben Teil 3:Kapitel VI:A)II. (S. 209)
[50] *Timm*, DB 1982, 211 [213]
[51] *Klette*, DB 1968, 977
[52] siehe oben Teil 3:Kapitel VI:A)II. 1 (S. 209)

eine Zeit von fünf Jahren beschränkt (§ 202 Abs. 2 S. 1 AktG). Der Vorstand darf das genehmigte Kapital nur bis zu einem bestimmten – von der Hauptversammlung festgelegten Nennbetrag – erhöhen, welcher die Hälfte des bestehenden Grundkapitals nicht überschreiten darf (§ 202 Abs. 1, 3 S. 1 AktG). Will er eine Sachkapitalerhöhung durchführen, muss er dazu ausdrücklich von der Hauptversammlung ermächtigt worden sein (§ 205 Abs. 1 AktG). Zudem hat er die von der Hauptversammlung festgelegten Bedingungen der Aktienausgabe einzuhalten (§ 204 AktG). Daneben kann er an die Schranken des § 33 WpÜG[53] sowie des § 269 S. 2 UmwG[54] gebunden sein. Ein Bericht über die Kapitalbeschaffung ist danach nicht erforderlich.

Ausgehend von der „Holzmüller"-Rechtsprechung des Bundesgerichtshofes[55] könnte man eine konkrete Berichtspflicht zum Zeitpunkt der Ermächtigung des Vorstandes statuieren. Nach dieser Entscheidung des Bundesgerichtshofes hat der Vorstand die Hauptversammlung zu beteiligen, damit auch umfassend zu informieren, wenn er wegen der Schwere des Eingriffs in die Mitgliedschaftsrechte der Aktionäre nicht davon ausgehen durfte, dass ihm die Entscheidung im Rahmen seiner Geschäftsführung ohne die Beteiligung der Aktionäre obliegt. Dieser Grundsatz – vor allem bezogen auf die Unterrichtung der Hauptversammlung – greift hingegen nicht beim genehmigten Kapital. Die Vorlagepflicht nach Holzmüller will die mitgliedschaftlichen Vermögens- und Verwaltungsrechte der Aktionäre vor einer *„heimlichen"* Beeinträchtigung durch Maßnahmen des Vorstandes schützen.[56] Bezugsrechtsausschlüsse führen zwangsläufig zu Beeinträchtigungen der Mitgliedschaftsrechte.[57] Der Ermächtigungsbeschluss muss bekanntgemacht werden (§§ 203 Abs. 2 S. 2, 186 Abs. 4 S. 1 AktG). Die Aktionäre erhalten Kenntnis von der Absicht des Vorstandes, sich Befugnisse einräumen zu lassen, um Strukturmaßnahmen durchführen zu können, die zugleich die Gefahr einer Beeinträchtigung der Aktionärsrechte in sich trägt. Daneben bedarf der Ermächtigungsbeschluss einer qualifizierten Mehrheit von zwei Dritteln des bei der Beschlussfassung vertretenen Grundkapitals (§§ 202 Abs. 2 S. 2, 202 Abs. 2 S. 1 AktG). Die Hauptversammlung entscheidet somit, ob der Vorstand Strukturmaßnahmen im Rahmen eines genehmigten Kapitals durch einen Bezugsrechtsausschluss vornehmen darf. Sie gibt bewusst eigene Befugnisse an den Vorstand. Dabei ist den Aktionären bekannt, dass die Ausnutzung dieser Befugnis zu einer Beeinträchtigung ihrer Rechte führen kann. Insofern sind bei

---

[53] Verbot von Maßnahmen die Übernahme vereiteln, soweit diese nicht zum ordentlichen Geschäftsverkehr gehören. Untersagt ist damit die Ausnutzung eines genehmigten Kapitals, um eine drohende Übernahme abzuwehren, soweit dies nicht ausdrücklich zur Abwehr von Übernahmen eingerichtet worden ist: AnwK-AktR/*Haouache* § 33 WpÜG Rdn. 9; Schwark/Noack KMRK § 33 Rdn. 26

[54] Verbot der Ausübung einer Kapitalerhöhungsermächtigung, soweit nicht mind. 6/10 der Aktien verteilt sind

[55] BGHZ 83, 122 (Holzmüller)

[56] *Hüffer*, AktG § 119 Rdn. 20

[57] siehe oben Teil 2:Kapitel II: (S. 23)

einer Ermächtigung des Vorstandes zum Bezugsrechtsausschluss stets auch die Anforderungen der sogenannten „Holzmüller-Doktrin" erfüllt.

Eine konkrete Berichtspflicht wird zudem aus Gründen der ordnungsgemäßen Entscheidungsfindung gefordert.[58] Die Hauptversammlung – als das für den Ausschluss zuständige Organ – soll eine sorgfältige und überlegte Ermächtigungsentscheidung nur treffen, wenn ihr alle materiellen Gründe für einen Ausschluss bekannt sind. Mangels konkreter Umstände sei eine solche Entscheidung nicht möglich. Dem ist entgegenzuhalten, dass die Aktionäre für die Entscheidung der Vorstandsermächtigung nicht die Informationen für einen Bezugsrechtsausschluss benötigen. Mit der Ermächtigung geben die Aktionäre die Entscheidungsgewalt über eine Kapitalerhöhung und über einen Bezugsrechtsausschluss an den Vorstand.[59] Zum Zeitpunkt der Einräumung eines genehmigten Kapitals und der Ermächtigung des Vorstandes zur Entscheidung über einen Bezugsrechtsausschluss werden die Rechte der dissidierenden Aktionäre nicht tangiert. Mangels Eingriff in die Aktionärsrechte bedarf der Ermächtigungsbeschluss nicht der materiellen Kontrolle wie ein direkter Bezugsrechtsausschluss.[60] Deshalb müssen die dissidierenden Aktionäre nicht vor der Entscheidung der Mehrheit geschützt werden.[61] Es gilt der allgemeine Grundsatz, dass Richtigkeit und Bestand des Beschlusses ihre Legitimation in der Mehrheitsentscheidung finden.[62] Erst mit dem Ausnutzen der Ermächtigung zur Kapitalerhöhung und dem gleichzeitigen Bezugsrechtsausschluss durch den Vorstand werden die Aktionärsrechte beeinträchtigt. Die Ermächtigung birgt lediglich die abstrakte Gefahr einer späteren rechtswidrigen Beeinträchtigung der Rechte durch den Vorstand in sich. Frühestens zum Zeitpunkt der Ausnutzung der Ermächtigung besteht die Möglichkeit, den Ausschluss anhand der vorliegenden konkreten Umstände auf seine Rechtmäßigkeit zu prüfen.

Gegen eine konkrete Berichtspflicht ist zudem anzuführen, dass die mit dem genehmigten Kapital geschaffene Entscheidungsfreiheit des Vorstandes praktisch aufgehoben und damit das Konzept des genehmigten Kapitals beseitigt würde.[63] Beschließt die Hauptversammlung die Ermächtigung unter der Prämisse, dass der Vorstand an die Umstände des konkreten Berichtes gebunden ist, verbleibt dem Vorstand kein unternehmerischer Ermessensspielraum zur Durchführung entsprechender Maßnahmen. In diesem Zusammenhang ist auf durch die Ermächtigung begründete Treuhandverhältnisse und deren Umfang, Sinn und

---

[58] *Becker*, BB 1981,394 [396]; KK/*Lutter* § 203 Rdn. 36, 38; *Quack*, ZGR 1983, 257 [262]
[59] AnwK-AktR/*Groß* § 202 AktG Rdn. 4; GK/*Hirte* § 202 Rdn. 21; *Hirte*, Bezugsrechtsausschluß und Konzernbildung S. 105 f.; *Hüffer*, AktG § 202 Rdn. 6; KK/*Lutter* § 202 Rdn. 10
[60] *Ekkenga*, AG 2001, 567 [619]
[61] GK/*Hirte* § 203 Rdn. 73
[62] *K. Schmidt*, GesR § 16 I. 2. a) (S. 451)
[63] BGH NJW 1997, 2815 [2816] (Siemens/Nold); OLG Schleswig, NZG 2004, 281 [283]; GK/*Hirte* § 203 Rdn. 73

Zweck zu verweisen. Die Entscheidung über die Kapitalerhöhung unter Bezugsrechtsausschluss als Strukturmaßnahmen, welche ureigen der Hauptversammlung zugeordnet ist, wird dem Vorstand übertragen. Dieser kann von der Ermächtigung rasch und flexibel Gebrauch machen, um damit die Gesellschaftsinteressen – somit auch die wirtschaftlichen Interessen der Aktionäre – optimal zu verfolgen.[64] Eine solche Ermächtigung entspricht der fremdnützigen Treuhand.[65] Der Ermächtigte ist aufgrund seiner Tätigkeit und seiner Qualifikation besser in der Lage, effektiv von dem Recht Gebrauch zu machen.[66] So verhält es sich auch bei dem genehmigten Kapital. Grundsätzlich kann die Hauptversammlung selbst das Bezugsrecht ausschließen. In bestimmten Situationen ist es ihr – regelmäßig aus zeitlichen Gründen – nicht möglich, optimal von diesem Recht Gebrauch zu machen. Der Vorstand, welcher ohnehin die Geschäfte der Gesellschaft wahrnimmt, weiß, wann eine Kapitalerhöhung und ein Bezugsrechtsausschluss effektiv zum Wohle der Gesellschaft einzusetzen ist. Indem der Hauptversammlung die Möglichkeit einer Ermächtigung an den Vorstand gegeben wird, soll sie sich diesen Vorteil zu eigen machen können. Wäre die Hauptversammlung angehalten dem Vorstand einen konkreten Rahmen mit der Ermächtigung zu erteilen, würde der bezweckte Effekt – einer Ermächtigung zur optimalen Ausnutzung einer Kapitalerhöhung unter Bezugsrechtsausschluss – beseitigt. Umgekehrt bedeutet dies, dass der Vorstand grundsätzlich nicht angehalten werden darf, einen Bericht zu erstatten. In einem solchen Bericht müsste er sich auf bestimmte Fälle festlegen. Bei einer solchen Festlegung kann er nicht mehr umfassend und somit nicht mehr effektiv von der Möglichkeit einer Kapitalerhöhung unter Bezugsrechtsausschluss Gebrauch machen. Anderseits wäre eine Berichtspflicht, welche sämtliche Fälle einer Kapitalerhöhung unter Bezugsrechtsausschluss erfasst, unnötiger Formalismus. Eine Pflicht zur Selbstbeschränkung der Ausnutzung des genehmigten Kapitals und des Bezugsrechtsausschlusses widerspricht zudem der Kompetenzverteilung in der Gesellschaft. Allein die Hauptversammlung soll entscheiden, inwieweit sie den Vorstand als „Treuhänder" ihrer Rechte einsetzen möchte, damit dieser optimal die wirtschaftlichen Interessen der Aktionäre verfolgen kann. Dabei sei nochmals darauf hinzuweisen, dass zum Zeitpunkt der Ermächtigung noch keine Beeinträchtigung der Aktionärsrechte stattfindet, sondern lediglich eine entsprechende Gefahr begründet wird. Deren Realisierung lässt sich erst zum Zeitpunkt der Ermächtigungsausnutzung feststellen.

Die Aktionäre bedürfen zu einer Ausschlussermächtigung des Vorstandes keiner gesonderten Aufklärung. Zu denken wäre an einen Bericht, welcher die Konsequenzen und den Umfang der Ermächtigung aufzeigen soll.[67] Konsequenz eines

---

[64] siehe oben Teil 3:Kapitel IV:B) (S. 192)
[65] zur fremdnützigen Treuhand: *Beuthien*, ZGR 1974, 26 [29 f.]; *Henssler*, AcP 196 (1996) 37 [38 f.]; *Reinhardt/Erlinghagen*, JuS 1962, 41; *Schlosser*, NJW 1970, 681
[66] so der Zweck einer fremdnützigen (Verwaltungs-) Treuhand: *Beuthien*, ZGR 1974, 26 [29 f.]; *Henssler*, AcP 196 (1996) 37 [38 f.]; *Reinhardt/Erlinghagen*, JuS 1962, 41; *Schlosser*, NJW 1970, 681
[67] LG München I, DB 2001, 748 [749]

Bezugsrechtsausschlusses ist die Stimmkraftverwässerung und die Gefahr einer Vermögensverwässerung[68] Diese Gefahren eines Bezugsrechtsausschlusses sind allgemein bekannt.[69] Hinsichtlich des Umfanges der Ermächtigung ist auszuführen, dass eine uneingeschränkte Ermächtigung gerade zum Gegenstand hat, dass der Vorstand das Bezugsrecht ausschließen kann, wenn die konkreten Umstände einen Ausschluss rechtfertigen. Sonstige Erfordernisse müssen nicht gegeben sein. Beschränkt ist der Bezugsrechtsausschluss lediglich auf Maßnahmen, die im Gesellschaftsinteresse liegen. Das Gesellschaftsinteresse – welches aus dem Gesellschaftszweck und dem Unternehmensgegenstand resultiert[70] – wird von den Aktionären bestimmt (§ 39 Abs. 1 AktG), findet sich in der Satzung wieder und ist diesen deshalb regelmäßig bekannt. Insofern ist für sie die Reichweite der Ermächtigung vorhersehbar. Die Aktionäre sind vor einem beabsichtigten Beschluss, welcher dem Vorstand zum Ausschluss des Bezugsrechtes ermächtigt, durch die Bekanntmachungspflicht hinreichend gewarnt (§§ 203 Abs. 2 S. 2, 186 Abs. 4 S. 1 AktG).

Hingegen besteht eine „verminderte" Berichtspflicht, angepasst an das Risiko der Rechtsbeeinträchtigung der Aktionärsminderheit unter Wahrung der Flexibilität des genehmigten Kapitals. Zu Recht wird darauf hingewiesen, dass mit der Übertragung der Ausschlussermächtigung auf die Verwaltung die Gefahr eines rechtswidrigen Bezugsrechtsausschlusses zu Lasten der Minderheit zunehme, da der Mehrheitsaktionär die Verwaltung bestimme und diese in seinem Willen handeln werde.[71] Da es sich lediglich um eine abstrakte Gefahr handelt und nicht um einen konkrete Beeinträchtigung, bedarf die Entscheidung keiner sachlichen Rechtfertigung.[72] Das kann jedoch nicht bedeuten, dass die potentiell von einem Bezugsrechtsausschluss betroffenen Aktionäre zum Zeitpunkt der Ausschlussermächtigung keinen Schutz vor angelegtem Missbrauch erhalten sollen. Vielmehr sollen sie vor jedweden Eingriff in ihre Mitgliedschaftsrechte geschützt werden. Deshalb ist jeder Bezugsrechtsausschluss sachlich zu rechtfertigen. Um einen effektiven Schutz zu gewährleisten, darf man sie nicht auf einen Rechtsschutz verweisen, wenn eine konkrete Beeinträchtigung gegeben ist, vielmehr müssen sie auch schon vor einer kommenden Beeinträchtigung die Möglichkeit haben, diese abzuwenden.[73] Das ist hingegen nur möglich, wenn für den potentiell Betroffenen eine ungerechtfertigte Beeinträchtigung erkennbar ist. Insofern besteht grundsätzlich eine Pflicht der Verwaltung zur Mitteilung von Informati-

---

[68] siehe oben Teil 2:Kapitel I:C) (S. 9)
[69] vgl. umfangreiche Schrifttum und gerichtlichen Entscheidungen statt aller GK/*Wiedemann* § 186 vor Rdn. 1; AnwK-AktR/*Rebmann* § 186 AktG vor Rdn. 1
[70] siehe oben Teil 2:Kapitel II:B)I. (S. 25)
[71] *Hirte*, Bezugsrechtsausschluß und Konzernbildung S. 105; siehe oben Teil 3:Kapitel III: (S. 189)
[72] so oben Teil 3:Kapitel IV:B) (S. 192)
[73] So ist bei einer Verfassungsbeschwerde eine unmittelbare Beschwer gegeben, wenn zwar noch keine Beeinträchtigung des Beschwerdeführers vorliegt, aber ein Abwarten des Beschwerdeführers nicht zugemutet werden kann (BVerfGE 81, 70 [82 f.]

onen über einen möglichen Bezugsrechtsausschluss. Zur Einrichtung eines genehmigten Kapitals und der Ermächtigung des Bezugsrechtsausschlusses, spricht der Sinn und Zweck des genehmigten Kapitals gegen einen konkreten Bericht. Die bezweckte Flexibilität wäre praktisch realisierbar. Zudem kann die Einhaltung etwaiger konkreter Vorgaben für einen Bezugsrechtsausschluss erst vor Ausnutzung des genehmigten Kapitals kontrolliert werden. Eine effektive Rechtmäßigkeitskontrolle des Bezugsrechtsausschlusses kann demnach erst zum Zeitpunkt der Ermächtigungsausnutzung stattfinden. Zum Zeitpunkt der Ermächtigung ist eine Kontrolle des Bezugsrechtsausschlusses durch den Vorstand aus praktischen Gründen kaum möglich.[74] So stehen der Umfang der Kapitalerhöhung sowie der Ausgabepreis noch nicht fest, sodass es der Hauptversammlung an einer beurteilungsrelevanten Grundlage für eine Ausschlusskontrolle fehlt.[75] Hingegen ist es der Verwaltung regelmäßig möglich, allgemein und abstrakt über ihre Planung zu informieren, ohne dass dabei die Flexibilität des genehmigten Kapitals beeinträchtigt wird. Soweit eine abstrakte Information möglich ist, besteht aus Gründen des Rechtsschutzes der Aktionäre eine Pflicht zur Information. Die Aktionäre werden so in zweierlei Hinsicht geschützt. Zum einen können sie selbst anhand der abstrakten Umstände prüfen, ob die abstrakten Umstände einen Bezugsrechtsausschluss sachlich rechtfertigen werden. Vermögen die Umstände im gegebenen Falle einen Bezugsrechtsausschluss nicht zu rechtfertigen, können sie gegen den Ermächtigungsbeschluss im Wege einer Anfechtungsklage nach § 243 Abs. 1 AktG vorgehen.[76] Zum anderen ist es dem Registerrichter zum Zeitpunkt der Ausnutzung des genehmigten Kapitals unter einem Bezugsrechtsausschluss möglich, die konkreten Umstände an den abstrakten Vorgaben des Berichtes zu vergleichen und bei etwaigen (eklatanten) Widersprüchen von der Eintragung abzusehen.[77] Der Verwaltung verbleibt trotz der abstrakten Informationen ein weitreichender Handlungsspielraum zum Gebrauch ihrer Ermächtigung. Insoweit wird der Schutz der Minderheit entscheidend effektiviert, ohne dabei dem Institut des genehmigten Kapitals seine Flexibilität zu nehmen. Die abstrakte Berichtspflicht ist ein angemessenes Mittel der „vorausschauenden" Beschlusskontrolle.

Der Bericht soll sowohl der Flexibilität des genehmigten Kapitals als auch der vorausschauende Beschlusskontrolle gerecht werden. Demnach sind auf der einen Seite die Angaben in dem Bericht so allgemein zu halten, dass Geschäftsgeheimnisse gewahrt werden und der Verwaltung ein Entscheidungsspielraum verbleibt. Auf der anderen Seite müssen die Angaben so konkret sein, dass die darunter fallenden Handlungsalternativen es vermögen, einen Bezugsrechtsausschluss sachlich zu rechtfertigen. Dies bedingt zugleich, dass bestimmte Hand-

---

[74] *Cahn*, ZHR 163 (1999) 554 [559]; GK/*Hirte* § 203 Rdn. 73; *Hirte*, Bezugsrechtsausschluß und Konzernbildung S. 117 ff., *ders.*, ZIP 1989, 1233 [1239]
[75] OLG Schleswig, NZG 2004, 281 [283]; GK/*Hirte* § 203 Rdn. 73; *Hirte*, Bezugsrechtsausschluß und Konzernbildung S. 116 f.
[76] siehe oben Teil 3:Kapitel V:A)I. 2.b) (S. 199)
[77] siehe oben Teil 3:Kapitel VI:C) (S. 227)

lungsalternativen durch die abstrakte Umschreibung abgegrenzt werden. Inhaltsleere Begriffe – wie zum Beispiel eine Kapitalerhöhung unter Bezugsrechtsausschluss zum Zwecke der „strategischen Neuorientierung" – vermögen dies nicht.[78] Ausnahmsweise genügen diese pauschalen Umschreibungen den Anforderungen an die Berichtspflicht, soweit aus der wirtschaftlichen Situation entsprechende Maßnahmen für die Aktionäre erkennbar sind.[79]

Hingegen bleibt es der Hauptversammlung unbenommen, den Umfang der Ermächtigung auf bestimmte Maßnahmen zu beschränken bzw. vom Vorstand weitere plausible Gründe für eine Ermächtigung zu verlangen. Ebenso kann sich der Vorstand ein genehmigtes Kapital und die Entscheidung über das Bezugsrecht nur für bestimmte Fälle einräumen lassen. Dies wird regelmäßig dann der Fall sein, wenn er davon ausgehen muss, dass die Hauptversammlung nicht bereit sein wird, ihm ein umfassendes genehmigtes Kapital zu bewilligen bzw. wenn er die Verantwortung der späteren Ausschlussentscheidung auf die Hauptversammlung übertragen möchte.[80]

3. *Zwischenergebnis*

Abschließend kann festgehalten werden, dass weder dem Wortlaut noch der Systematik noch dem gesetzgeberischen Willen eindeutig entnommen werden kann, wie der Verweis des § 203 Abs. 2 S. 2 AktG auf § 186 Abs. 4 AktG zu verstehen ist. Eine teleologische Auslegung ergibt, dass das Institut des genehmigten Kapitals eine weitgehende Flexibilität erzielen möchte. Gleichzeitig sind stets die Aktionärsrechte zu wahren. Beiden Anforderungen wird eine abstrakte Berichtspflicht zum Ermächtigungsbeschluss des Vorstandes gerecht.

---

[78] OLG München ZIP 2002, 1580 [1583]
[79] i.E. OLG Schleswig NZG 2004, 281 [283]
[80] siehe oben Teil 3:Kapitel VII:C)III. 4 (S. 246)

Kapitel IX: Bericht vor Ausnutzung der Ermächtigung

A) Informationspflichten bei börsennotierten Gesellschaften

I. Kapitalmarktrechtliche Publizität, § 15 WpHG

Nach § 15 I WpHG sind die börsennotierten Gesellschaften verpflichtet, kursbeeinflussende Maßnahmen in ihren Tätigkeitsbereich öffentlich bekanntzumachen. Das Kursbeeinflussungspotential muss aus seinen Auswirkungen auf die Vermögens- oder Finanzlage oder auf den allgemeinen Geschäftsverlauf des Emittenten resultieren. Tatsachen i.S.d. § 15 Abs. 1 WpHG sind solche, die nach den Grundsätzen ordnungsgemäßer Buchführung einen Buchungsvorgang für den handelsrechtlichen Jahresabschluss verursachen, soweit es sich um Tatsachen mit insiderrechtlich relevantem Kursbeeinflussungspotential handelt.[81] Bei Angaben des Anhanges sind der Ad-hoc-Publizität grundsätzlich nur die Pflichtangaben unterworfen.[82] Kapitalerhöhungen aus einem genehmigten Kapital unterliegen diesen Pflichtangaben (§ 160 Abs. 1 Nr. 3, 4 AktG). Daneben gehören diese Kapitalerhöhungsmaßnahmen zu den angabepflichtigen Vorgängen von besonderer Bedeutung.[83] Regelmäßig wirken sich Kapitalmaßnahmen auf die Vermögens- und/oder Finanzlage der Gesellschaft aus und sind deshalb publikationspflichtig.[84] Wurde das genehmigte Kapital ausgenutzt, ist deshalb der Zweck der Kapitalerhöhung, der Zeitpunkt, die Aktiengattung sowie der Gesamtbetrag der Kapitalerhöhung anzugeben.[85] Ebenso sind Angaben zu erstellen, aus denen sich entnehmen lässt, dass der Vorstand im Rahmen der Ermächtigung gehandelt hat.[86] Mit dem Beschluss des Vorstandes und der Zustimmung des Aufsichtsrates ist die genehmigte Kapitalerhöhung bekanntzugeben.[87] Zweck der Publikationspflicht nach § 15 WpHG ist nicht der Aktionärsschutz, sondern das Anlegerpublikum als Gesamtheit vor unangemessenen Börsenpreisen infolge von Informationsdefiziten zu schützen.[88] Deshalb werden Informationen, welche lediglich die derzeitigen Aktionäre betreffen, nicht von der Publikationspflicht des § 15 WpHG erfasst. Zwar müssen die Gründe für einen Bezugsrechtsausschluss angegeben werden; jedoch nicht zwingend solche Umstände, welche zur Rechtfertigung eines Bezugsrechtsausschlusses notwendig sind. Die Aktionäre können aber nur unter Kenntnis der konkreten Umstände – einschließlich aller Alternativen zum Bezugsrechtsausschluss – den Bezugs-

---

[81] Bericht FA-BT, BT-Drucks. 12/7918 S. 96
[82] Bericht FA-BT, BT-Drucks. 12/7918 S. 96
[83] *Adler/Düring/Scmaltz*, Rechnungslegung § 289 Rdn. 74
[84] Ad-hoc-Publizitätsleitfaden der Deutschen Börse AG, abgedr. in WM; 1994, 2038; *Schwark*, KMRK § 15 WpHG Rdn. 173 Stichwort: Kapitalmaßnahmen
[85] *Adler/Düring/Schmaltz*, Rechnungslegung § 160 AktG Rdn. 50; MüKoAktG/*Kessler* § 160 Rdn. 279; WP-Hdb Bd. I F 761
[86] *Kropff* in G/H/E/K § 160 Rdn. 71; GK/*Brönner* § 160 Rdn. 23
[87] *Kümpel* in Assmann/Schneider § 15 Rdn. 49 ff.
[88] *Kümpel* in Assmann/Schneider, § 15 Rdn. 15

rechtsausschluss auf seine Rechtmäßigkeit überprüfen. Insofern bietet die Ad-hoc-Informationen keine hinreichende Basis für eine Rechtmäßigkeitskontrolle durch die Aktionäre. Zudem gilt die Publikationspflicht nach § 15 WpHG nur für Gesellschaften, welche an einer inländischen Börse zugelassen sind. Bei fehlender inländischer Börsennotierung – wenn eine Gesellschaft nur im Ausland oder überhaupt nicht an einer Börse notiert ist – sowie bei mangelndem Einfluss auf die Kursentwicklung, scheidet eine Publikationspflicht nach § 15 WpHG aus. Aktionäre erhalten in diesen Fällen nicht einmal die Möglichkeit der Kenntnisnahme einer bevorstehenden Kapitalerhöhung.

II. Prospektpflicht, § 30 Abs. 3 Nr. 2 BörsG i.V.m. §§ 13 ff. BörsZuV

Jungen Aktien aus einer Kapitalerhöhung, die im amtlichen Markt an der Börse gehandelt werden sollen, bedürfen der Zulassung (§ 30 Abs. 1 BörsG). Die Gesellschaft hat dazu einen Prospekt zu erstellen (§ 30 Abs. 3 Nr. 2 BörsG i.V.m. §§ 13 ff. BörsZuV). Diese Pflicht besteht auch dann, wenn bereits Aktien der gleichen Gattung zum Handel zugelassen sind.[89] Der Prospekt hat Auskunft über die Beschränkung oder den Ausschluss der Bezugsrechte zu geben, unter Angabe der Gründe und der Personen, zugunsten derer die Bezugsrechte beschränkt oder ausgeschlossen wurden, und im Falle von Barkapitalerhöhungen den Ausgabebetrag begründen (§ 16 Abs. 1 Nr. 6 BörsZuV). Ohne diese Auskünfte ist der Prospekt unvollständig, sodass eine Zulassung versagt werden kann.[90]

Die Zulassungsstelle hat innerhalb von 15 Börsentagen nach Eingang des Prospektes über dessen Billigung zu entscheiden (§ 30 Abs. 4 S. 2 BörsG). Unklar ist, inwieweit die Zulassungsstelle neben der Vollständigkeitsprüfung auch zur materiellen Prüfung des Prospektes verpflichtet ist. Aufgrund des knappen Prüfungszeitraumes kann keine vollständig materielle Prüfung des Prospektes durchgeführt werden.[91] Vielmehr hat sich die Prüfung auf die Vollständigkeit des Prospekts und das Vorliegen sonstiger der Zulassungsstelle bekannter Umstände zu beschränken. Ein erhobenes Rechtsmittel – Anfechtungs- oder Unterlassungsklage – kann die Zulassungsstelle veranlassen, die Zulassung nach § 30 Abs. 3 Nr. 3 BörsG zu verweigern, auszusetzen oder zu widerrufen.[92] Durch die Prüfung der Zulassungsstelle wird die Rechtmäßigkeit des Bezugsrechtsausschlusses nicht umfassend geprüft. Ein effektiver Schutz der Aktionäre vor Rechtsverletzungen kann nicht gewährleistet werden.

Hat die Zulassungsstelle den Prospekt gebilligt, ist das Prospekt in den Börsenpflichtblättern zu veröffentlichen und bei den Zahlstellen sowie der Zulassungsstelle bereitzuhalten (§ 30 Abs. 5 BörsG). Nach § 37 Abs. 3 BörsG i.V.m. § 43 Abs. 1 BörsZuV muss der Prospekt mindestens einen Werktag vor der Einfüh-

---

[89] *Zöllner/Winter*, ZHR 158 (1994) 59 [95]
[90] *Groß*, KMR §§ 13 – 32 BörsZuV Rdn. 1
[91] BGHZ 123, 126 [130]; *Groß*, KMR §§ 36 – 39 BörsG Rdn. 21
[92] *Sinewe*, Bezugsrechtsausschluss S. 180

rung der Wertpapiere veröffentlicht werden.[93] Zwar richtet sich die Publikation nicht unmittelbar an die Aktionäre, dennoch haben diese auch die Möglichkeit von den Gründen des Bezugsrechtsausschlusses Kenntnis zu nehmen. Da mit dem Prospekt vornehmlich Anleger und nicht Aktionäre geschützt werden sollen[94], enthält der Bericht regelmäßig nur anlegerrelevante Informationen. Regelmäßig werden nicht die konkreten Umstände eines Bezugsrechtsausschluss dargestellt. Deshalb sind die Aktionäre anhand des Prospektes nicht in der Lage, den Bezugsrechtsausschluss auf seine Rechtmäßigkeit zu überprüfen.

III. Information der Aktionäre beim vereinfachten Bezugsrechtsausschluss, § 186 Abs. 1 S. 2 AktG analog

Wird das Bezugsrecht der Aktionäre bei einer Barkapitalerhöhung ausgeschlossen, welche das Grundkapital nicht mehr als zehn Prozent übersteigt, und werden die jungen Aktien zu einem Ausgabebetrag ausgegeben, der den Börsenpreis nicht wesentlich unterschreitet (§ 186 Abs. 3 S. 4 AktG), bedarf der Bezugsrechtsausschluss keiner materiellen Ausschlussvoraussetzungen.[95] Ebenso muss der Bezugsrechtsausschluss nicht sachlich gerechtfertigt sein, wenn die jungen Aktien zu einem dem Börsenpreis entsprechenden Betrag ausgegeben werden und ein Zukauf über den Kapitalmarkt sichergestellt ist.[96] Da den Aktionären in diesen Fällen die faktische Bezugsmöglichkeit gewährleistet wird, wonach sie ihre Beteiligungsquote durch Zukauf am Kapitalmarkt aufrechterhalten können, werden ihre Rechte nicht beeinträchtigt. Diese faktische Bezugsmöglichkeit ist eingeschränkt, wenn die Aktionäre keine rechtzeitige Kenntnis von der Kapitalerhöhung erhalten. Mangels Kenntnis von der Kapitalerhöhung können sie nicht rechtzeitig Aktien hinzuerwerben. Zumindest in der darauf folgenden Hauptversammlung ist ihr Stimmrecht verwässert. Daneben können steuerliche Vergünstigungen für den Zeitraum des Quotenabfalls wegfallen.[97] Die Aktionäre haben danach ein Interesse an einer konstanten Beteiligungsquote. Deshalb müssen die Aktionäre rechtzeitig über die Kapitalerhöhung und den Bezugsrechtsausschluss informiert werden, damit sie bis zur Durchführung entscheiden können, ob sie ihre Beteiligungsquote durch Zukauf aufrechterhalten wollen.

In diesem Zusammenhang stellt sich die Frage, wie viele Tage vor Durchführung der Kapitalerhöhung diese den Aktionären bekanntgegeben werden muss. Eine gesetzliche Regelung zur Information der Aktionäre existiert nicht. Eine Analogie könnte zur Bezugsfrist des § 186 Abs. 1 S. 2 AktG bei Wahrung des Bezugsrechtes gezogen werden. Bei Wahrung des Bezugsrechtes haben die Aktionäre bei Ausnutzung des genehmigten Kapitals eine Entscheidungsfrist von mindestens zwei Wochen (§§ 203 Abs. 1 S. 1, 186 Abs. 1 S. 2 AktG). Dieser

---

[93] Für geregelten Markt und Freiverkehr müssen Börsen ebenfalls Regulungen zur Veröffentlichung gem. § 50 Abs. 2 BörsG treffen.
[94] siehe oben Teil 2:Kapitel II:C)III. (S. 42)
[95] siehe oben Teil 2:Kapitel III:B)I. (S. 74)
[96] siehe oben Teil 2:Kapitel III:B)V. (S. 86)
[97] siehe oben Teil 2:Kapitel I:C)I. 4 (S. 14)

Zeitraum wird vom Gesetzt als ausreichend angesehen, damit die Aktionäre eine sorgsame Entscheidung treffen können, ob sie ihre Beteiligungsquote durch Zukauf von Aktien aufrechterhalten wollen. Im Falle der faktischen Bezugsmöglichkeit müssen die Aktionäre ebenfalls eine sorgsame Entscheidung über den Zukauf von Aktien treffen. Die Interessenlage der Aktionäre im Rahmen einer faktischen Bezugsmöglichkeit ist insoweit mit der bei Wahrung des Bezugsrechtes vergleichbar. Der Gesetzgeber wollte nicht, dass die Rechte der Aktionäre im Rahmen eines vereinfachten Bezugsrechtsausschlusses beeinträchtigt werden.[98] Insofern ist nicht davon auszugehen, dass er eine Rechtsbeeinträchtigung der Aktionäre aufgrund mangelnder Information über eine bevorstehende Kapitalerhöhung unter vereinfachten Bezugsrechtsausschluss zulassen wollte. Aufgrund dieser unbeabsichtigten Regelungslücke und der vergleichbaren Interessenlage zum Informationsbedürfnis der Aktionäre bei Wahrung des Bezugsrechtes und beim vereinfachten Bezugsrechtsausschluss bei Ausnutzung des genehmigten Kapitals ist die Frist des § 186 Abs. 1 S. 2 AktG auf den Veröffentlichungszeitpunkt beim vereinfachten Bezugsrechtsausschluss zu übertragen. Danach ist den Aktionären die Kapitalerhöhung unter vereinfachtem Bezugsrechtsausschluss zwei Wochen vor Ausnutzung bekanntzugeben.

B) Nachträglicher Bericht in der darauf folgenden Hauptversammlung, § 160 Abs. 1 Nr. 3, 4 AktG

Die Regelung des § 160 Abs. 1 AktG verlangt vom Vorstand neben dem Jahresabschluss einen Anhang in Form bestimmter Zusatzangaben aufzustellen, der zusammen mit der Bilanz und der Gewinn- und Verlustrechnung eine Einheit bilden. Danach sind auch Angaben über die Ausnutzung und über das noch bestehende genehmigte Kapital zu machen (§ 160 Abs. 1 Nr. 3, 4 AktG). Zweck der Berichterstattungspflicht ist die nachträgliche Kontrolle der Verwaltung. Aus dem Bericht soll deutlich werden, ob sich die Verwaltung im Rahmen der ihr erteilten Ermächtigung gehalten hat.[99] Deshalb hat der Vorstand die Umstände der Ausnutzung, den Nennbetrag des genehmigten Kapitals sowie den Inhalt des Ermächtigungsbeschlusses anzugeben.[100]

C) Vorabberichtspflicht

Will der Vorstand von seiner Ermächtigung zur Kapitalerhöhung und zum Ausschluss des Bezugsrechtes Gebrauch machen, ist er zum einen an die materiellen Anforderungen des Bezugsrechtsausschlusses und zum anderen an die Vorgaben der Hauptversammlung gebunden.[101] Die Hauptversammlung wirkt an dieser Vorstandsentscheidung nicht mit. Damit die Aktionäre vor einem rechtswidrigen

---

[98] RegBegr. BT-Drucks. 12/6721 S. 10 f.
[99] *Adler/Düring/Schmaltz*, Rechnungslegung § 160 Rdn. 49; KK/*Claussen/Korth* §§ 284 – 288 Rdn. 156; *Kropff* in G/H/E/K § 160 Rdn. 71
[100] BGHZ 136, 133 [40 f.] (Siemens/Nold); *Adler/Düring/Schmaltz*, Rechnungslegung § 160 Rdn. 50; KK/*Claussen/Korth* §§ 284 – 288 Rdn. 156; *Marsch*, AG 1981, 211 [214]; *Kropff* in G/H/E/K § 160 Rdn. 71; *Quack*, ZGR 1983, 257 [264]; WP-Hdb Bd. I F 761
[101] siehe oben Teil 3:Kapitel VIII: (S. 253)

Ausschluss ihres Bezugsrechtes umfassend geschützt werden, wird vertreten, dass der Vorstand einen Bericht vor der Ausnutzung der Ermächtigung zu erstellen hat.[102] Anhand dieses Berichtes soll es den Aktionären möglich sein, den Bezugsrechtsausschluss auf seine Rechtmäßigkeit zu kontrollieren. Im Falle eines fehlerhaften Bezugsrechtsausschlusses soll ihnen die Möglichkeit gewährt werden, die Durchführung im Wege von Unterlassungsklagen zu verhindern und eine Rechtsbeeinträchtigung abzuwehren. Im Folgenden soll anhand der allgemeinen Auslegungsmethodik erörtert werden, ob eine Berichtspflicht besteht und gegebenenfalls wann, mit welchem Inhalt und gegenüber wem der Bericht zu erstatten ist.

I. Wortlaut

Nach dem Wortlaut des § 203 Abs. 2 S. 2 AktG findet die Bekanntmachungs- und Berichtspflicht aus § 186 Abs. 4 AktG auf die Ermächtigung des Vorstandes zum Bezugsrechtsausschluss sinngemäß Anwendung. Die Berichtspflicht des § 186 Abs. 4 S. 2 AktG bezieht sich auf den Bezugsrechtsausschluss. Der Vorstand schließt das Bezugsrecht zu einem der Ermächtigung nachgelagerten Zeitpunkt unter Zustimmung des Aufsichtsrates aus (§ 204 Abs. 1 S. 2 AktG). Beim genehmigten Kapital tritt an die Stelle des Kapitalerhöhungsbeschlusses der Hauptversammlung der Beschluss über die Schaffung eines genehmigten Kapitals (§ 203 Abs. 1 S. 2 AktG). Sinngemäße Anwendung der Berichtspflicht kann sich danach sowohl auf den Ermächtigungsbeschluss der Hauptversammlung als auch auf den Ausschluss des Bezugsrechtes durch den Vorstand beziehen.[103] Allein dem Wortlaut kann nicht entnommen werden, ob ein Bericht bei Ausnutzung des genehmigten Kapitals erforderlich ist.

II. Historik

Ursprünglich regelte § 186 Abs. 4 AktG nur die Bekanntmachungspflicht eines beabsichtigten Hauptversammlungsbeschlusses zum Bezugsrechtsausschluss. Die Bekanntmachungspflicht nach §§ 203 Abs. 2 S. 2, 186 Abs. 4 AktG a.F. bezog sich allein auf den Ermächtigungsbeschluss zum Ausschluss des Bezugsrechtes in der Hauptversammlung. Im Rahmen der Umsetzung der zweiten Kapitalrichtlinie wurde die Berichtspflicht in § 186 Abs. 4 AktG als Abs. 2 eingeführt.[104] Der Verweis des § 203 Abs. 2 S. 2 AktG auf den § 186 Abs. 4 AktG blieb unbearbeitet bestehen. Deshalb wird zum Teil vertreten, dass der Bericht nach § 186 Abs. 4 S. 2 AktG nur zum Ermächtigungsbeschluss der Hauptversammlung und nicht auch zum Zeitpunkt der Ausnutzung der Ermächtigung durch den Vorstand zu erstatten ist.[105] Der Gesetzgeber wollte die zweite Kapi-

---

[102] GK/*Hirte* § 203 Rdn. 71; *Hirte*, Bezugsrechtsausschluss und Konzernbildung S. 120 ff.; ders., ZIP 1989, 1233 [1239]; *Hüffer*, AktG⁴ § 203 Rdn. 36 ff. (a.A. in 5. Aufl. § 203 Rdn. 37); *Lutter* § 203 Rdn. 30; *Lutter*, BB 1981, 861 [863]; *Sethe*, AG 1994, 342 [354]; *Sturies*, WPg 1982, 581 [586]; *Timm*, Konzernspitze S. 79 f.; ders., DB 1982, 211 [214 ff.]
[103] siehe oben Teil 3:Kapitel VIII:C)I. (S. 257)
[104] Gesetz vom 13.12 1987 BGBl. I. S. 1959 [1962]: Art. 1 Nr. 22 lit. b
[105] *Natterer*, ZIP 2002, 1672 [1677]

talrichtlinie[106] umsetzen. Danach dient der Bericht nicht nur der Entscheidungsfindung sondern auch der Kontrolle des Bezugsrechtsausschlusses. Die Richtlinie enthält keine Pflicht der Berichterstattung zum Bezugsrechtsausschluss im Rahmen des genehmigten Kapitals (Art. 29 Abs. 5 2. KpRL).[107] Insofern müsste dem nationalen Gesetzgeber unterstellt werden, dass er umfangreichere Regelungen treffen wollte, als vom Richtliniengeber vorgeschrieben wurde. Der Gesetzgebungsgeschichte ist dazu nichts zu entnehmen.[108] Allein aus dem Umstand, dass sich der Gesetzgeber bei der Umsetzung der Richtlinie auch Gedanken zum genehmigten Kapital machen musste und den Verweis unverändert gelassen hat, kann nicht geschlossen werden, dass ein Bericht vor dem Ausschluss des Bezugsrechtes erstattet werden muss. Eine derartige Berichtspflicht ist nicht eindeutig vom Wortlaut des Verweises des § 203 Abs. 2 S. 2 AktG angeordnet. Der Gesetzgeber hätte ebensogut von einer Nichtanwendung der Berichtspflicht des § 186 Abs. 4 S. 2 AktG im Rahmen des genehmigten Kapitals ausgehen können.

Zusammenfassend kann festgehalten werden, dass der Gesetzgebungsgeschichte nicht entnommen werden kann, dass ein Bericht vor dem Bezugsrechtsausschluss durch den Vorstand zu erstellen ist.

III. Systematik

Für die Beurteilung der Berichtspflicht aus der Gesetzessystematik sind zwei Ansatzpunkte denkbar. Zum einen kann dafür ihre Funktion als Entscheidungsgrundlage zum anderen ihre Kontrollfunktion herangezogen werden.

Venrooy[109] stellte die Funktion als Entscheidungsfindung der Hauptversammlung in den Vordergrund und lehnt deshalb einen Ausschlussbericht des Vorstandes an die Hauptversammlung bzw. an die Aktionäre vor Ausnutzung des genehmigten Kapitals ab. Über den Bezugsrechtsausschluss entscheidet im Rahmen einer ordentlichen Kapitalerhöhung die Hauptversammlung. Damit diese eine sorgsame und sachgerechte Entscheidung treffen kann, muss sie über die Umstände umfassend informiert werden.[110] Der Bericht sei danach an das Gremium zu erteilen, welches eine Entscheidung treffen soll. Wurde der Vorstand ermächtigt, das Bezugsrecht auszuschließen, trifft er und nicht die Hauptversammlung die Ausschlussentscheidung. Eine Berichterstattungspflicht an das entscheidene Gremium würde in diesem Zusammenhang bedeuten, dass er an sich den Bericht erstatten müsste, und liefe damit ins Leere. Gegenüber dem Aufsichtsrat ist er wegen dessen Zustimmungspflicht (§ 204 Abs. 1 S. 2 2. HS AktG) ohnehin zur Berichterstattung verpflichtet.[111] Soweit der Bericht der Ent-

---

[106] Zweite Richtlinie vom 13. 12. 1976 (Kapitalrichtlinie; 77/91/EWG) ABl. EG Nr. L 26/1 vom 31. Januar 1977, abgedr. in *Lutter* Europäisches Unternehmensrecht S. 114 ff.
[107] im Einzelnen siehe unten Teil 3:Kapitel IX:C)VI. (S. 287)
[108] im Einzelnen siehe oben Teil 3:Kapitel VIII:C)II. (S. 259)
[109] *van Venrooy*, DB 1982, 735 [747]
[110] siehe oben Teil 2:Kapitel V:B) (S. 96)
[111] siehe oben Teil 3:Kapitel VI:B)I. 2 (S. 224)

scheidungsgrundlage dient, ist deshalb eine Berichtspflicht an die Hauptversammlung zu Recht aus systematischen Gründen abzulehnen.

Lutter[112] begründet die eine Berichterstattungspflicht an die Aktionäre mit der Kontrollfunktion des Berichtes. Bei einem Bezugsrechtsausschluss durch die Hauptversammlung diene der Bericht nicht nur als Entscheidungsgrundlage, sondern auch als Grundlage für eine Beschlusskontrolle. Mit dem Verweis des § 203 Abs. 2 S. 2 AktG auf die Berichtspflicht nach § 186 Abs. 4 S. 2 AktG soll den Aktionären die Kontrollmöglichkeit in Form des Berichtes gewährt werden. Den Bericht als Kontrollinstrument lehnt *Bosse*[113] ab. Seiner Meinung nach hätte eine Berichterstattungspflicht zum Zeitpunkt der Ausnutzung des genehmigten Kapitals in § 204 Abs. 1 AktG anstatt in § 203 Abs. 2 AktG geregelt werden müssen.

Die Norm des § 203 Abs. 2 AktG befasst sich lediglich mit der Ermächtigung des Vorstandes zum Bezugsrechtsausschluss durch die Hauptversammlung. Welche Befugnisse und Anforderungen dem Vorstand bei Ausnutzung des genehmigten Kapitals obliegen, ist in § 204 Abs. 1 S. 1 AktG geregelt. Gleichzeitig werden in § 204 Abs. 1 S. 2 AktG die Kontrollbefugnisse des Aufsichtsrates normiert. Dieser soll den Vorstand bei der Ausnutzung des genehmigten Kapitals kontrollieren. Um eine effektive Kontrolle eines Bezugsrechtsausschlusses sicherzustellen, wird die Wirksamkeit dieses Ausschlusses an die Zustimmung des Aufsichtsrates gebunden.[114] Die Hauptversammlung wirkt bei der Ausnutzung der Kapitalerhöhung und dem Bezugsrechtsausschluss durch den Vorstand nicht mit. Insofern würde einem etwaigen Bericht an die Aktionäre lediglich eine Kontrollfunktion zukommen. Die Kontrolle des Vorstandes bei seiner Entscheidung über das Bezugsrecht ist in § 204 Abs. 1 S. 2 2. HS AktG geregelt. Sollte den Aktionären ebenfalls eine Kontrollbefugnis zustehen, hätte diese Befugnis in § 204 Abs. 1 S. 2 AktG geregelt werden müssen. Wäre die Kontrolle – ebenso wie die des Aufsichtsrates – an eine Zustimmung gebunden, würde daraus zwangsläufig eine Berichtspflicht resultieren.[115] Sollte lediglich eine passive Kontrolle des Vorstandshandelns beim Ausschluss des Bezugsrechtes durch die Aktionäre stattfinden, hätte die Berichterstattung als eine Pflicht des Vorstandes bei Ausnutzung des genehmigten Kapitals in § 204 Abs. 1 S. 1 AktG geregelt werden müssen. Da weder ein Zustimmungserfordernis noch eine Berichterstattungspflicht in § 204 Abs. 1 S. 1 AktG geregelt wurde, ist zu Recht eine Berichterstattungspflicht des Vorstandes an die Aktionäre zum Zeitpunkt der Ausnutzung der Ausschlussermächtigung aus systematischen Gründen abzulehnen.

---

[112] *Lutter*, BB 1981, 861 [862 f.]
[113] *Bosse*, ZIP 2001, 104 [106]
[114] siehe oben Teil 3:Kapitel VI:B) (S. 223)
[115] zur Berichtspflicht an den Aufsichtsrat siehe oben Teil 3:Kapitel VI:B)I. 2 (S. 224)

Zusammenfassend kann festgehalten werden, dass eine Berichterstattungspflicht des Vorstandes an die Hauptversammlung bzw. an die Aktionäre vor Ausnutzung des genehmigten Kapitals aus systematischen Gründen abzulehnen ist.

IV. Sinn und Zweck

Ob ein Bericht unmittelbar vor Ausnutzung der Ausschlussermächtigung zu erstatten ist, ist dem Sinn und Zweck der Berichtspflicht des § 186 Abs. 4 S. 2 AktG sowie des genehmigten Kapitals nach §§ 202 ff. AktG zu entnehmen.

1. Interessenlagen

Ermächtigt die Hauptversammlung den Vorstand, über einen Bezugsrechtsausschluss zu beschließen (§ 203 Abs. 2 S. 1 AktG), obliegt die Entscheidung einer späteren Ausnutzung der Ermächtigung dem Vorstand und dem Aufsichtsrat. Die Hauptversammlung ist von der Beschlussfassung des Vorstandes ausgeschlossen. Betrachtet man in diesen Zusammenhang den Sinn und Zweck der Berichtspflicht des § 186 Abs. 4 S. 2 AktG, kann dieser zum Zeitpunkt der Ausnutzung der Ermächtigung durch den Vorstand lediglich in der Kontrolle des Vorstandsbeschlusses durch die Aktionäre liegen.

Dieser Kontrollfunktion eines Vorabberichtes steht der Zweck des genehmigten Kapitals nach einer schnellen und flexiblen Kapitalerhöhung durch den Vorstand[116] entgegen. Liegt die Funktion eines Vorabberichtes in der Kontrolle des Vorstandes, muss den Aktionären eine angemessene Zeit zu Überprüfung des Berichtes gewährt werden. Dies würde dazu führen, dass das genehmigte Kapital an seiner Flexibilität einbüßen wurde.

Um die Interessenlage abzuwägen, soll im Folgenden dargestellt werden, welche Interessen die Aktionäre zum Zeitpunkt der Ermächtigung verfolgt haben und wie sich diese zum Zeitpunkt der Ausnutzung fortsetzen. Anschließend soll untersucht werden, wie die Rechte der Aktionäre bei der Ausnutzung der Ermächtigung geschützt werden. Sollten unerträgliche Schutzlücken bestehen, ist zu erörtern, welche Maßnahmen bei Ausnutzung des genehmigten Kapitals zu statuieren sind, um einen angemessenen Ausgleich der Interessen zu gewährleisten.

2. *Bedeutung der Ermächtigung zum Bezugsrechtsausschluss*

Beim genehmigten Kapital und der Ermächtigung des Vorstandes zum Bezugsrechtsausschluss handelt es sich um eine Art Treuhand.[117] Der Vorstand nimmt treuhänderisch Befugnisse der Hauptversammlung wahr, um deren Gesellschaftsinteressen optimal umzusetzen. Die Hauptversammlung ist aufgrund der zeitaufwendigen Prozedur dazu nicht in der Lage. Deshalb vertraut sie dem Vorstand ihre Rechte an. Mit der Begründung dieses Treuhandverhältnisses wird nicht in die Rechte einzelner Aktionäre eingegriffen. Die Ermächtigung kann

---

[116] siehe oben Teil 3:Kapitel VIII:C)III. 1 (S. 260)
[117] *Kindler*, ZGR 1998, 35 [52]; siehe oben Teil 3:Kapitel VIII:C)III. 2 (S. 262)

nur mit einer qualifizierte Mehrheitsentscheidung gefasst werden (§ 202 Abs. 2 S. 2 AktG). Aufgrund dieses qualitativen Mehrheitserfordernisses soll die Richtigkeit des Beschlusses und somit dessen Legitimität gestärkt werden. Indes vermag der qualifizierte Mehrheitsbeschluss eine missbräuchliche Ausnutzung des Vertrauens durch den Vorstand zu Lasten der Minderheit nicht auszuschließen.[118] Dennoch hat sich das Gesetz für eine derartige Übertragung der Befugnisse ausgesprochen, damit die Handlungsfähigkeit der Gesellschaft erhöht werden soll. Das bedeutet nicht, dass der Schutz der Aktionärsrechte hinter die erhöhte Handlungsfähigkeit der Gesellschaft zurückzutreten hat.

3. Pflichten des Vorstandes beim Ausschluss des Bezugsrechtes

Die Hauptversammlung kann dem Vorstand nur die Befugnisse übertragen, welche sie selbst innehat. Will der Vorstand von der Ermächtigung zum Bezugsrechtsausschluss Gebrauch machen, ist er – ebenso wie die Hauptversammlung – an die materiellen Ausschlussvoraussetzungen gebunden.[119] Die Eingriffsvoraussetzungen bleiben im gleichen Umfang bestehen wie bei einem Bezugsrechtsausschluss durch die Hauptversammlung. Damit wird gewährleistet, dass die Rechte der ausgeschlossenen Aktionäre nicht ohne weiteres beeinträchtigt werden dürfen. Der Vorstand soll für die Aktionäre die unternehmerische Entscheidung treffen, ob und zu welchem Zweck das Bezugsrecht ausgeschlossen wird. Im Falle eines rechtswidrigen Bezugsrechtsausschlusses haftet der Vorstand den betroffenen Aktionären. Diese Haftung vermag den Vorstand zu einem gewissenhaften Umgang im Zusammenhang mit den Rechten der Aktionäre anhalten. Sie kann jedoch einen Missbrauch bzw. eine auch bloß fahrlässige Verletzung nicht zu unterbinden.[120]

4. Schutz der Aktionäre vor rechtswidrigen Bezugsrechtsausschlüssen durch den Vorstand

Der Schutz der Aktionäre vor einem rechtswidrigen Bezugsrechtsausschluss soll durch mehrere Mechanismen sichergestellt werden.

So hat der Vorstand auf der nächsten Hauptversammlung ausführlich über den Bezugsrechtsausschluss Bericht zu erstatten. Fehler beim Bezugsrechtsausschluss treten an die Öffentlichkeit. Für diese Fehler haften die Mitglieder des Vorstandes persönlich. Aufgrund der Gefahr einer späteren Haftung werden die Mitglieder zur sorgsamen Entscheidung über den Bezugsrechtsausschluss angehalten.[121] Zudem läuft der Vorstand Gefahr, dass ihm die Hauptversammlung im Falle eines rechtswidrigen Bezugsrechtsausschlusses die Entlastung verweigert.[122] Diese Umstände haben eine gewisse präventive Schutzwirkung für die

---

[118] siehe oben Teil 3:Kapitel III: (S. 189)
[119] siehe oben Teil 3:Kapitel VI:A)II. 1 (S. 209)
[120] siehe oben Teil 3:Kapitel VII:C)I. (S. 237)
[121] siehe oben Teil 3:Kapitel VII:C)V. (S. 249)
[122] OLG Frankfurt/M ZIP 2003, 902 [906]; *Sinewe*, Bezugsrechtsausschluss S. 180

Aktionäre, vermögen aber Fehlentscheidungen bzw. einen Missbrauch nicht zu verhindern.[123]

Ein weitere Schutzmechanismus soll in der Zustimmungspflicht des Aufsichtsrates (§ 204 Abs. 1 S. 2 2. HS. AktG) bestehen. Bei fehlender Zustimmung darf der Registerrichter die Durchführung der Kapitalerhöhung nicht in das Handelsregister eintragen.[124] Der Aufsichtsrat darf dem Bezugsrechtsausschluss des Vorstandes nur zustimmen, wenn der Vorstand sämtliche materiellen Ausschlussvoraussetzungen eingehalten hat.[125] Diese Überprüfung kann der Aufsichtsrat grundsätzlich ohne weiteres ebenso wahrnehmen, wie die Hauptversammlung selbst.[126] Eine unabhängige Kontrolle durch den Aufsichtsrat wird zum Teil mit den Regelungen der §§ 100 Abs. 1, 2 Nr. 1, 2, 105 Abs. 1 AktG angestrebt. Danach dürfen Aufsichtsratsmitglieder nicht dem Vorstand angehören, dauernde Stellvertreter von Vorstandsmitgliedern, Prokuristen oder zum gesamten Geschäftsbetrieb ermächtigte Handlungsbevollmächtigte der Gesellschaft sein (§ 105 AktG). Die Regelung bezweckt eine Funktionstrennung zwischen Vorstand bzw. Geschäftsführung insgesamt und dem Aufsichtsrat.[127] Etwaigen Konflikten zwischen Unternehmensleitung und Überwachung soll vorgebeugt werden. Einer ähnlich gelagerten Konfliktsituation im Falle der Überkreuzverflechtung – wenn sich Personen gegenseitig in verschiedenen Gesellschaften überwachen – will § 100 Abs. 2 Nr. 2 AktG unterbinden. Diese Normen wollen sicherstellen, dass Aufsichtsratsmitglieder ihre Kontrollaufgaben unvoreingenommen von konkreten unternehmerischen Maßnahmen wahrnehmen können, indem etwaige Konfliktsituationen im Wege der strikten Trennung von Unternehmensleitung und Überwachung grundsätzlich ausgeschlossen werden sollen. Nicht verhindert werden können persönliche Konfliktsituationen zur Unternehmensleitung infolge gewachsener persönlicher Beziehungen der Organmitglieder untereinander.[128] Solche Beziehungen basieren auf dem Umstand, dass Vorstandsmitglieder in den Aufsichtsrat wechseln.[129] Soweit das Mandat der Beziehungspflege[130] – z.B. zu Lieferanten, Kunden, Schuldnern, Gläubigern etc. – dient, wird dem Mitglied daran gelegen sein, die Beziehung aufrechtzuerhalten. Soweit bestimmte Maßnahmen des Vorstandes nicht in Beziehung zu dem Unternehmen stehen, welches das Aufsichtsratsmitglied stellt, wird dieses aus Gründen der Beziehungspflege weitgehend die Maßnahmen des Vorstandes tra-

---

[123] *Nöcker*, FAZ 2.3.2004 S. 22
[124] siehe oben Teil 3:Kapitel VI:C) (S. 227)
[125] siehe oben Teil 3:Kapitel VI:B)I. 1 (S. 223)
[126] *van Venrooy*, DB 1982, 735 [737]
[127] AnwK-AktR/*Breuer/Fraune* § 105 AktG Rdn. 1; *Hüffer*, AktG § 105 Rdn. 1; MüKo-AktG/*Semler* § 105 Rdn. 2 ff.
[128] vgl. *Nöcker*, FAZ vom 2.3.2005 S. 22; *Roth/Wörle*, ZGR 2004, 565 [605 ff.]
[129] Nach Nr. 5.4.2. DCGK sollen deshalb nur maximal zwei ehemalige Vorstandsmitglieder im Aufsichtsrat vertreten sein.
[130] *Roth/Wörle*, ZGR 2004, 565 [607 ff.]

gen.[131] Insofern bieten die Vorschriften keinen umfassenden Schutz vor Interessenkonflikten der Aufsichtsratsmitglieder bei ihrer Kontrolltätigkeit.

Damit die Aufsichtsratsmitglieder ihre Aufgaben ordnungsgemäß wahrnehmen können, ist die Zahl der Aufsichtsratsmandate auf zehn beschränkt (§ 100 Abs. 2 Nr. 1 AktG).[132] Mit dieser Regelung können lediglich Fehlentscheidung aufgrund der Überlastung von Aufsichtsratsmitgliedern eingeschränkt werden, nicht hingegen bewusste Fehlentscheidungen aufgrund der Beziehung zum Vorstand bzw. zum Mehrheitsaktionär.

Daneben soll durch die persönliche Verantwortlichkeit der Aufsichtsratsmitglieder eine unabhängige Kontrolle weitgehend sichergestellt werden (§ 100 Abs. 1 AktG). Für Handlungen bzw. unterlassene Handlungen müssen sie sich gem. §§ 116 S. 1, 93 Abs. 2 AktG gegenüber der Gesellschaft und nach den allgemeinen Haftungsnormen gegenüber Dritten sowie gegenüber den Aktionären nach § 147 AktG verantworten.[133] Der Bundesgerichtshof hat in seiner „ARAG/Garmenbeck"-Rechtsprechung[134] die Kontrollpflichten des Aufsichtsrates präzisiert. Kommt er diesen nicht nach, macht er sich selbst gegenüber der Gesellschaft haftbar (§§ 116 S. 1, 93 Abs. 2 AktG). Hingegen werden diese Schadensersatzansprüche regelmäßig an einem Schaden scheitern.[135] Die Gesellschaft erleidet lediglich einen Schaden, wenn die Verwaltung entgegen dem vom Finanzierungsinteresse der Gesellschaft gebotenen Ausgabepreis einen unangemessen niedrigen Ausgabebetrag für die jungen Aktien festsetzt.[136] Dabei decken sich die Anforderungen des Finanzierungsinteresses nicht mit denen des § 255 Abs. 2 AktG.[137]
Die Aktionäre können lediglich den Verwässerungsschaden ersetzt bekommen, soweit keine Möglichkeit besteht, den Aktionären Aktien der gleichen Gattung zum Ausgabebetrag anzubieten.[138] Eine für die Verwaltungsmitglieder spürbare eigene Vermögensbeeinträchtigung liegt im letzteren Fall nur dann vor, wenn die Aktien seit der Ausgabe der jungen Aktien im Wert gestiegen sind und die Verwaltungsmitglieder die Differenz selbst tragen müssen. Die präventive Wirkung einer derartigen Haftung auf die Aufsichtsratsmitglieder ist deshalb sehr eingeschränkt.[139]

---

[131] i.E. *Roth/Wörle*, ZGR 2004, 565 [607 f.].
[132] AnwK-AktR/*Breuer/Fraune* § 100 AktG Rdn. 1; *Hüffer*, AktG § 100 Rdn. 1; KK/*Mertens* § 100 Rdn. 13; MüKoAktG/*Semler* § 100 Rdn. 22
[133] im Einzelnen *Thümmel*, Haftung S. 98 ff. Rdn. 192 ff.
[134] BGHZ 135, 244 (ARAG/Garmenbeck)
[135] *Baums*, Arbeitspapier 4/97 S. 5
[136] siehe oben Teil 3:Kapitel VII:D)I. (S. 251)
[137] siehe oben Teil 3:Kapitel VII:D)I. (S. 251)
[138] siehe oben Teil 3:Kapitel VII:C)IV. (S. 247)
[139] für gewisse präventive Wirkung: *K. Schmidt*, GesR § 28 III.1. b (S. 822); *Nöcker*, FAZ vom 2.3.2005 S. 22

Zusammenfassend kann festgehalten werde, dass die Neuerungen der Gesetzgebungstätigkeit seit Ende der 90er Jahr KonTraG[140], TransPublG[141] – sowie die Arbeit der Regierungskommission zum Deutschen Corporate Governance Codex[142] zur Verbesserung der Aufsichtsratstätigkeit beigetragen haben[143], es hingegen nicht vermögen, Fehlentscheidungen und Missbräuche auszuschließen.[144] Besonders deutlich zeigt sich dies bei den letzten Unternehmenskrisen, welche durch eine effektive Aufsichtsratsüberwachung hätten abgemildert werden können[145] sowie bei umstritten Aufsichtsratsentscheidungen, welche von persönlichen Gründen motiviert waren[146]. Es ist dabei auch zu beachten, dass der Aufsichtsrat gerade kein Aktionärsausschuss ist[147], sondern vornehmlich die Geschäftsführung kontrolliert (§ 111 Abs. 1 AktG).[148] Deswegen kann er durchaus andere Ziele verfolgen und durch andere Motivationen gelenkt werden als die Hauptversammlung.[149]

5. Schutz der Aktionärsrechte bei Ausnutzung des genehmigten Kapitals

Den Vorschriften über das genehmigte Kapital ist nicht zu entnehmen, dass eine Verkürzung des Schutzes der Aktionärsrechte stattfinden soll.[150] Aus den qualifizierten Anforderungen an das genehmigte Kapital und an eine Ausschlusermächtigung ist vielmehr zu entnehmen, dass die Aktionärsrechte im gleichen Maße geschützt werden sollen. Insofern ist der Verweis des § 203 Abs. 2 S. 2 AktG auf den § 186 Abs. 4 AktG unter dem Gesichtspunkt des Aktionärsschutzes auszulegen.[151] Danach soll den Aktionären die Kontrollmöglichkeit des Beschlusses über einen Ausschlussbericht des Vorstandes eingeräumt werden.[152] Indem der Aktionärsschutz nicht über den Aufsichtsrat wahrgenommen werden kann, muss den Aktionären die Möglichkeit der Selbstkontrolle gewährt werden. Um effektiv Rechtsbeeinträchtigungen durch einen fehlerhaften Bezugsrechtsausschluss durch die Verwaltung im Wege einer Unterlassungsklage verhindern zu können, benötigen sie rechtzeitig Informationen zu der geplanten Maßnahme. Die benötigten Informationen lassen sich dem Ausschlussbericht nach § 186 Abs. 4 S. 2 AktG entnehmen. Deshalb sind sie vom Vorstand vor

---

[140] BGBl. I/1998, S. 786
[141] BGBl. I/2002 S. 2681
[142] Bericht der vom 14.08.2001 BT-Drucks. 14/7515
[143] *Cromme*, Zeitschrift für das gesamte Kreditwesen, 2002, 502 ff.
[144] vgl. *Lutter*, ZGR 2001, 224; *Nöcker*, FAZ vom 2.3.2005 S. 22; Zielsetzungen der Regierungskommission zum DCGK in BT-Drucks. 14/7515
[145] Karstadt-Quelle AG; Walter Bau AG etc.
[146] Abfindungen im Rahmen der Übernahme von Mannesmann durch Vodafone
[147] *Hirte*, Bezugsrechtsausschluß und Konzernbildung S. 205
[148] *Kimpler*, DB 1994, 767 [768]
[149] *Timm*, DB 1982, 211 [215]; i.E. auch *Sieg*, DB 2003 759 [1763]
[150] i.E. *Ekkenga*, AG 2001, 567 [619 ff.]; *Hirte*, Bezugsrechtsausschluß und Konzernbildung S. 205; *Kimpler*, DB 1994, 767 [768]
[151] vgl. *Lutter*, BB 1981, 861 [862 f.]
[152] vgl. *Lutter*, BB 1981, 861 [862 f.]

dem Bezugsrechtsausschluss durch einen dem § 186 Abs. 4 S. 2 AktG entsprechenden Ausschlussbericht zu unterrichten.[153]

6. Fazit

Nach alledem kann festgehalten werden, dass seit der Holzmann-Entscheidung des BGH aus dem Jahre 1982[154] viele Neuregelungen eingeführt worden sind, welche (auch) dem Schutz der Aktionärsrechte dient. Hingegen konnte kein gleich effektiver Schutz vor fehlerhaften Bezugsrechtsausschlüssen durch die Verwaltung bei Ausnutzung eines genehmigten Kapitals erschaffen werden, wie durch die Information an die Aktionäre in Form eines Vorabbericht.

V. Der Vorabbericht

Die Rechtspositionen der Aktionäre dürfen nicht dadurch geschwächt werden, dass an Stelle der Hauptversammlung ein anderes Organ handelt.[155] Soweit keine hinreichende Sicherheit für die Rechte der Aktionäre durch die Kontrolle des Aufsichtsrates über den Vorstand gewährleistet wird, muss den Aktionären die Möglichkeit, des effektiven Selbstschutzes zugestanden werden. Zwar haben sie die Möglichkeit im Wege der Unterlassungsklage gegen den Bezugsrechtsausschluss vorzugehen, mangels hinreichender Informationen über die Kapitalerhöhung bietet dieses Rechtsmittel jedoch keinen effektiven Schutz. Um rechtzeitig mit Rechtsmitteln gegen einen rechtswidrigen Bezugsrechtsausschluss vorgehen zu können, muss der Bericht der Durchführung der Kapitalerhöhung vorgelagert sein. Andernfalls liefe eine präventive Kontrolle ins Leere.[156]

1. Inhalt und Umfang des Vorabberichtes

Anders als die Funktion des Berichtes zum unmittelbaren Bezugsrechtsausschluss durch die Hauptversammlung dient der Vorabbericht lediglich der Kontrolle der Verwaltungsentscheidung. Danach sollen die Aktionäre in der Lage sein, die Ausnutzung des genehmigten Kapitals unter gleichzeitigem Ausschluss des Bezugsrechtes zu überprüfen. Eine vernünftige Kontrolle ist nur möglich, wenn sämtliche Umstände im Zusammenhang mit der Maßnahme offengelegt werden. Insofern entspricht der Vorabbericht dem Bericht zum unmittelbaren Bezugsrechtsausschluss durch die Hauptversammlung. Hinsichtlich des Inhaltes

---

[153] so auch *Hirte*, Bezugsrechtsausschluß und Konzernbildung S. 120 ff.; KK/*Lutter* § 203 Rdn. 30; *Lutter*, BB 1981, 861 [862 f.]; *Timm*, DB 1982, 211 [216]
[154] BGHZ 83, 319
[155] *Ekkenga*, AG 2001, 567 [619 ff.]; *Hirte*, Bezugsrechtsausschluß und Konzernbildung S. 205; *Kimpler*, DB 1994, 767 [768]
[156] AnwK-AktR/*Groß* § 203 AktG Rdn. 97; GK/*Hirte* § 203 Rdn. 86; *Happ*, AktR S. 826 ff., 11.09 Anm. 14, 40 45 f.; *Henze*, AktR^4 S. 317 Rdn. 847 (anders jetzt: *Henze*, AktR S. 382 Rdn. 1011); *Hirte*, Bezugsrechtsausschluß und Konzernbildung S. 121 ff.; *ders.*, ZIP 1989, 1233 [1239]; *Hüffer*, AktG^4 § 203 Rdn. 36 ff. (anders jetzt: *Hüffer*, AktG § 203 Rdn. 36); *Kiem*, ZIP 200, 1509 [1514]; *Kort*, FS Lutter, S. 1421 [1432]; KK/*Lutter* § 203 Rdn. 31; *Lutter*, BB 1981, 861 [862 f.] ; *ders.*, JZ 1998, 50 [52]; *Meilicke/Heidel*, DB 2000, 2358 [2359]; *Sethe*, AG 1994, 342 [353]; *Wolf*, AG 1998, 212 [218]

und Umfangs des Vorabberichtes kann somit auf den Ausschlussbericht verwiesen werden.[157]

Ein derartiger Berichtsaufwand wirkt sich nicht negativ auf die Flexibilität des genehmigten Kapitals aus und ist der Verwaltung zuzumuten. Indem der Vorstand vor dem Bezugsrechtsausschluss nach § 204 Abs. 1 S. 2 AktG die Zustimmung des Aufsichtsrates einzuholen hat, hat er ihm über die Ausschlussumstände zu berichten. Insofern besteht schon ein Bericht. Dieser ist gegebenenfalls auf den Verständnishorizont eines Durchschnittsaktionärs anzupassen. Diese Anpassung bedarf keines größeren Arbeitsaufwandes und kann bereits mit dem Bericht an den Aufsichtsrat erarbeitet werden.

2.   Art und Form der Bekanntmachung

Die Berichterstattungspflicht nach § 186 Abs. 4 S. 2 AktG richtet sich grundsätzlich an die Hauptversammlung. Bei der Ausnutzung des genehmigten Kapitals und dem Bezugsrechtsausschluss durch die Verwaltung wirkt die Hauptversammlung nicht mit. Insofern kann die Form der Berichterstattung aus § 186 Abs. 4 S. 2 AktG nicht unmittelbar auf die Berichterstattung vor Ausnutzung des genehmigten Kapitals übertragen werden.

Auch beim unmittelbaren Bezugsrechtsausschluss ist der Ausschlussbericht den Aktionären bereits vor der Hauptversammlung zugänglich zu machen.[158] Die Aktionäre sollen die Möglichkeit haben, sich bereits vor der Hauptversammlung mit den Argumenten des Bezugsrechtsausschlusses auseinanderzusetzen, um eine sorgfältige Entscheidung zu treffen. Bei der Ausnutzung des genehmigten Kapitals treffen die Aktionäre keine Entscheidung über das Bezugsrecht. Ihnen soll lediglich die Kontrolle der Verwaltungsentscheidung mit Hilfe des Berichtes gewährt werden. Deshalb müssen alle kontrollwilligen und konkrollfähigen Aktionäre von der Berichterstattung erreicht werden.[159]

Teilweise wird deshalb vertreten, dass von diesen Aktionären erwartet werden kann, dass sie die Homepage der Gesellschaft regelmäßig besuchen, auf Ad-hoc-Mitteilungen nach § 15 WpHG) der Gesellschaft achten und die Gesellschaft anderweitig im Auge behalten.[160]

Diese Auffassung ist abzulehnen. Da der Bezugsrechtsausschluss die Mitgliedschaftsrechte jedes betroffenen Aktionärs beeinträchtigt, müssen zumindest alle betroffenen und nicht nur die interessierten Aktionäre von der Maßnahme und sodann von dem Bericht erreicht werden. Die betroffenen Aktionäre müssen zunächst darüber informiert werden, dass in ihre Rechte eingegriffen wird und ihnen sodann die Kontrollmöglichkeit über die Maßnahme durch den vollständigen Bericht eingeräumt werden.[161] Insofern stellt sich die Situation ebenso dar,

---

[157] siehe oben Teil 3:Kapitel VIII:B) (S. 255)
[158] siehe oben Teil 2:Kapitel V:C)II. 5.b) (S. 120)
[159] so auch AnwK-AktR/*Groß* § 203 Rdn. 101; GK/*Hirte* § 203 Rdn. 112
[160] AnwK-AktR/*Groß* § 203 Rdn. 101
[161] siehe oben Teil 2:Kapitel V:C)II. 5.a) (S. 116)

wie bei einem Bezugsrechtsausschluss durch die Hauptversammlung selbst. Deshalb ist der Bezugsrechtsausschluss durch den Vorstand analog § 124 Abs. 2 Alt. 2 AktG in den Geschäftsblättern bekanntzumachen und der Vorabbericht analog §§ 52 Abs. 2 S. 1, 2,; 175 Abs. 2 S. 1, 2; 197a Abs. 2 S. 1,2; 293 f. Abs. 1 Nr. 1, Abs. 3, 327c Abs. 3, 4 AktG, § 63 Abs. 1 , Abs. 3 UmwG in den Geschäftsräumen der Gesellschaft auszulegen sowie auf Verlangen der Aktionäre zuzusenden.
Soweit eine Überlagerung mit der Informationspflicht nach § 15 WpHG besteht, wird die oben stehende gesellschaftsrechtliche Berichterstattungspflicht nicht von § 15 WpHG verdrängt.[162] Die Publikationspflicht nach § 15 Abs. 1 S. 1 WpHG stellt gerade nicht sicher, dass die Aktionäre über sämtliche Umstände informiert werden, welche für einen Bezugsrechtsausschluss relevant sind.[163] Deshalb stehen die Berichtspflichten nebeneinander. Soweit dennoch eine tatsächliche Deckung der Tatsachen vorliegen sollte, führt die „doppelte" Veröffentlichungspflicht nicht zu einem erheblichen Mehraufwand.
Daneben kann der Bericht auf der Homepage der Gesellschaft veröffentlicht werden. Eine Alternative der Veröffentlichung über die Homepage statt der Auslegung des Berichtes in den Geschäftsräumen sowie deren Zusendung auf Verlangen der Aktionäre besteht nicht.[164] Die Veröffentlichungspflicht der Berichte auf der Homepage gem. § 161 AktG i.V.m. Nr. 2.3.1 DCGK – soweit die Gesellschaft eine derartige Verpflichtung in ihrer Entsprechenserklärung einbezogen hat – steht neben den Bekanntmachungspflichten der §§ 52 Abs. 2 S. 1, 2,; 175 Abs. 2 S. 1, 2; 197a Abs. 2 S. 1,2; 293 f. Abs. 1 Nr. 1, Abs. 3, 327c Abs. 3, 4 AktG, § 63 Abs. 1 , Abs. 3 UmwG. Hätte der Gesetzgeber entsprechende Alternativen der Bekanntmachung vorgesehen, hätte er sie in den einzelnen Normen geregelt. Es ist deshalb anzunehmen, dass der Gesetzgeber nicht davon ausgeht, dass die neuen Medien derzeit äquivalent neben den bisherigen Unterrichtungsmöglichkeiten der Aktionäre stehen.

Der Vorabbericht ist ebenso wie der Ausschlussbericht zur Hauptversammlung gem. § 184 Abs. 4 S.2 AktG i.V.m. § 126 BGB schriftlich anzufertigen.[165]

3. *Ausschlussfrist des gerichtlichen Rechtsschutzes*
Soweit die Umstände den Bezugsrechtsausschluss nicht zu rechtfertigen vermögen, können die Aktionäre im Wege der Unterlassungsklage gegen das genehmigte Kapital vorgehen. Diese Rechtsschutzmöglichkeit ist nicht an eine Ausschlussfrist gebunden, sondern unterliegt vielmehr den materiellen Regelungen über die Verwirkung. Dies hätte zur Konsequenz, dass die Verwaltung über einen längeren Zeitraum mit Unterlassungsklagen der Aktionäre rechnen müsste. Damit wäre die Gesellschaft der Gefahr ausgesetzt, dass eine bereits eingetrage

---

[162] a.A. GK/*Hirte* § 203 Rdn. 113
[163] siehe oben Teil 3:Kapitel IX:A)I. (S. 269)
[164] a.A. GK/*Hirte*, § 203 Rdn. 112; AnwK-AktR/*Groß* § 203 Rdn. 102
[165] sieh oben Teil 2:Kapitel V:C)I. (S. 107)

Kapitalerhöhung aufgrund eines fehlerhaften Bezugsrechtsausschlusses rückabgewickelt werden könnte.[166] Dieses Problem hat der Gesetzgeber bei fehlerhaften Hauptversammlungsbeschlüssen erkannt und aus Gründen der Rechtssicherheit eine Fristenregelung in § 246 Abs. 1 AktG normiert. Die zur Anfechtung eines Hauptversammlungsbeschluss berechtigten Personen bzw. Organe (§ 245 AktG) können Beschlüsse der Hauptversammlung nur innerhalb eines Monats nach der Beschlussfassung anfechten. Die Norm dient der Rechtssicherheit von Maßnahmen aufgrund gefasster Hauptversammlungsbeschlüsse.[167] Den Aktionären wird zugemutet, die Beschlüsse innerhalb eines Monats zu überprüfen und bei festgestellter Rechtswidrigkeit Klage zu erheben. Anderseits benötigen die Aktionäre diesen Zeitraum, um eine umfassende Kontrolle – mit Hilfe von Experten – vornehmen zu können. Das bedeutet hingegen nicht, dass die Gesellschaft mit der Durchführung der Kapitalerhöhung bis zum Ablauf der Frist warten müsste. Hingegen kann der Registerrichter bis zum Ablauf der Frist die Eintragung aussetzen, wenn der Beschluss anfechtbar ist.[168]

Soll der Vorabbericht den Aktionären zur effektiven Kontrolle dienen und soll die Gesellschaft auf den Bestand der durchgeführten Kapitalerhöhung vertrauen dürfen, ist aus Gründen des Rechtsschutzes und zur sachgerechten Überprüfung des Vorganges durch die Aktionäre die Frist des § 246 Abs. 1 AktG auf die Berichterstattung über den Vorstandsbeschluss zur Ausnutzung des genehmigten Kapitals sowie des Bezugsrechtsausschlusses zu übertragen.[169] Die Aktionäre haben so die Möglichkeit, innerhalb eines Monats die Ausnutzung des genehmigten Kapitals und den Bezugsrechtsausschluss im Wege einer Unterlassungsklage anzugreifen. Die Verwaltung sowie der gesamte Rechtsverkehr erhält nach Ablauf der Frist, ohne dass Unterlassungsklagen erhoben worden, Sicherheit hinsichtlich des Bestandes der Maßnahme. Die Verwaltung kann die Kapitalerhöhung schon vor Ablauf der Frist durchführen. Im Falle etwaiger Bedenken des Registerrichters kann die Eintragung bis zum Ablauf der Frist ausgesetzt werden. Zudem läuft die Verwaltung bei einem sachlich nicht gerechtfertigten Bezugsrechtsausschluss Gefahr, dass die Kapitalerhöhung rückabzuwickeln ist.

Die Fristenregelung hat einen nicht unerheblichen Zeitverlust zur Folge.170 Zudem führt die Übertragung der Frist aus § 246 Abs. 1 AktG zu einem gewissen

---

[166] wenn man – wie hier vertreten – eine Abwicklung über die Regeln der fehlerhaften Gesellschaft ablehnt, siehe oben Teil 2:Kapitel VI:A)VII. 1 (S. 139)
[167] AnwK-AktR/*Heidel* § 246 Rdn. 1; *Hüffer*, AktG § 246 Rdn. 1; MüKoAktG/*Hüffer* § 246 Rdn. 3
[168] siehe oben Teil 2:Kapitel VI:C) (S. 179)
[169] AnwK-AktR/*Groß* § 203 Rdn. 98; GK/*Hirte* § 203 Rdn. 86; *Happ*, AktR S. 895 11.09 Rdn. 40; *Hirte*, Bezugsrechtsausschluß und Konzernbildung S. 122; KK/*Lutter* § 203 Rdn. 31; *Lutter*, BB 1981, 861 [863]; Sethe, AG 1994, 342 [353]; *Sturies*, WPg 1982, 581 [586]; *Timm*, DB 1982, 211 [216]
[170] *Heinsius*, FS Kellermann S. 115 [124 f.]; KK/*Lutter* § 203 Rdn. 31

(Publizitäts-)Aufwand für die Gesellschaft.171 Schließlich besteht aufgrund der umfassenden Information und der „Rechtsmittelfrist" die Gefahr, dass die Kapitalerhöhung von „räuberischen Aktionären" vereitelt bzw. erschwert wird.172 Infolge der Verzögerung der Ausnutzung des genehmigten Kapitals könnte die Gesellschaft nicht rasch auf Entwicklungen des Marktes reagieren, was im heutigen Wirtschaftsleben erforderlich ist, um bestehen zu können.173 Kurzfristige Entscheidungen sind damit weitgehend ausgeschlossen. Das genehmigte Kapital würde an seiner beabsichtigten Schnelligkeit und Flexibilität einbüßen. Zudem könnten Konkurrenten der Gesellschaft die beabsichtigte Planung infolge der langfristigen Ankündigung der Kapitalerhöhung durchschauen und Gegenmaßnahmen einleiten. Eine umfassende Kontrolle der Ausnutzung des genehmigten Kapitals und des Bezugsrechtsausschlusses durch die Aktionäre wird deshalb zum Teil als unvereinbar mit dem Sinn und Zweck des genehmigten Kapitals angesehen.174

Der Publikationsaufwand steht der Flexibilität des genehmigten Kapitals nicht entgegen, da lediglich die Maßnahme anzukündigen ist und der Vorstandsbericht an den Aufsichtsrat an den Empfängerhorizont eines Durchschnittsaktionärs anzupassen ist.[175]

Die Flexibilität des genehmigten Kapitals bleibt zudem erhalten, wenn das Bezugsrecht im Ermächtigungsbeschluss ausgeschlossen wird und die genannten Umstände zum Zeitpunkt der Ausnutzung des genehmigten Kapitals bestehen. Zum Ermächtigungsbeschluss der Hauptversammlung, mit welchen zugleich das Bezugsrecht ausgeschlossen wird, ist umfassend zu berichten.[176] Die Aktionäre können sich gegen einen fehlerhaften Ausschluss im Wege der Anfechtungsklage zur Wehr setzen. Macht der Vorstand unter den im Hauptversammlungsbeschluss vorausgesetzten Umständen Gebrauch, bedarf nicht der Kontrolle, ob der Bezugsrechtsausschluss sachlich gerechtfertigt ist. Die Situation stellt sich so dar, als hätte die Hauptversammlung selbst das Bezugsrecht ausgeschlossen. Lediglich die Umsetzung erfolgt zeitverschoben. Insofern benötigen sie keine Informationen im Wege eines Vorabberichtes.[177]

Die Ausnutzung der Ermächtigung entspricht dann nicht dem Hauptversammlungsbeschluss, wenn sich die vorausgesetzten Umstände geändert haben. Die Kontrolle, ob die der Ermächtigung zugrundeliegenden Umstände noch bei Ausnutzung vorliegen, obliegt dem Registerrichter.[178] Dieser darf die Durchführung

---

[171] *Heinsius*, FS Kellermann S. 115 [124 f.]; KK/*Lutter* § 203 Rdn. 31
[172] *Heinsius*, FS Kellermann S. 115 [124 f.]; KK/*Lutter* § 203 Rdn. 31
[173] BGHZ 136, 133 [137] (Siemens/Nold)
[174] LG Frankfurt/M, ZIP 2001, 117 [118]; *Bosse*, ZIP 2001, 104 [106]; *Sinewe*, ZIP 2001, 403 [404]
[175] siehe oben Teil 3:Kapitel IX:C)V. 1 (S. 281)
[176] siehe oben Teil 3:Kapitel VIII:B) (S. 255)
[177] i.E. AnwK-AktR/*Groß* § 203 Rdn. 98; GG/*Hirte* § 203 Rdn. 110
[178] siehe oben Teil 3:Kapitel VI:C) (S. 227)

des genehmigten Kapitals unter Bezugsrechtsausschluss nur eintragen, wenn die Vorgaben eingehalten worden sind. Die Aktionäre – als Gesamtheit – sind somit vor einer rechtsmissbräuchlichen Ausnutzung der Ermächtigung hinreichend geschützt. Ein Vorabbericht an die Aktionäre ist deshalb nicht erforderlich. Indem kein Vorabbericht erforderlich ist, bleibt die Flexibilität des genehmigten Kapitals insoweit erhalten.

Wurde das Bezugsrecht nicht bereits im Ermächtigungsbeschluss ausgeschlossen, ist für den Zeitpunkt und den Umfang des Vorabberichtes das Rechtsschutzbedürfnis der vom Ausschluss betroffenen Aktionäre heranzuziehen. Soweit eine Beeinträchtigung nach Durchführung der Kapitalerhöhung unter Bezugsrechtsausschluss kompensiert werden kann, ist ein vorbeugender Rechtsschutz nicht zwingend erforderlich. Das ist jedoch nur dann der Fall, wenn den ausgeschlossenen Aktionären nach Durchführung der Maßnahme Aktien mit entsprechenden Herrschaftsrechten angeboten werden können. Die Verwaltung müsste den Aktionären ein derartiges Ausgleichsangebot garantieren, um deren Rechtsschutz einschränken zu können. Damit die Aktionäre ihren Rechtsschutz nicht für ein leeres Garantieversprechen aufgeben, müssten sie die Möglichkeit haben, die Garantie auf ihren Bestand zu prüfen. Zu einer Überprüfung benötigten sie Informationen sowie einen angemessenen Zeitraum. Die Monatsfrist des § 246 Abs. 1 AktG würde die Interessen der Aktionäre mit denen der Gesellschaft angemessen berücksichtigen. Insofern wäre mit dem Bericht zur Garantie gegenüber dem Vorabbericht nichts gewonnen. Deshalb ist über die Ausnutzung der Ermächtigung einen Monat vor Durchführung der Kapitalerhöhung in Anlehnung an § 246 Abs. 1 AktG zu berichten.

Soweit bei einer börsennotierten Aktiengesellschaft eine Barkapitalerhöhung bis zu zehn Prozent des bestehenden Grundkapitals durchgeführt werden soll, ist den Aktionären die Kapitalerhöhung zwei Wochen vor Ausnutzung bekanntzugeben.[179] Der gesetzlichen Regelung kann die Vermutung für die Bestandhaftigkeit einer derartigen Garantie entnommen werden, selbst wenn die übrigen Voraussetzungen des § 186 Abs. 3 S. 4 AktG nicht erfüllt werden. Der Regelung des § 186 Abs. 3 S. 4 AktG liegt zugrunde, dass eine Zukaufsmöglichkeit für die ausgeschlossenen Aktionäre bei einer Barkapitalerhöhung bis zu zehn Prozent des Grundkapitals vermutet wird. Insofern wird vermutet, dass selbst im Falle einer Abweichung des Ausgabebetrages vom Börsenpreis, eine Kompensation der Herrschaftsrechte durch Erwerb von Aktien gesichert ist. Daneben ist eine Vermögensbeeinträchtigung infolge des fehlerhaften Ausgabebetrages auszugleichen. Es darf hingegen nicht verkannt werden, dass es sich dabei um eine widerlegbare Vermutung handelt. Deshalb kann eine derartige Maßnahme im Rahmen des genehmigten Kapitals lediglich zu einer Fristverkürzung führen. Heranzuziehen ist die zweiwöchige Bezugsfrist nach § 186 Abs. 1 S. 2 AktG, da

---

[179] siehe oben Teil 3:Kapitel IX:A) (S. 269)

zukaufswillige Aktionäre in diesem Zeitraum feststellen können, ob ein tatsächlicher Zukauf möglich ist.

Soweit kein Fall des vereinfachten Bezugsrechtsausschlusses vorliegt sowie das Bezugsrecht nicht bereits im Ermächtigungsbeschluss ausgeschlossen wurde, ist die Flexibilität des genehmigten Kapitals aufgrund der Vorabberichtspflicht eingeschränkt. Zwar kann bereits vor Ablauf der Monatsfrist die Kapitalerhöhung in das Handelsregister eingetragen werden, hingegen besteht die Gefahr, dass sie nach erfolgreicher Anfechtung rückabzuwickeln ist. Deshalb wird die Verwaltung regelmäßig gehalten sein, die Monatsfrist abzuwarten. Der Bestandsschutz der Aktionärsrechte bedingt eine derartige Einschränkung.

Zwar schränkt die Berichtspflicht die Schnelligkeit und Flexibilität des genehmigten Kapitals ein, hingegen bestehen dennoch Zeit- und Verwaltungsvorteile gegenüber einer ordentlichen Kapitalerhöhung unter Bezugsrechtsausschluss. So bedarf es nicht der Einberufung der Hauptversammlung. Die Einberufungsfrist zur Hauptversammlung beträgt in der Regel mindestens einen Monat (§ 123 Abs. 1 AktG) in Ausnahmefällen mindestens zwei Wochen (§ 16 Abs. 4 S. 1 WpÜG). Indem keine Hauptversammlung durchgeführt werden braucht, fällt ein immenser Vorbereitungsaufwand zur Hauptversammlung der Verwaltung weg. Diese kann sich voll und ganz auf die Durchführung der Kapitalerhöhung und die damit verbundenen Maßnahmen konzentrieren. Die gesetzliche Möglichkeit einer genehmigten Kapitalerhöhung unter Bezugsrechtsausschluss hat damit seine Berechtigung und ist kein „totes Recht".

VI. Vorabbericht nach Art. 29 2. KpRL

Nachdem festgestellt wurde, dass der Vorstand den Aktionären vor der Ausnutzung des genehmigten Kapitals einen Bericht zu erstatten hat, ist dieses Ergebnis auf seine europarechtliche Konformität mit der zweiten Kapitalrichtlinie[180] zu überprüfen.

Die zweite Kapitalrichtlinie trifft in Art. 29 Abs. 5 2. KpRL Regelungen über das genehmigte Kapital. Berichtserfordernisse an die Hauptversammlung bzw. an die Aktionäre im Falle eines Bezugsrechtsausschlusses – wie im Rahmen eines Bezugsrechtsausschlusses nach Art. 29 Abs. 4 S. 3 2. KpRL – sind in dieser Regelung nicht erwähnt. Die Vorschrift nimmt auch keinen Bezug auf die Berichtserfordernisse des Art. 29 Abs. 4 2. KpRL. Demnach spricht der Wortlaut gegen die Erstattung eines Vorabberichtes an die Hauptversammlung.[181]

---

[180] 77/91/EWG v. 13.12.1976 Abl.EG Nr. L 26/1 v. 31.1.1977; abgedr. in *Lutter*, Europäisches Unternehmensrecht S. 114 ff.
[181] OLG Frankfurt/M, ZIP 2003, 902 [906]; *Hofmeister*, NZG 2000, 713 [716]; *Kindler*, ZHR 158 (1994) 339 [363 f.]; *Natterer*, ZIP 2002, 1672 [1676]; *Schwarz*, EuGesR S. 369 Rdn. 624; *Sethe*, AG 1994, 342 [354]

Für eine Berichtspflicht des Vorstandes vor Ausschluss des Bezugsrechtes spricht der generelle Wille des Richtliniengebers zum Schutz der Aktionärsrechte.[182] Ein effektiver Schutz der Aktionärsrechte ist dadurch möglich, dass die Aktionäre selbst die Beeinträchtigung ihrer Rechte anhand eines Berichtes überprüfen können.[183] Dennoch wurde von einer ausdrücklichen Berichtspflicht in Art. 29 Abs. 5 2. KpRL abgesehen. Teilweise wird daraus geschlussfolgert, dass der Gesetzgeber mangels Praktikabilität auf die Normierung einer entsprechenden Berichtspflicht verzichtet hat.[184] Dieser Auffassung widerspricht die Statuierung von vermehrten und erhöhten Publikationsanforderungen im Bereich des Kapitalmarktes.[185] Unzweifelhaft wollte der Richtliniengeber mit der Berichtspflicht in Art. 29 Abs. 4 S. 3 2. KpRL den Aktionären eine Entscheidungsgrundlage und eine effektive Kontrollmöglichkeit der Rechtmäßigkeit eines Bezugsrechtsausschlusses im Rahmen einer ordentlichen Kapitalerhöhung gewährleisten.[186] Insofern musste dem Richtliniengeber bewusst gewesen sein, dass den Aktionären eine effektive Kontrollmöglichkeit des Bezugsrechtsausschlusses der Verwaltung mangels Berichtes unmöglich war. Indem er es dennoch unterlassen hat, eine Berichtspflicht in Art. 29 Abs. 5 2. KpRL zu integrieren, kann davon ausgegangen werden, dass eine Erstreckung der Berichtspflicht vor Ausnutzung des genehmigten Kapitals durch den Vorstand nicht gewollt war.[187]

Die Regelungen zum Bezugsrechtsausschlusses der Verwaltung beim genehmigten Kapital ist in einem separaten Absatz geregelt (Art. 29 Abs. 5 2. KpRL). Dieser folgt dem Absatz über den Bezugsrechtsausschluss im Rahmen einer ordentlichen Kapitalerhöhung (Art. 29 Abs. 4 2. KpRL). Die Regelungen zum Bezugsrechtsausschluss durch die Verwaltung verweisen nur hinsichtlich der Entscheidung der Hauptversammlung über den Ermächtigungsbeschluss auf die in Art. 29 Abs. 4 2. KpRL getroffenen Regelungen zur Beschlussfähigkeit, zu den Mehrheitserfordernissen und zur Offenlegung des Beschlusses. Hinsichtlich der Berichtspflicht des Vorstandes an die Hauptversammlung wird kein Bezug genommen. Der Bericht dient daher primär der Entscheidungsfindung zum Bezugsrechtsausschluss. Da diese Entscheidung beim genehmigten Kapital von der Verwaltung ohne Mitwirkung der Hauptversammlung getroffen wird, ist die Be-

---

[182] vgl. Präambel zur 2. KpRL: 77/91/EWG v. 13.12.1976 ABl.EG Nr. L 26/1 v. 31.1.1977; abgedr. in *Lutter*, Europäisches Unternehmensrecht S. 114 ff.; sowie Stellungnahme des europäischen Parlaments: ABl. EG Nr. C 114/19 v. 11.11.1971

[183] siehe oben Teil 3:Kapitel IX:C)IV. 1 (S. 276)

[184] *Kley*, Bezugsrechtsausschluss S. 51

[185] vgl. Art. 4 Abs. 2 i.V.m Schema C Nr. 5 a) der Börsenzulassungsrichtlinie: Richtlinie des Rates vom 5.3.1979 zur Koordinierung der Bedingungen für die Zulassung von Wertpapieren zur amtlichen Notierung an einer Wertpapierbörse (79/279/EWG), ABl. EG Nr. L 66 v. 16.3.1979, S. 21 ff., abgedr. in *Lutter*, Europäisches Unternehmensrecht S. 528; Art. 7 EG-Insiderrichtlinie: Richtlinie des Rates vom 13.11.1989 zur Koordinierung der Vorschriften betreffend Insider-Geschäfte (89/592/EWG, ABl. EG Nr. L 394 v. 19.11.1989, S. 30 ff., abgedr. in *Lutter*, Europäisches Unternehmensrecht S. 594

[186] siehe oben Teil 2:Kapitel V:C)II. 6 (S. 122)

[187] i.E. *Hirte*, DStR 2001, 577 [580]

richtspflicht des Abs. 4 – welche eine Berichtslegung an Hauptversammlung fordert – nicht auf die Situation des Abs. 5 übertragbar. Aus systematischen Gründen ist eine Berichtspflicht bei Ausnutzung des genehmigten Kapitals durch den Vorstand abzulehnen.[188] Hingegen greift bei einer Ermächtigung zum genehmigten Kapital mit direktem Bezugsrechtsausschluss durch die Hauptversammlung die Berichtspflicht des Art. 29 Abs. 4 2. KpRL, da in diesem Fall die Hauptversammlung eine eigene Entscheidung trifft und deshalb umfassend über die Ausschlussgründe informiert sein muss.[189]

Gegen eine Vorabberichtspflicht spricht, dass zum Ermächtigungszeitpunkt die möglichen Ausschlussgründe noch weitgehend unbekannt sind. Da die Aktionäre nicht über einen Bezugsrechtsausschluss entscheiden, benötigen sie keinen Ausschlussbericht.[190] Ein solcher Bericht würde vielmehr der Entscheidungsgrundlage des Gremiums dienen, welches das Bezugsrecht ausschließt. Da die Verwaltung und nicht die Hauptversammlung über das Bezugsrecht entscheidet, benötigt die Hauptversammlung keine Informationen über die Ausschlussumstände. Zudem soll das genehmigte Kapital die Gesellschaft in die Lage setzen, schnell und flexibel eine Kapitalerhöhung durchführen zu können.[191] Die Erstattung eines Berichtes entfaltet vielmehr konträre Wirkungen. Konkurrenten oder räuberische Aktionäre könnten Maßnahmen zur Unterbindung der mit der Kapitalerhöhung verfolgten Ziele ergreifen. Dass die Vorschrift keine Regelungen zum Schutz der Aktionäre vor missbräuchlichen Bezugsrechtsausschlüssen der Verwaltung trifft, bestätigt diese Auffassung.
Für eine Vorabbericht zum Ausnutzungszeitpunkt des genehmigten Kapitals zum Schutze der Aktionäre spricht hingegen, dass die Richtlinie grundsätzlich einen Schutz der Aktionäre im Rahmen von Kapitalmaßnahmen anstrebt.[192] Insofern ist auch Art. 29 Abs. 5 2. KpRL dahingehend auszulegen.[193] Der Umstand, dass keine ausdrückliche Vorabberichtspflicht in Art. 29 Abs. 5 2. KpRL verankert ist, ist auf die Regelungstechniken von Richtlinien zurückzuführen. Richtlinien dienen der Angleichung von Rechtsvorschriften der Mitgliedstaaten (Art. 94 EGV). Die Richtlinie ist hinsichtlich des zu erreichenden Zieles verbindlich, überlässt jedoch den innerstaatlichen Stellen die Wahl der Form und Mittel der Umsetzung (Art. 249 Abs. 3 EGV). Soweit die Anteilseigner einer Kapitalgesellschaft entscheiden sollen, benötigen sie eine Entscheidungsgrundlage in Form von Informationen. Die Berichtspflicht nach Art. 29 Abs. 4 2. KpRL soll sicherstellen, dass die Anteilseigner die entscheidungsrelevanten Informationen erhalten. Dabei ist die Situation für die Anteilseigner staatenübergreifend die gleiche. Um eine Information der Anteilseigner vor der Beschluss-

---

[188] i.E. auch *Natterer*, ZIP 2002, 1672 [677]
[189] i.E. *Krieger*, FS Wiedemann S. 1081 [1089]
[190] *Hofmeister*, NZG 2000, 713 [716]
[191] i.E. WSA zu Art. 25 ABl. EG Nr. C 88/5 v. 6.9.1971
[192] Präambel zur 2. KpRL: 77/91/EWG v. 13.12.1976 ABl.EG Nr. L 26/1 v. 31.1.1977; abgedr. in *Lutter*, Europäisches Unternehmensrecht S. 114 ff.
[193] *Hirte*, DStR 2001, 2001, 577 [581]; *Habersack*, EuGesR S. 142 Rdn. 201

fassung zu gewährleisten, musste der Richtliniengeber die Informationspflicht konkret regeln. Hinsichtlich des Mitgliedschaftsschutzes der Anteilseigner vor einem fehlerhaften Bezugsrechtsausschluss durch die Verwaltung sind mehrere Alternativen denkbar. Die Kontrolle kann sowohl durch staatliche Stellen, durch neutrale Dritte – dies können auch Organe der Gesellschaft sein, soweit eine Unabhängigkeit gewährleistet wird – als auch durch die Anteilseigner selbst wahrgenommen werden. Hinsichtlich der ersten beiden Alternativen bedarf es keines Berichtes an die Anteilseigner. Soweit Alternativen zum Schutz der Anteilseigner bestehen, welche keinen Bericht an diese erfordern, darf der Richtliniengeber keine Berichtspflicht vorschreiben. Dennoch sind die Mitgliedstaaten gem. Art. 249 Abs. 3 EGV verpflichtet, den Schutzzweck der Richtlinie durch geeignete Regelungen zu entsprechen. Hier dient die Richtlinie dem Schutz der Anteilseigner.[194] Insofern sind entsprechende Regelungen der Mitgliedsstaaten zu treffen. Dies schließt auch den Schutz vor fehlerhaften Bezugsrechtsausschlüssen der Verwaltung im Rahmen des genehmigten Kapitals ein. Wie dies der nationale Gesetzgeber erreichen möchte, ist ihm überlassen. Der deutsche Gesetzgeber versucht den Aktionärsschutz auf den Aufsichtsrat – als ein neutrales Gesellschaftsorgan – durch verschiedene Regelungen zu übertragen.[195] Ein hinreichender Schutz konnte nicht erzielt werden. Deshalb muß es den Aktionären gestattet sein, die Wahrung ihrer Rechte selbst zu überwachen. Eine Kontrolle des Bezugsrechtsausschlusses durch die Verwaltung ist nur auf der Grundlage eines Vorabberichtes möglich.[196] Damit der Schutz der Anteilseigner i.S.d. 2. KpRL gewahrt wird, ist den Aktionären beim Bezugsrechtsausschluss der Verwaltung ein Vorabbericht zu erstatten.[197]

---

[194] vgl. Präambel zur 2. KpRL: 77/91/EWG v. 13.12.1976 ABl.EG Nr. L 26/1 v. 31.1.1977; abgedr. in *Lutter*, Europäisches Unternehmensrecht S. 114 ff.
[195] siehe oben Teil 3:Kapitel IX:C)IV. 5 (S. 280)
[196] siehe oben Teil 3:Kapitel IX:C)IV. 6 (S. 281)
[197] Auch wenn die Richtlinie keinen Schutz der Anteilseigner vorgesehen hätte, wäre den nationalen Mitgliedsstaaten unbenommen geblieben, weitere Schutzmechanismen für die Aktionäre festzulegen. vgl. *Groß*, EuZW 1994, 395 [398]; *Natterer*, ZIP 1995, 1481 [1483]

Kapitel X: **Ergebnis**

Will die Hauptversammlung dem Vorstand ein genehmigtes Kapital einräumen und ihn gleichzeitig zum Bezugsrechtsausschluss ermächtigen, muss der Hauptversammlungsbeschluss bekanntgemacht werden (§§ 203 Abs. 2 S. 2, 186 Abs. 4 S. 1 AktG). Soll der Bezugsrechtsausschluss an das Vorliegen bestimmter Umstände gebunden oder direkt von der Hauptversammlung beschlossen werden, müssen diese Umstände einen Bezugsrechtsausschluss sachlich rechtfertigen. Damit die Aktionäre eine sorgsame Entscheidung treffen können, hat der Vorstand der Hauptversammlung die erforderlichen Umstände in einem Bericht i.S.d. § 186 Abs. 4 S. 2 AktG mitzuteilen. Die dissidierenden Aktionäre können den fehlerhaften Beschluss im Wege einer Anfechtungs- oder Nichtigkeitsklage angreifen (§§ 241 ff. AktG).

Die Hauptversammlung kann dem Vorstand die Befugnis einräumen, selbst über den Bezugsrechtsausschluss zu entscheiden. Da das Bezugsrecht der Aktionäre durch den Beschluss weder direkt ausgeschlossen noch ein Rahmen vorgegeben wird, greift der Hauptversammlungsbeschluss nicht die Rechte der Aktionäre ein. Deshalb bedarf er nicht der sachlichen Rechtfertigung. Um hingegen etwaigen Missbräuchen der Mehrheit durch kollusives Zusammenwirken mit der Verwaltung vorzubeugen, hat der Vorstand zum Zeitpunkt der Ermächtigung einen abstrakten Bericht über die Ausschlussgründe zu erteilen.

Die Verwaltung darf das Bezugsrecht nur ausschließen, wenn die Umstände einen Ausschluss sachlich rechtfertigen. Da die Kontrolle durch den Aufsichtsrat keine hinreichende Sicherheit vor fehlerhaften Bezugsrechtsausschlüssen bietet, ist den Aktionären die Möglichkeit der Ausschlusskontrolle zu gewähren. Dazu benötigen sie entsprechende Informationen. Diese sind den Aktionären im Wege eines Vorabberichtes in Anlehnung an § 186 Abs. 4 S. 2 AktG durch den Vorstand zu unterbreiten.

Teil 4: Gesamtergebnis

I. Materielle Voraussetzungen

Jeder Ausschluss des Bezugsrechtes – unabhängig davon, ob es sich um eine börsennotierte oder nicht börsennotierte Aktiengesellschaft handelt – stellt einen schweren Eingriff in die Rechte der Aktionäre dar. Dieser Eingriff bedarf neben den formellen Voraussetzungen einer sachlichen Rechtfertigung. Danach muss der Bezugsrechtsausschluss geeignet und erforderlich sein, die beabsichtigte Maßnahme umzusetzen. Zudem hat das Gesellschaftsinteresse das Interesse der einzelnen Aktionäre am Erhalt ihrer Beteiligungsquote zu überwiegen. Das Organ, welches das Bezugsrecht ausschließt – Hauptversammlung oder Vorstand und Aufsichtsrat –, sind an die materiellen Ausschlussvoraussetzungen gebunden.

Eine Beeinträchtigung der Aktionärsrechte trotz Ausschluss des Bezugsrechtes ist nicht gegeben, wenn der Ausgabebetrag der jungen Aktien den Börsenpreis nicht wesentlich unterschreitet und genügend freie Aktien vorhanden sind, damit zukaufswillige Aktionäre ihre Beteiligungsquote aufrechterhalten. Eine Zukaufsmöglichkeit wird bei einer Barkapitalerhöhung bis zu zehn Prozent des Grundkapitals vermutet (§ 186 Abs. 3 S. 4 AktG). Im Falle von Sachkapitalerhöhungen oder Barkapitalerhöhungen, welche diese Grenze übersteigt, ist der Zukauf von der Gesellschaft sicherzustellen. Dies kann dann der Fall sein, wenn die jungen Aktien direkt im Markt emittiert werden.

Soll der Vorstand zu einem späteren Zeitpunkt eine Kapitalerhöhung durchführen können, bedarf es der Ermächtigung durch die Hauptversammlung (§ 202 Abs. 2 AktG). Daneben kann der Vorstand auch zum Ausschluss des Bezugsrechtes ermächtigt werden. Es handelt sich dabei grundsätzlich um eine Vertrauensentscheidung der Aktionäre. Die Rechte der Aktionäre werden unmittelbar durch den Ermächtigungsbeschluss nicht beeinträchtigt. Deshalb bedarf dieser keiner sachlichen Rechtfertigung.

II. Berichterstattung

1. Ordentliche Kapitalerhöhung

Der Beschluss über das Bezugsrecht ist sowohl eine Strukturentscheidung als auch eine unternehmerische Entscheidung. Damit die Aktionäre eine sorgsame und sachgerechte Entscheidung treffen können, benötigen sie umfassende Informationen. Anhand dieser Informationen müssen sie in der Lage sein, den Bezugsrechtsausschluss zu bewerten, inwieweit die Rechte der Aktionäre beeinträchtigt werden, wie das Gesellschaftsinteresse an der Maßnahme zu gewichten ist und ob diese Umstände den materiellen Ausschlussvoraussetzungen entsprechen. Danach sind die beabsichtigte Maßnahme und deren Alternativen unter Bezugnahme auf das Gesellschaftsinteresses darzustellen und zu bewerten.

Soll den Aktionären eine faktische Bezugsmöglichkeit eingeräumt werden, bleiben die Rechte der Aktionäre unberührt. Insofern ist nur die beabsichtigte Maßnahme sowie Art und Weise darzulegen, wie die faktische Bezugsmöglichkeit sichergestellt wird, darzulegen. Bei einem vereinfachten Bezugsrechtsausschluss i.S.d. § 186 Abs. 3 S. 4 AktG ist lediglich darzulegen, dass der Ausgabebetrag den Börsenpreis nicht wesentlich unterschreitet und die Kapitalerhöhung nicht zehn Prozent des Grundkapitals überschreitet.

2. Genehmigte Kapitalerhöhung

Räumt die Hauptversammlung dem Vorstand ein genehmigtes Kapital ein und schließt sie zugleich das Bezugsrecht der Aktionäre aus, entspricht die Situation des einen Bezugsrechtsausschlusses einer ordentlichen Kapitalerhöhung. Da die Aktionäre eine definitive Entscheidung über das Bezugsrecht treffen, hat ihnen der Vorstand einen umfassenden Bericht zu erstatten.

Wird der Vorstand ermächtigt, das Bezugsrecht auszuschließen, liegt darin eine Vertrauensentscheidung, welche die Rechte der Aktionäre unberührt lässt. Da diese Ermächtigung die Gefahr eines Missbrauches der Mehrheit durch kollusives Zusammenwirken mit der Verwaltung in sich birgt, ist der Hauptversammlung abstrakt über die möglichen Ausschlussgründe zu berichten. Dieser Bericht dient nicht der Entscheidungsgrundlage, sondern der Kontrolle vor Missbräuchen.

Der Vorstand kann sich hingegen eine Ermächtigung für bestimmte Fälle einräumen lassen. Die Hauptversammlung hat dann zu prüfen, ob sie den Vorstand für diese Ausschlussfälle ermächtigen möchte und ob diese den materiellen Ausschlussvoraussetzungen entsprechen. Damit die Hauptversammlung eine sorgsame und sachgerechte Entscheidung treffen kann, bedarf es eines Berichtes, in dem die Rahmenumstände darzulegen sind. Je konkreter die Ermächtigung ausfällt desto umfassender und konkreter hat der Vorstand einen Bericht anzufertigen.

Vor Ausnutzung der Ermächtigung bedarf es eines sogenannten Vorabberichtes. Da die Aktionärsrechte beim Bezugsrechtsausschluss durch die Verwaltung nicht hinreichend geschützt sind, müssen die Aktionäre selbst in die Lage versetzt werden, etwaige fehlerhafte Bezugsrechtsausschlüsse und damit Eingriffe in ihre Mitgliedschaft unterbinden zu können. Dafür benötigen sie rechtzeitig Informationen. Etwaige Einbußen der Flexibilität des genehmigten Kapitals sind hinzunehmen.

Über den Autor:

Hagen Tiller wurde 1978 in Zwickau geboren. Er begann sein Studium der Rechtswissenschaften an der Universität Leipzig zum Wintersemester 1998/99. Sein erstes Juristisches Staatsexamen absolvierte er im Februar 2003. Unmittelbar an sein Studium der Rechtswissenschaften schloss er ein Promotionsstudium unter Betreuung von Herrn Univ.-Prof. Dr. Tim Drygala an. Im Oktober 2004 trat er in den Referendariatdienst ein. Das zweite Juristische Staatsexamen legte er im November 2006 ab. Mit der Verteidigung seiner Dissertation im Mai 2007 schloss er seine Promotion zum Dr. jur. an der Universität Leipzig mit magna cum laude ab.

Aus unserem Verlagsprogramm:

Schriften zum Handels- und Gesellschaftsrecht

Angela Jakobs
**Die Rechte des Minderheitsaktionärs
beim aktienrechtlichen Squeeze-out**
Hamburg 2007 / 368 Seiten / ISBN 978-3-8300-3186-4

Tobias Teicke
**Kompetenzen und Binnengliederung des Leitungsorgans von
Aktiengesellschaften in Deutschland, Großbritannien und Frankreich**
Unter besonderer Berücksichtigung der Europäischen Aktiengesellschaft (SE)
Hamburg 2007 / 338 Seiten / ISBN 978-3-8300-3142-0

Daniel Günther
GmbH und U.S.-amerikanische Limited Liability Company
*Eine rechtsvergleichende Untersuchung privater Gesellschaftsformen
nach deutschem und U.S.-amerikanischem Recht unter besonderer
Berücksichtigung des Rechts von Delaware, Kalifornien und New York*
Hamburg 2007 / 320 Seiten / ISBN 978-3-8300-3019-5

Boris Schilmar
**Die Verkäuferhaftung beim Unternehmenskauf
nach der Schuldrechtsreform 2002**
Eine vergleichende Analyse des alten und neuen Haftungssystems
Hamburg 2007 / 190 Seiten / ISBN 978-3-8300-2913-7

Christian Kuhn
Tracking Stocks im deutschen Aktienrecht
*Unter besonderer Berücksichtigung eines Mischbeteiligungsmodells durch
quotale Ausschüttung des Spartengewinns an mehrere Aktiengattungen*
Hamburg 2007 / 304 Seiten / ISBN 978-3-8300-2919-9

Carlo Heck
**Haftungsrisiken im Zusammenhang mit der Entsprechenserklärung
zum Deutschen Corporate Governance Kodex gem. § 161 AktG**
Hamburg 2006 / 234 Seiten / ISBN 978-3-8300-2655-6

VERLAG DR. KOVAČ
FACHVERLAG FÜR WISSENSCHAFTLICHE LITERATUR

Postfach 57 01 42 · 22770 Hamburg · www.verlagdrkovac.de · info@verlagdrkovac.de